DICTIONNAIRE

HISTORIQUE ET PRATIQUE

DE LA VOIRIE, DE LA CONSTRUCTION, DE LA POLICE MUNICIPALE ET DE LA CONTIGUÏTÉ

FOSSES D'AISANCES

LATRINES, URINOIRS ET VIDANGES

HISTORIQUE
CONSTRUCTION — VENTILATION — DÉSINFECTION
ÉTUDES DES DIFFÉRENTS SYSTÈMES — APPLICATION A L'AGRICULTURE
LÉGISLATION ET JURISPRUDENCE

AVEC 332 FIGURES INTERCALÉES DANS LE TEXTE ET 16 PLANCHES HORS TEXTE

PAR

F. LIGER

ARCHITECTE DE LA VILLE DE PARIS
Membre de la Commission supérieure de Voirie

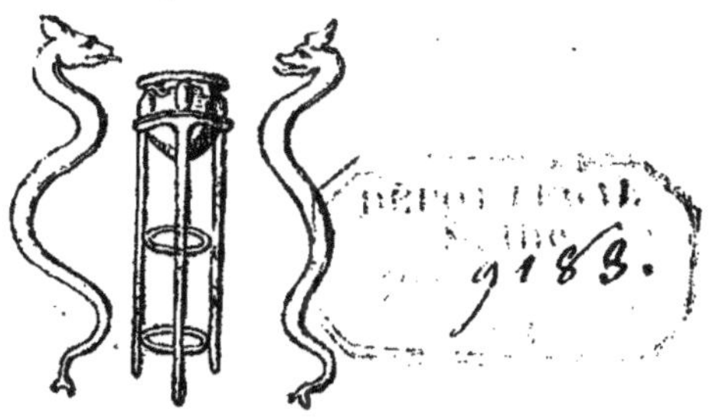

PARIS

J. BAUDRY, LIBRAIRE-ÉDITEUR
15 RUE DES SAINTS-PÈRES, 15

1875

PARIS. — TYPOGRAPHIE DE ROUGE, DUNON ET FRESNÉ
Rue du Four-Saint-Germain, 43.

PRÉFACE

———

Ce livre est un traité des fosses d'aisances, latrines, urinoirs et vidanges.

Comme nos précédentes publications, il fait partie du *Dictionnaire historique et pratique de la voirie, de la police municipale, de la construction et de la contiguïté*, en cours de publication.

En voici le sommaire :

Comme on le voit, l'ouvrage est complet : étymologie, technologie, histoire, archéologie, construction, études de systèmes, modes d'emploi, législation, droit administratif, droit civil, compétence, tout y est élaboré.

Nous devons prévenir qu'à l'égard des difficultés sur lesquelles la jurisprudence n'a point prononcé, nous n'avons entendu exprimer qu'une opinion personnelle, qui n'engage en aucune manière l'administration à laquelle nous appartenons.

FOSSES D'AISANCES

LATRINES, URINOIRS ET VIDANGES

CHAPITRE PREMIER

DÉFINITION

§ 1er. — **Fosses d'aisances.**

1. Les réceptacles destinés à recevoir les matières fécales et les eaux de lavage qu'on y mêle souvent sont appelés, assez improprement, *fosses d'aisances*. La dénomination de *fosses stercoraires* serait infiniment plus exacte.

2. Les fosses d'aisances sont fixes ou mobiles : fixes, lorsqu'elles sont construites en maçonnerie à demeure ; mobiles, lorsqu'elles sont susceptibles de déplacement et de transport.

3. Les fosses mobiles sont ordinairement formées de tonneaux ou récipients plus ou moins grands, en bois ou en métal, appelés quelquefois boîtes, tinettes, etc.

4. La fosse mobile à diviseur est celle qui est munie d'un appareil ayant pour objet de diviser les matières solides d'avec les liquides.

5. Si les liquides sont dirigés dans l'égout, la fosse est dite *filtrante à l'égout*.

6. Une fois recueillies dans les fosses, les matières prennent le nom de *vidanges*.

7. Les matières solides qui descendent au fond de la fosse

se nomment *fort bottelage, bourbasse*, ou simplement *fortes matières*.

8. Les matières demi-liquides qui surmontent la bourbasse se nomment *petit bottelage*.

9. Les liquides composés d'urines et d'eaux de lavage mélangées, qui recouvrent le petit bottelage, prennent le nom *d'eaux vannes* ou simplement de liquides.

10. Par *croûte*, en entend les parties les plus légères et ordinairement fourmillantes d'insectes qui couvrent la surface de la matière.

11. L'amas pyramidal des matières, souvent très-consistant, qui se forme au droit des chutes se nomme *heurte*.

12. Le *gratin* est une matière adhérente au fond et aux parois des fosses, de manière à faire en quelque sorte corps avec le moellon et à paraître comme desséché.

13. Dans les fosses fixes qui retiennent toutes les matières, surtout quand on y verse une grande quantité d'eaux de lavage, comme à Paris, le gratin, la heurte et la croûte ne se produisent plus; la bourbasse même n'a plus d'autre caractère que celui du bottelage ordinaire.

14. Dans les fosses fixes qui perdent leurs liquides, au contraire, les matières prennent à la longue une consistance extraordinaire.

15. Les fosses d'aisances fixes sont étanches ou à fond perdu : étanches, lorsqu'elles sont imperméables, c'est-à-dire de manière à contenir les matières sans déperdition ; à fond perdu ou fuyantes, lorsqu'elles sont perméables, c'est-à-dire lorsque les matières s'infiltrent dans les terres.

16. On appelle *fosses inodores*, les récipients ou *tinettes* qui sont cerclés en fer et garnis d'un couvercle hermétique et luté.

17. Le caveau qui contient les fosses mobiles n'a pas de nom particulier : il résulte de là une confusion dans le langage et même dans les ordonnances qui régissent la matière. Toutefois, dans ce cas, ce caveau n'est pas la fosse proprement dite, la dénomination de fosse ne s'appliquant qu'au récipient qui contient la matière.

18. Les fosses filtrantes à l'égout se composent d'une tinette munie d'un séparateur qui donne le moyen de retenir les matières fermes dans une des parties du récipient, et d'éliminer par un tuyau les eaux vannes à l'égout.

19. Les conduits qui servent à diriger les matières fécales des latrines dans les fosses sont nommés *chausses d'aisances,* et plus particulièrement *tuyaux de descente.*

Les conduits communiquant aux latrines sont dits *à lunettes* lorsque leur orifice est béant, et *hermétiques* lorsque leur orifice est clos par une soupape ou un ressort quelconque.

20. Dans la fosse fixe, le tuyau destiné à l'évaporation des gaz se nomme *ventilateur* (1); le fond est appelé *massif* ou *radier;* les murs de pourtour sont les parois, le dessus est la voûte.

21. L'ouverture pratiquée dans la voûte de la fosse se nomme *trou d'extraction,* et la dalle qui le ferme *pierre de fosse.*

22. Lorsqu'il est nécessaire de disposer une autre ouverture dans la voûte de la fosse pour laisser un échappement au gaz pendant l'opération de la vidange, ce trou et la pierre qui le ferme se nomment *tampon.*

23. Les appareils qui ont pour objet d'indiquer l'état de plénitude de la fosse sont appelés *flotteurs.*

24. La fermeture du trou d'extraction des fosses mobiles se nomme *châssis* ou *trappe.*

25. La génératrice de la voûte d'une fosse est la ligne qui passe par tous les points où convergent les rayons de la circonférence.

§ 2. — Latrines.

26. Les latrines sont des lieux retirés ou l'on dépose les matières fécales, soit directement par opération de nature, soit par transvasement (2).

---

(1) Aux fosses mobiles, le tuyau d'évaporation est également appelé ventilateur.

(2) En France, les latrines se nommaient autrefois *aisemens.* (Voir Ménage; *Dictionnaire étymologique.*)

27. Bien que les mots ne manquent pas pour désigner l'endroit où l'on excrète, le mot *latrines* nous paraît être le plus clair et le plus concis, et la concision et la précision sont les qualités essentielles du langage administratif, du droit et de la pratique.

Cependant, le mot *latrines*, pris dans son acception la plus ordinaire, désigne un lieu public destiné aux excrétions.

28. Toutefois, les termes employés pour désigner les lieux où l'on se retire pour se mettre à l'aise, bien que très-nombreux et vulgairement usités dans notre langue, ne rendent pas exactement l'idée de leur destination ; ainsi :

Lieux est trop général et demande une circonlocution. *Privés* a le même inconvénient. *Retrait* ne se comprend pas. *Water-closet* est un mot que nous avons emprunté à une autre langue et d'autant plus superflu que la nôtre abonde en dénominations propres à cet objet. *Garde-robe* donne l'idée d'une autre destination. *Aisances*, malgré sa couleur locale, pris isolément, n'a pas une signification assez précise. *Cabinet d'aisances*, en grec κοπροδοχεῖον, λάσανα στερεά (1), est un composé, long par conséquent, et qui, avec fosses d'aisances, auquel il est souvent lié et dont il est en partie synonyme, oblige à des répétitions. *Cabinet inodore* est encore une dénomination fausse, puisqu'il s'applique à des lieux infects, au moins temporairement.

29. *Latrine* est donc, selon nous, le véritable mot dont on doit se servir dans le langage administratif ; et, pour faire admettre une application contraire, on ne peut pas donner comme argument sérieux que le mot n'a pas de singulier en français, car latrine dérive du latin et, dans le latin, il avait son singulier. La suppression du nombre dans le dictionnaire n'est donc qu'une anomalie ; d'ailleurs, en matière spéciale, il appartient aux hommes spéciaux de fixer la langue (2).

(1) Le mot grec ne s'applique pas à un cabinet proprement dit, mais à l'endroit où l'on excrète ; il s'appliquerait plus particulièrement au mot latrine.

(2) Les latrines publiques de nos jours sont souvent couvertes d'inscrip-

30. Les latrines formées d'un dallage avec une lunette, sans banquette, sont nommées *latrines à la turque.*

31. Les latrines, dans les maisons particulières, sont ordinairement meublées d'un siége muni d'une cuvette, tantôt à trou béant, tantôt fermée hermétiquement.

32. Les parois qui forment le siége prennent le nom de *bahut*, le dessus se nomme *tablette*, la partie mobile du dessus *couvercle* ou *abattant*, la poignée du mouvement *manivelle*, la plaque inférieure qui s'ouvre et qui se referme par le mouvement imprimé à la manivelle est appelée *cuillère, spatule* ou *valve*.

33. Les siéges d'aisances sont fixes ou mobiles : *fixes*, quand ils sont scellés au lieu même où ils sont établis ; *mobiles*, lorsqu'ils sont susceptibles d'être transportés.

34. Dans ce dernier cas, on les nomme *chaises percées ;* une *chaise percée*, en grec δίαφροι αφοδευτήριοι, est bien par le fait un siége d'aisances mobile.

tions, gravées à la pointe ou simplement écrites au fusain, qui ne le cèdent en rien comme obscénité à celles des latrines antiques.

Voici les plus ordinaires et les moins salées :

> Si cacare velis, chartam portare memento.
> Ne, maneat digitis pendula merda tuis.

In nomine omnium culorum ne merdis tuis sellam inquina ; in nomine omnium nasorum vas opercula.

Lambe digitos, civitatis fæx, ne parietes merda macules.

Viator, quantacumque sit pudor, ibi te oportet culum tuum ostendere.

Sella sit munda sicut quadra.

Voici l'inscription qui, d'après Ménage (édition de 1693, p. 181), existait dans les latrines que Pie V avait fait construire :

> Papa Pius quintus ventres miseratus onustos
> Hocce cacatorium nobile fecit opus.

Il est une autre inscription que l'on voit souvent sur la face extérieure des portes des latrines construites sur le bord des chemins, en Provence et en Italie :

> PASSANT
> IBI CACES

Cette dernière inscription, bien qu'analogue par la forme aux précédentes a un caractère plus sérieux puisqu'elle est faite en vue de recueillir les excréments pour la fumure des terres.

§ 3. — Urinoirs.

35. Les urinoirs sont des réceptacles dans lesquels sont excrétées les matières fécales liquides.

La dénomination est générale et s'applique à toute espèce de réceptacle destiné aux matières excrétées à l'état liquide. On considère les urinoirs au point de vue de leur forme et suivant l'endroit où ils sont installés. On les nomme *angulaires*, quand ils sont scellés à l'angle de deux bâtiments ; *en plein vent*, quand ils sont établis en un lieu isolé ; *édicules, colonnes vespasiennes*, lorsqu'ils sont entourés d'une construction plus ou moins élégante.

36. Considérés selon les différentes parties qui les composent, les urinoirs sont appelés : *urinoirs à cuvette, urinoirs à effet d'eau, boquets*, etc.

37. Les urinoirs qui sont encore appelés *pissotières* sont à demeure ou portatifs. Les urinoirs *à demeure* sont, comme les fosses d'aisances, *étanches, à fond perdu* ou *à conduites*.

Parmi les réceptacles portatifs, on distingue le vase de nuit ou pot de chambre, *scaphium* des anciens.

Le fond des urinoirs à demeure est dit *à plaque, à gargouille, à cuillère* ou *à terrasson*, selon la nature de sa construction.

§ 4. — Vidanges.

38. Vidange, au singulier, est un radical de vider : faire la vidange d'une fosse, c'est la vider.

Vidanges, au pluriel, a une signification plus spéciale : il se dit surtout des excréments agglomérés, alors même qu'ils sont mêlés à des matières étrangères, telles que débris, immondices, eaux de lavage, etc.

39. Les parties principales qui composent les vidanges d'une fosse sont donc les matières fécales, soit solides, soit liquides (1).

(1) Les matières fécales sont, suivant les cas et les lieux, appelées : en français : *selles, fèces, déjections alvines, sédiments, m....., bran, et....., fiens.*

40. Réunies aux urines, les matières fécales se nomment plus particulièrement *excréments, mélanges, déjections*.

41. Les déjections alvines du cheval sont appelées *couasmes* ou *crottin ;* celles des bêtes à cornes, *bouses ;* celles des insectes, *chiasses ;* celles des oiseaux de mer, *guano*.

42. Les liquides, qui sont principalement les urines, se nomment encore dans certaines localités : *pissat* ou *binée*, comme dans les actes du moyen âge.

Les urines mêlées aux eaux de lavage prennent le nom d'eaux vannes.

43. Les matières fermes se composent, suivant Berzélius, de

Eau.	73.30
Bile	0.90
Albumine	0.90
Sels et matières extractives (1)	3.90
Résidus insolubles	7.00
Matière insoluble	14.00
	100.00

Leur coloration est variable; leur densité est supérieure à celle de l'eau (2); leur saveur est à la fois douceâtre et salée; leur

fiente, fy-fine, pue-fine, foire, ca, caca, crotte, matières solides ou *pâteuses, diarrhée, sédiment;* en latin : *merda, fæces, stercus, cacatus, purgamenta,* et quelquefois *dapes;* en latin barbare : *struncus;* en celtique : *stronc;* en grec : κόπρος (*kopros*); en italien : *merda, stronzo;* en espagnol : *mierda;* en allemand : *drech;* en anglais : *turd.*

(1) 100 parties de sels des excréments ont présenté la composition suivante :

Carbonate de soude	29.4
Chlorure de sodium	23.5
Sulfate de soude	11.8
Phosphate ammoniaco-magnésie	11.8
Phosphate de chaux	23.5
	100.0

(2) A cet égard, voici comment s'exprime M. Paulet (Engrais humain p. 141) : « On attribue aux fèces produites par l'homme une densité inférieure à celle de l'eau ; Gorter a dit, il y a plus d'un siècle, *sanæ feces humanæ aquæ innatant.* Cet aphorisme a souvent été répété sans contrôle ; il est erroné. Les déjections solides dont on n'a pas encore exactement déterminé la densité, sont plus pesantes que l'eau. Dans certaines circonstances,

odeur, souvent dénommée *arome fécal*, est indéfinie (1).

44. D'après certains auteurs, « les matières fermes dont la

« les gaz qu'elles tiennent interposés leur font acquérir une légèreté qui ne « leur est point propre; c'est ainsi que le tissu de l'éponge, qui paraît si « léger, est pourtant plus pesant que l'eau. »

En principe, M. Paulet a raison, et c'est pourquoi nous avons adopté sa théorie; mais il n'en est pas moins vrai que les gaz interposés dans les matières et certains principes organiques qui leur font acquérir une légèreté qui ne leur est point propre, existent toujours, au moment de l'excrétion, et même quelquefois longtemps après.

De là ce fait matériel que les matières flottent à la surface de l'eau pendant un certain temps bien qu'étant plus lourdes qu'elle.

En effet, la matière flotte quand elle est chargée de matières albumineu-neuses animales et de divers éléments gazeux.

Mais au bout de quelque temps, lorsque l'albumine, qui renferme des principes les plus légers, aura monté à la surface, que les gaz dont parle M. Paulet, se seront dégagés, et que les sels ammoniacaux et les phosphates de chaux resteront seuls dans la matière, elle deviendra plus pesante et se tiendra alors en suspension entre deux eaux.

Enfin, lorsqu'elle est saturée de sels, elle se précipite au fond de la fosse où elle subit une nouvelle décomposition.

Voici ce qui se produit :

La partie saturée saline reste au fond, les détritus forment une matière demi-liquide qui recouvre la matière dure. La masse liquide occupe alors la surface entière de la fosse et ne laisse passage qu'aux excrétions nouvelles flottantes qui y arrivent par intermittence.

Après la décomposition entière des matières fermes et salines du fond, et de la couche molle qui est au-dessus, tout le détritus devenu plus léger que l'eau remonte à la surface, s'y agglomère et forme une croûte de couleur cendrée à laquelle participe une partie des déjections nouvellement tombées dans la fosse. Telles sont les diverses phases de la décomposition putride. En résumé, la densité des matières fermes est plus forte que celle de l'eau; les matières légères et formées d'une certaine quantité des déjections molles, flottent à la surface de la fosse et composent cette croûte sur laquelle nais-sent et grouillent les vers et les moucherons, qui finissent par périr lorsque la matière desséchée ne peut plus les nourrir.

Cette dernière observation a un grand intérêt au point de vue de la méta-physique.

(1) Suivant Haler (*Elementa physiologiæ*, t. ., p. 179), l'odeur des matiè-res fécales au moment de leur production, est due à un commencement de putréfaction subie par les aliments dans l'économie, et facilitée, hâtée par la chaleur animale.

Suivant Blondelot (*Traité analytique de la digestion*, p. 442), la fétidité des fèces est due à un principe volatil sécrété par le gros intestin.

M. Paulet plus vague mais moins exposé à l'erreur dit : « l'odeur qui pré-

« pâte est liante, uniforme, et dont la couleur est d'un jaune
« clair, annoncent un état satisfaisant de santé.

« Les déjections dont la composition est trouble, la couleur
« cendrée et l'odeur purulente attestent un trouble dans les
« organes.

« Celles qui sont agglutinées et coriaces, comme formées de
« vésicules, dont les interstices portent trace de glaires, indi-
« quent une contraction dans les voies digestives et un engrais-
« sement des intestins. »

45. La théorie n'est pas exempte de critiques : en effet,
quand l'appareil digestif a absorbé toute la partie nutritive
des aliments, le détritus des matières alimentaires arrive
dans le *cæcum* ou gros intestin, et c'est là seulement qu'il
forme la matière fécale, laquelle se colore diversement suivant la nature des aliments, la constitution des individus,
l'état plus ou moins normal de l'appareil digestif et enfin
suivant le laps de temps que le détritus met à se transformer
en matière fécale.

46. L'inspection des matières fécales aussitôt après leur
excrétion est propre aux études physiologiques et à fournir
des indices utiles dans l'instruction des affaires criminel-
les (1).

« domine dans les déjections récentes n'est point celle de l'ammoniaque ni
« d'aucun autre composé défini par les chimistes ; il faut donc conclure que
« cette odeur est due à des corps spéciaux. »

Ce qu'il y a de certain c'est que l'odeur des matières dans les fosses est bien
différente de celles des matières isolées et nouvellement excrétées.

Ce sont ces dernières odeurs que le savant Hallé (*Recherches sur la nature et
les effets du méphitisme*, p. 181) a classées de la manière suivante : 1° l'odeur
des matières telles qu'elles sortent du corps humain ; 2° l'odeur alcaline très-
pénétrante due à l'ammoniaque ; 3° l'odeur hépathique qui est la véritable
odeur des vidanges, due à l'hydrogène sulfuré et à l'hydro-sulfate d'ammoniaque ; 4° l'odeur putride qui est nauséabonde.

(1) C'est pourquoi le savant Boyer, de la faculté de Paris, posait la question suivante à ses élèves :

« Nunc fingite, amici, vos ante oculos habere duo excrementa quæ ejusdem
ætatis ac utraque recenter cacata sint ; si quis forte rogaret quod homo,
quod mulier cacaverit ; dicite, amici, quid responderetis ? »

Comme aucun disciple d'Hippocrate n'avait l'expérience nécessaire

47. Un homme produit, chaque année, en moyenne 55 kilogrammes de matières fermes renfermant 3 pour 100 d'azote.

48. L'urine est un liquide excrémentiel sécrété par les reins d'où il coule, par les uretères, dans la vessie qui, après l'avoir conservé en dépôt pendant quelque temps, le chasse au dehors par l'urètre ; elle se compose ainsi, suivant Berzélius :

Eau	933.0
Urée (1)	30.1
Acide urique	1.0
Mucus vésical	0.3
Sulfate de potasse	3.7
Sulfate de soude	3 2
Phosphate de soude	3.0
Biphosphate d'ammoniaque	1.7
Sel marin	4.5
Sel ammoniac	1.5
Phosphate terreux	1.0
Acide lactique, lactates, diverses substances extractives	17.0
	1000.0

49. La couleur de l'urine est ordinairement jaune, sa saveur fortement salée ; son odeur se rapproche souvent de celle de la violette ; sa densité est très-variable, mais toujours supérieure à celle de l'eau.

pour répondre d'une manière satisfaisante, le savant professeur ajoutait :

« Primum mulieris longe, hominis vero proxime, ab excremento urina projecta erit, deinde est fundamento largum ac laxum mulieris excrementum, atque de visu facile agnoscetis illius mollior et inflatior intestinum. »

On sait que l'illustre Larrey passait, tous les jours, un certain temps à observer les excréments des soldats, en Egypte, afin d'y trouver un diagnostic de la maladie redoutée et les moyens de la combattre.

(1) L'urée, qui renferme les matières azotées, se compose :

Carbone	20.00
Hydrogène	6.67
Oxygène	26.67
Azote	46.66
	100.00

Pour la désinfection complète d'une quantité déterminée d'urine, il faut la mélanger avec 300 fois le même volume d'eau.

50. La quantité d'urine que rend un homme par vingt-quatre heures est de :

D'après Haller	1.568
— Chambert	1.103
— Lecamus	1.268
— Becquerel	1.267
— Rayer	1.257
— Bostock	1.280
— Proust	1.040

51. La moyenne de tous ces résultats est représentée par 1.255 grammes ; mais des expériences répétées ont établi que le poids réel est, en moyenne, de 1.175 grammes, ce qui donnerait par année environ 438 kil. 874 gr.

52. Le sel est plus abondant dans l'urine de l'homme que dans celle de la femme ; il est presque nul dans l'urine des vieillards et des enfants.

53. Des données qui précèdent, il résulte que les matières fermes et les urines qu'excrète un homme dans une année produisent 1 demi-mètre cube environ.

54. Appliquées à l'agriculture et aux arts industriels, les matières fécales reçoivent diverses dénominations particulières qui varient suivant la manière dont ces substances sont employées :

55. La matière solide est appelée *poudrette*, lorsqu'elle est séchée et pulvérisée ;

Noir animalisé, lorsque, unie à des terres brûlées, elle est aussi séchée et pulvérisée.

Chaux animalisée, dès qu'elle est mélangée avec de la chaux ;

Algues animalisées, lorsqu'elle est mélangée avec des algues marines desséchées ;

Taffo, lorsque, pétrie avec de la terre glaise et desséchée, elle est ainsi moulée en briquettes, comme en Chine.

56. L'urine est appelée *urate*, lorsqu'elle est unie au plâtre ou à toute autre matière absorbante ou solidifiante (1).

____

(1) En chimie, l'urate est un sel formé par la combinaison de l'acide urique avec différentes bases. Les urates sont presque toujours le produit

On la nomme *chaux supersaturée*, lorsqu'elle est mélangée et absorbée par la chaux éteinte.

57. Les matières fermes et les urines réunies sont appelées *gadoue, courte graisse, engrais flamand*, etc.

58. Les urines prennent le nom de *compost* toutes les fois qu'elles sont unies aux autres fumiers.

59. Enfin, la dénomination de guano humain est généralement admise pour désigner les matières fécales de l'homme, lorsqu'elles sont destinées à l'agriculture et qu'elles y sont utilisées sans mélange et à l'état naturel.

60. Si les matières fécales peuvent, par leur agglomération et leur concentration, présenter des dangers pour la salubrité des villes, il n'en est pas de même à la campagne et au grand air, où elles paraissent au contraire donner des résultats favorables à la santé. Ainsi, le choléra n'a jamais sévi à Bondy ni dans les environs de ce dépotoir, et ces localités, suivant les résultats de la statistique, sont celles où l'on a constaté le moins de maladies.

61. Toutefois, il est certain que le voisinage des dépotoirs des matières fécales n'est pas favorable à la végétation des arbres. On a remarqué que l'ammoniaque qui s'en émane s'attache à l'écorce des arbres et atteint leur séve.

62. Les vidangeurs, qui étaient autrefois appelés fy-fy ou gadouards, sont mis en travail par équipes.

Une équipe est la réunion de quatre hommes et d'un compagnon, qui est le chef de l'équipe.

Les tonnes sont les gros tonneaux destinés à recevoir les liquides, et qu'on emplit au moyen de la pompe. Les hendrauliques ou hydrauliques et les tinettes sont les vaisseaux dans lesquels on enlève la vidange.

Sont appelées voies de passes celles qui excèdent les 8 mètres cubes de matières qu'une équipe doit normalement extraire dans une nuit.

de l'art ou de la décomposition naturelle de l'urine. C'est par extension que ce mot est employé, en agriculture, dans le sens que nous venons d'indiquer.

Le dépotoir est un lieu ordinairement situé en dehors des murs de la ville, où l'on décharge les matières extraites des fosses.

63. Les vidangeurs trouvent dans leur métier le préservatif de plusieurs maladies. Ils sont exempts de la gale, et ils peuvent sans danger de la gagner coucher avec des gens qui en sont infectés. Un galeux qui ferait le service de vidangeur serait assuré de voir disparaître sa maladie sous peu de jours; ils sont pareillement exempts de dartres, d'érysipèles, d'engelures et de gerçures aux mains; les écorchures et les petites blessures qu'ils peuvent se faire se guérissent en vingt-quatre heures; mais les vidangeurs ne guérissent point des maladies vénériennes, les accidents s'aggravent même chez eux malgré l'usage des remèdes (1).

Les maladies que les vidangeurs contractaient autrefois étaient la moufete ou mofete, le plomb, l'hydre de méphitisme, *neausea latrinatia*, la mitte. On disait : « chanter le plomb », et en effet, avant de succomber ils étaient pris d'une gaieté convulsive (2).

Les ouvriers vidangeurs viennent presque tous du Limousin;

(1) LABORIE, CADET et PARMENTIER, *Observations sur les fosses d'aisances*.

(2) « A ce méphitisme terrible, inconnu, invisible et invincible, devaient
« être attribués ces incendies, ces violentes détonations qui parfois ébran-
« laient les fosses d'aisances lorsqu'on approchait une lumière de ces atmo-
« sphères infectées.

« Le méphitisme manifestait encore ses effets en affligeant de la mitte,
« c'est-à-dire en frappant d'aveuglement ces pauvres ouvriers vidangeurs.
« La vue revenait souvent après un ou plusieurs jours et quelques lotions
« d'eau fraîche; mais quand le plomb avait frappé un ouvrier, il était bien
« rare qu'il en guérît. »   PAULET, *Engrais humain*.

Ramazzini raconte qu'interrogeant un des ouvriers qui vidaient la fosse de sa maison, il obtint de lui quelques renseignements, mais que subitement cet ouvrier *interrompit son travail et ses explications en étendant les mains sur ses yeux et cherchant à regagner sa demeure.*

Ce médecin observa que les cureurs de fosses devenaient généralement aveugles.

Aujourd'hui qu'on a apporté des perfectionnements à la construction des fosses et qu'elles reçoivent une quantité considérable d'eaux, les vidangeurs ont cessé d'être aussi exposés.

les hommes qui s'adonnent à ce pénible travail ne paraissent pas plus maladifs que ceux qui exercent d'autres professions. On a dit qu'ils étaient d'un tempérament bilieux; cependant, en général, ils sont forts et ceux qui semblent grêles et chétifs s'acquittent facilement de leur travail.

Toutefois, il faut le dire, l'intelligence des hommes appartenant à la corporation des vidangeurs paraît assez bornée, cela vient peut-être de ce que leur salaire étant plus élevé que dans toute autre profession, ils en profitent pour boire d'une façon déréglée, ce qui ne peut qu'exercer une fatale influence sur leurs facultés mentales.

Malgré l'action asphyxiante des gaz qui se dégagent à l'ouverture des fosses, peu d'ouvriers vidangeurs sont frappés mortellement, aujourd'hui du moins où toutes précautions et mesures de sûreté ont été prises. Cela n'arrive que dans des circonstances fortuites et exceptionnelles.

Les ouvriers vidangeurs gagnent jusqu'à cinq francs par jour; ils commencent à exercer cette profession à l'âge de vingt ans, et continuent ainsi ce rude métier jusqu'à soixante-cinq et même soixante-dix ans.

CHAPITRE II

HISTORIQUE

§ 1er. — Depuis les temps les plus reculés jusqu'au onzième siècle inclusivement.

64. Les Égyptiens rangeaient au nombre de leurs idoles la matière fécale, et ils l'adoraient sous la forme du scarabée ou escarbot, appelé fouille-m......

L'escarbot, qui naît dans la matière fécale et qui s'en nourrit, était, suivant la croyance de ce peuple, l'image du monde, du soleil, d'Isis et d'Osiris (1).

(1) PLINE, *Hist. nat.*, lib. XXX, cap. II, n° 15. — *Ibid.*, lib. II, n° 30. — KIRCHER, *Prodom. ægypt. c. ult.*

« Le scarabée, dit Horapollon, représente la procréation par un seul, parce que cet insecte n'a pas de femelle ; quand le mâle veut engendrer, il forme, avec de la bouse de bœuf, une boule à l'image du monde, qu'il roule avec ses pattes de derrière, d'orient en occident, en fixant l'occident ; il enfouit cette boule dans la terre vingt-huit jours, et le vingt-neuvième il la jette dans l'eau. »

Suivant Champollion (*Grammaire égyptienne*), le scarabée désigne le monde terrestre.

Sur les caisses des momies, le grand scarabée aux ailes éployées, qui roule dans ses pattes la boule du monde, représente la mort et la nouvelle naissance du néophyte dans une autre vie.

Clément d'Alexandrie (*Stromat.*, V) et Horapollon affirment, ce qui d'ailleurs est confirmé par les monuments, que le scarabée figurait le soleil. Le

65. Les Égyptiens reconnaissaient aux urines des propriétés thérapeutiques. Théron, roi d'Égypte, fut guéri d'une maladie d'yeux par l'urine d'une femme, qu'il épousa dans la suite (1).

66. « En Égypte, dit Hérodote, les femmes urinaient debout, et les hommes s'accroupissaient pour cela. A ceux-ci il n'était pas permis de vider leur ventre hors la maison, mais ils mangeaient dehors et dans les rues, et donnaient pour raison que les choses déshonnêtes, mais nécessaires, doivent se faire en secret, et que celles qui ne sont pas déshonnêtes se doivent faire publiquement (2). »

67. Suivant le même historien, il n'était permis aux Perses ni de vomir ni d'uriner devant le monde : « Ils ne pissent ni ne crachent dans les rivières, ils n'y lavent point leurs mains, et n'y font rien de semblable, mais ils ont pour elles une vénération particulière (3). »

68. Les Hébreux utilisaient leurs excréments en les faisant sécher et en les employant comme combustible (4). Mais dans

dieu Phra, une des formes de Ehré (le soleil), porte effectivement un scarabée en place de la tête.

Les Pères de l'Église, soit qu'ils usassent de cette étrange liberté du langage et de comparaison qui est à la fois un mérite et l'un des plus grands torts des anciens, soit afin de se rendre compréhensibles à la grossière intelligence des peuples barbares qu'ils cherchaient à convertir au christianisme, semblent avoir employé, sans doute à regret, les symboles de l'Egypte, conservés à tort par les gnostiques, en parlant du bon scarabée, par opposition au mauvais, substituant le pur à l'impur, le culte virginal à la déification de la chair et à ses suites.

Saint Ambroise (*in Luc.*, X, n° 113) semble traduire Horapollon, lorsqu'il dit : « *Et bonus scarabæus, qui latum corporis nostri ante informe ac pigrum virtutum versabat vestigiis : bonus scarabæus qui de stercore erigit pauperem.* »

(1) Hérodote, liv. I, traduction de Dubryer.

Du texte d'Hérodote, on peut induire qu'il y avait des latrines dans l'intérieur des habitations.

(2) Hérodote, lib. II, p. 287.

(3) *Idem*, lib. I, p. 131, traduction de Dubryer.

(4) Et quasi sub cinericium hordeaceum comedes illud : et stercore, quod egreditur de homine, operies illud in oculis eorum. Et dixit ad me : Ecce, dedi tibi fimum boum pro stercoribus humanis, et facies panem tuum in eo.

Ézéchiel, cap. IV, v. 12 et 15.

Voltaire et ses disciples n'ont trouvé dans ce texte que matière à plaisan-

les endroits où il y avait une trop grande agglomération de personnes, la loi prescrivait d'enfouir les matières au moment même de leur excrétion (1).

69. Les Tartares et les Japonais avaient une profonde vénération pour les excrétions du grand lama et celles du daïri (2).

70. Dans l'enfer de Brahma, une des punitions infligées aux calomniateurs était de manger des excréments humains (3-4).

71. De tous les peuples de l'antiquité, le peuple carthaginois est celui qui paraît avoir apprécié au plus haut degré les qualités fécondantes des matières fécales (5).

terie. L'abbé Guénée (*Lettres de quelques Juifs*), don Nonotte et Nicolas (*Études sur le christianisme*), plus érudits que Voltaire et d'ailleurs appuyés des plus savants orientalistes, ont interprété le texte du prophète par les pratiques encore en usage en Orient, qui consistent à employer, faute d'autres combustibles, les matières fécales à la cuisson du pain.

C'est suivant ces données que Genoude a traduit les deux versets de la manière suivante :

« Et tu mangeras un pain d'orge cuit sous la cendre, à leurs yeux, avec des excréments humains desséchés.

« Et le Seigneur dit : Voilà que je t'ai donné des excréments de bœuf au lieu d'excréments humains, et tu t'en serviras pour cuire ton pain. »

De nos jours, en Bretagne, dans certaines localités où le bois est rare, on se sert de la fiente des bestiaux séchée comme combustible.

(1) Habebis locum extra castra ad quem egrediaris ad requisita naturæ.

Gerens poxillum in balteo cumque sederis, fodies per circuitum, et egesta humo operies.

Deuteron., cap. XXIII, v. 12 et 13.

Vous aurez un lieu hors du camp où vous irez pour vos besoins naturels.

Et portant un bâton pointu à votre ceinture, lorsque vous voudrez excréter, vous ferez un trou rond et vous recouvrirez de terre ce que vous y aurez déposé.

(2) Daïri était le titre qu'on donnait au roi et chef spirituel du Japon.

(3) Dans la mythologie indienne, Brahma était l'être unique considéré comme la cause divine et l'essence du monde.

(4) MASER, *Dictionnaire mythologique*, t. II, p. 346.

(5) Cassius secundum columbinum scribit esse homines.

VARRON, *de Agricultura*, c. XXVII.

Cassius place comme fumier après la fiente de pigeon les excréments de l'homme.

Cassius Dionysius d'Utique, cité par Varron (Varron écrivait 116 ans avant J. C.), avait fait une traduction grecque de Magon de Carthage, qui

72. Les Grecs invoquaient le génie *Merdicus* (1), et, comme les Carthaginois, ils employaient les excréments de l'homme à la fumure des terres (2). Cependant ce dernier usage semble avoir été tempéré en vue de la salubrité (3).

73. Ils avaient dans leurs habitations des lieux destinés à recevoir les sécrétions, ils les appelaient αφεδρων — *alphedron* (*procursim sedendo*) (4), ce qui correspond à notre expression française *latrines* (5). Ils appelaient l'action d'excréter αποπατειν, se retirer à l'écart. D'après le scoliaste d'Aristophane, les Grecs se torchaient l'anus avec des cailloux (6).

74. Une classe d'hommes des moins considérés était chargée de faire la vidange des latrines (7).

fut le plus célèbre agriculteur de ces temps reculés. Par les écrits de cet auteur, on reconnaît que les théories professées à Carthage étaient les mêmes que celles qu'on avait adoptées en Grèce.

(1) Aristophane, *Assemblée des femmes.*

(2) Théophraste, *Histoire des plantes.*

(3) Ipsam quoque agrorum stercorationem damnabat Hesiodus consuetum magis valens salubritati quam soli fecundati. Ramazzini.	La fumure des champs à l'aide des excréments de l'homme devait, d'après Hésiode, être proscrite ; il faut avoir plutôt égard à la salubrité qu'à la fécondité des terres.

Hésiode vivait au neuvième siècle avant J. C.

(4) Vossn, *Etym., verb. Latrina.*

(5) Ludoph, *Custer in Ecclesiasten,* v. 313.

.... Apagete, inquit, fœtorem extremæ latrinæ ! Apulée, lib. I. Et ego tua magnifica verba, neque istas tuas magnas minas, non pluris facio, quam ancillam meam, quæ latrinam lavat. Plaute, *Curculio,* acte IV, sc. IV.	Arrière ! dit-il, quelle odeur des plus dégoûtantes latrines ! Je ne fais pas plus de cas de tes grands mots et de tes menaces terribles que de la servante qui nettoie mes latrines.

Plaute critiquait les mœurs romaines, mais l'action de ses comédies est toujours transportée dans des maisons grecques ; de sorte que son texte peut éclairer à la fois sur l'histoire des Grecs et sur celle des Romains.

(6) « Trois pierres suffisent pour se torcher le c.., si elles sont raboteuses ;
« polies, il en faut quatre. »

(7)   DEUXIÈME ESCLAVE.

Vidangeurs, au nom des dieux, venez à mon aide, si vous ne voulez pas me laisser suffoquer !   Aristophane, *la Paix.*

75. Il paraît pourtant que toutes les maisons grecques n'étaient pas pourvues de privés (1), mais il est certain qu'on faisait un fréquent usage de bassins portatifs (2).

76. Les temples d'Athènes n'étaient pas exempts de dépôts stercoraires (3).

77. Un décret des amphitryons de Delphes porte l'inscription suivante, que l'on voit encore aujourd'hui au musée du Louvre : « Il est défendu de décharger du fumier sur la terre sainte. »

78. Des études sur ces matières étaient suivies dans les écoles (4). Aristote, dans ses *Problèmes physiques*, s'occupe des rapports qui lient les impressions de l'âme aux fonctions intestinales ; il recherche pourquoi une frayeur subite et violente cause presque toujours et incontinent une diarrhée.

79. La *scatophagie*, c'est-à-dire l'action de manger des déjections, ne paraît pas avoir été étrangère aux Grecs (5).

(1)　　　　　　　BLEPYRUS, mari de Laxagora.

Qu'est-ce que cela veut dire? Où ma femme est-elle allée? Voilà déjà l'aurore et elle ne paraît pas! Depuis longtemps tourmenté d'un besoin pressant (*cacaturiens*), je cherche dans l'obscurité mes souliers et mon manteau ; mais j'ai beau tâtonner, je ne trouve rien, et déjà *Mercurius* (Κερχανος) frappe à la porte.... Je vais mettre la maute de ma femme et sa chaussure persique. Mais où trouver un endroit propre où l'on puisse se soulager à son aise? Ma foi, la nuit tous les endroits sont bons. Personne ne me verra faire cela. Ah! que je suis malheureux de m'être marié dans un âge avancé! que je mérite bien d'être châtié.... Elle n'est certainement pas sortie dans de bonnes intentions. Quoi qu'il en soit, il faut que je me soulage!

ARISTOPHANE, *École des femmes.*

(2)　　　　　　　LE JUSTE.

Quoi! le mal me vient à ce point!... Qu'on me donne un bassin.

ARISTOPHANE, *les Nuées.*

Les auteurs grecs font souvent mention de ces objets pour l'usage dont il s'agit.

(3) Nisi cacatum plus quam decies milleni.

Mais maintenant personne ne sacrifie, personne ne vient dans le temple que pour faire ses besoins.

Trad. d'ARTAUD.

(4) AULU-GELLE, lib. XIX, cap. XIV.

(5) Dans *Plutus*, Aristophane fait dire par Carion que le dieu Esculape était scatophage.

80. Comme leurs devanciers, les Romains déifièrent les sécrétions de l'homme (1).

Ils affectaient surtout une grande vénération pour les excréments des vestales, qui étaient précieusement recueillis et soigneusement enfermés afin de ne pouvoir être profanés (2).

81. Le culte romain, ou du moins les excès qu'il motivait,

(1) D'après Pline (liv. XVII, chap. IX), le dieu Stercus ou Sterculus était fils du dieu Faunus et petit-fils de Picus, roi des Latins et inventeur de la manière de fumer les terres.

Suivant saint Augustin (*de Civit. Dei*, lib. XVIII, cap. XV), Stercus ou Sterces était père de Picus.

D'autres pensent que c'était sous le nom de Sterquilinius ou Sterculius qu'on rendait hommage à Saturne, parce qu'il était père de l'agriculture et avait recommandé l'emploi des excréments humains pour féconder les terres.

Il est encore une opinion assez accréditée : c'est qu'en adorant le dieu Stercus, on rendait un culte à la terre même.

Quoi qu'il en soit, il est certain que Stercus était la divinité des engrais. Le nom de ce faux dieu est écrit de diverses manières.

Voir MACROBE, LACTANCE, etc.

(2) Stercus ex æde Vestæ kalendas Julias defertur in angiportum medium fere clivi Capitolini, qui locus clauditur *porta Stercoria*, tante sautilaris majores nostri esse judicaverunt.

SEXTUS POMPONIUS FESTUS, *de Verborum significatione*.

Donec ab Iliaca placidus purgamina Vesta
Detulerit flavis in mare Tibris aquis
Non mihi detonsos crines depectere buxo
Non ungues ferro subsecuisse licet.
OVIDE, *Fastes*, lib. X.

Le 17 des calendes de juillet, les excréments provenant du temple de Vesta étaient transportés dans une ruelle située vers le milieu de la colline du Capitole, et l'endroit où on les déposait était fermé par une porte qu'on nommait Stercoraire : tant nos ancêtres avaient de vénération pour ces reliques.

Jusqu'à l'époque où le Tibre paisible portera dans la mer avec ses eaux jaunâtres les ordures provenant de Vesta, la déesse troyenne, il m'est interdit de passer le peigne dans mes cheveux et de me rogner les ongles.

On a vu que les matières fécales des vestales étaient livrées aux eaux du Tibre. Le rapprochement de ces deux textes paraît prouver le contraire, car on ne peut guère interpréter les vers d'Ovide que par cette locution française : Les excréments des vestales iront au Tibre quand les poules auront des dents.

Enfin on lit, plus loin, dans le même auteur :

Hæc est illa dies, qua tu purgamina Vesta
Tibri, per Etruscas in mare mittis aquas.

nous a laissé, en outre, des traces d'étranges pratiques uri-
nales (1).

82. La satire romaine semble insinuer que, dans la patrie
d'Annibal, les matières fécales servaient à des usages éroti-
ques (2).

(1) Noctibus hic ponunt lecticas micturiunt,
                [hic
Effigiemque deæ longis siphonibus implent;
Inque vices equitant, ac, luna teste, moventr:
Inde domos abeunt : tu · calcas, luce reversa,
Conjugis urinam, magnos visurus amicos.
    JUVÉNAL, sat. VI, *des Femmes*.

C'est là, auprès du vieil autel de la Pudeur, qu'elles font (les femmes) pendant la nuit poser leur litière, et qu'après avoir à l'envi bravé la statue de la déesse par de longs jets d'urine, elles se livrent, aux rayons de la lune, des assauts réciproques dont frémit la nature.

Chacune ensuite regagne sa maison : et toi que l'aurore naissante envoie chez les grands, tu glisses en chemin sur les marbres salis des urines de ton épouse.

    Trad. de DUSSAULX.

Affirmant Juvenalis scripta mulierem urinantem longè siphones proficere.

Hæc sententia vero in certamen adduci potest, et ideo pro lege conformationis femineæ hodiè non habetur.

Attamen in fabulis est hic urinandi modus :

Narrant mulierem quamdam Londinii in arte urinandi præcipuam esse ; si das mercedem, facile erit tibi illam contemplari, dum urinam rapido jactu projicit in altùm, ac illam, digiti sui compressione quâdam, adeo certè dirigit, ut lucernam suspensam extinguat.

Quidam bonæ fidei viri mihi affirmârunt, Florentiæ mulierem vidisse in arte urinandi peritam.

Mima quædam recenter extincta, digitorum suorum compressione ac positione quâdam, tribus metris projiciebat urinam.

Albertus Durer pinxit puellam ad altùm urinantem.

Pro certo habetur mulierem Ambiani (*Amiens*) natam, murum urinâ facile transmisisse.

Quis hanc historiam non cognoscit famâ publicâ comprobatam cujusdam illustris Præfecti qui Lutetiâ mulierem accersebat in arte urinandi præsertim versatam ; famâ refertur ut illa digito jactum urinæ in duas partes divideret atque peritè duos nummos aurei pare intervallo dispositos feriret.

(2)   AGORASTOCLES.
At ride, sis, cum illa numquam limari caput.
             MILPHIO.
Curram igitur aliquo ad piscinam, aut lacum, limum petam.
           AGORASTOCLES.
Qui eo opu'st ?
            MILPHIO.
Ego dicam : at illi et tibi limen caput.   (PLAUTE.)

83. Ainsi que les Grecs, les Romains professaient, dans leurs écoles, que l'influence morale avait pour effet de dilater ou de resserrer les entrailles,

C'est cette théorie physiologique que Phèdre a parodiée dans une de ses fables devenue célèbre (1) :

(1) **FABULA XVI**
CANUM LEGATI AD JOVEM

Canes legatos olim misere ad Jovem,
Melioris vitæ tempus oratum suæ,
Ut sese eriperet hominum contumeliis, [rent,
Furfuribus sibi conspersum quod passem da-
Fimoque tuepi maximam expleront famen.
Profecti sunt legati non celeri pede,
Dum naribus scrutantur escam in stercore
Citati non respondent. Vix tandem invenit
Eos Mercurius, et turbatos attrahit.
Tum vero vultum magni ut viderent Jovis,
Totam timentes concacarunt regiam.
Propulsi vero fustibus, vadunt foras :
Vetat dimitti magnus illos Jupiter.

Mirati, sibi legatos non revertier
Turpe æstimantes aliquid commissum a suis,
Post aliquod tempus alios adscribi jubent.
Rumos legatos superiores prodidit.
Timentes rursus aliquid ne simile accidat,
Odore canibus anum, sed multo, replent.
Mandata dant, legati mittuntur, statim
Abeunt. Rogantes aditum, continuo impetrant.
Consedit genitor tum deorum maximus,
Quassatque fulmen : tremere cœpere omnia.
Canes confusi, subitus quod fuerat fragor,
Repente odorem mixtum cum merdis cacant.
Reclamant omnes, vindicandam injuriam.
Sic est locutus ante pœnam Jupiter :

FABLE XVI
DÉPUTATION DES CHIENS VERS JUPITER

Un jour, les chiens envoyèrent des ambassadeurs à Jupiter pour le supplier de leur accorder une condition plus douce, et de les soustraire aux mauvais traitements des hommes : car on ne leur donnait que du pain de son, et, pour assouvir leur faim, ils étaient obligés de fouiller dans les plus dégoûtantes ordures. Les ambassadeurs partent donc, vont sans se presser, flairant chaque tas de fumier, afin d'y trouver quelque nourriture. Mercure les appelle, et ils ne répondent pas ; enfin ce dieu va les chercher, et les amène tout troublés devant Jupiter. Mais dès qu'ils virent l'air sévère et majestueux du maître de l'Olympe, ils eurent une telle frayeur, qu'ils infectèrent toute la cour céleste. Chassés à coups de bâton, ils cherchaient à sortir, lorsque le grand Jupiter défendit qu'on les renvoyât.

Cependant les chiens, étonnés de ne point voir revenir leurs députés, pensèrent bien qu'ils avaient commis quelque sottise ; aussi, peu de temps après, on choisit d'autres ambassadeurs. La renommée avait déjà trahi les premiers ; et, dans la crainte de voir renouveler pareil accident, on leur injecte dans l'anus des parfums et avec profusion. Ils reçoivent les pétitions, partent de suite. En arrivant, ils demandent audience et l'obtiennent aussitôt. Alors le père, le maître de tous les dieux, s'assied sur

84. Les Romains pratiquaient aussi la scatophagie, et c'est l'empereur Commode qui donnait l'exemple de ce goût étrange (1).

85. Il y avait à Rome des latrines publiques, affermées à des titulaires appelés *foricarii*, qui payaient au fisc le prix de leur bail et percevaient un droit sur ceux qui entraient dans ces lieux publics (2).

« Legatos non est regis non dimittere,
« Nec est difficile, pœnas culpæ imponere.
« Non veto dimiti, verum cruciari fame,
« Ne ventrem continere non possint suum,
« Et hoc feretis pro judicio præmium ;
« Illi autem, qui miserunt vos tam futilis,
« Numquam carehunt hominis contumelia. »

Ita nunc legatos exspectant et posteri,
Novum venire qui videt, culum olfacit.
PHÈDRE, liv. IV.

(1) Dicitur sæpe pretiosissimis cibis humana stercora miscuisse, nec abstinuisse gustu, aliis ut putabat irrisis. LAMPRIDE, *Hist. Aug. Commode,* lib. XI.

(2) Fiscus et suis contractibus usuras non dat ; sed ipse accipit, ut solet a foricariis qui tardius pecuniam inferunt.

Digest., l. XVII, lib. XII, t. II.

son trône, agite son foudre terrible et fait trembler l'univers. Les chiens, surpris par cet épouvantable fracas, furent tellement effrayés, qu'ils laissèrent aller parfum et excréments. Tout l'Olympe demanda justice d'un tel affront. Mais avant de condamner, Jupiter parla ainsi : « Un roi ne doit point retenir des ambassadeurs ; cependant il ne me sera point difficile de punir cette insulte comme elle le mérite. Je ne veux pas que l'on vous garde ici, mais vous serez tourmentés désormais par la faim, pour vous rappeler qu'autrefois vous auriez dû être sobres ; recevez cette récompense pour toute punition. Quant à ceux qui vous ont si sottement députés vers moi, ils souffriront toujours les outrages des hommes. »

C'est pourquoi leurs descendants, qui attendent encore les députés, lorsqu'ils voient un nouveau chien, courent le flairer au derrière.

On dit qu'il mêla souvent des excréments humains aux mets les plus recherchés, et même qu'il en goûta pour se donner le plaisir, en croyant tromper ses convives, de leur en voir manger.

Le fisc ne prête pas à intérêt ; il attend lui-même l'argent des fermiers de latrines publiques, qui l'apportent tard.

86. A la fin du troisième siècle, sous Dioclétien, on comptait cent quarante-quatre réceptacles de cette nature (1).

> Inde reversi conducunt toricas.
> JUVÉNAL, sat. III, v. 38.

> Post hoc flagitium misellus Æthon
> Quum ruet in Capitolium venire
> Sellas ante petit Patroclianos
> Et pedet deciesque, vitiesque
> Sed quamvis sibi caverit crepando
> Compessis natibus Jovem salutat.
> MARTIAL, lib. XII, epig. 78.

Au sortir des fêtes, ils affermaient les latrines publiques.

Depuis cette aventure, le malheureux Ethon, quand il songe venir au Capitole, se rend d'abord aux privés de Patrocle et y fait ses....; mais en dépit de ces précautions, ce n'est encore qu'en tremblant qu'il salue Jupiter.

Le manuscrit de Bervel porte *Quatrianos* au lieu de *Patroclianos*.

Les latrines étaient appelées *loca, cacabulum, latrina* ou *laterina, forica* ou *sellæ familiaricæ, sellæ perforatæ, ad excipienda alvi excrementa accomodatæ, latrinæ sterquilianæ.*

Vossius fait dériver ce mot de *a latendo.*

Le mot latrines (*latrinæ*), lorsqu'il ne portait aucune désignation particulière, paraît avoir été plus spécialement employé chez les Latins pour désigner les privés; le témoignage de Varron semble décisif.

> Ex quo apparet, latrinam a lavando dictam esse, proprieque significare colluviem omnium sordium, quæ ex tota domo in unum locum confluunt.
> VARRON, *de Analogia*, lib. II.

Latrines vient du verbe laver, et c'est dans ce lieu qu'affluent toutes les immondices produites par les habitants d'une maison.

Dans un sens plus général, le mot « latrines » semble avoir indiqué une cavité, un réceptacle; c'est du moins ce qui paraît résulter du texte suivant :

> Cupidinem atque appetitus, postremam mentis portionem, infernas abdominis sedes venere, ut popinas quasdam et latrinam latebras, diversoria nequitiæ atque luxuriæ.
> APULÉE, *Dogmata Platonis*, lib. I.

Les passions et les appétits sont la dernière portion de l'âme (*sic*), et occupent les régions inférieures de l'abdomen, espèces de tavernes, de latrines sombres où résident le désordre et la luxure.

Quelques auteurs prétendent qu'indépendamment des cabinets publics payants, il y avait des latrines publiques gratuites. C'est une opinion vraisemblable, mais que rien ne prouve dans les documents qui sont parvenus jusqu'à nous.

On employait quelquefois le mot « latrines » pour exprimer le mépris : ainsi Tertullien appelle l'homme qui tient une maison de prostitution, *antistes latrinarum.*

(1)   *Latrinæ publicæ* CXLIV
            Lupanaria XLV
            Excubitoria XIV.
            P. VICTOR, *de Regionibus urbis Romæ.*

Si l'on en croit Pancirollus, au quatrième siècle, il n'en existait plus que quarante-quatre, réparties dans les différentes régions qui divisaient la ville (1).

87. Ces latrines étaient distinctes des égouts ou cloaques ; elles ne faisaient pas corps avec eux, du moins ordinairement, comme certains écrivains l'ont prétendu (2). Les palais et les édifices publics en étaient également pourvus (3).

(1) *Descriptio urbis Romæ, Latrinæ publicæ*, XLIV.

PANCIROLLUS. (Voir MARDIAS, *Romæ vatres*).

Delamarre (*Traité de la police*) et tous les auteurs qui l'ont cité, y compris le rédacteur de l'article LATRINES du *Grand Dictionnaire encyclopédique*, interprétant mal Pancirollus, ont porté le nombre de cent quarante-quatre latrines au lieu de quarante-quatre; Publius Victor porte bien cent quarante-quatre.

(2) En parlant d'Héliogabale, M. Paulet fait une erreur qu'il importe de signaler. Lampride ne désigne pas latrines par le mot *cloacula*, mais bien par celui de *latrinæ*. Héliogabale fut massacré dans les latrines (*latrinæ*) et son corps fut jeté dans un petit cloaque (*cloaculum*). *Cloacula* n'était donc pas *latrina*. Ces deux mots étaient distincts. Ce petit égout, qui était trop étroit pour recevoir le corps du supplicié, était-il un de ces *cloacæ minores usibus privantis servientis...*, ou bien le conduit même qui servait à diriger les eaux et matières des fosses du palais aux égouts publics? C'est ce qu'il est difficile de savoir.

Les égouts anciens trouvés dans la Cité de Paris n'ont pas plus de 0^m.50 c. sur 0^m.60 de hauteur.

(3) Il y avait des latrines dans les palais des empereurs, car Ammon Marcellus rapporte qu'un empereur, craignant la sédition des soldats, se réfugia dans les latrines du palais.

Post hoc in eum impetus factus est, atque in latrina ad quam confugerat occisus.

Tractus deinde per publicum, additaque injuria cadaveri est, in cloacum milites mitterent.

LAMPRIDE, *Hist. Aug. Héliogabale*, chap. XVII.

Nuper in ludo bestiariorum, unus e Germanis, cum ad matutina spectacula pararetur, secessit ad exonerandum corpus; nullum aliud illi dabatur sine custode secretum; ibi lignum id, quod ad emundanda obscœna adhærente spongia positum

Tournant ensuite leur fureur contre Héliogabale, ils le massacrèrent dans les latrines où il s'était réfugié; ils traînèrent ensuite son cadavre dans les rues, et, pour dernier outrage, ils le jetèrent dans un cloaque (égout).... par hasard trop étroit pour recevoir le corps. Ils le promenèrent dans le Cirque....

En dernier lieu, au combat des bêtes, un Germain, destiné au spectacle du matin, feignit un besoin naturel et se retira dans le seul endroit où il pût aller sans gardes; il n'y trouva qu'un de ces bâtons terminés par une éponge, faits pour entrete-

88. Sous le règne de Tibère, c'était un crime de *lèse-majesté* que d'aller aux latrines avec un anneau ou une pièce de monnaie marqués à l'effigie de l'empereur (1).

89. Les maisons particulières avaient leurs latrines qui étaient généralement placées dans l'intérieur de l'habitation et non, comme on l'a cru, dans les cours et jardins (2).

90. Les ruines de Pompéia ont fourni d'intéressants éléments d'étude sur la disposition des latrines. C'est ordinairement dans les cuisines qu'on les plaçait, ainsi que le démontrent les documents qui suivent.

est, totum in gulam farsit, et vi præclusis faucibus spiritum emisit.

Sénèque, *ad Lucil.*, epist. 70.

nir la propreté de ces lieux ; il se l'enfonça dans le gosier et s'étouffa lui-même.

L'amphithéâtre de Nîmes garde des traces certaines de latrines dont la disposition est très-heureuse au point de vue de l'accès et de la salubrité.

On a trouvé il y a peu de temps des latrines dans les ruines du palais impérial, au mont Palatin, qui sont entièrement construites en marbre, et des incrustations calcaires montrent, dit M. Jaucour, que les parois étaient couvertes d'eau à quelques pouces de hauteur.

(1) Nummo vel annulo effigiem impressam, latrinæ aut lupanari intulisse, dictum illum factumve ejus existimatione aliqua læsisse.

Suétone, *Tib.*, cap. LVII.

On fit un crime capital à un esclave... de porter une pièce de monnaie ou un anneau où était gravée son image (à Auguste) dans les latrines ou dans les lieux de débauche.

(2) Plutarque (*Vie de Marius*) raconte que Marius ayant introduit nuitamment dans sa maison, par deux portes opposées, le tribun Saturinus et les chefs de la faction contraire, se rendait tour à tour de l'un aux autres, sous prétexte d'une diarrhée, afin de conférer séparément avec eux.

Ex quo apparet latrinam a lavando dictam esse, proprieque significare colluviem omnium sordium, quæ ex tota dome in unum locum confluunt.

Varron, *de Analogia*, lib. II.

Latrine dérive du mot laver, et c'est dans ce lieu qu'affluent toutes les immondices produites par les habitants des maisons.

Et ego tua magnifica verba, neque istas tuas magnas minas, non pluris facio, quam ancillam meam, quæ latrinam lavat.

Plaute, *Curculio*.

Je ne fais pas plus de cas de tes grands mots et de tes menaces terribles que de la servante qui nettoie mes latrines.

Ce texte n'a pas la signification que lui donne Paulet, page 21, à savoir : qu'il s'applique aux récipients portatifs ; rien ne l'indique.

La fig. 1 représente le plan de la cuisine et des latrines de la maison du questeur. Immédiatement à main gauche de la porte se trouve un évier demi-circulaire; à droite est un escalier qui menait probablement aux magasins de provisions; en

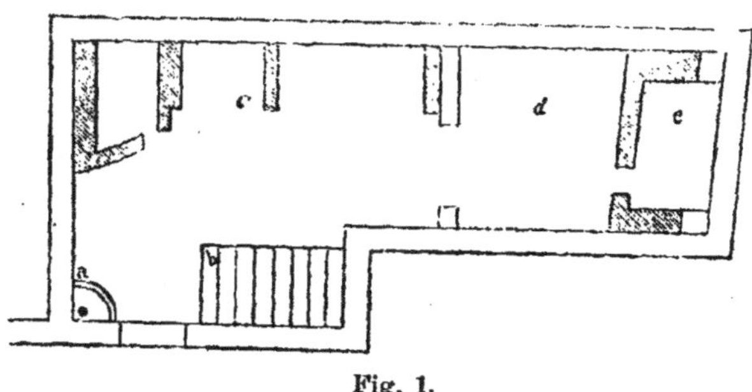

Fig. 1.

face de l'entrée sont des restes de briquetage qui formaient le fourneau. Attenant à cette pièce est une petite chambre, espèce d'arrière-cuisine, qui renfermait les latrines.

Fig. 2.

91. La fig. 2 donne un spécimen analogue.

Les deux petites arcades, à droite, sont le fourneau de la cuisine; quatre marches conduisent dans la pièce. L'enfoncement sur la gauche est la latrine fermée par une porte de bois qui a laissé les traces de ses gonds et verrous sur la partie de la muraille où elle s'adaptait ; on peut également observer dans le coin du cabinet, à main droite, la bouche du tuyau qui y fournissait de l'eau.

92. Dans la maison d'Actéon, on voit aussi les vestiges de trois latrines : l'une, contre le mur de la petite rue ; l'autre, sous l'escalier, à environ 6 mètres de la rue ; la troisième, dans la cuisine. La première seule était éclairée.

93. On a encore trouvé des traces de latrines formées de cabinets étroits, dans la maison de Lucrétius et celle de Salluste (1).

Fig. 3.

94. La vue perspective, fig. 3, tirée de Piranesi, représente le *sterquilinium* de la même ville ; on y voit une chambre, qui paraît assez vaste, dans laquelle sont deux réduits : l'un, garni d'un siége ; l'autre, construit de façon à excréter accroupi. Au devant de ces réduits est un canal où passe un filet d'eau dont la prise est dans le mur, et dont la décharge se fait au moyen d'un trou pratiqué dans le sol où régnait sans doute un canal d'écoulement.

(1) Voir Mazois, *Pompéia*, pl. xxxv.

95. Dans l'ouvrage intitulé : *le Case et i monumenti*, de Napoli (1), à l'article CUCINA, CESSI, etc., on trouve les indications qui suivent, relatives à la maison de Marco Lucrezio :
« Avant d'entrer dans l'atrium se trouve une petite pièce don-
« nant entrée à trois autres pièces qui paraissent être la cui-
« sine, ses dépendances et les latrines. Ces pièces sont gros-
« sières et sans décoration ; celle qui contient les latrines n'a
« pas d'autre particularité que d'avoir un sol plus élevé et
« d'être carrelée en grande tuile. Sur les murs sont des figures
« obscènes gravées à la pointe (2). »

96. Les *Antiquités d'Herculanum*, par Cochin et Bellicard, fournissent l'indication d'un siége à plusieurs lunettes, fig. 4, découvert au palais de Sérapis, à Pouzzoles.

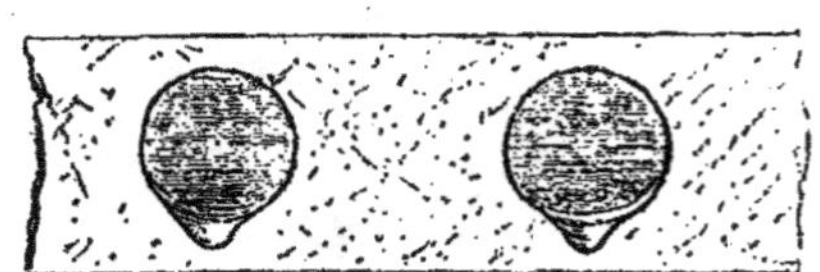

Fig. 4.

97. Les latrines des monuments publics n'avaient pas de siéges ; leur lunette était à fleur et à même la dalle qui en faisait le pavement (3).

98. Les latrines privées, au contraire, étaient quelquefois pourvues de siéges, ordinairement en marbre dans la demeure des gens opulents, et probablement en bois chez les particu-

(1) RICHTER, éditeur à Naples.
(2) Parmi les inscriptions retrouvées sur les murs des latrines de Pompéia on peut citer celle qui suit :

> Quæras censeo, si leges laboras
> Nigri Tornicis ebrium poetam
> Qui carbone rudi, patrique creta
> Scribit carmina quæ legunt cacantes.

(3) Cette disposition est clairement indiquée dans les ruines de l'amphithéâtre de Nîmes et dans d'autres vestiges de monuments d'Italie.

liers moins aisés (1). C'est cette dernière manière d'excréter, assis sur un siége, que les auteurs comiques appellent *coxim cacare*, mots qui rendent l'idée d'excréter sur l'os. Toutefois, ce n'était pas la plus ordinaire : les Romains, comme les Orientaux, avaient pour habitude de s'accroupir pour se mettre à l'aise.

99. Le nettoyage des latrines publiques se faisait au moyen d'une éponge fixée au bout d'un bâton (2).

(1) Des fouilles faites sur divers points, en Italie, ont fourni des fragments de tablettes de dessus de siége, qui étaient ovales ou rondes et représentaient le plus ordinairement une échancrure se prêtant à la conformation de l'homme.

On a prétendu, il est vrai, que ces siéges étaient des siéges de bains : c'est tout à fait invraisemblable ; il suffit d'un simple examen pour reconnaître qu'ils étaient des siéges qui se plaçaient, soit dans les latrines, soit dans les pièces de la maison, et sous lesquels, dans ce dernier cas, on plaçait des bassins.

(2) Quod sciat infelix damnatæ spongia
[vergæ,
Vel cuicumque canis junctaque testare.
MARTIAL, lib. II, epig. XLVIII.

Nuper in ludo bestiariorum, unus e Germanis, cum ad matutina spectacula pararetur, secessit ad exonerandum corpus ; nullum aliud illi dabatur sine custode secretum ; ibi lignum id , quod ad emundanda obscæna adhærente spongia positum est, latum in gulam farsit, et vi præclusis faucibus spiritum emisit.
SÉNÈQUE, *ad Lucil.*, epist. 70.

Où il aura passé (le souper), demande-le à la fétide éponge de ce sale bâton ; demande-le au premier chien venu ou au vase placé dans le premier carrefour.

En dernier lieu, au combat des bêtes, un Germain, destiné au spectacle du matin, feignit un besoin naturel et se retira dans le seul endroit où il pût aller sans gardes ; il n'y trouva qu'un de ces bâtons terminés par une éponge, faits pour entretenir la propreté de ces lieux ; il se l'enfonça dans le gosier et s'étouffa lui-même.
Trad. de LEMAIRE.

S'appuyant sur ce passage, Montaigne s'exprime ainsi : « Ils (les Romains) « se torchoyent le cul (il faut laisser aux femmes cette vaine superstition « des paroles) avec une éponge : Voilà pourquoi *spongia* est un mot « obscène en latin : et estoit cette éponge attachée au bout d'un baston, « comme le tesmoigne l'histoyre de celuy qu'on menoit pour estre présenté « aux bestes devant le peuple, qui demanda congé d'aller à ses affaires ; et « là, n'ayant moyen de se tuer, il se fourra ce baston et esponge dans le « gosier et s'en estouffa. »   MONTAIGNE, liv. I, chap. XLIX.

Comme on voit, les deux traducteurs sont en désaccord sur la signification

100. Primitivement, les Romains faisaient comme les Grecs, ils se torchaient l'anus avec des cailloux ; cependant, du temps de Catulle, il paraît qu'on se servait déjà de serviettes (1). A la fin du premier siècle, dans certaines classes, on adopta la laine, et encore dut-elle bientôt être parfumée (2).

L'usage du *torche-c..* devint si général qu'il n'y eut point d'esclave qui ne crût devoir s'en servir. Ce fut, dit Salluste, comme une peste générale, *quasi pestilentia invasit.*

101. Indépendamment des latrines, les Romains faisaient un fréquent usage, pour se soulager, de chaises percées, bassins ou meubles analogues (3).

des mots : *ad emundanda obscæna.* Montaigne les traduit par « s'essuyer le fondement », et Lemaire par « entretenir la propreté de ces lieux ». La traduction de Montaigne paraît plus conforme au latin pris à la lettre, mais il nous semble hors de doute que celle de Lemaire est la véritable. Il s'agissait, en effet, des latrines d'une prison ou d'un établissement public, puisque le Germain allait être livré aux bêtes : or comment admettre que, dans un lieu de cette nature, on pût se servir d'une éponge pour s'essuyer le fondement. En pareil endroit, un tel objet aurait précisément eu un effet contraire, à moins que le nettoyage de l'éponge ne fût fait continuellement à grand bain. On sait d'ailleurs que les Romains, dont les mœurs étaient affreuses, avaient assez souvent au fondement des pustules purulentes (Voir MARTIAL) qui n'étaient pas, sans doute, ce que nous appelons de nos jours « le mal vénérien », mais qui en avaient certain caractère. Par conséquent, l'usage de l'éponge devenait par là même encore plus répugnant. D'un autre côté, il n'est pas admissible que, pour se servir d'une éponge à cet usage, on la plaçât au bout d'un bâton. Il est donc avéré que les latrines publiques étaient garnies d'une éponge fixée au bout d'un bâton, puisque plusieurs auteurs en parlent ; mais il n'est nullement prouvé que les Romains s'en servaient pour s'essuyer le fondement.

(1) Quod culus tibi purior salillo est
Nec toto decies cacas in anno,
Atque id durius est faba et lapillis
Quod tu si manibus teras fricesque
Non unquam digitum inquinare possis.
        CATULLE, lib. I.

Tu as l'anus plus net qu'une salière, car tu ne vas pas dix fois par an à la garde-robe ; encore n'est-il pas de fève ou de cailloux aussi durs que tes digestions, et tu peux te passer de serviette sans crainte de te salir les doigts.

(2) MARTIAL, epig. II, v. 68.

(3) Les chaises percées étaient appelées *sellæ perforitæ, sellæ familiares, sellæ familiaricæ.*
        (VARRON.)

L'expression « chaise percée » était-elle quelquefois synonyme de latrines et de ces récipients que Colmmelle nomme *piscinæ,* qui étaient le plus

102. En voyage, ils avaient de ces sortes de bassins dans leurs bagages. Horace se moque du préteur Tullius, qui ne

ordinairement en bois, dit Pline (*piscinas ligneas*)? C'est ce que nous ignorons.

Juvénal dit, en parlant des Grecs parasites, pique-assiettes et flagorneurs effrontés :

Si bene ructavit, si rectum minxit amicus
Si trulla inverso crepitum dedit aurea fundo.
JUVÉNAL, sat. VI, v. 107.

Toujours prêts à crier : Que Jupiter vous aide!
Si l'urine du maître a jailli, forte et raide,
Ces ignobles flatteurs applaudissent encor
Lorsqu'il fait à grand bruit sonner le bassin
Trad. de JULES LACROIX.   [d'or.

En effet, les riches particuliers se servaient de bassins d'or, comme il résulte de cette épigramme de Martial:

Ventris onus misero, nec te pudet excipis auro
Bassa ; bibis vitro, carnis ergo cacas.
MARTIAL, lib. I, epig. XXXVIII.

Tu n'as pas honte, Bassa, de déposer tes excréments dans un vase d'or, malheureux de t'appartenir, quand tu bois dans un verre? Il t'en coûte donc plus cher pour soulager ton ventre que pour l'emplir!

Selon Pline, ils ne rougissaient pas d'affecter à cet usage les vases de Corinthe les plus précieux par la beauté de la forme aussi bien que par la matière.

Vasa Corinthia quæ isti elegantiores modo in esculenta transferunt, modo in lucernas, aut trullas, nullo munditiarum respectu.
PLINE, lib. XXXIV.

Il n'y a aucun vase de Corinthe fait de la main de ces grands maîtres, et la totalité de cette matière se borne aux lanternes et plats de table que nos délicats font composer de ce métal. J'ajouterai aux trulles (pots de chambre), qu'ils en font faire sans respect pour une matière d'élégance et d'ornement.

C'est sans doute d'un vase de cette espèce que se servait le factieux Trimalcion lorsqu'il se levait de table pour passer au cabinet :

Ab hoc ferculo Trimalchio ad lasanum surexit....

Un instant après, il rentre dans la salle des festins, et, à l'exemple de l'empereur Claude, il autorise ses convives à ne pas se gêner s'ils ont envie de pet.., la contrainte, en pareil cas, pouvant devenir funeste; et il ajoute que si ce p.. amène quelque autre chose à sa suite (ce que Rabelais appelle un p.. *de ménage* ou *de boulanger*), il y a, en dehors, de l'eau, une chaise percée et tous autres menus objets nécessaires :

« Si quid plus venit, omnia foras parata sunt, *aqua, lasanum, et cætera*
« *minutalia* ».   PÉTRONE.

pouvait aller à Tibur sans être suivi de cinq esclaves qui portaient son bassin et de quoi boire (1).

103. Les vases dont on se servait plus particulièrement dans les habitations romaines, pour uriner, étaient le *lasanum* ou *truella* et le *scaphium*.

Le *lasanum* avait la forme de nos vases de nuit; il était quelquefois disposé dans un appareil qui ressemblait à une chaise percée (2).

Le *scaphium* était étroit et recourbé comme nos saucières de table. On a beaucoup disserté sur le mot *scaphium*. Les uns, s'appuyant sur le texte de Juvénal (3), soutiennent que ce vase était exclusivement employé par les femmes; et, à l'appui de leur opinion, ils font ressortir que s'il en avait été autrement, le vers du satirique où il stigmatise les femmes qui joutent au Cirque n'aurait pas de sel.

D'autres affirment que le *scaphium* était aussi bien à l'usage des hommes que des femmes, et citent en faveur de cette opinion le texte de Plaute (4).

---

(1) Quum Tyburte via prætorem quinque
[sequuntur
Te pueri, lasanum portantes, ænophorumque.
HORACE, lib. I, sat. VI.

Quand on te voit, sur la route de Tybur, aller, tout préteur que tu es, suivi de cinq drôles portant un baril de vin et une chaise percée.

Mais il faut bien remarquer que si Horace se moque de Tullius, ce n'est pas à cause de son équipage, mais seulement parce qu'il était de trop basse extraction pour se permettre une pareille magnificence.

Onus ventris excepit : in myrrhinis et onychinis minxit.
LAMPRIDE, *Heliogab.*, XXXI.

Il se déchargeait le ventre dans des vases d'or et urinait dans des coupes murrhines et d'onyx.

(2) Turnèbe nous apprend que des esclaves spéciaux avaient mission de porter le *lasanum*.

(3) ... Et ride, scaphium positis cum su-
[mitur armis,
JUVÉNAL., sat. VI, v. 69.

. . . . Ris, lorsqu'elles sont forcées (les femmes) de déposer leurs armes pour prendre le *scaphium*.

(4) Cynicum esse gentem oportet parasi-
[tum probum :
Ampullam, strigilem, scaphium, soccos, pal-
[lium.
PLAUTE, *Pers.*, act. I, sc. 3.

Un bon et vrai parasite doit être de la race des cyniques : il doit se contenter de sa bouteille d'huile, de son frottoir, de son vase, de ses souliers, de son manteau et d'une bourse dans laquelle il y ait un peu d'argent pour ses besoins domestiques.

Enfin, quelques-uns sont d'avis que le *scaphium* était aussi un certain vase à boire qui faisait spécialement partie des bagages en voyage (1).

104. Les Romains se faisaient apporter le vase urinal dans leur lit, au signe d'un claquement de doigts : signe qui s'est conservé dans le midi de l'Italie et qui se retrouve dans les mœurs de nos colléges (2).

105. Les Romaines passaient une partie de leur vie dans le bain, et la nuit même elles se relevaient, dans certains cas, pour se rafraîchir et s'asperger (3).

106. Les réactifs usités de nos jours pour la désinfection des matières fécales ne paraissent pas avoir été appliqués par les Romains, dont les connaissances en chimie étaient bornées. L'eau fut le seul agent dont ils surent se servir pour cet usage, ainsi que pour tous les autres analogues, et ils l'employaient à profusion.

107. Il est vrai que la ville de Rome était dotée d'une dis-

---

(1) Quibus divitiæ domi sunt scaphio et
[catharis
Batioles bibunt, ut nos nostro samiolo poterio
[tamen vivimus.
PLAUTE.

Ceux qui ont une maison opulente boivent dans des vases en bateau, dans des tasses, dans des coupes d'or; mais nous, avec nos gobelets samiens, nous vivons cependant.

(2) Dum pascor crepitu digitorum et verna
[moratur
O quoties pellex culcita facta mea est!
MARTIAL, lib. XIV, epig. CXIX.

Combien de fois, voyant l'esclave ne pas accourir assez vite au claquement de mes doigts, n'ai-je pas fait de mon matelas un pot de chambre !

Crepitu digitorum, expression consacrée pour dire que l'on demandait le vase urinal.   Voir MARTIAL, lib. III, epig. LXXXII.

Digiti crepantis signa novis eunuchus.

(3) Après avoir exprimé son chagrin et sa honte d'être resté roi une nuit entière sans user de son sceptre (*quo regna sine usu*), malgré ses efforts pour régner (*sollicitare manu*), Ovide nous apprend que sa belle, avant de s'enfuir, demanda beaucoup d'eau afin que ses femmes ne se doutassent point qu'elle sortait intacte du combat :

Nec mora : desiluit tunica velata recincta
Et decuit nudos proripuisse pedes
Neve suæ possent intactam scire ministræ
Dedecus hoc sumpta dissimulavit aqua.
OVIDE, *Amorum*, lib. III, eleg. VII.

tribution d'eau si considérable qu'il était toujours possible de satisfaire aux besoins des habitants dans la plus large mesure ; de nombreux vestiges ont démontré que l'eau était conduite dans les habitations mêmes.

108. Le mode de vidange admis chez les Romains a été l'objet de nombreuses controverses.

Suivant les uns, les maisons de Rome étaient pourvues de fosses d'aisances fixes comme les nôtres, et la vidange de ces fosses se faisait à peu près comme de nos jours. Ils prétendent, en outre, que les matières étaient transportées sur des chariots dans un endroit appelé *sterquilinium*, situé à une certaine distance de la ville.

Cette opinion s'appuie à la fois sur le texte de Columelle et sur l'inscription de la table Héraclienne, qui est un des monuments les plus anciens concernant la salubrité chez les Romains (1).

---

(1) Voici le texte de Columelle :

Sterquilinia duo sint : unum quod nova purgamenta recipiat, et in annum conservet ; alterum ex quo vetera vehantur. Sed utrumque more piscinarum devexum leni clivo et extructum pavitumque solum habeat, ne humorem transmittat.	Il est deux fosses : l'une qui reçoit les déjections récentes et les conserve pendant une année ; l'autre, pour les anciens excréments, qui de là sont conduits aux champs. Elles doivent être toutes les deux, ainsi qu'un vivier, creusées en pente douce pour empêcher la perte du suc.

La table Héraclienne porte l'inscription qui suit :

« Quant aux charrettes qui seront introduites la nuit dans la ville, les-
« quelles, soit vides, soit chargées de *stercories*, ne doivent jamais, pendant
« les dix heures qui suivent le lever du soleil, être traînées par des bœufs
« ou autres attelages dans la ville de Rome, ni dans un rayon de mille pas,
« il n'est rien dérogé à ces prohibitions. »

Tout en faisant remarquer que le mot *purgamenta* est aussi employé par Ovide au sujet des excréments des vestales (voir *supra*, note du no 80), il est hors de doute que le texte de Columelle ne peut avoir de valeur dans l'espèce, puisque cet auteur traite exclusivement de l'agriculture et des habitations champêtres. Les deux *sterquilinia* étaient plus vraisemblablement des trous à fumier.

C'est ce qui résulte, d'ailleurs, du texte suivant de Varron :

Secundum villam duo habere oportet sterquilinia, aut unum bifariam	Chaque ferme doit avoir deux fosses à fumier, ou une fosse divisée en

109. Suivant les autres, il n'y avait pas de fosses d'aisances, mais les habitants de chaque maison déposaient tous les matins le contenu des bassins ou des latrines dans la rue, avec les ordures ménagères ; les tombereaux de la salubrité enlevaient ces matières et les transportaient aux dépotoirs publics (1).

110. Mais l'opinion la plus accréditée est celle qui, repoussant toute hypothèse de fosse dans l'habitation et de dépôts sur la voie publique, admet l'écoulement des matières fécales à l'égout. Cette opinion s'appuie sur les motifs suivants :

1° Que Vitruve, dans ses études sur l'architecture et les

divisum. . . . . . . In eoque quidam sellas familiaricas ponunt.

VARRON, lib. I, cap. XIII.

deux compartiments. . . . . . . Il en est de même (des agriculteurs) qui y font déposer la vidange des chaises percées.

L'inscription de la table Héraclienne peut, au contraire, avoir une certaine valeur en faveur de la proposition.

Il est incontestable que le charroi de ces *stercores* à heures fixes, pendant la nuit, ont beaucoup d'analogie avec ceux qui se font de nos jours par les voitures de vidangeurs qui, pleines ou vides, ne peuvent aussi circuler que la nuit. Dans tous les cas, le fait implique qu'il existait des décharges spéciales.

Mais le mot *stercores* avait plusieurs significations dans la langue latine : il s'appliquait à la fois aux matières fécales, aux immondices, aux ordures, au fumier. Les charrettes dont il est question dans la table Héraclienne pouvaient donc être destinées à enlever, non les matières fécales spécialement, mais les immondices en général, comme cela se fait de nos jours, avec cette remarque toutefois, que ce service se fait le matin et non la nuit, comme pour les vidanges.

La table Héraclienne est donc un monument qu'on peut invoquer à l'appui de l'opinion tendant à faire admettre qu'à Rome, les matières fécales étaient reçues dans des fosses et que la vidange de ces fosses se faisait comme elle se fait de nos jours ; mais l'inscription du monument est certainement trop incomplète et trop peu précise pour trancher définitivement la question.

(1) Cette solution n'est peut-être pas la moins invraisemblable ; il est même certain qu'on ne procéda pas autrement aux premiers temps de Rome ; mais cependant il est difficile d'admettre qu'à l'époque des splendeurs de la capitale du monde romain, l'édilité ait pu tolérer une pratique aussi contraire à la salubrité.

Ce système, d'ailleurs, est opposé à la législation romaine, qui défendait de jeter ou de déposer des ordures sur la voie publique.

diverses parties des bâtiments, ne parle en aucune manière des fosses d'aisances;

2° Que les ruines de Rome n'ont fourni aucuns vestiges de ces sortes de réceptacles;

3° Que des textes de Festus et d'Ovide (voir *supra* la note du n° 80), il résulte que, si l'on ne jetait pas les excréments des vestales dans le Tibre, c'était par opposition à la règle commune;

4° Que plusieurs auteurs, Macrobe et Lucilius entre autres, citent l'embouchure de l'égout collecteur de Rome (la *cloaca maxima*) dans le Tibre, comme le lieu où l'on pêchait le poisson le plus gras et le plus délicat;

5° Que la lettre de Trajan à Pline, les écrits de Frontin, le texte d'Ulpien et les maximes de Labéon auraient la valeur d'une confirmation du système énoncé (1).

---

(1) Dans sa lettre à Pline, Trajan recommande d'employer de préférence, pour les égouts, les esclaves les plus vieux, c'est-à-dire ceux dont la conservation est la moins utile.

Les écrits de Frontin décrivent les châteaux d'eau qui décoraient la ville de Rome et attestent que les égouts étaient lavés par la quantité prodigieuse d'eau que débitaient ces fontaines.

Le texte d'Ulpien, cité par Ramazzini, porte :

Utrumque et ad salubritatem civitatum et ad tutelam pertinet, nam et cœlum pestilens et ruinas minantur immunditiæ cloacorum.

On leur devait cette protection pour eux-mêmes, et aussi dans l'intérêt de la salubrité générale ; car l'air fétide et les immondices des cloaques font craindre des malheurs.

Le commentaire des Maximes de Labéon, par le savant Alessandro, *Genalium dierum*, lib. VI, f. 1476, porte :

Quippe curru vel equi impetu, dum incautius subit, obteri, vel in cloacas mergi poterat..... ad quas non sine vitæ periculo descensus erat.

On ne descendait point aux cloaques sans s'exposer à périr ; l'esclave n'évitait le danger qu'avec bien des précautions, soit qu'il courût sur les places, soit qu'il descendît aux cloaques.

En faisant la description des châteaux d'eau dont était dotée la ville de Rome, Frontin cite l'ordonnance des Césars dont la teneur suit:

« Je veux qu'aucune eau tombante ne soit recueillie, si ce n'est par ceux « qui en ont obtenu le privilége de moi, ou des princes mes prédécesseurs,

111. Les arguments qui précèdent ne sont pas à l'abri de la réfutation :

Car si Vitruve garde le silence sur les fosses d'aisances, il ne parle pas davantage des latrines publiques, qui néanmoins existaient à Rome ;

Car s'il est vrai que les fouilles de Rome n'ont pas, jusqu'à ce jour, présenté de vestiges bien accusés des fosses d'aisances, il faut aussi admettre que les bouleversements qu'a subis la ville éternelle peuvent avoir mis à néant les fosses qui y avaient été construites anciennement ;

Car les textes de Festus et d'Ovide sont diversement interprétés, le vers 157 de ce dernier auteur paraît même contredire les premiers; et il n'est pas impossible que le lieu sacré où l'on déposait les excréments des vestales ne communiquât au Tibre par un égout particulier;

Car, s'il est reconnu que les matières fécales engraissent le poisson, il n'est pas moins certain que les détritus des égouts ne sont pas dénués d'éléments favorables pour produire le même résultat.

112. En admettant même que les matières fécales s'écoulassent dans les égouts de Rome ou qu'elles y fussent jetées de la rue, chaque jour, comme le prétendent certains spécialistes, la question de la vidange chez les Romains ne serait pas encore résolue, puisque toutes les villes n'étaient pas situées sur le bord d'un fleuve, ni pourvues d'égouts.

113. Il est incontestable, sans doute, que la ville de Rome fut dotée d'une quantité considérable de fontaines dont les eaux coulaient dans les égouts, qui étaient nombreux ; qu'il y avait un grand nombre d'esclaves employés au curage et à l'entretien de ces voies souterraines ; qu'une partie de ces esclaves étaient des condamnés ; que les égouts de Rome exhalaient une odeur infecte; mais ces faits ne constituent pas des preuves suffisantes pour établir que les égouts recevaient les matières fécales.

« car il est nécessaire qu'une certaine partie de l'eau qui s'écoule des châ-
« teaux d'eau soit destinée non-seulement à rendre plus salubre notre ville,
« mais encore à laver les cloaques. »

114. Quoi qu'il en soit, il est acquis que des maisons de la ville de Pompéia contenaient certains petits caveaux ordinairement étroits, où débouchaient des tuyaux qu'on croit avoir été des conduits de latrines; mais rien à cet égard n'est encore absolument certain.

Ces caveaux n'ayant pas l'aspect de fosses fixes, ils n'auraient donc été tout au plus que des réduits pour recevoir des récipients mobiles destinés à contenir les matières fécales.

115. A part tout l'intérêt qu'ils présentent, les éléments d'étude qui précèdent ne résolvent point la question de savoir quel fut le système de vidange adopté par les Romains. Cette question reste donc à l'état de problème.

116. On plaçait des amphores dans les rues et carrefours pour recueillir l'urine des passants; mais on ignore si cet usage était l'objet d'une prescription administrative, ou s'il était mis en pratique en vue de la salubrité plutôt qu'en vue de l'agriculture (1).

117. Ces amphores devaient être simplement des baquets ou tonneaux coupés, comme ceux qu'on emploie de nos jours pour le même usage (2).

118. Au temps de la république, à Rome comme en Grèce, l'urine ne dut être employée que d'une manière restreinte pour fertiliser les terres. C'est du moins ce qu'il est permis de supposer du silence de Caton, qui publiait son ouvrage d'agriculture cent cinquante ans avant Jésus-Christ. Il est même à remarquer que Varron, qui écrivait trente-six après Caton,

---

(1) ... Dum eunt, nulla est in angiporto amphora, quam non impleant, quippe qui vesicam plenam vini habent.

MACROBE, lib. III, *Satum*, c. XVII.

(2) Pueri sæpe lacum propter, se, ac dolia
[curta
Somno devincti credunt extollere vestem
Totius humorem saccatum ut corporis fun-
[dant.
LUCRET., IV.

Il n'est point sur leur route d'amphore de carrefour qu'ils ne remplissent, tant ils ont le ventre plein de vin.

Souvent des enfants, plongés dans le sommeil, se croient près d'une mare ou de tonneaux coupés, et pensent lever leurs vêtements afin d'expulser toute l'urine de leur corps.

ne conseille pas l'emploi de cet engrais, mais rapporte seulement l'opinion de Cassius Dionysius d'Utique à cet égard, et qu'il ne paraît pas même beaucoup goûter.

119. Mais, sous les premiers empereurs, les auteurs sont unanimes pour reconnaître aux matières fécales leur principe fécondant (1).

Et à cette époque, il est hors de doute qu'on en faisait usage

(1) « Les auteurs conviennent unanimement que les excrétions humaines « sont les meilleurs engrais possibles. »   PLINE, *Hist. nat.*, lib. XXVII.

Tria igitur stercoris genera sunt præcipue, quod ex avibus, quod ex hominibus, quod ex pecudibus confit. Avium primum habetur quod ex columbariis egeritur. Deinde quod gallinæ cæteræque volucres edunt ; exceptis tamen palustribus ac nautibus, ut anatis et anseris : nam id noxium quoque est. Maxime tamen columbinum probamus, quod modice sparsum terram fermentare comperimus ; secundum deinde, quod homines faciunt, si et aliis villæ purgamentis immisceatur, quoniam ferventioris naturæ est, et idcirco terram perurit. Aptior est tamen surculis hominis urina, quam sex mensibus passus veterascere si vitibus aut pomorum arboribus adhibeas, nullo alio magis fructus exuberat ; nec solum ea res majorem facit proventum, sed etiam saporem et odorem vini pomorumque reddit meliorem....

COLUM., *de Re rustica*, lib. II, cap. xv.

On compte trois espèces principales de fumier, lesquelles proviennent des oiseaux, des hommes et des bestiaux. Le fumier d'oiseaux passe pour le meilleur de tous, et ensuite celui des poules et des autres oiseaux, excepté cependant celui des oiseaux marécageux ou de ceux qui ont l'habitude de nager, tels que les canards et les oies, lequel même est très-pernicieux. Nous approuvons surtout la fiente de pigeon, car, répandue avec modération sur la terre, elle la fait fermenter. Au second rang sont les excréments de l'homme, si on les mélange avec les autres immondices de la ferme ; car, seule, cette espèce de fumier est naturellement trop chaude, et, par conséquent, brûle la terre. L'urine humaine convient particulièrement aux arbres, quand on l'a laissée vieillir pendant six mois. Répandue au pied des vignes et des arbres fruitiers, elle les rend plus féconds, et, non-seulement elle accroît la production, mais elle améliore la saveur et l'odeur du fruit et du vin. On peut avec avantage mélanger, avec de l'urine humaine, la vieille lie d'huile, pourvu qu'elle ne soit pas salée, et en arroser les arbres fruitiers, surtout les oliviers.

Parum autem diligentes existimo esse agricolas, apud quos minores

Je regarde comme mauvais cultivateurs tous ceux qui ne tirent pas

d'une manière assez générale pour la fumure des terres, mais non pourtant sans répugnance (1).

120. Dans l'opinion des Romains du haut Empire, l'engrais humain qui était employé d'une manière générale pour la fumure des champs ne devait l'être dans les jardins que quand le sol était siliceux (2).

121. Les matières fécales solides n'étaient pas seulement employées à la fumure des terres, elles l'étaient encore à la culture des arbres (3).

singulæ pecudes tricenis diebus minusquam singulas itemque majores denas vehes stercoris officiunt, totidemque singuli homines, qui non solum ea purgamenta, quæ ipsi corporibus edunt, sed et quæ colluvies cortis et ædificii quotidie gignit, contrahere et congerere possunt.

Colum., lib. II, cap. xv.

par mois une voiture de fumier de chaque espèce de petit bétail, dix voies de gros, et autant des hommes qui peuvent rassembler leurs propres excréments journaliers, ainsi que les immondices de la cour et des bâtiments.

(1) Pabulea nec pigeat fosso præbere novali Immundis quæcumque vomit latrina cloacis.

Colum., *de Cultu hort.*, lib. X, v. 85.

Que le jardinier ne rougisse pas de porter lui-même, pour l'engrais des guérets épuisés, des paniers qui fléchissent sous le poids des immondices que les latrines auront vomies de leurs cloaques immondes.

(Voir la note précédente, citation de Columelle).

(2) Tam quod homines faciunt quamvis habeatur excellentissimum, non tamen necesse est adhibere, nisi aut nubæ glareæ aut sine ullo robore solutissimæ arenæ, cum major scilicet vis alimenti desideratur.

Colum., *de Cultu hort.*, l. XI, c. iii.

....Quant aux excréments humains, ils ne doivent pas être employés, quoique procurant un engrais excellent, à moins que ce ne soit dans un terrain de pur gravier et de sable friable, privé de toute force de végétation, lequel réclame des aliments très-substantiels.

(3) Sed sic hæc ablaqueatione adjuvanda est infusa amurca insulsa cum suilla vel nostra urina vetere, cujus utriusque modus servatur.

Colum., *de Re rustica*, lib. V, c. ix.

.... Sic firmiores arbores et feraciores fiunt; ac semper conveniet, simulatque folia agere cœperit ficus, rubricam amurca diluere, et cum

Mais il faut aussi le pousser (l'olivier) en lui donnant, sans le déchausser, de la lie d'huile dans laquelle il n'entre point de sel, avec de la vieille urine de porc ou d'homme.

.... De cette manière, les arbres deviennent plus forts et plus vivaces. Il sera bon, lorsque le feuillage pousse, de délayer de la sanguine

122. L'urine était plus particulièrement en faveur pour l'arboriculture et la vigne (1).

123. Elle était considérée comme une substance jouissant de propriétés thérapeutiques. La médecine en faisait usage (2),

<table>
<tr><td>stercore humano ad radicem infundere.

        COLUM., lib. V, c. x.</td><td>dans de la lie d'huile, et d'en répandre, avec des excréments humains, autour de ses racines.</td></tr>
</table>

Le même auteur conseille le fumier d'homme pour le figuier (*de Arboribus*, cap. XXIX), et la fiente de porc mêlée à de l'urine vieille, avec des excréments humains, pour la culture du grenadier.   Idem, cap. XXIII.

(1) « Il y en a qui préfèrent l'urine humaine mêlée avec le poil des peaux des animaux travaillées dans les tanneries. D'autres se contentent de mêler à l'urine plus d'une fois autant d'eau, afin de corriger la mauvaise qualité que lui communique le vin dont les hommes font usage. »

        PLINE, *Hist. nat.*, lib. XVII, cap. IX.

(2) « Dans les écrits des médecins, non-seulement l'urine humaine est en grande considération, mais on attache encore une sorte de religion à son usage, et l'on en a fait des distinctions méthodiques. Celle des eunuques, par exemple, est bonne même pour procurer aux femmes la fécondité. Mais, parmi les remèdes de l'urine dont on peut parler honnêtement, celle des enfants impubères est souveraine contre la bave de l'aspic appelé *ptyas*, puisqu'il lance, comme en crachant, son venin dans les yeux des hommes ; et, en y mêlant de la farine d'ers, contre les taies ; comme aussi les brouillards, les nuages, les étoillements, les petits ulcères qui se forment dans le blanc des yeux, les maladies des paupières et le feu des yeux ; enfin, contre le pus et les petits vers des oreilles en la faisant bouillir jusqu'à diminution de moitié, avec une tête de poireau, dans un vaisseau de terre neuf. La vapeur de cette décoction fait aussi venir les menses aux femmes. Salpé recommande d'en étuver les yeux pour raffermir la vue ; elle en fait encore un liniment pour les coups de soleil, avec un blanc d'œuf, et plus efficacement avec celui d'un œuf d'autruche, dont on frotte pendant deux heures la partie brûlée. On s'en sert aussi pour effacer les taches d'encre. L'urine d'un homme fait est un topique pour la goutte, bien éprouvé par les foulons, que l'on assure en être ainsi préservés. On guérit la gourme des enfants et tous les ulcères qui suppurent avec de l'urine gardée quelque temps et dans laquelle on met de la cendre d'huîtres calcinées : on en fait encore un liniment pour les chairs rongées, les brûlures, les maladies du fondement, les rhagades ou crevasses, et pour les piqûres du scorpion. Les plus célèbres sages-femmes ont décidé qu'aucune lotion ne guérit mieux les démangeaisons du corps ; et, en y ajoutant du nitre, les ulcères de la tête, la teigne et les ulcères malins, surtout ceux des parties de la génération. Au reste, la propre urine de chacun, appliquée toute récente, avec une éponge ou un linge, sans autre addition, est d'un grand secours pour la morsure des chiens, et même des chiens enragés, en y pétrissant de la cendre, pour les

et les Romaines surtout l'utilisaient dans certains cas (1).

124. Les Cantabres et les Celtibères (peuples d'Espagne)

blessures faites par les hérissons dont les piquants sont entrés dans la peau, et pour la morsure des serpents.

« On tire de l'inspection de son urine des pronostics pour la santé. Si le matin elle est blanche d'abord, et ensuite jaune, la première couleur indique que la digestion se fait, et la seconde qu'elle est faite. Quand elle est rouge, mauvais signe, et plus mauvais quand elle est noire ; mauvais signe encore lorsqu'elle est savonneuse et chargée. Si le sédiment qu'elle dépose est blanchâtre, c'est une marque qu'on est menacé de quelque mal autour des viscères ou des articulations. La couleur verte annonce une maladie des intestins ; la couleur pâle, une maladie bilieuse ; la rouge, une maladie du sang. C'est encore une mauvaise urine que celle où l'on voit des taches sales et de petits nuages. L'urine blanche ou trop claire est aussi malsaine; et celle qui est épaisse, d'une odeur forte, ou, dans les enfants, sans consistance ou trop délayée, est mortelle. Voilà pourquoi les magiciens défendent d'uriner à découvert à l'exposition du soleil et à celle de la lune, ou sur l'ombre de qui que ce soit. Hésiode conseille de rendre l'urine contre un corps qui ait de la résistance, pour ne point offenser par la nudité quelque dieu. Le mage Osthanes assure qu'un préservatif contre toutes les mauvaises drogues qu'on peut prendre, c'est, en urinant le matin, de faire rejaillir de l'eau sur son pied. »   PLINE, *Hist. nat.*, liv. XVIII, chap. v.

A l'âge de quatre-vingt-huit ans, Marcus Varron écrivait que l'on guérissait très-efficacement les morsures de l'aspic en faisant boire de leur propre urine à ceux qui ont été mordus.   *Ibidem*, liv. XXIX, chap. iv.

C'est aussi l'opinion de Dioscoride, liv. II, chap. LXXIII, au sujet de la morsure de la vipère.

Un lézard qu'on a fait mourir dans l'urine de l'homme réprime les désirs amoureux de celui de qui elle provient.   *Ibidem*, liv. XXX, chap. xv.

Asclépiade, fameux médecin contemporain de Cicéron et de Pompée, conseillait l'emploi de l'urine pour un grand nombre de maladies.

(1) Et hoc amplius : Lotium conservato ejus qui brassicam esitarit. Id olfacito sanum facies hac cura. Expectum hoc est. Item pueros pusillos, si laves eo lotio, nunquam debiles fient. Et quibus oculi parum clari sunt, eo lotio mungito, plus videbunt. Si caput aut cervices dolent, eo lotio caldo, lavito, desinent dolore. Et si mulier eo lotio locos fovebit, nunquam ii virosi fient. Et fovere sic oportet : ubi in scutra ferve feceris, fœte sub sellam suppo-

Voici ce qui est plus surprenant : Conservez l'urine d'une personne qui aura mangé des choux, faites-la chauffer, préparez-en un bain à une personne malade ; elle sera guérie. Cela est sanctionné par l'expérience. Si vous lavez de cette urine les enfants d'une constitution débile, ils deviendront pour toujours robustes ; et ceux dont la vue sera affaiblie verront plus clair en frottant leurs yeux de ce liquide. Les maux de tête et de cerveau disparaîtront si on lave

prenaient des bains d'urine pour la guérison des maladies et pour l'accroissement des forces (1).

Ils employaient aussi cette sécrétion pour les soins de la bouche (2).

125. Au quatrième siècle, les femmes les plus belles se barbouillaient le visage de matières fécales pour conserver la fraîcheur de leur teint; et saint Jérôme le reproche durement aux dames de son temps.

---

nito pertusam. Eo mulier assidat (operito), circum vestimenta eam dato.

CATO, *de Re rustica*, cap. CLVII.

(1) DIODORE DE SICILE, lib. V.

(2) Quem multo æquius erat, spurcissimo
[ritu
Hiberorum, ut ait Catullus : Sua sibi urina
Dentem, atque russam pumicare gingivam.
APULÉE, *Apologia*.

... Hanc boni beatique
Omnes amatis : et quidem, quod indignum est
Omnes pusulli, et semitari mœchi :
Te præter omnes une de capillatis
Cuniculosæ Celtiberiæ fili
Egnati, opaca quem bonum facit barba
Et dens Hibera defricatus urina.
CATULLE, carmen XXXII.

Nunc Celtiber es : Celtiberia in terra
Quod quisque minxit, hoc solet sibi mane
Dentem, atque russam defricare gingivam
Ut quo iste vester expolitior dens est
Hoc te amplius bibisse prædicet loti.
CATULLE, carmen XXXIX.

ces parties avec de l'urine. Jamais la femme ne manifestera d'exhalaisons spéciales à certaines régions quand elles auront été lavées avec cette urine ; et voici comment on devra s'y prendre : Aussitôt que l'urine aura bouilli dans un vase de cuivre, on placera ce vase sur une chaise percée sur laquelle la femme s'assoira, et on l'enveloppera de ses vêtements.

Car il eût été beaucoup plus convenable qu'il suivît la méthode dégoûtante des Hibériens et qu'il employât, comme dit Catulle :

Sa propre urine à nettoyer
Son sale et hideux râtelier...

Et vous, honnêtes gens que vous êtes, vous partagez tous ses faveurs ; et, chose indigne, à qui les prodigue-t-elle ? A des hommes de rien, à des galants de carrefour ; toi, entre autres, fils chevelu de la Celtibérie, Égnatius, toi dont tout le mérite consiste dans ta barbe épaisse et tes dents, qui doivent leur blancheur à l'urine dont tu les frottes.

Mais tu es Celtibérien, et les gens de ton pays ont tous la coutume de se rincer, chaque matin, les dents et les gencives avec leur urine ; or, plus l'émail de vos dents a d'éclat, plus il prouve que vous avez fait usage de ce dégoûtant gargarisme.

Voir aussi STRABON et DIODORE DE SICILE, liv. V.

126. On a employé les excréments des lézards d'Égypte comme cosmétique, à cause de leur odeur musquée.

127. L'urine était utilisée dans les arts industriels. Les dégraisseurs s'en servaient pour nettoyer et blanchir les tissus.

128. On regarde comme certain que les foulons romains, qui avaient constamment les pieds dans l'urine, étaient exempts de la goutte. La fig. 5, tirée d'une peinture de la *fullonica* de Pompéia, représente des foulons pressant des étoffes dans de larges cuves d'eau mêlée d'urine.

Fig. 5.

129. A la fin de la décadence de l'Empire, l'emploi des matières fécales à la fécondation des terres était déjà, paraît-il, abandonné; les urines seules semblent avoir conservé une partie de leur ancienne faveur, pour les arbres seulement, et encore dans des proportions réduites (1).

(1) Palladius, auteur latin de cette époque et qui a écrit un livre sur l'art rustique, garde un silence complet sur les matières fermes; voici ce qu'il dit des urines :

Si languida pruni arbor est, amurca cum aqua æqualiter temperata radicibus debet infundi, vel bubulum lotium solum, vel humanum vetus.	Lorsqu'un prunier languit, répandez sur ses racines du marc d'huile à moitié coupé d'eau, ou simplement de l'urine de bœuf, ou de la vieille urine humaine mêlée avec deux tiers d'eau.
. . . .	
Ægras vites, vel quibus fructus arescit, circumfodies et urinam veterem suffundes.....	Vous creuserez à l'entour des vignes malades et qui ne rapportent plus de raisin, et vous répandrez dessus de la vieille urine humaine.
..... Alii amurcam alii veterem uri-	..... Les racines déchaussées, ils les

130. A Rome, dès les premiers temps de la république, il était formellement défendu de jeter et de répandre des immondices sur la voie publique (1).

131. La loi romaine prescrivait le balayage des rues, et les édiles chargés de la faire exécuter étaient personnellement responsables en cas d'infraction (2).

Mais, si l'on en croit les auteurs, la loi, malgré ses rigueurs, devait être souvent éludée (3).

... nam ablaqueatis radicibus miscent. PALLADIUS.	arrosent, les uns avec du marc d'huile, les autres avec de la vieille urine.

Dans son livre XI de l'*Art rustique*, le même auteur conseille encore d'employer le marc d'huile et la vieille urine pour obtenir des fruits d'un olivier vigoureux, mais qui ne donne que des feuilles.

Nunc pomis et vitibus vetus urina si effundatur, et numero fructuum præstat et formæ : cui proderit ut amurcam misceamus insulsam, maxime in oleis. PALLADIUS, lib. III, cap. VIII.	Si, à présent, l'on jette de la vieille urine au pied des arbres fruitiers et des ceps de vigne, ils rapporteront des fruits en grand nombre et d'une grande beauté. Il n'est pas inutile, pour les oliviers surtout, d'y mélanger du marc d'huile.
Vermes ejus suillo stercore mixto humanæ urinæ, aut felle bubulo extinguuntur. Idem, lib. III, cap. XV.	On fait mourir les vers qui s'y attachent (aux poiriers) avec de la fiente de porc, mêlée d'urine humaine, ou avec du fiel de bœuf....

(1) Quand on versera des immondices sur la voie publique, je condamnerai celui qui habite la maison à payer le double du dommage causé. S'il en résulte la mort d'un homme libre, je condamnerai à payer 50 livres d'or ; si cet homme libre vit, mais qu'il lui ait seulement été causé un dommage, je proportionnerai équitablement la condamnation au préjudice causé. Si le mal provient de l'esclave et que le maître l'ignore, je l'ajouterai dans le jugement, ou bien on lui infligera une punition.

Edit des préteurs : *De his qui effuderint, vel dejicerent.*

Le mot *dejicerent* s'applique-t-il aux matières fécales ? cela n'est guère douteux.

(Voir CELSE, lib. I, cap. III.)

(2) Mox, quum ædilem eum C. Cæsar succenses curam verrendis viis non adhibitum, luto jussisset opplevi. SUÉTONE, *Vespasien.*	Dans la suite, lorsqu'il fut édile (Vespasien), C. César, furieux de ce qu'il n'avait pas fait balayer les rues, ordonna de lui jeter de la boue.
(3) ... Adeo tot facta, quod illa Nocte patent vigiles, te, prætereuntur fenestræt	... Autant il trouvera sur son passage de fenêtres éclairées, autant il

132. Au sixième siècle, sous Justinien, on continua à défendre, comme on l'avait fait sous la république et le haut Empire, le jet et le dépôt des immondices sur la voie publique (1).

Ergo optes, votumque feresmise rabile tecum
Ut sint contentæ defundere pelves.

JUVÉNAL, sat. III, v. 275.

a de morts à redouter; le seul vœu raisonnable dans cette conjoncture, c'est de n'être qu'arrosé d'urine.

Le père Tarteron rend ce passage avec sa naïveté ordinaire : « Ce que vous pouvez souhaiter de mieux, dit-il, c'est qu'on se contente de vous coiffer de ce qui est dedans. »

(1) Studeant autem utante officinas nihil projectum sit, vel propositum.

Non permittant autem rixari in viis, neque stercora projicere, neque morticina neque pelles jacere.

Pandectes, titre X.

Item is et cujus cœnaculo vel proprio ipsius, vel conducto, vel in quo gratis habitabat, dejectum effusumve aliquid est, ita ut alicui noceretur, quasi ex maleficio obligatus intelligitur; ideo autem non proprie ex maleficio obligatus intelligitur, quia plerumque ob alterius culpam tenetur, aut servi, aut liberi.

.... De eo vero, quod dejectum effusumve est, dupli, quanti damnum datum sit, constituta est actio.

Institut., lib. IV, tit. v, part. 1.

De Via publica, etsi quid in ea factum esse dicatur.

Hic titulus est de viis urbicis. — Construat autem vias publicas, unusquisque secundum propriam domum; et aquæductus purget, qui sub dio sunt, id est, cœlo libero ; et construat ita, ut non prohibeatur vehiculum transire. Quicumque autem mercede habitant, si non construat dominus, ipsi construentes computent dispendium in mercedem.

Ils (les propriétaires) doivent empêcher qu'il ne soit rien jeté ou déposé devant leurs boutiques.

Ils doivent aussi empêcher que des rixes n'aient lieu dans les rues, qu'on n'y jette des immondices, des charognes ou des peaux de bêtes mortes.

Quand d'un appartement on a jeté ou répandu des déjections ou débris qui ont causé préjudice à quelqu'un, celui à qui cette maison appartient, et qui l'habite, soit gratuitement, soit comme locataire, est obligé comme il le serait par un délit, car souvent l'on peut être tenu pour la faute d'un autre ; par exemple : d'un esclave ou d'un enfant....

Quant à ce qui a été jeté (sur la voie publique), il y a une action au double du dommage causé.

Des Chemins et de ce qui y a été fait.

Ce titre regarde les rues des villes. — Chacun doit, devant sa demeure, entretenir la rue, nettoyer l'aqueduc qui y passe, et construire, s'il en a besoin, de manière à ne point gêner la circulation. Si les propriétaires ne le font pas, les locataires sont autorisés à le faire faire et à imputer leur dépense à cet égard sur le loyer.

Le Digeste fut promulgué et reçut force de loi en 533.

A la suite des troubles et des déchirements politiques qui eurent lieu sous

133. Néanmoins, les édifices publics de la capitale du monde romain, comme ceux d'Athènes, au temps d'Aristophane, étaient souvent souillés de dépôts stercoraux et d'aspersions impures; c'est ce qui est attesté par l'inscription suivante qu'on lit sur les thermes de Titus :

DVODECIM DIOS ET DIANAM ET JOVEM OPTUM MAXIMUM HABEAT IRATOS QVISQVIS HIC MIXERIT AVT CACARIT (1).	Quiconque aura uriné ou ch... ici encourra la colère des douze dieux, de Diane et du très-bon et très-puissant Jupiter.

134. On remplaçait quelquefois l'inscription par des serpents entrelacés, sur les édifices, comme emblème de la colère des dieux (2).

La fig. 6 donne l'image d'un de ces emblèmes.

les successeurs de Justinien, tous les exemplaires du Digeste (qui n'existaient qu'en manuscrits) se perdirent, et il n'en resta qu'une mémoire honorable et des regrets.

Mais, après plusieurs siècles, le Digeste se reproduisit par un événement inattendu.

En 1130, sous Lothaire III, en faisant la guerre en Italie, les Français trouvèrent, dans le butin, un manuscrit qui avait frappé les yeux des soldats par la singularité de sa couverture. C'était un exemplaire du Digeste, qui fut donné à la ville de Pise. Les Florentins s'en emparèrent plus tard, en 1406, et le transportèrent à Florence. C'est ce manuscrit qui a fourni les copies qui ont ensuite servi à l'impression du Digeste tel que nous l'avons aujourd'hui.

(1) Les monuments de nos jours ne sont pas plus respectés que les monuments anciens; aussi a-t-on conservé l'habitude de placer sur les murs des inscriptions du même genre, mais dont la forme a changé. On lit aujourd'hui sur les murs du Vatican: *Ne quis hic urina faciat.*

(2) Hoc juvat? Hic, inquis, veto quisquam
        [faxit oletum
Pinge duos angues : Pueri, sacer est locus,
Meiete. Discedo....   [extra
      PERSE, sat. I.
	Êtes-vous content? Je défends, dites-vous, à toute personne de faire ici des ordures. Peignez donc deux serpents, avec cette inscription : Enfants, c'est un lieu sacré; allez pisser plus loin.

Voir PÉTRONE, cap. XVII.

« Je défends à toute personne de faire ici des ordures. Peignez deux serpents avec cette inscription :

« Enfants, ce lieu est sacré; allez pisser plus loin. »

HORTALUS, lib. 1, epist. x.

135. Dans les satires de Pétrone, on trouve une inscription qui démontre que les monuments funéraires étaient aussi salis par les déjections stercoraires (1).

136. Vespasien créa un impôt sur les urines (2), lequel fut plus tard étendu par Constantin aux excréments des hommes et des animaux sous le nom de *chrysagyre* (3).

137. Constantin soumit à l'impôt du chrysagyre tous les trafiquants, marchands et débitants quelconques, urbains et forains, sans en excepter les misérables….; de sorte que, tous les quatre ans, époque à laquelle avait lieu la perception périodique de cette taxe, on n'entendait dans la ville que plaintes et lamentations. Cependant, Évagrius (4) contredit Zozime et prétend que cette surcharge avait été créée comme l'impôt même par Vespasien.

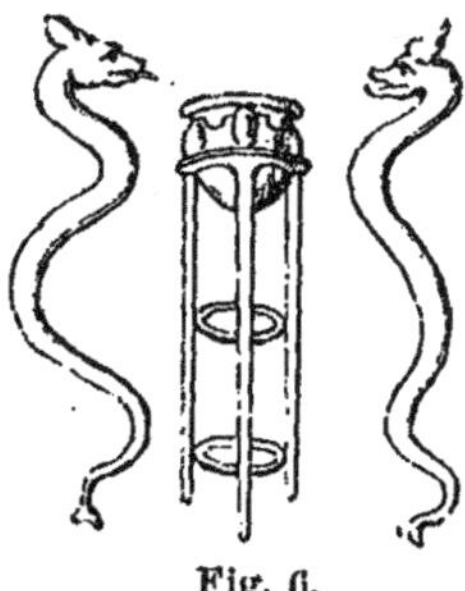

Fig. 6.

138. Cet impôt se nommait aussi *or lustral*, ou d'expiation, parce qu'il était prélevé sur les commerçants et les gens de mau-

---

(1) Ceterum erit mihi curae, ut testamento caveam, ne mortuus injuriam accipiam praeponam enim unum ex libertis sepulchro meo, custodiae causa, ne in monumentum meum populus cacatum currat.   Pétrone, *Satires.*

(2) Reprehendenti filio Tito, quod etiam urinae vectigal commentus esset, pecuniam ex prima pensione admovit ad nares, sciscitans : « Nunc odore offederetur : et illo negante, atqui, inquit, e lotio est. »
     Suétone, *Vesp.*, lib. XXIII.

Son fils, Titus, l'ayant blâmé d'avoir établi un impôt sur l'urine, il lui mit sous le nez le premier argent de cet impôt et lui demanda s'il sentait mauvais. Titus lui ayant répondu que non : « Il vient pourtant de l'urine, » lui dit Vespasien.

(3) Zozime, *Menasses in Politici de Zezone Imperatore*, liv. II.
(4) Évagrius, lib. III, cap. XL.

4

vaise vie qui, dans les auteurs anciens, sont souvent confondus et pour lesquels ils professent un semblable dédain.

139. Le chrysagyre ou or lustral, pour lequel il fallut dresser un rôle spécial, était l'objet d'une réprobation générale.

« Après avoir recouvré ce tribut sacrilége, qui revenait
« tous les quatre ans, les collecteurs en versaient les fonds
« aux mains du premier et plus puissant magistrat, afin qu'il
« prélevât sa part : exaction odieuse à laquelle ne manquaient
« ni des états de recouvrement, ni un personnel revêtu même
« d'une certaine considération auprès d'hommes distingués,
« aux yeux desquels les collecteurs étaient des fonction-
« naires ni plus ni moins que les soldats, ou autres serviteurs
« du pays (1).

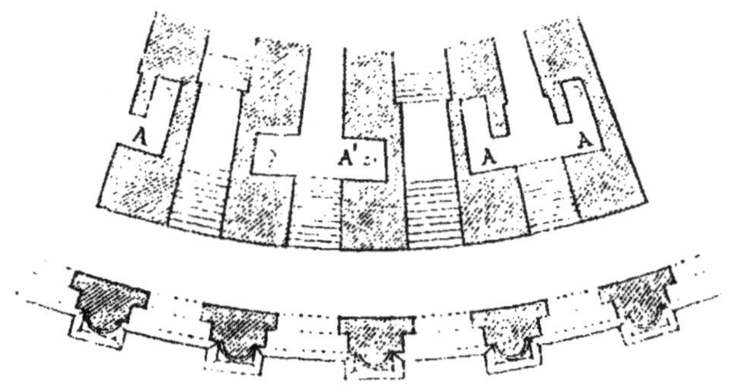

Fig. 7.

« Hommes, femmes, garçons, filles, mendiants, affranchis,
« tous, dit Bulengerus, devaient apporter au trésor public
« une pièce d'argent à laquelle étaient taxées leurs matières
« excrémentitielles, et l'urine infecte. Les bêtes de somme,
« bœufs, mulets, chevaux, n'étaient pas exempts ; les chiens
« et les ânes payaient tant par tête. Le maître d'une bête de
« somme n'acquittait pas moins de six sacs de monnaie (*sex*
« *follis*). » (2)

Plus flétri qu'il ne devait l'être, cet impôt finit par se voir

(1) EVAGRIUS, lib. III, cap. XXXIX.
(2) BULENGERUS, *de Tributis ac vectigalibus populi romani.*

supprimé, sur l'avis d'un pieux solitaire, par l'empereur Anas-
thase (1).

140. Durant la période gallo-romaine, les monuments et
les maisons particulières, dans les Gaules, durent être pourvus
de latrines.

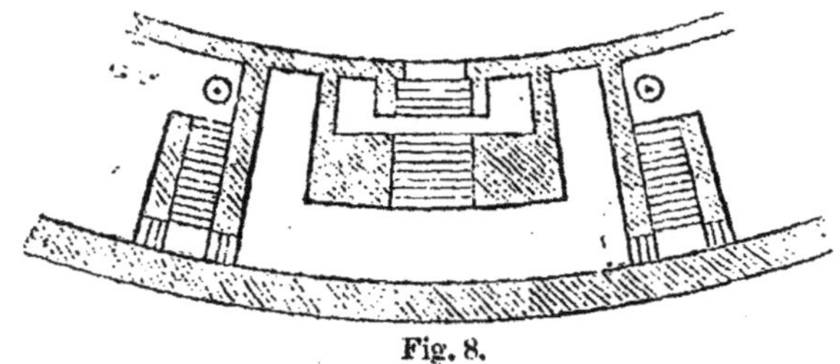

Fig. 8.

Les arènes de Nîmes gardent l'empreinte de ces réduits indiqués aux divers étages de cet édifice par les fig. 7 et 8.

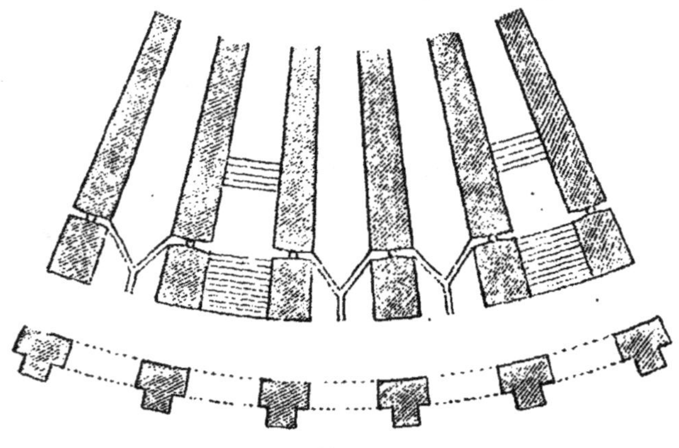

Fig. 9.

Si l'on en juge par les éléments qui restent, les arènes de
Nîmes contenaient un nombre considérable de latrines, et on
peut remarquer l'heureuse disposition de ces accessoires sur
les escaliers qui communiquent des galeries aux gradins (2).

(1) ÉVAGRIUS, lib. III, cap. XXXI.

(2) Si l'on compare aux arènes de Nîmes les théâtres et les amphithéâtres
de nos jours, qui pour la plupart n'ont ni dégagements suffisants ni latrines,
ni même d'urinoirs pour les spectateurs, on reconnaît que nous sommes loin
d'avoir l'esprit pratique des Romains, en cela comme en toutes choses.

La fig. 9 montre la disposition des urinoirs qui, indépendamment des latrines, auraient été disposés dans le même monument ; mais nous devons dire que la question est controversée, et les contradicteurs de la proposition puisent précisément leurs arguments dans l'étude des latrines du même édifice, dont la dalle du sol, fig. 10, est évidée de telle sorte qu'elle pouvait servir à la fois ou successivement aux excrétions alvines et liquides.

141. Les fondations d'une maison gallo-romaine trouvées sur les eaux de Robec, à Rouen, accusaient un petit caveau voûté et dallé, communiquant au ruisseau par un aqueduc de

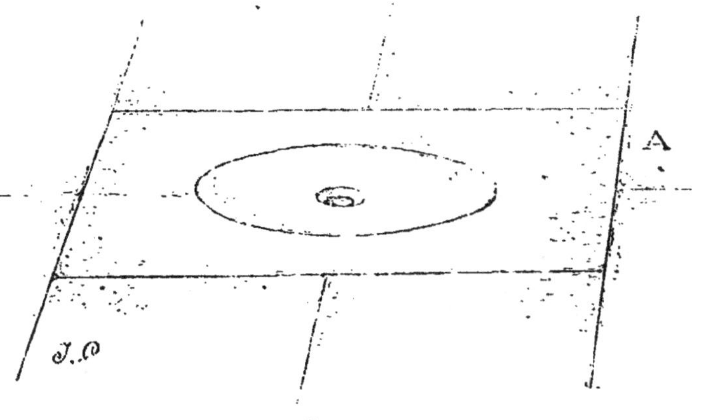

Fig. 10.

0^{m}.50 c. de largeur sur 0^{m}.40 c. de hauteur. L'agencement de ce réduit, à proximité d'une salle de bains, ne peut laisser de doute sur sa destination (1).

142. Les fouilles de la Cité, à Paris, ont révélé plusieurs aqueducs de nature semblable, se dirigeant vers la Seine, et qui pouvaient avoir le même emploi (2).

143. Les lois franques ne contiennent aucune disposition relative à la salubrité des villes en général, et spécialement à la matière fécale considérée comme engrais. Toutefois, il est

(1) Voir *Mémorial de Rouen*, 1849, art. LIGER.
(2) Voir *Fouilles de la Cité*, GAZETTE DES ARCHITECTES, 1847, art. LIGER.

certain qu'au sixième siècle il existait des lieux retirés ou latrines dans les maisons particulières (1).

144. L'histoire apprend que l'empereur Constantin VI, dit Copronyme (κόπρος fiente, et ὄνυμα nom), qui vécut au milieu du huitième siècle, salit de ses ordures les fonts sacrés lors de la cérémonie de son baptême.

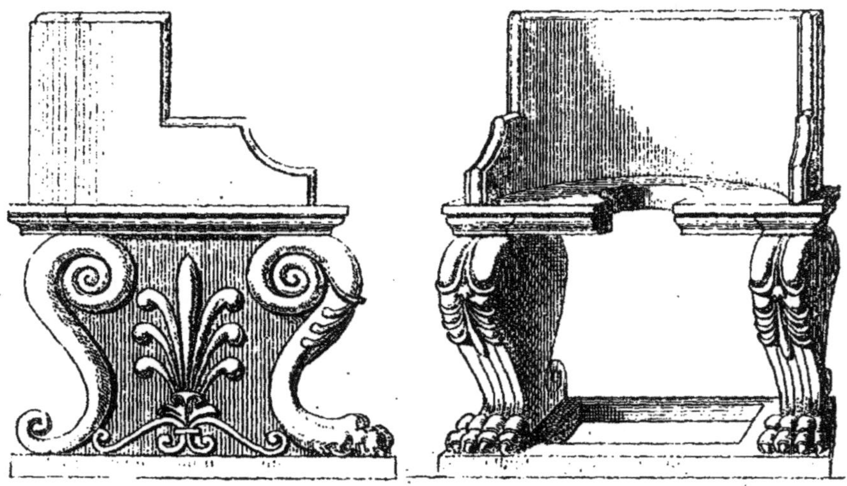

Fig. 11.   Fig. 12.

145. Au neuvième siècle, les siéges antiques à usage de *sellæ familiares* n'étaient pas abandonnés. On conserve, au musée du Louvre, un de ces siéges en porphyre, fig. 11 et 12, qui date de cette époque et présente le plus grand

(1) Ingressus autem in secessum suum dum ventrem purgare nititur, spiritum exhalavit.... Reperit dominum super cellulam scessus defunctum.

Greg. Turo, lib. II, cap. XXIII.

Affluit nox, et ecce quidam de pueris signo secessum naturæ, petiit.

J. Monachus, *Vita S. Adonis,* lib. I.

Entré dans son lieu secret, pendant qu'il s'efforce de soulager son ventre, il rendit l'âme.... Il (le serviteur) trouve son maître mort sur le siége du lieu secret.

La nuit est venue, et voilà que quelqu'un des enfants demande d'un signe l'endroit écarté où se soulage la nature.

intérêt (1). Toutefois, il faut reconnaître que ce spécimen a un caractère étrusque assez accusé.

146. Au neuvième siècle, les monastères carlovingiens étaient pourvus de latrines qui étaient généralement placées dans des bâtiments particuliers et isolés, auxquels on communiquait par des passages couverts.

Le plan de l'abbaye de Saint-Gall offre un exemple intéressant de cette disposition, qui sauf quelques variantes se

(1) Quis non cognoscit historiam illius mulieris quæ olim sexum mentita est, facta est papa iu anno 850 atque, ut historia refertur, in solemne omnium ordinum supplicatione peperit filio.

Un manuscrit de la Bibliothèque nationale de Paris, marqué A F et portant le numéro 6878, contient une miniature dans laquelle cette scène scandaleuse est représentée.

- Quam historiam alterna vice vel confirmaverunt, vel concertaverunt docti; tamen hodie certe vident in portico Triforii cathedralis Siennensis, imaginem sculptam papæ Johannis feminæ, atque hæc in marmore legere potes :

JOHANNES VIII FEMINA

Le buste de la papesse Jeanne était placé, à son rang chronologique, entre Léon IV et Benoît III.

Fabula quoque refertur Benedictum Tertium papam, quo alterum sexus mendacium evitaret, duas sedes marmoris porphyrii in ecclesia sancti Sylvestri ædificavisse.

Tum decreverunt ut papa, priusquam installaretur, sederet in sedile, ac diaconus in re intelligens graviter perpenderet papam atque sic promulgaret exitum :

Habemus virum pontificem!

A quoi le peuple répondait :

Deo gratias!

Les siéges ont existé, il est vrai; on y a fait asseoir les papes; mais jamais on n'a procédé à la burlesque cérémonie dont nous venons de parler. Cette institution avait pour but de rappeler les papes à des sentiments de modération et à leur faire entendre que, bien qu'étant papes, ils n'en étaient pas moins hommes; aussi, quand ils se levaient du siége, le clergé chantait le verset :

De stercore erigens pauperem.

« N'oublions pas, dit le président Desbrosses, les chaises de porphyre percées et couvertes en devant à l'usage du bain, sorte de bidets à l'antique où l'on faisait asseoir le pape élu, pour faire allusion au passage du psaume : *De stercore erigens pauperem*, et non pour aller indiscrètement manier sa sainte virilité. » Vol. III, p. 219.

retrouve dans d'autres édifices de la même époque (1).

147. La présence des latrines dans ces établissements, où il y avait un assez grand nombre d'habitants, implique l'existence d'une ou plusieurs fosses d'aisances; mais on n'a aucun renseignement sur la forme et la construction des réceptacles de cette nature, remontant au neuvième siècle.

148. Ce qu'il y a de remarquable dans le plan de Saint-Gall, c'est que tous les bâtiments principaux de l'abbaye, tels que : infirmerie, maison des novices, pavillons des hôtes, écoles, cuisines, etc., étaient pourvus de latrines particulières qu'on appelait *necessaria*.

149. Au dixième siècle, un empereur d'Orient, Constantin Porphyrogénète, présida à la rédaction d'un ouvrage très-important appelé *Géoponiques*, dans lequel l'emploi des matières fécales est recommandé pour la fumure des terres. Cet ouvrage, qui eut un grand retentissement en Occident, nous montre que les bonnes traditions agronomiques du haut Empire, abandonnées pendant la décadence, avaient laissé des germes dans l'esprit des peuples appauvris.

Il est donc certain qu'à cette époque le guano humain dut être employé en France (2).

---

(1) Dans le plan de Saint-Gall, le bâtiment est carré ; une série de siéges (*sedilia*) occupe la partie méridionale de la pièce, qui est très-vaste ; à l'angle oriental est figurée la lampe (*lucerna*) qui brûlait toute la nuit. On lit dans le couloir d'arrivée : *Exitus ad necessarium.*

ALBERT LENOIR, *Introduction sur l'architecture monastique.*

(2) « La bonne terre est faicte meilleure quand elle est fumée, et la mau-
« vaise en est réparée. La bonne terre doncques n'a pas besoin de grands
« fiens : à la moyenne, il en fault ung peu davantage et la meigre et peu
« proofitable en veult beaucoup. Et il ne fault point fumer par monceaulx,
« mais on doit mettre les fiens bien souvent. La terre non fumée est gastée
« au fond, et celle qui est trop fumée se brusle..... Après le fiens du coulon
« (colombier), celui de l'homme obtient le second lieu, et aucunement lui est
« semblable, et particulièrement il corrompt et gaste toutes les herbes. Et
« en Arabie, l'on le prépare en ceste manière. Quand ilz l'ont seiché suffi-
« samment, ilz le trempent en eau et le seichent une autre fois, et disent que
« tel fiens est grandement utile aux vignes. Et sera bon, pour l'orreur de
« telle chose, de mitiger sa malice en y meslant d'autres fiens...... Et
« avant toutes choses, il faut diligemment regarder que les laboureurs

150. Les Géoponiques présentent le plus grand intérêt à l'étude :

1° Elles confirment cet esprit général du dixième siècle vers les traditions agronomiques du haut Empire. Nous disons *esprit général*, puisqu'à cette époque on les retrouve à la fois en Orient et en Occident ;

2° Elles nous donnent des renseignements sur les pratiques agronomiques des Arabes. Les Arabes faisaient, comme on le voit, littéralement de la poudrette. Il n'y a rien de neuf sous le soleil. Cependant Bridet, à la fin du siècle dernier, se faisait passer pour l'inventeur de la poudrette ;

3° Enfin, ce document nous transmet une erreur des anciens qui se trouve bien indiquée dans Columelle, mais d'une manière moins saisissante, à savoir : « que le *fiens* d'un an est plein de malice, et qu'il ne doit être employé qu'après avoir mûri pendant quatre ans dans une fosse. » Cette erreur reparaîtra plus tard dans les Ordonnances du roi de France.

151. Le dixième siècle ne nous a laissé aucun renseignement sur les latrines, ni sur les réceptacles stercoraires ; le seul document que nous possédons, touchant l'excrétion des matières fécales, est les *Annales bénédictines* de 996, qui nous apprennent qu'à cette époque, l'usage des torche-c...., autrefois si affectionnés des Romains, était très-répandu, et que les religieux de l'ordre de Saint-Benoît ne pouvaient se passer de cet accessoire.

« n'usent point des fiens d'ung an, car il n'est d'aucun profict et, sans les « autres dommages qu'il faict, il nourrit plusieurs bêtes et serpents. Celui « qui est de trois ou quatre années est très-bon, car, par la longueur des « temps, ce qui était puant sera évaporé, et s'il y avait quelque chose dure, « elle sera devenue molle. »

« Aulcuns fouissent une grande et profonde fosse, et là ilz apportent les « fiens, tant bon que maulvais, et le pourrissent davantage ... ; et devant « tous aultres, celui de l'homme, qui est très-bon et profite beaucoup lui « seul, tant aux plantes qu'aux vignes. Et encore mettent pardessus les « ordures et superfluités des tanneurs. »

Geoponica de re rustica selectorem Constantino quidem Cæsari nuncupati (Cassiano Basso collectore); *traduction française de 1543*, par ANTHOINE PIERRE.

152. Les fouilles de la Cité, à Paris, ont permis de reconnaître qu'il existait, au onzième siècle, des trous murés à fond perdu, à l'intérieur de certaines propriétés, et qui, sans aucun doute, étaient affectés à recevoir des matières fécales.

Toutefois, il est à remarquer que ces réceptacles paraissent avoir été établis en dehors de l'habitation (1).

153. Néanmoins, les matières fécales étaient souvent jetées sur la voie publique, où, accumulées avec les autres immondices, elles répandaient une odeur infecte (2).

154. Au onzième siècle, la disposition des latrines, dans les monastères, est identique à celle du neuvième, c'est-à-dire qu'elles sont toujours placées dans des bâtiments isolés, et près des dortoirs. Mais ce qu'il y a de plus curieux à observer à cette époque, c'est l'importance qu'on donnait à ces *necessaria*, qui, par une singularité à noter, étaient ornés quelquefois de figures allégoriques dont le caractère n'avait point d'analogie avec la destination des lieux.

155. Le plan du prieuré de Cantorbéry, recueilli par Eadwing, accuse le même agencement : les siéges de latrines étaient placés dans toute la longueur du bâtiment, contre les murs intérieurs. Autant qu'on en peut juger à l'examen du plan, il est permis de supposer qu'il existait une fosse sous toute la superficie de la salle, dans laquelle étaient les siéges.

156. Au onzième siècle, non-seulement le torche-c.. était en usage, mais le cérémonial qu'on devait suivre pour l'opération était tracé. Ainsi le rabbin A. Kiba écrivait alors : « Quod « podex non dextra, sed sinistra manu abstergendus est... « Legis hæc arcana sunt (3). »

Dans la **Vie de Léon**, abbé de Nonantula, Mabillon parle du *nécessaire* des frères, objet qu'un auteur original appelle *anitergia*, correspondant au mot français *torche-c...*, si copieusement traité par Rabelais.

(1) LIGER, *Lettres sur les fouilles de la Cité*, GAZETTE DES ARCHITECTES.
(2) Ibidem.
(3) BARAJRTHA in Massech, fol. 62, apud Lent, 10. *Bibliotheca scatologica.*

§ 2. — Douzième, treizième, quatorzième, quinzième siècles.

157. Au douzième siècle, ainsi qu'aux siècles précédents, les latrines des monastères sont placées dans des bâtiments isolés, qui deviennent de plus en plus importants et qui quelquefois, bien qu'ayant toujours la forme d'un parallélogramme, s'élevaient à une hauteur prodigieuse, si bien qu'ils avaient l'aspect d'une tour.

Les gravures de l'abbaye de Saint-Germain-des-Prés, publiées par Bouillard, représentent des latrines ayant une

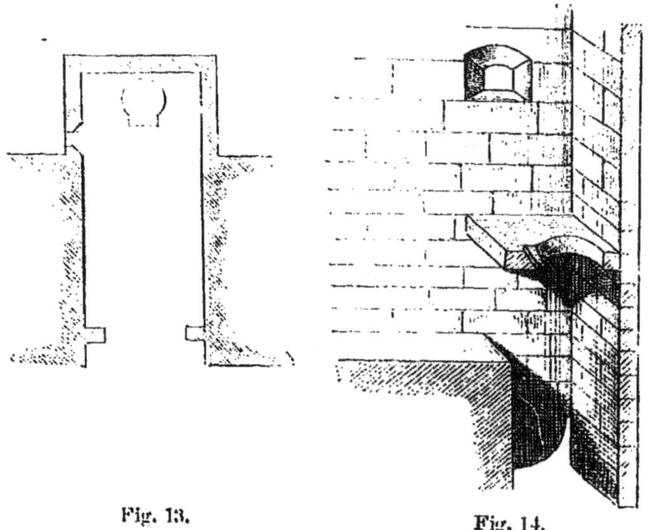

Fig. 13.   Fig. 14.

disposition analogue et communiquant au dortoir par un pont, au-dessus du rez de chaussée.

158. A l'abbaye de Pont-le-Voy (Loir-et-Cher), fondée par Gilduin, les latrines présentent la même disposition, et communiquent aux dortoirs par une galerie couverte et vitrée formée par un pont.

159. Les châteaux féodaux du douzième siècle contenaient aussi des latrines.

Le château de Landsperg (Bas-Rhin), qui date de cette

époque, nous en a gardé un spécimen intéressant dont la fig. 13 indique le plan et la fig. 14 l'élévation.

Le cabinet pratiqué dans l'épaisseur du mur était formé par la saillie d'un encorbellement, de sorte que les matières tombaient en dehors dans le fossé. Le siége consistait en une simple dalle trouée.

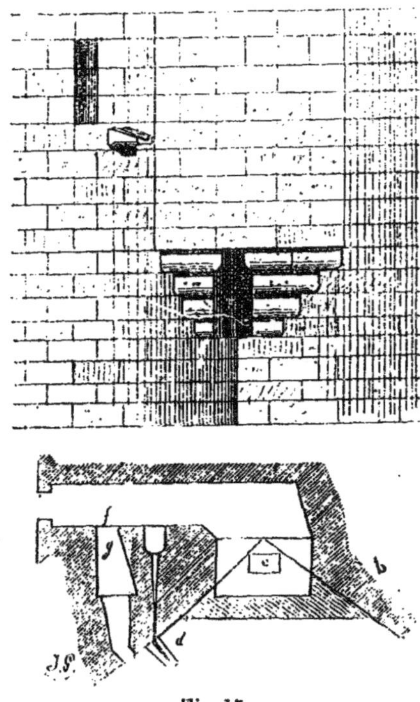

Fig. 15.

160. L'usage des fosses à fond perdu, si contraire à la salubrité, ne fut pas interrompu au douzième siècle ; cependant il était déjà obligatoire pour les particuliers d'enlever les immondices au devant de leurs demeures, en procédant par voie d'association, sans qu'on puisse reconnaître si cette obligation résultait d'une mesure administrative ou d'un accord entre les particuliers.

Cette obligation n'avait probablement jamais cessé d'exister depuis la domination romaine ; mais, ce qui est remarquable, c'est ce caractère distinct des actes du moyen âge, où perce toujours l'individualité, par opposition au droit romain qui tendait à tout faire ressortir à l'administration. Chez les Romains, l'enlèvement des immondices avait, en effet et comme de nos jours, un service administratif.

161. Le château de Coucy, qui date du treizième siècle, était muni d'un assez grand nombre de latrines, placées au dehors, par encorbellement, dans les angles rentrants, fig. 15, formés par les tours et courtines.

Fig. 16.

Ainsi que dans les latrines des châteaux féodaux du douzième siècle, les matières tombaient dans le fossé.

162. Dans le château de Marcoussy, qui date de la même époque, les latrines étaient dans l'épaisseur des murs, fig. 16, et les matières tombaient dans une fosse A voûtée en ogive, située au-dessous du sol.

163. L'acte le plus ancien qui soit parvenu à notre connais-

sance, concernant la salubrité en France, est celui de 1270. Il donne au voyer Jean Sarrasin le droit de veiller au nettoyage des rues (1).

Il est à remarquer que cet acte constate la présence des matières fécales sur le sol des voies publiques, sans parler aucunement des fosses, qui cependant existaient dans une proportion quelconque (1).

164. Au quatorzième siècle paraît la fameuse ordonnance du roi Jean (2), qui confirme l'acte de Jean Sarrasin et, de plus, édicte une peine corporelle pour l'inobservation des dispositions qu'elle porte.

165. Les ordonnances de 1372 (3) et de 1373 sont rendues pour corroborer les précédentes sur certains points, sans s'accorder avec certains autres.

Ainsi, la faculté qu'avaient précédemment les habitants de jeter des eaux par les fenêtres, à la condition de crier trois fois : *Gare l'eau !* n'est point indiquée dans l'acte Sarrasin de 1270, ni dans l'ordonnance du roi Jean de 1348.

D'un autre côté, l'ordonnance de 1372 est en contradiction

(1) « ART. 15. Le voyer de Paris peult commander que nuls ne bouttent « boës, fiens ni terreaux devant son voisin, ne à pluye ne sans pluye; et se « ils bouttent par dessus ses deffenses, ils le doibvent demander au voyer. »

« ART. 16. Le voyer de Paris peult commander que nuls ne jettent canës « ne ordures des fenestres en hault, de jour ny de nuict; et se ils jettent « sur ses deffenses, ils le doibvent amender. »

(2)   *Ordonnance du roi Jean de 1348.*

« Pour ce qui est nécessité que dores-en-avant ladite ville de Paris soit « plus nettement tenue...; du commandement du roi... et pour le commun « proufit, que nulz, de quelque estat qu'il soit, ne soit se hardy de mettre « ou faire mettre fuerres, fiens, boës, curcures et autres ordures, si tantôt « on ne le fait tellement que les rues soient tenues nettes, sur peyne de « 60 livres d'amende. »

(3)   *Ordonnance de 1372.*

« Comme il a été autrefois défendu que nul, sur certaine peine, ne fust si « hardi de gester par nuit ni jour eaux en rue sans dire trois fois : *Gare* « *l'eau !*... que nul dores-en-avant ne soit se hardy de gester par les fenestres « aucunes eaux, nettoyures, ne grosses ordures, ne autres choses, par nuit « ne par jour, mais les gettent et les fassent getter par leurs huis et yssues « sur peine de 60 sols parisis d'amende.

avec l'ordonnance du roi Jean, puisque cette dernière défendait de faire aucun dépôt sur la voie publique, tandis que celle de 1372 prescrivait, au contraire, de les jeter par la porte ou les issues.

L'ordonnance de 1372 est-elle donc abrogative de celle de 1348; ou ces mots: *si on ne le fait tellement que les rues soient tenues nettes*, doivent-ils être interprétés comme indiquant qu'on devait mettre les ordures en tas? Question.

166. L'ordonnance de 1393 édicte une amende de 10 sols. L'ordonnance de 1395 porte l'amende à 60 sols, comme l'ordonnance de 1372, et édicte la peine de prison au pain et à l'eau. Cette ordonnance reproduit les dispositions de celle de 1372, relativement au fait de jeter les eaux par les fenêtres.

167. L'imposition d'une taxe pour l'enlèvement des immondices est édictée par une ordonnance du garde de la prévôté de Paris de 1374, qui ne fut, il est vrai, rendue que sur le consentement des habitants de la place Maubert, et pour eux spécialement, mais qui fut bientôt étendue à toute la ville de Paris en 1506.

Cette ordonnance imposait une taxe de 2 deniers tournois par semaine et par chaque habitant, pour l'enlèvement des *boës, fiens*, etc., et prescrivait de mettre les ordures devant les maisons.

168. Les règlements pour le transport des immondices furent édictés par l'ordonnance de 1356 et celle de 1396; suit un extrait de celle-ci (1):

(1) *Ordonnance de 1396.*

« Pour pourveoir à la complaincte de plusieurs povres mesnagiers et autres
« que ils sont contraints par les sergents....... à oster ou faire oster les
« fiens, etc., qu'ils ne peuvent trouver de voitures, et, supposé qu'ils en trou-
« vent......, si prennent et exigent d'eux les meneurs..... salaires excessifs
« (de 12 à 18 deniers chaque voie) :

« Les charetiers ne pourront exiger plus que de 10, 8, 6 et 4 deniers
« (suivant l'éloignement)....; et seront tenus..... avoir bons et forts tombe-
« reaux, haultz derrières et bien ferrez...., en telle manière que les boës ne
« puissent choir....., sur peine d'amende. »

169. L'ordonnance de 1356 contient des indications précieuses pour l'étude de la salubrité à cette époque, c'est pourquoi nous la reproduisons entièrement :

Verum ex gravi querela habitatorum in suburbio Parisiensi ultra portam Sancti-Honorati intelleximus, quod ex eo, quod contenta in litteris supra scriptis non fuerint, maxime anno præsenti, executioni debitæ demandata : ex eo etiam quod quadrigarii vehentes et ducentes lutum, feces, fimum, rudera, cæterasque immunditias cum vehiculis gallice *tomberaux* nuncupatis, seu aliis similibus, non apponunt nec tenent, ut debent, in parte posteriori asseres sufficientis altitudinis, retinere valentes infra vehiculum dictas feces, et immunditias, quæ ob hujusmodi defectum frequenter pro majori parte cadunt de dictis vehiculis in mediis viciis, coram domibus et ostiis dictorum conquerentium, antequam perducatur ad campos ad locum destinatum ; propter quod, et alia inconvenientia et defectus prædictos in dictis litteris contentos, cum etiam propter novam obstructionem aliquarum portarum villæ Parisiensis multo major numerus dictorum vehiculorum habeat necessario transire per suburbium prædictum Sancti-Honorati, tanta et insolita multitudino atque congeries lutorum, fecium et immunditiarum prædictarum hyeme præsenti in dicto suburbio invaluit et succrevit, ac de die in diem aggregatur et succrescit quod interdum decurrerit et fluxerit in domibus et cellariis conquerentium prædictorum, nec iidem conquerentes de domibus suis exire nec remeantes per magnum dicti suburbii vicum pedites vel equites incedere frequenter possunt, nisi cum magnis difficultate et

« Nous avons égard à la grave plainte qui est élevée par les habitants du faubourg de Paris, situé au delà de la porte Saint-Honoré, qui demandent à ne point subir, surtout pendant cette année, l'effet des prescriptions contenues dans le précédent rescrit. Considérant que les voituriers qui transportent et conduisent les boues, excréments, fumier, décombres et autres immodices dans les voitures qui sont appelées, en français, tombereaux, ou autres semblables véhicules, ne mettent point et n'assujettissent point, comme ils doivent, dans la partie postérieure de la voiture, des ridelles suffisamment hautes, et capables de retenir dans le char les déjections et immondices, il en résulte que, par ce vice de construction, ces substances tombent incessamment, et pour la majeure partie, sur la voie publique; de telle sorte qu'elles n'arrivent même point aux champs destinés à les recevoir. Par ces motifs, comme aussi à cause des inconvénients et défauts relatés dans le précédent rescrit (jointe encore la fermeture de quelques autres barrières de la ville de Paris, ce qui vient augmenter le nombre des voitures qui doivent traverser le faubourg Saint-Honoré), il s'est formé et s'est développé, pendant cet hiver, un amas tellement considérable de déjections, boues, immondices, qui s'accumulent, s'accroissent encore chaque jour, que, parfois, les ordures ont pénétré et ont coulé dans les maisons, les celliers ; tellement, que les mêmes plaignants, piétons ou

impedimento, corporumque et vestium vituperosa deturpatione; etiam fœtore abominabili aer infectus, pestilens et corruptus efficitur, res et bona ipsorum conquerentium, præsertim victualia faciliter corrumpuntur, et, quod periculosius est, humana corpora periclitari timentur, in dictorum conquerentium ac reipublicæ multiplicem læsionem; et nihilominus præfati conquerentes, licet pro majori parte sint tenues et pauperes, dictas feces et immunditias per culpam et malitiam aliorum, et propter naturalem fluxium sæpius aggregatas et multiplicatas, frequenter etiam captis pignoribus compelluntur tolli et exportari facere gravibus eorum sumptibus et expensis, quod deinceps ullatenus tolerare non valerent (ut dicunt) suplicantes nobis humiliter de opportuno remedio provideri. Quocirca præmissis consideratis tibi mandamus quatenus juxta tenorem litteratum supra scriptarum et aliter, prout expediens tibi visum fuerit, sic salubriter et diligenter provideas in præmissis, quod prædicta inconvenientia seu similia deinceps non contingant; et vehiculorum asseres tantæ altitudinis et sic junctos et serratos, quod dictæ feces, et immunditiæ per vicos non labantur, sed integraliter ad locum destinatum exporteutur; et hoc et omnia alia quæ circa hoc et occasione præmissorum inconvenientium vitandorum duxeris ordinanda, cum exactione emendarum nobis applicandarum per prænominatos, seu alios servientes nostros ad hoc per te deputandos, facias celeriter, diligenter et continue exequi, effectualiter adimpleri; ipsosque deputatos, se negligenter se super his habuerint, sic punias, quod saltam metu pœnæ præmissa dili-

cavaliers ne peuvent sortir fréquemment de leurs demeures, ou y revenir par la grand'rue dudit faubourg, sans s'exposer à des obstacles et difficultés, et sans recueillir des souillures sur leurs vêtements et sur leur corps. Aussi l'air infect, pestilentiel, corrompu, dégage-t-il une fétidité abominable, en sorte que la corruption attaque leurs biens, mais surtout leurs aliments, qui se putréfient avec rapidité; et, ce qui est plus dangereux encore, il est à craindre que la santé n'en soit affectée, d'où il résulterait un double mal pour les plaignants et pour la population tout entière. Néanmoins, bien que les susdits plaignants soient, pour la plupart, pauvres et malheureux, trompés souvent par de fallacieuses promesses, ils sont contraints de faire enlever et transporter ces excréments et immondices qui, par la faute, la ruse des voituriers, et aussi à cause de la fluctuation produite par le mouvement des tombereaux, se trouvent le plus souvent agglomérés et accumulés dans leur rue, ce qui leur occasionne de grands frais, de lourdes dépenses qu'ils ne peuvent plus désormais supporter, ainsi que le dit leur demande, dans laquelle ils viennent nous supplier humblement de porter un remède efficace à cette triste situation... C'est pourquoi nous les mandons, en considération des choses dites plus haut, d'exécuter tout à la lettre, ou autrement de faire ce qu'il vous semblera bon, et avec diligence et prévoyance, au point de vue de la salubrité. Vous ferez en sorte que les tombereaux soient hauts et bien ferrés, afin que les immondices ne tombent pas sur la voie, mais soient transportés intégralement au lieu indiqué de dépôt. Vous ferez appliquer ces pres-

genter exequantur, sic te hebens in præmissis, quod præfati conquerentes occasionem non habeant ad nos redire quærelantes, quod nobis non immerito displiceret.

Datum Parisiis die penultima januari, anno Domini millesimo trecentesimo quinquagesimo sexto, sub sigillo Castelleti nostri Parisius, in absentia Magni.

criptions ordonnées par nous, en tenant compte des réclamations faites par les plaignants envoyés vers nous ; les ordres seront exécutés sans relâche et avec la plus grande diligence, et vous vous servirez de la crainte des amendes pour empêcher les plaignants de venir nous réclamer sans aucun droit.

« Donné à Paris, l'avant-dernier jour du mois de janvier 1356. »

170. Malgré toutes ces mesures, souvent exécutées avec

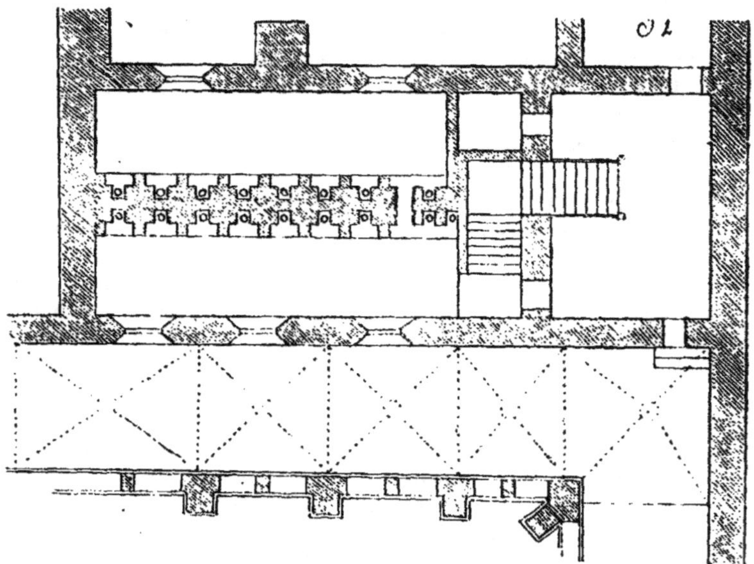

Fig. 17.

rigueur (1), à la fin du quatorzième siècle, les matières fécales étaient encore souvent déposées dans les rues (2).

(1) En 1395, les contrevenants furent condamnés à 60 sols d'amende et jetés en prison.

(2)   *Lettres patentes du roi Charles VI.*

« Nous sommes acertenez..... que en notre dite ville...... à plusieurs fautes « notables du gouvernement et état d'icelle....., et icelle ville a été tenue « longtemps et encore est si orde et si plaine de boës, fiens, etc., que chacun « a laissié et mis devant son huis.....; que c'est grande horreur.. .. »

171. Ce qui distingue les latrines des monastères du quatorzième siècle de celles des siècles précédents, c'est qu'elles ne sont plus établies autour des murs d'une salle, mais disposées sur deux rangs au milieu de la pièce ; et, au lieu d'être uniformément isolées dans des édifices particuliers, elles sont construites dans des bâtiments attenant au cloître. Cette disposition est indiquée par la fig. 17, prise sur le plan de l'abbaye de Batalha.

172. « Dans les monastères de cette époque, dit A. Lenoir, les latrines étaient placées en encorbellement sur les murailles extérieures, comme cela se faisait dans les enceintes militaires. »

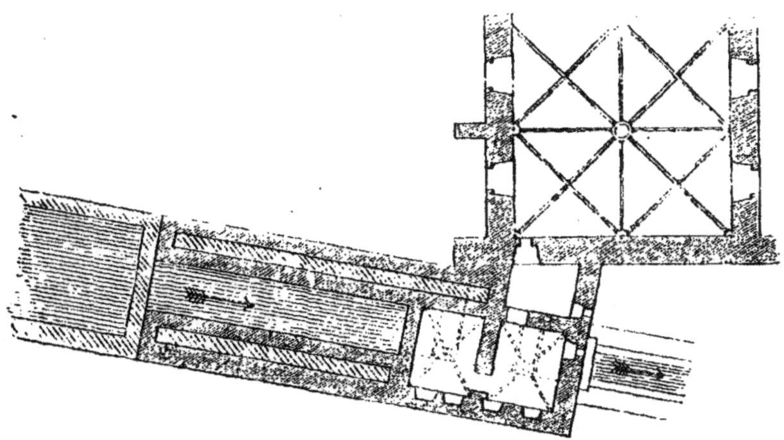

Fig. 18.

On doit admettre que les latrines n'avaient pas alors la même importance qu'aux siècles précédents, car on les trouve quelquefois disposées dans des cellules à l'intérieur des bâtiments habités. C'est ce qui semble être indiqué dans les Usages de l'abbaye de Cîteaux (1), où on lit que les religieux, en entrant dans ces lieux, tiraient leur capuchon sur leur visage afin de n'être pas reconnus.

Les cellules qui contenaient les siéges n'étaient pas fermées ou ne l'étaient qu'à moitié de leur hauteur.

(1) *Usus Cistere*, part. I, c. LXXII, p. 172.

173. Les moines, qui possédaient des connaissances étendues dans les sciences et les arts industriels, ne faisaient cependant pas usage des matières fécales pour l'agriculture : c'est ce qui est démontré par la disposition des latrines de l'abbaye de Maubuisson, fig. 18, près de Pontoise. En effet, en étudiant les ruines de cet édifice, on remarque que les latrines étaient établies sur un courant d'eau, dont on profitait pour éliminer les matières (1).

174. Dans les châteaux devant contenir une assez forte garnison, les latrines étaient souvent vastes, et placées dans une tour ou un bâtiment séparés, comme au château de Pierrefonds, où l'on trouve encore une fosse d'aisances admirablement con

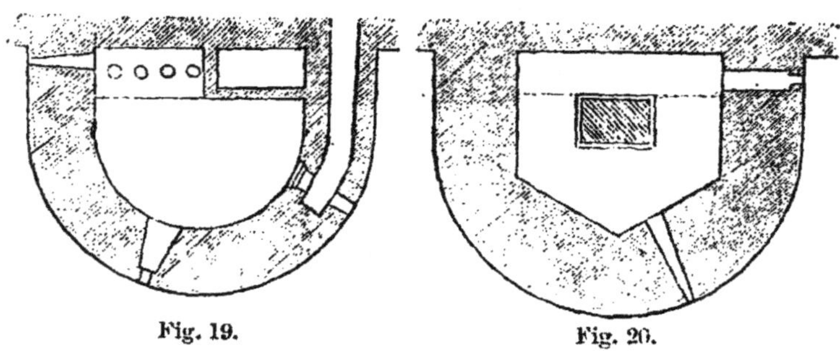

Fig. 19. Fig. 20.

struite. Les fig. 20 et 21 sont : l'une, la coupe ; l'autre, le plan. Les latrines sont indiquées par la fig. 19.

175. Dans les fosses de cette époque, on remarque quelquefois la présence d'une banquette en pierre de 0^m.80 c. de hauteur, établie sans doute en vue de faciliter l'opération de la vidange. La coupe de la fosse de Pierrefonds, fig. 21, montre une disposition analogue qu'on a également trouvée dans la Cité de Paris (2).

176. Dans les maisons de Paris, les fosses d'aisances du quatorzième siècle, qui sont presque toujours placées près de

(1) ALBERT LENOIR.

(2) Une de ces fosses, trouvée dans la Cité, à Paris, était accolée à un puisard dont le fond descendait à 4^m.10 en contre-bas du pavage de la fosse.

la descente de l'escalier, sous le sol des caves, diffèrent de celles des siècles précédents en ce qu'elles sont plus vastes et dallées. Le dallage ne paraît pas être établi en vue de les rendre imperméables, car l'écoulement des eaux dans le sol était la conséquence du système qui devait durer longtemps encore.

177. Néanmoins, il est constant que toutes les maisons n'étaient pas pourvues de ces réceptacles; on doit même conjecturer qu'ils n'existaient que dans celles d'une certaine importance.

Fig. 21.

178. Il était alors permis aux ouvriers de tout corps d'état de faire le métier de vidangeur. Ceux qui se chargeaient le plus spécialement de curer les fosses étaient appelés *gadouards*.

179. Les fosses étaient dénommées *chambres basses*, dites *courtoires, fosses à privés, chambres aisées, fosses coises* (1),

(1) « Aucun ne peut être licite de faire chambres aisées, fosses coises ou latrines, ou fosses de cuisine, pour tenir eaux des maisons auprès du mitoyen. » Du Cange, *Fossa.*

fosses à retrait (1). Les matières fécales étaient appelées *gadoues* et *mosanges*.

180. Au quatorzième siècle, les préceptes agronomiques des anciens, reproduits au dixième par les Géoponiques, continuèrent à être professés, mais toujours suivant la coutume arabe, à savoir : que les matières fécales devaient être mûries pendant plusieurs années avant leur emploi.

181. C'est en 1307 que fut publié l'ouvrage de Crescentius de Bologne (2); les Géoponiques ne le furent qu'au seizième siècle (3).

182. Les malheurs qui affligèrent la France au quinzième siècle n'étaient pas de nature à favoriser les moyens de salubrité dans les villes. Cependant, on vit de nouveau la royauté, le parlement et la municipalité de Paris unir leurs efforts pendant cette période de misère pour mettre en pratique les mesures salutaires, prescrites au siècle précédent, contre cette ancienne et incorrigible habitude de déposer les immondices et les matières fécales dans les rues (4).

183. C'est du commencement du quinzième siècle que date une des premières défenses contre un abus qui ne devait pas être nouveau, mais dont il paraît qu'on ne s'était pas jusque-là préoccupé sérieusement : nous voulons parler du dépôt des matières fécales dans la rivière (5).

---

(1) *Ordonnance du roi Jean de* 1348.

(2) *Opus ruralium commodorum*, par PETRUS CRESCENTIUS de Bologne.

(3) Traduction française des *Géoponiques* par PETIT. « Livre des Prouffits champestres et ruraulx. » Paris, 1532.—Traduction italienne de Milan, 1305.

(4) Lettres patentes prescrivant l'exécution rigoureuse des ordonnances précédentes pour le nettoiement des voies publiques de Paris et l'enlèvement des fiens qu'on continuait à y jeter.

De 1422 à 1472, nombreuses ordonnances de police qui rappellent les dispositions de celles qui précédent.

Arrêt du parlement de 1476, contenant nouvelles injonctions au prévôt de Paris de « contraindre à faire contribuer au nettoiement de Paris..... tous « gens...., privilégiés ou non, nonobstant opposition quelconque. »

(5) Lettres patentes de Charles VI (1404) édictant une amende de 60 sols parisis pour le fait de « porter fiens dans la rivière, et le quatruple que « cousteroit à oster ce que ainsy on y auroit mis. »

184. Au quinzième siècle, on dut continuer à construire des fosses d'aisances dans certaines habitations; mais il n'en reste que peu de vestiges, et ces vestiges ne diffèrent guère de ceux des fosses des siècles précédents. Toutefois, on n'y retrouve plus trace de cette banquette si caractéristique dans les fosses du quatorzième siècle.

185. On employait au quinzième siècle, comme au temps des Romains, les urines pour la foulonnerie et le dégraissage des vêtements.

En 1493, les bonnetiers de Paris, révoltés de cette pratique, démontrèrent au roi : « que les dicts bonnets et autres ou-« vrages, ainsi lavés au dict pissat, ne sont honnêtes, sains « ne convenables pour mettre en la teste, pour l'infection qui « y est et demeure (1). »

186. On a des éléments indiquant que, parmi les objets de commerce qui étaient alors importés du Levant en Occident, se trouvait le *sel ammoniac*, que les Orientaux fabriquaient en distillant les excréments de leurs chameaux.

§ 3. — **Seizième et dix-septième siècles.**

187. Le grand mouvement intellectuel qui marqua le commencement du seizième siècle fut favorable à l'assainissement des villes.

Le retour aux traditions antiques était dans les esprits, et le souffle venait alors de l'Italie, où ces traditions s'étaient le mieux conservées.

188. L'administration, souvent impuissante, allait puiser des forces nouvelles dans l'autorité des parlements, dont la prépondérance était à son apogée et dont les sentences étaient souvent aussi redoutables que redoutées (2). On vit donc se

(1) *Collect.* LAMOIGNON, citée par Paulet, *Engrais humain*, p. 285.

(2) Une épidémie sévissant à Paris en 1506, le parlement ordonna l'expulsion de tous les habitants sans domicile.

Cet arrêt, qui répandit la terreur à Paris, est resté comme une charge lourde dans l'histoire du parlement. Il faut pourtant reconnaître que cette mesure était motivée par un effroyable danger qu'il fallait conjurer.

produire de notables améliorations dans la réglementation des matières fécales et des fosses d'aisances :

189. Ainsi, le service du nettoiement des rues de la capitale, jusqu'alors abandonné aux soins des habitants, qui l'exécutaient par cotisation, fut réformé par l'imposition d'une taxe par chaque individu suivant l'arrêt du parlement de 1506 ;

190. Ainsi fut prescrite l'obligation de ne plus vidanger aucune fosse sans un congé de justice (1) ;

191. Ainsi fut prohibée la vidange de fosses, pendant la chaleur de la saison d'été, à moins de nécessité absolue (2) ;

192. Ainsi furent fixées les heures de service pour l'enlèvement des immondices de la capitale (3) ;

(1) « Fait deffense à tous cureurs de retraits de les curer et nettoyer « dorénavant sans congé de justice, sur peine de prison et d'amende arbi- « traire. » (Arrêt du parlement du 13 décembre 1533.)

(2) Cet arrêt, de 1538, porte que néanmoins, lorsque le travail sera jugé indispensable pendant la saison d'été, il devra commencer à minuit et se terminer à trois heures du matin.

L'arrêt de 1538 renouvelle les défenses antérieures de jeter des immondices ou pissats sur la voie publique, et édicte à l'égard des locatifs une pénalité de 10 marcs d'argent pour la première fois, et pour la seconde, la punition corporelle. A l'égard des propriétaires, l'arrêt édicte la privation de la propriété.

(3) *Déclaration du 28 janvier 1539.*

« Les charretiers et conducteurs de tombereaux qui reçoivent les gages « des habitants pour nettoyer et porter les immondices à voieries... seront « diligents à vaquer, depuis la Saint-Remy jusqu'à Pâques, de sept heures « du matin jusqu'à midi, et de deux heures après-midi jusqu'à six heures « du soir ; et depuis Pâques jusqu'à la Saint-Remy, de six heures du matin « à onze heures, et depuis trois heures après-midi jusqu'à sept heures du « soir, sans entreprendre ne faire autre œuvre, sous peine de fouet. »

Règlement de 1563.

« Chacun chief d'hostel..., propriétaire ou locataire...; de quelque con- « dition ou état qu'il soit, sans nul excepter, par toutes les rues, ruelles et « autres endroits de cette ville et faubourgs, fera chaque jour, à six heures « du matin et trois heures de relevée, nettoyer devant sa maison et amasser « contre la muraille les boues, fiens, etc.; ou bien les mettre dans un « panier ou autre chose, attendant que le tombereau passe..., sur peine de « 10 sols parisis d'amende.... Sera établi en chacun quartier deux per- « sonnes qui ont tombereau, lesquelles seront tenues mener chacun jour à « ladite heure, de longueur compétente et bien fermés..., auxquels il y

193. Ainsi furent déterminées les conditions dans lesquelles devaient être établis et remplis les tombereaux destinés à l'enlèvement des immondices (1).

194. Mais l'acte le plus important du seizième siècle, en matière de salubrité, fut l'arrêt du parlement de Paris de 1533, qui ordonna à tous les propriétaires de la capitale de créer, dans chacune de leurs maisons, une fosse d'aisances destinée à recevoir toutes les déjections (2).

« aura une clochette pour avertir..., et les charger de toutes boues....,
« avec défense de jeter aucune charrée ou autres immondices de leurs dites
« maisons... Ainsi les retirer dans des paniers... Si les dits boueurs fail-
« lent à aller chaque jour, soir et matin, ils seront exécutés par 100 sols
« d'amende parisis..., même par emprisonnement, » etc.

    (1)   *Déclaration du 28 janvier* 1539.

« Seront tenus (les charretiers) de lever les boues et autres immon-
« dices..., ensemble celles qu'ils trouveront ès huis et portes, estant dedans
« mannequins, seaux, paniers ou aultres vaisseaux. Le tombereau sera garni
« de roues et ustensiles de 2 pieds de large par le bas, les issaux de 6 pieds
« de long, les côtés de 2 pieds de haut, et sera aussi haut par le derrière que
« par le devant, et l'ais qui formera le derrière aussi au plus que le fron-
« teau, qui est le devant dudit tombereau ferré et garni de bandes, clous,
« frettes, harpes, boulons et autres ferrures nécessaires, jusques au poids
« de 28 livres de fer de Brie; le tout bien et duement fait et parfait... »

*Lettres patentes de 1550 qui enjoignent au prévôt de Paris de faire publier
la déclaration de 1539 et d'y tenir la main.*

« Et quand ils besogneront leur métier (les vidangeurs) et à ce que les
« rues ne soient infectées des immondices des fosses et privés, enjoint
« la dite cour aux maistres de basses-œuvres et leurs gens, suivant les
« anciennes ordonnances que dores-en-avant quand ils besogneront de leur
« métier, ils ayent à mestre et enfoncer les dites immondices en tonneaux
« ou vaisseaux clos, de sorte qu'elles ne puissent être espandues par les
« rues, sur peine de confiscation de chevaux et harnois, et d'amende arbi-
« traire et du fouet, permettant à chacun des dits habitants de cette dicte
« ville au dict cas, de pouvoir appréhender, pour estre procédé à l'encontre
« d'eux par telle peine qu'il appartiendra. »

    (2)   *Arrêt du parlement du 13 septembre* 1533.

« Il est enjoint à tous les propriétaires des maisons où il n'y a point
« encore de fosses à retrait, d'y en faire en toute diligence et sans aucun
« retardement, à peine de saisie de loyers, pour en être les deniers employés
« à faire les dites fosses. »

Arrêt du 14 juin 1538 ordonnant de désigner les maisons où il n'existe point de fosses, et d'enjoindre aux propriétaires d'en créer.

195. Cet arrêt, qui n'avait point eu de précédent en France, fut consacré par le mémorable édit de François Ier, de 1539, qui reproduit une partie des dispositions contenues dans les lettres patentes de 1538.

L'importance de cet édit, au point de vue non-seulement des matières que nous traitons, mais de l'organisation de la police en général, nous fait un devoir de le reproduire *in extenso :*

Édit de novembre 1539.

François, par la grâce de Dieu roy de France, scavoir faisons à tous présens et à venir que comme nous nous soyons aperçus suffisamment qu'en notre bonne ville et cité de Paris et fauxbourgs d'icelle qui sont moult empirés, et tellement decheus en ruine et dommage, qu'en plusieurs lieux on ne peut bonnement aller à cheval, ni à charróy, sans très-grand péril et inconvénient, et avec ce icelle ville et fauxbourgs a esté tenue longtemps, et encore est si orde et si pleine de boues, fiens, gravois et autres ordures, que chacun a laissé et mis communément devant son huis contre raison, et contre les ordonnances de nos prédecesseurs, que c'est grand horreur et très-grand déplaisir à toutes personnes de bien et d'honneur ; et font ces choses à très-grand esclandre, vitupere et destures humaines demourans et frequentans en nostre dite ville et fauxbourgs, qui par l'infection et punaisie des dites boues, fiens et autres ordures, sont encourues au temps passé sans cause ; et nous considérans qu'en toutes les choses dessus dites, si comme exposé nous a esté par plusieurs gens de notre conseil et autres personnes notables, est très-grand besoin et nécessité de mettre briefvement provision et remède convenable pour le bon gouvernement de nostre dite ville et fauxbourgs d'icelle, à laquelle avons affection singulière, comme celle qui est la principalle et la plus notable de nostre royaume ; nous avons statué et ordonné, et par ces présentes statuons et ordonnons par édit perpétuel, stable, irrévocable, les choses qui s'en suivent :

Art. 1er. — Nous voulons et ordonnons que les maisons, cours, rues, places et autres lieux et endroits de la dite ville et fauxbourgs d'icelle soient tenus nettement ; et les immondices et ordures vuidées et ostées soigneusement, et en grand diligence.

Art. 2. — Que toutes personnes quelconques, de quelque estat qu'ils soient, facent paver à pante raisonnable et entretenir le pavé en bon estat, et les rues nettes chacun en droit soy.

Art. 3. — Qu'ils facent jetter des eaux par chacun jour devant leur huis sur le dit pavé, afin que les ruisseaux et esgouts ne soient empeschez à l'endroit de leurs maisons, et que les immondices ne puissent s'y arrêter.

Art. 4. — Deffendons de vuider ou jetter ès rues et places de la dite ville et fauxbourgs d'icelle, ordures, charrées, infections, ni eaux quelles qu'elles soient, et de retenir longuement ès dites maisons, urines, eaux croupies ou corrompues ; ains enjoignons de les porter et de les vuider promptement au ruisseau, et après, jetter un seau d'eau nette pour leur donner cours.

ART. 5. — Et ce, sur peine de 100 sols parisis contre chacun qui sera trouvé contrevenant, pour la première fois ; de 10 livres parisis pour la seconde ; et pour la tierce de punition corporelle, ou de privation du revenu de la maison pour trois ans, qui sera incontinent mis en notre main, selon la qualité des personnes et grandeur de la désobéissance.

ART. 6. — Et enjoignons aux commissaires de notre Chastelet de Paris d'être vigilans et diligens sur l'entretenement du contenu en ces présentes, sur peine de privation de leurs offices ; laquelle nous avons, dès à présent comme dès lors, déclaré et déclarons contre ceux du quartier auquel serait trouvée la contravention, et y aurait aucunes immondices ès rues de leur dit quartier où ils n'eussent promptement pourveu et sans aucun delay ou demeure après la publication de ces dites présentes.

ART. 7. — Et pour plus promptement avoir connaissance de la faute que feront les dits commissaires aux choses connues en ces dites présentes, ou aucunes d'icelles, Nous donnons justement à ceux qui les defereront la somme de 10 livres pour chacune fois, à prendre sur la condamnation qui sera sur ce donnée à l'encontre d'eux.

ART. 8. — Et voulons qu'incontinent après la dite déclaration faite à notre prevost de Paris ou son lieutenant criminel, il soit promptement tenu d'aller en personne, si faire se peut, ou sinon y envoyer personne capable et suffisante, sur le lieu dénoncé par le délateur, afin d'avoir la preuve prompte sur icelle, sans divertir à autres affaires ; et le mesme jour de la dite dénonciation, déclarer la vérité de ce qui en aura esté trouvé, pour le nous envoyer, afin d'estre pourveu aux offices des dits commissaires qui, pour les dites fautes, seront trouvez vacans et autrement, ainsy que verrons estre à faire.

ART. 9. — Et au dit affaire seront incontinent tenus vaquer et entendre les conseillers de nostre dit Chastelet de Paris, et obéir aux commandemens et ordonnances qui sur ce leur seront faites par nostre dit prevost de Paris, ou son dit lieutenant criminel, incontinent ou sans aucune demeure ou retardation, ès cas, lieux et endroits où le dit prevost de Paris ou son dit lieutenant criminel ne pourrait aller ou satisfaire en sa personne.

ART. 10. — Et où il y aura sur ce aucune négligence ou autre faute notable par nostre dit prevost, lieutenant criminel, ou conseillers, dont il sera permis à chacun nous avertir, Nous avons au cas dessus dit, dès à présent comme dès lors, suspendu et suspendons celüy d'eux qui aura fait la faute de l'administration de son office pour un an, pour la première fois, et trois ans pour la seconde, et pour la troisième, privé et déclaré inhabile de tous autres estats et offices.

ART. 11. — Et davantage sera pris sur leurs biens pour chacune et légitime dénonciation sur ce à nous faire, ou à notre amé et feal chancellier, à l'encontre d'eux, la somme de 20 livres parisis, dont sera incontinent baillé exécutoire, comme pour nos propres debtes et affaires.

ART. 12. — Et sur les mesmes peines que dessus, seront tenus les quarteniers, diziniers, et cinquanteniers de la dite ville de Paris, repondre de ceux de leurs quartiers qui ont fait quelque contravention au contenu de ces dites presentes.

ART. 13. — Dont en ce cas seulement nous attribuons la connaissance à nostre dit prevost de Paris, ou son lieutenant criminel, et sans préjudice des droits de juridiction de nos amez et feaux les prevosts et eschevins de nostre dite ville de Paris en autres choses.

ART. 14. — Et enfin encore que les choses devant dites soient mieux entretenues et accomplies, Nous ordonnons que les propriétaires, conducteurs et locatifs, voisins des maisons, seront responsables les uns pour les autres en chacune rue ; et à ce faire seront contraints par prise et exploitation sommaire de leurs biens, si métier est, par emprisonnement de leurs personnes, nonobstant oppositions ou appellations quelconques, et sauf leur recours contre les négligens et contrevenans à ce que dit est, lequel recours sera de semblable exploit et contrainte.

ART. 15. — Deffendons à toutes personnes quelconques de vuider et mettre en la rue aucun feure, fiens, charrées, bouës, ni autres immondices, ne iceux brusler ès rues, ni faire tuer pourceaux ou autres bestes; mais enjoignons iceux fiens ou immondices serrer et mettre dedans leurs maisons en panniers et mannequins, pour après les faire porter hors de la dite ville et fauxbourgs d'icelle.

ART. 16. — Pareillement deffendons aux tailleurs de pierres, massons, couvreurs et tous autres de vuider ou faire vuider des dites maisons les gravois ou autres choses dont infection ou empêchement se peut ensuivir, sinon à mesure qu'ils auront des tombereaux prets pour les charger et porter hors la ville et fauxbourgs.

ART. 17. — Et ordonnons que pour raison de toutes les choses dessus dites, les maîtres et maîtresses respondront pour leurs valets, serviteurs et chambrières.

ART. 18. — Commandons aux commis par justice sur le fait des bouës, et autres gens qui en ont en charge, que toutes excusations cessantes, ils s'appliquent et soient ordinairement à chacune heure prets pour porter les immondices, sur la peine du fouet, dont ils seront promptement punis, nonobstant oppositions ou appellations quelconques.

ART. 19. — Qu'iceux tombereaux soient clos et ferrez en telle manière, qu'il n'en puisse sortir aucune chose, et que la pièce qui estoupe le derrière soit aussi haute, ou plus, que le devant dudit tombereau, sur les peines dessus dites, et encore de confiscation de leurs chevaux et tombereaux.

ART. 20. — Et permettons à tous sergens et bourgeois de Paris et des dits fauxbourgs, que où ils verront et trouverront lesdits tombereaux, qu'ils ne soient clos, d'iceux prendre ou faire prendre, et mener en prison, pour en être ordonné ainsi que justice verra estre à faire par raison.

ART. 21. — Enjoignons à tous propriétaires des maisons, hostels et demeures, où il n'y a aucunes fosses à retraits, qu'incontinent, sans delay, et à toutes diligences ils en facent faire.

ART. 22. — Et enjoignons au dit prevost de Paris, et son dit lieutenant criminel, de faire exécuter reaument, et de fait, le contenu en ce présent article, sur les peines que dessus, dedans six mois, à compter du temps de la publication de ces dites presentes.

ART. 23. — Et à cette fin voulons et ordonnons que les quarteniers, dixiniers et cinquanteniers soient tenus, chacun en son égard, d'apporter et mettre par escript par devers notre prevost de Paris ou son lieutenant criminel, dedans quinze jours après la dite publication, toutes les maisons de chacun quartier où il n'y a aucune fosse de retraits; et que dedans huit jours après, soit enjoint aux seigneurs et propriétaires des dites maisons, ou aux concierges et locatifs, pour leur faire sçavoir qu'ils ayent dedans trois mois après la dite injonction, dont sera fait registre, à faire les dites fosses et retraits, sur peine de confiscation des dites maisons; et si elles sont aux eglises et mains-mortes, sous peine de privation des pensions et louages des dites maisons, pour le temps de dix ans.

ART. 24. — Et voulons qu'incontinent le dit temps à eux prefix passé, où les dits seigneurs et propriétaires n'auront satisfait aux dites injonctions, les dites maisons, toutes excuses cessantes, soient mises en notre main comme à nous acquises et confisquées, et sans autre déclaration, fors celles des mains-mortes qui seront saisies aux fins que dessus.

ART. 25. — Et qu'incontinent sur les premiers deniers qui procederont des loyers des dites maisons, soient en toute diligence faites les dites fosses et retraits, ainsy qu'il est ci-dessus ordonné; le tout nonobstant oppositions ou appellations quelconques, et sans préjudice d'icelles, dont nous avons retenu la connaissance à nous et à notre conseil, sans qu'autres en puissent entreprendre aucune connaissance, que nous leur avons interdite, deffendue, interdisons et defendons par ces presentes.

ART. 26. — Et si deffendons à tous de curer les dits retraits, de les curer et nettoyer dorenavant sans congé de justice, sur peine de prison et d'amende arbitraire.

ART. 27. — Et deffendons à tous les manants et habitants de la dite ville et fauxbourgs d'icelle, de quelque estat, condition ou mestier qu'ils soient, de mettre dorenavant aux fenestres et endroits de leur hostel, respondant sur rue, aucuns draps tendus sur perches, et ce sur peine de 10 livres parisis d'amende.

ART. 28. — Et inhibons et deffendons aussy à tous bouchers, charentiers, rôtisseurs, boulangers, regrateurs, revendeurs de volailles, poulailliers, taverniers, laboureurs, gens de mestiers, et toutes autres personnes de quelque estat ou condition qu'ils soient, de tenir, faire tenir, ne nourrir en quelque lieu que ce soit ès dite ville et fauxbourgs d'icelle aucuns pourceaux, truyes, cochons, oisons, pigeons, connils, soit pour vendre, pour leur vivre, entretenement de leurs maisons, ne pour quelque cause, occasion ou couleur que ce soit.

ART. 29.— Et enjoignons à tous les dessus dits qui tiennent et nourrissent ès lieux devant dits iceux pourceaux, truyes, cochons, oisons, connils, et pigeons, que toutes excusations cessantes, ils menent, portent et facent mener et porter les dits pourceaux, truyes, cochons, oisons, pigeons, et connils, nourrir hors la dite ville et fauxbourgs d'icelle, sur peine de confiscation des choses dessus dites, et de punition corporelle ; et si enjoignons à tous de les reveler, et annoncer à justice ce que dessus le plus diligemment que faire se pourra, dont ils auront la tierce partie du profit le faisant ; et où ils ne le feront, seront punis d'amende arbitraire.

ART. 30. — Ordonnons et enjoignons très-estroitement aux dits examinateurs-commissaires au dit Chastelet de faire garder ces presentes, et aux dits quarteniers, dixiniers et cinquanteniers, d'y vaquer et entendre, et leur bailler confort et aydes à reveler les transgressions et fautes, en ce qui viendra, sur les peines dessus dites ; et leur permettons incontinent emprisonner ou faire emprisonner ceux qui sont à contraindre, par emprisonnement de leurs personnes, et qui contreviendront au contenu ci-dessus, pour justice en estre faite ; auxquels commissaires, quarteniers, dixiniers, cinquanteniers et tous autres, à ce qu'ils soient plus soigneux de relever et annoncer les fautes et faire les captions et emprisonnemens en ce qu'il leur est permis, et chacun en leur égard, sera baillé le quart des amendes qui en seront adjugées.

ART. 31. — Nous voulons que ces presentes ordonnances soient publiées tous les mois de l'an par tous les carrefours de cette ville de Paris et fauxbourgs d'icelle, à son de trompe et cry public ; et néanmoins qu'elles soient attachées à un tableau, escrites en parchemin, en grosses lettres, en tous les seize quartiers de la dite ville de Paris, et ès dits fauxbourgs et lieux les plus eminens et apparens d'iceux, afin qu'elles soient cognues et entendues par chacun, et qu'il ne soit loisible oster les dits tableaux, sur peine de punition corporelle, dont les dits commissaires auront la charge chacun en son quartier.

ART. 32. — Et si enjoignons à notre prevost de Paris, ou son lientenant criminel, de faire entretenir et garder entièrement le contenu en ces presentes, et ce qui en dépend ; et que diligemment il face toutes contraintes à ce nécessaires, sur les peines dessus dites, nonobstant oppositions ou appellations quelconques, et sans préjudice d'icelles, dont nous avons retenu la connaissance à Nous et à notre Conseil, privativement à tous autres, comme dessus. Si donnons en mandement à notre prevost de Paris ou à ses lieutenans, que nos présentes lettres ils facent lire, publier et enregistrer, et les facent garder, observer, accomplir et entretenir inviolablement de point en point, selon leur forme et teneur, sans y contrevenir en aucune manière : car tel est notre plaisir. Donné à Paris, au mois de novembre, l'an de grâce mil cinq cent trente-neuf, et de nostre règne le vingt-cinquième ; ainsi signé par le Roy, Bayard, et scellé du grand sceau en cire verte et lacs de soye.

Désirant perfectionner de plus en plus la police du nettoiement et prévenir les cas qui en auraient pu déranger l'économie, François Ier ajouta à la précédente ordonnance les articles qui suivent et dont voici le résumé :

ART. 1er. — Les conducteurs des tombereaux travailleront en hyver depuis sept heures jusqu'à midi, et depuis deux heures jusqu'à six heures du soir; et en été, depuis six heures jusqu'à onze, et depuis trois heures jusqu'à sept heures du soir.

ART. 2. — Ils chargeront toutes les boues et immondices. Les bourgeois ne seront tenus que de nettoyer.

ART. 3. — Quand le conducteur ira à la décharge, il laissera un homme pour avertir le bourgeois de la rue où le tombereau reviendra, afin que l'on balaye et ramasse les ordures dans les intervalles.

ART. 4. — Défenses aux conducteurs de s'arrêter en allant et en venant, ni de laisser le service pour faire d'autre ouvrage, à peine de punition corporelle.

196. L'obligation de construire des fosses d'aisances dans chaque maison de la capitale fut aussi consacrée, dans le droit civil, en 1580, par la coutume de Paris, qui porte :

ART. 191. — Tous propriétaires de maisons en la ville et faubourgs de Paris sont tenus d'avoir latrines et privés suffisants en leur maison;

ART. 218. — Nul ne peut mettre vidanges de fosses de privés dans la ville.

197. La mesure devint générale dans le royaume, car elle fut prescrite par les coutumes de Mantes, art. 207; d'Etampes, art. 87; du Nivernais, art. 15, chap. x; du Bourbonnais, art. 515; de Calais, art. 179; de Tournai, art. 5, titre xvii; de Melun, art. 209.

198. Nonobstant les dispositions qui précèdent, on tenta les plus louables efforts pour faire exécuter les anciens règlements, qui n'étaient guère respectés (1).

(1) Arrêt de 1538, renouvelant les défenses antérieures de jeter des immondices ou pissats sur la voie publique. — Ordonnance de 1539, donnant l'étalon et la forme des tombereaux de nettoiement. — Lettres patentes en septembre 1550, confirmant l'édit de 1539. — Arrêt de 1551, défendant de déverser immondices et fiens sur la voie publique et de jeter dans la Seine. — Arrêt de 1553. — Règlement du 22 novembre 1563 qui, pour la première fois, prescrit le nettoiement de toutes les rues de Paris au même temps, savoir : tous les jours à sept heures en été, et à huit heures en hiver.

Plusieurs condamnations rigoureuses intervinrent, en 1586, contre les délinquants.

199. L'emploi des matières fécales à la fumure des terres, autrefois en pratique chez les Romains et si longtemps négligé, reprit faveur au seizième siècle.

Ce fut un résultat important pour l'agriculture, qui, par des causes multiples, était restée languissante pendant cette longue période du moyen âge, si fertile en résultats d'une autre nature.

200. Toutefois, l'engrais humain n'était plus appliqué comme au temps des Romains; on s'en servait toujours suivant la méthode arabe, qui consistait à ne l'employer qu'après l'avoir laissé mûrir pendant plusieurs années dans les fosses publiques où il devait perdre sa *malice*.

201. La traduction des Géoponiques de 1543, par Anthoine Pierre (1), la traduction de l'*Opus ruralium commodorum* de Crescentius de Bologne, par Petit, en 1532, sous le titre : *Prouffits champestres et ruraulx* (2); les Etudes d'Olivier de Serres, en 1551 (3), sont autant de monuments qui attestent le grand mouvement qui se fit dans les esprits en faveur du principe des anciens, qui consistait à employer les matières fécales pour la fumure des terres.

202. Ce mouvement est d'ailleurs affirmé par un arrêt du parlement, de 1505, qui défend de vendre les matières des voiries (4).

(1) Voir la note du nᵒ 149. Prescriptions des Géoponiques.

(2) Le livre de Crescentius de Bologne avait été publié en 1307. A l'exemple de Columelle, Crescentius conseille de créer des fumiers factices en jetant certaines substances sur une voie publique, *bœurs* et *mois* par où passent gens *à charroy*. Il conseille encore, d'après Varron, de créer deux fosses pour recevoir les matières fécales, l'une destinée aux anciennes et l'autre aux nouvelles, afin de donner le temps à celles-ci de s'y mûrir; en un mot, il ne fait guère que de répéter les prescriptions des anciens, et il insiste particulièrement sur ce fait, que la fiente la plus énergique pour l'agriculture est celle des pigeons et que celle de l'homme vient ensuite.

(3) Olivier de Serres constate que les immondices des privés, mêlés à d'autres matières, font un bon engrais.

(4) Cet arrêt défend aux fermiers, tant du roi que des seigneurs ayant droit de voirie autour de Paris, de vendre les matières destinées à l'agriculture, laquelle on entendait par là faire jouir d'un privilège spécial.

203. A cette époque plus qu'à aucune autre, depuis les Romains, la médecine chercha à tirer parti des matières fécales pour la guérison des maladies ; les préceptes en cette matière se trouvent dans un assez grand nombre d'ouvrages du temps, notamment dans celui qui porte le titre de *Chylologia stercoris humani usu medico*.

204. Il y avait alors des médecins dits « stercoraires », qui administraient des remèdes composés de matières fécales, auxquels ils donnaient la dénomination bizarre de *carbon humanum, oletum, sulfur occidentale* (1).

205. On sait qu'au moyen âge les alchimistes eurent recours à l'urine pour découvrir la pierre philosophale. Si cette matière ne produisit pas le résultat cherché, elle fournit des éléments utiles.

206. Au seizième siècle parut l'ouvrage de Gryphius, intitulé : *In latrinis mortui et occisi*, dans lequel l'auteur, après avoir constaté que Héliogabale, Arius et le pape Léon étaient morts dans les latrines, relate que Charles-Quint y naquit et que Jeanne d'Aragon y accoucha, à Gand, le 25 février 1500.

207. C'est au seizième siècle aussi que Paracelse (mort en 1541), le célèbre médecin et thaumaturge qui prétendait avoir trouvé le secret de prolonger la vie, écrivait que les excréments humains, par une certaine préparation, pouvaient acquérir l'odeur du musc et de la civette : de là, sans doute, le nom qu'on leur donnait de *civette* ou du musc occidental.

Enfin, parmi les œuvres de cette époque où la matière fécale est souvent citée, se distinguent celles de Rabelais :

208. Christophorus Parisiensis « traicte de l'œuvre des
« urines, œuvre certes en l'opération de laquelle se trouve un
« monde de merveilles, des sels nitreux et soulphreux, colorés
« de diverses couleurs, flairant diverses odeurs suaves et
« fétides desquelles on tire d'admirables esprits ammonia-
« caux. »

(1) Un pot de la collection de M. Ligel (XVI° siècle) porte cette inscription : *Chylolographice.*

209. Vers 1550, les urines, qui avaient été abandonnées par les foulons, furent de nouveau employées par eux.

210. Au seizième siècle, les fosses d'aisances étaient généralement placées, dans les maisons de ville, contre l'escalier, souvent sans communication avec l'air extérieur. Il ne paraît pas qu'il en existât plus d'une par maison, quelle qu'en fût l'importance. On les éclairait avec des chandelles ou résines appelées *oribus*.

211. Lors de la démolition des rues de la Reynie et de la Calandre, on découvrit sous les renformis des restes de pinçoirs en fer destinés à recevoir ces chandelles, et l'on voyait encore sur le parement mis à découvert des traces de résine et de fumée.

L'un de ces cabinets était au rez-de-chaussée, dallé, avec un siége de 0ᵐ.50 de hauteur. La lunette avait 0ᵐ.32 de diamètre.

212. Au seizième siècle, les chaises percées étaient certainement en usage dans les palais. On est même autorisé à croire que ces sortes de sièges étaient là, sinon exclusivement, du moins ordinairement adoptés.

213. Une ordonnance de 1600 prononce la confiscation des chevaux de ceux qui ne conduiraient point les vidanges aux voiries désignées; mais aucun fait important, en ce qui concerne les matières fécales et les fosses d'aisances, ne se détache dans la première moitié du dix-septième siècle, si ce n'est l'édit de 1607, dont les prescriptions sont applicables à toutes les villes de France (1).

214. Néanmoins, la sollicitude de l'administration s'affirme par de nouveaux actes, en vue d'assurer l'exécution des or-

---

(1) L'édit de décembre 1607 porte : « Défense de jeter dans les rues eaux « ni ordures par les fenêtres, de jour et de nuit...; tenir fiens, terreaux ny « autres choses, dans les voies publiques, plus de vingt-quatre heures et sans « incommoder les passants..., à peine d'amende... Ordre à un voyer ou à « ses commis de se transporter par toutes les rues, mesmes par les mais- « tresses, de quinze jours en quinze jours, afin de commander qu'elles soient « délivrées et nettoyées, et que les passants ne puissent recevoir aucune in- « commodité. »

6

donnances rendues précédemment sur les vidanges (1).

215. Et l'on ne doit point passer sous silence une innovation qui n'était pas sans importance : ce fut la création d'une charge pour l'enlèvement des immondices (2).

216. Si l'on en juge par les pièces du temps et par l'édit cité dans la note précédente, on jetait encore les excréments par les fenêtres, et la salubrité de la ville n'était guère améliorée (3).

217. C'est en 1608 qu'on trouve la première trace de la dénomination de *fy-fy*, donnée aux gadouards ou vidangeurs.

Les fosses paraissent avoir changé de nom à cette époque : on les appelle *basses fosses*, au lieu de fosses à retrait.

218. Dans la seconde moitié du dix-septième siècle, il se produit des faits qui méritent d'être signalés :

(1)   *Lettres patentes de* 1608.

« .... Ordonne.... de faire balayer.... devant leurs dites maisons.... jusques au ruisseau le matin et le soir,.... et faire amonceler après la muraille.... pour estre emportées par les conducteurs des tombereaux...., ensemble celles qui se trouveront ès huis et portes... dedans mannequins, seaux, paniers et autres vaisseaux.... sur peine de 10 livres parisis d'amende....

« Défense de laisser escouler dans les égouts les urines, eaux grasses et croupies.... Défense au maître fy-fy et des basses œuvres de ne laisser espandre par les rues ordures ou excréments, en vidant les basses fosses ou retraits, sur les mêmes peines de 10 livres parisis d'amende... »

Ordonnance de septembre 1608.

« Défendons aussi à toutes personnes de jetter ou faire vuider par les fenêtres de leurs maisons, tant de jour que de nuict, urines, excréments et autres eaux quelconques ; leur enjoignant faire porter au ruisseau de la rue les dites eaux ou urines, et à l'instant y faire jetter un seau d'eau, comme il est déclaré....

« Enjoignons à tous les chefs d'hôtels, propriétaires et locataires des maisons de notre dite ville et faubourgs de Paris, sur les mêmes peines que ci-dessus, de faire retenir dans leur logis les dites ordures, dans des paniers ou mannequins, et faire porter dans les tombereaux qui passeront tous les jours par les rues pour les recevoir et emporter, hors la dite ville, aux lieux destinés pour cet effet. »

(2) L'acte est de 1608. Cette charge est donnée à un capitaine général des charrois d'artillerie.

(3) Lettres patentes et ordonnance de 1608 citées à la note (1) précédente.

219. C'est d'abord une nouvelle disposition des règlements de service de la vidange, qui impose l'obligation de ne vidanger que la nuit, aussi bien en hiver qu'en été (1);

220. C'est le rétablissement de la police du nettoyage des rues de la capitale (2);

221. Ce sont les dispositions réglementaires qui, apportant un changement radical à l'ordonnance de 1348, enjoignirent aux habitants de Paris de ne plus faire exécuter la vidange que par des maîtres vidangeurs, qui, à cette époque, s'étaient organisés en corporation (3).

222. Mais l'acte principal fut la séparation des voiries, qui jusqu'alors avaient servi à la fois au dépôt des matières fécales et au dépôt des immondices, et dont les locaux étaient de mouvance seigneuriale.

La création de deux dépotoirs séparés eut lieu en 1678 (4).

---

(1) *Arrêt du parlement du 16 avril 1663.*

« Comme aussi faisons inhibition et défense aux maîtres des basses œuvres « de laisser répandre par les rues aucune ordure ou excréments, et de ne les « enlever que de nuit, suivant les règlements, à peine de 20 livres d'amende « applicables au pain des pauvres prisonniers de la Conciergerie. »

Cette disposition avait déjà été prise en 1644, par un arrêt du parlement, mais elle était restée à l'état de lettre morte.

L'arrêt de 1664 édicte les mêmes prescriptions.

(2) Voir Delamarre, *Traité de police.*

(3) *Arrêt du parlement du 25 mars 1671.*

« ... Fait défense aux compagnons et à tous autres d'aller à l'avenir dans « les rues crier : *Curer les puits !* à peine de prison ; ni d'entreprendre le mé- « tier de vidanges, à peine d'amende arbitraire ; et enjoint aux compagnons « de se retirer chez les maîtres du dit métier s'ils veulent être reçus à la « maîtrise. »

Arrêt de 1696.

« .... Faisons prohibition aux maçons, manœuvres et tous autres gens « sans qualité pour entreprendre sur les ouvrages dépendant du métier de « maître vidangeur. »

Cet arrêt nous apprend qu'un ouvrier vidangeur ne pouvait parvenir à la maîtrise qu'en payant 100 livres, et à la condition d'avoir produit un chef-d'œuvre. On s'explique difficilement quel pouvait être le chef-d'œuvre à produire en pareille matière...

L'ordonnance de 1697 renouvelle les dispositions de l'arrêt de 1696.

(4) Ces dispositions furent prises à la suite de la réunion de toutes les justices, au Châtelet, en 1678.

Avant 1674, les seigneurs, hauts justiciers dans Paris, étaient obligés de fournir les voiries suffisantes pour contenir les immondices et les vidanges de leur justice; s'ils n'avaient point d'emplacements assez commodes pour ce service, on les contraignait d'en acheter; les propriétaires étaient forcés de les abandonner par échange ou à prix d'argent, sur le prix de l'estimation des experts convenus à l'amiable, ou nommés d'office par le magistrat de la police (1).

223. On ne sait à quelle époque la corporation des vidangeurs fut organisée. Ce qui est certain, c'est que les *Registres des métiers* d'Estienne Boileau, au treizième siècle, n'en font point mention.

224. Ce qui ne laisse pas d'être aussi digne de remarque dans l'étude de cette période, c'est la non-observation des règlements anciens, qu'on reproduit et dont on recommande sans cesse l'exécution.

Ces actes nous montrent :

225. Qu'un assez grand nombre de propriétaires n'avaient pas obtempéré aux injonctions qui leur étaient faites, de construire des fosses d'aisances dans leurs maisons (2);

226. Que les immondices, ordures et excréments continuaient à séjourner dans les rues de Paris (3);

227. Que les matières fécales retirées des fosses étaient encore jetées ou enfouies dans les cours et jardins (4).

(1) Un édit du mois de janvier de 1641 portant création de trois receveurs généraux des deniers de police, ordonne que des hauts justiciers fourniront, chacun à leur égard, des terres suffisantes pour les voiries et décharges publiques.

Le règlement d'avril 1663 confirme ces dispositions.

(2)   *Ordonnance de 1668.*

« .... Les dits commissaires auraient, entr'autres choses, observé qu'en la plupart des dites maisons, les propriétaires se sont dispensés d'y faire des fosses ou latrines, quoiqu'ils aient logé dans aucune des dites maisons jusqu'à vingt ou vingt-cinq familles différentes : ce qui causait en la plupart si grande puanteur, qu'il y avait lieu de craindre des inconvénients fascheux et surtout en des temps suspects.... »

(3) Arrêt de 1664.
(4) Arrêt de 1700.

228. Ce fut au dix-septième siècle que l'on édicta, pour la première fois, certaines règles relatives à la construction des fosses d'aisances, ou du moins de leurs accessoires, notamment en ce qui concerne l'établissement des ventouses ou tuyaux, qui n'avaient pas encore été exigés (1).

229. Cependant les fosses de cette époque, dont il reste un assez grand nombre de spécimens, étaient assez bien construi-tes, comparativement à celles des temps passés. On s'attachait même, à défaut de règlement administratif, à les rendre sinon absolument étanches, du moins à prévenir les infiltrations dans les murs. Cela est attesté par Desgodets, dont le traité sur les *Lois du bâtiment* date de la fin du dix-septième siècle, quoique ayant été publié au commencement du dix-huitième (2).

(1) *Ordonnance de 1664.*

« .... Et d'autant plus éviter l'infection et puanteur au dedans des dites maisons, enjoignons tant aux dits propriétaires qui feront les dites latrines et privez qu'aux maçons qui les construiront d'y faire un contre-mur suf-fisant le long des tuyaux d'icelles, depuis le plus haut siége jusqu'à la fosse, si mieux ils n'aiment isoler les dits tuyaux et laisser un espace vide de 3 pouces entre les murs mitoyens... Comme aussi leur enjoignons de faire des ventouses qui seront conduites jusqu'au dessus des combles. »

(2) « Il ne suffit pas seulement que le contre-mur, qui est joignant le mur mitoyen, soit de construction suffisante pour n'être point pénétré ; il faut que les autres murs du pourtour de la fosse d'aisances le soient aussi lorsqu'il y a des terres en arrière, parce que s'ils étaient pénétrés par les matières ou les eaux infectées, elles pourraient s'écouler au long des terres par le derrière des murs, et pénétrer jusqu'au mur mitoyen ; et l'on doit ob-server, tant aux murs qu'aux contre-murs de la fosse d'aisances, de mettre un bon lit de mortier ou ciment sur le terrain du bas de leur fonda-ion avant que d'y asseoir le premier rang de pierres ou moellons.

« Les fosses d'aisances ne doivent point être fondées jusqu'à l'eau, parce que l'eau, venant à croître et à baisser dans les terres, entraîne les matières et les urines des fosses et les fait communiquer avec l'eau des puits voisins et les infecte.

« L'on doit paver à chaux et ciment le fond des fosses d'aisances pour y contenir les matières et urines, et empêcher qu'elles ne pénétrent au tra-vers des terres jusqu'aux caves et puits des voisins ; et si le pavé ne suffit pas, l'on y doit faire un massif de maçonnerie par le dessous, d'une épais-seur suffisante, ainsi qu'il est dit pour les murs, de mettre un lit de mortier, sur le terrein ou moellons dans toute l'étendue de la fosse.

« Quelques experts font mettre un corroi de terre glaise dans le fond de la fosse, sous le pavé ; mais un massif de maçonnerie est meilleur, parce

230. Mais ce qui semblera extraordinaire, c'est que plusieurs châteaux et palais du seizième siècle ne contenaient ni fosses ni lieux d'aisances; les fosses d'aisances et cabinets du palais de Versailles sont modernes.

231. Un document original nous apprend qu'entre autres maisons de province, celles de Fontainebleau étaient dépourvues de ces accessoires (1).

232. L'emploi des matières fécales pour la fumure des terres était devenu assez général, surtout à la fin du dix-septième siècle, dans les environs de Paris du moins; mais des règlements administratifs continuèrent à défendre formellement d'user de ces matières pour cet objet, avant de les avoir laissées mûrir pendant plusieurs années, suivant la méthode arabe (2).

qu'il s'incorpore avec les murs et contre-murs du pourtour, étant d'une même qualité, comme aussi avec le ciment du pavé : au lieu que le corroi de glaise ne peut faire aucune liaison avec la maçonnerie du mur et du contre-mur, en sorte que les urines et les eaux infectées se font un passage entre la glaise et les murs lorsque le ciment du pavé vient à se dégrader.

« Le moellon de pierres de meulière, maçonné à bain de mortier de chaux et de ciment, est la meilleure construction que l'on puisse faire pour les murs, contre-murs et massifs des fosses d'aisances. »

(1)   *Lettre de la duchesse d'Orléans à l'électrice de Hanovre.*

« Fontainebleau, 9 octobre 1694.

« Vous êtes bien heureuse d'aller chier quand vous voulez, chiez donc tout votre chien de saoul !... Nous n'en sommes pas de même ici, où je suis obligée de garder mon étron pour le soir; il n'y a pas de frotoir aux maisons du côté de la forêt. J'ai le malheur d'en habiter une, et par conséquent le chagrin d'aller chier dehors, ce qui me fâche, parce que j'aime à chier à mon aise quand mon cul ne porte sur rien. *Item* tout le monde nous voit chier; il y passe des hommes, des femmes, des filles, des garçons, des abbés et des Suisses... Vous voyez par là que nul plaisir sans peine, et que si on ne chiait point, je serais à Fontainebleau comme le poisson dans l'eau. »

(*Correspondance de madame la duchesse d'Orléans, princesse palatine.* Paris, Charpentier, 1855, vol. II, p. 385.)

(2) Des condamnations sévères contre ceux qui enfreignaient ces prescriptions furent prononcées et exécutées, notamment en 1692.

Ordonnance du 13 *décembre* 1699.

« .... Il est défendu à tous habitants, villages et paroisses des environs de Paris, d'enlever les matières fécales qui sont dans les fosses publiques,

233. Les salles de spectacle n'avaient point de latrines. Dans les *Mémoires* de Bussy-Rabutin, t. II, p. 199, on lit :

« Les dames de Sault, de la Trémoille et la marquise de la
« Ferté, étant allées à la comédie après avoir fait la débau-
« che, furent toutes trois pressées par un besoin qu'elles satis-
« firent dans la loge où elles se trouvaient ; puis, importunées
« par la mauvaise odeur, elles prirent leurs excréments et les
« jetèrent dans le parterre. Ceux qui s'y trouvaient accablè-
« rent d'injures ces impudentes, qui furent obligées de se
« retirer. »

234. On sait qu'à cette époque, des raffinés d'une espèce particulière prisaient des matières fécales séchées et mises en poudre. Cet usage bizarre ne devint pourtant à la mode dans un certain monde que plus tard (1).

Tout le monde sait l'histoire de Bassompierre, ouvrant sa tabatière et offrant de la *poudrette* à la reine.

235. Les historiens de Louis XIV, notoirement Saint-Simon, font si souvent mention de chaises percées, qu'on doit admettre qu'au dix-septième siècle on faisait plutôt usage, dans les palais, de récipients mobiles que de latrines proprement dites.

§ 4. — Dix-huitième siècle.

236. C'est au commencement du dix-huitième siècle que s'affirme plus particulièrement le retour aux saines pratiques du haut Empire, en ce qui concerne l'emploi des matières fécales pour la fumure des terres.

Les agriculteurs de cette époque montrent une louable persistance à utiliser ces matières, dont ils reconnaissent les bons effets.

Mais, de son côté, l'administration, comprenant mal ses devoirs, persistait à défendre l'emploi de ces matières, à moins

qu'après y avoir séjourné pendant trois années, ni d'en fumer les terres qui doivent être ensemencées en grains et en légumes. »

(1) Voir DULAURE, *Histoire de Paris*, t. VII, p. 262, édit. de 1825.

qu'elles n'eussent mûri pendant trois ans dans les voiries, et même en prohibait tout à fait l'usage pour les blés et légumes. C'est dans ces circonstances que furent rendues la sentence de 1710 et l'ordonnance du 31 mai 1726 (1).

237. Cependant, par moments, quand les circonstances le commandaient, l'administration se relâchait dans une certaine mesure, ainsi que le constatent l'ordonnance du 14 octobre et celle du 31 décembre 1720 (2).

D'ailleurs, cette pratique, venant des Arabes, et qui consistait à laisser mûrir les matières fécales pendant trois ans avant de les employer comme engrais, fut alors combattue; on commençait à douter de l'efficacité de la méthode, et c'est ce doute

---

(1)   *Ordonnance du 31 mai 1726.*

« .... Faisons pareillement défense aux habitants des villages circonvoisins d'y enlever aucune matière pour en fumer leurs terres, qu'elles n'y aient séjourné au moins trois ans, suivant les réglements, à peine de 100 livres d'amende et de plus grande en cas de récidive. »

(2)   *Ordonnance du 31 décembre 1720.*

« Sa Majesté étant informée que les voiries étant destinées à la décharge des immondices de Paris sont tellement engorgées et encombrées, que les tombereaux du nettoiement ne peuvent y aborder, pour faire les décharges ordinaires, et que les bassins se trouvent comblés par l'amas considérable des immondices qui y ont été conduites depuis quelques années ; que cet inconvénient provient de ce que les laboureurs et habitants des villages de la banlieue ont négligé depuis quelque temps de les enlever, suivant l'usage, pour amender les terres ; ce qui étant contraire à leur propre utilité, ainsi qu'au nettoiement des rues sans quai, outre qu'elles seraient impraticables, le séjour des immondices pourrait infecter l'air au préjudice des habitants ; à quoi était nécessaire de pouvoir : Sa Majesté, de l'avis de M. le duc d'Orléans régent, a ordonné et ordonne à tous laboureurs et habitants de villages de la banlieue de Paris de venir incessamment, avec charrettes, chevaux et autres voitures, enlever les immondices qui sont dans les voiries ordinaires de Paris, et notamment dans celles de Saint-Denis, Saint-Martin et Saint-Antoine, qui sont les plus engorgées; de les transporter dans les terres labourables, et non dans les jardins potagers et marais où croissent les légumes, conformément *aux anciens et nouveaux réglements* sur ce sujet ; et faute par lesdits laboureurs et habitants desdits villages de travailler incessamment au dégorgement des voiries, jusqu'à leur entière perfection, même les entretenir, comme est d'usage, veut Sa Majesté qu'ils y soient contraints par corvées et autres peines qu'il lui plaira d'imposer. »

qui semble se manifester dans les actes contradictoires de l'administration. C'est pourquoi la sentence de 1710 est un acte qui mérite d'être sérieusement étudié, en voici l'extrait :

Sur le rapport à nous fait en l'audience de police par le M° Pierre Dumesguil, conseiller du roy, etc.

« Que par plusieurs règlements et notamment par notre ordonnance du 13 décembre 1697, il est défendu à tous les habitants des villages et paroisses des environs de Paris, d'enlever les matières fécales qui sont dans les fosses publiques, si ce n'est après qu'elles y auront séjourné pendant trois années, ni d'en fumer les terres qui doivent être ensemencées en grains et en légumes. Néantmoins, les laboureurs et habitants de La Villette, La Chapelle, Saint-Ouen, Aubervilliers, Pantin, le Prés-Saint-Gervais et Menil-Montant, vont tous les jours enlever les dites matières dans les fosses publiques et autres lieux le long des grands chemins, où les vuidangeurs et leurs charretiers se donnent la liberté de les décharger, nonobstant les défenses qui ont été plusieurs fois réitérées ; et n'observant aucune distinction de celles qui reposent depuis trois années d'avec celles qui sont déchargées nouvellement ; que même ils en fument leurs terres qui doivent porter du froment, du seigle, du meteil et des légumes, ce qui les rend d'une mauvaise qualité et peut nuire à la santé de ceux qui en font usage pour la nourriture ; pourquoy lui, commissaire, a cru devoir nous faire le présent rapport, afin que les anciennes défenses soient renouvelées, et qu'il soit pris de nouvelles précautions pour empêcher la continuation de cet abus qui pourrait avoir des suites fâcheuses.

« Nous après avoir entendu le dit commissaire en son rapport et les gens du roy en leurs conclusions, avons fait très expresses et itératives défenses aux vuidangeurs de cette ville et à leurs charretiers de vuider les matières fécales dans d'autres endroits que dans les fossés destinés à les recevoir, à peine de trois cents livres d'amende et de confiscation des chevaux et harnais qui seront trouvé en contravention ; faisons aussi défense, et sous les mêmes peines, aux laboureurs de La Chapelle, Pantin, etc., et autres paroisses voisines, d'enlever des dites fosses d'autres matières fécales que celles qui auront reposé pendant trois ans, et dans le temps d'hiver seulement, suivant les permissions que nous donnerons à cet effet ; leur défendons d'en fumer celles de leurs terres qui doivent porter du froment, du seigle, du meteil ou des légumes destinés à la nourriture des hommes ; leur permettons seulement d'en amender les terres qui doivent estre ensemencées d'avoines et d'autres menus grains qui servent à la nourriture des bestiaux. Ordonnons que ceux des dits vuidangeurs qui seront trouvés en contravention à notre présente sentence seront arretez et conduits en prison par les officiers et archers des brigades qui en dresseront leurs procès-verbaux et les mettront en notre greffe pour y estre fait droit ainsi qu'il appartiendra ; Ordonnons, en outre, que les jurés jardiniers de cette ville de Paris visiteront, pendant les mois d'avril et d'octobre de chacune année, le territoire des dites paroisses, les syndics d'icelles présents ou eux ducment appelés en présence de l'un des commissaires du Châtelet, qui sera par nous nommé et qui dressera procès-verbal des contraventions, pour sur son rapport estre par nous ordonné ce que de raison.

« Et sera notre présente sentence exécutée nonobstant et sans préjudice de l'appel, lue, publiée et affichée dans la ville et fauxbourgs de Paris, même dans les villages circonvoisins, etc.　　　*Signé : * Voyer d'Argenson. »

238. Ce mouvement si fécond en résultats, qui se produisit au commencement du dix-huitième siècle, ne devait pas être de longue durée. Dès 1760, les matières fécales ne sont presque plus employées par les agriculteurs, et elles cessent de l'être à peu près complétement vers 1780.

239. Dans la première moitié du dix-huitième siècle, la préoccupation dominante de l'administration fut d'améliorer le service de la vidange et d'en assurer l'exécution (1).

(1)　　　*Ordonnance du 31 mai 1726, concernant les vidangeurs.*

« Sur ce qui nous a été remontré par le procureur du roy, que les contraventions que les maîtres vidangeurs de cette ville commettent journellement au préjudice des statuts de leur communauté, des arrêts du parlement, ordonnances et autres règlements de police, rendus sur le fait de leur travail, sont si fréquentes et les plaintes qu'il en reçoit si importantes, qu'il n'est plus possible de les tolérer ; que cette partie de la police, si peu considérable en apparence, demande néanmoins une singulière attention, par les accidents qui résulteraient de l'inobservation de ces règlements ; qu'aucuns maîtres vidangeurs ont été aussi téméraires pour jeter des matières non-seulement dans les égouts, mais même dans le lit de la rivière ; que leurs ouvriers, sur le refus qui leur a été fait de salaire qu'ils exigeaient indûment, ont infecté des puits ; que contre toute équité, ils ont prétendu que les effets qui se trouvaient dans les latrines et dans les puits leur appartenaient ; qu'il est arrivé plusieurs fois qu'ils ont trouvé des ossements, même des membres de corps humain, qu'ils ont enlevés sans en avoir averti le commissaire ; qu'ils doivent nettoyer avec beaucoup d'exactitude les endroits où ils ont travaillé ; ne commencer leur travail qu'à la nuit close et le cesser à la pointe du jour ; ne point embarrasser la voie publique, laisser la chaussée de la voirie libre ; et enfin, observer les dits statuts avec une telle exactitude, que leur travail soit à l'utilité des citoyens et non pas à leur continuelle incommodité ; que de la part des dits maîtres vidangeurs il aurait reçu des plaintes contre leurs ouvriers et compagnons et principalement contre leurs charretiers, en ce que leurs ouvriers refusent de leur obéir et que cette désobéissance est la véritable cause de toutes les contraventions qui excitent le ministère de lui, procureur du roy ; que l'enlèvement de leurs matières étant du fait de leurs charretiers, c'est à eux à venir et à partir aux heures prescrites ; c'est à ceux qui leur fournissent des tonneaux à les avoir bien clos et conditionnés, et même d'une telle contenance que les bourgeois ne souffrent

240. Ce fut pour assurer l'application de ces prescriptions que l'administration concéda, le 1er janvier 1727, les voiries par une adjudication de dix-huit ans, en confirmant à l'adjudicataire le droit de percevoir 3 sols par chaque tombelle de

plus de l'immense augmentation de prix à laquelle ce travail est monté.

« A ces causes, requerait qu'il nous plût rappeler l'exécution de toutes ces anciennes ordonnances et règlements ; à quoi étant nécessaire de pourvoir, nous, faisant droit sur le réquisitoire du procureur du roy, ordonnons que les statuts, arrêts et règlements, rendus à l'occasion des maîtres vidangeurs et de leurs charretiers et compagnons, seront exécutés selon leur forme et teneur ; et, en conséquence, avons fait très expresses inhibitions et défenses aux maîtres vidangeurs de laisser couler aucunes matières dans les ruisseaux des rues, et à cet effet de se servir de tonneaux percés, appelés *lanternes* : d'en jeter dans les égouts et encore moins dans le lit de la rivière, sous peine d'être procédé contre eux extraordinairement ; que défenses sont pareillement faites, tant aux dits maîtres qu'à leurs ouvriers, sous prétexte de refus de chandelle ou d'eau-de-vie, de jeter aucune matière dans les puits, ni en aucune manière de les gâter ou infecter, à peine d'être pareillement procédé contre eux extraordinairement ; enjoignons aux dits maîtres et ouvriers de bien fidèlement rendre tous les effets qu'ils trouveraient tant dans les fosses que dans les puits, sans en retenir aucun, à peine d'être poursuivis extraordinairement ; et au cas qu'il se trouvât quelque ossement, etc.

« Ordonnons, en outre, qu'avant de quitter leur travail, ils seront tenus de balayer, même laver et nettoyer le terrain qu'ils auront occupé dans la rue ; qu'ils cloront leurs tonneaux si exactement que rien ne puisse s'épancher dans le chemin ; qu'ils commenceront leur travail à nuit close en été, à dix heures du soir en hiver, et le discontinueront avant le jour ; qu'ils arrangeront leurs tonneaux ou lanternes près de leur atelier, en sorte que la voie publique n'en soit point embarrassée.

« Et à l'égard des ouvriers et compagnons, qu'ils seront tenus d'obéir à leurs maîtres au fait de leur travail ; leur faisons défenses d'insulter les voisins et passants, sous peine de prison, et autre plus grande en cas de récidive. Quant aux charretiers, qu'ils seront tenus de leur fournir des tonneaux bien clos et conditionnés, les uns à guichet, les autres bondonnés, de la contenance de 27 à 28 au moins à la toise cube ; faisons défenses aux dits charretiers d'arriver avant la nuit ; leur enjoignons de partir à la pointe du jour, soit en hiver, soit en été. Que défenses sont pareillement faites aux dits charretiers de s'arrêter en chemin, à la porte d'aucun cabaret ou vendeur d'eau-de-vie, sous quelque prétexte que ce soit ; d'embarrasser la chaussée de la Villette ; de décharger les tonneaux au delà de la dernière barrière et en venir charger d'autres dans la ville, pour après achever leur travail pendant la journée ; enjoignons à eux d'aller directement aux voiries publiques sans se détourner... *Signé* : RENÉ HÉRAULT, lieutenant général de police. »

La rédaction incomplète ou mal conçue de cette ordonnance au sujet des

matière enlevée ; mais à la charge par lui d'entretenir les voiries et les voies qui y conduisaient (1).

L'adjudication ne fut faite que pour les voiries de Montfaucon, du faubourg Saint-Marcel et du faubourg Saint-Germain.

On y retrouve la condition expresse que les matières ne pourraient être livrées et vendues aux cultivateurs qu'après avoir séjourné dans les bassins pendant trois ans.

Telle est l'origine de l'adjudication des vidanges, mode qui est encore en faveur de nos jours.

241. Jusqu'alors, les cultivateurs avaient pris les matières fécales dans les voiries sans rétribution légale, et l'on a vu

tonneaux ou lanternes avait fait penser à certains auteurs, estimables d'ailleurs, que ces lanternes étaient percées et qu'elles répandaient les matières sur la voie publique. C'était une erreur qui, au reste, a été victorieusement réfutée par M. Paulet, dans son livre *de l'Engrais humain*.

Ordonnance de police du 8 novembre 1729.

« .... Informé que, nonobstant ces défenses, qui n'ont d'autres motifs que la conservation des citoyens de cette ville, plusieurs propriétaires de maisons, de concert et d'intelligence avec des maîtres maçons, font vuider par des compagnons manœuvres, soldats et autres gagne-deniers, les fosses d'aisances de leurs maisons : de manière que ces particuliers, peu experts en ces sortes d'ouvrages, contreviennent journellement aux dispositions des arrêts, sentences et règlements, soit en commençant les dites vidanges auparavant les heures prescrites par les dits règlements, soit en faisant couler dans les rues ou dans les égouts les eaux et les urines qu'ils tirent des fosses d'aisances, et qui non-seulement infecte les habitants de cette ville et peut corrompre l'eau des rivières, mais expose les ouvriers mêmes au péril de leur vie, en se livrant sans aucune expérience à ce genre de travail. En outre, nous a représenté le dit procureur du roy, qu'il lui revient continuellement des plaintes de la part des maîtres vidangeurs contre les compagnons du dit métier, qui, au préjudice du dit arrêt du parlement du 25 mars 1671, continuent d'entreprendre sur leur profession et s'immiscent tous les jours à curer des puits, quoiqu'ils n'en aient pas le droit ; se font passer d'ailleurs pour maîtres vidangeurs, et sous cette fausse qualité font entreprise de la vidange des fosses de plusieurs maisons, ce qui occasionne très souvent que les dits maîtres vidangeurs manquent d'ouvriers et sont exposés à leurs insultes ;

« ..... Très expresses défenses sont faites aux propriétaires de se servir d'autres personnes que des maîtres vidangeurs pour curer les puits et les cloaques, et il est enjoint aux compagnons de ne travailler que chez leurs maîtres. »

(1) Ordonnance du conseil du 5 mars 1726.

qu'un arrêt du parlement de 1672 défendait aux gardiens des dépotoirs de les vendre.

242. Jusqu'au dix-huitième siècle, on s'était borné à paver ou à daller les fosses, sans prendre des mesures efficaces pour empêcher l'écoulement des matières liquides dans le sol, de sorte que la plupart des fosses ne contenaient guère que les matières denses.

243. On continua à améliorer cet état de choses en formant une aire de terre glaise mouillée et pilonnée sous le pavage même des murs, qu'on commença à construire en moellon tendre pour faciliter l'adhérence du mortier ; mais les eaux vannes s'infiltraient entre les joints des pavés et même dans les maçonneries, et, en s'agglomérant sur la terre glaise, formaient un foyer d'infection.

244. Cependant, il ne faut pas perdre de vue que ce n'était là que des dispositions ayant un caractère essentiellement civil et prises seulement en vue de prévenir les dommages entre voisins. Jusqu'alors, l'administration n'était point intervenue.

245. En 1737 fut créée la voirie de Ménilmontant, par suite de l'insuffisance des autres (1). L'encombrement des rues, qui alors était si grand, s'explique plutôt par l'augmentation de la population que par les causes que M. Paulet indique. Cela venait, dit-il, de ce que les vidanges des fosses étaient séparées des autres immondices, et que les cultivateurs abandonnaient celles-ci comme n'étant pas assez fertilisantes (2).

(1) Ordonnance de 1737.

(2) Ordonnances des 14 octobre et 31 décembre 1720 qui prescrivaient aux habitants « de venir incessamment avec des charrettes, chevaux et autres voitures, enlever les immondices qui sont dans les voiries ordinaires de Paris, et notamment dans celles de Saint-Denis, Saint-Martin, Saint-Antoine, qui sont les plus engorgées ; de les transporter dans les terres labourables, et non dans les jardins potagers et marais où croissent les légumes....; et faute par les dits laboureurs et habitants des dits villages de travailler incessamment au dégorgement des voiries, Sa Majesté veut qu'ils soient contraints par corvées ou autres peines qu'il lui plaira d'imposer. »

On n'obéit pas à ces ordonnances.

Ordonnance du 29 avril 1723 qui défend aux marchands et serruriers de jeter leur mâchefer dans les rues.

246. En 1734, toutes les maisons n'étaient pas encore pourvues de fosses : c'est ce qu'atteste l'arrêt du 4 juin de ladite année.

A cette dernière époque, les palais royaux même en étaient quelquefois dépourvus (1).

Les fosses d'aisances, qui n'étaient pas tout à fait étanches et qui ne recevaient qu'une quantité de liquide très-réduite comparativement à ce qu'elles reçoivent aujourd'hui, présentaient, par la quantité des gaz méphitiques qu'elles contenaient, des dangers très-graves, notamment pendant l'opération de la vidange.

En vue de conjurer ces dangers et de diminuer les inconvénients qui résultaient de cette opération, alors longue et difficile, le gouvernement prit lui-même l'initiative, d'abord par incitation, puis en adressant appel à tous les corps savants, qui firent les plus louables efforts pour l'éclairer et pour obtenir des améliorations si vivement réclamées.

En 1777, des études et expériences furent officiellement ordonnées, sans programme absolument déterminé ; on laissait le champ libre aux recherches.

Les hommes les plus distingués qui se livrèrent à ces études sont : Bosc, Brisé, Cadet, Combe, Blanche, Fougeroux, Fourcroy, Fradin, les deux Girard, Guyton-Morveau, Gourlier, de Gardone, Halle, Jamin, Laborie, Lavoisier, Marcorel, Parmentier, Pilâtre de Rozier, Portal, etc.

247. La grande préoccupation des savants fut d'abord de connaître la nature des gaz méphitiques que contenaient les matières des fosses d'aisances, et le but qu'on chercha à atteindre fut la désinfection de ces matières.

248. Les principaux agents proposés pour obtenir la désin-

---

(1) Voici comment Michelet décrit le palais de Versailles, sous Louis XV :

« Aération, propreté, surveillance, trois choses également impossibles.
« Malgré les rondes de nuit, ces labyrinthes infinis de corridors, passages,
« escaliers dérobés, les petites cours intérieures (uniques latrines du palais),
« les combles enfin et les toits plats à balustrade favorisaient mille aventures. » *Histoire de la Régence*, Paris, p. 394. 1863.

fection furent la chaux (1), le feu (2), le vinaigre (3), l'acide chlorhydrique (4); mais le moyen pratique qui prévalut fut celui qui consistait à établir une ventilation énergique au moyen d'un appareil dit « ventilateur » (5).

249. Le ventilateur qui avait été appliqué pour la première

(1) Bosc, Marcorel, de Gardone, Parmentier, Cadet et Laborie.

(2) Lavoisier.

(3) Combe, Blanche.

(4) Guyton-Morveau en 1773.

(5) Voici la description que Laborie, Cadet et Parmentier donnent de cet appareil :

« Il existe, sous la dénomination du *Ventilateur*, une compagnie dont l'entreprise est de priver la vidange des fosses de l'infection qu'elle répand lorsqu'elle est faite à la manière des vidangeurs.

« Le ventilateur, maîtrisant la vapeur des fosses, l'empêche de se répandre, et la force d'aller se perdre dans le vague de l'atmosphère.

« L'appareil qui procède à cet effet consiste dans un cabinet de menuiserie placé et scellé en plâtre sur l'ouverture de la fosse. Ce cabinet est le rendez-vous du vent de plusieurs soufflets qui jouent en dehors; le vent y est porté par trois tuyères, dont les horizontales rasent le sol et viennent aboutir à l'orifice de la fosse sur lequel ils entretiennent une nappe de vent, l'autre tuyère, partant de la partie supérieure du cabinet, souffle de haut en bas et perpendiculairement à ce même orifice; d'un autre côté, on bouche les ventouses et les sièges d'aisances qui répondent à la fosse, à l'exception de celui qui est le plus voisin du toit. Sur celui-là ou sur l'autre, s'il n'y a point lieu à choisir, on établit un grand entonnoir de fer-blanc servant de base à une enfilade de tuyaux qui se prolongent en dehors et gagnent le dessus de la maison.

« Au moyen de cette disposition, les soufflets ne sont pas plutôt en action que, du cabinet à l'extrémité des tuyaux, il s'établit un courant d'air qui n'en sort que chargé des vapeurs de la fosse.

« Le cabinet ci-dessus décrit est assez grand pour contenir deux tonneaux et l'ouvrier qui les remplit; ces tonneaux ne se remplissent que couverts d'un tablier de cuir garni d'un entonnoir, de manière à sortir du cabinet sans être aucunement sali en dehors. Ils n'en sortent qu'en passant successivement par deux portes qui ne s'ouvrent que l'une après l'autre. Sortis, le couvercle qu'ils portent est enfoncé à coups de maillet et scellé en plâtre pour que rien ne puisse transpirer par les jointures. Enfin ces tonneaux ne reviennent à l'atelier qu'après avoir passé par une lessive dans laquelle ils sont non-seulement lavés à plusieurs eaux, mais même brossés. C'est ainsi que la vidange des fosses est devenue, entre les mains du *Ventilateur*, une opération dont on s'aperçoit à peine dans la maison où se fait le travail. »

fois, vers le milieu du dix-huitième siècle (1), ne donnant pas
entière satisfaction, fut amélioré par l'adjonction d'un fourneau qui, en altérant et en brûlant les gaz fétides, avait en
outre pour effet de substituer à ces gaz un air raréfié et dilaté
par la chaleur (2).

(1) Le 19 février 1755, des lettres patentes accordèrent au sieur Pore-
garde le droit exclusif pendant vingt ans de faire travailler à la vidange
des fosses, puis aux puisards, au moyen de la machine dite *ventilateur*.

Par d'autres lettres patentes du 11 juin 1770, cette concession fut prorogée
de quinze ans.

(2) « Mais, ajoutent Laborie, Cadet et Parmentier, qui écrivaient en 1797,
s'il était question de juger de ce que laisserait à désirer le ventilateur, nous
ferions remarquer: 1° que le cabinet dont dépendent ces avantages trouve
souvent dans le local des fosses des empêchements qui ne permettent pas
d'en faire usage ; 2° que le courant que détermine cet appareil dans les
fosses est si superficiel, qu'il ne fait pas même vaciller les lumières des ouvriers, et laisse la masse méphitique dans l'état de stagnation qui fait le
danger de celui qui y respire; 3° que la vapeur des fosses, chassée par le ventilateur, n'en existe pas moins dans l'atmosphère, qu'elle infecte de ses qualités méphitiques. Il y a plus : dans certaines dispositions de l'air, cette
vapeur ne se dissipe pas si promptement qu'elle ne soit sujette à retomber à
une certaine distance. »

Pour obvier à ces inconvénients, ils proposèrent l'emploi d'un fourneau
qui se plaçait sur l'orifice supérieur du tuyau principal de la fosse d'aisances
où les ouvriers du ventilateur plaçaient ci-devant l'entonnoir renversé dont
nous avons parlé.

Ce fourneau est composé d'un tour de terre sans fond, surmonté d'une
chape qui a une ouverture dans sa partie intérieure par laquelle on introduit le charbon ; cette ouverture se ferme par une porte de tôle qui se meut
sur de petits gonds ; la grille de fer nécessaire pour soutenir les charbons
se trouve placée à quelques pouces au-dessus de la base du fourneau. Dans
la partie supérieure de la chape, on adapte un tuyau de tôle dont l'orifice
supérieur surmonte le toit de la maison.

Le tout ainsi disposé, lorsque l'intérieur du fourneau commence à
s'échauffer, si l'on approche un papier ou tous autres corps enflammés à la
porte du fourneau, la vapeur qui le traversait prend feu subitement et produit une flamme qui se fait voir au dehors ; mais, lorsque le charbon est une
fois embrasé, cette flamme devient un brandon constant, qui s'élève à 2 ou
3 pieds au-dessus de la chape, lorsqu'on la débarrasse de ses tuyaux : cette
flamme diffère de celle qui est produite ordinairement par les charbons enflammés par sa couleur et l'odeur qu'elle répand.

Outre le fourneau supérieur, on plaçait un second fourneau dans l'intérieur de la fosse même et on établissait une communication par des tuyaux
en tôle entre le fourneau et le conduit en poterie, sur l'orifice duquel était
établi le fourneau supérieur.

250. Ainsi amélioré, le système dit *ventilateur* fut officiellement ordonné pour la vidange des fosses, non-seulement dans Paris, mais aussi dans les autres villes de France ; et il s'ensuivit l'expropriation des priviléges des maîtres vidangeurs, moyennant indemnité.

251. Le prix de la vidange fut fixé à 65 livres la toise pour les fosses au rez-de-chaussée, et à 70 livres pour les fosses placées en sous-caves (1).

(1) Lettres patentes du 10 avril 1777 qui accordent la concession au sieur Lartois, pour quinze ans, pour Paris, les faubourgs et autres villes de province, à la condition expresse de ne pas employer l'ancienne méthode et de se servir de la machine dite *ventilateur* et du fourneau conseillé par Laborie, Cadet et Parmentier.

L'arrêt du parlement du 5 août 1786 porte :

« .... Fait défenses à tous vidangeurs, maîtres maçons et autres, d'entreprendre de pareils ouvrages, à peine de 1000 livres d'amende, tant contre eux que contre les propriétaires ou principaux locataires qui les auront requis, et à peine de prison contre les ouvriers vidangeurs.

« Ordonne que les concessionnaires feront usage du ventilateur et des fourneaux toutes les fois que les circonstances et la nature du travail indiqueront la nécessité de réunir les deux moyens, et que le local ne s'opposera pas à leur application.

« Ordonne que, dans le cas d'impossibilité ou de non-nécessité du ventilateur, les concessionnaires seront tenus de le faire constater par un architecte qui sera nommé par le lieutenant de police, sur le rapport duquel ils en seront dispensés par un des commissaires du Châtelet qui sera commis à cet effet par le lieutenant général de police ; qu'à l'égard des fourneaux, il en sera toujours fait usage, à peine de 1000 livres d'amende contre les concessionnaires, et qu'aucuns propriétaires ne pourront empêcher, pour la vidange des fosses d'aisances, l'emploi du ventilateur et des fourneaux, ou des fourneaux seulement, à peine de 100 livres d'amende. »

L'art. 3 porte que, « pendant l'été, les concessionnaires ne seront tenus que d'alléger les grandes fosses d'aisances, telles que celles des prisons, colléges, hôpitaux, casernes et autres de ce genre, et qu'ils pourront en remettre la vidange à l'hiver. »

L'art. 4 mentionne le cas où il est prétendu que la vidange requiert célérité.

L'art. 5 est relatif au toisé des matières.

L'art. 6 dispose que la vidange sera payée selon le tarif.

L'art. 7 est relatif à la déclaration de la vidange à l'officier de police.

L'art. 8 prescrit d'avoir des tinettes, voitures et ouvriers en nombre suffisant.

L'art. 9 ordonne que les tinettes seront tenues en bon état et bien scellées.

L'art. 10 ordonne que chaque voiture de tinettes sera garnie de trois tra-

252. Sous l'influence des études précitées furent proposés :

L'application d'un masque muni d'un tube communiquant avec l'air extérieur, en vue de protéger la vie des vidangeurs (1) ;

253. La transformation des matières fécales en tourbe, pour être employées ainsi comme combustible (2) ;

254. La substitution d'un système de vidange par soutirage au mode d'extraction jusque-là usité, système qui fut exploité plus tard et dont Giraud fut l'inventeur (3) ;

255. La séparation des matières solides d'avec les matières liquides, application qui n'avait point eu de précédent (4) ;

256. L'emploi de la pompe pour la vidange des fosses, qu'on avait toujours effectué suivant le mode primitif, c'est-à-dire avec le seau à la main (5) ;

257. Enfin, parmi toutes ces innovations, on ne doit pas oublier la proposition qui fut faite de créer des latrines roulantes pour les deux sexes, sous le nom de *pots de chambre*.

258. L'appareil proposé par Giraud consistait en une

verses par devant et par derrière, afin de prévenir la chute des tinettes, et ce sous peine de 50 livres d'amende ; et que les charretiers seront tenus d'avoir un maillet pour pouvoir refermer les tinettes remplies de matières qui se descelleront pendant le transport, et ce à peine de prison.

L'art. 11 porte que les dits concessionnaires ne pourront commencer qu'à dix heures du soir la vidange des fosses dont l'emplacement ne permettra l'usage ni des portes ni des cabinets, et qu'ils seront tenus de la cesser à sept heures en hiver et six en été ; qu'ils ne pourront approvisionner les ateliers de tinettes que dans la journée du travail ; leur enjoint d'enlever et porter à la voirie dans le jour qui suivra la vidange des fosses : le tout à peine de 50 livres d'amende.

(1) En 1778, Pilâtre de Rozier, Cadet, Laborie et Parmentier avaient eux-mêmes proposé l'emploi des tuyaux portant l'air dans les fosses.

(2) « Les peuples d'Orient, ainsi que certaines populations de la Bretagne, se servent des matières fécales pour le même usage. Nous avons vu que les Hébreux de l'ère ancienne employaient les mêmes matières pour cuire le pain. »

(3) Par Giraud, architecte.

(4) Par Gourlier (1788).

(5) Par Hallé (1790). Il est à remarquer que cet emploi fut très-restreint et qu'on ne l'appliqua d'une manière générale que vers 1818 ou 1820.

grande cuve à fonds incliné, de laquelle partait, au point le plus bas, un tuyau communiquant à une tinette portative. Les matières fermes et liquides, tombant ensemble dans la grande cuve, coulaient naturellement en suivant la pente vers le point le plus bas, où était placé l'orifice du tuyau dans lequel, en s'introduisant, elles trouvaient un obstacle formé par une clé qu'il suffisait de tourner pour leur livrer passage et les diriger dans la tinette portative qui, une fois pleine, était enlevée

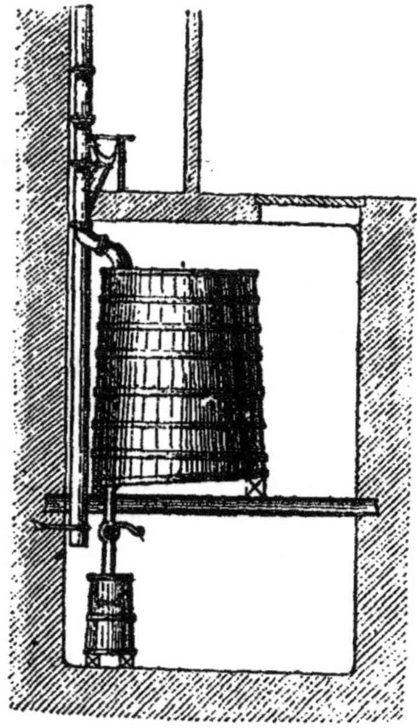

Fig. 22.

après avoir préalablement formé obstruction par un tour de clé en sens contraire; et on opérait ainsi jusqu'à ce que la grande cuve fût vidée.

La fig. 22 représente l'installation complète de cet appareil. Au milieu est la grosse cuve, au-dessus le tuyau de chute aboutissant aux latrines, au-dessous la tinette portative avec son tuyau de communication muni de sa clé; sur le côté règne le tuyau destiné à ventiler la fosse dans laquelle est appliqué le système.

Cette innovation ingénieuse préconisa l'emploi des tinettes portatives, devenue d'un usage général.

La vidange par le procédé Giraud pouvait avoir surtout un grand avantage pour l'agriculture, en permettant de n'enlever que la quantité de matières dont on a besoin.

259. Le système de Gourlier consistait à pratiquer une cloison transversale et à diviser la fosse en deux parties : l'une de ces parties, située au-dessous du conduit de décharge, recevait dans sa capacité les matières solides, tandis que l'autre était destinée à recueillir les matières liquides que la première laissait déborder.

260. Enfin, les mesures de sûreté et de salubrité, qu'on avait si particulièrement en vue à cette époque, furent complétées par l'édiction de règlements sévères concernant les vidangeurs (1), et par la suppression de toutes les voiries qui existaient dans l'intérieur de Paris.

C'est par suite de cette dernière disposition que fut créée, en 1781, la voirie de Montfaucon, destinée à recevoir toutes les matières fécales de la capitale. Cette voirie existait dès le douzième siècle, avant même l'érection des fourches patibulaires élevées sur la hauteur de Montfaucon (2).

261. Dix ans après, en 1791, il arrivait journellement à la voirie de Montfaucon, alors seule et unique pour tout Paris, 37,973 mètres cubes par année (3).

(1) 1795, nivôse an II : ordonnance qui réglemente la profession des vidangeurs à Paris.

1797, 1er thermidor an VII : arrêté du bureau central du canton de Paris concernant les vidangeurs.

Une ordonnance du 4 novembre 1778 avait prescrit aux vidangeurs de déposer entre les mains du lieutenant de police tous les objets trouvés dans les fosses.

(2) LAVILLEGILLE, *Anciennes fourches patibulaires de Montfaucon*, Recherches touchant l'origine, l'emplacement, etc. Paris, 1837. Un vol. in-8°.

(3) Cependant un mémoire de Giraud, architecte en chef, porte : « D'après les renseignements que j'ai pris en 1791 sur les lieux et à l'ancien bureau du *Ventilateur*, il arrive journellement à la voirie de Montfaucon, seule et unique pour tout Paris, 51m.744 mill. (7 toises cubes environ) de matières solides, autant d'eaux vannes ou liquides. »

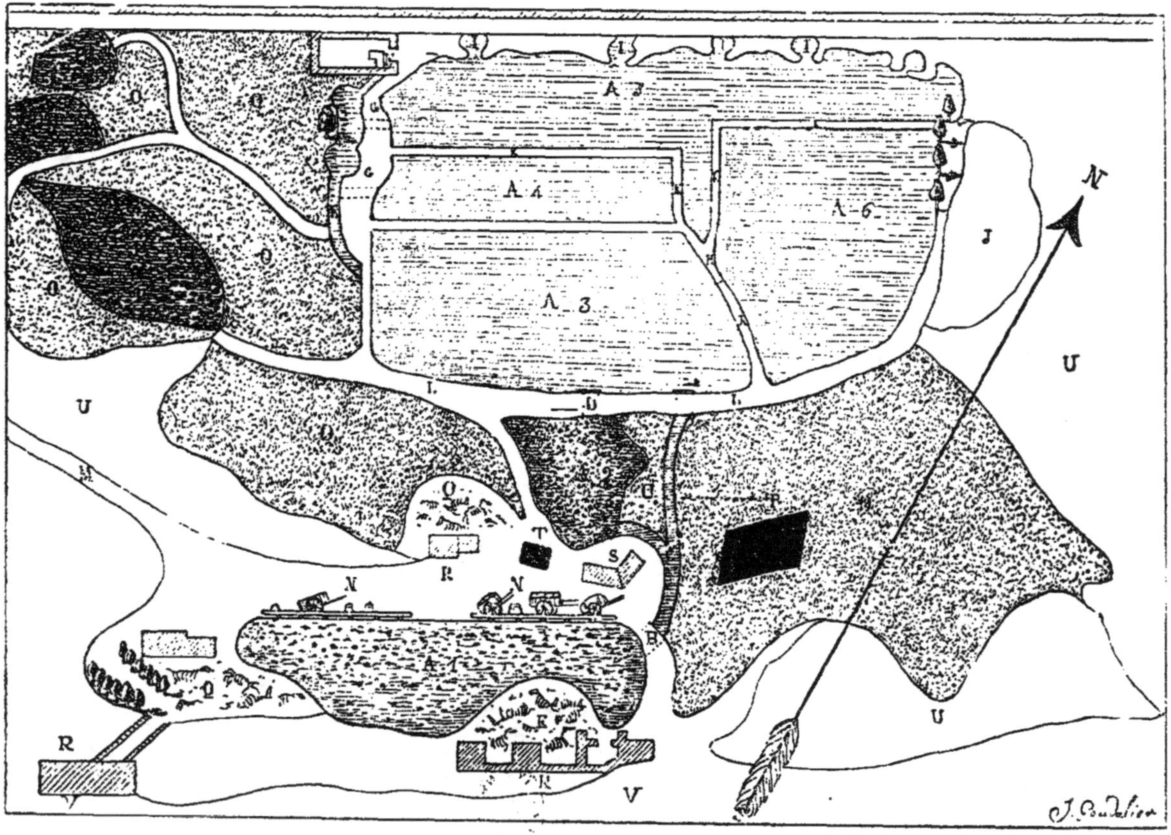

VOIRIE DE MONTFAUCON.

La planche 1 représente la voirie de Montfaucon, telle qu'elle fut relevée plus tard, en 1821, par Parent-Duchâtelet.

LÉGENDE DE LA PLANCHE 1.

A 1, A 2, A 3, A 4, A 5, A 6. Les bassins superposés les uns au-dessus des autres, et formant, par leur ensemble, le réceptacle de toutes les matières apportées à la voirie. Le premier de ces bassins a 25 pieds de profondeur, le second 15 et le troisième 20; le quatrième et le cinquième 5; le sixième en a plus de 25 dans le milieu et seulement 7 ou 8 sur les bords.

B. Vanne par laquelle s'écoulent les liquides du premier bassin.

C. Rigole qui conduit dans le second et le troisième bassin les liquides échappés par la vanne. Lorsque le second bassin est rempli de matières provenant directement des fosses de Paris, les liquides passent du premier dans le troisième bassin; mais lorsque le second ne contient rien, les liquides du premier bassin n'arrivent au troisième qu'après avoir traversé le second.

D. Décharge du second bassin dans le troisième.

E. Rigole qui conduit le trop-plein du troisième bassin dans le tuyau de décharge.

F. Orifice du tuyau de décharge, qui aboutit dans le grand égout de ceinture, auprès de la rue de Lancry.

G. Endroits par lesquels on remplit le quatrième et le cinquième bassin; il n'existe pas pour cela de conduite particulière; on se contente de faire temporairement une tranchée à la levée de la rigole.

H. Endroit par lequel on fait passer les liquides dans le troisième bassin, ce qui se fait, comme pour les deux autres bassins, au moyen d'une tranchée faite à la levée.

I. Cinq grands puisards de 30 à 50 pieds de profondeur, creusés avant l'établissement du tuyau de décharge, pour l'écoulement de tous les liquides de la voirie. Le fond des quatrième, cinquième et sixième bassins étant de plusieurs pieds inférieur à l'orifice du tuyau, ces bassins ne peuvent encore actuellement s'étancher que par ces puisards. Le tuyau ne sert que pour le troisième bassin.

J. Mare très-profonde, provenant de l'exploitation d'une ancienne carrière, et n'ayant aucune communication avec les bassins de la voirie.

K. Petite digue en terre, destinée à établir la séparation et à maintenir les niveaux des différents bassins.

L. Digues plus considérables, assez larges pour laisser passer les tombereaux qui font le service de la voirie.

M. Chemin par lequel arrivent, au premier et au second bassin, les charrettes transportant les tinettes.

N. Sorte de place pavée pour la décharge et le stationnement des charrettes.

O. Vaste terrain destiné à étaler et à faire sécher les matières extraites des bassins.

P. Collines formées par l'accumulation des matières desséchées.

Q. Emplacement où sont conduits et écorchés les chevaux qui meurent tous les jours dans Paris et ceux qu'on y abat.

R. Hangar et maisonnettes où l'on fait fondre la graisse des chevaux et où l'on dépose les autres parties de leurs cadavres qui sont de quelque utilité dans les arts.

S. Hangar où l'on fait cuire et torréfier le sang de bœuf, provenant des abattoirs, pour la fabrication du bleu de Prusse.

T. Terrain bien battu, sur lequel on expose le sang de bœuf après sa torréfaction et soumis à l'influence des rayons du soleil.

U. Terrain cultivé.

V. Partie inférieure des hauteurs de Saint-Chaumont.

X. Jardins des maisons et des établissements qui se trouvent sur la droite de la route de Pantin en sortant de la barrière.

262. En 1798, l'exploitation de la voirie fut mise à l'enchère, et chaque année, les matières rapportèrent 64,000 fr., au lieu de 30,000.

263. Sous l'influence des idées qui se manifestaient en faveur de la salubrité, on tenta de réduire les matières fécales en poudre par la dessiccation, pour être employées, dans ce dernier état, à la fumure des terres.

Cette pratique, qui n'était pas neuve puisqu'on en trouve des traces dans les Géoponiques du dixième siècle, après des essais successifs pendant une période de trente ans, fut enfin mise en application sur une grande échelle en 1785 (1).

264. Un cultivateur du nom de Bridet, après plusieurs essais heureux en Normandie, acquit de la société du *Ventilateur* le privilége de vendre les matières. Il s'établit à Montfaucon en 1787, et exploita la voirie pour la fabrication de la poudrette jusqu'en 1793.

Voici comment on opérait pour produire cet engrais : on versait les matières fécales daas un immense réservoir placé sur un sol plus élevé que celui sur lequel était établi le bassin qui devait recevoir ces matières, après qu'elles avaient été laissées en repos. Les excréments entraient en violente fermentation dans ces bassins, qu'on appelait les *marmites d'enfer* ; et les matières solides, après un certain temps, se massaient au fond, tandis que les liquides s'écoulaient par une ouverture dans d'autres bassins destinés à les recueillir successivement, après une même opération qui avait pour objet de faire déposer par le repos les matières denses en suspension. Ensuite les liquides étaient écoulés dans une espèce de lac de plus de 10 hectares, d'où ils étaient éliminés par un égout qui les conduisait dans la Seine, au-dessus du pont d'Austerlitz.

Les matières pâteuses restées dans les bassins étaient ensuite étendues sur le sol pendant l'été, où on les desséchait en les

(1) Toutefois, la création de ce privilége exclusif qui lésait tant d'intérêts n'eut pas lieu sans de vives réclamations des intéressés. C'est pourquoi le parlement dut ordonner par provision (arrêt du 7 décembre 1786) de surseoir à l'exécution des lettres patentes qui concédaient ce privilége.

remuant ; puis, une fois desséchées et par-là réduites en
poudre, on les criblait et on les déposait sous des hangars
où la fermentation était telle qu'elles s'enflammaient quelquefois, ainsi que le constate M. Parent-Duchâtelet.

Au bout de quatre, cinq et même six ans, la poudrette était
jugée en état d'être livrée à l'agriculture.

265. Ainsi que nous l'avons dit, l'idée n'était pas neuve :
Dans l'*Ancienne Maison rustique* (1775), on lit que les matières fécales, après avoir été tirées des latrines, doivent rester
à l'air pendant deux ou trois ans; que plusieurs jardiniers les
font complétement sécher à l'air et les réduisent en poudre,
pour s'en servir comme *colombin*.

266. Chalmel (*Dictionnaire économique*, 2° édit., 1767)
dit que les matières fécales sont recherchées, mais qu'il faut
les laisser longtemps à l'air pour qu'elles se mûrissent et se
dessèchent au point de pouvoir être mises en poudre ; et on lit
encore dans le Dictionnaire de Trévoux de 1732, sous le mot
Poudrette : « C'est la matière fort sèche réduite en poudre
(*pulvis stercorea*).

267. La poudrette était donc connue alors; et Dubosc assure
que de son temps, en 1808, il avait déjà vu, depuis environ
quarante ans, s'organiser et se désorganiser plusieurs établissements pour son exploitation.

268. Quoi qu'il en soit, l'application de la poudrette est
un fait qui tient une large place dans l'histoire de l'agriculture en France ; et il faut aussi tenir compte de ce résultat
important : celui de pouvoir transporter ces matières à une
grande distance sans insalubrité. Mais il est à remarquer qu'il
faut 60 mètres de matières pour faire 1 mètre de poudrette.

269. De l'emploi de la poudrette, il résulta un abandon
d'abord progressif, puis finalement complet de l'emploi des
matières fécales à l'état mou. Les cultivateurs ne pouvaient
d'ailleurs disposer de ces matières qu'après trois ans de
dépôt dans les fosses publiques de la voirie, suivant les prescriptions des règlements toujours subsistants. Cet abandon
fut un progrès au point de vue de la salubrité, mais le

résultat n'en devait pas être favorable à l'agriculture.

270. La société du *Ventilateur* avait, comme les précédents adjudicataires, obtenu l'autorisation de tirer parti des excréments de la voirie de Montfaucon, mais à la condition de faire toutes les dépenses nécessaires pour son entretien et celui des voies qui la desservaient.

Les clauses étaient générales, et cette société put en profiter pour fabriquer la poudrette, dont l'usage était déjà répandu. C'est ce privilége qui fut vendu à Bridet en 1785.

271. En 1786, Lemery (*Essai sur la suppression des fosses d'aisances*) proposa de répandre toutes les déjections des habitants de la capitale dans les carrières qui l'entourent ; il espérait qu'en y conduisant de la terre, ainsi que les liquides des égouts, on finirait par obtenir de la tourbe pour le chauffage. Cette pensée de transformer les déjections en un combustible reparaît toujours de loin en loin.

272. En 1789, on propose l'emploi de bornes creuses en fer qui, en garantissant des voitures les murs et les piétons, auraient servi de *cache-ordures* au moyen de deux portes, l'une supérieure, l'autre inférieure.

273. A la fin du dix-huitième siècle, toutes les maisons de Paris étaient pourvues de fosses. Le palais de Versailles, qui n'en avait pas au siècle précédent, en possédait à cette époque. Il n'en fut pas de même partout. Dans les grandes villes cependant, on finit par obtenir un résultat plus ou moins satisfaisant.

274. Les palais qui, dans le principe, comme nous l'avons fait remarquer, n'avaient pas été pourvus de ces réceptacles, en furent dotés (1).

(1) « .... Nous fîmes un voyage à Versailles, ma mère, le petit oncle, mademoiselle d'Hannaches et moi; le voyage n'avait d'autre but que de me montrer la cour, le lieu qu'elle habitait, et de s'amuser de ce spectacle. Nous logeâmes dans le château. Mad *de* Legrand, femme de la dauphine, connue de l'abbé Bimont par son fils, *dont* il était camarade et dont j'aurai à parler, n'étant pas de quartier, nous prêta son appartement.... Il était sous les combles, dans un même corridor que celui de l'archevêque de Paris, et tellement rapproché, qu'il fallait que ce prélat s'observât pour que nous ne l'en-

275. En 1786, le docteur Gérard proposa de faire opérer les vidanges par les condamnés, comme au temps des Romains; mais la proposition, quoique vivement débattue, ne fut pas prise en considération.

276. Au dix-huitième siècle, les urines étaient employées dans une certaine proportion par les chamoiseurs, les producteurs d'orseille et les cristalliseurs d'alun; mais elles furent bientôt abandonnées. Tous leur ont substitué l'ammoniaque ou ses sels.

277. Il est à remarquer que Bridet, le prétendu inventeur de la poudrette, ne reconnaissait pas aux urines de principes fécondants et qu'il les éloignait dans la préparation de son engrais. C'est, au reste, une erreur qui prévalut un instant à la fin du dix-huitième siècle.

278. Sous l'influence des idées de Bridet, qui eut véritablement un succès considérable en France, on abandonna à peu près complétement les urines. Cependant en Flandre, dans le Dauphiné et en Italie, elles furent employées sur une grande échelle pour l'arrosage des terres.

279. Au dix-huitième siècle, comme à toutes les époques précédentes, les siéges des lieux d'aisances étaient *béants*, même dans les hôtels. On ne connaissait point encore ces appareils que, de nos jours, on nomme « appareils hermétiques ». On se servait d'un couvercle rond et mobile, que l'on ôtait pour se placer sur le siége et que l'on remettait ensuite.

280. Cependant, sous Louis XV, on commença à disposer des couvercles dits « fermoirs à charnières », autour desquels on clouait du cuir pour plus parfaite adhérence, ainsi qu'on le pratiquait aux chaises percées qui étaient en usage chez les grands.

tendissions pas parler; la même précaution nous était nécessaire. Deux chambres, médiocrement meublées, dans la hauteur de l'une desquelles on avait ménagé de quoi coucher un valet, dont l'abord était détestable par l'obscurité du corridor et l'odeur des *lieux d'aisances*; telle était l'habitation dont un duc et pair de France s'honorait d'avoir la pareille pour être plus à portée de ramper chaque matin au lever des Majestés : c'était pourtant le rigoriste Beaumont. »　　*Mémoires de madame Roland écrits durant sa captivité*, t. II, p. 99, édit. F. Feugère.

Les tuyaux de descente des lieux étaient tous en poterie, et les cuvettes en faïence étaient inconnues.

281. C'est sous Louis XIV que l'on plaça des tablettes dans les cabinets d'aisances ; auparavant, on n'y mettait que des crochets destinés à pendre la lampe et les *anitergia*.

Dans les maisons des riches, ces accessoires étaient en toile de lin comme au temps des Romains. Le papier était rare alors, et les journaux, si essentiellement propres à cet usage, n'étaient pas en grand nombre.

282. Les *anitergia* de madame du Barry étaient en dentelle ; ceux de madame de Maintenon, en mérinos. Richelieu s'était servi de chanvre ; Scarron affectionnait le son. Les pauvres faisaient comme les Grecs : ils se servaient d'herbes et de cailloux ; les classes bourgeoises utilisaient l'étoupe. Des comptes de ménage d'Yvetot et des inventaires de Meaux portent cette indication : « *Sept sols pour étoupe de retrait.* » Le velours paraît aussi avoir été employé pour cet usage.

On connaît la théorie de Rabelais sur ce chef :

« Mais concluant, je dy et maintien qu'il n'y ha tel torchec..
« que d'ung oyson bien dumeté, pourveu qu'on lui tienne la teste
« entre les jambes. Et m'en croyez sur mon honneur. Car vous
« sentez au trou du c.. une volupté mirificque, tant par la
« douceur d'icelluy dumet que par la chaleur tempérée de
« l'oyson ; laquelle facillement est communicquée au boyau
« c..... et aultres intestins : jusques à venir à la region du
« cueur et du cerveau. » (1)

283. A la fin du dix-huitième siècle, on retrouve des traces de cette préoccupation déjà accusée qui tendait à rendre les fosses entièrement imperméables ; mais il ne s'agissait encore que des mesures à prendre au point de vue du voisinage, et non de prescriptions administratives (2).

---

(1) RABELAIS, *Gargantua*, liv. I, chap. XIII.

(2) « ..... Quelques-uns emploient des corroyes de glaise, d'autres des mortiers de chaux et ciment ; mais comme ces constructions causent de grands frais et ne réussissent pas toujours, on use d'une autre méthode que l'expérience a reconnue être la meilleure et la plus sûre, qui est de maçonner les

284. A cette époque, on se servait de chaises percées non-seulement en France, mais aussi en Russie. Reemcewicz raconte, dans ses *Mémoires*, le terrible drame mêlé de comique et de tragique qui finit la vie de Catherine II.

Catherine fut surprise par l'agonie sur sa chaise percée : « C'est là, dit l'historien, qu'on la trouva bouffie, écumante, hideuse, respirant à peine, ne parlant plus, privée de toute connaissance ; le ventre seul, qu'on voyait alternativement se baisser et se soulever, vivait encore... Épisode où l'on peut étudier à égales doses la fragilité des grandeurs humaines et la bassesse des courtisans près de Catherine mourant dans cette posture. »

§ 4. — Dix-neuvième siècle.

285. Le commencement du dix-neuvième siècle marque, dans l'histoire des fosses d'aisances, par un acte du gouvernement qui, en réglant les attributions du préfet de la Seine et

murs avec plâtre pur coulé au panier, pour en ôter les gravois, et sur chaque rang et lit de moellons, y couler du plâtre assez clair pour l'insinuer dans les petits vuides qui auraient pu rester après la première construction des murs. Lorsque les murs d'une fosse sont ainsi construits, on fait une chemise en plâtre de 2 ou 3 pouces d'épaisseur dans l'intérieur de la fosse, à 5 ou 6 pieds de hauteur, pour donner le temps au plâtre du corps des murs de se sécher et durcir, pendant le temps que les matières de la fosse emploient à pénétrer et à corroder cette chemise de plâtre ; l'expérience a fait connaître, dis-je, que les murs ainsi construits, lorsqu'ils étaient bien travaillés, étaient impénétrables aux urines et aux matières des fosses.

Dans les fosses construites en plâtre, comme il vient d'être expliqué, dans le fond de la fosse on fait un massif avec moellons posés sur leurs lits, et maçonnés avec plâtre pur, employé avec les précautions marquées ci-dessus, et on donne au moins 1 pied d'épaisseur à ce massif, sur lequel on étend une forme de sable de 4 à 5 pouces de hauteur, et au-dessus on pave avec pavé de grès, posé à bain de mortier de chaux et ciment, et on a soin de mettre le revers du pavé du côté du puits s'il arrivait quelque filtration. Quelques-uns font poser les moellons de ces massifs sur le champ et non sur leurs lits ; mais je pense qu'ils sont mieux sur leurs lits, parce que les joints du premier rang des moellons sont couverts par les moellons du second rang, qui sont posés en liaison par dessus, ce qui forme un double obstacle à la filtration des matières. »

GOUPI, *Commentaire de l'art.* 191, Coutume de Paris, notes B et C.

du préfet de police, donne la responsabilité en cette matière à ce dernier magistrat : c'est l'arrêté du 2 messidor an VIII, qui malheureusement fut rédigé à la hâte et manque d'harmonie avec les lois nouvelles, notamment en ce qui concerne la distinction de la grande et de la petite voirie, distinction qui avait été changée par la loi en 1789 et dont on ne tint aucun compte.

286. Le 3 janvier 1803 (13 nivôse an XI) paraît l'ordonnance concernant les entrepreneurs de vidange de Paris.

A cette époque, où les fosses étaient encore souvent à fond perdu, on enlevait chaque année seulement 38,000 mètres cubes de matières des réceptacles de la ville de Paris.

287. En 1805 (an XIII) Harel propose, comme l'avait déjà demandé Girard en 1786, de faire faire les vidanges par les condamnés ; mais sa proposition, ainsi que celle de son devancier, ne fut pas prise en considération.

288. L'œuvre préconisée par la science au dix-huitième siècle, pour prévenir les inconvénients occasionnés par les fosses, fut continuée au dix-neuvième avec une persévérance digne d'un résultat meilleur que celui qu'on a pu obtenir.

289. En 1805 et 1806, Chaussier, Thénard et Dupuytren expliquent les causes du méphitisme des fosses. Suivant ces hommes de science, c'est le sulfhydrate d'ammoniaque et l'acide sulfhydrique qui déterminent le plus souvent l'asphyxie des ouvriers vidangeurs.

290. En 1807, Masuyer constate l'efficacité du chlorure de chaux pour obtenir la désinfection des matières.

291. En 1808, le gouvernement prend l'initiative de mesures que lui ont suggérées les études des savants, en rendant une ordonnance concernant les vidanges et indiquant les précautions à prendre. Cette ordonnance reproduit, d'ailleurs, une grande partie de celles précédemment rendues en cette matière.

292. En 1808, l'emploi de la poudrette devint général, et il n'y avait guère de ville en France qui n'en possédât une ou plusieurs fabriques.

293. Comme nous l'avons vu précédemment, on s'était bien préoccupé de rendre les fosses imperméables, d'une manière plus ou moins satisfaisante, mais ce n'était qu'au point de vue du voisinage. En 1809, pour la première fois, l'administration prit l'initiative sur cet objet et prescrivit, par une ordonnance, les moyens à prendre pour obtenir un résultat plus général, et les fosses imperméables furent désormais obligatoires.

294. Le 25 septembre 1814, la veuve Vibert-Duborel, qui avait été associée un instant avec Bridet, heureux propagateur de la poudrette, contrairement à ce dernier qui repoussait les eaux vannes comme frappées d'insanité, crut découvrir dans les urines une propriété fécondante, et avisa aux moyens à prendre pour en tirer parti.

Il y avait longtemps que cette propriété était reconnue.

295. En 1815, Marcel de Serres (*Essais sur les arts et manufactures de l'empire d'Autriche*) fit connaître le procédé qui était alors employé en Allemagne pour fabriquer avec de l'urine, soit de l'ammoniaque, soit du sel ammoniac.

296. C'est en 1819 que fut rendue l'ordonnance qui nous régit aujourd'hui. (Voir *infra,* chap. **vi.**)

297. En 1820, le génie militaire proposa deux systèmes donnant les moyens de séparer les matières solides d'avec les liquides.

298. Le premier a pour but d'opérer la séparation dans la fosse même, au moyen d'un tuyau de plomb percé de trous et placé au milieu ou contre la paroi de la fosse ; les liquides, attirés par le vide qui existe dans le tuyau, s'écoulent par les trous de ce conduit qui les dirige dans une autre fosse, dans un puisard ou un égout.

299. Par le second système, la séparation s'effectue en dehors de la fosse au moment de l'émission. La séparation aura lieu facilement, à la condition que le sol des latrines sera construit en pente et que les latrines mêmes seront disposées à la manière turque. De cette façon, en effet, les liquides ne se trouvent jamais en contact avec les solides, et chaque matière arrive sans aucun mélange à la fosse qui lui est destinée ou dans tout autre récipient, d'où l'on peut l'extraire au seau ou à la pompe.

300. Par le premier système, la séparation ne se fait qu'imparfaitement : la circonférence du tuyau de plomb ne présentant pas assez de surface pour l'introduction des liquides dans le tuyau par les trous qui y sont ménagés, il arrive que l'écoulement des liquides se trouve parfois obstrué, le tuyau lui-même étant souvent engorgé.

301. Par le second, la séparation ne peut se faire qu'autant que l'individu qui excrète *veut bien se prêter à la circonstance;* car il arrive souvent qu'il se pose de telle façon que ses déjections solides et liquides tombent à la fois dans l'orifice ou lunette du siége ou des latrines. Il est même à peu près impossible aux femmes de se prêter à cette façon d'opérer la séparation des matières.

Au reste, ce dernier mode n'était proposé que pour les latrines de casernes qui sont construites à la turque. Dans ce cas même, il n'atteindrait pas le but proposé, parce qu'il est impossible de laver ces sortes de latrines sans que les eaux de lavage soient lancées en grande partie dans la lunette.

302. Ces deux systèmes ont été peu employés; cependant, le premier accusait une idée qui depuis a été fécondée par l'application des cylindres, c'est-à-dire en procédant en sens inverse.

303. Par le second système, les liquides ne se trouvent jamais en contact avec les matières solides, de sorte qu'ils arrivent séparément et sans aucun mélange à la fosse qui leur est destinée, et dont on peut les extraire au moyen de la pompe.

304. Les fosses mobiles, qu'avait indiquées Giraud en 1785, étaient devenues d'un usage assez général; mais on n'avait point encore effectué la division des matières fermes et liquides.

305. Ce fut Cazeneuve qui, en 1818, proposa un système ayant pour objet d'obtenir ce dernier résultat au moyen d'un tube séparateur percé de trous pour l'écoulement des liquides, qui étaient ainsi conduits dans d'autres tonneaux, tandis

que les matières fermes restaient dans le premier tonneau.

306. Le système qu'avait restauré Cazeneuve consistait dans l'application de la fosse mobile, mais sans autre appareil séparateur que le tuyau qui faisait communiquer les tonneaux entre eux.

Cazeneuve n'admettait que des tonneaux en bois, plus volumineux que ceux dont on se sert aujourd'hui ; et aucune condition particulière n'était exigée dans la cave où se plaçait le récipient.

307. Ce procédé diffère du procédé Giraud en ce que ce dernier consistait dans l'emploi d'un vase ingénieusement agencé pour vider la grande cuve, tandis que dans le procédé Cazeneuve, c'est la tinette qui est la fosse même.

308. Alors la vidange des fosses fixes se faisait de la manière la plus élémentaire et ainsi qu'il suit : des seaux puisaient la matière fluide, la *vanne* était déversée ensuite dans des hottes qu'un homme allait vider dans des tonneaux appelés *lanternes*. L'ouvrier ne descendait dans la fosse que lorsqu'il avait atteint les matières véritablement solides, désignées alors par les noms de *heurte* ou *gratin* ; la pioche détachait des fragments que le seau remontait. C'étaient là tous les instruments dont on se servait.

309. La recherche des moyens propres à utiliser l'urine pour l'agriculture occupe alors les esprits plus qu'à aucune époque. C'est dans cet ordre d'idées que furent présentés divers systèmes dont quelques-uns eurent un succès momentané.

310. Ceux que fit breveter M. Donat en 1819 furent du nombre ; l'inventeur avait en vue de pratiquer l'absorption, mais surtout la solidification des urines. Elles étaient absorbées par les terres argileuses, desséchées ; par les cendres et principalement par le plâtre. C'était l'application de l'idée qu'avait préconisée madame Vibert-Duborel.

311. En 1820, Labarraque propose et fait adopter le chlorure de soude comme désinfectant des matières fécales.

312. Jusqu'alors on n'avait pas cessé de curer les fosses par les moyens primitifs : à la hotte, à l'aide du seau et du

savetier, quoique la pompe eût déjà été indiquée en 1790 par le savant Hallé.

313. C'est en 1820 que ce puissant auxiliaire fut appliqué à Paris, et son usage ne tarda pas à se généraliser; mais les pompes employées à cette époque étaient des plus élémentaires et d'un faible débit; construites à un seul piston, elles exigeaient la force de six hommes pour être mises en mouvement et élever 1000 litres en vingt minutes.

314. A la même époque, le savant Darcet proposa un moyen de désinfecter les fosses. Son système consistait à appeler les gaz des fosses au-dessous de la toiture des bâtiments par un tuyau d'évent, en établissant un courant d'air chaud, soit au moyen d'une lampe, soit par le voisinage d'une cheminée. L'air échauffé déterminait ainsi un courant d'air ascendant, et l'atmosphère de la fosse était désinfectée.

315. En 1824, l'administration, voulant conserver ce système, vota une somme de 100,000 francs pour son application de ce système, dont le principe était certainement bon; mais, mal appliqué et trop coûteux, il dut être abandonné en 1830.

316. Il est à remarquer que tous les efforts de la science et de l'administration n'avaient en vue que la salubrité; elles avaient négligé la question de fertilité, qui était restée dans le domaine pratique de la spéculation.

Là commence un mouvement dans ce dernier esprit, et ce mouvement va prendre des proportions très-grandes.

317. En 1824, la voirie de Bondy fut créée pour recueillir les matières des fosses mobiles, que les bateaux transportaient de Paris à Bondy. Le transport coûtait 35,000 francs en 1835.

318. En 1826, M. Salmon trouva le noir animal; il l'exploita successivement avec MM. Payen et Lupé, puis avec MM. Payen et Baron. Pourtant le brevet ne fut pris que le 31 décembre 1831. Pour cette innovation, le prix Montyon fut décerné à M. Salmon.

319. En 1830, MM. Thomas et Filière s'occupent de créer

un établissement de vidange perfectionné, où fut appliqué l'usage simultané du ventilateur Darcet et des chlorures désinfectants. Mais cette exploitation dut bientôt être abandonnée.

320. Ce fut à cette époque que l'on commença à se servir de pompes à deux pistons, foulantes et aspirantes, débitant environ 1,000 litres en six minutes. Aujourd'hui, on se sert de la pompe à soufflet, qui produit un résultat supérieur.

321. Le 4 juin 1831 parut une ordonnance de police concernant les vidangeurs. (Voir *infra*, chap. VI.)

322. Vers 1832, M. Chamot proposa un siége établi sur la disposition anatomique des parties sexuelles de l'homme et de la femme. Nous n'avons pu retrouver l'opuscule qui en expliquait le mécanisme.

323. A la même époque, M. Derosne inventa un appareil qui, bien qu'il n'ait jamais été porté à la connaissance du public, a cependant fonctionné dans quelques établissements particuliers. Comme le siége Chamot, avec lequel il a beaucoup d'analogie, cet appareil était basé sur la disposition anatomique des parties sexuelles, et applicable pour le cas seulement où l'individu satisfait à ses besoins naturels dans une position assise.

Au dire de ceux qui ont été appelés à l'apprécier, ce procédé était très-simple, peu coûteux et recommandable pour les hôpitaux de femmes et les pensionnats de jeunes filles.

324. En 1832, MM. Payen et Salmon, associés à M. Buran, fondèrent à Paris une usine considérable pour la confection d'un charbon désinfectant.

325. En 1833, un rapport fut rédigé par les membres de la commission de salubrité, MM. Darcet, Huzard et Parent-Duchâtelet, sur les procédés Salmon, Payen, Lupé et Cie. Dans ce rapport, on admet la méthode qui consiste à séparer les matières fermes des matières liquides, et à jeter celles-ci à la rivière. Mais cette méthode, si contraire à toutes les précédentes, donna lieu à de vives controverses, et c'est pour les atténuer que M. Parent-Duchâtelet et ses collaborateurs donnèrent les explications suivantes en 1834 :

« Comme les matières solides forment le quart de la tota-
« lité des vidanges, il nous restera 77,000 mètres cubes de
« liquide, nombre qui, divisé par 365, donnera par jour 211
« mètres cubes.

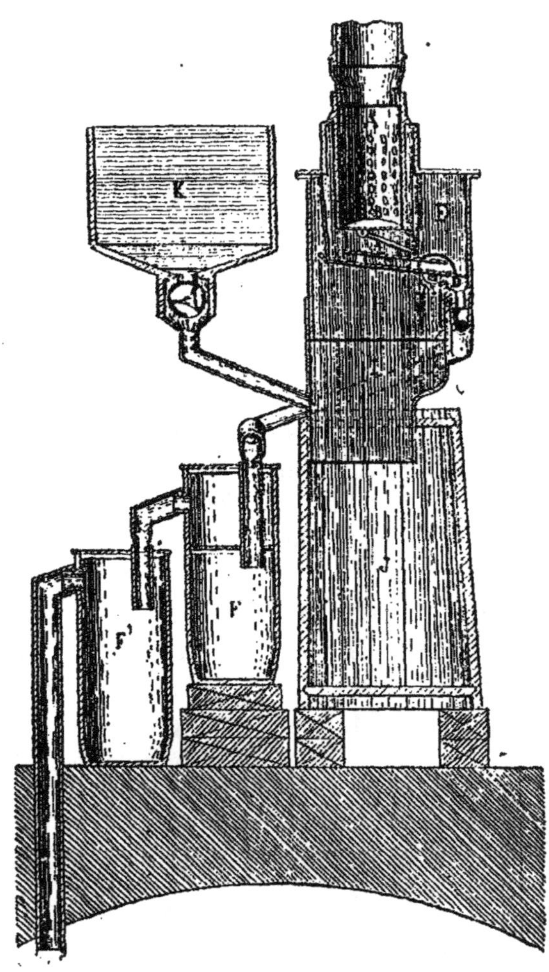

Fig. 23.

« Quelle quantité d'eau la Seine laissera-t-elle écouler
« pendant vingt-quatre heures ? Suivant les calculs de
« M. Dause, ingénieur, la Seine, au plus bas étiage (cas qui

« s'est présenté deux fois en soixante-huit ans), débite 75 mè-
« tres cubes par seconde, au cas de ses plus basses eaux ; les
« urines seraient donc noyées de 30,710 valeurs d'eau, et, à
« l'époque des grandes eaux, ces urines seraient perdues dans
« 40,966 valeurs d'eau... Or, la commission propose de pro-
« clamer l'innocuité de ce mélange et le déversement des
« urines à la Seine. »

Heureusement, ce projet resta stérile.

326. Une ordonnance de police du 5 mars 1834 prescrit
aux vidangeurs l'emploi de la liqueur de chlorure de soude de
Labarraque.

La même année, Darcet, qui avait sans doute reconnu
quelque possibilité pratique dans son système, proposa de faire
simultanément usage de la ventilation et du chlorure de chaux
pour la désinfection des fosses.

327. La même année, MM. Payen et Dalmont prirent un brevet d'invention pour un système ayant pour objet la séparation
des solides et des liquides, au moyen d'un appareil, fig. 23,
qui opérait, en outre, la désinfection de ces matières par la
projection à la surface d'une poudre absorbante (1).

C'est, croyons-nous, la première idée qu'on ait eue de désinfecter les déjections avant qu'elles soient extraites des fosses.
Alors, la quantité des matières fécales extraites des fosses
était de 102,800 mètres cubes.

328. A cette époque, un mécanicien de Lyon, M. Frédé-

(1) Voici la description de l'appareil Payen et Dalmont :

Il se compose : 1° d'un tuyau A en tôle percée de trous, placé immédiatement sous le tuyau de descente et posé sur un autre tuyau E lui servant d'enveloppe ; 2° d'une plaque B au-dessous pour le fermer et retenir
les matières qui pourraient être jetées par les tuyaux supérieurs ; cette plaque
est jointe à la partie C par une bielle qui la tient fermée. Les liquides qui
passent à travers le tuyau A dans la partie E tombent sur la partie O, disposée
de manière à les conduire dans leurs récipients par la partie D pour se rendre
dans un filtre F et de là passer par ascension dans un filtre F', pour enfin se
déverser dans la fosse G ; 3° d'un tuyau H tenant à la partie de l'enveloppe E
qui reçoit les eaux, et plus large que le tuyau A afin de conduire les matières
solides dans le récipient destiné à les recevoir ; 4° d'un tuyau de jonction I
joignant le tuyau H et la tinette J ; 5° d'un réservoir K renfermant la pou-

rick, inventa une machine pour la vidange des fosses, qui fut employée pendant un certain temps dans diverses villes de France par la Compagnie générale des engrais. Cette machine se composait d'une chaîne sans fin en manière de godets.

329. Précédemment, on avait abandonné les petits tonneaux ou lanternes, prescrits par l'ancienne ordonnance, pour y substituer d'énormes tonneaux contenant environ 6,000 litres, et qui pesaient plus de 18,000 kilogrammes. Une ordonnance de 1834 défendit l'emploi de ces derniers récipients et prescrivit des tonneaux de 2 mètres cubes de capacité au maximum. (Voir *infra*, chap. VI.)

330. Le 5 juin 1834 parut une ordonnance de police sur les fosses mobiles. (Voir *infra*, chap. VI.)

331. Le lendemain, 6 du même mois, fut publiée une autre ordonnance de police relative aux voitures de vidange. (Voir *infra*, chap. VI.)

332. Une ordonnance du 29 novembre 1834 prescrivit l'installation de séparateurs dans les fosses. (Voir *infra*, chap. VI.) Cette ordonnance fut prise sur l'avis du conseil de salubrité.

333. En 1835, on chercha à opérer la séparation des matières avec la pompe même. Si toutes les matières contenues dans la fosse étaient abandonnées à elles-mêmes, il est certain que tous les liquides passeraient à travers le champignon ; mais, comme il n'en est pas ainsi, la filtration se faisait avec

dre, laquelle est déversée dans la tinette L à l'aide d'un tuyau placé au-dessous et joignant le tuyau de jonction I.

Pour faire tomber les matières solides tenues en suspension, on fait faire un demi-tour à une petite roue qui se trouve placée à l'extérieur, laquelle correspond avec le centre de gravité M de la partie C, qui par ce mouvement entraîne la plaque B qui ferme le tuyau A, et les matières tombent dans la tinette J.

La poudre se rend ensuite sur cette matière en faisant tourner la roue I au moyen d'une manivelle.

Ce système, qui était à peu près la reproduction de celui de Giraud et Gourlier, fut employé pendant quelque temps à l'hospice de Bicêtre ; mais il dut bientôt être abandonné par suite des difficultés qu'il présentait dans son fonctionnement.

lenteur, et comme la rapidité est une condition essentielle de toute question de vidange, ce moyen dut être rejeté.

334. A cette époque, M. Payen essaya de traiter chimiquement les urines pour la fabrication d'un engrais. Son système consiste à ajouter à l'urine de l'acide sulfurique destiné à fixer l'ammoniaque et à concentrer les urines dans de vastes chaudières en plomb. Mais ces expériences étaient trop coûteuses; il fallait évaporer environ 950 kilogrammes d'acide par mètre cube d'urine : cette évaporation nécessitait l'emploi de 200 kilogrammes de houille et des dépenses accessoires trop considérables.

335. En 1835 parut un rapport de MM. Labarraque, Chevallier et Parent-Duchâtelet, sur l'amélioration des fosses d'aisances, de leurs vidanges et des fosses de Paris. Les auteurs de ce rapport insistent particulièrement sur la nécessité de séparer les liquides des solides, et examinent les divers moyens proposés à cet effet pour se débarrasser des liquides une fois séparés, jusqu'à ce que les arts et l'agriculture aient trouvé le moyen d'en tirer parti (notamment la proposition de les envoyer dans des puits forés, dans la Seine ou dans des égouts); enfin ils concluent à la possibilité : 1° de verser les liquides, convenablement mélangés d'eau, sur la voie publique ; 2° d'améliorer et de rendre sans inconvénient la manutention des solides (1).

(1) Voici les extraits des passages les plus intéressants de ce rapport, tirés des *Annales d'hygiène* de 1835 : ·

« 1° La vidange des fosses dans la ville de Paris est devenue une charge très-grosse pour les propriétaires, et cette charge tend chaque jour à s'accroître : cela tient aux modifications apportées dans la construction de ces fosses, à l'emploi plus abondant des eaux nécessité par la forme actuelle des siéges, et surtout à l'emploi des bains à domicile.

« Montfaucon ne peut plus subsister, et Bondy offre des inconvénients tellement graves qu'il faudra nécessairement l'abandonner un jour. Le projet d'établir un chemin de fer pour y conduire les vidanges de tout Paris ne saurait être adopté, et tout démontre la nécessité d'avoir recours à des moyens autres que ceux qui jusqu'ici ont été mis en usage.

« Il est évident que la première des conditions pour obtenir un résultat à la fois économique et salubre est de séparer, sur les lieux mêmes de la production, les matières solides d'avec les matières liquides, d'enlever celles qui

336. L'idée de jeter les matières fécales à la Seine s'était déjà produite au commencement du siècle. C'était le renversement de tout ce qui avait été fait jusqu'alors.

337. En 1837, sous l'influence de ces idées, la Société d'encouragement ouvrit un concours pour la désinfection des vidanges. Un prix de 3,000 francs fut offert à celui qui parviendrait à séparer dans les fosses d'aisances elles-mêmes les

ont une valeur intrinsèque et de rejeter celles qui ne sont qu'embarrassantes.

« Depuis un demi-siècle, quelques hommes animés de l'amour du bien public et plusieurs spéculateurs ont dirigé leurs recherches sur la manière d'obtenir cette séparation ; nous devons mettre à leur tête Girand et Gourlier, Cazeneuve, Sanson, Derosne, Chaumet ; les auteurs de l'article qui se trouve dans le *Mémorial de l'officier du génie* ; enfin Payen et Dalmont.

« Le système de Gourlier est séduisant ; s'il n'a pas encore été soumis à toutes les expériences qu'il nécessite, on peut assurer d'avance qu'il doit réussir et qu'on en tirera un parti très-avantageux.

« Les avantages du projet de Gourlier se retrouvent à un plus haut degré dans celui qui a été adopté, dans les usines, par le génie militaire.

« Le système des fosses mobiles a pour lui la sanction du temps; il peut s'appliquer partout ; il facilite l'enlèvement des matières, et permet de le faire sans odeur et sans malpropreté ; il préserve les ouvriers du danger de l'asphyxie; il empêche la dégradation de nos édifices, et contribue à augmenter la masse disponible des engrais.

« On ne peut pas, sans craindre les conséquences les plus graves, envoyer les liquides dans les puisards, et les mettre en communication avec la nappe supérieure du sol dans laquelle aboutissent nos puits ; la prudence exige qu'on ne les dirige pas dans la seconde nappe, qui, sur bien des points de Paris, fournit encore de très-bonne eau ; s'il est possible de les conduire, sans de grands inconvénients, dans les courants tout à fait inférieurs, l'avis de beaucoup de personnes expérimentées est qu'on ne doit pas le faire sous Paris pour des quantités d'eau trop considérables, et qu'il faut réserver cette ressource pour des localités mal disposées et qui se rencontrent rarement.

« Tout prouve que l'on peut, sans inconvénient, envoyer à la Seine les liquides provenant des fosses d'aisances; un travail fait autrefois, par Hallé et Fourcroy, sur les boues de Paris, ajoute un grand poids à cette opinion. Les jaugeages anciens et récents, ainsi que l'observation journalière des faits, démontrent que la quantité d'eau sale envoyée à la Seine, et comparée à l'eau de cette rivière, sera si minime, qu'elle restera toujours inaperçue et ne pourra nuire, en aucune manière, à la salubrité.

« Pour conduire ces eaux à la Seine, la première idée qui se présente, c'est de les jeter dans un des trois grands égouts qui entourent Paris du côté du nord.

« Une foule de faits et d'observations prouvent que cet envoi dans les

matières liquides d'avec les matières solides, en les désinfectant assez complétement pour permettre l'expulsion des liquides sur la voie publique et dans les égouts. Aucun concurrent
n'apporta la solution proposée.

338. La Société d'encouragement ouvrit un nouveau concours et posa la même question. C'est par suite que parurent
deux rapports remarquables sur ces études intéressantes, l'un
par M. Gauthier-Claubry, en 1844, l'autre par M. Chevallier,
en 1848.

339. En 1836, des expériences faites dans le laboratoire

égouts des matières liquides provenant des vidanges n'infectera pas ces
égouts, et ne fera pas courir de danger à ceux qui les parcourront ; que cette
infection est d'autant moins à craindre avec les appareils de Gourlier, avec
ceux des fosses mobiles, ou celui qui a été adopté par le génie militaire, que,
par les différentes méthodes, la séparation se faisant lentement et successivement, les liquides n'emportent avec eux que très-peu de matières solides.

« Tout semble démontrer qu'en mélangeant dans une suffisante quantité
d'eau les liquides provenant des fosses d'aisances, on pourrait sans inconvénient les jeter sur la voie publique et s'en débarrasser de cette manière ;
mais la pudeur exige qu'avant de rien innover à cet égard, le projet soit
soumis à des expériences minutieuses et multipliées. Les expériences sont
d'autant plus importantes qu'elles peuvent avoir pour résultat d'augmenter
les revenus de la ville, en lui faisant vendre une quantité considérable des
eaux qu'elle possède et dont elle peut disposer.

« Si la préparation de la poudrette a jusqu'ici été considérée comme une
des industries les plus infectes et les plus incommodes, on peut dire qu'elle est
aujourd'hui une des moins désagréables, et que nous la devons aux moyens
d'assainissement récemment découverts, ou qui, plus anciennement connus,
n'ont été mis en usage que depuis peu de temps pour des opérations montées sur une plus grande échelle.

« Pour favoriser l'emploi de ces moyens, et pour arriver par eux à des
résultats d'une haute importance, il ne suffit pas à l'administration d'être
animée des plus louables intentions ; elle doit encore, par ses démarches, obtenir de l'autorité supérieure une modification dans la classification des
établissements où se préparent les matières fécales, et surtout employer les
moyens qui sont à sa disposition pour faire revenir le public des préventions
qu'il a contre ces sortes d'établissements. Elle rencontrera d'abord de très-
grands obstacles, mais elle peut être assurée du succès, si elle y met du temps
et de la persévérance. »

Les changements proposés dans le rapport sont d'une telle importance,
ils ont des conséquences si utiles et si étendues, qu'ils suffiraient pour illus-
trer et recommander à la reconnaissance des générations futures le nom des
administrateurs qui parviendraient à les obtenir.

de M. Dumas démontrèrent que les urines de Montfaucon re-
célaient assez d'ammoniaque pour alimenter une fabrique qui
extrairait ce produit important. En conséquence, M. Jacque-
mart s'établit dans cette localité, et, après avoir fait breveter
ses procédés, se livra à la fabrication de l'ammoniaque extraite
d'une petite portion des urines qui baignaient ses bâtiments.

340. En 1840, un praticien essaya de blanchir les matières
fécales. Il voulait en extraire, par distillation sèche, les produits qu'elles contenaient. Ces expériences n'ont pas donné
les résultats qu'on en attendait, car la dépense dépassait le
produit.

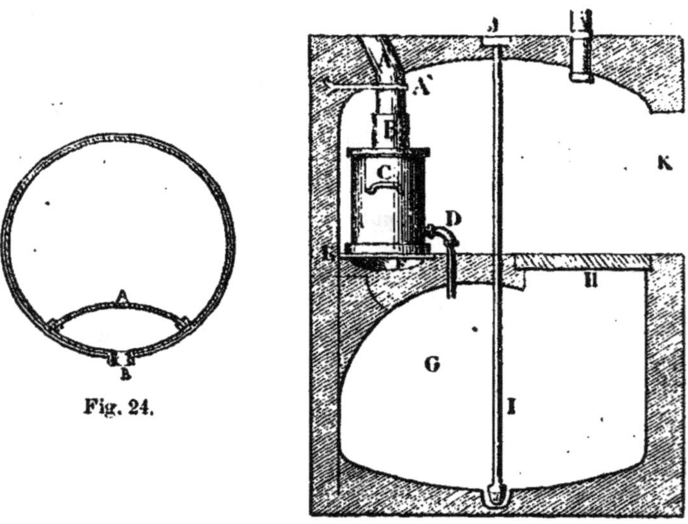

Fig. 24.

Fig. 25.

341. Le 17 juin de la même année, un arrêté de police autorise M. Huguin, comme essai et par tolérance, à appliquer
un système, fig. 24 et 25, qui avait pour objet la division des
solides et des liquides, système qui ne différait guère de celui
qu'avaient inventé MM. Payen et Dalmont (1).

(1)   *Description de l'appareil Huguin.*

Cet appareil est composé d'une tinette en métal, fig. 24, munie intérieurement
d'un filtre, sorte de crible en tôle galvanisée dont les trous ont 6 à 8 millimè-

342. En 1842, on entend parler pour la première fois d'un système de vidange par le vide, dit « atmosphérique ». Un brevet fut pris par l'inventeur, M. Latour, le 31 décembre 1842.

Ce système, qui repose sur de vrais principes et dont néanmoins les premières applications ne donnèrent pas satisfaction, fut amélioré par Barthélemy et bientôt exploité par M. Domange (1). Il consistait à faire le vide dans une tonne

tres. Ce filtre, qui n'occupe que le quart ou le tiers de la circonférence intérieure de la tinette, est fixé au moyen de deux coulisses dans lesquelles il glisse, afin de pouvoir être enlevé par une poignée saillante et nettoyé facilement. Au haut de cette plaque filtrante est une série de rainures à jour pour compléter l'écoulement des liquides. Ces rainures se nomment la couronne. Au bas de la tinette diviseur se trouve une tubulure de 0^m.04 de diamètre, destinée à laisser écouler les liquides ; cette tubulure reçoit un col de cygne, au moyen d'une douille en bronze à bague et pas de vis, ou, plus simplement, fermée à baïonnette.

Le fond supérieur des tinettes diviseurs est composé de deux pièces mobiles, afin de faciliter le dépotage des matières solides, qui sont toujours plus ou moins adhérentes, et le nettoyage des pièces de l'appareil.

Les diviseurs se placent sous les chutes, exactement de la même manière que les tinettes recevant les matières fermes et liquides, dont ils ne sont qu'une variété ; la seule différence consiste à les placer de façon que les liquides puissent s'écouler facilement jusqu'aux récipients ou fosses destinés à les recueillir.

Ces appareils offrent de très-grands avantages pour l'agriculture, en simplifiant beaucoup la vidange ; leur peu de volume permet de les installer partout facilement ; la division des matières est, en outre, un obstacle à la mauvaise odeur produite souvent par la fermentation des déjections mêlées et stagnantes, fermentation qu'il n'est pas facile de prévenir.

L'appareil diviseur posé sur un réservoir à liquides est représenté par la fig. 25. Il est évident que cet appareil C peut être posé à une distance quelconque du réservoir G ; c'est une affaire de tuyaux et de pente.

On place souvent dans le réservoir un tuyau d'aspiration I, en plomb, muni à la partie supérieure d'un raccord à vis J ; ce raccord, placé à rez-de-chaussée dans un endroit commode, reçoit le tuyau de la pompe au moment de la vidange. C'est aussi par le tuyau d'aspiration que le désinfectant est versé dans le réservoir, où il est rarement nécessaire de descendre.

La vidange s'opère, comme dans les fosses mobiles, par l'enlèvement des tinettes et leur remplacement.

(1) On réalise le vide :

1° En introduisant de la vapeur d'eau dans une tonne de fer jusqu'à ce que tout l'air ait été remplacé par cette vapeur ; le vide est obtenu par le refroidissement qui la condense ;

et à la mettre ensuite en communication avec la fosse pleine au moyen d'un tuyau : par l'effet de la pression atmosphérique, les liquides se précipitaient dans la tonne vide.

343. Ce fut aussi en 1842 que MM. Kraft et Jacquet tentèrent une amélioration dans une usine qu'ils créèrent à Charlebourg, près de Paris, pour la fabrication des sels ammoniacaux.

344. Une commission avait été nommée pour étudier les moyens de transport des matières à la voirie de Bondy ; la commission rendit son rapport le 22 novembre 1842.

345. Le prix de l'adjudication des vidanges, qui était à cette époque de 165,000 francs, fut porté, en 1843, à 550,000.

346. Une ordonnance de police du 17 février 1843 autorise, à titre d'essai, M. Huguin à enlever les matières au moyen de la pompe, et à transporter dans des appareils appelés *voitures-réservoirs*, pl. 2 (1), aux lieux à ce destinés, les eaux vannes des appareils des fosses d'aisances placées par lui dans les maisons de Paris. Une autre ordonnance du 23 octobre 1843 autorise le même inventeur, toujours à titre de tolérance, à exploiter son système de vidange des fosses à Paris, pl. 3. (Voir *infra*, chap. vi.)

2° En remplissant une tonne de gaz ammoniacal dans laquelle on introduit un jet d'acide chlorhydrique ; le sel condensé qui se précipite détermine le vide dans le tonneau ;

3° En remplissant la tonne avec de l'eau, en la laissant vider par un tuyau qui plonge dans un puits de 11 mètres de profondeur, en ayant soin de laisser l'extrémité inférieure du tuyau noyée dans l'eau afin que l'air ne retourne pas dans la tonne ;

4° En appliquant une machine pneumatique sur le flanc de la tonne avec laquelle elle communique. La force nécessaire pour mettre en mouvement le piston de la machine pneumatique peut être empruntée au mouvement même de la rotation imprimée à la voiture par les chevaux, de sorte que le vide serait effectué par le fait du roulement de la voiture.

(1)   *Description de la voiture-réservoir.* (Planche 2.)

Cette voiture contient un réservoir en fer galvanisé A, qui est d'une capacité correspondant à 2 mètres cubes ou 2,000 litres.

Au milieu et au-dessus de ce réservoir est un trou d'homme B, fermé hermétiquement par un couvercle garni d'une vis de pression et d'un cadenas, conformément aux ordonnances de police.

A la partie inférieure est adapté un tuyau C par lequel on peut vider

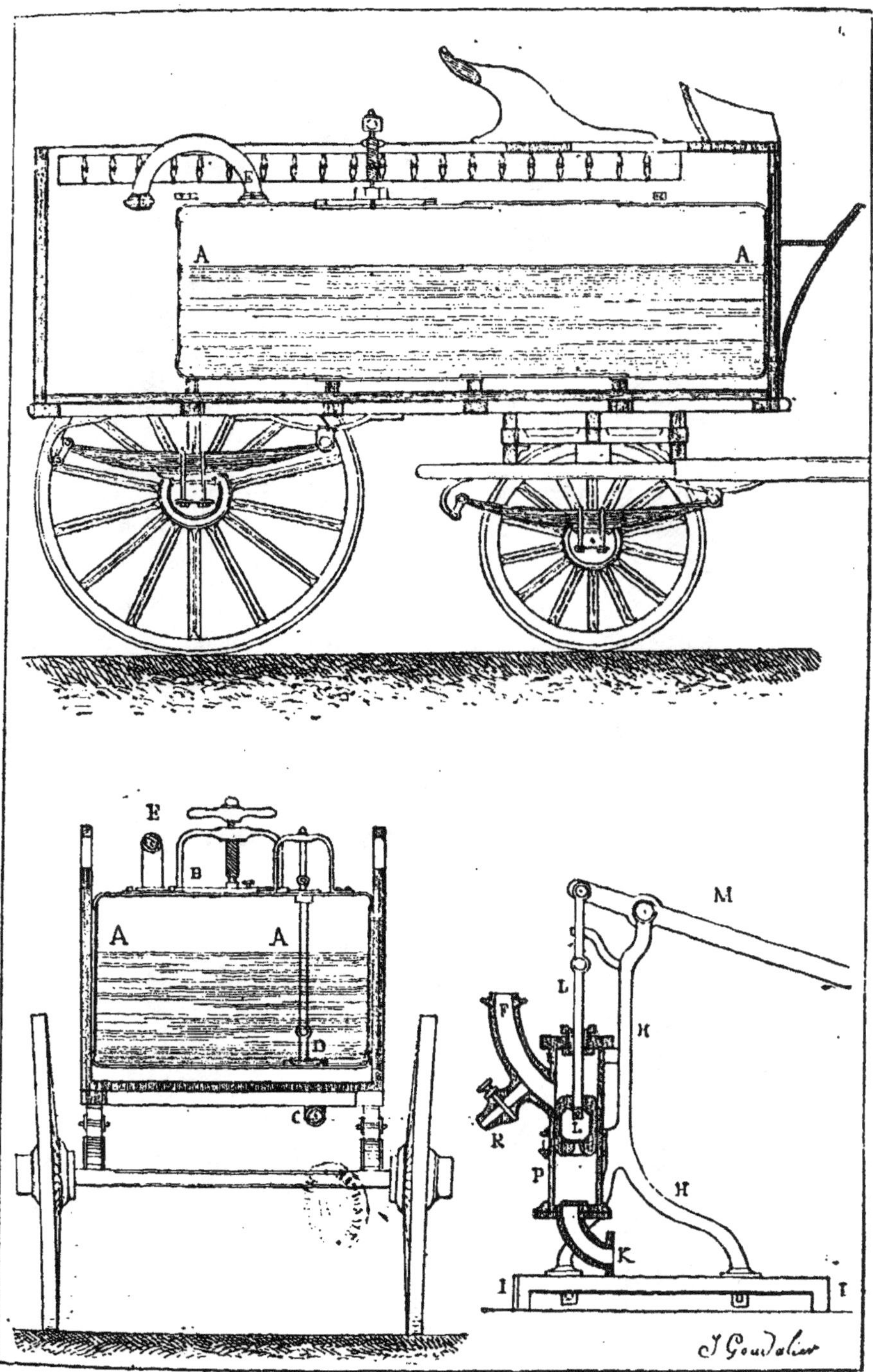

SYSTÈME HUGIN.

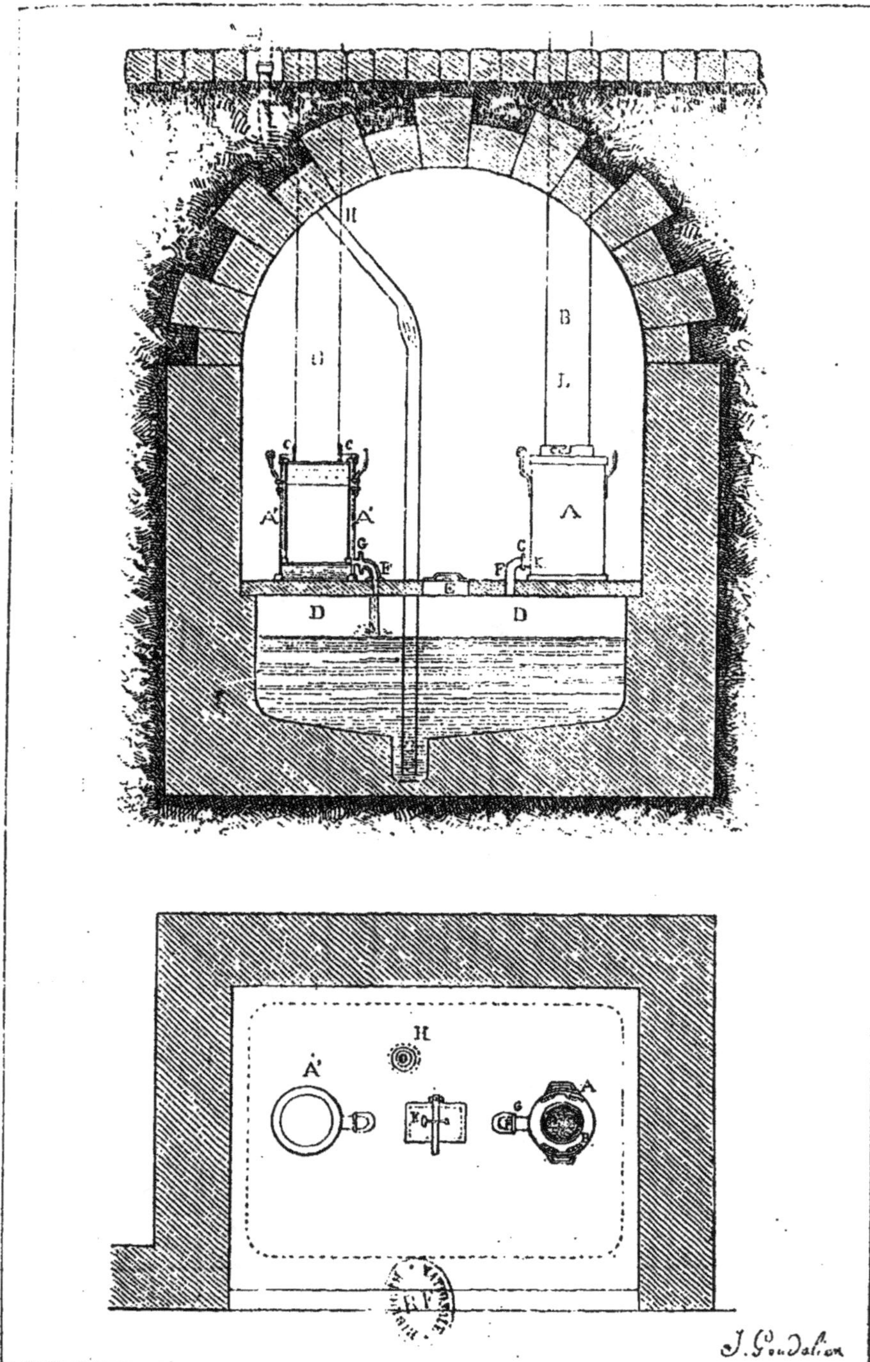

SYSTÈME HUGIN.

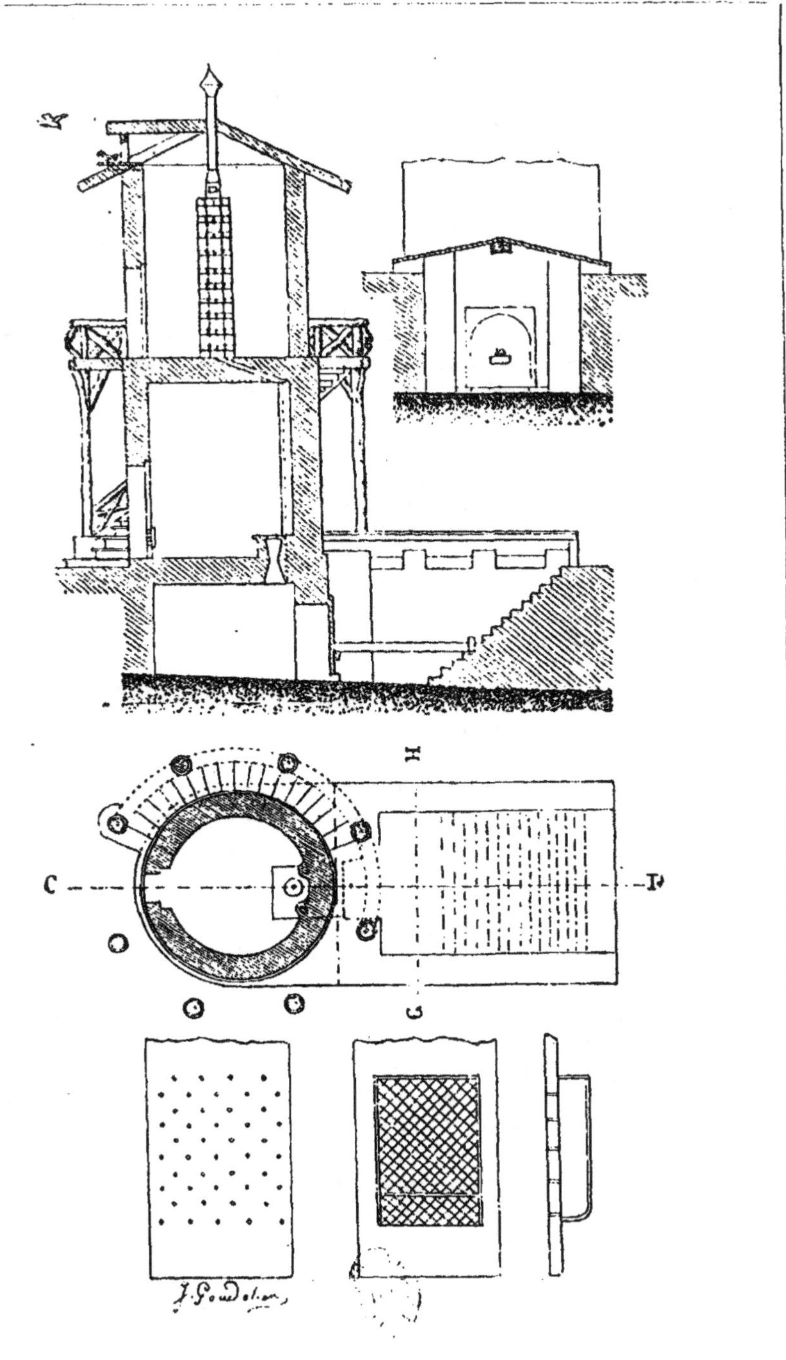

SYSTÈME DARCET.

347. En 1843, M. Darcet, suivant un principe qu'il avait déjà émis en 1820, publie une brochure intitulée : *Latrines*

complétement le réservoir en ouvrant la soupape D au moyen de la tige articulée dont elle est surmontée, et qui s'élève jusqu'au-dessus de la caisse. L'orifice extérieur de ce tuyau est fermé par un tampon de cuivre disposé de manière à recevoir le cadenas de la préfecture de police.

Un second tuyau E, appliqué sur la partie supérieure de ce même réservoir, sert à établir une communication entre celui-ci et la pompe aspirante et foulante dont on voit le détail en coupe sur la même planche. Cette pompe est transportée par la même voiture, derrière laquelle on a ménagé un espace destiné à la recevoir avec ses agrès, tels que supports, tuyaux, balancier, etc.

Une tubulure est ainsi ménagée sur le devant de la caisse pour donner de l'air, au besoin, lorsqu'on remplit ou lorsqu'on vide le réservoir. Cette tubulure est exactement fermée par un bouchon à vis et à oreilles semblable à celui qui est employé dans les pompes à incendie.

Il en est de même de l'assemblage et de la fermeture de tous les tuyaux appliqués à la manœuvre de l'appareil.

La fig. au haut de la planche montre une section longitudinale faite par le milieu.

La fig. au bas, à gauche, est une section verticale, et la fig. à droite est une coupe par l'axe du corps de la pompe qui sert à enlever les eaux vannes de la fosse dans le réservoir A.

Cette pompe est adaptée à un support en fer à trois pieds H fixé au moyen de clavettes sur un châssis triangulaire en fer I, lequel est posé directement sur le sol lorsqu'on doit manœuvrer.

La puissance dépasse 8,000 litres à l'heure.

A la partie supérieure du corps de pompe est adapté le tuyau F qui communique à celui du réservoir, et à sa base inférieure est le tuyau K qui communique avec celui qui est posé à demeure dans sa fosse.

Le piston L de la pompe est garni d'un cuir embouti ; sa tige est reliée par son sommet à un balancier M que l'on manœuvre avec deux hommes.

Lorsque le réservoir est plein, ce que l'on reconnaît à l'aide d'un petit robinet-jauge appliqué à la partie supérieure du réservoir, on doit arrêter immédiatement, puis on dévisse les tuyaux de communication qui se trouvent entre celui du réservoir et celui de la pompe ; on dévisse également celui qui s'adapte au tuyau qui descend dans la fosse, et on ferme les tubules par les tampons ou bouchons à vis en cuivre précédemment décrits.

Un petit robinet R est aussi appliqué sur la pompe, pour laisser écouler le liquide qui se trouve, quand on arrête, soit dans les tuyaux, soit dans le corps de pompe. On reçoit alors cette petite quantité de liquide dans un seau.

Description de l'appareil diviseur et du réservoir. (Planche 3.)

La planche 3 représente le plan et la coupe d'une fosse d'aisances qui réunit deux chutes.

A est l'appareil diviseur, B le tuyau de chute, C un manchon mobile en

modèles, construites sous un colombier, ventilées au moyen de la chaleur des pigeons, et servant à la préparation de l'engrais. La planche 4 représente la disposition de cet ingénieux système (1), qui, à part les principes vrais dont il fait application, produit ce résultat assez original d'embaumer les latrines.

348. En 1844, M. Melsens, savant belge, propose au

tôle galvanisée qui joint le tuyau de chute à l'appareil diviseur ; D est un réservoir d'une contenance de 2,400 litres, construit en pierre meulière, ourdé en mortier de chaux hydraulique et sable de rivière et revêtu, à l'intérieur et à l'extérieur, d'une couche de ciment romain.

On a pratiqué dans les dalles qui couvrent ce réservoir une ouverture, ou trou d'homme, fermée par une plaque en tôle galvanisée E, laquelle est garnie d'une barre de fermeture et d'un cadenas.

Le tuyau en fer galvanisé F, fixé à l'appareil diviseur par un raccord à incendie G, conduit le liquide dans le réservoir ; enfin H est un tuyau d'aspiration en plomb, fixé à demeure et qui, montant jusque dans la cour, est destiné à vider le réservoir au moyen de la pompe et de la voiture représentée pl. 2. Il est couvert par une trappe en fer T.

A' est une coupe verticale de l'appareil diviseur. Cet appareil, de la plus grande simplicité, se compose de deux cylindres dont le diamètre diffère d'environ 3 centimètres ; ils sont fixés l'un dans l'autre. Le cylindre intérieur, percé de trous dans toute sa surface, fait l'office de filtre ; les liquides, en s'échappant par l'espace réservé entre les deux cylindres, tombent dans le fond du cylindre extérieur, d'où ils sont conduits dans le réservoir D par le tuyau F.

On a compris, par ce qui précède, que le cylindre intérieur ne laissait écouler que les liquides et retenait les matières solides ; lors donc qu'il se trouve rempli, l'appareil est enlevé et remplacé de la manière suivante : On commence par détacher le tuyau F en dévissant le raccord à incendie G, on visse ensuite un tampon sur la douille K, afin qu'aucune fuite ne puisse avoir lieu pendant le transport, puis on soulève le manchon mobile C, qui est maintenu en l'air au moyen de l'échancrure qui y est pratiquée et de l'étoquiau L ; enfin, après avoir été hermétiquement bouché, l'appareil plein, garni de glaise, est enlevé par deux hommes et immédiatement remplacé par un autre.

La fig. A'' du plan représente une coupe horizontale de l'appareil diviseur.

(1) Pour se servir de ce système, voici comment on procède :

« On ferme la porte G et on la cale solidement au moyen de la poutre H, puis on la butte avec du plâtre ou de la terre glaise, de façon qu'elle soit exactement close. On bouchera légèrement l'ouverture ménagée sous la porte en y enfonçant des bottes de paille et en couvrant, en dehors, la partie apparente de cette paille par d'autres débris et de grosses pierres. On placera le toit mobile L et on remplira le petit râtelier N avec des plantes odorifé-

gouvernement belge de supprimer tous les droits d'octroi qui grèvent les comestibles et de s'approprier les déjections fécales des habitants en les vendant à son profit.

Par ce moyen, expose M. Melsens, l'État aurait reçu une somme équivalente à l'impôt qui frappe les aliments, et par là il élèverait le chiffre de la consommation et contribue-

rantes, telles que lavande, sauge, etc. L'appareil sera alors prêt à servir ; et voici, en s'en servant, ce qui se passera :

« Le tuyau principal, chauffé par la chaleur du colombier et surtout par le contact immédiat des couveuses, fera appel par les deux tuyaux d'évent sur la fosse et forcera ainsi l'air extérieur à pénétrer dans le cabinet d'aisances (bien clos de tous autres côtés) par les trous percés au bas de la porte. Ce courant d'air, traversant ainsi le râtelier dans toute son épaisseur, se chargera d'une odeur agréable, remplira le cabinet d'aisances et pénétrera dans la fosse par l'ouverture de la cuvette contenue dans le siége, et qui doit *rester sans bonde et toujours ouverte.* Cet air, continuellement appelé par l'échauffement du tuyau *p,* sera sans cesse renouvelé dans le même sens, et ira, sans interruption, se rendre au-dessus du toit, dans l'atmosphère, après avoir traversé le petit râtelier, le cabinet, l'ouverture de la cuvette, l'intérieur de la fosse et les trois tuyaux, ce qui s'opposera à tout retour de l'air de la fosse dans le cabinet d'aisances, et qui le mettra par conséquent à l'abri de toute mauvaise odeur.

« Quant à l'engrais, voici ce qu'il y aura à faire pour en tirer parti :

« Les matières solides et liquides, tombant dans la fosse, seront isolées les unes des autres par suite de la pente donnée au sol de cette fosse. Les liquides viendront se fixer à travers la luzerne et la paille bouchant le dessous de la porte de la fosse, et seront empâtées par la terre mise au fond de l'encaissement, et aussi, comme on le dira plus bas, par les cendres et autres débris recueillis dans la maison.

« Quant aux matières solides, elles s'accumulent sur le sol, à l'aplomb de l'ouverture de la cuvette, et s'y dessèchent pendant l'hiver, époque où l'on ne se servira pas du cabinet et où un fort courant d'air continuera à traverser la fosse.

« Pour compléter le travail, il n'y aura plus qu'à réunir, chaque matin, toutes les déjections et tous les liquides animalisés que l'on pourra rassembler dans la maison ; à jeter le tout dans l'encaissement, et à le recouvrir immédiatement avec les cendres, les balayures, etc., rassemblées la veille, en y ajoutant un peu de terre sèche, s'il en était besoin, pour bien empâter tout le liquide : on conçoit qu'en opérant ainsi pendant toute l'année, on aura accumulé dans la fosse et dans l'encaissement une quantité d'engrais considérable et n'ayant rien coûté.

« A la fin de l'hiver et par un beau temps, on procède à l'enlèvement, et l'on obtient ainsi un excellent engrais et à vil prix. »

Au bas de la planche on voit les détails de la plaque et de la grille ou râtelier.

rait à résoudre l'important problème de la vie à bon marché.

Cette méthode serait un retour aux lois fiscales de Vespasien.

349. Dans la même année, M. Garnier voulut transformer Montfaucon en une vaste usine d'ammoniaque, qu'il aurait appelée *Ammoniapolis*.

350. En 1845, le sulfate de fer est conseillé par M. Schattenman comme désinfectant. Ce désinfectant fixe l'ammoniaque et détruit l'hydrogène sulfuré.

351. Par suite de cette découverte, on commence sur divers points de la France à faire usage de ce réactif, qui, sous un petit volume, désinfecte les matières fécales dans la fosse même avant leur extraction.

On fit bientôt usage du sulfate de zinc et des autres sels métalliques.

Ces divers moyens présentent l'avantage de favoriser la salubrité, tout en ménageant l'intérêt de la fertilité.

352. En 1845 également, M. Payen, voulant apporter des modifications à la voirie de Montfaucon, propose encore d'utiliser les liquides en procédant à l'extraction de l'ammoniaque.

353. La même année, M. Salmon inaugure à Marseille un genre de fabrication d'engrais consistant à mêler les matières fécales avec des herbes marines.

354. En 1846, M. Steinhouse propose l'emploi du lait de chaux pour précipiter l'acide phosphorique des urines, à l'état de sous-phosphate de chaux insoluble; il jetait le tout sur un filtre qui retenait le phosphate calcaire.

Pour faciliter la filtration du liquide, dans lequel était plongé le précipité, on ajoutait du poussier de charbon qui absorbait en même temps quelques parties d'ammoniaque.

Cette méthode a été critiquée, parce qu'elle fait perdre l'ammoniaque, les sels de potasse et de soude.

355. A la même époque, M. Cherrier mit en usage un autre système de solidification. Il mêlait 100 kilogrammes d'urines à 20 kilogrammes d'os pulvérisés et calcinés ou de noir animal, et 14 kilogrammes d'acide sulfurique.

356. En 1846, par ordonnance de police du 26 janvier, M. Domange est autorisé à exploiter le système atmosphérique (Voir *infra*, chap. VI.)

357. En 1847, M. Paulet propose d'opérer la solidification des matières liquides en les traitant par le chlorure de calcium et le biphosphate de chaux. Il s'agissait de mêler ce produit aux urines et de verser de l'acide sulfurique, qui formait une masse pâteuse de plâtre hydraté.

358. La même année, M. Boussingault imagine un moyen de préparer le phosphate ammoniaco-magnésie, au moyen de l'urine.

359. Le même chimiste indique les mesures à prendre pour utiliser à la fois l'ammoniaque et l'acide phosphorique des urines.

360. A cette époque, la vidange atmosphérique passe des mains de M. Domange dans celles de M. Richer, qui l'abandonne, un an après, par suite des dépenses trop considérables qu'elle nécessitait par les moyens alors adoptés.

361. Plus tard, après certaines modifications apportées, ce système de vidange fut remis en pratique, et de nos jours il est appliqué. Il a le grand avantage de permettre d'opérer la vidange d'une fosse presque instantanément et pour ainsi dire sans odeur ; mais les matières qui restent au fond de la fosse sont en plus grande quantité que lorsqu'on emploie la pompe ordinaire, et, comme ces dernières matières sont celles qu'on ne peut extraire qu'au seau et par conséquent avec lenteur, il arrive que la vidange atmosphérique ne donne pas un résultat de célérité appréciable.

362. En 1848, M. Chevallier, qui dès 1835 avait préconisé la méthode de coulage (1), c'est-à-dire de l'écoulement des liquides sur la voie publique, commença à reconnaître que ce mode n'est plus à la hauteur des connaissances actuelles, et en 1852 son opinion s'accentua dans ce sens (2).

---

(1) CHEVALLIER, *Rapport sur le Concours de la Société d'encouragement pour la désinfection des fosses* (1848).

(2) Idem, *Rapport sur les urines, les moyens de les recueillir et de les utiliser* (1852).

363. Aucune prescription administrative n'avait encore rendu obligatoire la désinfection des fosses avant l'enlèvement des matières. Ce fut le maire de Tours qui prit l'initiative, en 1847, en faisant paraître un arrêté qui eut du retentissement. Le maire de Lyon ne tarda pas à le suivre dans cette voie.

364. La même mesure fut prise à Paris pour la première fois le 12 décembre 1849, par le préfet de police. (Voir *infra*, ch. vi.)

365. Le 24 mai de la même année, une ordonnance de police supprime la voirie de Montfaucon et dispose que les matières ne pourront être transportées qu'au dépotoir de Bondy ou au port d'embarquement établi à la Villette (1); mais l'acte préfectoral ne fut effectivement mise en exécution qu'en 1854. (Voir *infra*, chap. vi.)

366. La mise en pratique de l'ordonnance du 24 mai 1849 eut pour effet l'établissement d'un tuyau entre le dépotoir de la Villette et Bondy, qui avait pour office de conduire les matières par le refoulement.

367. La planche 5 montre le dépotoir de Bondy où l'on fabrique encore la poudrette, et où l'on a installé une usine pour la fabrication de l'ammoniaque.

LÉGENDE DE LA PLANCHE 5.

A. Fabrique de sulfate d'ammoniaque.
BB. Machines de refoulement.
CC. Quais de débarquement des matières solides.
DEFG. Bassins.
aa. Séchoirs.
bb. Conduits de décharge.
cc. Conduits d'arrivage.

368. Le 23 octobre 1850 paraît une ordonnance relative aux fosses mobiles. (Voir *infra*, chap. vi.)

369. Le 28 décembre de la même année, une ordonnance prescrit à nouveau la désinfection des vidanges et permet l'écoulement des liquides sur la voie publique après leur désinfection. (Voir *infra*, chap. vi.)

370. En 1850, un inventeur propose de convertir les matières fécales en tourbe par le mélange de 1 partie de

______

(1) On sait qu'on avait déjà commencé à porter le produit des fosses mobiles à Bondy en 1830.

VOIRIE DE BONDY.

gadoue avec 95 parties de poussier de charbon de bois.

On a déjà vu que les peuples asiatiques, même dans la plus haute antiquité, employaient les matières fécales comme combustible, et que ce procédé est encore appliqué en Bretagne.

371. Jusque-là, l'administration, alléguant le devoir que lui imposait la salubrité, s'était emparée des matières extraites des fosses et les vendait à la voirie de Montfaucon.

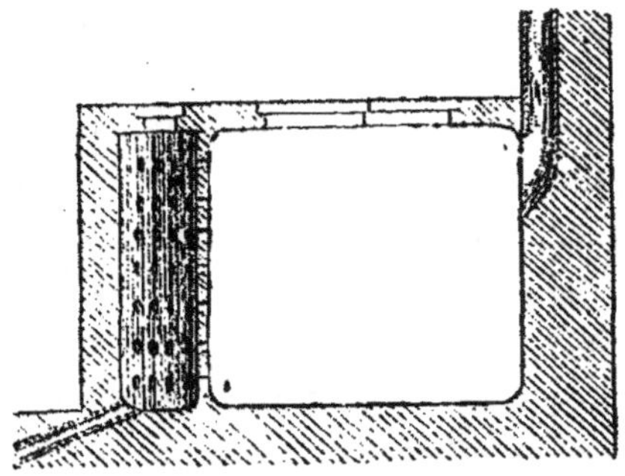

Fig. 26.

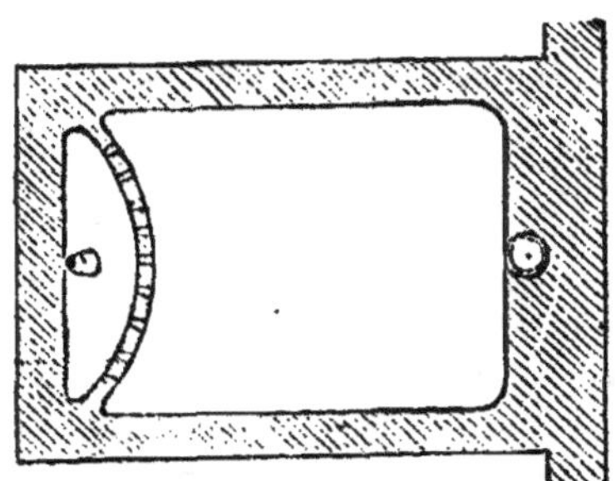

Fig. 27.

Après de vives controverses sur cette question, en 1850, la municipalité consent à laisser à chacun le soin de tirer parti des excréments humains, toutefois en se soumettant à certaines mesures réglementaires dictées par l'intérêt général.

372. Dans la même année, et contrairement à ses anciennes opinions, M. Payen se range à l'avis de ses confrères du conseil de salubrité en déclarant que le système de coulage offre des bénéfices pour l'industrie, l'intérêt privé, et un progrès pour l'hygiène et la salubrité publique.

373. C'est également en 1850 qu'on vit se produire le système Dugléré, basé sur le même principe que le système Gourlier, pour opérer la séparation des matières solides d'avec les liquides, au moyen de deux fosses fixes, ou du moins d'une fosse divisée en deux compartiments par une cloison transversale, ainsi que l'indiquent les fig. 26 et 27 (1).

374. Plus tard, le même inventeur présente un autre système, par lequel on arrivait à un résultat semblable, mais suivant d'autres moyens, comme l'indiquent les fig. 28, 29, 30 et 31 (2).

375. En 1850 et 1851, sur l'avis du conseil de salubrité, paraissent des ordonnances qui, en même temps qu'elles prescrivent préalablement la désinfection des fosses, permettent l'écoulement des liquides au ruisseau, moyennant un droit de 1 fr. 25 le mètre cube à acquitter envers la ville et à percevoir sur la capacité totale des fosses (3). (Voir *infra*, chap. VI.)

376. Une nouvelle ordonnance du 8 novembre 1851 introduit quelques modifications dans le mode de désinfection. (Voir *infra*, chap. VI.)

---

(1) Les matières solides et liquides tombent dans un réservoir de capacité variable, construit en pierre meulière ou en briques réunies avec du ciment romain.

En un point de ce réservoir, ou deux points si la capacité est fort grande, se trouve le séparateur proprement dit. C'est une cloison ayant la forme d'un demi-cylindre de $0^m.40$ de diamètre ; elle est faite en ciment romain ; son épaisseur est de $0^m.07$ et sa surface est criblée de trous d'environ $0^m.004$ de diamètre.

Les matières solides restent dans le réservoir, tandis que les liquides qui filtrent à travers la cloison cylindrique se rendent dans un réservoir spécial placé latéralement à un niveau un peu plus bas, ou bien tout à fait au-dessous, suivant les localités.

Chacun de ces compartiments présente une ouverture pour la vidange et un tube de ventilation s'élevant jusqu'au toit.

(2) Le tuyau de chute, dont l'axe correspond au centre de la base supérieure du parallélipipède, est évasé sur les bords. Cette disposition favorise la séparation, en ce que les matières solides tombent suivant l'axe du tuyau et la verticale, tandis que les liquides suivent, en vertu de l'adhésion, les parois évasées et viennent tomber tout près ou au dehors de la surface filtrante.

(3) Alors, la population était de 1.053.262 habitants et la vidange produisait 287.642 mètres cubes.

En 1857, ce cube s'élevait à 473.278 mètres.

377. C'est à cette époque que furent exigés les flotteurs, pour reconnaître l'état de plénitude de la fosse et par là éviter le débordement des matières. Ces appareils avaient déjà été prescrits par l'ordonnance du 28 décembre 1850.

378. Ces flotteurs consistent ordinairement en une tige métallique, munie à sa base d'un morceau de liége flottant sur la matière, dont il indique le niveau.

On a construit des flotteurs à cadrans et à thermomètre.

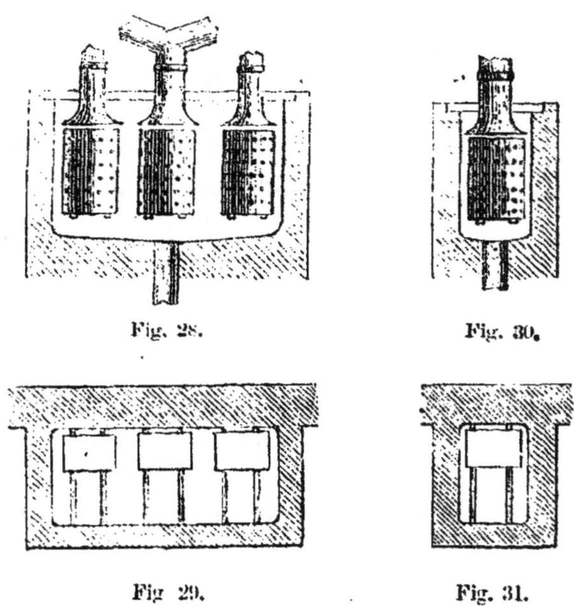

Fig. 28.   Fig. 30.

Fig 29.   Fig. 31.

379. Le 1er janvier 1853, une ordonnance défendit l'emploi du sulfate de fer comme désinfectant, et prescrivit le sulfate de zinc pour le remplacer.

Cette mesure était motivée par la raison que le sulfate de fer noircissait les eaux qui étaient projetées sur la voie publique. (Voir *infra*, chap. VI.)

Lorsque le système de l'écoulement des liquides sur la voie publique fut abandonné, la mesure concernant le sulfate de fer dut être rapportée.

380. Après de longues hésitations, la mesure grave qui

permettait l'écoulement des liquides au ruisseau, et avait été l'objet de plusieurs ordonnances de police, fut consacrée par un décret le 10 mars 1852. (Voir *infra*, chap. vi.)

381. En 1852, M. Lassaigne publie un travail sur l'influence qu'exercent les sels de fer pendant l'acte de la germination et celui de la végétation (1).

382. Le 7 juillet paraît une ordonnance fixant de nouvelles limites de temps pour la vidange des fosses et pour la circulation des voitures servant au transport des matières fécales. (Voir *infra*, chap. vi.)

383. A la fin de 1852, en exécution du décret du 10 mars de la même année, on dut construire un compartiment dans la partie la plus élevée de la fosse. Ce compartiment, qui était troué aux parois et soutenu par des piliers en briques, recevait à la fois les solides et les liquides : les liquides s'écoulaient par les trous des parois dans la fosse proprement dite, et les matières fermes restaient dans le compartiment.

Ce procédé dut bientôt être abandonné, par suite des dangers auxquels il exposait les ouvriers vidangeurs, et aussi par cela même que les liquides, lorsqu'ils dépassaient le niveau du dessous du compartiment, en baignant les solides, formaient par ce nouveau mélange un foyer d'infection.

384. Le système pouvait être bon, quant au résultat à obtenir ; mais il eût fallu, au lieu d'établir un compartiment, construire deux fosses, au-dessus ou à côté l'une de l'autre, et de telle manière que le dessous de l'une fût placé au-dessus du niveau de l'autre.

La prescription fut trop précipitée : l'exécution fut manquée, et les propriétaires de Paris durent faire deux fois une dépense inutile et considérable.

385. En 1852, M. Sussex prend un brevet pour un système dont l'objet était la conversion des matières fécales en engrais, et pour une méthode qui consistait à solidifier les eaux vannes au moyen d'un produit chimique, lui-même

(1) *Mémoires de l'Académie des sciences*, 1852, t. XXXIV, p. 587.

fertilisant : le silicate soluble de soude. La solidification s'opérait en versant 7 kilogrammes d'une dissolution concentrée de silicate de soude dans 100 litres d'eaux vannes, et en y ajoutant 4 kilogrammes d'acide sulfurique. Par ce mélange, la silice ou sable enserre la masse d'eau dans son réseau gélatineux.

Des expériences sur ces divers systèmes avaient déjà été faites en 1851.

386. Dans une brochure intitulée : *Notice sur la suppression des voiries, la vidange des fosses, la conversion des matières en engrais, et la fondation d'un établissement de produits chimiques et agricoles*, l'auteur indique l'économie de son système, qui eut quelque retentissement, mais qui, finalement, n'eut point de succès réel (1).

387. En autorisant l'écoulement des matières urineuses sur la voie publique, le décret du 10 mars 1852 résolvait une des questions les plus graves et les plus neuves en matière de salubrité. Ce fut une véritable révolution économique faite en vue d'un résultat non encore avoué.

(1) A ce projet s'associent MM. Cusin et Legendre, et, indirectement, M. Fouché-Lepelletier, qui fournit les appareils nécessaires.

L'auteur indique un traitement nouveau des vidanges et des urines par un procédé breveté dont il donne le résultat ainsi qu'il suit :

D'abord, plus de voirie permanente ;

Plus de séjour de matières dans le bassin ;

Plus de fermentation destructive ;

Plus d'infection au dehors.

En d'autres termes : traitement des matières au moment de leur extraction des fosses et en vases clos ; — fixation de tous les principes utiles ; — désinfection complète et instantanée dans les fosses et à l'usine au moyen de matières chimiques qui ajoutent à leur valeur intrinsèque et agricole du produit ; — réunion des industries de vidange et de la fabrication des engrais ; — nombreux perfectionnements apportés dans les appareils, le service, l'extraction et les transports accélérés de la vidange ; — création de quatre dépôt de vidange permettant d'établir un prix unique dans tous les quartiers de Paris ; — application d'appareils *autoclaves* pour le traitement instantané des matières, qui, du jour au lendemain, seront transformées en engrais ; — découverte de substances chimiques par ces procédés.

Par le même système, l'auteur prétend qu'il peut éliminer toutes les eaux

Il entrait alors dans les vues de l'administration de supprimer toutes les fosses en faisant aboutir les tuyaux de descente à des conduites spéciales, de dimension assez forte pour qu'elles ne fussent jamais engorgées. Ces conduites auraient trouvé place dans les galeries d'égouts, et leur réseau eût été soumis à l'action de machines aspirantes et foulantes destinées à rassembler toutes les matières dans des réservoirs lointains, comme celui de Bondy, pour qu'elles y fussent traitées par les procédés d'usage.

Par ce moyen, la crainte d'infecter les égouts et la Seine eût été absolument écartée, mais on aurait eu à faire une énorme dépense pour le premier établissement de ce réseau d'égouts et de conduites spéciales. C'était une idée hardie; mais le produit de l'engrais fabriqué n'eût certainement pas répondu à une aussi grande mise de fonds; car aujourd'hui, quoique l'eau n'arrive qu'à bras dans la plupart des maisons, la quantité qu'on projette dans les fosses est si considérable que l'exploitation des produits de Bondy n'est plus aussi avantageuse que par le passé.

388. Le 1er décembre 1853 fut rendue une ordonnance

vannes des matières liquides et réduire ces matières à l'urine seule, en utilisant la propriété d'un corps chimique qui, par lui-même, est un engrais. Ce corps est le silicate soluble de soude : mis en contact avec les urines, il détermine une coagulation spontanée de leur masse et les convertit en solides susceptibles d'être soumis à la dessiccation. Ces urines abandonnent alors l'eau, qui formait 80 pour 100 de leur poids et se réduisent en un engrais sec, pulvérulent, ressemblant en tout au guano, et dont le poids s'élève à peine à un quart de la matière traitée. — Cette réaction s'opère par la décomposition du silicate, dont la base alcaline s'unit à l'acide carbonique que contient l'urine et aux sels acides ajoutés dans des proportions telles, que l'acide se trouve équivalent à la quantité de base du silicate, et à l'ammoniaque existant dans l'urine sous forme d'*urée* : d'où il résulte que tous les principes utiles de l'urine forment des combinaisons stables, que la fermentation ne saurait désormais désassocier ; ce qui assure et garantit ce fait au cultivateur, que les engrais ainsi produits seront utilisés dans toute leur importance et sans les pertes qu'entraînent les volatilisations de l'ammoniaque libre.

Par suite de cette fixation des bases alcalines et ammoniacales, l'acide silicique soluble se précipite à l'état gélatineux, état tel de division mécanique que la masse de l'urine éprouve une coagulation identique à celle du sang, ou en tout semblable à celle qu'opère le refroidissement sur la gélatine.

pour la réglementation des fosses et de la vidange dans la banlieue de Paris. (Voir *infra*, chap. vi.)

389. En 1854, le nombre des vidangeurs à Paris était de trois cents. Chaque brigade se composait de cinq hommes par pompe.

L'ouvrier chef, qui comptait dans le personnel de l'équipe, gagnait 6 francs par nuit ; les autres ouvriers étaient payés 4 francs.

Pour ce salaire, chaque brigade devait vidanger 8 mètres cubes, ou pomper 12 mètres cubes au coulage.

390. Le 29 novembre 1854 parut une ordonnance prescrivant de nouveau la désinfection des vidanges et relative à l'écoulement des eaux à l'égout. (Voir *infra*, chap. vi.)

391. A cette époque, dans un grand nombre de maisons de Paris, les siéges d'aisances étaient encore béants, et, par suite, les appartements s'en trouvaient infectés.

Fig. 32.

Pour parer à cet inconvénient, on avait fait déjà de nombreux essais.

392. Ainsi, au commencement du dix-neuvième siècle, on se servait, pour fermer l'ouverture du siége, d'un tampon surmonté d'un anneau, fig. 32, qui se plaçait sur la lunette et se retirait au moyen d'un crochet, fig. 33 ; on pendait le tout à un clou, pendant l'opération de nature (1).

393. En 1819, ainsi que le constate l'ordonnance publiée

(1) Dans un mémoire à payer de 1812, on trouve la mention qui suit : « Avoir mis en état le tampon de madame la marquise et y avoir rapporté « un anneau en cuivre. Ci, 4 fr. 30. »

à cette époque sur la construction des fosses, la plupart des siéges.étaient encore à *bonde* ou à *trémie.*

394. Mais les bondes, tampons et trémies ne pouvaient empêcher l'émanation des gaz. Vers 1823, on eut l'idée de fermetures hermétiques, qu'on tenta d'abord en appliquant des

Fig. 33.

bourrelets à l'abattant du siége (1); puis, on vit paraître, pour la première fois, un appareil assez simple et dont l'usage semblait donner de meilleurs résultats. Ce système, fig. 34, se composait d'une plaque de métal destinée à fermer la valve

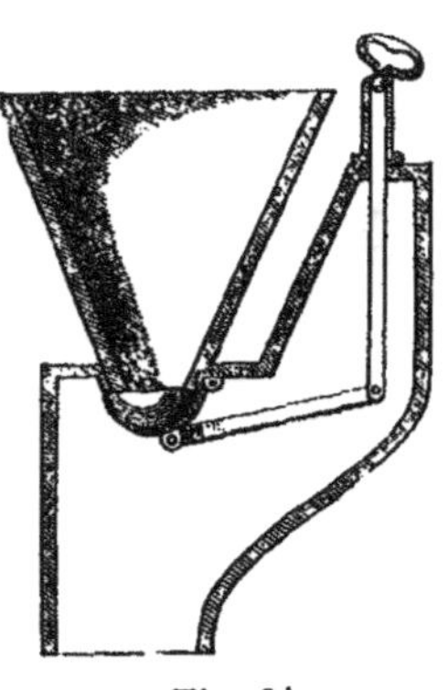

Fig. 34.

Fig. 35.

du siége, qui se mouvait au moyen d'une clef; invention qui fut, pour ainsi dire, le point de départ de nos procédés actuels, lesquels n'en sont que le perfectionnement. C'est à partir de ce moment que se développe et augmente chaque jour cette ten-

(1) On lit dans une facture de 1822 : « Deux rainures, bourrelets et cal-
« feutrage de siége d'aisances, reçu 6 francs. »

dance à se donner plus de confortable dans les habitations.

395. Plus tard, vers 1842, parut le système de Goupigny, mouvant à bascule, destiné aux hôpitaux.

C'est en même temps qu'on eut recours à l'appareil dit *à couteau*. Cet appareil, fig. 35, consistait également en une plaque de métal que l'on faisait jouer obliquement, et qui remplaçait avantageusement le tampon.

396. Puis vint le mode Parisot, qui, comme le précédent, formait fermeture à l'aide d'une valve fonctionnant au moyen d'une manivelle.

Mais ces divers moyens, qui tous avaient leurs avantages, péchaient par leur exécution.

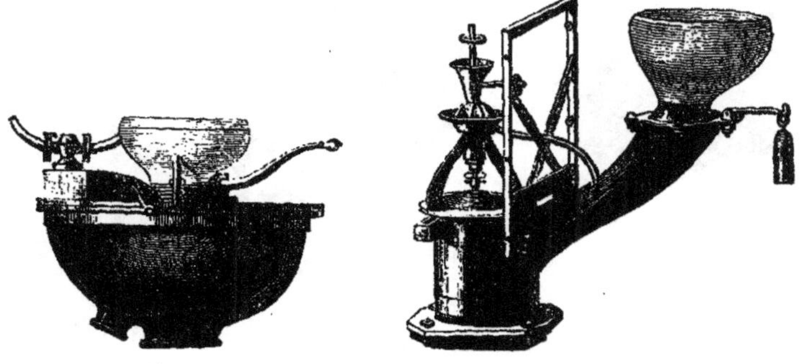

Fig. 36.   Fig. 37.

Toutefois, l'élan était donné; on s'attacha dès lors à améliorer les procédés préconisés et conçus en vue de fermer hermétiquement les cuvettes de siéges et de les rendre inodores.

397. C'est dans ce courant d'idées que parurent divers systèmes , notamment ceux d'un mécanicien du nom de Bourg, qui obtint la médaille d'honneur en 1844.

Ces systèmes étaient : le départiteur; le mobile secret, tournant sur cylindre; et la cuvette hydraulique, dont les fig. 36, 37, 38 et 39 donnent des spécimens.

398. Mais les appareils hermétiques n'étaient employés que sur l'initiative privée, et, comme le plus souvent ils étaient imparfaitement exécutés, ils ne donnaient, par suite, qu'un résultat peu satisfaisant.

Ce ne fut qu'après l'installation de la commission des logements insalubres, en 1850, que fut imposée l'obligation de construire des siéges à fermeture hermétique; et encore cette obligation n'a-t-elle jamais été l'objet d'une disposition administrative régulière.

Il est à remarquer que l'administration elle-même est la première à ne pas s'y conformer. Les latrines publiques, dont elle a la gérance, sont précisément celles qui n'ont pas de siéges à fermeture hermétique.

Fig. 38.

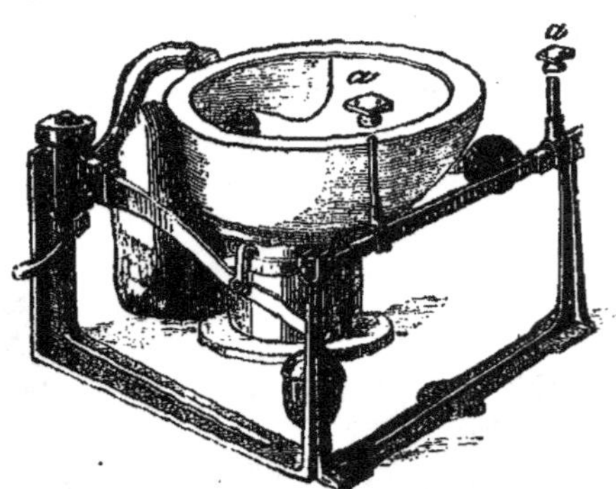

Fig. 39.

399. En 1855, à l'Exposition universelle, parurent les premiers modèles perfectionnés d'appareils hermétiques, parmi lesquels se distinguent les systèmes Havard et Rogier-Mothes.

400. Le système *Havard*, ayant pour objet de fermer hermétiquement la cuvette d'un siége d'appartement et de rendre les latrines inodores, consiste dans l'application d'un appareil à tirage, dont le mécanisme est enfermé dans une boîte en fonte destinée à le préserver de l'action directe des émanations de la fosse (1).

(1) La tringle G, partie principale du mécanisme, est garnie d'un engrenage disposé de façon à entraîner les deux secteurs JJ également à engrenage, et dont l'un, garni de plomb fondu et formant contre-poids, sert à faire ouvrir et fermer la valve. Le robinet est placé au niveau de la tubulure de la cuvette pour pouvoir le mettre à l'abri des effets de la gelée, et muni d'une contre-bride qu'on peut déplacer, et qui est disposée de manière à être ajustée dans tous les emplacements. Le système Havard est aujourd'hui dans le do-

Les fig. 40 et 41 montrent l'appareil avec effet d'eau, mais on peut l'appliquer à sec.

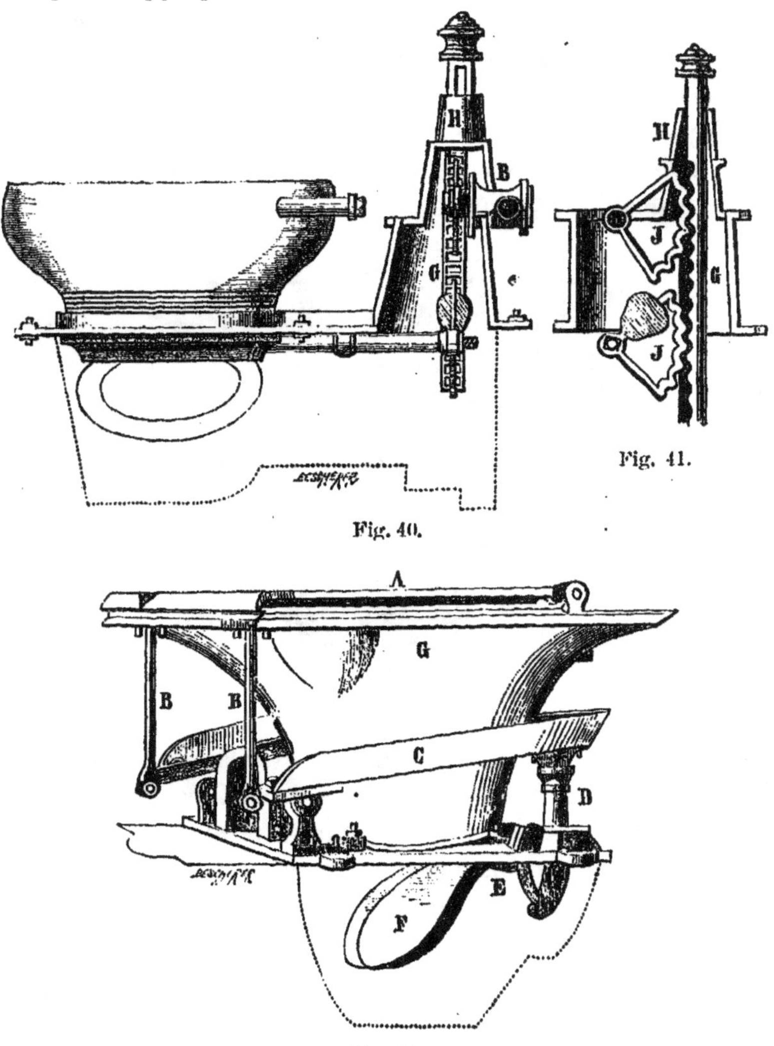

Fig. 41.

Fig. 40.

Fig. 42.

401. Un autre système du même inventeur, fig. 42 et 43, a

maine public ; mais les appareils les mieux confectionnés de ce système se trouvent encore chez M. Havard fils, quai du Louvre, 22, et chez madame veuve Havard-Loyer, rue Sainte-Anne.

aussi pour objet de fermer hermétiquement la cuvette destinée
à recevoir les matières ; mais cette cuvette diffère de la précédente en ce qu'elle est à bascule, et de plus son abattant,
sur lequel on opère accroupi, est placé à environ 20 centimètres du sol ; elle est surtout destinée pour les lieux communs,
et une cuillère, placée au niveau du sol, sert à l'écoulement
des liquides. L'application de ce système s'effectue au moyen
d'un appareil à bascule que fait mouvoir le poids de la personne pendant l'opération.

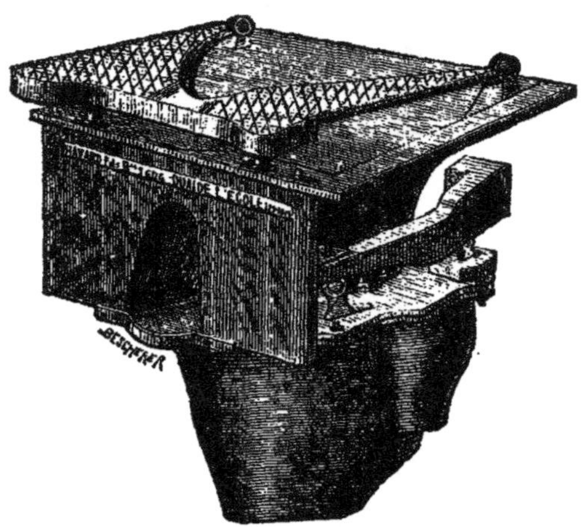

Fig. 43.

L'appareil, dont le mécanisme est excellent, a néanmoins
l'inconvénient de tenir abaissée la valvule F pendant tout le
temps que l'on reste sur le siége, d'où il résulte que, pendant
ce temps, plus ou moins long, les émanations de la fosse peuvent remonter et produire momentanément l'effet qu'on se
propose d'éviter (1-2).

(1) L'abattant A devient, par l'action principale qu'il exerce sur le mécanisme, partie principale de l'appareil ; il s'appuie sur deux tiges B à charnières fixées au levier cintré à deux branches parallèles C. A l'extrémité de
ce levier est attachée la tige dentée D, s'engrenant avec le secteur E de la
valvule F ; ce levier fait aussi l'office de contre-poids, et, en venant appuyer
sous la cuvette de fonte G sa partie qui décrit la plus longue course, il assure l'ouverture complète de la dite valvule.

(2) Même observation qu'à la note de l'article précédent.

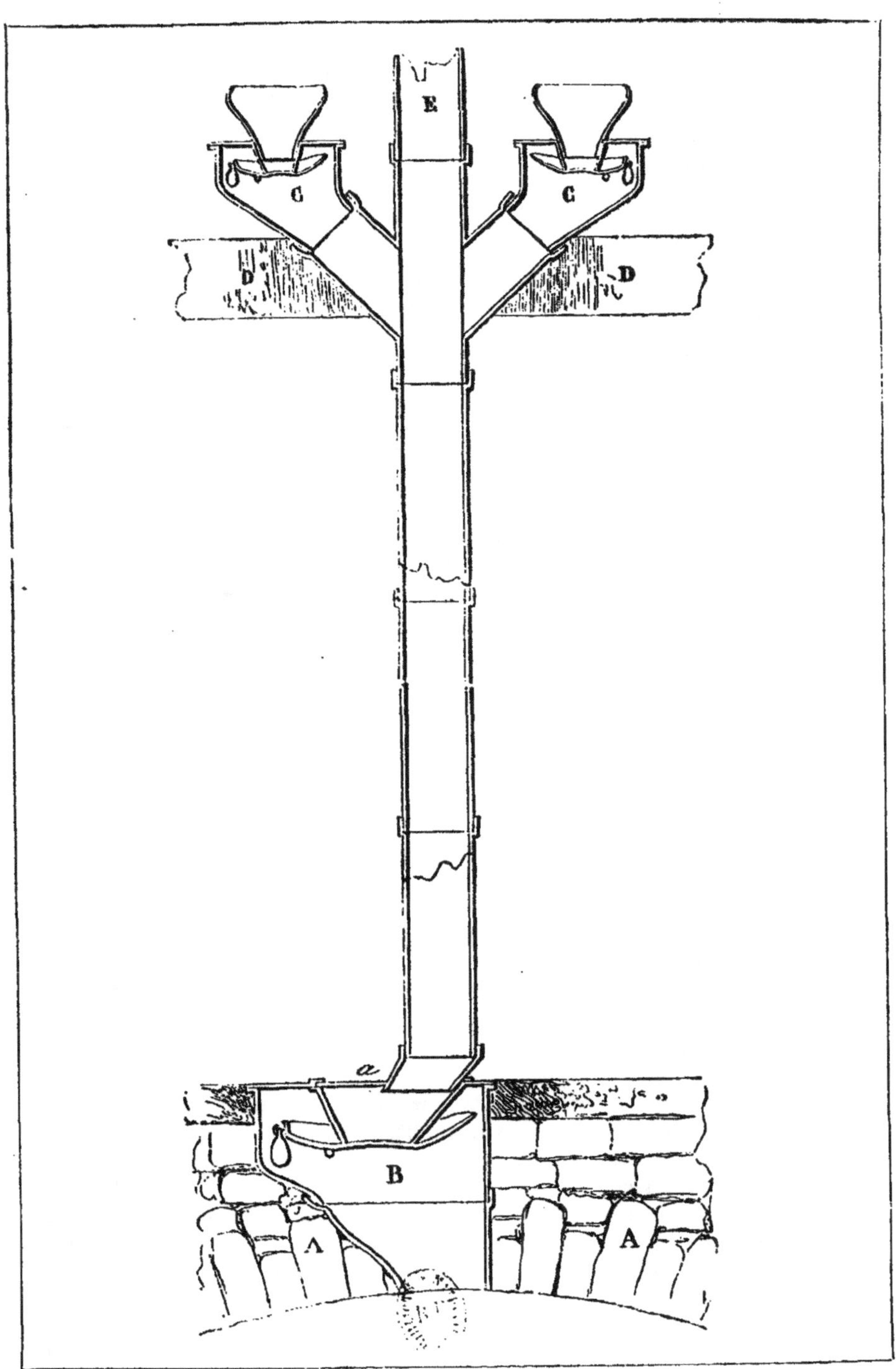

SYSTÈME ROGIER-MOTHES.

402. Le système *Rogier-Mothes*, qui a obtenu la médaille de première classe à l'Exposition de 1855, consiste en une espèce de siége en fonte à la turque et à bascule, sur lequel on opère accroupi (1).

Ce siége est destiné à être placé dans les latrines communes. Il présente cela de particulier, contrairement au système Havard, que la valve ne s'abaisse plus sous le poids de l'individu, mais sous le poids des matières mêmes. Le mécanisme de cet appareil est hermétique et rend aussi la cuvette inodore ; il ne peut donner passage aux gaz méphitiques qu'au moment où la valve s'abaisse ; mais, pour qu'elle s'abaisse, il faut un poids déterminé de matières, et lorsque ce poids n'est pas atteint, les matières séjournent dans la cuvette.

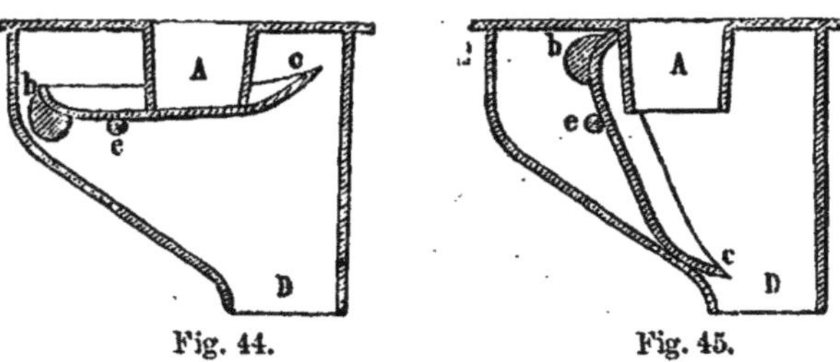

Fig. 44.   Fig. 45.

Les fig. 44 et 45 représentent le mécanisme vu à l'intérieur : celle de droite le montre à l'état de valve abaissée ; celle de

(1) A est le récipient où arrivent les matières, liquides ou solides, que l'appareil doit engloutir ; b c, une valve creusée dans toute son étendue en forme d'écope et maintenue appliquée contre l'ouverture inférieure du récipient au moyen d'un contre-poids b ; enfin, D est l'ouverture par laquelle sont projetées les matières. Dès que celles-ci l'emportent sur l'action du contre-poids, la valve bascule sur son pivot e qui joue dans un coussinet en cristal pour éviter l'oxydation, et vient se mettre dans la position où elle est représentée fig. 45, pour reprendre, aussitôt déchargée, celle de la fig. 44.

Mais avant ce double mouvement, il s'était fait une répartition différente des matières solides et liquides. Les solides, retenus par les parois du récipient, étaient restés sur le milieu de la valve, tandis que les liquides, prenant leur niveau, en avant comme en arrière, dans toute l'étendue de cette même valve, en avaient rempli le bec et le talon. Au moment où la bascule se fait, une portion notable de liquide précède ainsi les matières solides et leur prépare la voie, tandis qu'une portion plus notable encore les pousse par derrière. Chaque fois que la valve fonctionne, elle est donc lavée et nettoyée.

gauche indique la valve au repos, c'est-à-dire avant le dépôt des matières qu'elle est destinée à recevoir.

L'appareil s'applique aussi bien aux siéges d'appartement qu'aux siéges destinés aux latrines communes, sur lesquels on opère accroupi, et même aux latrines dites à la turque.

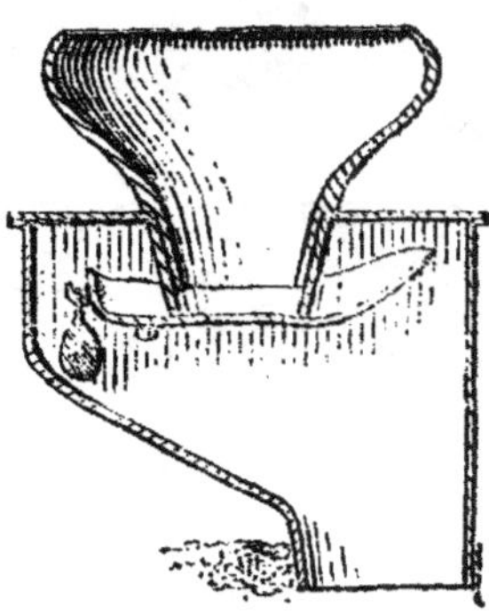

Fig. 46

La fig. 46 montre son application à un siége d'appartement. L'appareil est placé au niveau du sol, et au-dessus se place une cuvette en hausse dans la hauteur du siége.

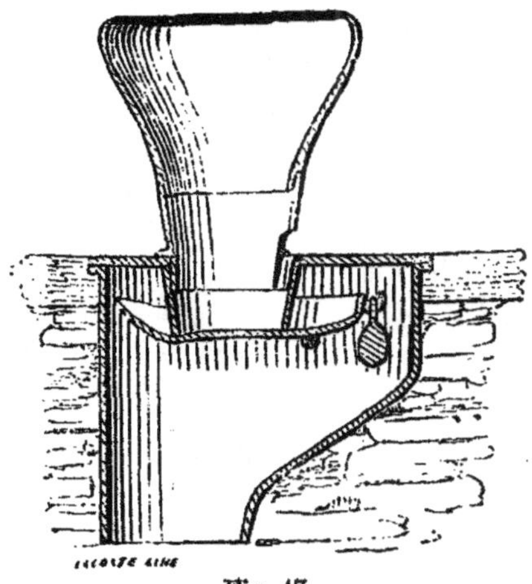

Fig. 47.

Les fig. 47 et 48 représentent, l'une, le siége vu en perspective; l'autre, la coupe de l'appareil diposé de façon à recevoir les déjections de la personne qui opère accroupie.

La fig. 49 représente l'appareil posé au ras du sol et dans l'épaisseur de la voûte, pour latrines à la turque.

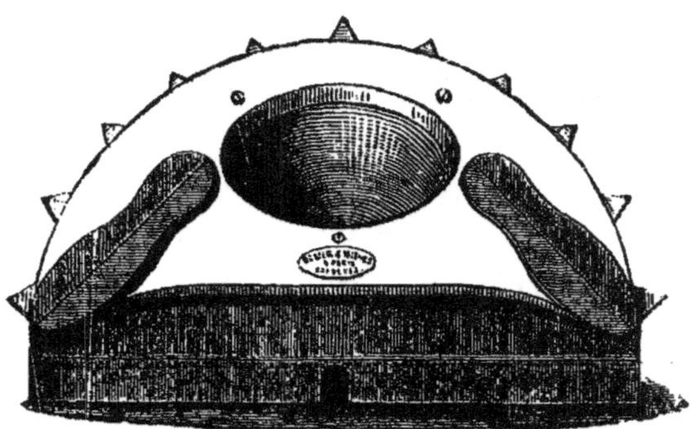

Fig. 48.

La fig. 50 le montre disposé de manière à fonctionner dans le vide même de la fosse. C'est cette dernière disposition qui convient plus particulièrement pour les latrines publiques des quais et des halles de Paris, où les lunettes sont béantes et

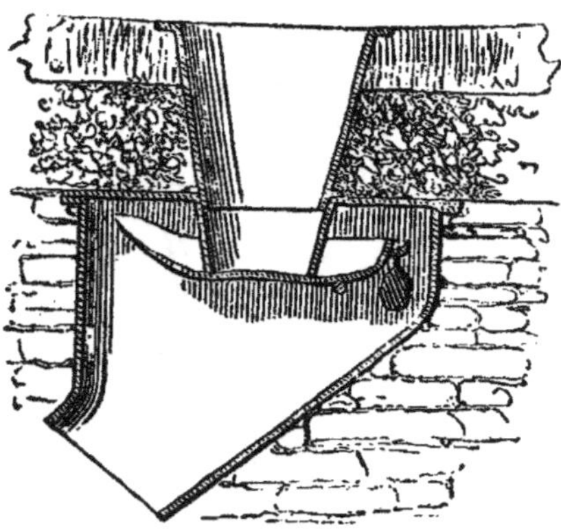

Fig. 49.

donnent, par conséquent, passage aux gaz méphitiques, qui portent l'infection jusque dans les habitations voisines. Il y a vraiment lieu d'être surpris d'une pareille incurie!

Lorsqu'il est appliqué aux siéges particuliers d'appartemen

et qu'on veut y produire un effet d'eau, il faut alors y adapter une cuvette de forme particulière, communiquant à un réservoir placé au-dessus, comme l'indique la fig. 51.

Cet appareil, dont les inventeurs ont tiré un si grand parti, peut aussi être placé au bas des tuyaux de chute pour intercepter le passage des miasmes méphitiques. Sa disposition, dans cet dernier état, et l'ensemble de son installation, sont indiqués par la planche 6, où l'on voit la fermeture hermétique à bascule en B établie dans l'épaisseur de la voûte de la fosse A, et l'ajustement des siéges CC sur les branchements greffés au tuyau de chute.

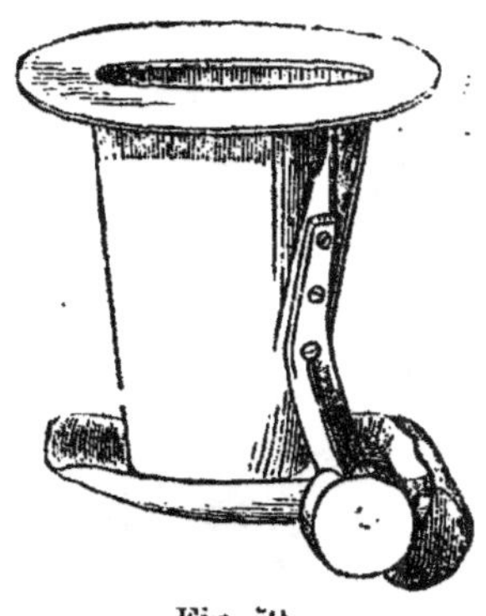

Fig. 50.

L'appareil peut s'appliquer aux siéges portatifs. La fig. 52 en donne un exemple. Ces sortes de siéges peuvent être aussi bien en chêne qu'en métal ; on y adapte une cuvette en fonte émaillée.

403. Le système Rogier-Mothes, malgré les avantages qu'il présente, à l'inconvénient de ne précipiter les matières dans le tuyau de chute que lorsqu'elles ont un certain poids, et, par conséquent, de les laisser séjourner sur la valve lorsqu'elles n'ont pas atteint le poids voulu ; c'est pourquoi nous croyons que cet appareil n'est employé avec un succès réel qu'en lui donnant un effet d'eau. Au reste, ce dernier résultat a été obtenu par perfectionnement.

404. En 1858, M. Chodzko, professeur de chimie, publie

une brochure intitulée : *Mémoire sur la production de l'engrais atmosphérique*, dans laquelle il propose d'utiliser les déjections humaines en les désinfectant au moyen de bâtiments de gra-

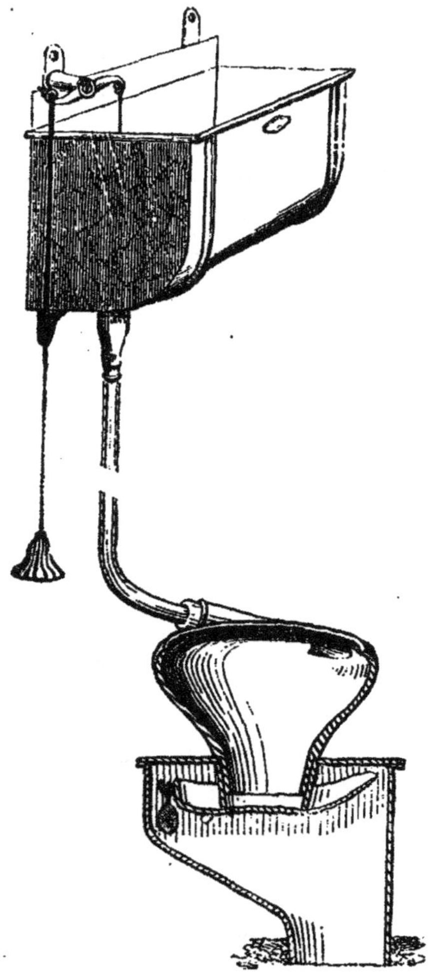

Fig. 51.

duation où les matières fermes sont séparées des liquides et où, par une filtration à travers des fagots, il en fixe toutes les substances volatiles à l'aide des affinités des produits chimiques choisis et appropriés à cet usage. L'invention, qui est au moins recommandable, n'a pas eu de succès (1).

405. De graves inconvénients s'étant produits par suite de l'établissement des séparateurs dans les fosses, et l'écoulement des liquides sur la voie publique ayant été l'objet de nombreuses réclamations, le décret du 10 mars 1852 dut être

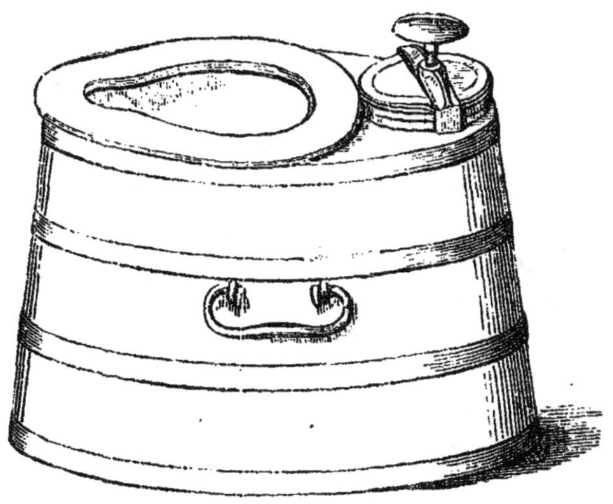

Fig. 52.

rapporté par un autre décret du 23 août 1858. (Voir *infra*, chap. vi.)

(1) Voici, dit l'auteur, comment j'opère : Après avoir chargé le bâtiment de graduation de fagots, comme on le pratique dans les salines, à l'aide d'une pompe on remplit d'urine le réservoir supérieur; alors, en y ajoutant les sels provenant des eaux-mères des marais salants (sol d'été de M. Balard, sulfate double de potasse et de magnésie), ce produit fixe l'ammoniaque du liquide en état de phosphate double d'ammoniaque et de magnésie. Après cette opération, on verse l'urine sur la pile de fagots qui descend de branche en branche, perd son eau et ne laisse après elle que son extrait, engrais qui s'attache au fagot. Mais pour éviter les émanations désagréables, on place au rez-de-chaussée du bâtiment un petit fourneau qui dégage simultanément l'acide sulfureux et chlorhydrique, au milieu d'une matière azotée, infecte.

Les sulfhydrates d'ammoniaque sont décomposés en hydrogène sulfuré et en ammoniaque qui, en s'unissant à l'acide chlorhydrique, forment un sel ammoniacal sulfite, et chlorhydrate, qui augmente la richesse de l'engrais ; tandis que l'hydrogène sulfuré et l'acide sulfureux se décomposent mutuellemen.' et se transforment en eau et en soufre inertes.

Dès lors, les séparateurs établis dans les fosses furent supprimés, et l'on ne versa plus les liquides au ruisseau.

406. Cependant, on ne cessa pas de poursuivre cette idée ayant pour but la séparation des matières et l'expulsion des liquides après division. Une commission fut nommée par le ministre de l'instruction publique, et cette commission déposa, en 1868, le rapport dont voici les conclusions :

« 1° Dans tous les cas qui peuvent se présenter, il convient d'adopter un système diviseur ;

« 2° Les systèmes diviseurs mobiles sont préférables aux diviseurs fixes, malgré le prix plus élevé de la vidange, à cause de la facilité qu'ils donnent d'enlever rapidement et sans odeur les matières putrescibles ;

« 3° Dans l'état actuel, et sans penser que l'on ait atteint la perfection, le séparateur qui donne les meilleurs résultats est l'appareil Dugléré ;

« 4° Il convient de perdre les liquides urineux, immédiatement après leur séparation, en leur faisant prendre la voie que suivent les eaux ménagères, dont l'écoulement est réglé, à Paris, par le décret du 10 mars 1852 ;

« 5° Dans les cas exceptionnels et très-rares où le liquide ne peut pas être perdu immédiatement, le recevoir dans une fosse construite conformément aux prescriptions très-sages de l'administration de la police, et l'extraire ensuite, après désinfection préalable. » (Voir note A à la fin du volume.)

407. Indépendamment du système Dugléré, dont il conseille l'application, le même rapport signale ceux de Marville et Deplanque, qu'il apprécie moins favorablement.

408. Le système Dugléré, fig. 53, avait pour objet d'opérer la division des solides et des liquides au moyen d'un cylindre troué, placé dans un autre cylindre à parois pleines, et destiné à recevoir les liquides qu'on expulsait par un tuyau placé au fond ou sur le côté.

Comme le système Huguin, le procédé Dugléré était conçu en vue d'opérer la division des solides d'avec les liquides. Il diffère de celui-là par cela seul que la division, au lieu de s'opérer par une plaque percée, s'effectue au moyen d'un double récipient qui se place dans le premier.

Ce système est une usurpation du brevet Huguin, qui, par le fait, est le véritable inventeur; et, du reste, il ne fut breveté que par addition au brevet principal de l'inventeur. Quoi qu'il en soit, l'appareil Dugléré consistait alors en un cylindre troué posé dans un parallélipipède en maçonnerie qui, par le fait, servait de réceptacle aux liquides.

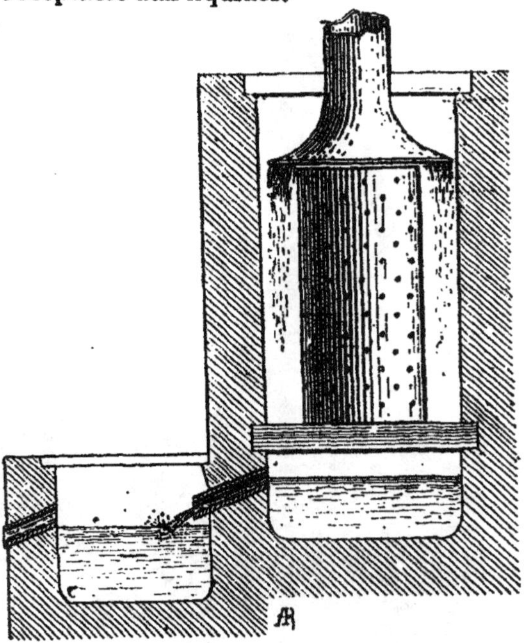

Fig. 53.

409. Le système Marville, fig. 54, avait le même objet; mais il consistait dans l'application d'un tuyau ayant une solution de continuité.

L'appareil est construit d'après un principe déjà indiqué dans le système Dugléré. Les solides tombent suivant la verticale, mais les liquides qui viennent au contact des parois ne tendent plus à les abandonner; ils descendent selon les inflexions. Si donc le tuyau présente une solution de continuité, comme cela arriverait pour des tuyaux placés dans le même axe et rapprochés l'un de l'autre sans être en contact, et si, de plus, le bord inférieur du tuyau supérieur est un peu évasé en entonnoir, de manière à recouvrir et à dépasser les bords du tuyau inférieur, les liquides qui descendent en suivant la paroi seront portés par la courbure en dehors du tuyau de con-

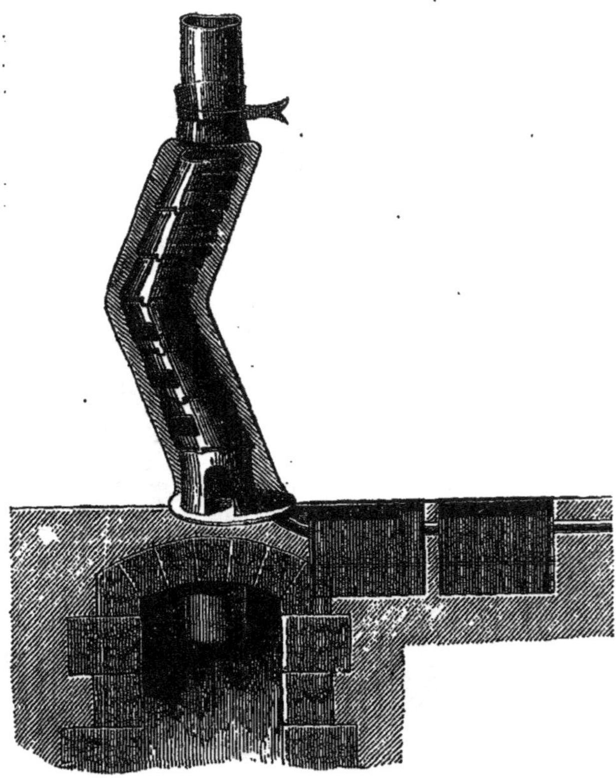

Fig. 54.

duite, s'échapperont par l'ouverture annulaire et tomberont ainsi surt la paroi externe du tuyau inférieur. L'appareil est enfermé dans un manchon muni de portes qui permettent de s'assurer de son fonctionnement. Les solides tombent et se rassemblent dans une fosse ordinaire. Les liquides, qui descendent dans la gaîne comprise entre le diviseur et le manchon, se rassemblent dans une cuvette, d'où ils sont dirigés à l'égout ou au réservoir.

410. Le système Deplanque, fig. 55, avait en vue non plus seulement la séparation, mais la désinfection et la conduite des liquides à l'égout par une disposition assez compliquée ; en voici l'explication :

Étant donnée une fosse vide, en bon état, on supprime la cheminée d'appel ou de dégagement pour les gaz, on lute avec soin le tuyau de descente et on installe dans la voûte de la fosse un tuyau de plomb qui, d'un côté, plonge dans l'intérieur de ladite fosse, à la naissance de la voûte, et de l'autre, s'éle-

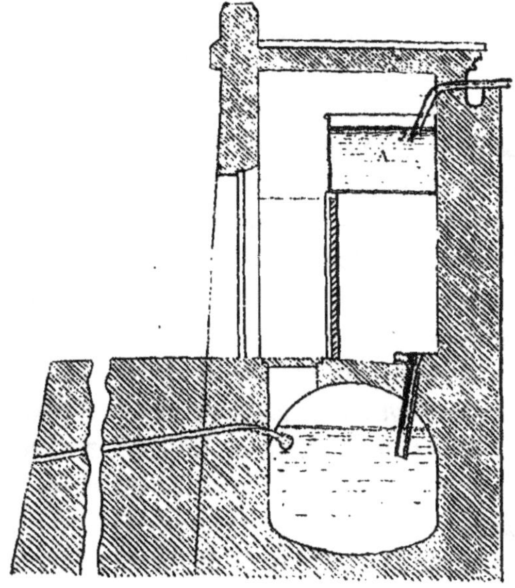

Fig. 55.

vant au-dessus du niveau du radier de l'égout voisin, se courbe ensuite pour aller s'introduire dans la paroi de cet égout à un point indéterminé.

L'appareil étant ainsi disposé, on emplit complétement d'eau de chaux la capacité de la fosse, qui se trouve alors prête à fonctionner. La fosse étant entièrement pleine, en effet, jusqu'à la hauteur du point culminant du tuyau de plomb qui doit lui servir de déversoir, il est clair que les matières solides et liquides, qui arrivent par le tuyau de chute, déplacent un égal volume de liquide que la fosse contient et qui se déverse par le tuyau de plomb.

Les matières organiques solides et celles qui sont en dissolution dans le liquide se combinent avec la chaux, et forment un précipité qui se rassemble au fond de la fosse. L'appareil doit fonctionner ainsi jusqu'à ce que le précipité, augmentant peu à peu, ait atteint le niveau du tuyau de plomb; à ce moment, il faut procéder à la vidange.

Depuis longtemps déjà, on sait que la chaux a la propriété de précipiter et de désinfecter les vidanges. Par ce système, on a donc cherché à purifier les liquides avant de les envoyer à l'égout et à retenir du même coup les matières fertilisantes.

La fosse à siphon remplit-elle ces conditions? Examinons. Quand la fosse commence à fonctionner et qu'elle est pleine d'eau de chaux, les matières qui y arrivent se trouvent en présence d'une grande quantité de réactif, auquel elles se combinent et qui les précipite. Mais, à mesure que le volume de ces matières augmentera, celui du liquide diminuera et, de plus, son action chimique décroîtra dans une forte proportion, surtout si l'on fait couler dans la fosse une grande quantité d'eau de lavage et les eaux ménagères. Il arrivera donc infailliblement un moment où les matières ne trouveront plus assez de réactif pour les précipiter et empêcher leur putréfaction.

L'auteur du système prétend éviter cet inconvénient en ajoutant de l'eau de chaux dans la fosse, et, pour cela, il remplacera d'abord l'eau ordinaire qui sert au lavage des cabinets par de l'eau de chaux, qui coule d'une manière continue ou intermittente dans la fosse elle-même.

Ces moyens n'imposeront-ils pas à la population des soins trop multiples et trop assujettissants pour qu'ils puissent entrer dans ses habitudes, et, par-dessus tout, ces moyens sont-ils suffisants? Il est permis d'avoir des doutes à cet égard, et ces doutes sont d'autant plus légitimes que les faits acquis jusqu'à ce jour semblent les confirmer au point de vue de la fertilité.

Le principe que l'agriculture peut utiliser dans l'urine est l'urée, qui se transforme en carbonate d'ammoniaque, et qui, sous cet état, peut être absorbée par les plantes. Or, l'eau de chaux, versée dans l'urine récente, peut bien précipiter l'acide phosphorique, mais elle ne précipite pas l'urée, qui reste en dissolution. Si donc l'urine ne séjourne pas assez longtemps dans la fosse pour que l'urée puisse se transformer en carbonate d'ammoniaque, le principe azoté échappera à l'action de l'eau de chaux, sera entraîné dans l'égout et perdu pour l'agriculture. Si l'urine séjourne, au contraire, dans la fosse assez longtemps pour permettre la transformation de l'urée en carbonate d'ammoniaque, ce sel, à mesure de sa production, sera décomposé par l'eau de chaux et transformé en carbonate de chaux insoluble et en ammoniaque, qui seront entraînés en dissolution et perdus avec les eaux vannes.

Dans l'un et l'autre cas, la matière azotée et la combinaison ammoniacale seront perdues pour l'agriculture, qui ne pourra utiliser qu'un précipité insignifiant, composé de phosphate. Au point de vue hygiénique, le système n'est pas meilleur : les liquides gardent de l'odeur.

411. Le décret de décentralisation du 24 octobre 1859 retire le service des fosses d'aisances des attributions du préfet de police, pour le faire passer dans celles du préfet de la Seine.

412. En 1860 paraît une brochure intitulée : *Manuel des engrais, ou l'Art de faire soi-même des fumiers sans bestiaux, et d'améliorer à peu de frais les engrais du commerce*, par Lemoine et Turrel.

Cette méthode, qui comportait le mélange d'un nombre infini de résidus avec les matières fécales et une opération ayant pour objet de *malaxer* ces matières, ne devait avoir et n'eut aucun succès.

413. En 1862, M. Kœne propose un procédé de désinfection par le perchlorure de fer (1).

____

(1) Extrait du rapport de la commission, du 4 février 1863, chargée de l'examen du procédé de M. Kœne :

« D'après toutes les explications et les expériences conformes de MM. Frankland, Hoffmann (Angleterre) et Kœne, nous n'avons plus à nous

414. En 1862, on appliquait déjà un système séparateur dû à M. Canier. Ce système avait à la fois pour objet de divi-

occuper des avantages pratiques du perchlorure de fer (au point de vue de la désinfection); la seule question importante à compléter est celle relative à la valeur agricole de l'engrais que ce perchlorure produit en désinfectant les matières. — A cet effet, considérons la réaction du perchlorure et des principes albumineux. — Aucun chimiste n'ignore que le perchlorure de fer en solution diluée et en présence d'un corps tendant à s'unir au peroxyde de fer donne naissance à ce peroxyde. — Eh bien, de même que la chaux précipite l'acide phosphorique et les matières albumineuses en s'unissant à ces corps, de même le peroxyde de fer précipite ces substances en contractant des combinaisons. — Ce peroxyde, de même que la chaux, fonctionne ici comme base, et si, avec le perchlorure, M. Kœne obtient une désinfection permanente, tandis qu'avec la chaux on n'obtient qu'une désinfection passagère, cela tient simplement à ce que la combinaison ferrique persiste, parce que le peroxyde de fer, comme base faible, ne saurait s'unir à l'acide carbonique; que, par cette raison aussi, la combinaison de cette base avec la matière albumineuse est moins intime que la combinaison calcique, et, comme de semblables combinaisons ferriques se détruisent lentement quand l'air n'a pas un libre accès et qu'elles causent ce phénomène que nous désignons par l'expression *érémacausie*, l'engrais satisfait très-bien aux besoins des plantes. Mais si les principes fertilisants sont fixés, si tous fonctionnent en satisfaisant à ces besoins, l'engrais désinfecté par le procédé Kœne doit avoir plus d'effet sur les plantes que l'engrais de même origine non désinfecté; c'est en effet ce que la pratique constate, et le fait le plus concluant à citer, et dont tout le monde a pu se convaincre, c'est que les cultivateurs de Campenhout sont venus, en grand nombre, chercher à Bruxelles de la matière fécale désinfectée, après qu'ils avaient acheté sur les lieux le contenu d'un bateau de plus de 100 mètres cubes de la même matière.

« D'autres expériences faites en grand pendant huit ans à Notre-Dame-au-Bois ont, en outre, établi que ce guano humain a encore un effet marquant sur la récolte durant la deuxième année de l'expérience; encore un fait conforme à la théorie relative à la consomption lente de l'engrais désinfecté par le procédé Kœne.

« En résumé, un engrais putride s'altère promptement, et déjà avant son emploi une notable quantité de principe fécondant essentiel, l'azote, s'est dégagée à l'état d'ammoniaque. Un engrais désinfecté par un excès inévitable de chaux ne commence à agir que du moment où cet excès est passé à l'état de carbonate; dès cet instant, les principes fertilisants deviennent peu à peu solubles; mais quant à la substance albumineuse, au lieu de subir les effets de l'érémacausie (consomption lente), elle passe par la fermentation putride en produisant, outre l'ammoniaque, des gaz nuisibles à la végétation. Sur un engrais désinfecté par le procédé Kœne, l'acide carbonique n'a pas d'effet; il ne saurait donc entrer en putréfaction, mais il se consume lentement, et l'érémacausie est favorisée par l'oxygène du peroxyde de fer. »

ser les liquides avant leur introduction dans la fosse ou la tinette et de désinfecter les liquides après leur séparation.

Ce procédé, fig. 56, consistait principalement dans l'application de deux cônes renversés.

L'appareil séparateur est basé sur ce principe que, si l'on fait couler les liquides en quantité par trop considérable dans un récipient, ces liquides suivront de préférence les parois et ne s'en sépareront pas, alors même que lesdites pa s viendraient à former avec la verticale un angle assez marqué.

Imaginons maintenant un cône tronqué dont la grande base est tournée vers le bas; fermons la base supérieure avec un clapet peu hermétique, pouvant s'ouvrir sous une certaine charge : nous aurons l'appareil Canier. —Doublons cet appareil en en plaçant deux, l'un au-dessus de l'autre, pour plus de sûreté, et l'appareil adopté par l'inventeur pour les descentes sera complet. L'autre appareil n'est qu'une modification insignifiante de celui-ci.

Actuellement, que se passe-t-il ? Les matières coulent dans le tube de descente ; un peu avant qu'elles arrivent dans l'appareil, un coude incliné vient dévier leur marche en détruisant la vitesse acquise, qui aurait pu devenir suffisante pour vaincre la résistance de la soupape. Les solides tombent sur cette soupape et la font ouvrir quand elle est suffisamment chargée; les liquides ruissellent sur les parois et sur la soupape, qui les renvoie également sur les parois du cône, et, enfin, ils tombent dans un espace annulaire extérieur au conduit des matières solides, et qui communique avec le récipient à filtrer. A ce moment, l'opération est faite.

Le récipient à filtrer, qui peut se trouver à une distance plus ou moins grande de l'appareil séparateur et de la tinette ou fosse destinée à recevoir les matières fermes, est muni d'un filtre composé d'abord d'une couche de rognures d'éponge, puis de charbon. La matière désinfectante est du sulfate de fer maintenu par une couche de gravier.

La séparation se fait autant que possible par ce système; mais, comme tous les autres, il présente cet inconvénient que les liquides sont loin d'être exempts de matières fermes : ils en renferment une notable quantité en suspension ; c'est pourquoi le filtrage est nécessaire.

Le système Canier était nouveau quant à l'appareil, mais le principe avait été préconisé par Dugléré et la Société Paris déjà depuis près de douze ans.

415. En effet, dès 1850, M. Paris avait fait l'essai d'un système analogue, qui, il est vrai, ne fut pas appliqué en

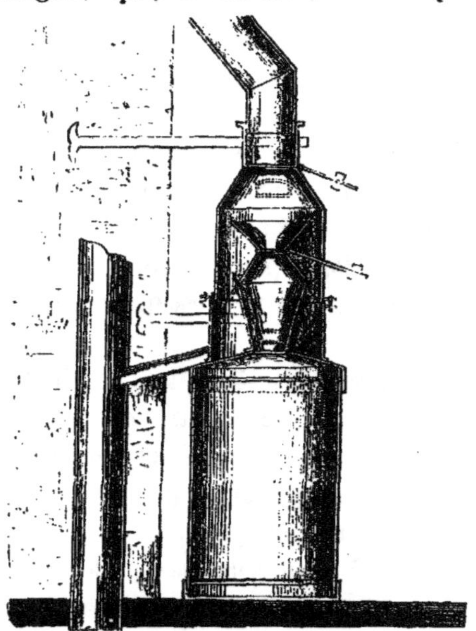

Fig. 56.

France, et consistant à couper les tuyaux de chute des fosses actuelles à une certaine hauteur au-dessus du sol. Ces tuyaux étaient munis d'un tambour séparateur qui, par l'action des parois, permettait aux liquides de se rendre là où l'on voulait les diriger, tandis que les solides restaient dans un tonneau de fosse mobile placé sur le sol.

416. Un arrêté du préfet de la Seine, du 2 juillet 1867, autorise de nouveau le système séparateur et l'écoulement des liquides à l'égout. Toutefois, la permission n'est accordée qu'à titre provisoire. (Voir *infra*, chap. VI.)

417. Comme on le voit, on revient au système de 1852, mais avec de notables modifications, à savoir : que les liquides, au lieu d'être déversés sur la voie publique, seront dirigés dans l'égout, après avoir été divisés par des séparateurs alors perfectionnés et qui ne présentaient plus le même danger que ceux que l'on avait précédemment employés.

418. Ces séparateurs étaient particulièrement ceux de l'invention Dugléré, déjà décrits, qui sont encore appliqués de nos jours sans beaucoup de changements.

419. En 1867, M. Dumas publie une brochure sur l'assainissement des fosses et la conversion des vidanges en engrais, et en même temps paraît une notice sur l'appareil Canier, déjà décrit.

420. A l'Exposition de 1867, MM. Blanchard et Chateau obtiennent la médaille d'or pour un procédé de fabrication de produits chimiques, par l'emploi du phosphate double de magnésie et de fer, procédé qui, appliqué aux matières fécales, avait à la fois pour objet de les désinfecter et d'en fixer les principes fertilisants.

421. L'Exposition de 1867 a mis au jour un assez grand nombre de systèmes concernant la vidange et le traitement des matières fécales, au double point de vue de la salubrité et de la fertilité, qui, tous, présentent un intérêt plus ou moins vif pour l'étude.

Voici l'exposé de ces différents systèmes :

422. Le système *Goux*, fig. 57, ayant pour objet de recueillir et de désinfecter les matières fécales dans un même récipient, en prévenant la fermentation, de telle sorte que ces matières puissent être transportées avec le récipient même, sans autre opération de vidange. Ce procédé a, en outre, l'avantage de produire un engrais utile à l'agriculture.

423. Au point de vue de la désinfection et de l'absorption, le procédé Goux ne peut être regardé comme une invention. M. Goux n'a pas découvert la propriété des désinfectants dont il fait usage : ils sont connus et employés depuis longtemps. Les sulfates de fer et de zinc sont prescrits depuis bientôt vingt ans; les débris pailleux étaient connus même des anciens.

Le titulaire du brevet ne peut pas non plus revendiquer la priorité pour l'emploi des absorbants dans la confection des engrais : de temps immémorial on procède ainsi dans le Midi, en Normandie et dans un certain nombre de localités. La disposition des latrines sur un trou à fumier, qui est si commune, par le fait, n'est pas autre chose.

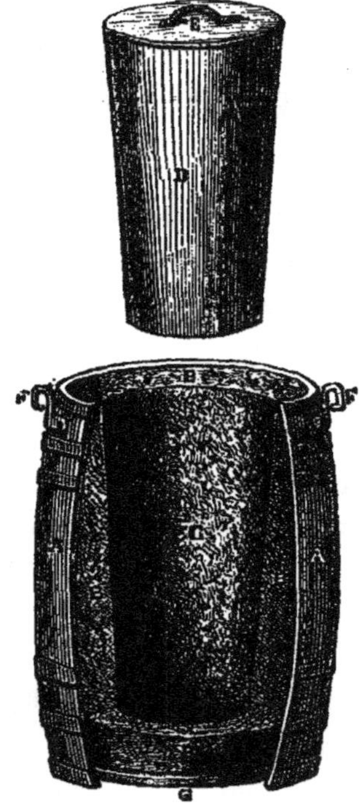

Fig. 57.

Le mode qui consiste à recueillir les excréments dans un récipient, de telle sorte qu'ils puissent être transportés sur les terres dans le même récipient, est encore dans le domaine public depuis longtemps. La Société chaufournière de l'Ouest pratiquait ce procédé longtemps avant la délivrance du brevet de M. Goux.

424. La seule invention hors du domaine public, réellement produite par M. Goux, est l'application du moule dans son récipient. C'est là une découverte originale et recommandable par ses bons effets. Toutefois, il faut bien le dire, ce système n'est pas sans inconvénients (1).

D'abord, les matières solides se trouvent mêlées aux débris pailleux et aux absorbants, et il arrive que l'engrais n'est plus qu'un compost : dès lors, la méthode de fumer par arrosage, qui est la meilleure, est impossible ; voilà un inconvénient.

Ensuite, les matières absorbantes se trouvant à découvert, et par conséquent en contact avec l'air extérieur, il en résulte que l'évaporation et la fermentation ne seront pas absolument arrêtées, et les principes fertilisants ne seront pas fixés

---

(1) Le titulaire du brevet décrit son procédé de la manière suivante :

« La fig. 57 est une barrique dont le fond G est garni en B de matières absorbantes. Au-dessus se trouve l'image d'un moule en zinc D, d'un diamètre inférieur de 0ᵐ.16 à celui du tonneau, que l'ouvrier enlève par la poignée E, et qu'il place debout sur la couche absorbante B, disposée préalablement au fond de la barrique.

« On remplit le vide B B, qui existe autour du moule, avec les mêmes matières que celles placées au fond.

« On tasse légèrement, et le moule retiré laisse un vide cylindrique qui constitue une cuvette dans laquelle tombent les déjections.

« Au fur et à mesure de leur dépôt, les déjections abandonnent leur partie liquide à la litière absorbante, les urines s'y épongent en entraînant à leur suite dans les cellules les gaz volatils qui produisent les mauvaises odeurs.

« La masse privée d'humidité ne fermente pas (car il est bien connu que, dans les excréments, c'est dans la partie liquide seule que se développe la fermentation), et lorsque la tinette est pleine, elle contient un véritable fumier de ferme, engrais normal, recueilli logiquement et sept ou huit fois plus riche en azote que le fumier d'étable.

« Les tonneaux pleins sont vidés sans qu'aucun liquide ni aucune odeur appréciable s'en dégagent ; l'engrais se mélange simplement à la fourche comme le fumier ordinaire ; on peut l'employer de suite ou le conserver comme le fumier de ferme, avec lequel il a beaucoup d'analogie.

« L'engrais normal est transporté *en vrac*, sans aucune observation, par toutes les lignes des chemins de fer.

« Toutes les substances sèches (la chaux exceptée), poreuses et divisées, sont utilisables pour la litière ; mais, autant que possible, il faut préférer les plus azotées.

« On ajoute à ces absorbants environ 3 pour 100 de sulfate de fer et de poussier de charbon végétal. »

d'une manière absolue : dès lors, la désinfection ne pourra jamais être complète ; c'est ce que l'on a remarqué partout où le système a été appliqué.

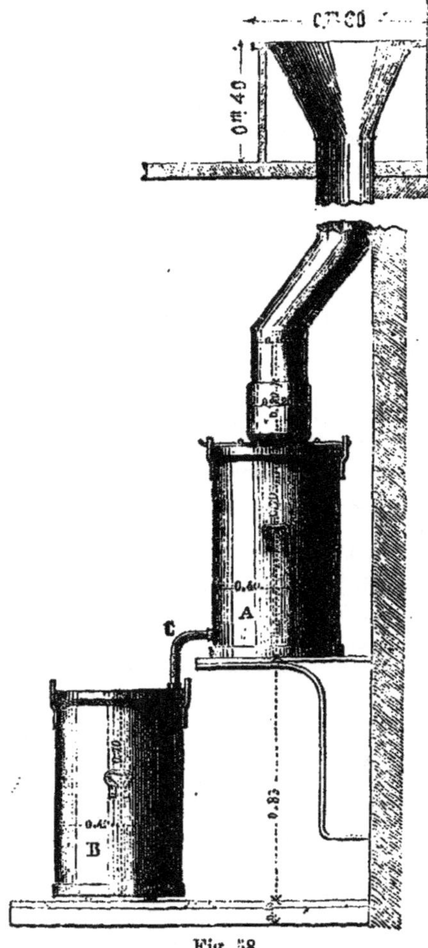

Fig. 58.

Enfin, le trou aux matières fécales descendant trop bas, il arrivera que ces matières se trouveront imprégnées d'une humidité trop grande, à mesure que le niveau des urines absorbées ou non se sera élevé. Pour échapper à cette critique, il faudrait donc que l'appareil possédât un récipient séparé pour les urines de la nuit.

425. Le système Goux a donc ses inconvénients et ses avantages ; il a été beaucoup apprécié et est encore employé. L'engrais qu'il produit est bon et peu coûteux.

Toutefois, l'appareil n'est point applicable aux appartements ; on ne peut s'en servir dans les villes que pour les lieux communs et lorsque les récipients sont placés dans des cours spacieuses et aérées suffisamment ; mais il ne saurait être trop recommandé à la campagne.

426. Le système *Mosselmann*, fig. 58, exploité par la Compagnie de l'Ouest, consiste à séparer les matières solides d'avec les matières liquides, à les désinfecter et à les convertir en engrais au moyen de la chaux.

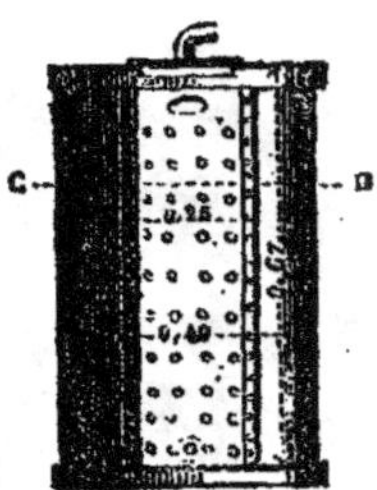

Fig. 59.

Pour arriver à ce résultat, on se sert de deux boîtes de tôle galvanisées de $0^m.70$ de hauteur sur $0^m.40$ de largeur. La boîte A, placée sous le tuyau de chute, s'ajuste à ce tuyau à l'aide d'un tampon de raccord en zinc à glissoire et à baïonnette, dit manchon, qui repose sur l'orifice central de cette boîte et qu'on déplace à volonté.

Ce même récipient, dans lequel tombent les déjections et qui est muni d'un diviseur à l'extérieur, comme le montre la fig. 59, est en tôle ; il est mis en communication avec la boîte B par un tuyau C destiné à y conduire les liquides séparés des matières fermes.

Dans le récipient A, on a dû préalablement déposer une certaine quantité de farine de chaux destinée à désinfecter et à absorber les liquides.

Le mélange de la chaux et de la matière ferme que con-

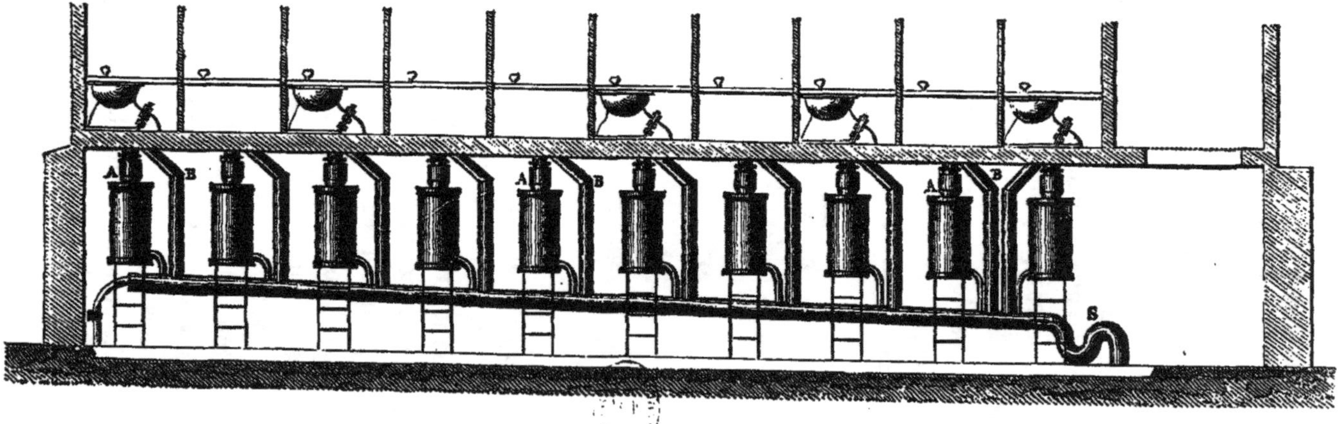

SYSTÈME MOSSELMAN.

tient la première tinette ne se fait qu'au dépotoir ou à l'usine.

Les boîtes, par le fait assez maniables, sont facilement transportées par deux hommes, fig. 60, au moyen d'anses qui y sont adaptées; elles doivent être fermées hermétiquement, lorsqu'on les enlève, à l'aide d'un couvercle s'adaptant sur l'orifice central au moyen de deux clavettes. On les remplace par des récipients nettoyés, et on les emporte dans une voiture fermée, fig. 61, que deux chevaux emmènent au lieu de dépôt, au dépotoir ou à l'usine où l'on enrobe les matières fécales pâteuses à l'aide de la chaux grasse éteinte préalablement en farine avec de l'urine, afin de former l'engrais et de désinfecter ces matières. Pour trois quarts de déjections solides on emploie un quart de chaux.

Fig. 60.

L'engrais est tout formé dans la boîte aux liquides où l'on a dû employer la chaux aussi, dans la proportion d'un quart.

427. La méthode Mosselmann a encore pour objet : 1° d'emmagasiner les urines séparées des matières fermes dans la farine de chaux grasse éteinte, et de faire de l'engrais dit *chaux supersaturée;* 2° de conserver les urines fraîches à l'état liquide et sans fermentation, au moyen d'une légère addition de chaux grasse, et de faire l'engrais dit *urines imputrescibles.*

Au point de vue de la salubrité, le système est bon ; mais, pour l'agriculture, il n'est pas exempt de critique, par la raison que la chaux chasse l'azote, du moins dans une certaine proportion.

Ainsi les matières fécales fermes sont recueillies dans une tinette séparateur ordinaire, et leur préparation se f it aprè le transport à l'atelier. A cet égard, il n'y a aucune application neuve ; c'est le mode employé pour toutes les tinettes séparateurs.

Fig. 61.

Après leur séparation, les liquides sont recueillis dans une autre tinette où l'on a dû déposer de la farine de chaux dans laquelle elles s'épongent et se solidifient. C'est là le point remarquable du système.

Quant aux urines qu'on se propose de rendre imputrescibles, on les recueille dans une tinette enduite de chaux et on y mêle une petite quantité de chaux en poudre. Cette dernière partie du système ne s'emploie que pour les pissotières. — C'est encore là une application nouvelle.

Tout le système Mosselmann consiste donc, en dehors des applications déjà généralisées, à mêler ces matières fécales à la chaux, à désinfecter et à absorber les liquides, et à conserver les matières fermes et liquides par l'emploi de la même substance.

Mais le point capital de la question des vidanges est dans la séparation des urines des eaux de lavage, et cette dernière question n'est pas résolue. A part l'inconvénient de priver les matières fécales d'une certaine partie de leurs principes fécondants, ce système aura le désavantage de conserver une masse d'eau inerte qui augmentera les frais de vidange.

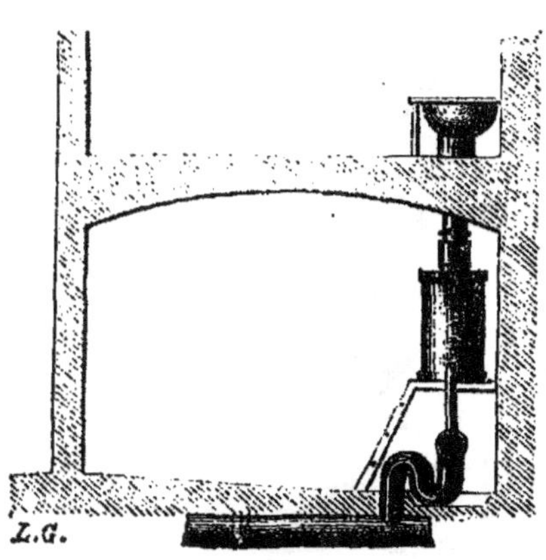

Fig. 62.

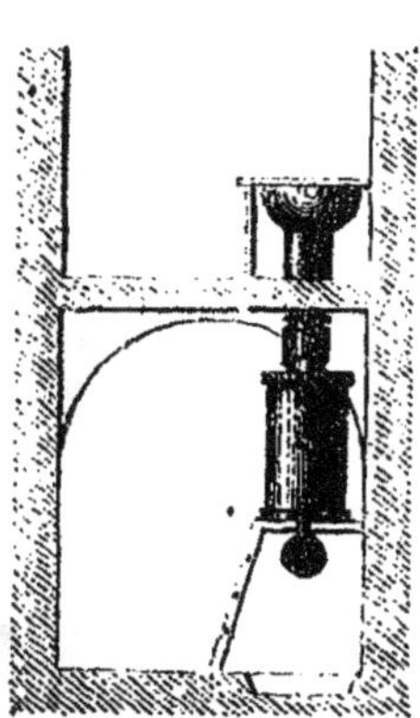

Fig. 63.

C'est toujours la question de volume et de poids qui se présente et qui rend les efforts impuissants pour livrer ces substances à l'agriculture.

428. La même Compagnie a présenté à l'Exposition de 1867 (section française) des appareils pl. 7, établis de façon que les liquides soient conduits directement à l'égout.

Les tinettes de ces appareils étaient élevées à certaine distance du sol et venaient se raccorder à un tuyau placé au-dessous d'elles ; ce tuyau était établi en pente et facilitait ainsi l'écoulement des liquides ; de plus, il formait un siphon S et empêchait les odeurs de l'égout de remonter.

Les fig. 62 et 63 donnent les coupes de cette installation :

l'une montre une tinette placée à côté du siphon ; l'autre la représente établie à l'extrémité opposée.

429. Les pl. 8 et 9 indiquent une autre installation analogue. Les tinettes A A A A sont établies sur des terrassons et viennent se raccorder également aux tuyaux D D au moyen d'un petit conduit *m*. Ces tuyaux D D se rassemblent avec le tuyau *e*, qui reçoit les eaux de la propriété et les conduit à l'égout.

430. Le système *Blanchard et Chateau*, fig. 64, repose sur ce principe, à savoir : recueillir les matières dans des appa-

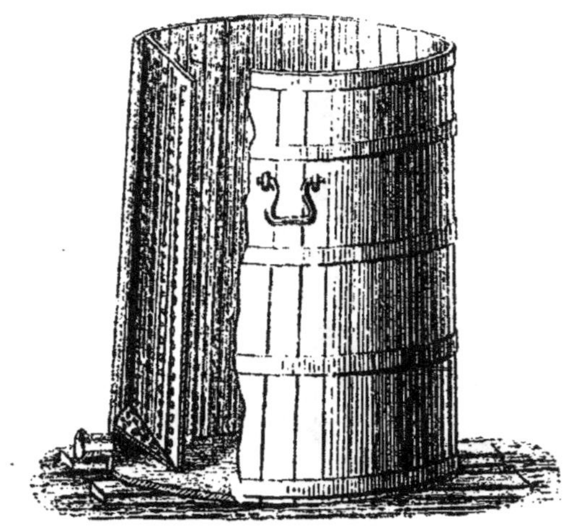

Fig. 64.

reils mobiles et en fixer les principes fertilisants sous le moindre volume possible.

L'appareil mobile se composait primitivement d'une tinette en bois contenant un filtre placé horizontalement ; il arrivait souvent que le filtre ne fonctionnait pas convenablement et que les matières bouchaient les trous.

La fosse mobile ou tinette filtrante de **MM.** Blanchard et Chateau a subi des modifications importantes lesquelles consistent en ce qu'on a rendu le filtre vertical, d'horizontal qu'il était, et en ce qu'on a séparé les matières réagissantes.

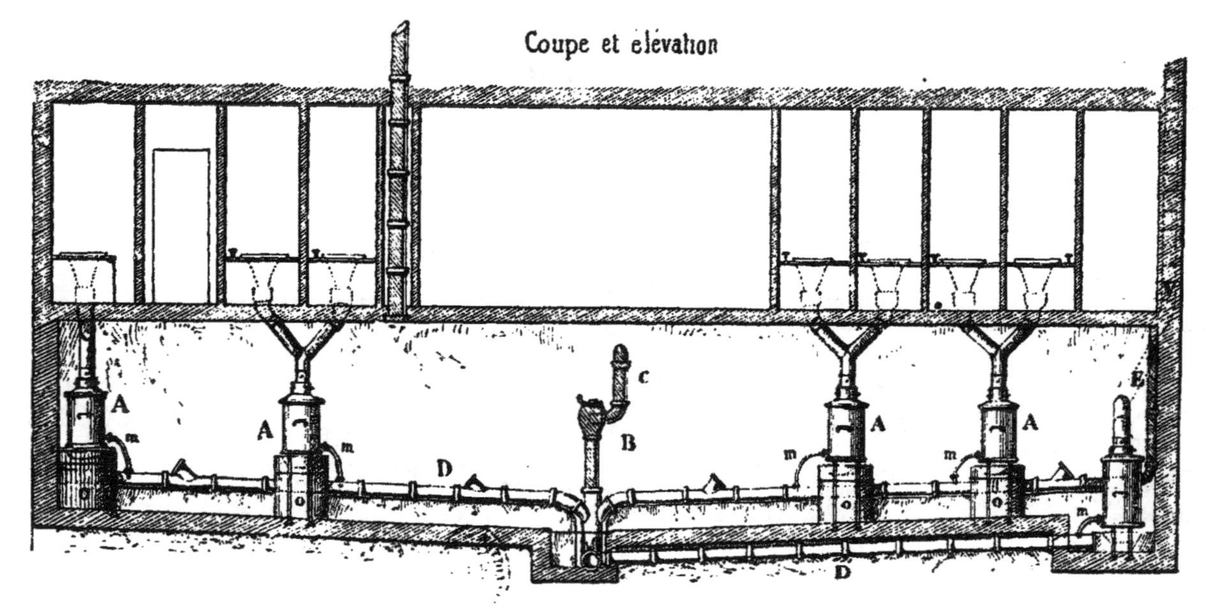

SYSTÈME MOSSELMAN.

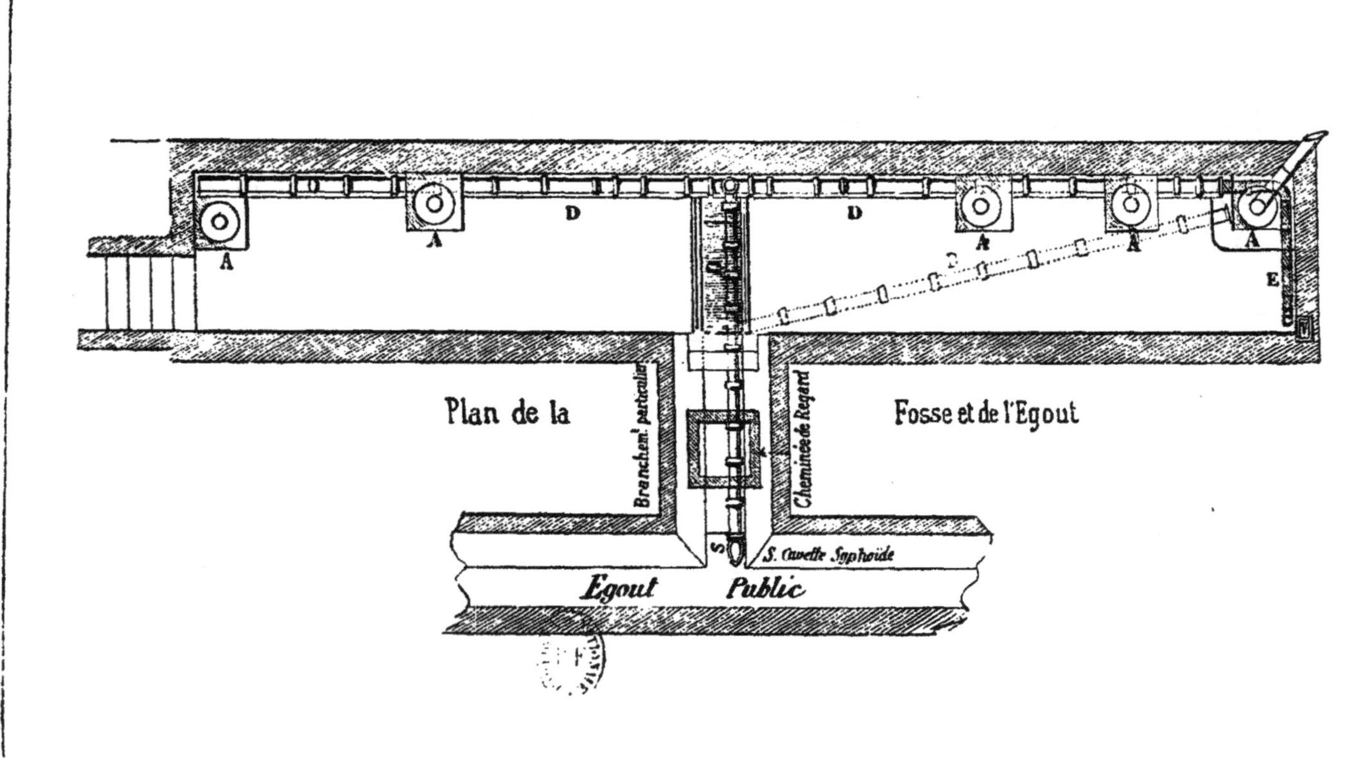

SYSTÈME MOSSELMAN.

L'appareil fonctionne aujourd'hui de la manière suivante : Les déjections tombent dans le fond de la cuve, et les liquides de tous genres, urine, eaux ménagères, eaux de lavage, etc., passent par les petits trous de la cloison à travers les matières filtrantes, telles que crottin lavé et séché, tourbe, etc., imbibées de réactif, abandonnent dans l'intérieur du filtre la plus grande partie de leur azote et de leur soufre à l'état de phosphate ammoniaco-magnésie, principes fécondants, et de là sont perdus aux égouts ou aux ruisseaux.

Le système Blanchard et Chateau a été appliqué dans plusieurs localités, notamment à Toulon et à Saint-Etienne. Dans cette dernière ville, l'arrêté municipal du 27 juin 1867 a rendu la tinette filtrante obligatoire, à défaut d'évacuation directe aux égouts ou de fosses fixes conformes aux règlements (1).

431. Le système *Renard*, qui n'est autre que la pratique chinoise, consiste à faire des briquettes avec les matières fécales.

Au lieu de pétrir les matières fécales avec de la terre glaise et de la paille hachée, comme on le fait en Chine, **M.** Renard a eu l'idée de remplacer la terre et la paille par les boues et immondices des rues, des débris des halles, etc., qui renferment beaucoup de phosphates et une certaine quantité d'ammoniaque. Ces substances sont hachées et malaxées avant d'être mêlées aux matières fécales.

Ce procédé n'est pas, à vrai dire, un procédé de vidange, mais bien un mode d'emploi des vidanges.

432. Un autre système du même inventeur, fig. 65, consiste à séparer les matières au moment de l'émission. La fig. 66 montre un appareil disposé pour la pression des eaux.

Afin d'obtenir le résultat qui vient d'être indiqué, on se sert

(1) L'art. 3 de cet arrêté porte :

« Les habitants qui ne voudront pas se conformer aux dispositions des art. 1 et 2 du présent arrêté (relatifs à l'évacuation aux égouts et aux fosses fixes) seront tenus d'installer à la chute de leurs tuyaux de lieux d'aisances des tinettes mobiles destinées à recevoir et désinfecter les matières par l'emploi du procédé Blanchard et Chateau. Ils devront s'entendre avec la Compagnie concessionnaire dudit procédé pour la fourniture, la pose et le service régulier des appareils. »

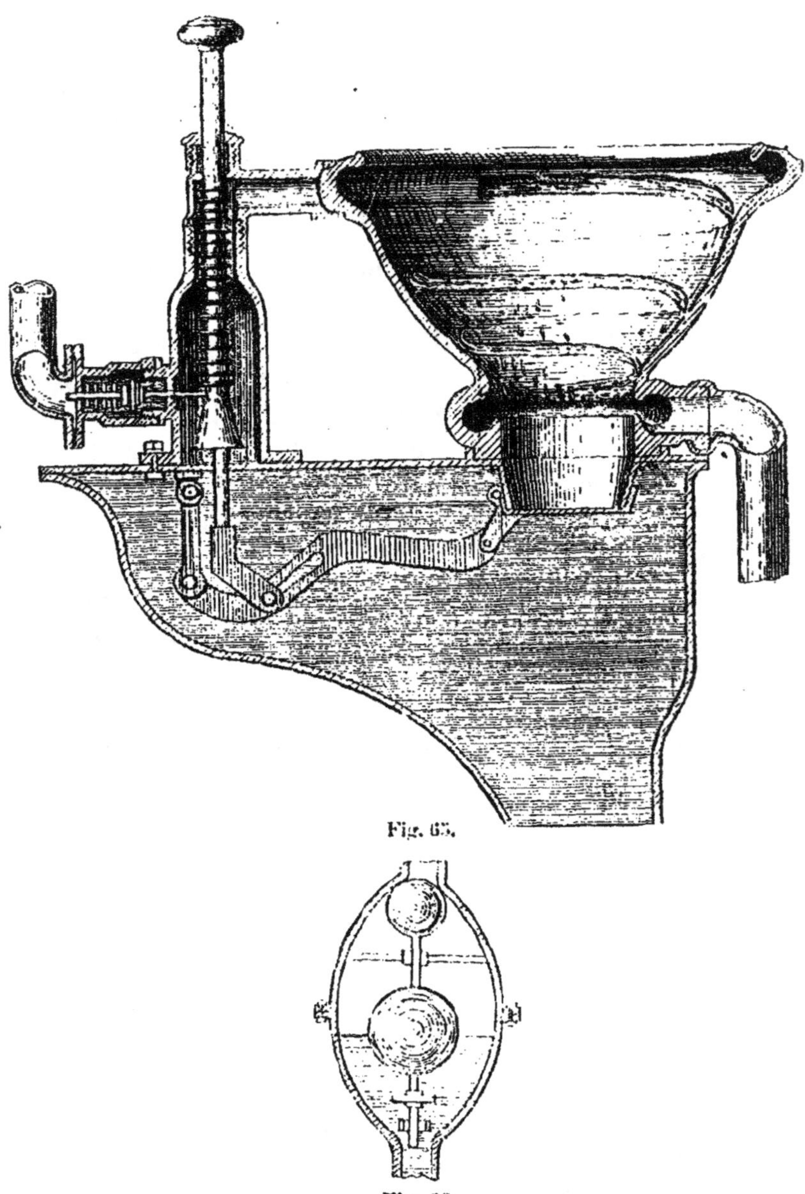

Fig. 65.

Fig. 66.

d'une cuvette construite d'après ce principe, que les liquides suivent les parois du récipient où on les verse. A sa partie infé-

rieure, cette cuvette est munie d'une rainure cylindrique qui reçoit les eaux, tandis que les matières fermes tombent au fond. La cuvette a l'inconvénient de ne pouvoir fonctionner longtemps sans que les matières fermes obstruent la rainure par laquelle s'écoulent les liquides : d'où il résulte que les

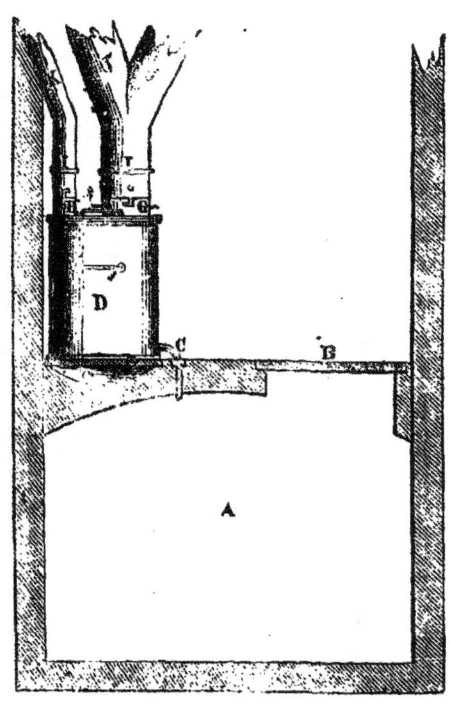

LÉGENDE DE LA FIGURE 67.

Vue d'un appareil de vidange à ventilation, muni d'un diviseur placé sur une fosse ou réservoir destiné à recevoir les liquides au sortir de l'appareil.

A. Réservoir ou récipient aux liquides, enduit de ciment à l'intérieur.
B. Trappe en bois fermant l'ouverture destinée à l'extraction des liquides.
C. Raccord muni d'un tuyau pour l'écoulement du liquide.
D. Appareil diviseur recevant les matières fécales.
E. Supports en fer de 0m.03 carrés, espacés de 0m.35 entre eux.
F. Cuvette en ciment, destinée à recevoir le trop-plein si on laisse déborder l'appareil.
G. Coulisse à fourreau à baïonnette servant à relier le tuyau de descente des matières avec l'appareil.
H. Coulisse à fourreau à baïonnette du tuyau de ventilation.
I I. Colliers en fer scellés dans le mur pour fixer et tenir immobiles les tuyaux de descente des matières et de ventilation à leur jonction.
J J. Tuyau de descente pour les matières.
K. Tuyau de ventilation devant conduire le gaz à l'extérieur ou dans une cheminée.

liquides arrêtés dans leur course vont rejoindre les solides ; dès lors la séparation reste impossible.

Le principe est vrai, le procédé demande des perfectionnements.

433. Le système *Mercier* consiste à adapter un tuyau ventilateur aux fosses mobiles, soit que ces fosses renferment toutes les matières fécales (solides et liquides), soit qu'elles ne

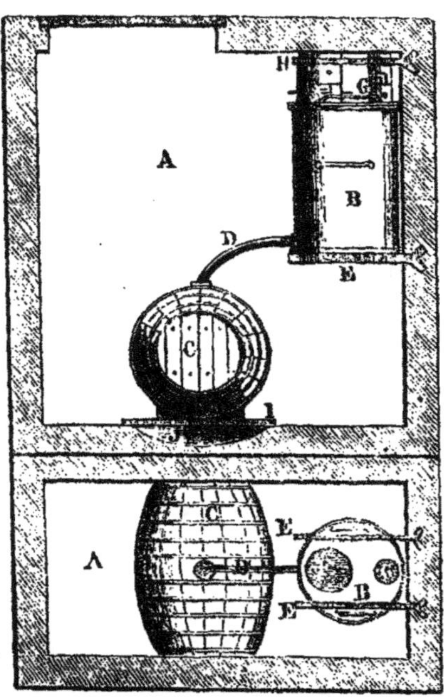

LÉGENDE DE LA FIGURE 63.

Vue d'un appareil diviseur, placé dans un caveau et supporté par deux corbeaux ou potences en fer scellés dans le mur, avec tonneau en bois destiné à recevoir les liquides.

A. Caveau ou endroit réservé pour recevoir l'appareil.
B. Appareil diviseur recevant les matières fécales.
C. Tonneau en bois ou récipient aux liquides.
D. Tuyau en caoutchouc ou en zinc muni de deux raccords, un à chaque extrémité.
E. Supports en fer, espacés de 0m.25 et scellés dans le mur.
F. Coulisse ou fourreau à baïonnette reliant le tuyau de descente des matières avec l'appareil.
G. Coulisse semblable pour le tuyau de ventilation.
H. Colliers en fer pour fixer et tenir immobiles les tuyaux de descente des matières et de ventilation.
I. Supports en fer sur lesquels repose le tonneau au liquide.
J. Cuvette en ciment romain de 0m.15 de profondeur ayant pour but de recevoir le trop-plein du tonneau, dans le cas où il déborderait.

contiennent que les solides séparés des liquides par les systèmes diviseurs, fig. 67.

La ventilation des caveaux et même des couloirs contenant
les fosses ou récipients mobiles, à diviseurs ou non, avait bien

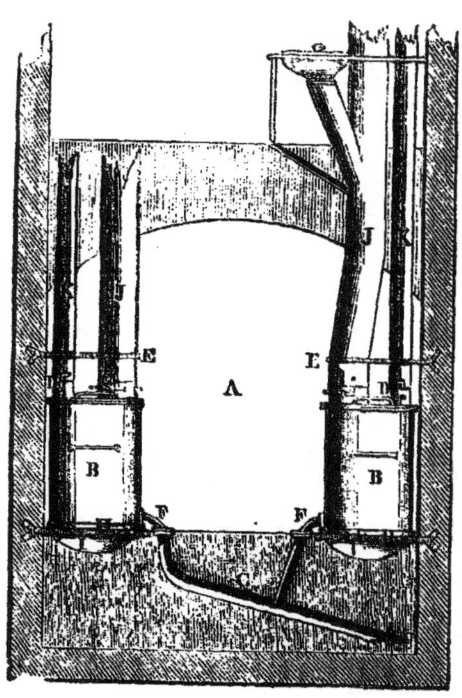

LÉGENDE DE LA FIGURE 69.

*Vue de deux appareils de vidange diviseurs d ventilation,
placés dans une cave ordinaire.*

A. Cave.
B B. Appareils avec diviseur intérieur.
C C. Coulisses ou fourreaux à baïonnette reliant les appareils avec les tuyaux
de descente des matières fécales.
D D. Coulisses semblables reliant les tuyaux de ventilation.
E E. Colliers en fer pour maintenir et fixer les tuyaux de descente et de
ventilation.
F F. Tuyaux en caoutchouc ou en zinc reliant les appareils avec les tuyaux de
sortie des liquides.
G. Tuyau d'évacuation des liquides.
H H. Supports en fer sur lesquels reposent les tonneaux ou appareils.
I I. Cuvettes en ciment romain destinées à recevoir le trop-plein des appareils
dans le cas où ils déborderaient.
J J. Tuyaux de descente des matières provenant des cabinets.
K K. Tuyaux de ventilation pour enlever les gaz et les conduire à l'extérieur ou
dans une cheminée.

été prescrite, et elle était partout effectuée ; mais la fosse mobile ou le récipient, qui doivent être hermétiquement clos, n'étaient pas ventilés. C'est cette lacune que le système Mercier a en vue de combler.

Ce système a une incontestable utilité pour les fosses mobiles, par la raison que le mélange des eaux aux matières pâteuses produit la fermentation et des dégagements de gaz qui remontent souvent, à défaut d'autre issue, dans les tuyaux de chute.

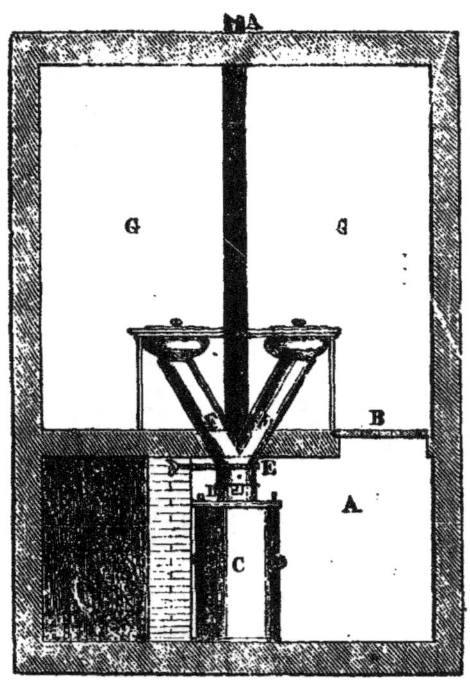

LÉGENDE DE LA FIGURE 70.

Vue d'un appareil de vidange à ventilation desservant deux cabinets mitoyens ; le tuyau de ventilation est pris dans l'épaisseur de la cloison séparant les deux cabinets, comme en A.

A. Caveau de 1 mètre de hauteur sur 1m.50 de longueur et 1 mètre de largeur.
B. Trappe en bois de 0m.50 sur 0m.60 pour sortir l'appareil.
C. Appareil à ventilation, ou récipient aux matières fécales.
D. Coulisse à fourreau à baïonnette reliant l'appareil avec les cabinets.
E. Collier en fer scellé dans le mur pour fixer la partie supérieure de la coulisse.
F F. Tuyau de descente des matières se raccordant sur la coulisse D. Ce tuyau doit être *fixe*.
G G. Cabinets munis de leurs siéges en bois.

Mais dans les fosses mobiles ou récipients où le système diviseur est appliqué, le ventilateur est d'une utilité moins grande, parce que la fermentation se trouve extrêmement réduite par l'absence du séjour des liquides. A ces derniers récipients, la ventilation peut donc ne pas être d'une utilité absolue; nous ne dirons pas cependant qu'elle est inutile.

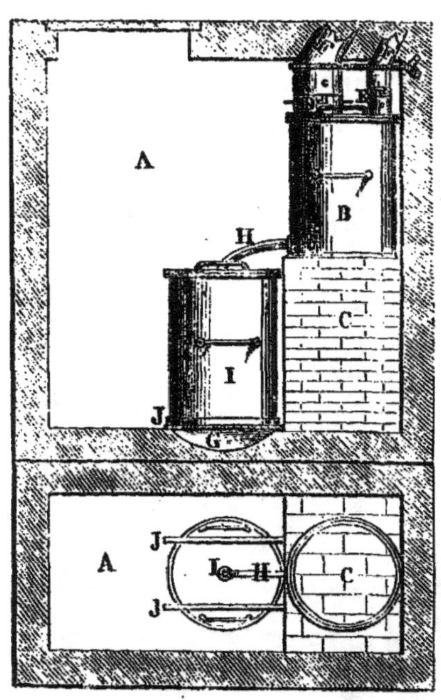

LÉGENDE DE LA FIGURE 71.

Vue et plan d'un appareil diviseur placé dans une cave ou caveau, posé sur un massif en maçonnerie de briques ou autre, avec tinette simple destinée à recevoir les liquides provenant du diviseur.

A. Cave ou caveau.
B. Appareil diviseur ou récipient aux matières fécales.
C. Massif en maçonnerie de briques ou autre.
D. Coulisse ou fourreau à baïonnette reliant l'appareil avec le tuyau de descente des matières.
E. Coulisse semblable reliant le tuyau de ventilation.
F F. Colliers en fer scellés dans le mur pour maintenir et fixer les tuyaux de descente et de ventilation.
G. Cuvette en ciment romain de 0ᵐ.15 de profondeur, propre à recevoir le trop-plein dans le cas où l'appareil déborderait.
H. Raccord en caoutchouc ou en zinc reliant l'appareil diviseur avec le récipient au liquide.
I. Récipient en fer galvanisé pour recevoir le liquide.
J. Supports en fer sur lesquels repose l'appareil destiné à recevoir les liquides.

Les fig. 68, 69, 70 et 71 donnent des variantes du même système.

434. La fig. 72 représente un autre appareil du même inventeur, consistant dans l'établissement d'un récipient collecteur mobile placé sous le siége même et agencé de manière à former diviseur au besoin, de sorte que par ce mode les eaux et les urines peuvent être conduites soit à l'égout, soit dans un autre récipient.

L'application de cet appareil aurait pour effet de réduire le nombre des fosses dans une certaine mesure.

LÉGENDE DE LA FIGURE 72.

Vue d'un appareil diviseur muni d'un siége mobile en bois.

A. Appareil diviseur (ou non) qui reçoit les matières fécales.
B. Siége et coffre en bois, avec porte pour sortir l'appareil, comme en C.
D. Cuvette en métal, mobile, avec raccord.
E. Couvercle fermant l'orifice de la cuvette, pratiqué dans le siége.
F. Tuyau de ventilation à fourreau à baïonnette conduisant les gaz à l'extérieur ou dans une cheminée.
G G. Supports en fer sur lesquels glisse l'appareil, ce qui permet de le retirer et remettre à volonté avec la plus grande facilité.
H. Raccord pour le tuyau qui sert à conduire les liquides à l'extérieur, lorsque la fosse mobile est munie d'un séparateur.

435. Le système *Fortin-Herman*, fig. 73, est conçu en vue de séparer les matières solides d'avec les liquides, et d'évacuer celles-ci, soit à l'égout, soit dans un réservoir.

La séparation s'opère au moyen d'un chapeau disposé à cet effet sur la tinette qui reçoit les matières fermes. Ce chapeau se compose de deux parties : l'une, formée d'un cylindre au-

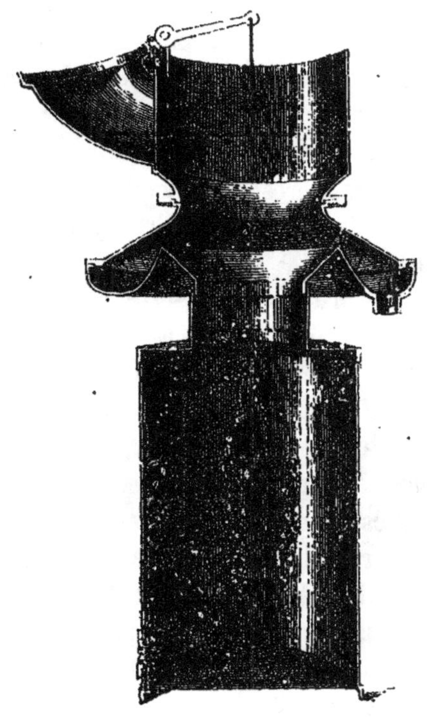

Fig. 73.

quel est adapté le raccord du tuyau de chute ; les liquides, en tombant par ce tuyau, suivent les parois d'une partie courbe placée à la base de ce cylindre. L'autre, en forme de gouttière, porte sur un de ses côtés une ouverture à laquelle on adapte un tuyau qui sert à l'évacuation des urines et des eaux vannes.

Au centre de cette dernière partie du chapeau est pratiquée une ouverture qui correspond à la tinette au moyen d'un manchon en tôle.

Dès que les matières sont sur le point de pénétrer dans le cylindre supérieur du chapeau, leur passage est intercepté par une porte mobile qui ferme l'entrée du tuyau de chute.

L'axe sur lequel tourne cette porte est chargé, à son extrémité, d'un poids assez fort pour résister à une certaine quantité de ces matières ; à un moment donné, lorsque leur poids est à peu près égal à la résistance, la porte s'entr'ouvre, et les liquides se précipitent dans le chapeau, en suivant les parois de la courbe pratiquée au-dessus à cet effet. Lorsque les matières solides sont bien séparées des liquides, et que leur poids est devenu suffisant pour ouvrir complétement la porte du tuyau de chute, ces matières se précipitent, suivant la perpendiculaire, dans la tinette ou cylindre inférieur, lequel est enlevé quand il est plein.

436. Sous l'influence de critiques peut-être justes, à savoir : que l'écoulement permanent des liquides à l'égout peut infecter ces voies souterraines, M. Fortin-Herman proposa un autre système séparateur, fig. 74, qui fut appliqué aux latrines des annexes de l'Hôtel de ville.

L'appareil est analogue au précédent, avec cette différence que la tinette primitive est remplacée par deux tinettes, l'une s'introduisant dans l'autre. Il se compose également d'un chapeau cylindrique A, dans lequel pénètrent les tuyaux de chute D, lesquels sont aussi fermés par des portes mobiles.

La séparation des matières s'effectue ainsi qu'il suit :

Les liquides, après s'être séparés des matières fermes, comme dans l'appareil primitif, au lieu d'être évacués par un tuyau, passent entre le cylindre B et celui qui l'enveloppe, et sont recueillis dans le fond de la tinette principale C, qui est placée sur un chariot pour faciliter son transport. Cette tinette porte sur ses côtés et dessous des ouvertures destinées à la vidange des liquides, qui peut s'effectuer par le soutirage au seau ou autrement.

Les matières solides arrivent directement dans le cylindre B, qu'on retire après avoir soulevé le chapeau.

437. Ainsi, à l'aide de cet appareil, les matières fermes et liquides peuvent être enlevées à la fois ou séparément, sans que les liquides soient dirigés dans l'égout ou au réservoir, et c'est en cela qu'il diffère de la plupart des autres procédés diviseurs.

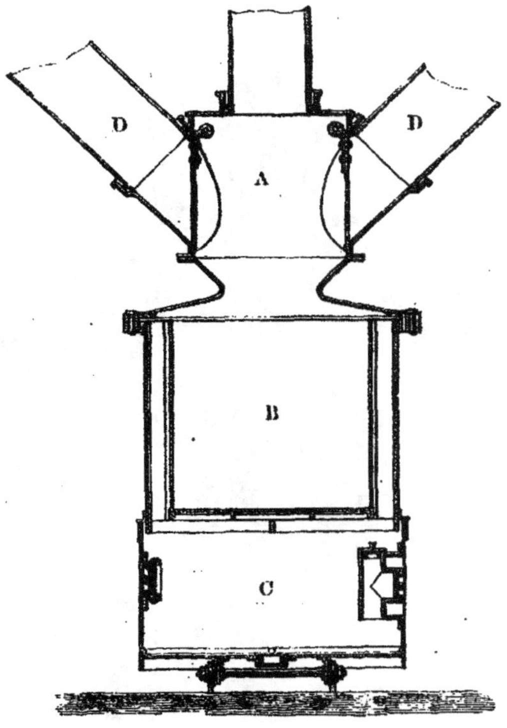

Fig. 74.

Les systèmes Fortin-Herman présentent une combinaison ingénieuse; toutefois, ils sont conçus suivant le principe préconisé par M. Canier.

438. Le système *Tacon*, fig. 75, a le même objet que le précédent, avec cette différence que l'appareil séparateur est un manchon qui se place immédiatement au-dessus de la fosse, mais à un point indéterminé, suivant les localités.

Voici comment s'effectue la séparation des matières, à l'aide de cet appareil :

Les liquides suivent les parois du tuyau de chute, sont recueillis dans un manchon qui forme une interruption dans ce tuyau et s'échappent par deux autres tuyaux placés sur le manchon. A un endroit donné, ces tuyaux n'en forment qu'un seul, qui communique soit à l'égout, soit avec un réservoir.

Fig. 75.

Les matières solides, qui ordinairement ne contournent pas les parois du tuyau de chute, passent entre le manchon et tombent dans une fosse ou tinette disposée à cet effet.

Ce système a donc bien pour objet de séparer les matières solides d'avec les liquides ; mais il a cet inconvénient, que très-souvent, lorsque l'appareil est en fonction, les matières solides, ayant atteint un certain degré de décomposition, s'attachent aux parois du tuyau de chute, entrent dans le manchon et l'engorgent.

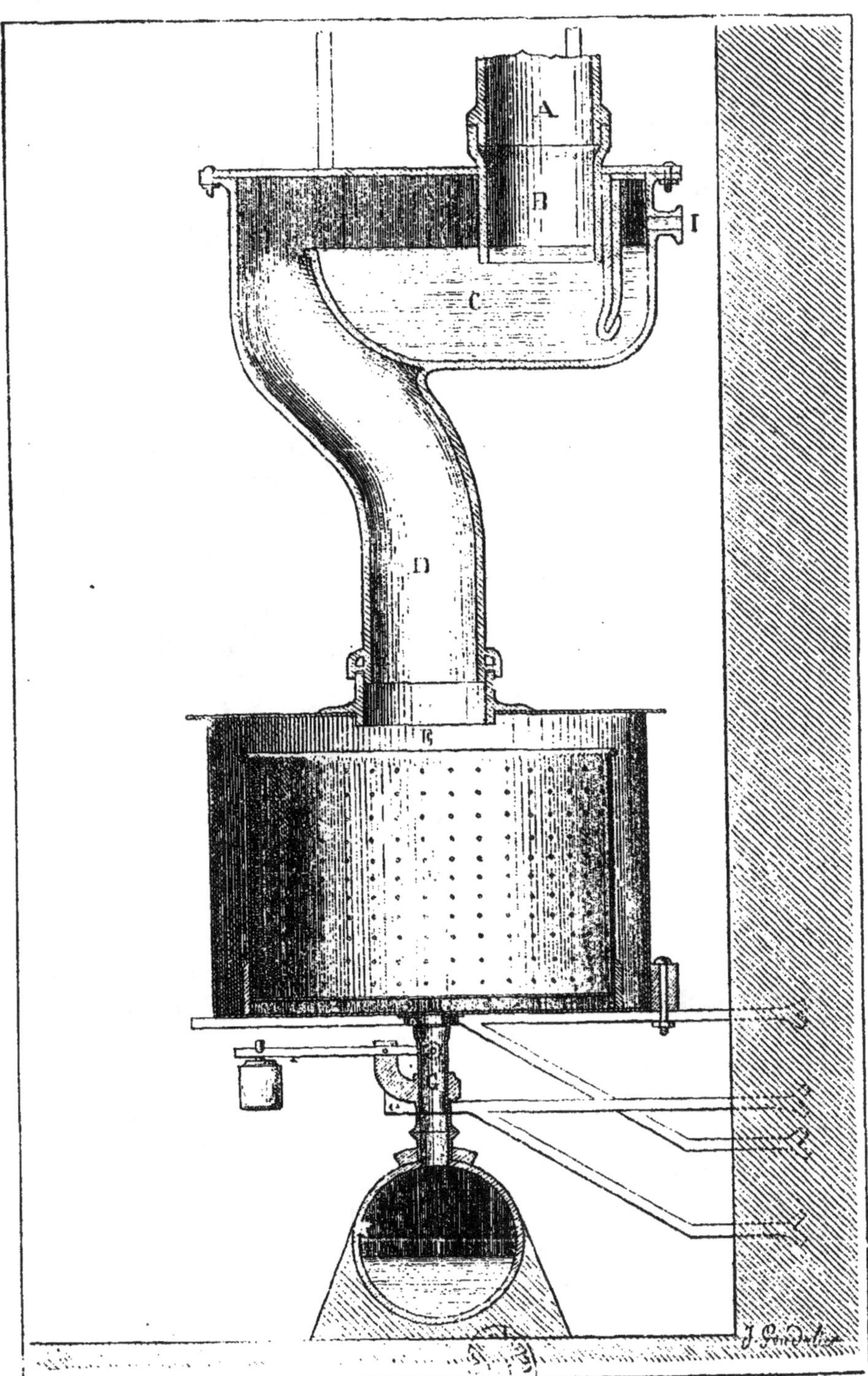

SYSTÈME DIVISEUR.

Pareillement, lorsque le tuyau de chute vient à être en-crassé, il se bouche, et les matières liquides, ainsi que les solides, passent entre le manchon et tombent en même temps.

C'est là l'inconvénient qui a empêché jusqu'ici l'emploi de ce mode séparateur.

439. L'appareil *Tacon* peut même s'appliquer dans le corps d'un siége de lieux communs; la fig. 76 le représente en cet état, vu en perspective à l'extérieur.

440. Le système séparateur *M...*, représenté par la planche 10, et inventé dans ces derniers temps, se compose d'un

Fig. 76.

tuyau de chute A, lequel entre dans un raccord B dépendant d'un siphon C. L'extrémité de ce raccord, en plongeant dans l'eau du siphon, forme une fermeture hydraulique et empêche ainsi l'odeur de remonter dans le tuyau de chute. Au-dessous du siphon C se trouve un tuyau D reposant sur l'ouverture de la tinette E, qui sert d'enveloppe à une autre tinette F. Cette dernière, percée de petits trous, reçoit toutes les matière arrivant par le tuyau D, et les liquides passant par les trous de la tinette descendent dans le fond de l'enveloppe E et s'échappent à travers un tuyau G, communiquant au tuyau H qui les mène à l'égout. Le siphon C est alimenté par les eaux qui viennent des siéges supérieurs ou par un drainage spécial, ou encore par les eaux de la propriété.

Dans ces derniers cas, on raccorde les tuyaux de conduite à un autre tuyau l ménagé sur le siphon.

441. Le système *Godefroy* consiste à séparer les liquides d'avec les solides au moyen d'une garniture en paille disposée autour des parois d'un cylindre en métal, système qui, comme celui de M. Goux dont il est un similaire, est conçu surtout en vue de conserver à l'engrais ses principes fertilisants. Les liquides filtrent dans la garniture des parois et s'écoulent dans un double fond, d'où ils sont dirigés à l'extérieur par un tuyau spécial.

C'est à peu près le système Dugléré, avec cette différence que le cylindre extérieur, au lieu d'être en métal, est en paille.

· Ce procédé avait déjà été appliqué en se servant d'une chemise en osier, au lieu de paille.

L'un et l'autre sont sujets aux obstructions par l'effet de la déformation du cylindre de paille ou d'osier, qui se gonfle et s'élargit sous l'influence de l'humidité, et par le poids des matières qui poussent au vide.

442. Le système dit *Marseillais*, qui n'est qu'une réminiscence orientale et pleine d'originalité, a particulièrement pour effet de nettoyer le fondement au moment de l'excrétion.

Le siége a la forme d'un bidet ; on dirait le scaphium des Romains reproduit en grand. Au moyen d'un cordon placé sur la paroi du cabinet d'aisances et que l'on tire à volonté, on détermine un jet d'eau agissant sous une pression énergique et en sens oblique sur les parties en fonction.

C'est bien là une pratique orientale qui, tout en n'ayant rien de désagréable, est dans son application une très-bonne mesure de propreté.

En tirant sur un mécanisme *ad hoc*, on fait mouvoir la valve, qui, en s'abaissant, nettoie la cuvette et rejette les matières dans le tuyau de descente.

443. Le système *Thirion* a uniquement pour objet de rendre

inodore la cuvette ou le récipient qui reçoit les matières, au moyen de joints hydrauliques et par le fait de la présence d'une très-petite quantité d'eau que l'on verse dans la rainure dans laquelle entre le couvercle.

Fig. 77.

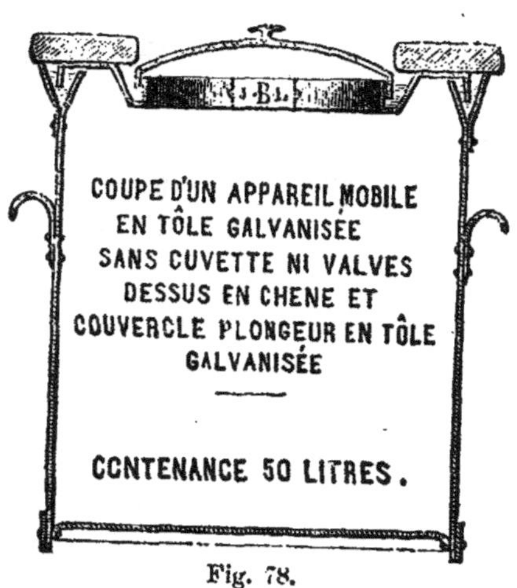

Fig. 78.

La fig. 77 représente l'appareil appliqué à un siége de latrines d'appartement. La fig. 78 le montre adapté à un siége mobile.

Cet appareil se compose de trois parties : 1° un baquet ou cuvette avec un bord supérieur pour contenir l'eau ; 2° un dessus mobile auquel est fixée une couronne en tôle qui forme réservoir d'eau pour le couvercle et qui porte un rebord à l'extérieur, lequel est destiné à faire le joint hydraulique avec la partie supérieure du baquet ; 3° un couvercle qui entre dans le réservoir hydraulique du siége.

La fig. 79 montre l'ensemble du récipient, vu à l'extérieur et en perspective.

Fig. 79.

La fig. 80 représente la coupe d'un appareil mobile semblable à celui qui précède, mais dans lequel est adaptée une double valve ayant pour objet, en se refermant après avoir donné passage au contenu, de dissimuler les matières qui tombent dans le vase.

A vrai dire, ce ne sont là que des récipients portatifs qu'on peut utiliser dans l'intérieur des appartements et particulièrement dans les hôpitaux ; mais, dans tous les cas, leur usage est limité.

A l'intérieur des boîtes auxquelles sont adaptés les appareils

dont il s'agit, on peut placer un autre récipient plus petit,
indiqué par la fig. 81, lequel est également à fermeture hy-

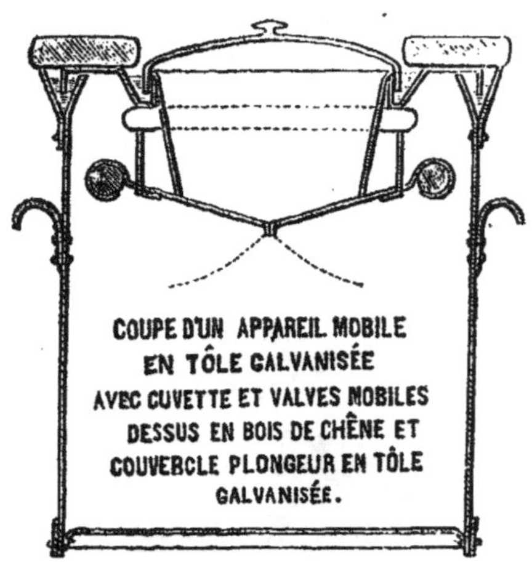

Fig. 80.

Fig. 81.

draulique et permet de rendre les matières inodores au moment
où on les enlève pour les transporter à leur destination.

444. L'appareil *Gaudinat*, fig. 82 et 83, avec ou sans effet
d'eau, a pour objet de réaliser une fermeture hermétique; il diffère des autres systèmes analogues par la suppression du con-

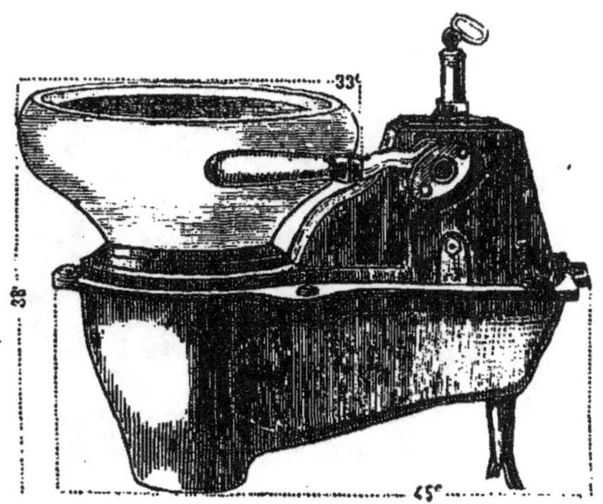

Fig. 82.

tre-poids en fonte de fer fixé à la valve par des rivets, susceptible de se détacher et de tomber dans les tuyaux de descente
et de les obstruer.

Fig. 83.

Le contre-poids en fonte de fer est remplacé par un contre-
poids en plomb, fondu avec la tige même, et par ce fait donne
un tirage perpendiculaire.

Au reste, la modification apportée par M. Gaudinat est aujourd'hui adoptée pour les appareils similaires.

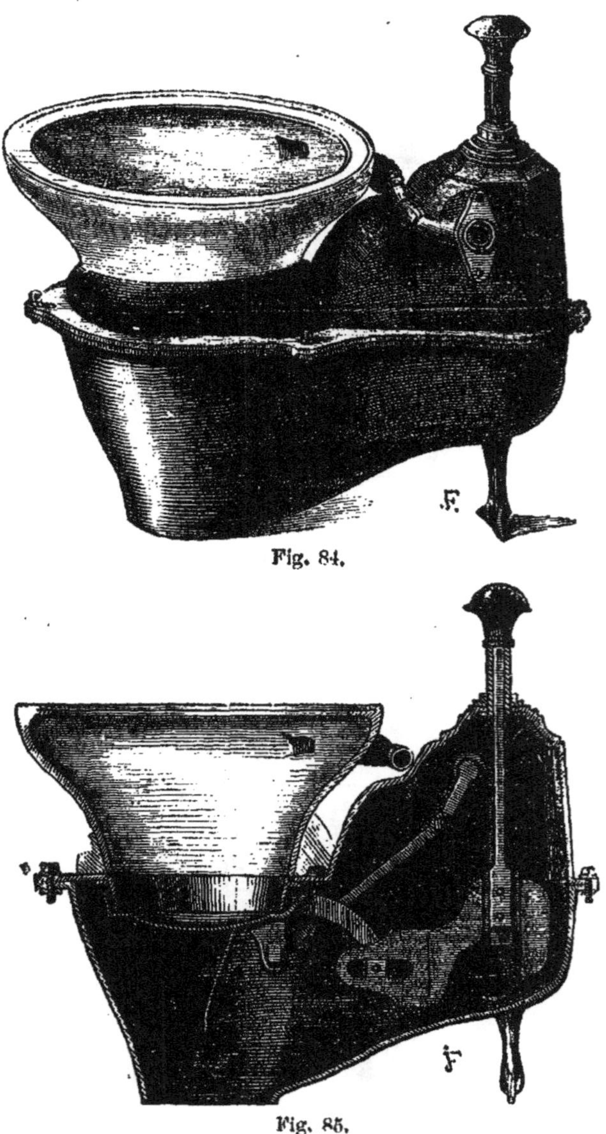

Fig. 84.

Fig. 85.

448. Le système *Guinier*, tendant aussi à produire une fermeture hermétique afin d'intercepter le passage des gaz qui

remontent de la fosse, est ordinairement à effet d'eau. Il diffère des autres systèmes par son mécanisme, lequel est établi au moyen d'une tige qui, au lieu d'être ronde, est carrée et contenue dans un coulisseau la soutenant et lui servant de guide, de sorte que le tirage est toujours exactement perpendiculaire.

Les fig. 84 et 85 donnent la coupe et l'élévation de l'appareil, qui est recommandable.

446. Le système *Havard-Loyer*, fig. 86, conçu aussi en vue d'obtenir une fermeture hermétique, est des plus simples et

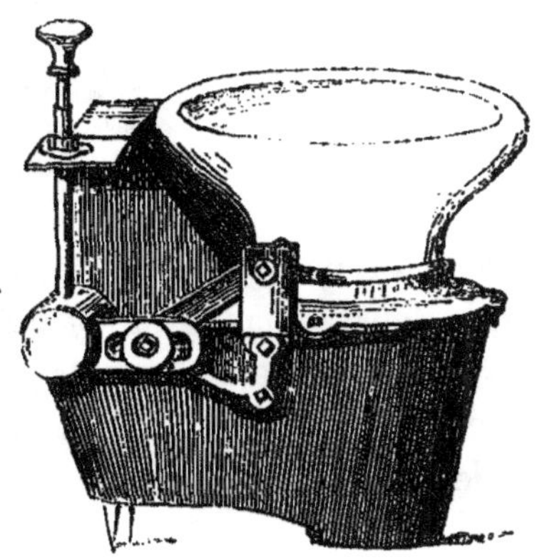

Fig. 86.

des mieux conçus. Son mécanisme, placé à l'extérieur, est ainsi à l'abri des émanations des fosses et de l'action des acides, qui rongent et détériorent les pièces qui composent ses analogues. Le robinet des eaux est disposé de façon que, en cas de gelée, elles ne puissent séjourner dans les tuyaux.

Cet appareil a été perfectionné et rendu étanche, c'est-à-dire que l'on peut conserver une quantité d'eau déterminée dans la cuvette, ce qui produit l'effet du siphon et empêche les mauvaises odeurs de pénétrer dans les appartements.

Par suite de ce perfectionnement, le système Havard-Loyer est un des meilleurs parmi tous ceux qui sont appliqués de nos jours.

447. Le système *Leguay*, fig. 87, consiste en un appareil dit « à couteau », lequel ferme la cuvette exactement et agit au moyen d'une tige que l'on fait manœuvrer d'arrière en avant.

Cet appareil, très-simple, s'emploie sans effet d'eau.

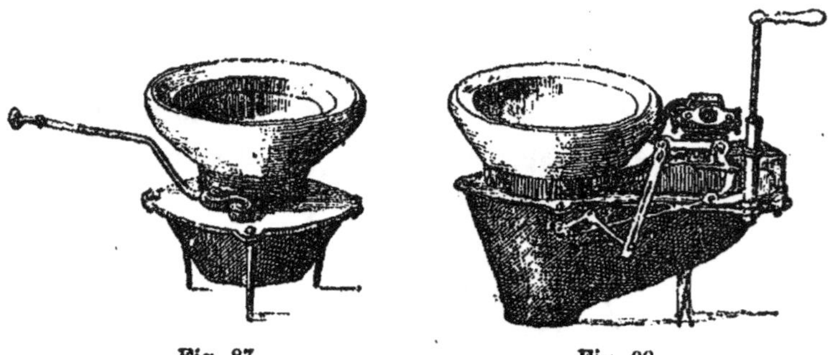

Fig. 87.　　　　　Fig. 88.

M. Leguay est inventeur d'une autre cuvette à effet d'eau et à fermeture hermétique, fonctionnant au moyen d'une poignée tournante, fig. 88. Cette cuvette a l'avantage d'avoir son mécanisme placé à l'extérieur, ce qui le préserve de l'action oxydante des gaz acides de la fosse.

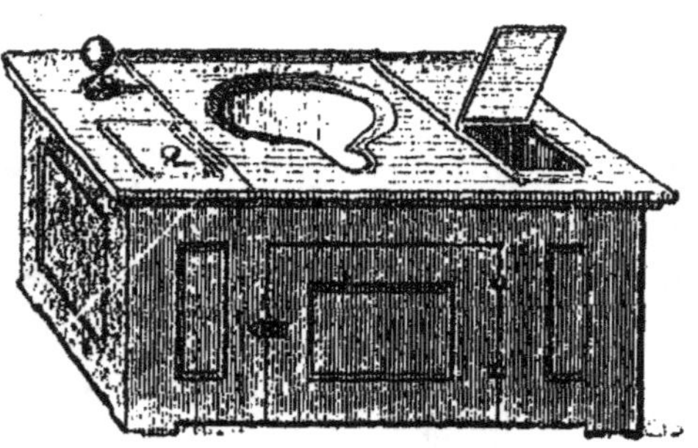

Fig. 89.

On peut adapter ce récipient à un siége en bois, fig. 89, qui en outre contient divers compartiments propres à recevoir les ustensiles ou accessoires obligés. Une porte est disposée dans la partie basse pour retirer le vase quand il est plein.

448. L'appareil *Valdo*, fig. 90, est aussi étanche et à effet d'eau. Il a cela de particulier, que le tuyau conduisant l'eau à la cuvette, au lieu d'être placé sur l'appareil, est établi sur la coulisse de la branche de tirage, et que, par suite, il empêche l'eau d'exercer une trop forte pression.

Fig. 90.

449. Le système *Pion*, fig. 91, consiste en un siége à bascule ordinaire, à double mouvement et à urinoir. Son mécanisme est à engrenage : il empêche ainsi les mouvements pré-

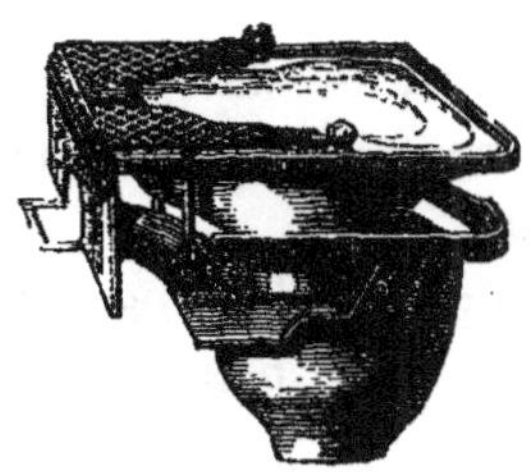

Fig. 91.

cipités qui détériorent les appareils et il fait mouvoir une valve qui ferme la cuvette hermétiquement. Cette valve a l'inconvénient de ne pas clore l'urinoir en même temps que la cuvette, de sorte que cette ouverture, toujours béante, est un passage pour les mauvaises odeurs qui remontent de la fosse par le tuyau de chute.

450. Le système *Cazaubon*, fig. 92, consiste en un siége inodore à bascule, avec fermeture hermétique, et offre, par les perfectionnements qui y ont été apportés, des avantages incontestables.

L'appareil peut être placé dans tous les locaux et à tous les étages. La disposition nouvelle du contre-poids et celle de son mécanisme à engrenage assurent au mouvement une grande régularité et diminuent de beaucoup le déplacement de la plaque mobile ; la valve porte une garniture en composition qui supprime le bruit produit par le choc des métaux ; l'ajutage de cet appareil empêche toute émanation.

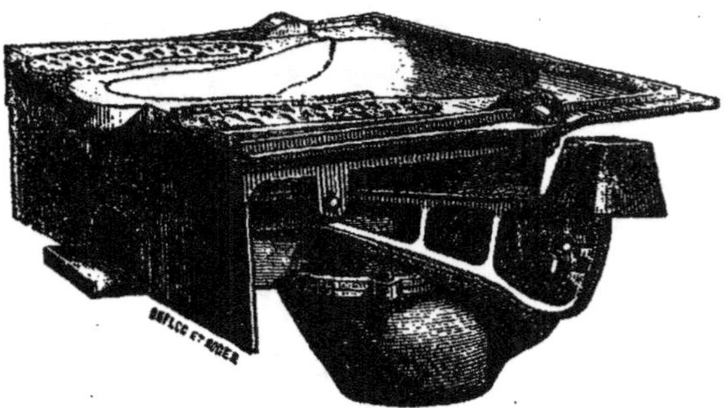

Fig. 92.

451. Le système *C....*, fig. 93, a pour but, comme le précédent, de rendre les latrines inodores par l'application d'une fermeture hermétique à un siége commun, construit avec ou sans effet d'eau.

La valve de cet appareil ne bascule que quand la personne venant d'excréter a pesé intentionnellement sur la partie faisant saillie sur le devant du siége. C'est là un inconvénient d'autant plus grand, que ces sortes de siéges ne se placent habituellement que dans les maisons renfermant de nombreux locataires, lesquels, le plus souvent, oublient de faire basculer la valve, de sorte que les matières qui y séjournent répandent une odeur infecte.

L'appareil C.... est muni dans sa partie antérieure d'un passage pour les urines, dans lequel est placée une bonde siphoïde destinée à intercepter l'émanation des gaz méphitiques qui pourraient s'échapper par cette ouverture; mais il est à remarquer que ladite bonde peut à chaque instant être obstruée, et que, par suite, les urines resteront sur le terrasson. Dans ce système, l'idée, qui du reste n'appartient point, croyons-nous, au titulaire du brevet, est bonne, mais l'application n'est pas heureuse; aussi la prétendue invention est-elle classée comme étant peu digne d'intérêt.

Fig. 93.

452. Le système *R....*, fig. 94, a aussi pour objet de former une fermeture hydraulique. La cuvette de l'appareil est montée sur un siphon à l'intérieur duquel est renfermé le mécanisme fonctionnant au moyen d'un cordon de tirage placé à portée de la main de la personne qui est sur le siége, et par le mouvement de la porte d'entrée quand il est employé dans les lieux communs.

L'inventeur s'est encore proposé d'empêcher les matières de séjourner dans le siphon, lequel est nettoyé par un râteau qui suit le mouvement de la valve et dont l'office est de chasser les excréments dans le tuyau de chute.

Cet appareil a l'inconvénient d'être construit sur de vastes proportions et d'occuper trop d'espace. En outre, son mécanisme, étant en contact avec les gaz et plongeant dans l'eau même que contient le siphon, doit être sujet à des détériorations constantes, d'autant plus que les pièces de ce mécanisme sont faibles.

Fig. 94.

En résumé, ce système n'est pas d'un usage pratique et il est considéré comme tel.

453. Le système *Vincenot-Barbet*, fig. 95, à effet d'eau et à fermeture hermétique, est posé sur un siphon comme l'appareil anglais de M. Jennings, dont il ne diffère que par le mécanisme qui, au premier abord, paraît assez compliqué ; toutefois, il n'a pas l'avantage que possède ce dernier de retenir une assez grande quantité d'eau dans sa cuvette.

L'appareil Vincenot se compose d'une boîte à air en communication avec un balancier, lequel fait mouvoir un robinet d'alimentation. Au moyen de ce robinet, le fond de la cuvette conserve toujours une petite quantité d'eau.

Derrière le siphon est établi un autre robinet dit d'arrêt, servant au nettoyage.

Cet appareil est inodore et ne nécessite pas une plus grande quantité d'eau que les appareils ordinaires à siphon, qui, il est

Fig. 95.

vrai, en exigent trop, eu égard à la quantité dont on dispose à Paris.

454. Le système *Dumuis*, fig. 96 et 97, est conçu en vue d'améliorer le système anglais de M. Jennings, en substituant à la cuvette et au siphon, qui formaient une seule pièce, une cuvette en fonte émaillée séparée du siphon.

Le mécanisme de l'appareil se trouve dans la partie supérieure
du siphon et fait mouvoir une valve qui remplace le tampon
existant primitivement. Cette valve, par sa fermeture hermétique, économise une grande quantité d'eau, dont le volume est
réduit à 3 ou 4 litres pour chaque opération ; et, en outre, par
là le départ des matières devient plus facile.

Ce système est un des meilleurs qui soient employés de nos
jours ; il réunit en effet toutes les conditions nécessaires de
propreté et de salubrité, et il est inodore. Cependant, malgré
les mesures prises par M. Dumuis pour réduire le volume

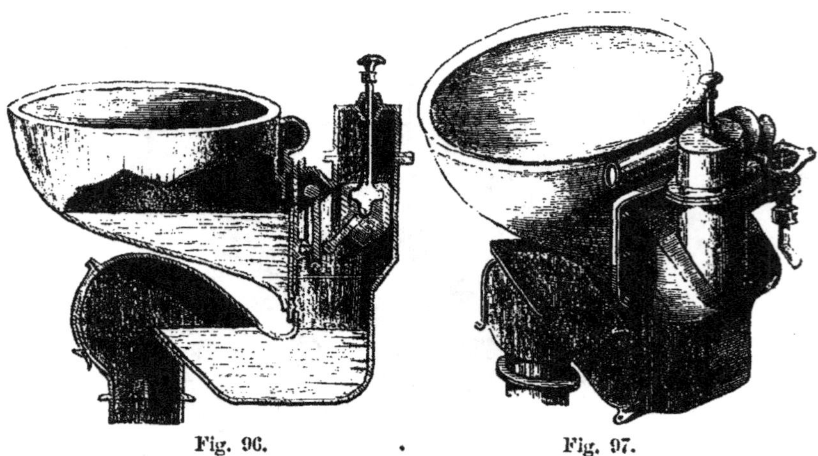

Fig. 96.   Fig. 97.

d'eau nécessité par l'emploi de son appareil, ce volume est
encore trop considérable pour que, dans l'état actuel, le système soit très-employé.

455. M. Dumuis, après avoir étudié et appliqué cette cuvette
sous toutes ses formes, y a adapté un appareil ayant pour
objet de séparer les matières solides d'avec les liquides à leur
sortie du siphon.

Le mode, fig. 98 et 99, ne manque pas d'originalité dans
sa construction, mais les résultats obtenus n'ont pas été
assez satisfaisants pour en permettre l'application. Voici d'ailleurs comment s'effectue la séparation des matières au moyen
de ce mécanisme :

Les déjections, tombant dans l'eau de la cuvette A, sont entraînées dans un siphon D, dès qu'on ouvre, au moyen d'un

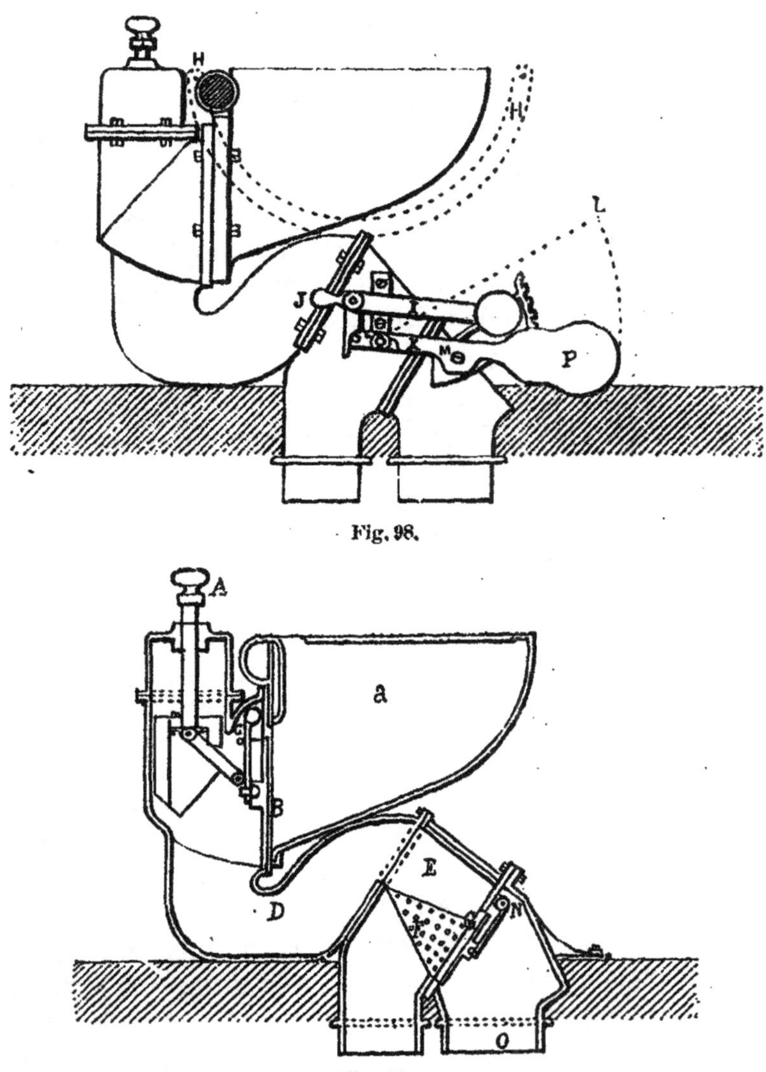

Fig. 98.

Fig. 99.

bouton de tirage, la soupape B, laquelle est garnie de caoutchouc et fermée hermétiquement. Cette soupape pivote sur un centre C, et aussitôt que le mouvement se produit, les matières contenues dans le siphon, et arrivées au niveau de la chambre E, débordent dans une écope F, percée de façon que les liquides puissent s'échapper dans le tuyau qui leur est destiné ; dès lors, il ne reste plus dans l'écope que les matières solides, qui sont bientôt précipitées dans le tuyau O.

Voici ce qui se produit : La personne s'assoit sur un siége en bois, lequel est appuyé sur une fourche H, qui communique son mouvement au balancier. Ce balancier porte un échappement J, qui en fait mouvoir un autre K, en communication avec la manivelle M. Le balancier K, chargé à son extrémité du contre-poids P, cache un petit engrenage correspondant avec un autre plus grand et visible, lequel a pour office de ralentir la chute du contre-poids.

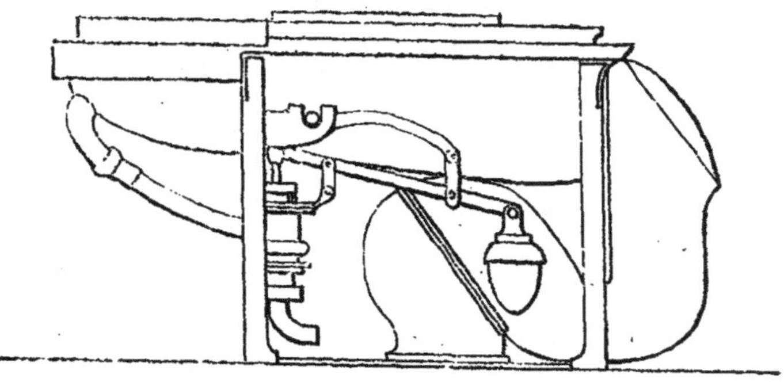

Fig. 100.

Par suite de la pression exercée par la fourche sur le balancier K, qui pivote sur un centre M, le contre-poids vient en L, et, dans son mouvement, entraîne l'écope, laquelle pivote en N, et les matières sont précipitées dans le tuyau O.

456. Le même inventeur a encore appliqué la cuvette à siphon, propre aux siéges communs. Les fig. 100 et 101 montrent la disposition de cette cuvette en plan et en élévation. Le siége est alimenté par un robinet automatique, qui agit sous le poids du corps.

Ce système, qui n'a pas eu un grand succès, a cependant un avantage réel sur tous les autres genres de siéges à bascule, qui ont l'inconvénient d'être malpropres et qui, bien que fermés aussi hermétiquement que possible, laissent encore échapper les mauvaises odeurs : cet avantage consiste en ce que, la cuvette étant peu profonde et lavée d'avant en arrière, les eaux de lavage entraînent avec elles les matières fraîchement excrétées dans le siphon, qui de là se précipitent dans le tuyau de chute. De cette façon, la cuvette est toujours nette, l'eau du siphon étant renouvelée à chaque visite.

457. Le système *Flament*, appelé « appareil atmosphérique à évent, » est destiné à rendre les latrines inodores en ventilant le siége lui-même et en favorisant une issue aux gaz méphitiques.

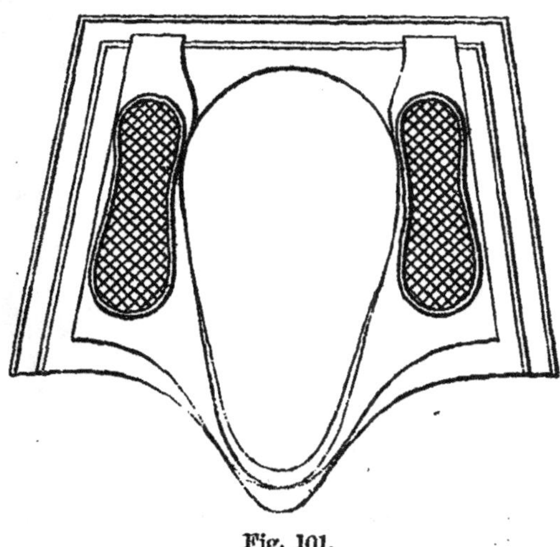

Fig. 101.

L'appareil se compose d'une cuvette ordinaire, qui s'ajuste sur une autre lui servant d'enveloppe. Un espace calculé est ménagé entre ces deux cuvettes : celle qui forme enveloppe est percée sur le côté d'une ouverture où vient s'adapter le tuyau d'évent, sur lequel est placé un aspirateur.

A la partie inférieure de ce même vase existe une autre ouverture communiquant avec le tuyau de chute, ainsi que l'indique la fig. 102.

Ce système peut s'adapter à toute espèce d'appareils, notamment ceux de Rogier-Mothes et Havard.

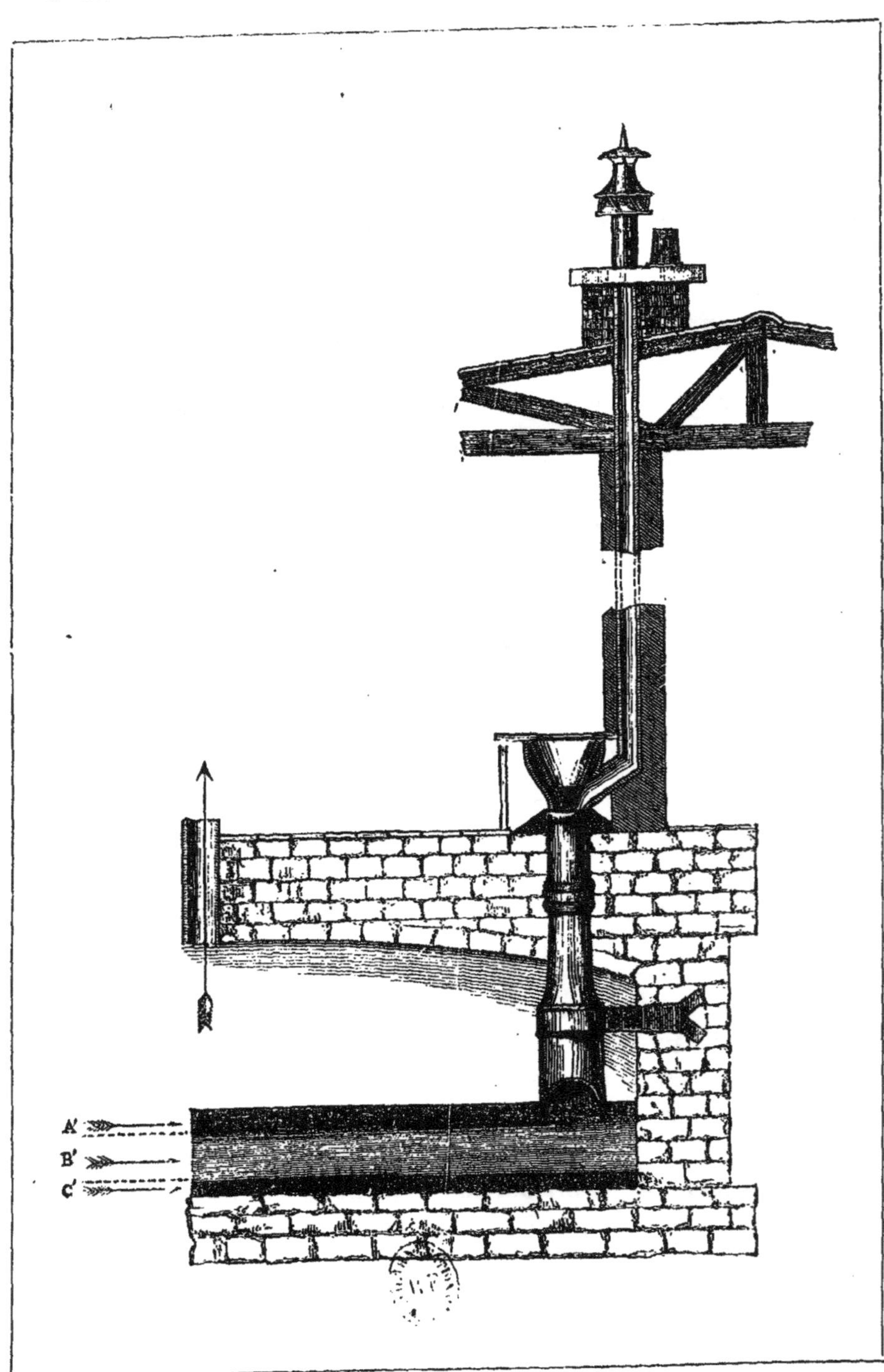

SYSTÈME FLAMENT.

L'aspirateur-ventilateur, que l'on place sur les tuyaux d'évent, est muni de chambres circulaires où l'air vient exercer une pression sur un espace annulaire ménagé à l'intérieur. L'air intérieur, rempli de miasmes et déjà beaucoup plus léger que l'air extérieur, est soulevé par cette pression, et les courants, fussent-ils renversés, favoriseront la colonne ascendante.

Les fig. 103, 104 et 105 représentent plusieurs de ces appareils.

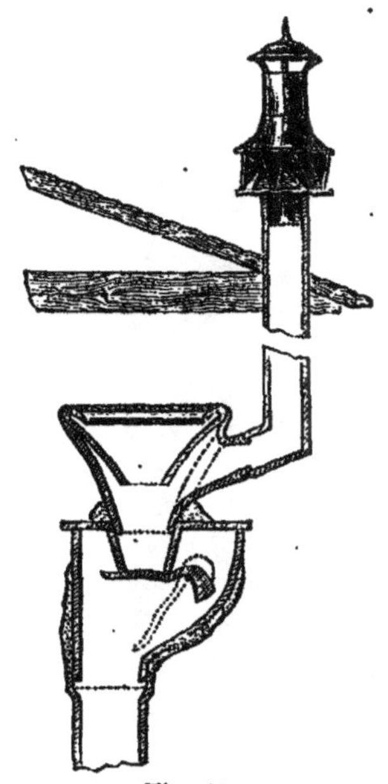

Fig. 102.

458. **M. Flament** s'est posé ce problème :

1° Établir des latrines inodores, sans aucun mécanisme ; 2° mettre ces lieux à l'abri des compressions effectuées dans les fosses et des exhalaisons produites dans le tuyau de chute, le pot de siége et même les parties extérieures du cabinet.

Voici comment s'explique l'inventeur :

« Je fais descendre le tuyau de chute jusqu'à 40 ou 50 centimètres du fond de la fosse, planche 11, en évasant ce prolongement à partir de l'intrados de la voûte. Je place mon appareil à évent sur cette chute ainsi prolongée, et je munis la fosse d'un tuyau d'évent muni de son aspirateur. Que se passe-t-il alors? Jusqu'à ce que les matières introduites dans la fosse par le tuyau de chute aient atteint, dans la partie inférieure, la démarcation NN, ces matières ne sont pas en quantité suffisante pour produire une quantité considérable de gaz, et cela d'autant mieux qu'elles ont perdu, par la ventilation qui s'est produite à mesure de leur introduction, tant par l'évent V de la fosse que par l'évent du siége, la plus grande partie de leurs ferments putrides. Mais, lorsque la

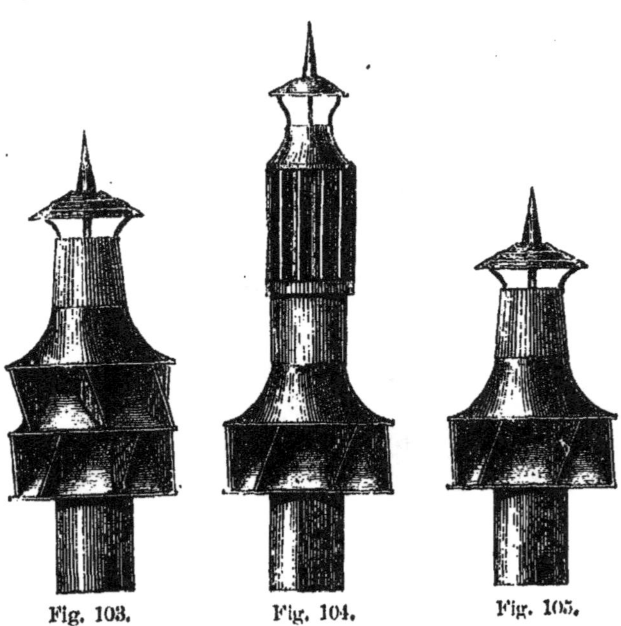

Fig. 103.   Fig. 104.   Fig. 105.

fosse, continuant à s'emplir, pourrait, en diminuant de capacité et les ferments putrides de volume, donner lieu aux compressions inférieures dont nous avons parlé, le niveau des matières fécales monte dans le tuyau de chute comme il monte dans la fosse, forme bouchon hydraulique au bas de la chute, et ne laisse aux gaz qu'une sortie, celle du tuyau d'évent de la fosse. Restent alors les matières formant surface dans le tuyau de chute, au niveau de la fosse, celles attachées aux parois de ce tuyau et du siége. Ici, les gaz ne peuvent se produire que par le contact des matières avec l'oxygène de l'air, et comme la diffusion ne peut s'opérer qu'à la partie inférieure PP du pot de siége, que la nature de ces gaz engendrés et rendus plus légers par la différence de densité de l'air ambiant et de l'air extérieur trouve un courant forcé du cabinet au faîte de l'édifice par le chemin du tuyau d'évent, il en résulte une ventilation parfaite du cabinet par le siége » (*sic*).

459. En 1870, un Allemand avait proposé un système dit *à inondation*, lequel a pour but de désinfecter et de recueillir les matières stercorales.

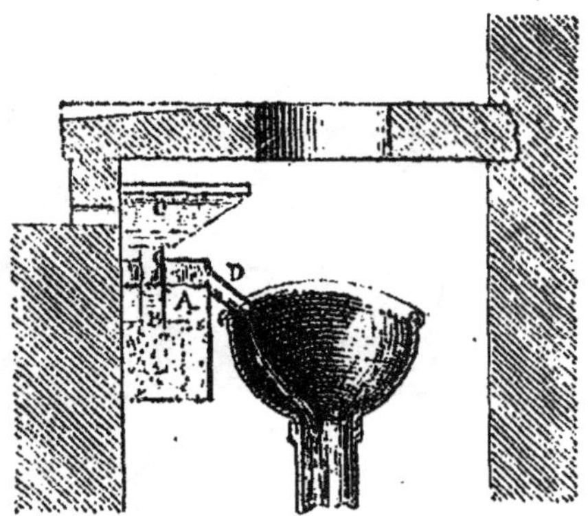

Fig. 106.

Ce système ne fut pas jugé assez satisfaisant pour être appliqué à Paris, mais cependant il fut bientôt adopté par quelques autres villes. L'idée qu'il renferme, en somme, n'est pas à mettre de côté complétement. Les fig. 106 et 107 montrent l'application de ce système, dont l'inventeur fait la description ainsi qu'il suit :

« La désinfection s'opère au moment de l'évacuation des selles, à l'aide de l'urine des personnes qui se servent des latrines. A cette fin, avant de se déverser dans le récipient des excréments, l'urine est dirigée au travers d'une couche de matières désinfectantes quelconques pouvant être dissoutes par elle (comme le sulfate de fer, par exemple), déposées dans un réservoir où elle passe avant de se précipiter sur les excréments solides.

« Le désinfecteur est formé d'un petit bassin **A**, communiquant avec la cuvette destinée à recevoir les matières fermes, et d'un tuyau **B**, qui débouche près du fond du réservoir à désinfectants, afin de forcer l'urine qui est versée dans le récipient à s'élever à travers ces matières de bas en haut. L'appareil se place sous le siége des latrines, de façon à permettre aux urines seules d'y tomber au moment de l'excrétion, et de s'écouler par le déversoir **D** dans la cuvette. C'est le commencement de l'opération.

« Pour continuer la désinfection et en même temps faire la

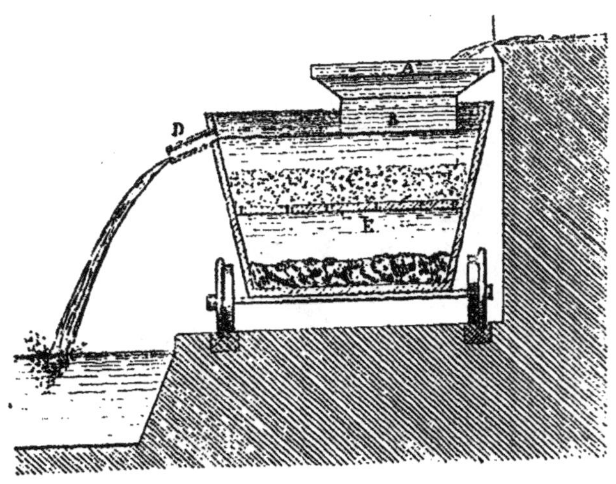

Fig. 107.

collection des matières fermes et liquides, on place un second appareil, de plus grande dimension, devant la bouche du branchement de l'égout, et en contre-bas du radier de ce branchement.

« Le réservoir du second appareil, fig. 107, est divisé en deux compartiments superposés, séparés au moyen d'un fond mobile perforé de trous, à placer dans l'intérieur du réservoir à distance convenable de son fond réel.

« Le compartiment supérieur **C** est destiné aux matières désinfectantes; le réservoir-récipient est destiné à la collection des solides. Le tuyau B du bassin A, qui est en forme d'entonnoir et qui reçoit toutes les matières solides ou liquides, dépasse à peine le fond mobile dans le compartiment E, afin de faciliter l'emplissage de ce récipient. Les liquides, par l'effet de la pression de l'eau dans le tuyau B, s'élèvent en traversant de bas en haut la couche des matières de désinfectants, terre ou autres, en passant par les trous du fond mobile, et s'écoulent par le déversoir D dans le canal de sortie.

« Le réservoir peut avoir la forme d'un bateau à fond plat, pour pouvoir flotter sur les eaux du canal de l'égout, ou être muni de petites roues pour permettre son transport par traction. Si la bouche d'embranchement se trouve à ras du sol ou à niveau avec le canal, on peut ouvrir une fosse pour y loger l'appareil à hauteur voulue.

« Par ce système, les eaux vannes des latrines ou des fosses d'aisances, qui s'écouleront dans le canal de l'égout, seront désinfectées, d'abord en se mêlant, au moment de l'émission des excréments, avec les matières ayant déjà reçu des désinfectants par l'urine, qui a passé par le désinfecteur installé dans le siége ou cabinet, puis en traversant la couche des matières désinfectantes dans le compartiment supérieur E du réservoir. Dans les fabriques et manufactures, on place l'appareil à l'endroit le plus convenable pour recevoir les matières et liquides à désinfecter, et faciliter leur écoulement après désinfection » (*sic*).

Le système à *inondation*, de même que celui de M. Flament, qu'il ne faut pas juger par la lourde description qu'en font les inventeurs, contiennent des éléments qui sont de nature à appeler sérieusement l'attention.

460. En 1872, un brevet est pris par M. Renaux pour un procédé composé en vue d'intercepter toute communication des gaz méphitiques de la fosse avec les latrines. Le système consiste dans l'application d'une cuvette hermétique et à fermeture hydraulique ou siphon, suivant la méthode anglaise.

Dans les cabinets communs, cet appareil fonctionne par le mouvement de la porte ; et dans les cabinets d'appartement, au moyen d'un cordon communiquant au réservoir placé au-dessus du siége, fig. 108, ou d'une poignée tournante agissant sur la conduite d'eau, fig. 109.

Ce système a le grand avantage de n'avoir, pour ainsi dire, pas de mécanisme et d'être, par conséquent, presque exempt d'usure et de réparation ; de plus, il permet de limiter la dépense d'eau dans une proportion déterminée.

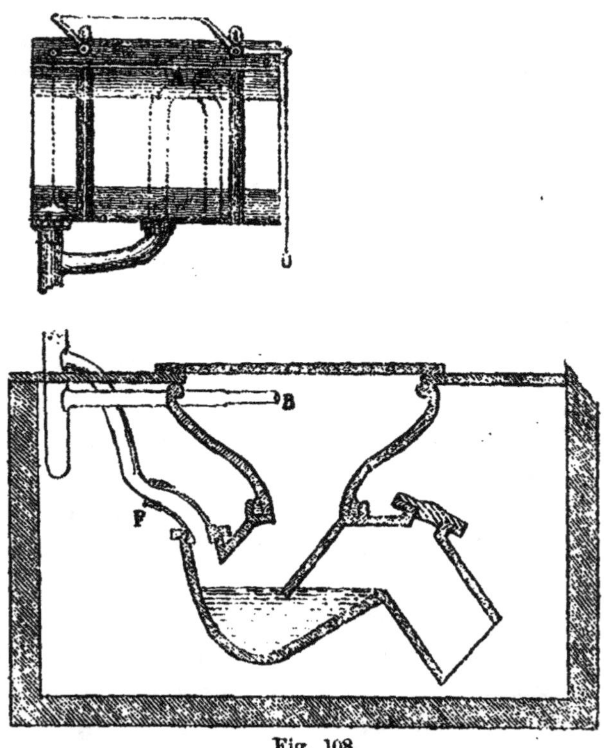

Fig. 108.

461. Une multitude de brevets ont été pris depuis quarante ans pour des systèmes concernant la vidange et les appareils séparateurs ; mais, à part ceux que nous venons d'énumérer, bien peu ont été couronnés de succès. On pourrait néanmoins citer parmi ceux-là des procédés ingénieux qui, une fois améliorés, seront susceptibles de recevoir une application réelle, comme la vidange à la vapeur, par exemple.

§ 6. — État actuel à Paris.

462. A Paris, les matières fécales sont recueillies de trois manières : 1° dans des fosses fixes étanches ; 2° dans des fosses mobiles contenant les matières fermes et liquides ; 3° dans des fosses mobiles à diviseur, dont les liquides sont conduits dans des réservoirs ou directement à l'égout.

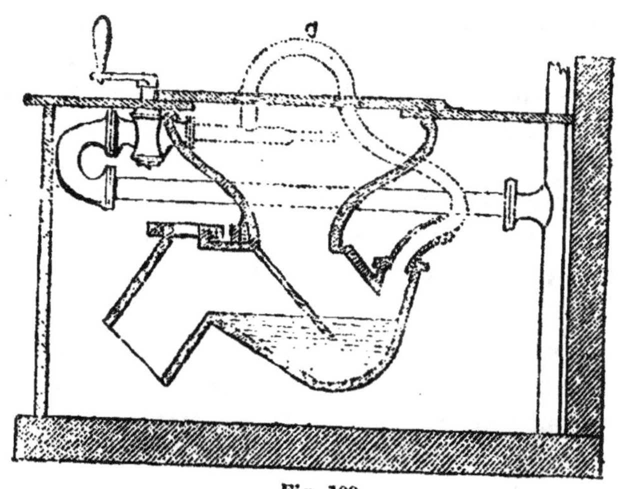

Fig. 109.

463. Le 30 juin 1874, on comptait à Paris :

68.231 maisons,
19.203 fosses mobiles,
85.775 fosses fixes,
8.738 appareils filtrants sur égouts,
1.331 appareils sur réservoirs,
880 réservoirs,
280.443 tuyaux de chute,
634,944 mètres d'égouts publics.

Les branchements particuliers construits par les propriétaires, entre leurs maisons et les égouts publics, ont une longueur de 68,000 mètres.

464. L'extraction des matières des fosses fixes se fait au seau et à la pompe. Ces matières, renfermées dans des tonneaux lutés, sont transportées dans des citernes créées à la Villette pour les recevoir, et qu'on nomme *dépotoir*.

465. Entre le dépotoir et les bassins de la voirie de Bondy règne un tuyau de tôle bitumé de 0^m.30 de diamètre par lequel on fait refluer jusqu'à ces bassins les matières, préalablement délayées dans de l'eau.

466. Les tonneaux mobiles contenant à la fois les matières fermes et liquides sont enlevés et également transportés au dépotoir de la Villette, qui en reçoit le contenu. Il en est de même pour les récipients mobiles à diviseur, soit que les liquides aient été conduits dans des réservoirs ou versés dans l'égout.

467. Lorsque les liquides provenant des récipients mobiles à diviseur sont conduits dans des réservoirs, ces réservoirs sont vidés à la pompe et projetés à l'égout moyennant 1 fr. 25 par mètre cube, ou transportés au dépotoir de la Villette.

468. Lorsque les liquides des mêmes récipients sont conduits à l'égout, il n'y a plus de vidange manuelle de ces matières, puisqu'elle se fait par écoulement d'une manière permanente.

469. Pour l'écoulement permanent des matières liquides à l'égout, il est perçu un droit de 30 francs par année pour chaque tinette, quelle que soit la quantité des liquides expulsés.

470. Dans le principe, on avait songé à convertir les égouts publics de Paris en exutoires de toutes les matières fécales indistinctement; mais aujourd'hui l'on se borne à y projeter les liquides provenant des séparateurs. Cette destination deviendra-t-elle générale? c'est là une question à laquelle il serait difficile de répondre.

471. Les dimensions de l'égout sont variables :

Le petit égout courant de Paris, de forme ovoïde, a 2^m.30 de haut sur 1^m.30 de large. La maçonnerie a 30 centimètres d'épaisseur.

Les égouts collecteurs, placés sous les artères principales, varient de 2^m.75, 3^m.70, sur 2 mètres et 2^m.70, et l'épaisseur de la maçonnerie a depuis 35 jusqu'à 80 centimètres.

Les collecteurs généraux ou émissaires qui conduisent les liquides de toute la capitale n'ont pas moins de 5^m.60 de largeur et 4^m.40 de hauteur. L'épaisseur de la maçonnerie varie de 50 à 95 centimètres dans la portion construite en tranchée, et de 40 à 65 centimètres dans la portion en souterrain.

A proprement parler, les émissaires consistent en un vaste chenal de 3^m.50 de large et 1^m.35 de profondeur, recouvert par une voûte qui le déborde en laissant subsister des deux côtés une banquette de 0^m.90.

472. Cette grande installation des égouts, à Paris, frappe particulièrement par la manière ingénieuse dont sont organisés le service et surtout le curage des collecteurs.

473. L'éclairage et les signaux sont le complément indispensable d'une semblable organisation. On a imité le service de nuit des chemins de fer, qui, en cette matière, offrait un modèle.

474. Les égouts privés ou le drainage des habitations constituent la partie véritablement neuve du système imperméable.

Toutefois, il est encore un grand nombre de maisons qui n'évacuent pas directement aux égouts. Deux circonstances mettent obstacle à l'extension du drainage, qui a été si vite appliqué en Angleterre : c'est d'abord l'insuffisance relative de la canalisation publique, et ensuite la mise de fonds qu'entraîne une première installation.

475. On remarque dans l'exécution du drainage privé deux types de branchement :

L'un de ces branchements est en maçonnerie et de la dimension du petit égout de la rue ; l'autre est en poterie et formé d'une série de tuyaux unis entre eux hermétiquement. Le premier type mesure 2^m.30 sur 1^m.30 et se raccorde à l'égout ; le deuxième est formé de tuyaux vernissés à l'intérieur qui ont 0^m.25 ou 0^m.30 de diamètre ; ils sont lutés au ciment et entourés de 0^m.10 d'épaisseur de béton hydraulique.

Enfin, à l'intrados de la voûte s'ouvre une cheminée d'appel de 3 décimètres carrés, destinée à assurer la ventilation.

476. C'est surtout par la pente et l'abondance de l'eau qu'on a cherché, à Paris, à résoudre cet important problème de la ventilation.

On avait eu recours aux cheminées d'appel pour ventiller les égouts ; chaque propriétaire était tenu de construire un de ces conduits, d'abord dans le mur mitoyen et ensuite sur le nu de la façade même ; mais l'expérience démontra bientôt que par ces cheminées d'appel on n'obtenait ni aspiration ni refoulement ; parfois même, le courant naturel était renversé, et l'air extérieur entrait par les tuyaux, tandis que l'air intérieur s'échappait, par les bouches des égouts, dans la rue.

477. En 1860, après avoir vivement combattu ce système, nous avons proposé d'utiliser l'éclairage public pour brûler les gaz méphitiques. On n'en persista pas moins dans le projet de construire des cheminées d'appel, opération qui a coûté aux propriétaires des sommes considérables : aussi, aujourd'hui, on cesse d'exiger ces travaux inutiles.

478. Plus tard, on voulut se servir des tuyaux de descente des eaux pluviales et ménagères ; mais ce dernier moyen avait encore des inconvénients et on y a renoncé ; à présent, on bouche même ces tuyaux avec des siphons et l'on prévient ainsi les odeurs désagréables qui pourraient monter aux étages supérieurs des maisons.

479. Donc, dans l'état actuel, les seuls moyens d'aération et de ventilation sont : la multiplicité des bouches et le mouvement incessant du flot qui ébranle continuellement l'atmosphère de la galerie. C'est ce dernier moyen d'aération qui est appliqué dans les ports de mer, notamment au Havre. « Là, dit M. Freycinet, ingénieur des mines, auquel nous empruntons beaucoup de renseignements, on fait des chasses presque journalières à la marée basse, au moyen de l'eau de mer retenue à marée haute dans les bassins du port. Quatre ou cinq prises, en des points différents, permettent de faire un large et efficace emprunt au bassin. Ce procédé, en même

temps qu'il rend inutile la présence de l'ouvrier, assainit aussi l'atmosphère des égouts, qui participe au mouvement du flot. »

480. L'application des fosses mobiles filtrantes à l'égout, qui est récente, tend à se généraliser. Ce mode de vidange a ses inconvénients et ses avantages.

Les avantages consistent :

1° A permettre aux propriétaires d'user d'une aussi grande quantité d'eau que possible, sans augmenter le prix de leur vidange. C'est là certainement un résultat important au point de vue de la salubrité, c'est une économie pour le propriétaire et un bénéfice pour la ville, qui peut faire des concessions d'eau sans aucun obstacle ;

2° A diminuer les désagréments de la vidange, lesquels ne consistent plus que dans l'enlèvement des matières fermes dont la quantité est infiniment moins considérable que celle des matières liquides ;

3° A exonérer le propriétaire de la construction d'une fosse et des frais d'entretien, un simple caveau construit à peu de frais et de petite dimension pouvant suffire pour ce mode de vidange.

481. Le principal inconvénient est de jeter dans l'égout les matières liquides, qui, à part les eaux de lavages, sont les plus riches en principes fertilisants.

Il est vrai que, présentement, ce désavantage est insignifiant, puisque, par suite du dégoût insurmontable qu'on éprouve à utiliser ces matières et plutôt encore par incurie, on n'en tire aucun parti ; mais le bon sens triomphera, et d'ailleurs, par la force des choses, on arrivera à les utiliser ; c'est alors que le désavantage dont nous venons de parler se fera sentir.

Il est vrai que, si l'on trouve le moyen de retenir les principes fertilisants des eaux vannes aussitôt après leur séparation des matières fermes, c'est-à-dire avant qu'elles soient mêlées aux eaux de l'égout, toute critique sera écartée.

Mais c'est un problème à résoudre, et sa solution doit être l'objet de recherches sérieuses.

Il est encore à craindre que, le système une fois appliqué d'une manière générale, il n'en résulte une infection plus ou moins grande des égouts. Il est vrai que les distributions d'eau augmentent chaque jour.

482. En résumé, en l'état, le système est bon pour ce qui regarde la salubrité; mais il laisse beaucoup à désirer en ce qui touche l'agriculture.

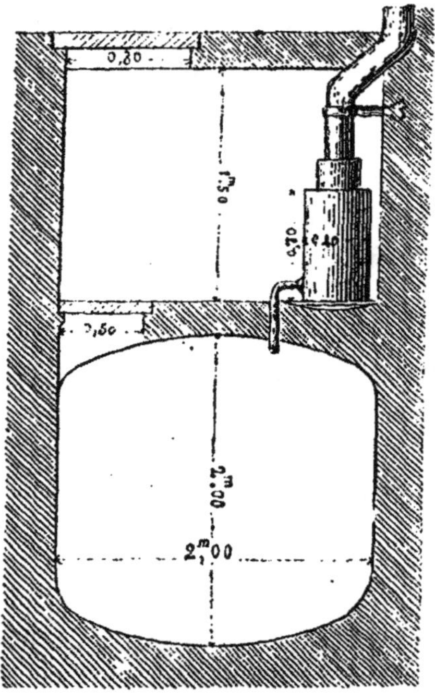

Fig. 110

483. Quant aux systèmes diviseurs, tous ceux qui ont été précédemment énumérés sont employés à Paris ; mais ceux qui reçoivent une application générale sont ceux à double cylindre inventés par Dugléré, et les récipients à plaque percée de Huguin.

484. Le système Dugléré, qui est le plus usité, a subi quelques modifications. Les fig. 110 et 111 le représentent

complet et tel qu'on l'emploie aujourd'hui, le premier sur
réservoir fixe, l'autre sur réservoir mobile. Cet appareil se
compose d'un cylindre étanche en tôle ordinairement galva-

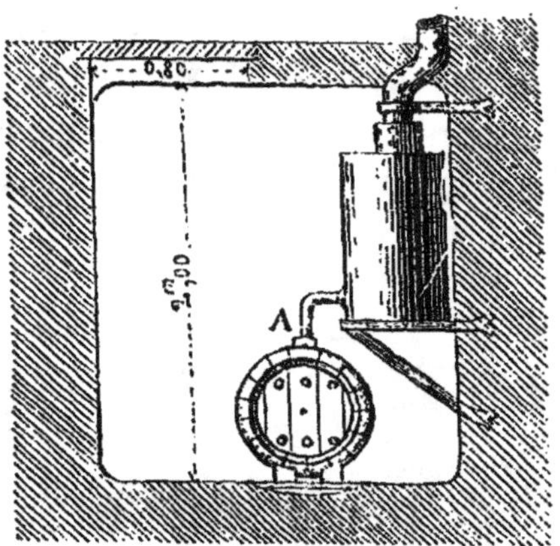

Fig. 111.

nisée, indiqué par les figures ci-dessus, et d'un cylindre de
même métal percé d'une multitude de petits trous, fig. 112, et
donné sur une plus grande échelle.

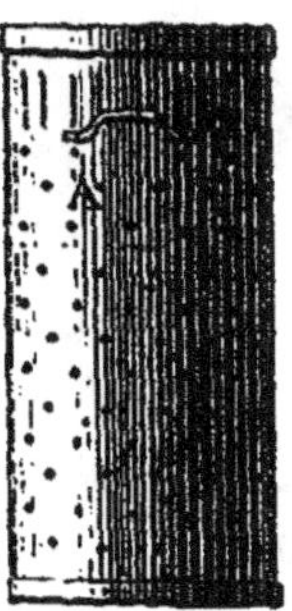

Fig. 112.

Ce dernier cylindre, qui se place dans le premier, reçoit les
matières fermes et liquides par le tuyau de descente communiquant aux latrines. Les liquides s'échappent par les petits
trous et les matières fermes restent. Les liquides, recueillis par

le grand cylindre, sont ensuite dirigés par un tuyau, soit dans
des réservoirs fixes, soit dans un réservoir mobile, soit directement à l'égout, comme l'indique la fig. 113.

485. Tous les systèmes énumérés précédemment, ayant
pour objet la fermeture hermétique, sont employés à Paris.
Mais les plus usités sont ceux de **MM.** Havard et Rogier-
Mothes. Leurs appareils, qui sont aujourd'hui dans le domaine public, s'appliquent également aux lieux communs et
aux cabinets d'appartement.

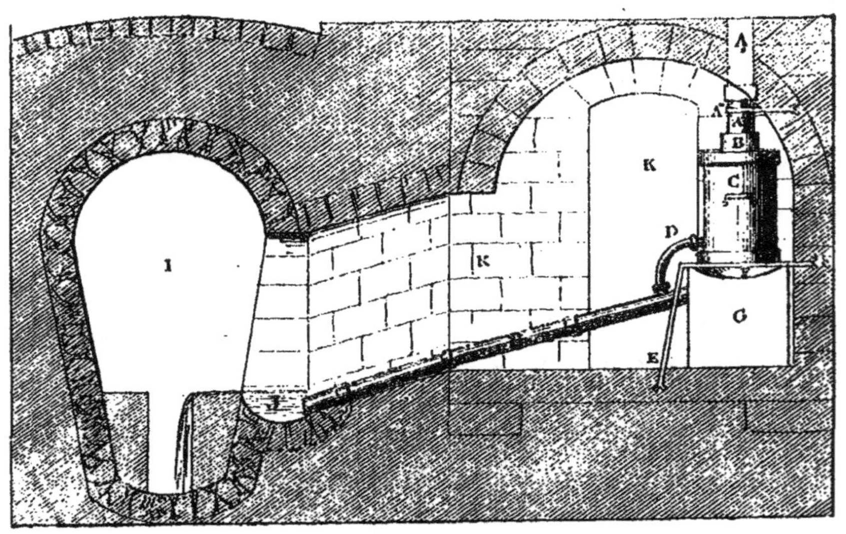

Fig. 113.

486. A Paris, depuis que l'eau est devenue plus abondante
et qu'on peut l'utiliser dans une plus grande proportion pour
la salubrité des latrines, l'emploi des cuvettes à siphon se
généralise.

Ce qui est en faveur de ce système, c'est l'extension donnée
à l'expulsion des liquides à l'égout, de sorte que l'on n'a plus
à redouter les dépenses excessives qu'occasionnait la vidange
des eaux dans les fosses.

§ 7. — État actuel en France.

487. Au point de vue de la salubrité comme à celui de la fécondation des terres, les matières fécales sont traitées de manières différentes, suivant les localités.

488. Dans le Nord, elles sont, en général, très-appréciées. On les reçoit dans des fosses étanches, d'où elles sont précieusement enlevées par les agriculteurs. Ils payent environ 50 fr. par fosse, bénéfice des domestiques de la maison, et font la vidange eux-mêmes. Il en est ainsi dans toutes les villes du Nord, notamment à Lille, où la vidange n'est plus, comme à Paris, une charge pour la propriété, mais bien au contraire un produit.

489. Dans cette partie de la France, les liquides surtout sont utilisés comme engrais : ils sont mélangés aux matières pâteuses et, ainsi préparés, servent à arroser les terres.

490. Dans le Centre et dans l'Ouest, les matières fécales ne sont guère recherchées, si ce n'est par les jardiniers et horticulteurs. Elles sont reçues soit dans des fosses étanches, soit dans des fosses mobiles, soit encore dans de simples bacs, mais le plus souvent dans des fosses à fond perdu ; elles sont éliminées tantôt dans la mer, tantôt dans un ruisseau et quelquefois dans un ravin.

491. Au Havre, les réceptacles des fosses d'aisances se réduisent à de simples bacs, qu'on place sous les siéges des cabinets et qu'on enlève habituellement chaque semaine. C'est la Compagnie des vidanges qui fait ce service ; elle remplace immédiatement le bac plein par un vide ; ensuite, les matières sont jetées à la mer ou transportées dans des dépotoirs, où on les convertit en poudrette.

492. A Rouen, à Alençon, au Mans, à Laval, à Angers, les matières fécales sont éliminées à la rivière, lorsque cela est possible ; on ne les conserve dans les fosses que là où le drainage fait défaut.

493. Il n'y a pas longtemps qu'on faisait encore un usage

général, à Nantes, de certains grands canivaux appelés *touques*, pour conduire les matières à la Loire.

Ce n'est que depuis peu que l'on y emploie, dans une certaine mesure, des appareils séparateurs qui permettent l'écoulement des liquides seuls, à la rivière ou au réservoir.

494. Au reste, dans les villes, on fait concurremment l'application de plusieurs systèmes de vidanges.

495. A Lyon, où l'écoulement des matières fécales au fleuve est assez commun, il existe un très-grand nombre de fosses d'aisances qui sont souvent de grande dimension. Il y en a qui contiennent 60, 80, 90 et jusqu'à 140 mètres cubes de matières.

496. Quoique, dans le Centre et dans l'Ouest, les matières fécales soient généralement abandonnées par les agriculteurs, il est différentes exceptions pour les grandes villes.

497. Ainsi, dans les environs de Lyon, il est des exploitations agricoles qui en font usage; il en est de même à Caen, où la vidange s'effectue comme dans le Nord. Les matières sont extraites des fosses par les paysans des environs. Ils apportent de la tourbe, qu'ils jettent sur les matières et qui, en absorbant les liquides, les désinfectent. Après un temps convenu, ils reviennent et enlèvent le contenu des fosses, qu'ils utilisent comme engrais.

498. Mais, dans la plupart des petites villes, les matières fécales sont délaissées par les agriculteurs et traitées d'une manière déplorable, au point de vue de la salubrité, comme à Saint-Flours, qui est renommé comme étant un foyer d'infection. Néanmoins, il est certain que les matières sont un peu partout converties en poudrette.

499. Dans plusieurs parties du Midi, en Provence surtout, l'engrais humain est très-recherché. Les matières fécales y sont reçues tantôt dans des tonneaux mobiles, tantôt dans des fosses plus ou moins étanches.

Il est à remarquer que, dans cette contrée, on fait beaucoup moins de cas des urines que dans le Nord, où, comme nous l'avons dit, elles servent à arroser les terres et où l'on obtient par ce moyen d'excellents résultats dans tous les sols.

500. On se rappelle cette inscription qui se trouve habituellement sur les latrines qui bordent les routes du Midi de la France : « Passant, *ibi caces.* » Les agriculteurs reconnaissent donc bien l'utilité de l'engrais humain pour la fertilité de leurs terres.

501. Toutefois, dans certaines parties du Midi, les matières fécales sont moins appréciées. Dans plusieurs villes même, on n'en fait aucun cas; elles sont évacuées, selon que la localité le permet, à la mer ou à la rivière.

502. A Marseille, la ville du monde autrefois la plus empoisonnée, il n'y a pas un très-grand nombre de fosses d'aisances, comme dans la plupart des ports de mer, à cause du sol bas et de la proximité de l'eau. On enlève, chaque matin, les matières contenues dans de petits récipients que chaque maison renferme, et on les jette à la mer.

On procède de même pour les matières qui sont jetées à profusion sur la voie publique.

503. A Castres, il n'y a pas de fosses d'aisances ; les égouts reçoivent toutes les matières fécales et les conduisent à la rivière, qui en est infectée.

Il en est de même à Montpellier, où passe la rivière de Lez et où les fosses sont rares.

A Cahors, à Montauban et dans presque toutes les villes situées sur des rivières, on ne procède pas autrement.

504. Quant aux appareils diviseurs destinés à séparer les matières solides d'avec les liquides, ils ne sont généralement employés que dans les grandes villes, et encore ne s'en sert-on que rarement.

En tout cas, les appareils diviseurs dont on fait usage dans ces villes sont identiques avec ceux que l'on a adoptés à Paris, et que nous avons déjà décrits.

505. Ainsi, les matières fécales sont traitées différemment dans les diverses parties de la France, et chaque ville, selon que ces matières sont bien ou mal éliminées, se trouve dans un état plus ou moins grand d'insalubrité. Toujours est-il que

les excréments sont peu utilisés comme engrais, si ce n'est dans le Nord et une partie de la Provence, et que là où ils sont employés, le sol est remarquablement fertile.

506. Les fosses fixes constituent encore l'état normal de la majorité des villes françaises. La plupart de ces fosses sont couvertes, mais relativement il en est peu qui soient étanches, et ce sont précisément celles qui présentent de sérieux dangers pour l'opération de la vidange.

507. Le mode de ventilation de ces fosses le plus généralement employé consistait à munir la fosse d'une cheminée d'aérage débouchant au-dessus du toit; mais il arrivait que l'air extérieur descendait par la cheminée, et que les gaz étaient refoulés dans l'intérieur des appartements.

508. Pour remédier à cet état de choses, dans quelques fabriques, on avait recours à de nouveaux expédients. Ainsi, l'on faisait communiquer la fosse avec la cheminée des appareils à vapeur; dans un autre endroit, on entretenait dans le tuyau d'aérage une combustion lente et sans flammes. Mais tous ces moyens, applicables dans les usines et autres établissements, ne l'étaient pas dans les maisons particulières.

509. On eut recours à un autre mode d'assainissement des fosses : il consistait à prévenir la fermentation des matières en séparant les liquides d'avec les solides. De là sont venus les divers appareils diviseurs proposés ou appliqués, selon leurs avantages.

510. Ces appareils diviseurs reposent tous sur le même principe et ont pour objet de recevoir simultanément dans un réceptacle commun les matières solides et liquides, et de faire écouler la partie liquide au moyen d'orifices pratiqués dans l'une des parois du réceptacle. Tel est, par exemple, le système Dugléré, cité plus haut.

511. A Lyon, on a installé un assez grand nombre de diviseurs fixes en communication avec les égouts. La cloison séparative de la fosse est formée par une paroi dans laquelle sont pratiqués des trous. Les matières liquides, en traversant une petite rigole ménagée à cet effet, gagnent le chenal de l'égout.

512. A Nîmes et à Bordeaux, on a adopté un système de vidange dit *hydro-barométrique.*

Ce système consiste à faire le vide dans des tonnes qu'on amène à proximité de la fosse, et, dès qu'elle est en communication avec celles-là, les matières, sous l'influence de la pression atmosphérique, se précipitent dans les tonnes. La difficulté était d'obtenir un vide parfait et économique.

513. C'est ce problème qu'a résolu, à Bordeaux, M. le docteur A. Commandré, au moyen d'une machine à vapeur qui met en mouvement une double pompe aspirante et foulante, dont le tuyau d'aspiration s'épanche dans un conduit horizontal pourvu de six branchements. Ce conduit communique avec la pompe.

L'appareil est étanche et ne laisse point rentrer d'air au moment de la sortie du liquide, de façon que le vide est réalisé du même coup et la tonne prête pour la vidange.

514. A Toulouse, M. Loiseau a proposé une manière différente de faire le vide dans les tonnes.

L'appareil construit à cet effet n'est autre qu'un baromètre à eau. Un tube vertical de 10^m.30 de haut plonge, par l'extrémité inférieure, dans un réservoir, tandis que l'extrémité supérieure peut s'aboucher à l'orifice de vidange des tonnes qu'on amène au-dessus. Au début des opérations, le tube et la tonne étant pleins d'eau, l'écoulement est produit par le poids de la colonne et le vide se fait dans la tonne.

515. Dans le système de vidange dit *hydro-barométrique,* la pose des tuyaux de la fosse seule peut donner lieu à quelques odeurs. La Compagnie s'est efforcée de faire disparaître cet inconvénient en installant des tuyaux inamovibles, partant du fond de la fosse et venant aboutir à la rue. A Bordeaux, on a posé de semblables tuyaux dans un certain nombre d'habitations.

516. L'ancienne coutume d'éliminer les matières fécales à la rivière tend à se restreindre tous les jours, ou du moins à se transformer par l'application des appareils diviseurs, qui permettent de ne plus expulser que les liquides à la rivière.

517. Comme nous l'avons vu, les urines ont été employées de façons bien différentes, à part leur emploi dans l'agriculture. Les chimistes les ont traitées et les traitent encore pour en retirer l'ammoniaque et les autres substances qu'elles renferment.

Les médecins ont trouvé en elles des propriétés thérapeutiques et les ont même utilisées avec succès. Malheureusement, aujourd'hui les urines sont complétement délaissées sous ce rapport. Elles sont exploitées cependant par quelques charlatans de province, connus sous le nom de *jugeurs d'eau.*

De nos jours, les médecins ont, dans le même ordre d'idées, cherché plus sérieusement dans cette substance un diagnostic médical (1).

Enfin, l'on sait que les doreurs eux-mêmes emploient l'urine mélangée avec du blanc d'œuf pour fixer la dorure : ainsi, c'est à l'aide de cette mixtion que sont dorés ces beaux livres dont la reliure fait notre admiration.

(1) Il est certain qu'à l'état de santé de la personne, l'urine renferme des éléments normaux en proportion définie. A l'état de maladie, ces proportions augmentent ou diminuent... et, de plus, des éléments anormaux, étrangers à l'urine ordinaire, apparaissent. Ce sont là les deux sources principales du diagnostic urinaire.

Il est reconnu aujourd'hui qu'il y a des maladies qu'on peut reconnaître par l'examen chimique des urines, par exemple :

Lorsque l'urine contient une très-petite quantité d'eau, on peut, sans hésiter, conclure à l'existence d'une *inflammation* ou d'une *affection fébrile.* Si, au contraire, la quantité d'eau augmente, il s'agit sans nul doute d'une *névrose.*

L'urée étant le résidu de la nutrition, de la combustion organique, si l'urine ne contient que très-peu de cette substance, il est à craindre une *chloro-anémie.*

L'acide urique est presque absolument absent des urines *nerveuses* ou *anémiques.* Il augmente en proportion appréciable dans les *phlogoses.*

La présence dans les urines du sang, de la bile, du pus, du mucus, etc., est encore un diagnostic. A chacun de ces éléments étrangers se rattache un état morbide.

En résumé, étudier l'urine des malades, c'est suivre la voie indiquée par la nature même, et il est possible de trouver dans ce liquide des indications diagnostiques médicales.

Voici comment s'exprimait le docteur Goupil dans son journal l'*Uroscopie*, 10° numéro, année 1864.

« Faut-il prouver que les maladies graves, comme les plus simples indis-

§ 8. — Etat actuel à l'étranger.

Chine et Cochinchine.

518. En Chine, la loi défend de jeter les excréments humains. Les Chinois, si avancés dans la science agricole, ont dû bien avant nous appliquer les matières fécales à la fumure des terres. Pas un paysan chinois, dit Eckeberg, ne va à la ville sans rapporter, aux extrémités de son bambou, deux seaux pleins d'immondices.

Ils mêlent les excréments à une terre argileuse et en composent ainsi, en pétrissant le tout, des briquettes ou gâteaux nommés *taffos;* les taffos sont librement desséchés à l'air et pulvérisés ensuite pour être répandus sur la terre.

519. Les Chinois ont encore un autre moyen d'utiliser les excréments humains. Les matières fécales sont déposées dans des fosses ou de grands vases de terre; on y ajoute de l'eau en quantité suffisante et, pendant la fermentation, on en opère le mélange. L'engrais, ainsi rendu liquide, est utilisé pour la fumure des terres et spécialement pour l'horticulture.

Grâce à l'engrais humain, la terre en Chine est, pour ainsi parler, aussi jeune qu'au temps d'Abraham.

520. Les Chinois se servent de fosses étanches et de bacs portatifs pour recevoir leurs excrétions, dont ils font si grand cas pour l'agriculture. Les tonnes, à l'usage de tous, sont à la disposition des cultivateurs qui se chargent de les vider. Les lieux d'aisances sont à lunette béante, mais vastes,

positions, modifient l'urine? Faut-il rappeler que les plus légers accidents, que l'alimentation elle-même exerce sur cette excrétion une action connue de tout le monde? Est-il besoin d'arguments pour faire admettre que le cancer ou la phthisie, les désorganisations radicales de l'être humain peuvent altérer un liquide auquel quelques asperges communiquent, deux heures après, des propriétés toutes spéciales? Non, pour des esprits indépendants, tout cela est évident et palpable, et l'on est en droit de dire que l'urine est, par excellence, le liquide diagnostique de la maladie et le baromètre de la santé. »

aérés et lavés. Dans les hautes classes, on se lave ordinairement le fondement après chaque excrétion. Au dire des voyageurs, les gens du peuple se servent, pour s'essuyer, de morceaux de bois qui passent de père en fils comme des objets inhérents à la succession.

Angleterre.

521. En Angleterre, les matières fécales n'ont guère été utilisées, ni pour l'agriculture, ni pour les arts industriels.

Cependant les grandes villes, Londres notamment, furent pourvues de fosses d'aisances qui existèrent tant que les maisons restèrent sans jonction avec les égouts. Mais en 1820, les Compagnies d'eau commencèrent un service qui, dès 1850, procura aux ménages particuliers une quantité d'eau de 260.000 mètres cubes au moins; dès lors, l'usage des *water-closets* se généralisa, les égouts furent substitués aux fosses et les matières évacuées à la Tamise.

522. Bientôt cependant, les déjections provenant des latrines anglaises étant la principale cause de l'infection des égouts et par suite des cours d'eau, il fut question de revenir aux fosses d'aisances; déjà un certain nombre de maisons allaient en être pourvues de nouveau, lorsque l'opinion publique en Angleterre prononça sur ce point un arrêt définitif, dont la commission d'enquête de 1857 se fit l'organe officiel. Maintenant, dès que l'inspecteur de la salubrité est informé de l'existence d'une fosse, il en ordonne le curage et le comblement.

523. On évalue à plus de trois cent mille le nombre de ces réceptacles supprimés en Angleterre depuis vingt ans. Ils étaient de plusieurs sortes, et l'on distingue encore aujourd'hui, dans les villes où la réforme n'est pas avancée :

Les *fosses couvertes*, dont le curage présentait des dangers sérieux pour les ouvriers, dangers qu'on essaya d'atténuer par quelques applications de ventilation naturelle : un tuyau de fonte partait de la fosse et passait par la plus haute cheminée, pour déboucher avec elle au-dessus des toits ;

Les *fosses à ciel ouvert* ou *middens*, beaucoup plus nombreuses parce qu'elles étaient réservées aux classes peu aisées : c'étaient des puits de 1ᵐ.50 de profondeur, garnis au fond d'une couche de sable ou de gravier de 25 à 30 centimètres d'épaisseur, dans lesquels étaient accumulés les matières fécales, immondices et débris de toutes sortes.

524. Mais les Anglais ne se préoccupèrent point d'améliorer ces sortes de fosses : actuellement les égouts sont plus que jamais en usage et les prescriptions pour les fermer sont tombées en désuétude.

525. En Angleterre, le drainage est ainsi construit : les tuyaux qui reçoivent les matières sont en grès émaillé de 30 centimètres de diamètre, et les égouts dans lesquels ils débouchent sont en briques, à section ovoïde : les uns et les autres sont d'ailleurs établis de manière à prévenir, autant que possible, toute infiltration dans le sol des matières impures qu'ils charrient.

526. Mais les maisons étant sans jonction avec les égouts, il devint nécessaire d'avoir dans ces maisons des canaux aboutissant aux égouts publics, et ces égouts eux-mêmes communiquant avec leurs grands collecteurs et leurs émissaires. Le drainage des habitations par les canalisations souterraines devint donc une règle générale.

527. Sous ce mot *drainage*, on comprend deux opérations distinctes :

1° Celle qui a pour objet d'évacuer les liquides impurs et les matières solides susceptibles d'être entraînées par les eaux ;

2° Celle qui consiste à faire écouler les eaux ordinaires et à débarrasser le sous-sol de l'excès d'humidité.

C'est ce que les Anglais désignent par les dénominations de *drainage imperméable* et de *drainage perméable;* le premier nécessite des tuyaux étanches, tandis que l'autre se pratique avec des conduits pénétrables.

528. Aujourd'hui, il n'y a plus de ville en Angleterre qui ne soit dotée d'un réseau d'égouts à peu près complet ; toutes les maisons sont drainées, et celles qui ne le sont pas ne tarderont

pas à l'être, injonction ayant été faite aux propriétaires d'exécuter. dans un délai fixé la jonction souterraine de leurs maisons avec l'égout public, de munir les *water-closets* d'une fermeture hermétique et de la quantité d'eau nécessaire pour emporter la vidange.

529. Ainsi, le système des latrines anglaises se lie à une circulation d'eau dans la maison par deux robinets au moins, l'un dans la cuisine, l'autre dans le *water-closet;* toute habitation pourvue d'eau est une habitation drainée.

Du reste, les extraits suivants donnent un aperçu de la législation concernant le drainage en Angleterre.

530. Le *Public Health Act.* porte :

« Art. 49. — Il ne sera permis d'élever une maison nouvelle ou de rebâtir une maison démolie au niveau du sol, ou d'occuper une maison ainsi élevée ou rebâtie, au moins jusqu'à ce qu'un ou plusieurs drains couverts aient été placés de telle nature et de telle dimension, à tel niveau et avec telle pente qui seront jugés nécessaires pour effectuer un bon et suffisant drainage de ladite maison et de ses dépendances. Si la mer ou quelque égout public ne sont pas éloignés de plus de 100 pieds d'un point quelconque de l'emplacement de ladite maison, le ou les drains seront mis en communication avec celui de ces moyens d'évacuation que prescrira le conseil local de salubrité; et si aucun de ces moyens ne se trouve à la distance susmentionnée, le ou les drains communiqueront et se videront à une fosse couverte ou à tout autre réceptacle qui ne sera situé sous aucune maison, ni dans le rayon d'aucune maison fixé par le conseil local.... »

« Art. 51. — Il ne sera permis d'élever... sans un convenable *water-closet* ou lieux d'aisances, et sans un trou à cendres, pourvus de portes et couvertures en bon état.... »

« Art. 58. — Le conseil local de salubrité fera drainer, nettoyer, couvrir ou combler, ou obligera à faire drainer, nettoyer, couvrir ou combler, toutes fosses, trous, fossés découverts, égouts, drains et autres établissements recevant ou conduisant tout liquide d'égout, ordure, eau, matière ou toute autre chose de nature incommode ou préjudiciable à la salubrité...; ou il obligera à construire un égout ou drain convenable pour la décharge, selon que les circonstances l'exigeront.... »

531. Voici maintenant les prescriptions du *Metropolis local Management Act:*

« Art. 75. — Il ne sera pas permis d'élever une maison... à moins qu'un drain avec embranchements et autres ouvrages s'y rattachant et avec une distribution d'eau comme il est dit ci-dessus, soit installé et mis en état, à la satisfaction de l'inspecteur du conseil..., de manière à assurer le drainage de l'étage inférieur de la maison et des divers étages au-dessus, ainsi que des surfaces qui en dépendent, des *water-closets*, lieux d'aisances et bureaux (s'il y en a), lequel drain sera conduit à l'égout...; et s'il n'y a pas d'égout construit ou projeté dans un rayon de 100 pieds, dans une fosse couverte ou autre réceptacle.... »

« Art. 81. — Il ne sera pas permis d'élever une maison... sans un convenable water-closet ou lieux d'aisances, et sans un trou à cendres, pourvus aussi, en ce qui concerne le *water-closet*, d'un bon appareil à eau avec trappe fonctionnant bien à la cuvette et autres arrangements convenables.... »

« Art. 73. — Si quelque maison bâtie soit avant, soit après la mise en exécution du présent acte, est trouvée sans être drainée par un drain suffisant communiquant et déchargeant à quelque égout, à la satisfaction du conseil, et si un égout de dimension suffisante existe dans le rayon de 100 pieds de ladite maison et à un niveau inférieur, le conseil aura le droit de requérir... la construction d'un drain couvert allant de la maison à l'égout..., de manière à assurer le drainage de la maison, de ses différents étages, ainsi que des surfaces qui en dépendent, des *water-closets*.... »

532. Ces dispositions sont, en ce qui concerne le danger d'insalubrité, reproduites et renforcées par le *Nuisance remorial Act* de 1855.

533. Les latrines et les fosses d'aisances, en Angleterre,

étaient, comme en France, désinfectées et débarrassées des gaz méphitiques qui en émanaient.

Comme nous, les Anglais ont cherché tous les moyens possibles de purifier l'atmosphère de ces émanations fétides, cause de l'insalubrité des habitations.

Ils eurent recours aux absorbants et aux décomposants, se servant tour à tour de la chaux, du chlorure de chaux et de l'acide carbonique. Mais ces divers systèmes défectueux ne produisant qu'une purification momentanée, ils tentèrent d'effectuer, au moyen d'appareils, la séparation des matières : c'était un pas de plus vers l'assainissement des fosses et des latrines. Plus tard on eut recours à un moyen plus énergique, *la ventilation.*

534. On rencontre dans quelques branches d'industrie, en Angleterre, de bons emplois de ventilation mécanique pour enlever les gaz ou vapeurs nuisibles.

Dans une fabrique de chlorure de chaux où les ouvriers étaient obligés de pénétrer dans de grandes chambres pour retirer les produits, M. Shanks obtint une ventilation efficace en faisant communiquer les chambres avec la cheminée de l'usine. On ouvrait la porte opposée, un courant s'établissait et tout le chlore en excès était aspiré très-rapidement.

535. MM. Elkington, de Birmingham, dans leurs ateliers d'orfévrerie, mirent en usage, pour se débarrasser de l'hydrogène parfois très-abondant, un ventilateur à colonne qui débouchait au-dessus du toit de la maison. La différence de hauteur des deux colonnes produisait un courant d'air suffisant.

536. M. Price, à Battersea (près de Londres), n'employait dans les salles de dépôt de sa fabrique de bougies aucun procédé de ventilation artificielle. Après bien des essais infructueux, il s'arrêta à une simple voûte cylindrique en tôle mince, percée de quatre ou cinq ouvertures circulaires avec cheminées de 40 centimètres de haut recouvertes de disques mobiles. La tôle s'échauffant rapidement au moindre rayon de soleil, il se produisait un appel d'air violent des portes vers les cheminées.

537. Le dépôt des matières fécales dans les égouts est

naturellement une cause de grande infection : aussi s'est-on vivement préoccupé d'en atténuer les effets. Pour obtenir ce résultat, on a fait des essais de toute nature.

A Londres, on a adopté des cheminées d'aérage implantées sur la couronne de l'égout et débouchant au milieu de la chaussée. Puis les bouches latérales de décharge ont été munies de trappes mobiles ne restant ouvertes que pour le passage des eaux. De cette façon, les gaz méphitiques des égouts se dégageaient loin des habitations.

538. A Glascow, Brighton, Swansea, des essais plus ou moins heureux ont été faits suivant cette méthode.

539. A Workshop, localité située près de Sheffield, on a appliqué le système en vigueur à Londres en se servant de cheminées de ventilation, et les résultats ont été très-satisfaisants.

540. Une grande expérience s'est faite il y a une dizaine d'années, dans une portion de la Cité de Londres, sous la direction de MM. Letheby et Haywood. Cette expérience, *qui a toujours pour objet la désinfection des égouts*, est basée sur l'action désinfectante complète du charbon, en préservant les filtres placés dans les cheminées d'appel du contact de l'eau.

Un nouveau procédé fut mis en application. Il consistait à transporter les bouches d'aérage au delà de la zone habitée et à les placer sur le toit des édifices. Ce système fonctionne assez heureusement à Manchester et à Liverpool.

541. Divers autres modes de ventilation ont été employés, mais d'une manière tout à fait exceptionnelle.

A Carlisle, on a mis les égouts en communication avec quatre cheminées, dont deux de 20 mètres, une de 50 et l'autre de près de 100 mètres; mais les résultats n'ont pas eu le succès désiré.

542. A Liverpool, on a relié une galerie avec la cheminée d'une manufacture.

Enfin, l'on a fait aussi des essais d'injection de vapeur d'eau dans le but de désinfecter les égouts ; mais aucun de ces derniers expédients n'a été trouvé véritablement pratique.

543. A Birmingham, on a mis en usage un procédé qui donne à l'assainissement des égouts un point de vue nouveau et remarquable : la désinfection des eaux s'effectue par le décantage et le filtrage.

De brillantes tentatives ont été faites dans cette voie. Les liquides d'un volume de 55.000 mètres cubes sont introduits à l'extrémité d'un bassin d'environ 100 mètres de long et $2^m.10$ de profondeur divisé en trois compartiments dont l'un contient un filtre *per ascensum*, d'une surface de 450 mètres carrés. Après avoir parcouru successivement les trois compartiments et traversé le filtre, ils s'épanchent dans une rigole latérale qui les amène dans la rivière.

Les matières solides séparées des eaux sont entreposées sur les terres voisines pour être desséchées, et on les donne à qui veut bien les prendre.

544. Le système de ventilation dû à M. Brooke's, et appliqué à Londres, est indiqué par la planche 12 ; ce système a aussi pour objet la désinfection.

Dans l'intérieur d'un tuyau ordinaire d'égout, on introduit un récipient en fer galvanisé dans lequel on a déposé du charbon : les gaz et les liquides, en passant au travers, sont désinfectés.

545. La planche 13 montre diverses autres installations de ventilateurs et désinfecteurs appliqués aux égouts et usités en Angleterre.

546. A Londres, les matières fécales sont donc charriées à la Tamise, et, par conséquent, perdues pour l'agriculture, en dépit des nombreuses pétitions adressées au Parlement pour engager la ville à utiliser ces produits.

Malheureusement, il en est de même dans le plus grand nombre des villes de la péninsule britannique : les fosses sont supprimées et les matières non utilisées pour la fumure des terres, ce qui a lieu de surprendre dans un pays où l'esprit est si essentiellement positif.

547. Néanmoins, certaines Compagnies ont essayé, mais en vain, de lutter contre cet abandon complet des matières comme

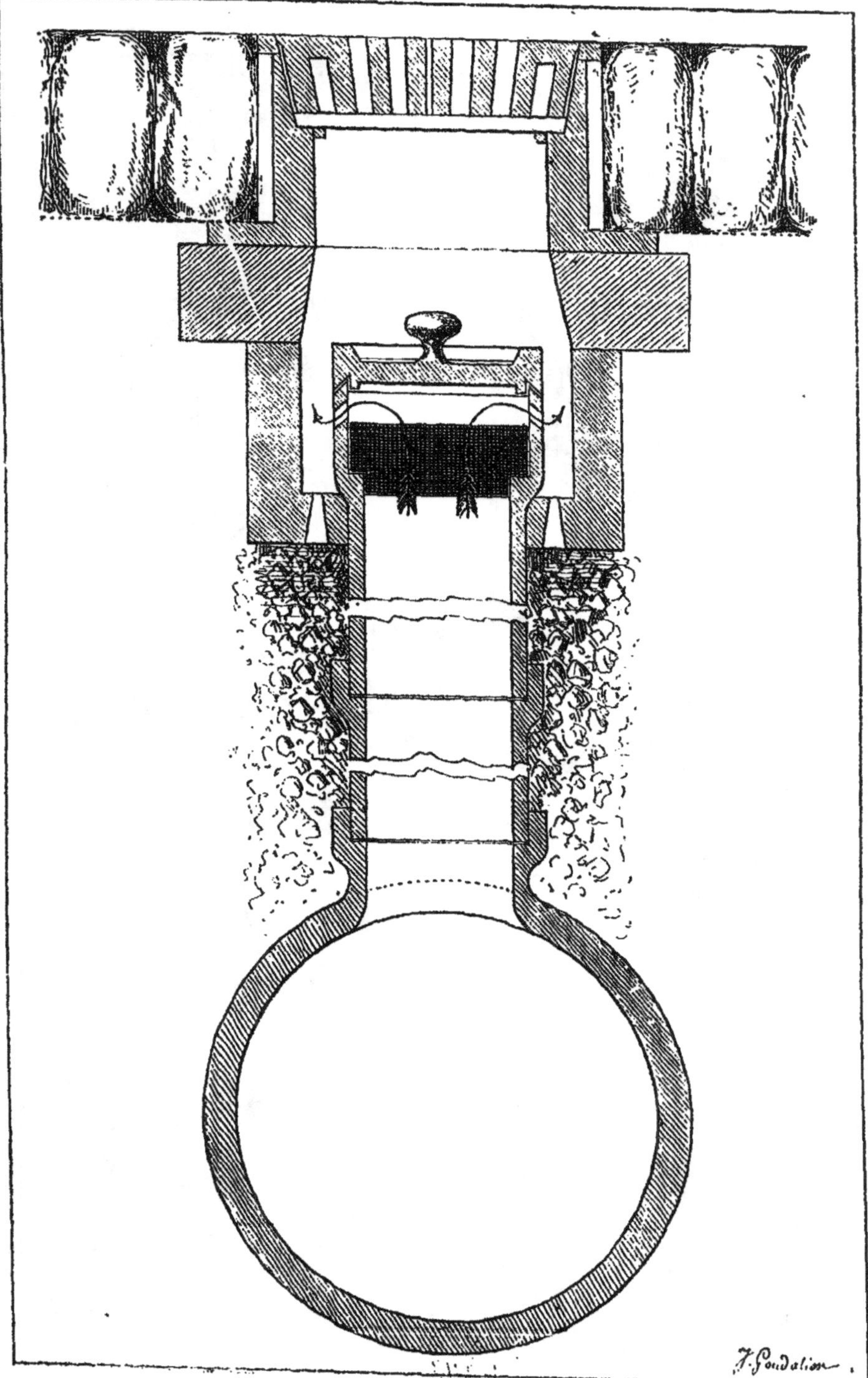

VENTILATION DES ÉGOUTS.

 # FOSSES D'AISANCES.

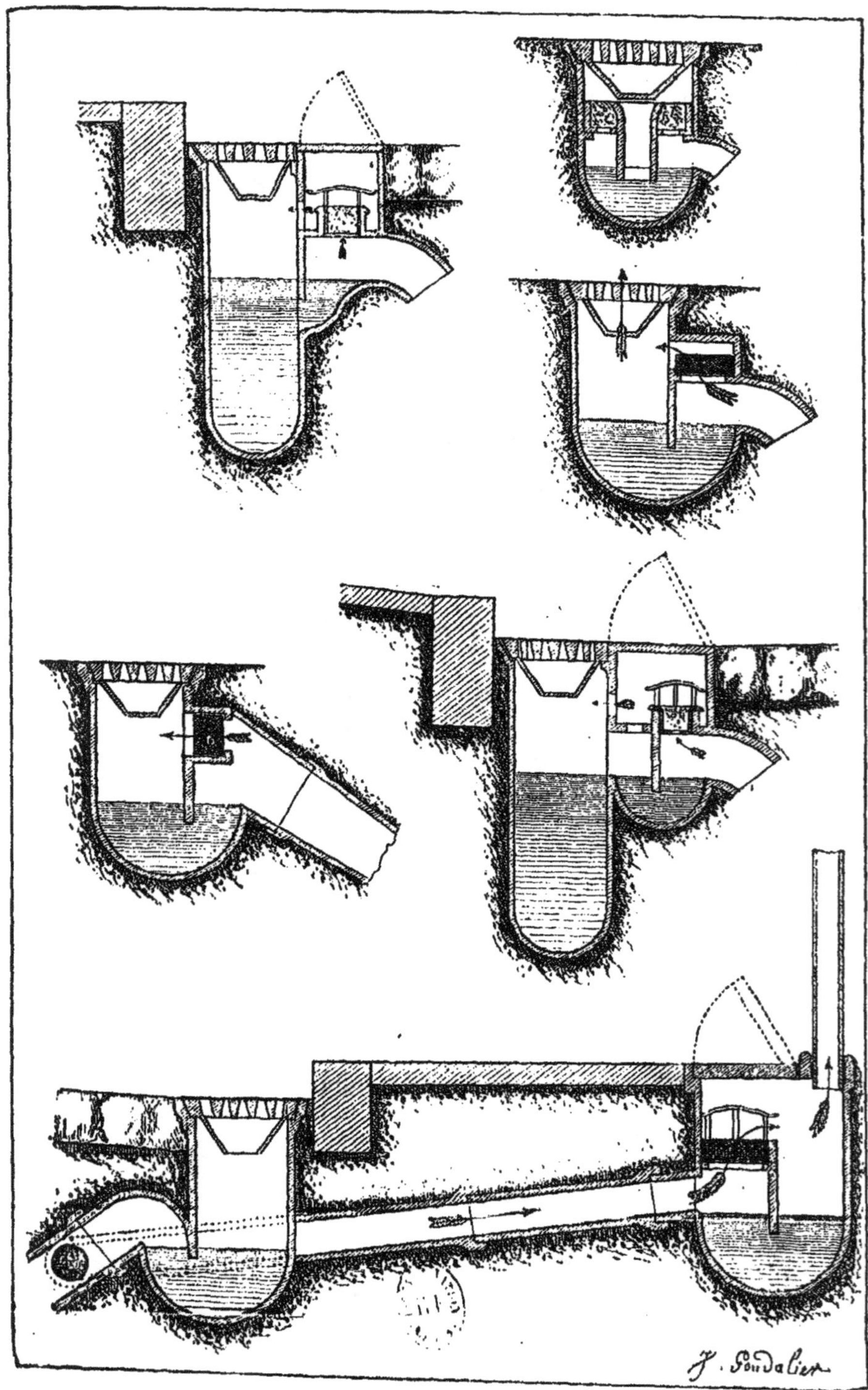

ÉGOUT ANGLAIS.

engrais ; on allait jusqu'à s'installer à l'embouchure des égouts pour y recevoir les matières solides tenues en suspension dans le liquide ; mais ces matières, diluées et perdues dans les eaux, étaient relativement en trop petite quantité pour qu'une telle industrie ait pu se soutenir.

548. Toutefois, en Écosse et en Irlande, contrairement à ce qui se fait en Angleterre, on utilise dans une certaine mesure les matières fécales pour l'agriculture ; les usines servent très-heureusement aux irrigations, et le purin des bestiaux est fructueusement appliqué au même usage.

549. Dans une ferme située au sud de la ville d'Ayre, en Écosse, tous les excréments solides et liquides des animaux de l'exploitation sont conduits, par une pente douce du terrain, dans des réservoirs, où ils séjournent quelque temps pour être ensuite extraits au moyen d'un moteur qui les pousse dans des conduits qui permettent de les employer pour arroser les terres.

Les expériences de MM. Moll et Mille, en France, n'ont fait qu'apporter une nouvelle preuve de l'utilité que l'on peut retirer de l'engrais humain.

550. A Hyde, près d'Asthon, les matières fécales sont soumises à un traitement chimique. On les mélange avec des résidus oléagineux et du sel commun, et elles sont distillées a siccité. La partie solide est vendue aux agriculteurs, tandis que la partie liquide, suffisamment concentrée, est utilisée pour la préparation de la laine et du lin.

251. Sur divers autres points des îles Britanniques, on compose encore de faibles quantités d'engrais avec les résidus des liquides des égouts et des eaux infectées.

A Manchester et à Liverpool, on fabrique, sur une petite échelle, du noir animal.

552. Mais il est regrettable que les matières fécales ne soient pas plus recherchées en Angleterre ; les engrais artificiels y sont plus généralement adoptés.

D'habiles industriels, tels que M. Lawes, à Deptford, ont grandement contribué au progrès de l'agriculture anglaise en lui donnant de ces sortes d'engrais. Ils s'obtiennent dans de grands établissements, où l'on traite par l'acide sulfurique un mélange d'os et de phosphates naturels, ou encore en traitant par le même acide un mélange de débris d'animaux.

553. Si les Anglais ont pu substituer aux fosses d'aisances couvertes et à ciel ouvert un réseau d'égouts et de conduits, sorte de système artériel placé dans le sous-sol du royaume britannique, c'est grâce à la quantité prodigieuse d'eau qu'ils ont à leur disposition.

Aussi est-il à remarquer que, faisant une consommation d'eau considérable dans les latrines, ils font grand usage de la cuvette à siphon.

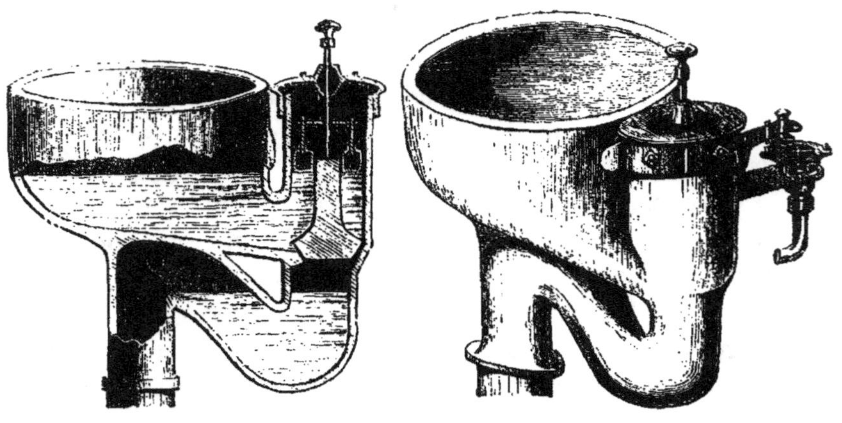

Fig. 114.　　　　Fig. 115.

Les cuvettes de siéges les plus renommées pour rendre les cabinets inodores sont, en effet, les cuvettes anglaises ; la plus employée est celle due au constructeur anglais M. Jennings.

554. Le système *Jennings*, fig. 114 et 115, est une des premières applications de la fermeture hydraulique aux cuvettes des latrines.

Le fond de ce système de cuvette consiste toujours en un siphon ayant pour objet d'intercepter la communication avec la fosse par deux couches d'eau distinctes qui forment un obstacle infranchissable aux gaz. La cuvette Jennings est en faïence blanche et présente la forme d'un cône recourbé ; au-dessous et faisant corps avec elle est placé un siphon aboutissant au tuyau de chute.

La communication entre la cuvette et le siphon peut être établie ou interceptée à volonté, par la manœuvre d'un tampon qu'on soulève à la main au moyen d'une tige ou d'un bouton. La cuvette est maintenue à moitié pleine d'eau, de telle sorte que les matières tombent directement dans l'eau et

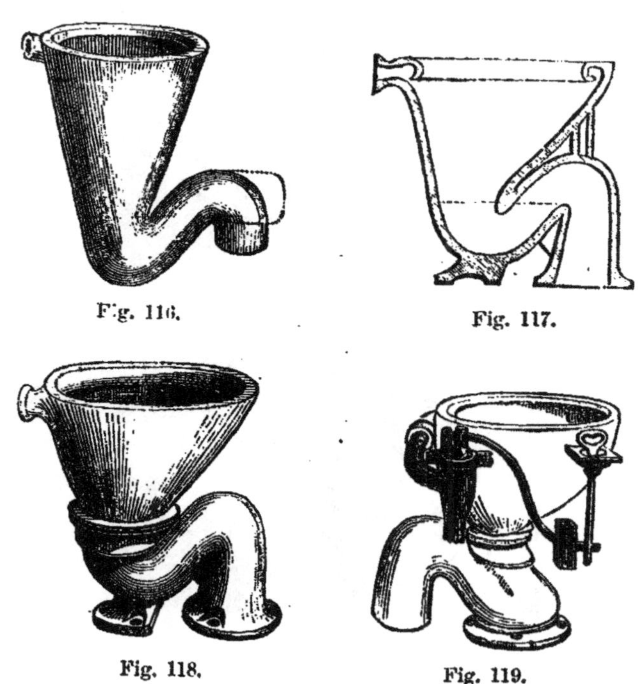

Fig. 116.

Fig. 117.

Fig. 118.

Fig. 119.

ne peuvent que très-rarement salir les parois. Lorsqu'on soulève le tampon, l'eau existant dans la cuvette se précipite dans le siphon et de là dans le tuyau de chute, entraînant les matières, sans qu'il puisse s'établir, avec la fosse, de communication pouvant donner issue aux gaz.

Lorsque le tampon retombe, la soupape d'admission s'ouvre d'elle-même et donne passage à un flot d'eau qui vient de nouveau remplir à moitié la cuvette.

Ce système prévient, il est vrai, d'une manière absolue l'arrivée des émanations insalubres ; mais il a le désavantage de nécessiter une consommation d'eau considérable.

L'appareil Jennings a, en outre, l'inconvénient d'être fabriqué en faïence et d'un seul morceau, ce qui le rend plus fragile et peu transportable.

555. Les cuvettes à siphon les plus simples et les plus consistantes sont celles de la Compagnie Doulton, qui les fabrique d'une seule pièce en grès vitrifié et émaillé, fig. 116 et 117, ou en deux morceaux, fig. 118 et 119.

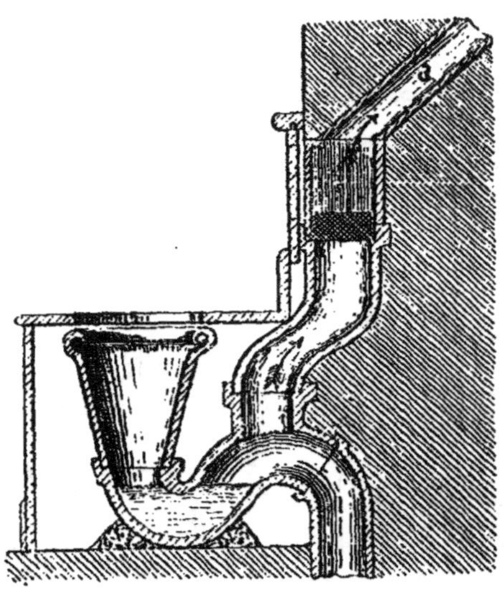

Fig. 120.

On peut y adapter un mécanisme faisant mouvoir un robinet, comme à la fig. 119.

On est arrivé à fabriquer ces cuvettes d'une façon très-simple et à les vendre à très-bon marché.

La fig. 120 représente une autre application de cuvette à siphon.

556. Le siphon a bien pour objet d'intercepter toute communication entre la fosse et les latrines, mais les matières baignées dans l'eau qui restent dans la hauteur comprise entre

le fond du siphon et le coude de passage exhalent toujours une certaine odeur. C'est pour enlever complétement cette odeur que les Anglais ont imaginé la ventilation du siphon même, en y adaptant un tuyau dont la fig. 120 donne la disposition. Ce tuyau a, en outre, pour office de ventiler la fosse elle-même par la chute qui y communique; et, par surcroît de précaution, M. Brooke's, l'inventeur de ce système, dispose dans le ventilateur une couche de charbon désinfectant.

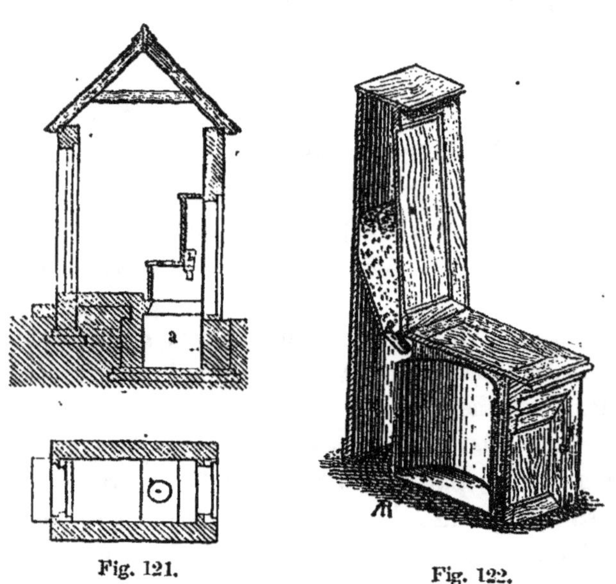

Fig. 121.   Fig. 122.

557. A l'Exposition de 1867, les Anglais ont mis sous les yeux un autre système contraire à leur principe fondamental, qui est le lavage à grande eau. Ce mode consiste à désinfecter les matières au moyen d'absorbants. C'est le procédé *Moule*, ayant pour objet de réduire les matières fécales en terreau fertilisant, au moment de leur émission, en les désinfectant et en les absorbant, ainsi que l'indiquent les fig. 121 et 122, qui le montrent en plan, en coupe et en élévation.

558. Pour atteindre ce résultat, on se sert d'une chaise percée dont le vaste réceptacle reçoit les solides et les liquides. Au dos de cette chaise est un réservoir contenant de la terre brûlée

qui est projetée sur les matières fécales à chaque excrétion,
au moyen d'une espèce de roue ou par le poids du visiteur.

Le dessous de la chaise percée est fermé par une porte qu'on
ouvre pour retirer le vase quand il est plein.

Ce système, qui exclut l'emploi de l'eau et qui a pour effet
de supprimer les fosses et les chutes, réalise la désinfection
spontanée et satisfait complétement aux conditions voulues
pour la fertilité. Il peut être adapté à tous les cabinets d'aisances des maisons de ville et de campagne.

Belgique.

559. Chez les Belges comme chez les Anglais, les matières
fécales ne sont pas recherchées, du moins dans le plus grand
nombre des localités. On poursuit l'abolition des fosses fixes
pour y substituer les égouts où s'écoulent à la fois les matières
fermes et liquides.

560. Les égouts jouent simplement le rôle d'*évacuateurs;*
ils ne contiennent nulle part les conduites d'eau, tuyaux de
gaz, etc., comme à Paris.

561. Les divers éléments d'émanations putrides qui se dé-
veloppent alors, par suite d'une distribution d'eau peu abondante, sont une cause d'infection dans les canaux qui récoltent
les matières. Leur assainissement était donc une question de
la plus haute gravité.

562. Les moyens employés en Belgique pour l'assainissement des égouts sont la ventilation et le lavage.

La ventilation n'a été pratiquée que sur une petite échelle.
On peut noter cependant comme projet saillant l'*aérage mé-
thodique* de M. Devaux, inspecteur des mines de Belgique. Ce
procédé consiste à intercepter systématiquement, au moyen de
fermetures hydrauliques, toutes les communications entre les
égouts et les maisons, et à adapter un certain nombre de ventilateurs pour expulser les gaz dans des cheminées élevées.

563. A Bruxelles, on a fait quelques applications de tuyaux
d'aérage débouchant au-dessus des toits.

A Liége, on a construit des cheminées de 40 centimètres de diamètre pour ventiler des égouts, privés presque entièrement d'eau et infects.

564. Mais le moyen le plus employé pour aérer les égouts consiste à ouvrir des cheminées de curage pratiquées dans le sol et débouchant sur la voie publique. Ajoutons encore la méthode dite *des lavages*, qui a non-seulement pour but d'assainir les galeries, mais encore de supprimer le curage à bras d'homme. Cette dernière méthode a reçu des applications dans plusieurs villes, à Liége principalement.

565. Néanmoins, malgré cette tendance britannique à abolir en Belgique les fosses d'aisances, celles-ci n'en existent pas moins en assez grand nombre. Généralement, elles ne sont pas étanches, et au lieu d'être placées sous les maisons, comme chez nous, elles sont établies dans les cours et jardins.

566. Ces réceptacles des matières fécales sont de plusieurs sortes ; on distingue :

Les *fosses fixes couvertes*, les seules dont le curage puisse offrir de graves dangers pour les ouvriers ;

Les *fosses fixes à ciel ouvert*, à la construction desquelles on a apporté de grands soins. Elles sont le plus souvent établies suivant le système français, mais plus imparfaitement ;

Enfin, les *fosses mobiles*, logées dans une ancienne fosse fixe appropriée pour servir de cave. Chaque fosse a une capacité de 3 hectolitres au moins, et est fermée et lutée par un couvercle à ressort. Ces fosses répandent généralement peu d'odeur ; les habitants mêmes sont autorisés à transporter les vidanges en plein jour.

567. Les infiltrations des fosses d'aisances, puisards, etc., étant une cause d'infection aussi bien que les égouts qui reçoivent les matières, on a dû recourir à des moyens pour la combattre.

568. Dans quelques établissements publics de Belgique, les fosses sont aérées au moyen d'un tuyau de chute prolongé au-dessus du toit, et dont l'effet est augmenté par une girouette, laquelle fait tourner un ventilateur aspiratoire.

569. M. Hammers, bourgmestre en chef de Dusseldorf, a mis en pratique un autre procédé d'aération des fosses. Il consiste à pourvoir la fosse d'un tuyau d'évent qui débouche dans la cheminée d'un poêle où l'on entretient du feu. L'aspiration n'est pas continue, mais elle est assez souvent répétée pour prévenir les mauvaises odeurs.

570. On assainit les cabinets d'aisances au moyen de fermetures étanches empêchant la rentrée des gaz. Ce procédé est généralement employé dans les prisons récemment bâties en Belgique, et consiste en l'application d'un couvercle à tabatière muni d'un rebord, plongeant dans une rainure, laquelle est pratiquée dans la cuvette du siége et remplie de sable fin. Le rebord du couvercle intercepte l'issue des gaz.

A la maison de réclusion de Vilvorde, le couvercle à tabatière se referme par l'effet de son propre poids, aussitôt que la personne a quitté le siége.

571. Il est d'autres moyens de ventilation des cabinets d'aisances, mais plus rarement appliqués ; ils consistent en un tuyau partant du plafond du cabinet ou de l'intérieur du siége et ouvert sur le toit.

On opère aussi des lavages au moyen d'appareils mécaniques; mais ce mode est peu usité en Belgique, bien que néanmoins il tende à s'y généraliser.

572. Toutefois, si les matières fécales sont le plus souvent conduites à l'égout, elles sont cependant recherchées dans un certain nombre de localités où les fosses d'aisances ont été conservées.

Aussi, dans ces localités, la culture est assez avancée, grâce à cet agent de fertilisation.

573. Les matières fécales retirées des fosses sont transportées au moyen de tonneaux de 4 hectolitres environ, et versées dans des bassins situés dans l'enceinte de la ville ; c'est aussi là le dépôt des boues et immondices. Les agriculteurs viennent enlever les matières contenues dans ces bassins et s'en servent pour la fumure des terres, à l'état naturel, telles qu'elles sont extraites.

574. Quelques contrées de la Belgique sont véritablement dignes d'intérêt par le soin extrême qu'elles apportent à l'emploi des matières fécales.

575. Les villes d'Anvers et de Louvain en font un emploi très-minutieux. L'engrais humain y est vendu par bateaux, sans addition de matières étrangères et à un prix assez élevé.

576. A Anvers, l'exploitation des vidanges est faite au profit du trésor communal, et elle a de tout temps rapporté des sommes considérables. La quantité d'engrais fournie chaque année par la ville est d'environ 30,000 mètres cubes.

577. A Louvain, la vidange est faite également au profit du trésor communal; mais le bénéfice est moins élevé qu'à Anvers. Dans cette dernière ville, on semble tenir surtout à donner au commerce de l'engrais humain toute l'extension désirable.

578. Des pratiques analogues se retrouvent dans plusieurs autres villes de Belgique, surtout dans les Flandres, à Gand, Bruges, Lockeren, etc.

579. A Groningue, où les maisons sont presque toutes dépourvues de fosses d'aisances, on met un grand soin à utiliser les immondices de la ville. Pour recueillir les matières fécales, on place sous le siége des latrines des vaisseaux de bois ou de fer qui sont vidés plusieurs fois par semaine dans des voitures couvertes.

Ce service est fait par une corporation et payé par la ville. Le directeur de la corporation est chargé de la vente et de l'expédition du produit, qui se vend à l'enchère, en lots de 18,000 kilogrammes environ, au prix de 150 et quelquefois 180 francs. Le bénéfice de cette opération appartient à la ville.

580. Les classes pauvres, en Belgique, ne pouvant payer les matières au prix de 7 fr. 50 c. et 8 fr. la tonne, les recueillent d'une autre façon, et même elles ont trouvé le moyen de réaliser une désinfection de ces matières relativement satisfaisante : elles se servent, pour cela, de *bacs à cendres*, qui sont pour leurs demeures de véritables fosses mobiles, toutes prêtes pour le service des latrines.

Ces bacs contiennent des cendres de houille et de l'argile brûlée, qui désinfectent si complétement les déjections humaines qu'il est impossible de distinguer les bacs qui en reçoivent de ceux qui n'en reçoivent pas. Le contenu de ces bacs est chargé indistinctement dans des charrettes et transporté en plein jour sur les terres.

581. Ainsi, dans certaines contrées de la Belgique, grâce à l'engrais humain, les résultats agricoles obtenus sont des plus satisfaisants. Des terrains, qui n'étaient autrefois que des landes, sont les plus fertiles aujourd'hui (1).

Allemagne. Prusse rhénane.

582. La Prusse et surtout la Prusse rhénane semblent avoir beaucoup emprunté aux pratiques belges, en ce qui concerne les matières fécales et leurs réceptacles.

583. Il existe des latrines en Prusse, et le nombre de ces latrines en communication directe avec les cours d'eau est très-considérable; c'est une règle pour toutes les maisons situées sur le bord des canaux ou des rivières. En général, les latrines sont mal établies; le plus souvent, elles sont à siége béant.

(1) Voici l'extrait d'une décision prise en 1862 par le conseil d'hygiène publique, qui reflète le sentiment général en Belgique sur ces intéressantes questions :

« 1° Dans l'intérêt de l'hygiène des villes, il est désirable que le système d'évacuation qui assure l'écoulement continu des matières fertilisantes provenant des habitations, reçoive une application de plus en plus générale, l'accumulation de ces matières dans les fosses d'aisances, ainsi que la vidange et le transport desdites matières, par quelque procédé qu'ils s'opèrent. ne pouvant être que nuisible à la santé publique ;

« 2° Il importe, pour la salubrité autant que pour l'agriculture, que ces matières puissent être dirigées par des canaux souterrains vers des réservoirs construits hors de l'enceinte des villes ;

« 3° Dans les communes rurales où l'usage des fosses d'aisances offre moins d'inconvénients, ainsi que dans les villes où cet usage sera jugé devoir être maintenu ou généralisé, il y a lieu de provoquer, par voies de mesures administratives, la mise en pratique des réformes proposées dans le rapport adressé à la Chambre des représentants, à la suite de l'enquête de 1855. »

La ventilation s'opère par le tuyau partant du plafond du cabinet et ouvert sur le toit.

Depuis environ trente-cinq ans seulement, on a adopté la fermeture hermétique ; on a même mis des latrines en communication avec l'égout.

584. Comme en Belgique, les matières sont évacuées à l'égout ; aussi, dans la plupart des villes, les odeurs qu'exhalent ces conduits souterrains sont vraiment insupportables. Il a donc fallu aussi s'occuper sérieusement de leur assainissement.

585. Les moyens employés pour arriver à ce résultat sont exclusivement physiques, et consistent, comme dans les autres contrées, à laver les égouts ou à les ventiler.

586. La ventilation est un procédé qui n'a été appliqué en Prusse que d'une façon très-restreinte. On a recours à une manière d'aérer les égouts tout à fait primitive : elle consiste à ouvrir des cheminées de curage pratiquées dans le sol et débouchant sur la voie publique. Lorsqu'il y a lieu d'extraire une quantité assez grande d'immondices et que l'aération n'est pas sensible, on démolit une portion de la voûte de l'égout. C'est ce qui a lieu dans plusieurs villes, notamment à Mayence.

587. Le lavage est encore le moyen le plus employé en Allemagne pour l'assainissement des égouts.

A Trèves, sur la Moselle, les égouts principaux à large section sont lavés par la rivière d'une façon continue.

A Francfort, à Mannheim, la privation d'eau seule empêche qu'on n'applique sur une grande échelle la méthode dite des lavages.

588. Les matières sont extraites des fosses avec des seaux que l'on déverse dans des tonneaux, ou même dans des cuves soigneusement closes, placés sur un char à quatre roues qui les transporte au dépotoir ou sur les terres.

589. En Prusse, les réceptacles destinés aux matières fécales sont aussi les fosses fixes couvertes, les fosses fixes à ciel ouvert, les fosses mobiles et les puits absorbants.

Ces différentes sortes de fosses sont construites comme en Belgique, et leur ventilation s'opère également par le tuyau de chute qu'on prolonge jusqu'au-dessus du toit.

590. Toutefois, disons que l'usage des puisards, bien que déplorable au point de vue de la salubrité, a pris en Allemagne une sorte d'originalité par l'extension qu'on lui a donnée et aussi par son application. A Bonn et à Dusseldorf, on tire convenablement parti de ce mode singulier : les eaux ménagères tombent dans un puits étanche de 80 centimètres de profondeur, recouvert d'une plaque en fonte ; les matières solides qui s'y déposent sont enlevées tous les trois mois. Les liquides sont conduits, au moyen d'un canal souterrain en briques, dans un puisard de grande dimension, recouvert d'une voûte en maçonnerie sur laquelle on répand de la terre jusqu'au niveau du sol.

On estime qu'un pareil ouvrage remplit son objet pendant trente ans au moins, sans qu'il soit utile d'opérer un curage. Si le système ne satisfait pas aux conditions de la salubrité, on doit reconnaître qu'il peut être avantageusement utilisé pour l'agriculture.

591. En Prusse, ainsi qu'en Russie et plusieurs autres pays, ce sont les cultivateurs eux-mêmes qui opèrent la vidange des fosses. Ils enlèvent ces matières la nuit, sans payer et sans recevoir aucune indemnité.

La ville de Bonn semble s'être préoccupée plus particulièrement de l'emploi des déjections pour la fumure du sol ; on y forme avec les matières des composts variés semblables à ceux de Groningue.

A Bonn, les matières fécales sont centralisées par l'Académie royale d'agriculture de Loppelsdorf, qui possède de vastes terrains à proximité de la ville.

592. Il n'y a rien de positif, en Allemagne, pour ce qui concerne les matières, les fosses et les cabinets d'aisances ; les égouts y sont aussi en usage, la ventilation et l'assainissement de ces conduits se font tant bien que mal, et les matières fécales y sont employées comme engrais dans une certaine mesure, mais

sans beaucoup d'intelligence, sauf de rares exceptions.

593. En résumé, ce pays ne présente rien d'intéressant au point de vue de la salubrité, qui y est mal observée, ni à celui de la production du sol, sur lequel l'engrais humain est peu répandu.

Autriche.

594. Les villes d'Autriche ne possèdent, pour ainsi dire, pas de fosses d'aisances.

A Vienne même, la capitale, il n'en existe qu'un très-petit nombre. Les déjections des habitants tombent des latrines dans un canal souterrain et incliné qui les conduit de la maison jusqu'à l'égout. Les égouts, construits comme les nôtres, à part la perfection que nous y avons apportée, vont aboutir au Danube et déversent les matières dans ce fleuve.

595. Comme on le voit, les matières fécales des grandes villes ne sont pas utilisées pour la fumure des terres, et cette habitude occasionne malheureusement de grandes pertes à l'agriculture.

596. Mais ce qu'il y a de plus déplorable dans ce système de faire écouler les matières dans le fleuve au moyen d'égouts, c'est que ceux-ci, pendant les jours d'orage, vomissent dans les rues d'abondantes émanations méphitiques, et même des matières qu'ils ont pour office d'évacuer au fleuve.

597. Il est cependant certaines localités qui utilisent les matières fécales pour l'agriculture, surtout dans ces derniers temps.

Suède, Norwége.

598. Dans ces pays, les matières fécales sont peu employées pour la fumure des terres, et on les élimine, soit dans la mer, soit dans les marais, au moyen de canaux souterrains.

599. Comme en Angleterre, on fait une grande consommation d'eau pour le lavage des latrines. Aussi, bien que les habitants se servent peu des appareils hermétiques, ils arrivent, par un

lavage continuel à grande eau, à entretenir les lieux d'aisances dans de bonnes conditions de propreté.

600. A l'Exposition de 1867 a paru un système tout à fait nouveau, qui cependant ne nécessite pas l'emploi de l'eau, et c'est la Norwége qui nous a fourni ce système original, fig. 123 et 124, lequel consiste à séparer les matières solides des urines au moment de l'émission, et à recueillir chacune de ces matières dans des vases distincts (1).

Fig. 123.   Fig. 124.

Les appareils diviseurs, dont l'usage devient de plus en plus commun en France, sont inconnus en Suède et en Norwége.

(1) L'appareil consiste en une espèce de bidet ovale contenant deux compartiments : l'un pour les matières fermes, l'autre pour les liquides. Ce dernier est placé de telle manière qu'il forme entonnoir. Le poids du corps de celui qui s'assoit fait jouer un ressort soulevant une trappe donnant passage aux matières fermes, lesquelles tombent directement dans un vase placé sous le siége ; les urines déversées dans l'entonnoir sont conduites, au moyen d'un tuyau, dans un autre vase placé à côté. Ces deux vases sont enlevés séparément par une porte pratiquée au-dessous du bidet.

Ce mode n'est guère applicable que pour le sexe masculin ; sa construction se prête difficilement à la conformation des femmes, dont l'excrétion des matières et des urines se fait, surtout à un certain âge, presque conjointement et perpendiculairement ; en outre, il n'admet pas d'eau de lavage.

En résumé, ce système, qui se rapproche des vrais principes et dont on pourrait retirer des grands avantages, demande à être amélioré, notamment en ce qui concerne son application aux deux sexes et aussi à la désinfection des matières.

On connaît un autre système analogue qui fonctionne à la gare d'Étampes, et qui est mis en action par la personne chargée du nettoyage. Les matières et les eaux sont divisées de la même façon.

Russie.

601. En Russie, les déjections des habitants tombent des cabinets d'aisances dans une fosse souterraine dont la vidange est faite, comme chez nous, par un entrepreneur et à des heures fixes de la nuit.

602. On distingue en Russie trois types distincts de cavités ou fosses souterraines servant à recevoir les matières des cabinets d'aisances et du *pamoneiam*, ce sont :

1° Les fosses creusées simplement dans le sol perméable;

2° Les fosses en bois de sapin ou grandes caisses enfoncées dans le sol sans faire saillie au dehors;

3° Les fosses en maçonnerie.

Les fosses en bois sont celles dont l'usage est le plus répandu.

603. Indépendamment des fosses souterraines, il existe dans chaque maison russe une grande caisse en bois appelée *pamoneiam*, destinée à recevoir les ordures et les neiges; et, sous peine d'amende, chaque propriétaire est tenu de faire balayer et nettoyer à ses frais la partie de la voie publique qui borde son domaine.

604. Les matières, une fois extraites des fosses souterraines, sont amenées vers le fleuve le plus proche et déversées dans des bateaux. Il est expressément défendu aux entrepreneurs de vidanges de jeter les matières dans l'eau du fleuve. Malgré la surveillance exercée par certains employés chargés de ce service, il arrive souvent que les bateaux remplis des déjections sont entièrement submergés.

605. Mais il ne faudrait pas croire pour cela qu'en Russie les matières fécales ne sont pas utilisées comme engrais. C'est pendant l'hiver que les cultivateurs, surtout ceux qui sont d'origine allemande, se servent des déjections de la ville pour féconder leurs terres. Les vidangeurs profitent de cette circonstance pour ne faire l'extraction complète des fosses d'aisances qu'en hiver; car, à cette époque, les cultivateurs

eux-mêmes demandent à vider les fosses : ils profitent ainsi
des matières sans avoir à payer aucune indemnité.

Les matières fécales répandues sur la neige produisent,
dit-on, d'excellentes récoltes.

Italie.

606. En Italie, les fosses d'aisances n'existent pas non plus
en très-grand nombre. Là, nous retrouvons le système des
égouts en usage en Angleterre ; les déjections traversent ces
égouts pour être déversées ensuite dans le fleuve ou au canal
le plus proche.

A Milan, les matières fécales tombent dans les égouts, qui
les conduisent au canal de Marchitto.

607. A Turin, il existe un grand égout collecteur qui reçoit
toutes les matières.

Dans beaucoup d'autres villes, au contraire, des entreprises
existent pour enlever et utiliser les excréments. On dépose
dans chaque appartement une chaise percée qu'on enlève tous
les huit jours ; on donne à cet appareil le nom de *semaine*,
temps pendant lequel il peut rester à s'emplir.

608. En Toscane et en Lombardie, le produit des latrines,
cloaques et citernes est très-apprécié pour alimenter les plantes
et féconder la terre, mais il est plus généralement employé
pour l'horticulture ; les jardiniers vont le chercher avec em-
pressement dans les villes et le payent un prix considérable.

Le nord de l'Italie est, sauf la France et la Flandre, le pays
où l'on fait le meilleur usage des matières fécales pour la fécondation des terres. Dans le midi de l'Italie, au contraire, on
dédaigne l'emploi de ces matières, qui y sont aussi mal traitées
au point de vue de la salubrité qu'à celui de l'agriculture.

Espagne.

609. Les Espagnols n'utilisent pas les matières fécales.
Elles sont recueillies dans des fosses à fond perdu, ou encore
dans des sortes de récipients mobiles qu'on transporte à une

certaine distance de la ville, où elles répandent l'infection.

610. Il n'y a pas de fosses étanches, les fosses à fond perdu seules sont en usage. Quant aux cabinets d'aisances, ils se composent simplement de siéges primitifs, béants et exhalant de mauvaises odeurs.

Dans quelques quartiers aristocratiques de la ville de Madrid, on emploie cependant les siéges à fermeture hermétique; mais cela ne se fait que depuis peu de temps.

611. En Espagne, l'égout est inconnu; le drainage, qui y est d'ailleurs extrêmement rare, est appliqué au moyen de tuyaux le plus ordinairement en terre cuite.

Hollande.

612. En Hollande comme en France, en Angleterre et en Belgique, deux écoles sont en présence : l'une, qui veut qu'on envoie les matières fécales aux égouts; l'autre, qui s'ingénie à recueillir et à traiter les matières en vue non-seulement de la salubrité, mais aussi de l'agriculture.

Amsterdam, La Haye, Rotterdam appliquent les principes de la première école, et pour ce faire, ils se servent de deux évacuateurs : l'un, pour les eaux ménagères; l'autre, spécialement destiné aux matières fécales, qui se réunissent à l'égout public.

Ces voies souterraines ne diffèrent guère de celles de la Belgique, et les moyens de ventilation et de désinfection sont les mêmes.

Asie, Afrique.

613. A Constantinople, en Egypte et même dans toutes les contrées d'Espagne anciennement habitées par les Maures, les matières fécales ne sont recueillies ni utilisées d'aucune façon, si ce n'est dans les villes où, exceptionnellement, des mesures ont dû être prises en vue de la salubrité publique.

614. Il en est de même en Algérie. Généralement, les Arabes habitant les tribus ou, pour nous servir de l'expression

du pays, les Arabes de la plaine et de la montagne, n'ont pas
de réceptacles destinés à recevoir les déjections stercoraires.
Chacun, lorsque le besoin d'excréter se fait sentir, s'en va à
une certaine distance de la tribu, aussi éloignée que possible
des tentes, et là, se cachant sous les plis d'un large burnous,
s'accroupit au premier endroit convenable, le plus souvent
dans un trou creusé par la nature, soit au bord d'un fossé, soit
près d'un ravin. Ces matières, bien que n'ayant pas de destination propre et répandues ainsi au grand air, ne sont pas
pour cela une cause d'insalubrité : les liquides sont vite absor-
bés par la terre sèche et si peu arrosée, et les matières pâteuses
promptement desséchées à l'ardeur du soleil.

615. Mais il n'en est pas ainsi dans les villes habitées par
l'Arabe civilisé : à Alger, Constantine, Oran, par exemple, et
dans toutes les villes où l'influence française s'est fait sentir, il
existe des fosses d'aisances destinées à recevoir les matières
fermes et solides qui sont précipitées par des conduites à la
mer ou au fleuve qui traverse la ville, ou encore dans le ravin,
comme cela se fait dans l'ancienne Cirta des Romains, aujour-
d'hui Constantine.

616. La construction des fosses en Algérie est des plus
simples. Elles sont presque toujours à fond perdu, voûtées en
briques, et l'ouverture pour recevoir les matières est de 1 mètre de long sur 0ᵐ.40 de large, avec deux barres en fer scellées
dans la longueur. Cette ouverture est au niveau du sol, lequel
est dallé en ardoise dure dans les maisons ordinaires et en
grands carreaux de faïence dans les maisons riches. Dans les
habitations de luxe, comme dans l'ancien palais du bey, à Constantine, et la demeure de l'agha, à Alger, le sol, au lieu
d'être dallé en faïence, l'est en marbre. Dans ces palais, l'ouverture de la fosse se compose d'un bloc en marbre blanc
percé au milieu en entonnoir. A gauche et à droite de cette
ouverture, il existe en contre-haut une épaisseur conservée
pour poser les pieds : car l'Arabe *Kebir* ou *Srir* opère
accroupi, même lorsqu'il excrète à l'état liquide.

617. Les Arabes ne sont pas très-scrupuleux dans le choix

des ustensiles de propreté. Habituellement ils se servent, comme autrefois les Grecs, de cailloux ou simplement d'un bouchon d'alfa encore vert qu'ils ont arrangé avec soin avant de s'écarter de la tente. Les riches attachent plus d'importance à cet accessoire : aujourd'hui, ce sont des morceaux de papier plus ou moins légers, ou quelquefois des serviettes destinées uniquement à cet usage; autrefois, c'étaient des morceaux de drap choisis *ad hoc*.

618. En Algérie, les matières fécales ne sont pas utilisées pour la fumure des terres. Moins avancé que les Chinois dans la science agricole, l'Arabe ne fabrique ni poudrette, ni *taffo*.

Cela se comprend facilement chez un peuple qui n'a qu'à semer le grain pour récolter, grâce à la fertilité du sol, qui produit en abondance et presque sans culture.

---

619. La *Bibliotheca scatologica* fournit une longue liste des ouvrages publiés aux seizième, dix-septième et dix-huitième siècles, qui traitent spécialement des matières fécales (1).

Un assez grand nombre de ces écrits ne contiennent que des jeux d'esprit où l'obscénité abonde, mais il en est de sérieux

(1) *Chylologia historico-medica.* Dresde, 1725. In-4. Nouvelle édition sous un texte différent, en 1730.

Dissertatio de alvina excretione ut signo. 1756. In-4.

Dissertatio de expulsione et retentione excrementorum, auct. Israele Spacchio. Argentorati, 1597. In-4.

Dissertatio de medicina stercoraria, auct. C. Buckio. Ultrajectè, 1700. In-4.

Dissertatio de remediis ex corpore humano; præs. H. P. Juch, resp. F. A. Flemming. Erfordix, 1788. In-4.

Dissertatio de retrimentorum corporis humani coloribus variam in ægrotis significatione præbantibus, auct. Juc. Panc. Bruno. Altdorfii, 1804. In-4.

Dissertatio de utilitate inspiciendorum excrementorum ut signorum, auct. H. Boerhaave. *Lugduni Batavorum,* 1693. In-4.

Dissertation sur un ancien usage. Voir les 1er et 2e numéros de janvier 1848 du *Journal de l'Amateur des livres.*

De egestionibus, auc. S. M. de Savonorala. Lugdrni, 1560. In-8.

De excrementis, auct. H. Mercuriali. Basilæ, 157? In-8.

De hominis excrementis, auct. Roderica a Fonseca. Pisis, 1618. In 4.

qui se recommandent par des études consciencieuses et des plus utiles. Nous croyons devoir ne donner ici que ces derniers, en renvoyant, pour les autres, à la source indiquée :

Latrinæ querela Caroli, Liebardi, Langmarcæi Flandri (Dornavii) amphitheatrum. I, 348.

In latrinis mortui aut occisi. Gryphius, 1593. In-8.

Libri duo de Excrementis, fæcibus, etc., auct. J. B. Montanon. Patavii et Venitiis, 1554. In-4.

Lodi sopra il cacatajo. In Londra, 1786. In-8.

Observations sur la matière fécale, par Guill. Homberg. Paris, 1730. In-4.

De officio et praxi exonerandi ventrem, Chrétien Wolf.

Opus ruralium commodorum. Crescentius, 1307; traduit en 1532 par Petit, sous le titre de *Proffits champestres et ruraux.*

Dissertatio de medicamentis ex corpore humano desumptis merito negligendis, resp. J. F. Bauer. Lipsiæ, 1821. In-4.

Pauliniis (C. F.). Francfort, 1696. In-8.

De Pharmacis ad purgandum idoneis, poëme. Voir *Bibliotheca græca* de Fabricius.

Pharmacopæa nova de hominis stercore, auct. J. D. Rulando. Nurnberg, 1644. In-12.

De Purgationis modo ac viis in alvum, auct. J. P. Bruno. Altdorfii, 1652. In-4.

Rapport fait à l'Institut de France sur les excréments humains, par Tessier. Paris, 1797. In-4.

La Scatomancie. Paris, 1672 et 1690.

De Signis ex stercore humano petendis. (Schurig, *Chylologia,* p. 743-751.)

De Stercoris humani usu magico seu sympathetico. (Ibid., p. 783).

De Stercoris humani usu medico. (Ibid., p. 152.)

De Stercoribus Brutorum. (Ibid.)

CHAPITRE III

CONSTRUCTION

§ 1ᵉʳ. — **Fosses fixes.**

620. A Paris, la construction des fosses fixes est déterminée par l'ordonnance de 1819, dont certaines dispositions sont abrogées plus ou moins légalement, il est vrai, et qui, dans tous les cas, n'est plus en rapport avec les moyens dont on dispose.

C'est pourquoi, en reproduisant ci-après cette ordonnance, nous faisons suivre chacun de ses articles d'un examen critique propre à éclairer les particuliers, et à mettre l'administration en garde contre certaines applications, les unes d'une qualité douteuse, les autres absolument mauvaises.

621. *Fosses neuves.* « ART. 1ᵉʳ de l'ordonnance de 1819.
« — A l'avenir, dans aucun des bâtiments publics ou particu-
« liers de notre bonne ville de Paris et de leurs dépendances,
« on ne pourra employer, pour fosses d'aisances, des puits, pui-
« sards, égouts, aqueducs ou carrières abandonnées, sans y
« faire les constructions prescrites par le présent règlement. »

622. Cet article n'est qu'un verbiage administratif tout à fait prolixe et par conséquent inutile.

Il va de soi qu'on ne peut se servir d'un récipient non établi dans les conditions prescrites par le règlement qui est précisément l'objet de l'ordonnance publiée. Les qualités essentielles du langage administratif sont la clarté, le laconisme et la précision.

623. « ART. 2. — Lorsque les fosses seront placées sous le « sol des caves, ces caves devront avoir une communication « immédiate avec l'air extérieur. »

624. L'application de cet article peut, dans certains cas, présenter des difficultés :

1° Si une cave est divisée en plusieurs compartiments par des clôtures à claire-voie, et qu'il s'agisse d'établir la fosse sous le sol des compartiments les plus éloignés du soupirail, quel sera le droit du particulier? L'administration aura le droit d'appréciation, mais elle ne devra exercer ce droit qu'avec réserve; par le fait, la division d'une cave en plusieurs compartiments par des cloisons à claire-voie ne crée pas plusieurs caves. Si donc il existait un courant d'air établi par deux soupiraux placés à l'opposé l'un de l'autre, il nous semble que l'administration perdrait ses droits d'appréciation, et que le particulier pourrait construire une fosse au lieu ci-dessus indiqué; mais, s'il en était autrement et que le compartiment où il s'agit du construire la fosse fût placé à plus de 5 mètres du soupirail, l'autorité municipale serait fondée à refuser;

2° Supposons deux caves contiguës et séparées par un mur percé d'une ouverture, et dont l'une seulement est éclairée: quel serait le droit du constructeur, dans le cas où la fosse devrait être établie dans la cave où il n'existe pas de soupirail? Ce droit serait absolu en prenant le règlement à la lettre; mais, si l'ouverture existant dans le mur séparatif était une porte ayant plus de 2 mètres de largeur et une hauteur égale à l'intrados de la voûte, il serait arbitraire de refuser.

625. « ART. 3.—Les caves sous lesquelles seront construites « les fosses d'aisances devront être assez spacieuses pour con- « tenir quatre travailleurs et leurs ustensiles, et avoir au moins « 2 mètres de hauteur sous la voûte. »

626. L'espace nécessaire pour contenir quatre travailleurs et leurs ustensiles doit être de 4 mètres superficiels sur une hauteur de 2 mètres, quand la cave est couverte d'un plancher.

627. Si la cave est voûtée, il faudra en augmenter la superficie générale, de façon à avoir toujours les 4 mètres superficiels sur 1ᵐ.80 de hauteur, fig. 125, nécessaires pour la manœuvre et l'opération de la vidange.

628. Il est indispensable aussi que le trou d'extraction soit placé de manière que l'ouvrier puisse circuler tout autour et debout, sans être gêné par la voûte, si elle existe.

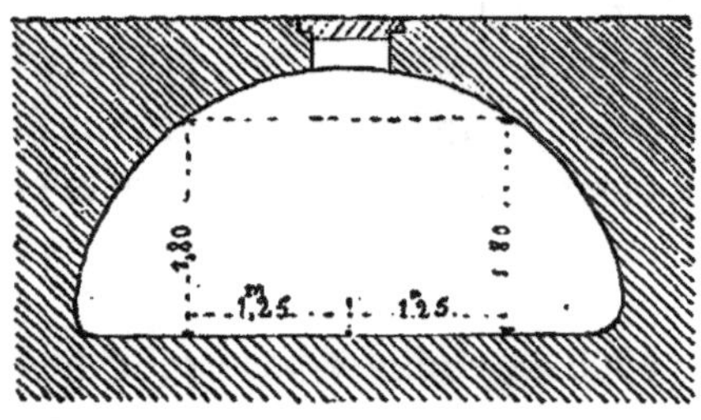

Fig. 125.

629. « Art. 4. — Les murs, la voûte et le fond des fosses
« seront entièrement construits en pierres meulières, maçon-
« nées avec du mortier de chaux maigre et de sable de rivière
« bien lavé.

« Les parois des fosses seront enduites de pareil mortier,
« lissé à la truelle.

« On ne pourra donner moins de 30 à 35 centimètres
« d'épaisseur aux voûtes, et moins de 45 à 50 centimètres aux
« massifs et aux murs. »

630. Un arrêté préfectoral du 1ᵉʳ août 1862, illégal, il faut le dire, dispose que les murs, la voûte et le fond des fosses peuvent être construits en béton de ciment romain de Passy ou de Portland et en béton Cognet. Toutefois, si cet arrêté est illégal, il n'en est pas moins conforme aux règles de la construction : car il est démontré par l'expérience qu'une

fosse en béton bien faite est irréprochable au point de vue de la construction, quand le béton est damé ou comprimé.

631. Il est admis également que le mortier des hourdis peut être fait en chaux hydraulique, sable et ciment. Le ciment est employé dans la proportion d'un cinquième.

Ce qui explique les prescriptions de l'ordonnance de 1819, c'est qu'alors on n'avait pas fait l'expérience du béton et du ciment, qui ont d'ailleurs été améliorés et vulgarisés.

632. Quant aux mesures adoptées pour l'épaisseur des murs du radier, elles pourraient sans inconvénient être réduites de 10 centimètres en cas de construction en béton, lorsque la fosse est de petite dimension.

633. Néanmoins, le béton ne peut être admis dans la construction des fosses, quand les murs de fosses forment les murs du bâtiment en élévation, par la raison que le béton ne se comporte bien que pour les murs en fondation, à moins qu'il ne soit établi sur une forte épaisseur.

634. Les enduits qui, aux termes de l'ordonnance de 1819, étaient prescrits en mortier de chaux maigre et sable, sont aujourd'hui faits en ciment; le ciment se comporte toujours bien à l'humidité et de plus a l'avantage de sécher aussitôt.

635. Par économie, on construit souvent les murs de fosses partie en moellons, partie en meulière, en donnant à cette dernière matière la moitié seulement de l'épaisseur formant les parois intérieures de la fosse. C'est là une pratique aussi contraire à la bonne construction qu'à l'ordonnance de 1819. L'architecte-voyer chargé de la réception des fosses devra donc faire les tranchées nécessaires pour s'assurer si cette infraction n'a pas été commise.

C'est aussi aller contre les prescriptions de l'ordonnance de 1819 que de prendre la courbe du radier dans son épaisseur réglementaire, qui est fixée de 45 à 50 centimètres.

636. «ART. 5.— Il est défendu d'établir des compartiments « ou divisions dans les fosses, d'y construire des piliers, et d'y « faire des chaînes ou des arcs en pierres apparentes. »

637. La rédaction de cet article n'est pas exempte de cri-

tique, car elle est en contradiction avec celle de l'art. 7, qui permet de construire des angles rentrants, à la condition de donner 4 mètres superficiels à chaque compartiment formé par ces angles.

Il n'y aurait pas grand inconvénient pour la salubrité à ce qu'un ou plusieurs piliers fussent établis dans une fosse, pourvu qu'elle fût assez grande et qu'une surface de 4 mètres de chaque côté y restât libre ; que, dans tous les cas, il existât un passage d'au moins 1 mètre entre ces piliers, et en admettant toutefois que la ventilation fût convenablement observée ; mais les raisons qui ont motivé cette défense s'appuient sur la question de sûreté. La présence des piliers a effectivement pour effet de gêner la manœuvre, et comme les ouvriers sont munis d'un bridage et qu'ils sont obligés de tourner autour du pilier, il pourrait se faire, en cas d'accident, qu'on ne pût les secourir assez promptement.

Néanmoins, l'administration a maintes fois permis des colonnes en fonte dans l'intérieur des fosses.

638. « ART. 6. — Le fond des fosses d'aisances sera fait en « forme de cuvette concave.

« Tous les angles intérieurs seront effacés par des arron- « dissements de 25 centimètres de rayon. »

639. Aucune indication n'étant donnée dans l'ordonnance pour la longueur de la flèche du segment qui doit gouverner dans le tracé de concavité du fond des fosses d'aisances, on est donc libre de réduire cette concavité aux plus minimes proportions ; souvent même on établit ce fond suivant une horizontale, ce qui est blâmable.

640. Pouvant s'appuyer sur le texte de la loi et interpréter ce texte, quand il n'est pas clair, l'administration serait fondée à exiger 20 à 25 centimètres de flèche au moins, et c'est une règle que devraient toujours observer tous les constructeurs.

A défaut d'un texte précis, il nous paraît que la flèche du segment formé par la concavité doit être d'un dixième de la largeur de la fosse.

641. La prescription relative à l'arrondissement des angles s'applique non-seulement à ceux qui existent à la jonction des parois, mais encore à ceux qui sont formés par le radier.

642. « Art. 7. — Autant que les localités le permettront, « les fosses d'aisances seront construites sur un plan circu- « laire, elliptique ou rectangulaire.

« On ne permettra point la construction de fosses à angles « rentrants, hors le seul cas où la surface de la fosse serait au « moins de 4 mètres carrés de chaque côté de l'angle, et alors « il serait pratiqué, de l'un et de l'autre côté, une ouverture « d'extraction. »

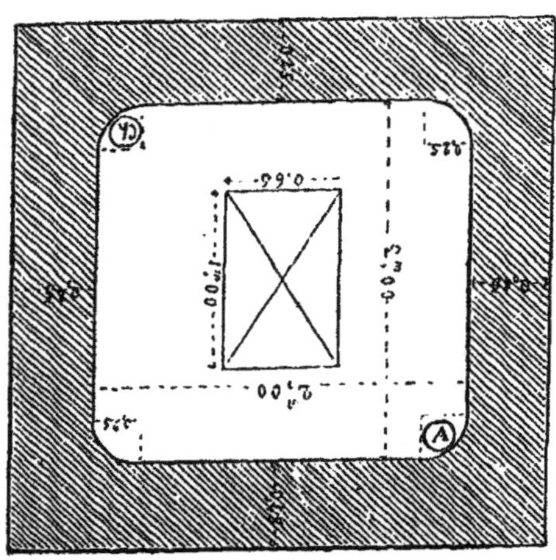

Fig. 126.

643. Les fig. 126 et 127 donnent le plan et l'élévation adoptés le plus ordinairement, sauf en ce qui concerne les dimensions, qui varient suivant l'importance de la maison. Toutefois, il est à remarquer que, contrairement à l'ordonnance de 1819, le trou d'extraction serait mieux placé au ras d'une des parois que sur le milieu de la fosse.

644. Par la généralité de ses termes, le premier para- graphe de l'art. 7 est propre à faire surgir des difficultés : car, d'un côté, le propriétaire sera souvent en mesure d'opposer que la disposition des lieux ne lui permet pas d'observer le règlement; et, d'un autre côté, l'administration pourra objecter que les plans doivent être conçus de façon à donner les formes voulues à la fosse d'aisances.

645. Quoi qu'il en soit, l'administration nous paraît être fondée à exiger les formes sus-indiquées; dans tous les cas, s'il s'agissait d'une construction ancienne, il pourrait en être autrement, à la condition que la fosse présentât les facilités nécessaires pour l'opération de la vidange.

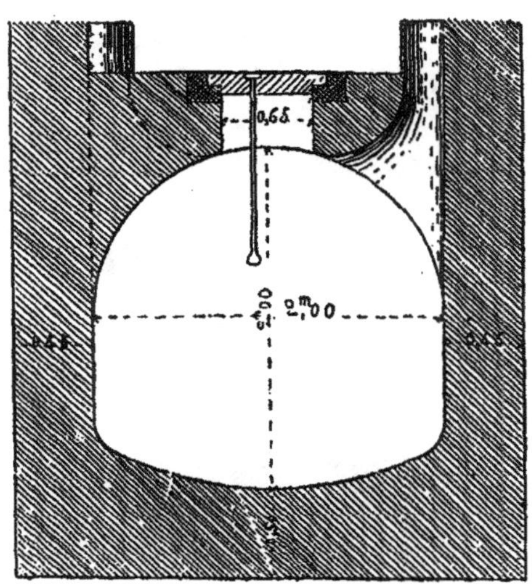

Fig. 127.

L'art. 7 demande donc une réformation, qui doit consister dans la suppression des mots : *autant que les localités le permettront.*

646. En tout état de choses, l'administration sera toujours fondée à proscrire une fosse triangulaire, dont la fermeture des angles prête à l'agglomération des gaz et est de nature à gêner la manœuvre, alors souvent dangereuse ou impossible.

647. On doit supposer que, par fosse à angle rentrant, les rédacteurs de l'ordonnance de 1819 ont entendu indi-

quer le cas d'un redan semblable à celui que montre la fig. 128.

648. Le paragraphe de l'art. 7 est tombé en désuétude. on se borne, avec juste raison, à exiger au moins 1^m.60 de largeur à chacune des parties régnant de chaque côté de l'angle rentrant; et même, quand il s'agit d'un couloir disposé pour recevoir la pierre de fosse, on se borne à prescrire à ce couloir une largeur de 1 mètre.

649. Il n'y a effectivement aucune utilité à exiger une superficie d'au moins 4 mètres à chacune des parties situées à droite et à gauche de l'angle rentrant; il suffit que chacune de ces parties ait au moins 1^m.60 de largeur; et quant à l'obli-

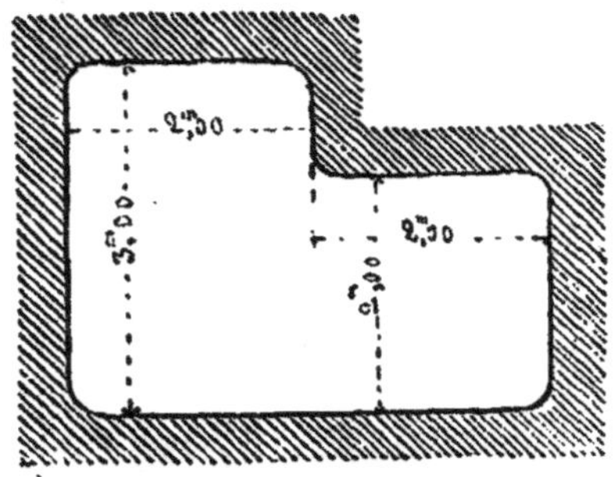

Fig. 128.

gation de placer un trou d'extraction sur chacune de ces parties, elle n'a pas d'objet, surtout depuis que la vidange se fait à la pompe. Tout ce qu'on pourrait raisonnablement demander en cas de très-grande superficie, c'est un tampon mobile, bien que l'utilité de ce tampon soit, dans la plupart des cas, contestable, car il est démontré par l'expérience que les vidangeurs n'ouvrent jamais ce tampon.

650. L'art. 7, est par le fait, contradictoire avec l'art. 5 qui défend les compartiments, car l'une des parties placées de chaque côté du redan ou angle rentrant forme bien des compartiments.

651. En vertu de l'art. 7, mais contrairement à l'art. 5,

on serait même fondé à faire une fosse suivant le plan, fig. 129,
fosse qui serait recevable au point de vue de la salubrité et de
la sûreté, à la condition de donner au moins 1 mètre de largeur au couloir, et à la condition aussi que le trou d'extraction, le tuyau de chute et le ventilateur fussent placés aux
endroits indiqués ; car il ne faut pas perdre de vue que la
sûreté des travailleurs est la question principale. Néanmoins,
une fosse ainsi établie serait préférable avec deux trous
d'extraction. Toutefois, les divers compartiments d'une
fosse et même le couloir qui peut les séparer devront tou-·
jours avoir la clef de leur voûte à la même hauteur : car, s'il

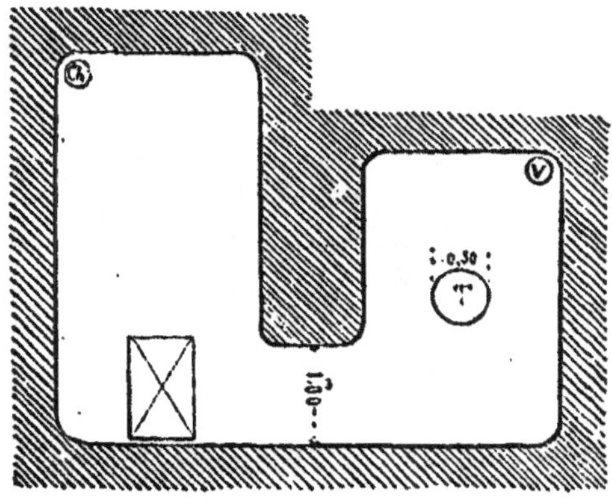

Fig. 129

en était autrement, la voûte de la partie la moins élevée
serait soulevée par les matières lorsqu'elles dépasseraient
leur niveau.

652. « ART. 8. — Les fosses, quelle que soit leur capa-
« cité, ne pourront avoir moins de 2 mètres de hauteur
« sous clef. »

653. L'art. 8 n'est pas complet ; il devrait déterminer le
minimum de la superficie, qui ne peut être moindre de 4 mètres superficiels pour faciliter l'opération de la vidange qui
nécessite, après l'office de la pompe, une manœuvre au seau et
quelquefois à la pelle, et la place nécessaire pour se mouvoir

et placer le réchaud destiné à purifier l'intérieur de la fosse.

654. Bien que l'ordonnance se taise sur ce point, l'administration, en vertu des lois générales, est fondée à prescrire un minimum de 4 mètres superficiels, et les constructeurs doivent s'y conformer.

655. La hauteur de 2 mètres est certainement insuffisante, surtout par le fait du trop grand segment prescrit par l'art. 9. En effet, dans une fosse dont la voûte sera à plein ceintre et qui n'aura que 1^m.60 de diamètre, l'ouvrier ne pourra se mouvoir que sous la génératrice. La hauteur devrait donc être cotée 2^m.30 au moins sous clef.

656. « ART. 9. — Les fosses seront couvertes par une « voûte en plein cintre, ou qui n'en différera que d'un tiers de « rayon. »

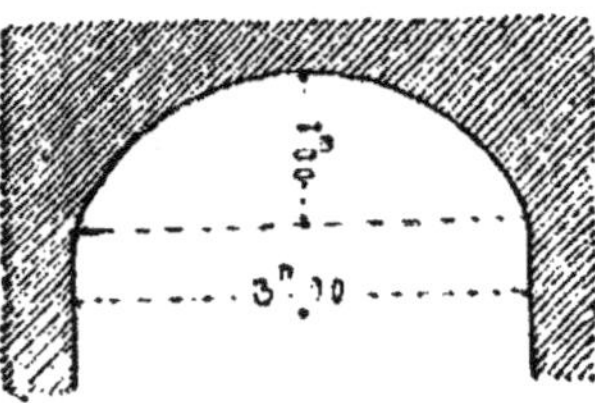

Fig. 130.

657. Ainsi, le minimum de la flèche de la voûte serait de 1 mètre si la largeur de la fosse sur laquelle on doit l'établir est de 3 mètres, ainsi que l'indique la fig. 130.

658. Nous n'avons jamais compris la défense absolue de couvrir une fosse par un plancher. Il est vrai qu'en 1819 on ne faisait point de planchers en fer, et que, pour employer le fer dans la construction du plancher d'une fosse, on ne saurait trop prendre de précautions pour éviter les effets de l'oxydation; mais ce n'est là qu'une question de durée.

659. Une fosse d'aisances couverte d'un plancher donnerait deux avantages : d'abord une plus grande capacité, ensuite plus d'espace pour la manœuvre.

660. Quant à la construction du plancher, elle est des plus

faciles : il suffirait d'en faire le hourdis en briques ou en béton, et de recouvrir le tout d'une aire de béton, en ayant soin de jeter un fort crépi sur le parement intérieur préalablement à l'enduit, et d'arrondir les angles.

661. Dans tous les cas, il nous paraît que la prescription de l'ordonnance de 1819 relative au cintre de la voûte est exagérée, car il ne s'agit pas là d'une question de solidité proprement dite, mais d'une simple question de clôture hermétique.

Or, il est démontré par l'expérience qu'une voûte ayant un sixième de flèche se trouve dans des conditions suffisantes de solidité, lorsqu'elle ne porte rien.

662. « ART. 10. — L'ouverture d'extraction des matières « sera placée au milieu de la voûte, autant que les localités le « permettront.

« La cheminée de cette ouverture ne devra point excéder « 1^m.50 de hauteur, à moins que les localités n'exigent impé- « rieusement une plus grande hauteur. »

663. On ne sait trop ce que veulent dire ces mots : *au milieu de la voûte*. Si l'on a voulu prescrire de placer le trou d'extraction à égale distance des quatre parois, c'est-à-dire à la jonction des deux diagonales tirées entre chaque angle de la fosse, cette prescription est mauvaise, car le trou d'extraction est mieux placé, pour l'opération de la vidange, à l'extrémité au ras d'une des parois ; mais on peut supposer que ces termes de l'art. 10 expriment que le trou d'extraction doit être placé sur la ligne qui forme la génératrice de la voûte, afin que l'ouvrier qui descend dans la fosse ne soit pas gêné par les retombées de la voûte, et que l'échelle puisse être écartée sensiblement du mur pour donner prise à ses pieds sans toucher le bas-mur. C'est, du reste, l'acception admise depuis longtemps par l'administration.

664. Quant à ces mots : *autant que les localités le permettront*, ils sont de nature à créer des difficultés, et là encore le propriétaire et l'administration peuvent soutenir des prétentions opposées.

Nous pensons que, dans cette question comme dans la précédente, le droit de défense appartient à l'administration pour les maisons neuves, dont on peut toujours dresser les plans de façon à placer le trou d'extraction sur la génératrice de la voûte.

665. Le deuxième paragraphe de l'art. 10 présente le même défaut de rédaction que le premier, en ce qui concerne la latitude donnée dans le cas d'une disposition des localités qui n'est pas définie.

Ce paragraphe nous paraît, en outre, accuser un défaut plus grand que le précédent : car pourquoi limiter la hauteur et la largeur de la cheminée? Plus la cheminée sera grande, plus les conditions de salubrité seront complètes ; et il importe peu qu'elle soit haute, si sa grandeur est proportionnée à sa hauteur. Le deuxième paragraphe de l'art. 10 pourrait donc être avantageusement remplacé par ces mots : « Lorsque la disposition de la fosse nécessitera une cheminée, cette cheminée ne pourra avoir moins de 1 mètre sur $0^m.65$, et sa longueur augmentera d'une mesure égale à celle qui dépassera 1 mètre en hauteur. » Par exemple, si la cheminée a 2 mètres de haut, la longueur du trou sera de 2 mètres. Cette prescription aurait surtout pour effet de donner un espace nécessaire à l'échelle, qui doit être placée obliquement sur le mur.

666. « ART. 11. — L'ouverture d'extraction, correspon-
« dant à une cheminée de $1^m.50$ au plus de hauteur, ne pourra
« avoir moins de 1 mètre en longueur sur 65 centimètres de
« largeur.

« Lorsque cette cheminée correspondra à une cheminée
« excédant $1^m.50$ de hauteur, les dimensions ci-dessus spéci-
« fiées seront augmentées de manière que l'une de ces dimen-
« sions soit égale aux deux tiers de la hauteur de la cheminée. »

667. Si l'ouverture d'extraction correspondant à $1^m.50$ de hauteur n'avait pas plus de 1 mètre de longueur, il ne serait pas possible à un homme de descendre dans la fosse en se servant de l'échelle qui, par le fait de son inclinaison, toucherait nécessairement une des parois de la cheminée à son point le plus bas. L'expérience oblige donc à se reporter, en ce qui

concerne le premier paragraphe de cet article, aux indications données à l'art. 10.

668. Le deuxième paragraphe de l'art. 11 tombe sous les appréciations qui précèdent.

L'article tout entier demande donc une réforme, et, en l'attendant, les constructeurs pourront se conformer avec sagesse aux indications indiquées sans se préoccuper des termes précités de l'ordonnance de 1819.

669. « ART. 12. — Il sera placé, en outre, à la voûte, dans « la partie la plus éloignée du tuyau de chute et de l'ouverture « d'extraction, si elle n'est pas dans le milieu, un tampon mo- « bile dont le diamètre ne pourra être moindre de 50 cen- « timètres. Ce tampon sera en pierre, encastré dans un « châssis en pierre et garni, dans son milieu, d'un anneau en « fer. »

670. Cet article pèche par la forme et par le fond : par la forme, puisqu'il n'a qu'un sens indéfini sans l'art. 13, son corrélatif ; par le fond, puisqu'il est admis par l'expérience que la pierre de fosse est mieux placée à l'extrémité qu'au milieu, pourvu qu'elle soit établie sur la génératrice de la voûte.

671. D'ailleurs, les tampons mobiles, qui avaient une très-grande utilité en 1819, époque à laquelle la vidange se faisait au seau, sont souvent inutiles aujourd'hui qu'elle se fait à la pompe. La quantité prodigieuse des eaux de lavage qui se trouvent mêlées aux matières fécales ont aussi changé les conditions auxquelles étaient soumises les fosses. Le tampon mobile doit donc être exigé seulement quand la fosse est très-étendue ou qu'elle forme deux parties par le fait d'un redan ou angle rentrant, et encore faut-il que l'une de ces parties soit assez grande pour en motiver l'emploi.

672. « ART. 13. — Néanmoins, ce tampon ne sera pas exi- « gible pour les fosses dont la vidange se fera au niveau du « rez-de-chaussée, et qui auront, sur ce même sol, des cabi- « nets d'aisances avec trémie ou siége sans bonde, et pour « celles qui auront une superficie moindre de 6 mètres dans « le fond, et dont l'ouverture d'extraction sera dans le milieu. »

673. Aujourd'hui, les latrines avec siége sans bonde sont défendues, et une fermeture hermétique est exigée pour toutes. Il résulte donc de là que le tampon serait toujours exigible, hors le cas où la fosse aurait une superficie moindre de 6 mètres et que l'ouverture d'extraction serait placée dans le milieu.

674. D'ailleurs, le texte de l'art. 13 n'est pas très-clair. On comprend bien qu'on a voulu parler de la superficie qui existe entre le trou d'extraction et la paroi de la fosse ; mais les éléments nécessaires pour coter les mesures qui doivent donner la superficie ne sont point déterminés, et, dans tous les cas, on arriverait, par cette disposition de l'ordonnance, à des résultats disproportionnés et inadmissibles. Ainsi, dans une fosse qui aurait 6 mètres de largeur, le tampon toucherait le trou d'extraction, et dans une fosse qui n'aurait que $1^m.60$ de largeur, le tampon ne serait obligatoire qu'à $4^m.50$ du même trou.

675. Nous ne voulons pas répéter ce que nous avons dit ; mais, à part l'anomalie que présente l'art. 13, il ne faut jamais perdre de vue que le tampon mobile, qui était autrefois indispensable, est devenu aujourd'hui presque toujours inutile, et la meilleure preuve qu'on puisse en donner, c'est que, partout où il existe des tampons, les vidangeurs n'en tiennent aucun compte et ne les ouvrent pas.

676. Il est malheureusement vrai que, depuis quelques années, l'administration, mal conseillée sans doute, a imposé à un très-grand nombre de propriétaires l'établissement de tampons mobiles de fosses anciennes où ils étaient complétement inutiles, et où elle n'avait certainement pas le droit de les exiger, même aux termes surannés de l'ordonnance. Il est même constant qu'une partie de ces fosses étaient de construction récente et qu'elles avaient été reçues par les services précédents.

Jusqu'à ce que l'art. 13 soit refondu, l'administration devra donc se montrer circonspecte.

677. En résumé, les art. 12 et 13 demandent une prompte réforme ; en l'attendant, nous proposons de les remplacer par les dispositions suivantes :

Toute fosse dont l'une des extrémités sera éloignée de plus de 6 mètres du trou d'extraction devra avoir un tampon dans la partie opposée à ce trou, et encore le tampon ne sera exigible que dans le cas où le tuyau d'évent ou de ventilation ne serait pas placé dans cette même partie, qui alors serait sujette à l'agglomération des gaz.

678. « ART. 14. — Le tuyau de chute sera toujours dans « le milieu de la fosse.

« Son diamètre intérieur ne pourra avoir moins de 25 cen- « timètres s'il est en terre cuite, et de 20 centimètres s'il est « en fonte. »

679. Il va de soi qu'il est, sinon toujours, du moins souvent impossible de placer le tuyau de chute au milieu de la fosse. D'ailleurs, cette prescription, qui pouvait avoir son utilité en 1819, alors que les matières, peu diluées par les eaux, formaient des amas pyramidaux qu'on appelait heurte, n'a plus d'objet aujourd'hui.

680. Il nous paraît même que la disposition du tuyau de chute à l'un des bouts de la fosse, ou même dans un angle, est préférable à celle qui est prescrite par l'ordonnance, si le tuyau d'évent est placé à l'angle opposé, par la raison que c'est au moyen du courant d'air établi par ces deux tuyaux que la ventilation s'effectue.

681. Maintenant on ne fait plus usage de tuyaux en terre cuite, ils se cassaient ou se fendaient au moindre tassement ; on ne se sert que des tuyaux en fonte, pour lesquels on a prescrit un diamètre trop faible : c'est ce qui explique ces engorgements continuels, surtout dans les locaux où l'on ne peut disposer de l'eau à profusion.

Au point de vue de la construction, tout tuyau de descente devrait avoir 25 centimètres de diamètre au moins.

682. En outre, tout tuyau de chute doit monter jusqu'au-dessus du toit et déboucher en plein air, aussi loin que possible des cheminées.

Dans cette dernière partie, on peut faire le tuyau en tôle ou en zinc. Toutefois, ce prolongement du tuyau de chute au-des -

sus du toit doit être moins élevé que l'orifice du tuyau d'évent.

683. « ART. 15. — Il sera établi, parallèlement au tuyau
« de chute, un tuyau d'évent, lequel sera conduit jusqu'à la
« hauteur des souches de cheminées de la maison, ou de
« celles des maisons contiguës si elles sont plus élevées.

« Le diamètre de ce tuyau d'évent sera de 25 centimètres
« au moins; s'il passe cette dimension, il dispensera du tam-
« pon mobile. »

684. L'ordonnance ne s'explique pas sur la question de
savoir si le ventilateur doit être en fonte ou en poterie; il en
résulte qu'on est par le fait autorisé à l'établir en poterie; mais
il serait préférable en fonte, car, ainsi que nous l'avons dit, le
moindre tassement dans la construction produit des fissures
dont la réparation est coûteuse. Un constructeur agira donc
sagement en adoptant la fonte pour ces ouvrages, sauf dans
la partie au-dessus du comble, où on peut se servir de la tôle
et même du zinc, qui est plus léger et moins coûteux.

685. Le tuyau d'évent, pas plus que le tuyau de chute,
ne devra jamais être incorporé dans l'épaisseur des gros
murs, par la raison qu'une réparation, si elle était nécessaire,
serait trop dispendieuse.

686. « ART. 16. — L'orifice intérieur des tuyaux de chute
« et d'évent ne pourra être descendu au-dessous des points
« les plus élevés de l'intrados de la voûte. »

687. La prescription est d'une utilité incontestable pour le
tuyau d'évent, puisque, si le tuyau avait son orifice placé au-
dessous du point élevé de la voûte, il serait obstrué par les
matières, et dès lors il serait impossible de s'en servir pour
l'évaporation des gaz, qui montent toujours à la surface.

688. Toutefois, sur la question des tuyaux de chute et de
ventilation, les opinions sont partagées :

D'après les uns, la colonne d'air descendante ne produit
point de pression sur les gaz de la fosse, et par conséquent ne
les fait pas monter plus rapidement dans le ventilateur; l'air
se mêlerait tout simplement aux gaz, sans exercer une pression
sur eux, comme on le supposait.

689. D'autres, opinant pour le contraire, s'appuient sur la loi de Mariotte, qui porte que *les volumes des gaz sont en raison inverse des pressions qu'ils supportent*, et prétendent que la colonne d'air du tuyau de descente force les gaz à chasser l'air du tuyau de ventilation et à y établir un courant rendu permanent par le dégagement et la pression continus qui s'opèrent dans la fosse.

690. Il est certain que la colonne du ventilateur produit un dégagement de gaz dont l'odeur est insupportable, tandis que la colonne du tuyau de descente est, par certains temps, relativement insensible.

691. Une autre opinion s'est produite dernièrement. M. Flament, qui la soutient, prétend qu'en faisant descendre le tuyau de chute dans la masse des liquides de la fosse, au lieu de placer son orifice au haut de la voûte, on obtiendrait non-seulement la désinfection du tuyau de chute, mais un résultat plus favorable à l'évaporation des gaz par le tuyau d'évent.

692. Ce dernier système est loin d'être exempt de critique, car, à part la difficulté de régler la hauteur à laquelle l'orifice inférieur du tuyau devra être placé, puisque la quantité des liquides varie à chaque vidange, il y aura à craindre des engorgements inévitables, car si cet amas de matières qu'on appelait la heurte, sous le tuyau de chute, ne se forme plus au même état de dureté par le fait de la grande quantité des liquides, il n'en est pas moins vrai que c'est à cette même place que l'agglomération se produit, et il est plus que probable que les matières ne pourront traverser facilement la nappe d'eau qui s'élèvera dans le tuyau suivant le niveau qu'elles atteindront dans la fosse.

Toutefois, il est bien évident que le tuyau de chute, formant à son orifice une fermeture hydraulique, sera préservé de la plus grande partie des odeurs dont il est ordinairement infecté.

D'ailleurs, il faut le reconnaître, à quelque hauteur que soit placé l'orifice du tuyau de descente, dans le système proposé, une partie des inconvénients ordinaires qu'on a en vue de combattre ne cesseront d'exister que quand les liquides auront atteint le niveau de l'orifice du tuyau.

Et si la loi de Mariotte produisait son effet dans la fosse, comme des physiciens le prétendent, l'application du système de M. Flament aurait un résultat des plus nuisibles à la salubrité, puisqu'il supprimerait la colonne d'air descendante refoulant les gaz dans le tuyau d'évent.

693. En outre, ce système ne serait recevable qu'autant que la fosse contiendrait plus de liquides que de solides. Dans le cas contraire, si les matières obstruaient le tuyau en venant se solidifier à la surface du diamètre intérieur dudit tuyau, elles remonteraient dans le tuyau de descente, et les liquides seuls pourraient filtrer, s'ils n'étaient tout à fait obstrués.

694. Toutefois, il est certain que la ventilation des fosses a encore été peu étudiée : aussi le problème présente-t-il les plus grandes difficultés, car une foule de circonstances sont de nature à donner des résultats contraires aux règles généralement admises et même peut-être aux lois physiques.

695. Il est, en effet, constant que l'aspiration du ventilateur est variable, le baromètre seul peut indiquer la résistance que les gaz rencontrent pour traverser le tube de ventilation, et cette résistance est subordonnée aux variations de température, telles que la pluie, le brouillard, le soleil, la gelée, etc.

696. C'est surtout sous l'influence des variations de la température que les tuyaux de chute donnent une odeur infecte dans les appartements.

C'est ce même inconvénient qu'a voulu faire cesser M. Flament en établissant un troisième tuyau ayant pour office d'aspirer ces émanations en même temps que celles qui s'exhalent des matières au moment de l'excrétion. Alors a lieu probablement un phénomène contraire à celui que l'on avait prévu. Le tuyau d'évent produit la colonne foulante, et c'est le tuyau aspirateur qui enlève les gaz.

697. Le tuyau d'évent, pour bien remplir l'office que son nom indique, doit être élevé au-dessus du toit et des souches des cheminées ; mais il est nécessaire qu'il dépasse la hau-

teur du tuyau de chute, et il importe de le rapprocher des cheminées autant que possible, car on sait que la chaleur, si faible qu'elle soit, fait appel aux gaz.

698. Nous croyons que la ventilation du tuyau de chute, telle que l'indique M. Flament, est efficace et qu'elle doit être recommandée ; mais la question de désinfection n'est pas complétement résolue, car les gaz méphitiques rejetés au dehors ne cessent pas d'être nuisibles d'une manière générale : c'est pourquoi le savant Darcet s'en débarrassait tout à fait en les brûlant.

MM. Booke's et Newton, en Angleterre, qui ont devancé M. Flament dans cette importante étude, adaptaient aussi un ventilateur au tuyau de chute ; mais ils appliquaient, en outre, le charbon pour la désinfection des gaz. (Voir *supra*, n° 545.)

699. Une des conditions importantes pour obtenir et activer la ventilation, c'est l'appareil aspirateur. Une foule de moyens ont été proposés et même appliqués. Le sujet intéresse trop la salubrité pour ne pas s'y arrêter.

On a vu quels efforts ont déjà été faits pour aspirer les gaz et l'air infecté. On a eu recours à l'air, à l'eau, aux rayons du soleil, au feu. Une étude comparative de tous ces moyens aurait une grande utilité. (Voir *supra*, n° 536.)

700. Les plus pratiques nous paraissent être ceux qui ont pour objet l'emploi de la chaleur, qu'on obtient aujourd'hui plus facilement qu'à aucune époque, dans les villes, par le fait de l'éclairage. D'ailleurs, on a toujours à sa disposition le voisinage d'une cheminée qu'on peut utiliser.

En effet, un tuyau d'évent serait avantageusement placé dans une cheminée, qui de préférence devrait être celle de la cuisine, où l'on fait plus souvent du feu. Les résultats qu'on a obtenus ainsi en Belgique ont été assez satisfaisants.

701. Ce sont là des questions qui méritent toute la sollicitude des hommes de science et des praticiens.

702. L'ordonnance de 1819 ne porte aucune disposition relative à la direction des tuyaux de chute et de ventilation. Ce silence laisse des doutes sur la question de savoir si l'ad-

ministration peut, à cet égard, faire des prescriptions en vue d'obtenir la perpendicularité de ces tuyaux. Il nous paraît difficile d'admettre l'affirmative, à moins que la déviation ne soit très-considérable.

703. Néanmoins, il est incontestable qu'une chute inclinée est sujette aux engorgements, et qu'un tuyau d'évent, surtout s'il est privé d'un aspirateur, fonctionne mal en dehors de la perpendiculaire.

704. Les couloirs pour l'établissement du trou d'extraction, qui étaient implicitement prohibés par l'ordonnance de 1819, sont depuis longtemps tolérés; il suffit de leur donner 1 mètre de largeur (1).

705. La paroi de l'extrémité du couloir serait avantageusement formée en glacis, en prévision du cas où l'échelle pourrait se rompre. Toutefois, il serait nécessaire que deux ou trois bourrelets fussent ménagés sur ce glacis, afin d'en éloigner l'échelle et de donner suffisamment prise aux pieds du vidangeur.

706. La pierre de fosse, qui se compose de deux morceaux, doit avoir au moins $0^m.12$ d'épaisseur et être encastrée aussi dans un châssis en pierre de $0^m.16$ d'épaisseur auquel on donne $0^m.18$ de largeur.

Suivant les sages prescriptions de la commission des logements insalubres, la pierre de fosse doit toujours être placée en dehors de l'habitation. Le vestibule et même le passage d'entrée sont considérés comme faisant partie de l'habitation quant à l'application de la défense. Il n'en est pas de même du passage de porte cochère qui reste ouvert sur la cour.

707. Le trou d'extraction devra être isolé des murs ou obstacles permanents d'au moins $0^m.70$ sur les côtés et $0^m.50$ aux bouts, de telle sorte qu'il existe toujours un espace libre de 4 mètres superficiels autour du trou.

708. Sauf l'exception qui précède, tout glacis dans les fosses

---

(1) Le couloir de fosse, aux termes d'une prescription de la division de voirie de 1864, devait avoir $1^m.60$ de largeur; mais on a reconnu plus tard que cette dimension pouvait être réduite à 1 mètre.

neuves doit être formellement défendu, de même que l'établissement de la chute dans un couloir.

Le moindre espace dans lequel une chute peut être admise
doit avoir 1".60 de largeur.

709. *Reconstruction des fosses d'aisances dans les maisons
existantes.* « Art. 17. — Les fosses actuellement prati-
« quées dans des puits, puisards, égouts anciens, aqueducs
« ou carrières abandonnées, seront comblées ou reconstruites
« à la première vidange. »

710. Cet article n'a plus d'opportunité, il est à supprimer ;
on peut même dire qu'il n'a jamais eu de raison d'être.

711. « Art. 18. — Les fosses situées sous le sol des caves,
« qui n'auraient point de communication immédiate avec l'air
« extérieur, seront comblées à la première vidange, si l'on ne
« peut pas établir cette communication. »

712. Même observation que pour l'art. 17.

713. « Art. 19. — Les fosses actuellement existantes
« dont l'ouverture d'extraction, dans les deux cas déterminés
« par l'art. 11. n'aurait pas et ne pourrait avoir les dimen-
« sions prescrites par le même article, celles dont la vidange
« ne peut avoir lieu que par des soupiraux ou des tuyaux,
« seront comblées à la première vidange. »

714. L'art. 19, en ce qu'il ordonne la suppression des
fosses qui n'auraient pas et ne pourraient avoir un trou d'extraction dans les conditions indiquées à l'art. 11, tombe sous
la critique de ce dernier article.

715. En ce qui concerne le cas où la fosse ne pourrait être
vidangée que par des soupiraux ou des tuyaux, la suppression
que prescrit l'art. 19 n'a plus d'objet, puisqu'il n'existe plus de
fosses dans ces conditions qui, d'ailleurs, à toutes les époques
ont été très-rares.

716. « Art. 20. — Les fosses à compartiments ou étran-
« glements seront comblées ou reconstruites à la première
« vidange, si l'on ne peut pas faire disparaître ces étrangle-
« ments ou compartiments, et qu'ils soient reconnus dange-
« reux. »

717. L'art. 20, en prescrivant la suppression des fosses à étranglements et à compartiments, est, relativement aux compartiments, inadmissible, du moins dans une certaine mesure, ainsi qu'il résulte de la critique déjà faite à l'art. 7; et quant à ce qui regarde les étranglements, il est contraire à l'art. 25, qui les tolère dans certaines conditions.

Il est vrai que l'art. 20 admet le cas où ces étranglements et compartiments seraient reconnus dangereux; ce n'est donc que par hypothèse que ses termes pourraient être légitimés.

718. « Art. 21. — Toutes les fosses des maisons exis-« tantes, qui seront reconstruites, le seront suivant le mode « prescrit par le règlement précité.

« Néanmoins, le tuyau d'évent ne pourra être exigé que s'il « y a lieu à reconstruire un des murs en élévation au-dessus « de ceux de la fosse, ou si ce tuyau peut se placer intérieu-« rement ou extérieurement sans altérer la décoration des « maisons. »

719. Cette disposition est évidemment mauvaise, car le tuyau d'évent, est indispensable, et aucune raison suffisante ne peut en motiver l'absence.

Dans tous les cas donc, quels qu'ils soient, le tuyau d'évent doit être prescrit et exécuté, aussi bien dans les fosses anciennes que dans les fosses neuves. C'est une condition importante de sûreté et de salubrité.

720. *Des réparations des fosses.* « Art. 22. — Dans toutes « les fosses existantes et lors de la première vidange, l'ouver-« ture d'extraction sera agrandie, si elle n'a pas les dimen-« sions prescrites par l'art. 1′ de la présente ordonnance. »

721. La prescription n'a plus de valeur, puisque les fosses ont été modifiées en ce qui concerne l'agrandissement du trou d'extraction, qui est fixé depuis longtemps pour toutes les fosses à 1 mètre de longueur sur 0m.65 de largeur.

722. « Art. 23. — Dans toutes les fosses dont la voûte « aura besoin de réparations, il sera établi un tampon mobile, « à moins qu'elles ne se trouvent dans les cas d'exception « prévus par l'art. 13. »

723. Cet article n'étant que la répétition des art. 12 et 13, nous renvoyons à la critique qui en a déjà été faite.

724. « ART. 24.— Les piliers isolés, établis dans les fosses, « seront supprimés à la première vidange, ou l'intervalle en- « tre les piliers et les murs sera rempli en maçonnerie, toutes « les fois que le passage entre ces piliers et les murs aura « moins de 70 centimètres de largeur. »

725. Les dispositions de cet article sont admissibles, sauf en ce qui concerne l'espace libre de $0^m.70$, qui n'est pas suffi- sant pour le passage d'un homme avec ses ustensiles et aussi pour la manœuvre de la pompe. Cette distance doit être portée à 1 mètre au moins.

726. « ART. 25. — Les étranglements existants dans les « fosses et qui ne laisseraient pas un passage de 70 centi- « mètres au moins de largeur seront élargis, à la première « vidange, autant qu'il sera possible. »

727. L'art. 25 n'a plus d'opportunité, car les modifications ont été faites partout; mais là, comme à l'article précédent, il y aurait lieu de porter la largeur à 1 mètre au lieu de $0^m.70$.

728. « ART. 26. — Lorsque le tuyau ne communiquera « avec la fosse que par un couloir ayant moins de 1 mètre de « largeur, le fond de ce couloir sera établi en glacis jusqu'au « fond de la fosse, sous une inclinaison de 45 degrés au « moins. »

729. Cette prescription paraît rationnelle; mais on ne con- çoit guère pourquoi ce glacis n'est pas exigé lorsque le couloir a plus de 1 mètre, aussi bien que dans le cas où sa largeur est moindre.

730. La dispense d'établir un glacis dans le couloir qui fait suite au tuyau de descente ne peut être motivée que du moment où le couloir a la largeur voulue pour le minimum de la fosse même, minimum qui est de $1^m.60$.

731. « ART. 27. — Toute fosse qui laisserait filtrer ses « eaux par les murs ou par le fond sera réparée. »

732. Cet article est entaché de prolixité, puisqu'il est admis que les fosses doivent être étanches.

733. « Art. 28. — Les réparations consistant à faire des
« rejointoyements, à élargir l'ouverture d'extraction, placer un
« tampon mobile, rétablir des tuyaux de chute ou d'évent,
« reprendre la voûte et les murs, boucher ou élargir des étran-
« glements, réparer le fond des fosses, supprimer des piliers,
« pourront être faites suivant les procédés employés à la con-
« struction première de la fosse. »

734. L'art. 28 est inadmissible, car il résulterait de son application que, si une fosse avait été primitivement construite
en carreaux de plâtre, le propriétaire pourrait la réparer suivant le même procédé.

L'obligation de rendre les fosses étanches est une mesure
d'ordre public, qui par son caractère frappe aussi bien en
rétroactivité que pour le présent. Tout arrêté statuant à ces
fins sera donc exécutoire, pourvu qu'il vise les lois générales.

735. « Art. 29. — Les réparations consistant dans la re-
« construction entière d'un mur de la voûte ou du massif du
« fond des fosses d'aisances ne pourront être faites que sui-
« vant le mode indiqué ci-dessus pour les constructions
« neuves. »

736. Cet article, qui n'est qu'un correctif du précédent,
deviendrait nul dans le cas où, à juste titre, celui-ci serait supprimé.

737. « Art. 30. — Les propriétaires des maisons dont les
« fosses seront supprimées en vertu de la présente ordonnance
« seront tenus d'en faire construire de nouvelles, conformé-
« ment aux dispositions prescrites par les articles précités. »

738. L'art. 30 est une superfétation, puisque toutes les
maisons dans Paris doivent être munies de fosses d'aisances.
Au reste, cette disposition fondamentale eût dû figurer en première ligne dans l'ordonnance de 1819.

739. « Art. 31. — Ne seront pas astreints aux construc-
« tions ci-dessus déterminées les propriétaires qui, en suppri-
« mant leurs anciennes fosses, y substitueront les appareils
« connus sous le nom de fosses mobiles inodores, ou tous
« autres appareils que l'administration publique aurait recon-

« nus, par la suite, pouvoir être employés concurremment
« avec ceux-ci. »

740. Ces dispositions sont encore inutiles, car il va de soi
que la fosse fixe, devenant caveau de fosse mobile, ne doit plus
être subordonnée qu'aux conditions imposées pour celui-ci.

741. « ART. 32. — En cas de contravention aux disposi-
« tions de la présente ordonnance, ou d'opposition de la part
« des propriétaires aux mesures prescrites par l'administra-
« tion, il sera procédé, dans les formes voulues, devant le
« tribunal de police ou le tribunal civil, suivant la nature de
« l'affaire. »

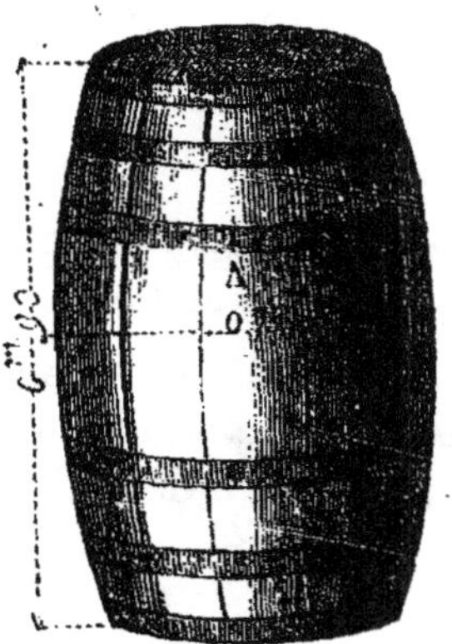

Fig. 131.

742. Par les dispositions de l'article qui précède, on a paru
méconnaître que le particulier peut porter son recours devant
le ministre, pour tout arrêté pris par interprétation de l'ordonnance précitée.

§ 2. — Fosses ou récipients mobiles recevant et conservant
les matières fermes et liquides.

743. Les fosses mobiles sont par le fait des tonneaux,
tinettes ou récipients quelconques en bois ou en métal, qu'on
place ordinairement sous les chutes ou les siéges d'aisances. La
forme de ces récipients et leur capacité varient.

Toutefois il importe qu'ils soient d'un volume commode pour
l'enlèvement et le transport. Ceux en bois, fig. 131, doivent

être en chêne merrain de 0ᵐ.025 d'épaisseur, cerclés en fer; le fond est muni en dedans de deux traverses en bois boulonnées; le tout peint et goudronné en dedans et en dehors.

La trappe, fig. 132, est coupée en biseau et garnie d'un croisillon en fer méplat dont une traverse forme moraillon à crochet.

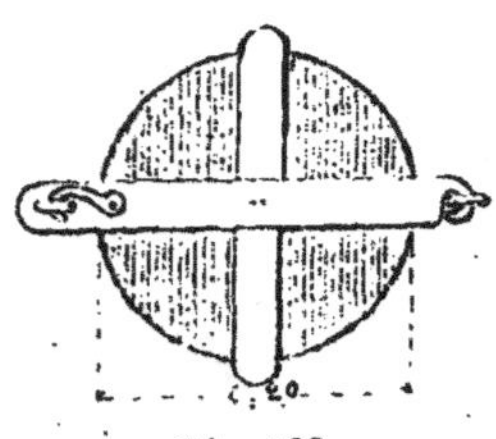

Fig. 132.

744. Les récipients en bois ont l'inconvénient de se dessécher et de laisser fuir les matières lorsqu'ils sont placés dans des endroits secs, ou qu'ils sont trop longtemps à se remplir. On doit ajouter que l'enlèvement à découvert de ces baquets est contraire à la salubrité et qu'il devrait être prohibé.

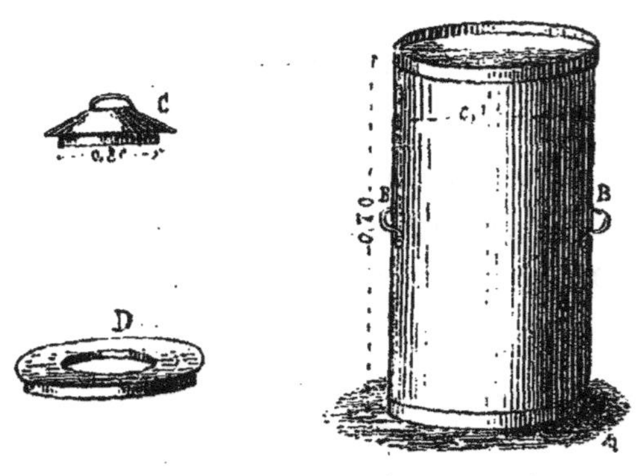

Fig. 133.   Fig. 134.

745. Les tinettes en métal, fig. 134, et cerclées en fer aux deux bouts sont les plus généralement employées. Leur contenance est de 1 hectolitre environ.

Les anses B servent à recevoir un câble ou une courroie, dans lesquels on passe un bâton en forme de joug aux deux extrémités pour le transport.

Le grand couvercle D, fig. 133, est fixé à demeure sur la tinette et reçoit le petit couvercle C, qui y entre à frottement (1).

Ces récipients sont en tôle galvanisée ou en zinc. Dans ce dernier cas, ils doivent être vernis ou simplement peints à l'huile en dedans et en dehors.

746. Autrefois, les récipients mobiles, recevant et conservant les matières fermes et liquides, étaient d'un volume plus considérable qu'aujourd'hui, par la raison qu'il fallait les vider plus souvent.

Mais depuis qu'on emploie les diviseurs et que le récipient mobile ne reçoit plus que les matières fermes, on a pu en réduire les dimensions et le rendre ainsi plus maniable.

Effectivement, les récipients mobiles recevant et conservant les matières fermes et liquides à la fois ne sont plus que d'un usage restreint et leur nombre tend à diminuer chaque jour dans la capitale.

§ 3. — Fosses ou récipients mobiles à diviseur filtrant à l'égout.

747. Les fosses mobiles filtrant à l'égout sont autorisées, à titre provisoire, par ordonnance du 2 juillet 1867, en termes sommaires et sans aucune réglementation spéciale.

C'était une application neuve. L'administration, avant de préciser le mode d'installation, avait besoin d'être éclairée par l'expérience, et d'ailleurs, il faut le remarquer, l'installation des appareils est subordonnée à la disposition des lieux.

Nous mettons ici sous les yeux les études qu'a dû faire l'administration à ce sujet : c'est donc, pour ainsi dire, une communication avant la lettre (2).

748. Les appareils se posent tantôt sur le sol du caveau

____

(1) Aujourd'hui, dans le système Lesage, il n'existe qu'un couvercle.

(2) Nous devons ce travail tout à fait inédit à l'obligeance de MM. Gallet, inspecteur de l'assainissement, et Prangey, contrôleur, chef de bureau dans le même service. Les dessins sont de M. Prangey, auquel incombe la vérification des installations.

destiné à les recevoir, tantôt sur une potence, tantôt sur un massif, suivant que le niveau de l'égout est plus ou moins élevé : car le but à atteindre, c'est de faciliter l'écoulement des liquides à l'égout, et pour ce faire, la première condition est

Fig. 135.

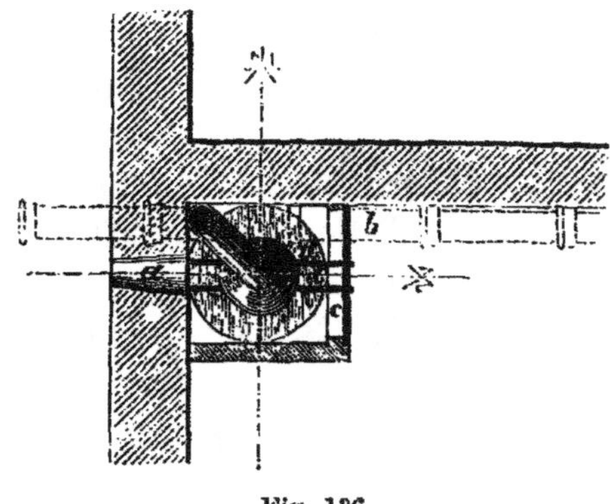

Fig. 136.

d'avoir une pente suffisante, dont le minimum est de 3 centimètres par mètre.

749. Les fig. 135 et 136 montrent une tinette placée dans un réduit au niveau du sol, avec ventilation par un soupirail *a* et conduite *b* enterrée.

Il est important que le seuil soit fortement engagé et garanti par les supports en fer *d*.

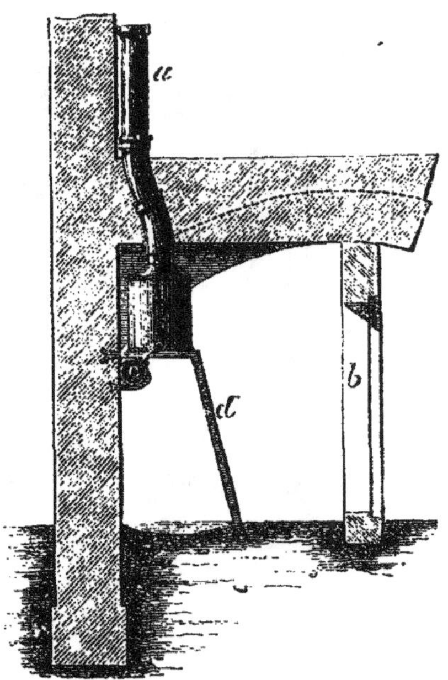

Fig. 137.

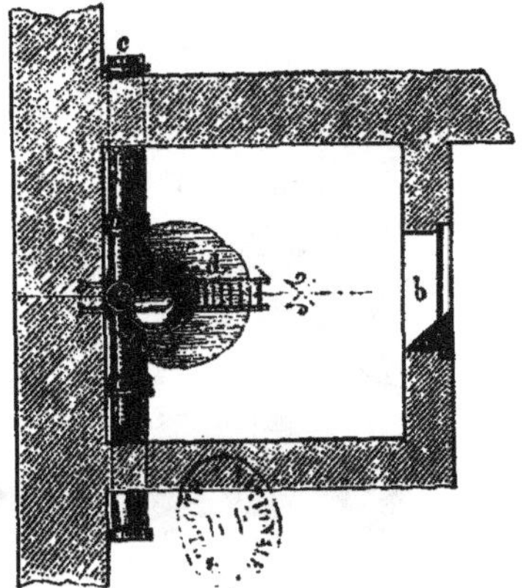

Fig. 138.

Le réduit ou caveau n'a que 1 mètre sur toutes les faces et 1 mètre de hauteur. C'est le minimum des dimensions ad-

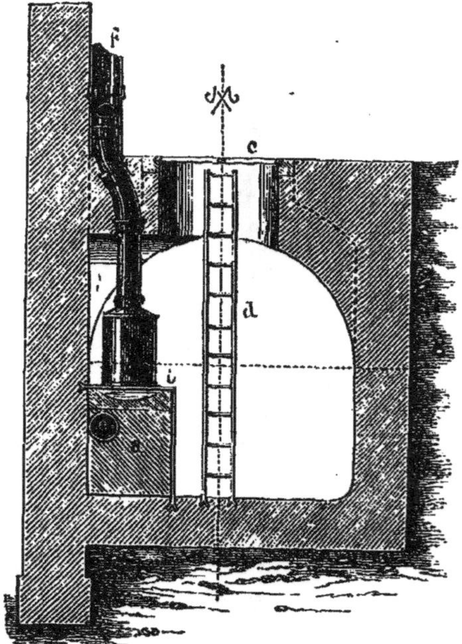

Fig. 139.

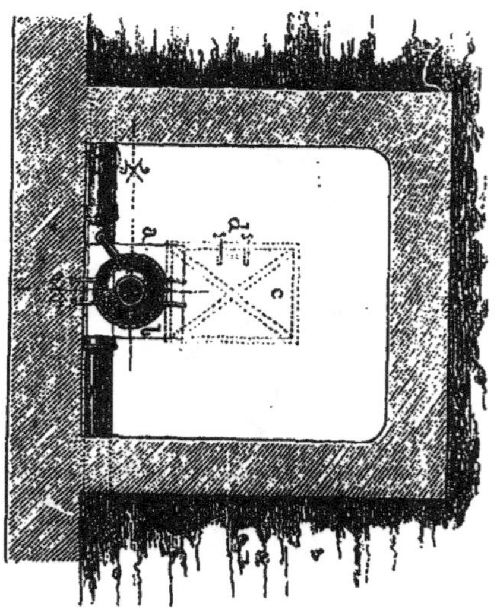

Fig. 140.

mises ; mais il faut que l'enlèvement de la tinette puisse se faire horizontalement et non par en haut.

750. Les fig. 137 et 138 montrent une tinette installée le plus haut possible, en raison de la crue des eaux, dans un caveau pris aux dépens d'une cave et aéré par un tuyau spécial a de 20 centimètres de diamètre; b est la porte, c, la conduite d'évacuation, d, l'échelle.

751. Les fig. 139 et 140 indiquent une tinette installée sur un massif en maçonnerie a, ayant sa cuvette sur dalle refouillée b, dans une ancienne fosse avec service par le trou d'extraction ; c est la trappe en tôle à recouvrement, sur croisillon en fer; d est l'échelle de service; e la conduite d'évacuation; f le ventilateur de 25 centimètres de diamètre.

752. Encore que la ventilation par des soupiraux soit généralement mauvaise, on peut néanmoins la tolérer lorsqu'il est difficile de faire autrement, mais à condition que ces soupiraux ouvriront sur des points éloignés de fenêtres ou portes d'habitations. Un tuyau spécial montant au-dessus des combles est toujours préférable ; son diamètre peut varier, en raison de la disposition des lieux, de $0^m.19$ à $0^m.25$; cette dernière mesure est toujours exigible pour les fosses transformées, que l'on peut, d'un jour à l'autre, rendre à leur destination primitive. Sur certains points, nous avons conseillé, pour l'aération des caveaux, un système de ventilation peu coûteux et produisant un très-bon effet : il consiste à introduire dans une cheminée ordinaire d'un rez-de-chaussée un tuyau de $0^m.10$ de diamètre, placé sur l'un des côtés du foyer, et montant aussi verticalement que possible à 1 mètre environ au-dessus de la tablette.

753. Les massifs ou dés en maçonnerie, fig. 139 et 140, destinés à porter les tinettes, sont plus chers que les supports-échelles, fig. 137 et 138 ; mais ils ont l'avantage de recueillir les débordements dans la cuvette b, ce qui permet de tenir constamment propre le sol du caveau.

Du reste, on laisse toujours aux propriétaires le choix de l'un ou l'autre système.

754. Pour éviter les inondations, la hauteur des tinettes dans les propriétés se trouve subordonnée au niveau le plus élevé de l'eau dans les égouts; il est donc important que la tubulure *a*, fig. 141, soit exactement raccordée avec l'appareil filtrant et la conduite d'évacuation.

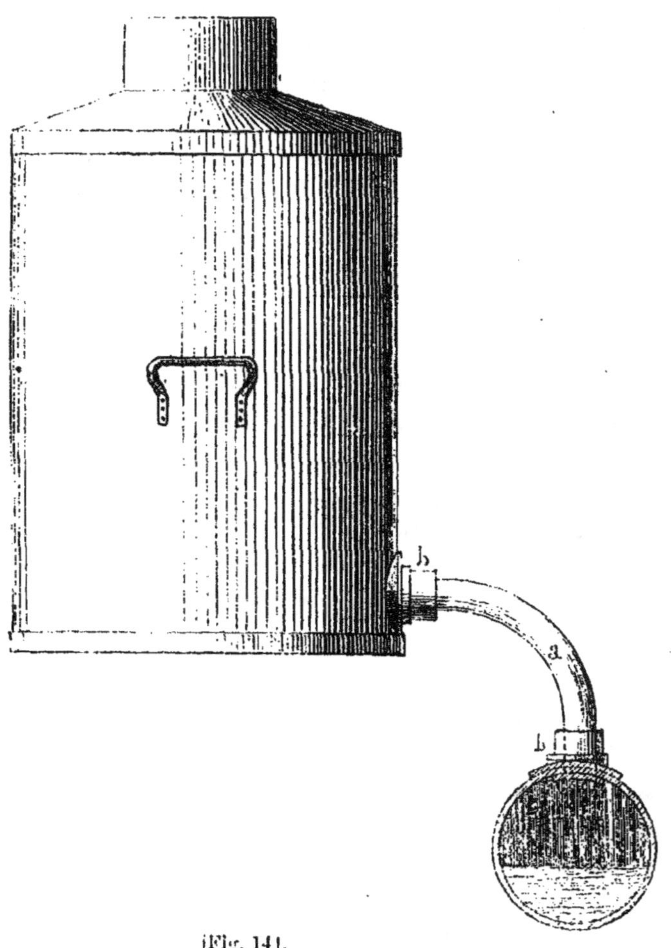

jFig. 141.

755. Les caveaux ou réduits sont construits en maçonnerie limperméable, avec enduit en ciment romain; les angles sont arrondis et les vides existant sous et sur les conduites remplis en mortier de ciment.

756. La disposition des conduites destinées à verser les iquides à l'égout varient suivant les localités.

Les fig. 142 et 143 montrent la conduite *a* et la cuvette *b* placées dans un branchement raccordé sur un égout à banquette.

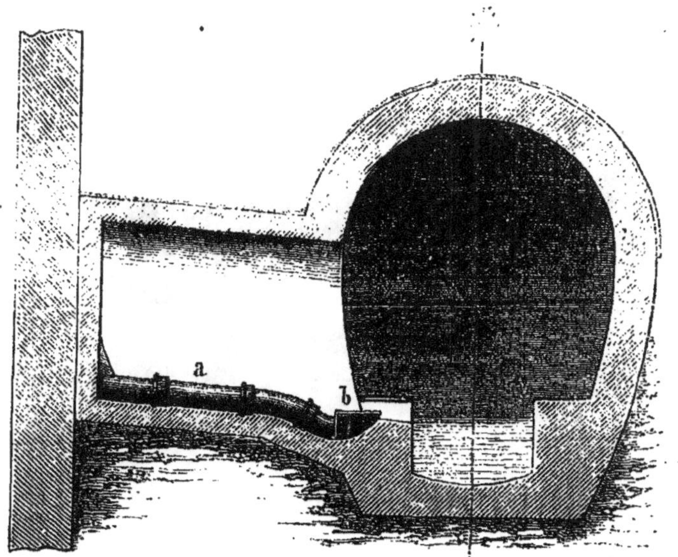

Fig. 142.

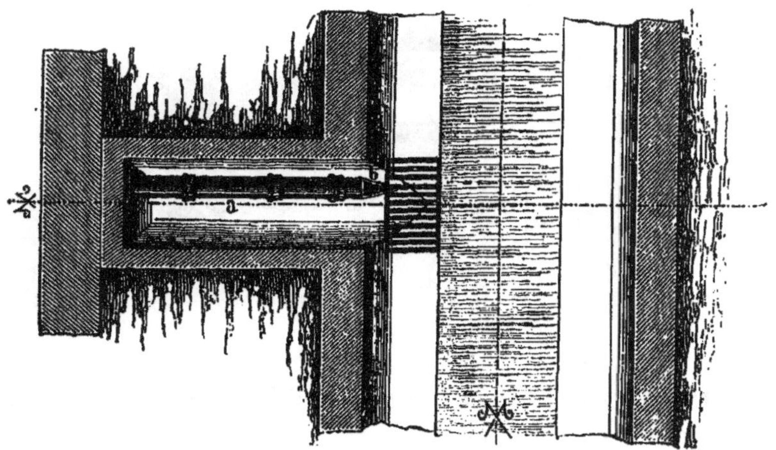

Fig. 143.

757. Les fig. 144 et 145 représentent la coupe et le plan des cuvettes *b b'* dans les égouts sans banquette.

Il est indispensable, dans ce cas, que la cuvette *b* soit engagée de 8 à 10 centimètres sous la grille de la banquette, afin d'éviter, lors des pluies, un jet d'eau trop considérable sur cette grille.

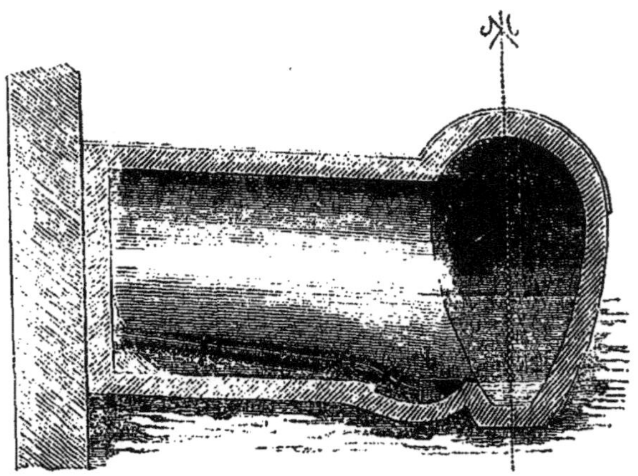

Fig. 144.

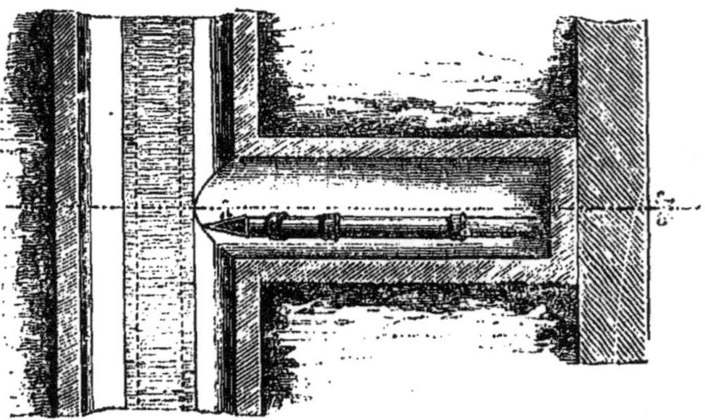

Fig. 145.

758. Les fig. 146 et 147 montrent la coupe et le plan d'un branchement à gradins raccordé sur un égout type, n° 12 : *a* est la conduite, *b* la cuvette, *c* la descente des eaux pluviales de la façade, *b'* une cuvette établie sous cette descente. Le petit glacis en contre-haut du radier est indispensable, et la conduite ne doit jamais occuper le milieu du radier, mais un des côtés, de manière à laisser toujours une partie des gradins entièrement libre pour le service.

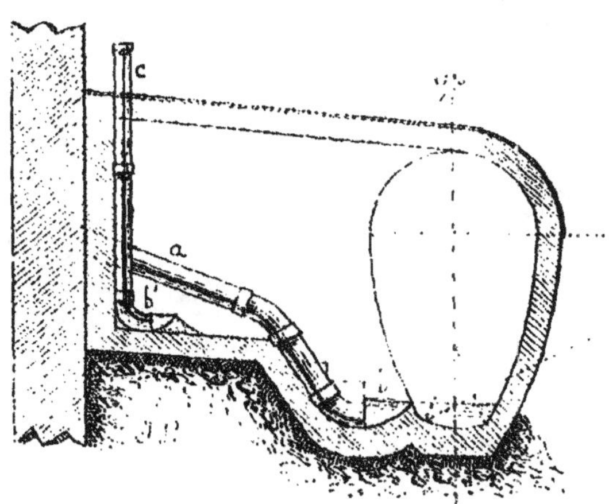

Fig. 146.

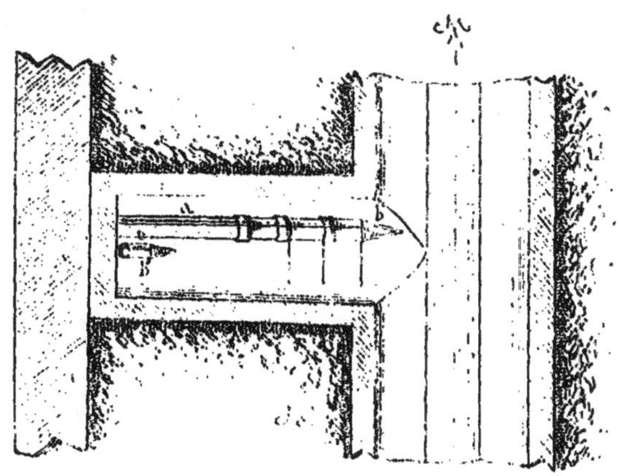

Fig. 147.

759. Les fig. 148 et 149 indiquent une cuvette *b* établie dans une niche *a*, construite dans un égout public ou particulier. Le diamètre des conduites est subordonné au volume d'eau à évacuer ; il varie de 20 à 25 centimètres.

760. Les fig. 150 et 151 montrent une disposition de branchement ordinaire, fréquemment submergé. Dans ce cas, on

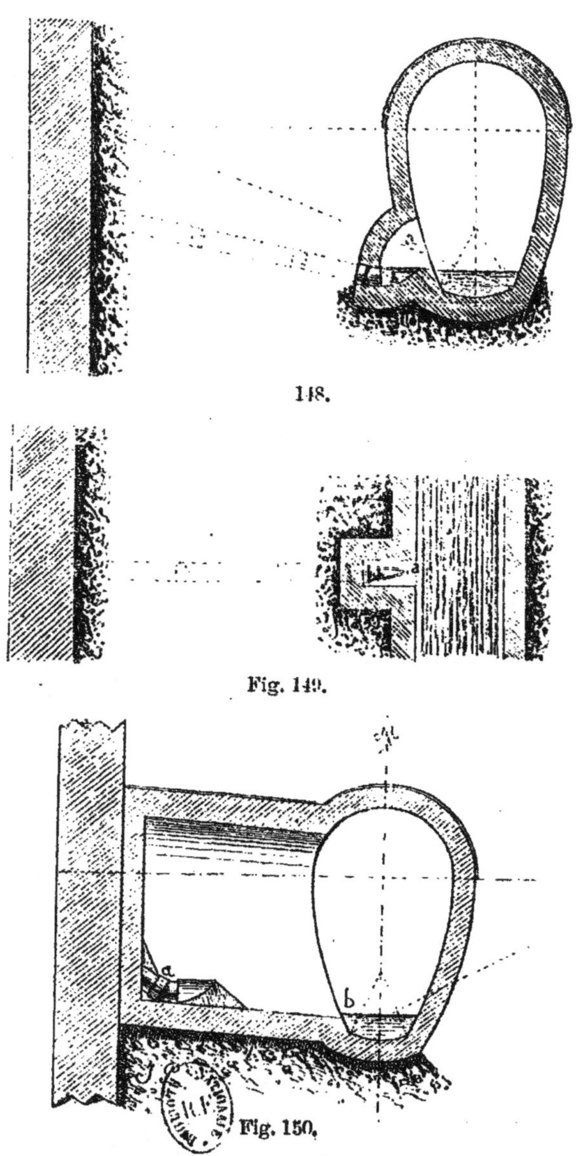

148.

Fig. 149.

Fig. 150.

dispense du prolongement de la conduite *a* jusqu'à l'égout public *b*.

761. La fig. 152 représente la coupe d'un branchement particulier, avec deux conduites $b\,b'$. Le nettoyage de la galerie étant alors devenu impossible, on doit remplir le vide existant entre ces conduites et faire un second radier c. Il est bien entendu que pour le faux radier l'emploi des matériaux doit être le même que pour les radiers définitifs.

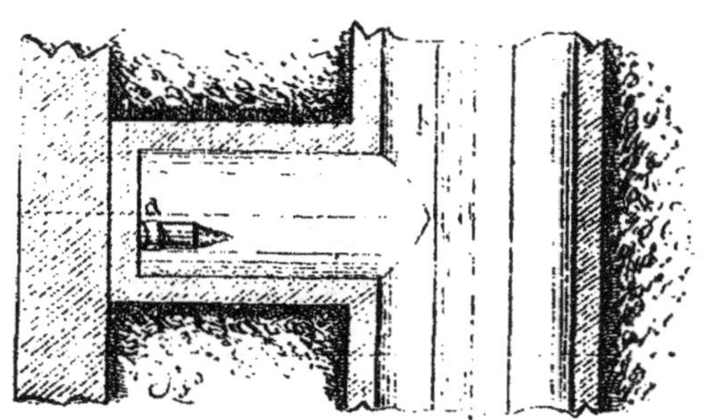

Fig. 151.

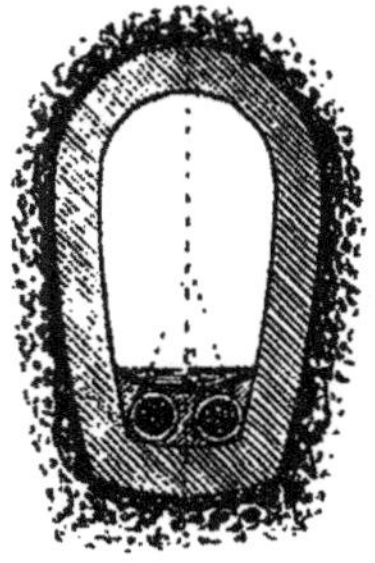

Fig. 152.

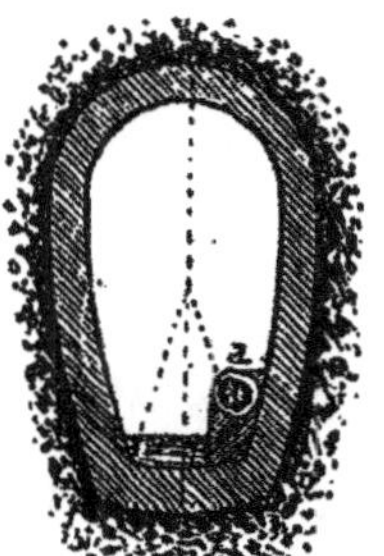

Fig. 153.

762. La fig. 153 montre la coupe d'un branchement avec une seule conduite a.

La fig. 154 désigne la coupe d'un égout semblable établi, à l'intérieur de la propriété, contre le mur mitoyen. L'épaisseur des maçonneries composant le radier, les pieds-droits et la voûte doit être la même que pour les branchements ordinaires, soit 20 centimètres.

763. La fig. 155 montre les cuvettes-déversoirs qu'on emploie le plus souvent ; ces cuvettes *b* peuvent être en métal ou en maçonnerie, avec bords armés d'un fer cornière. Leur grande largeur ne doit pas excéder le diamètre des conduites et leur longueur être supérieure au double du diamètre de ces conduites, plus un tiers ; il est indispensable, en outre pour bien

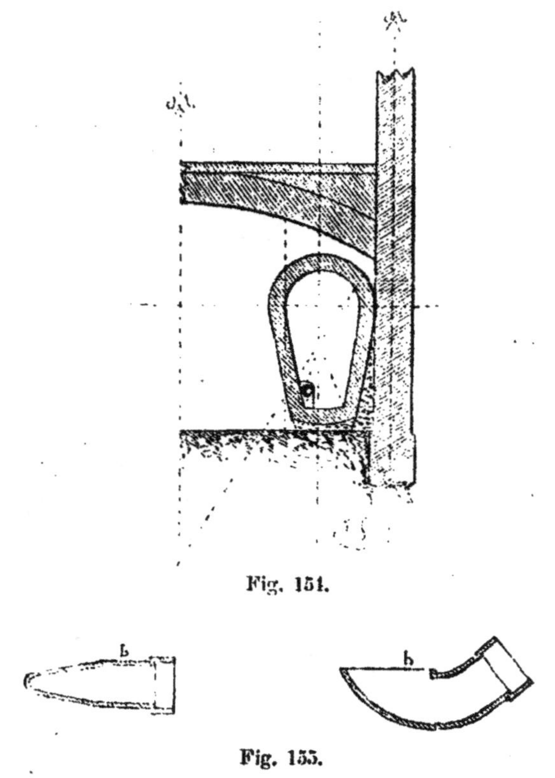

Fig. 154.

Fig. 155.

fonctionner, qu'elles soient établies à 5 ou 8 centimètres au-dessus des radiers.

764. Les fig. 156 et 157 font voir deux siphons déversoirs en fonte, système *Guinier*. Le premier s'applique au bout des tuyaux communiquant à l'égout, suivant une pente douce ; le second se place au bas des tuyaux qui tombent verticalement.

765. Les fig. 158 et 159 donnent l'élévation et la coupe d'un autre siphon déversoir, système *Godefroy;* ce siphon s'applique à la fois aux conduites de fosses filtrantes à l'égout et aux tuyaux des eaux pluviales et ménagères. Mais il est aujourd'hui peu employé, à cause des engorgements qui s'y produisent.

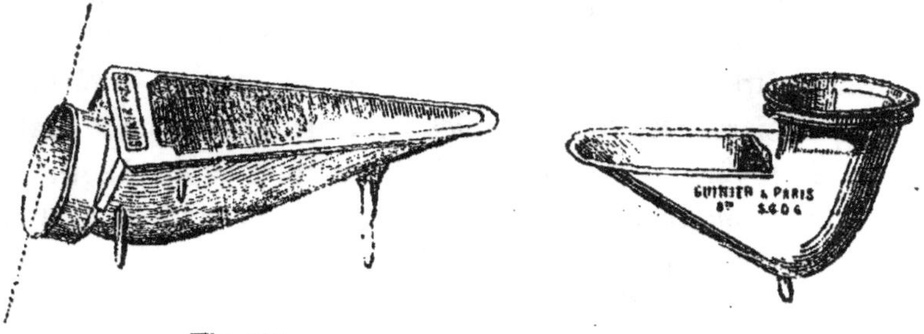

Fig. 156.   Fig. 157.

766. Les cuvettes-siphons sont difficiles à réussir en maçonnerie ; aussi préfère-t-on employer celles qui sont en métal.

Fig. 158.

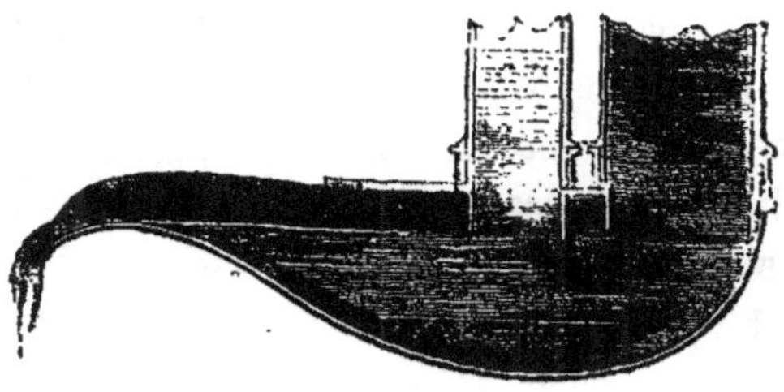

Fig. 159.

767. Dans les branchements, il est indispensable que les tuyaux soient appliqués aux pieds-droits et les vides remplis en maçonnerie de mortier et ciment, fig. 152 et 153.

768. Les niches, fig. 148 et 149 n'offrent aucun inconvénient à l'intérieur des propriétés ; sous la voie publique, elles ne sont tolérées qu'autant que l'égout est sous trottoir et le branchement très-éloigné du point où l'on doit établir des tinettes ou prendre des eaux.

769. L'écoulement des eaux ménagères avec celles du toit dans les tinettes séparatrices avait d'abord été permis, à titre d'essai, de sorte que toutes les eaux de la maison pouvaient être conduites à l'égout en passant dans le réceptacle des matières fermes, qui seules y restaient ; mais cette pratique a été prohibée par l'arrêté préfectoral du 2 juillet 1869.

Les conduites peuvent être placées, comme on le voit, au travers des caves, le long des murs et même dans les massifs de maçonnerie de la maison. Mais ces espèces d'installations ne seront réellement complètes et exemptes d'inconvénients que quand la vidange se fera par l'égout, sans même que le caveau du récipient communique à la maison, dans les conditions ordinaires. C'est, au reste, une application qui a déjà été faite dans quelques maisons nouvelles.

770. En vue d'obtenir ce résultat, et même en tout état de cause, on fera bien d'établir un couloir spécial dans les caves, conduisant du récipient diviseur à l'égout privé.

Installation complète.

771. *Service par l'égout.* — L'installation complète du service par l'égout a pour objet d'opérer la vidange des matières solides et liquides sans aucune communication avec les issues ordinaires de la maison, de telle manière que les habitants n'ont plus aucun des inconvénients de cette opération, qu'ils n'aperçoivent même pas.

772. La planche 14 donne l'ensemble d'une installation complète dont le service se fait par l'égout : *a* est le robinet de concession ; *b* le regard à double grille, dont l'une *c* est mobile, et l'autre *d* fixe. La première, qui reçoit les eaux de la cour, est en fer ou en fonte ; la seconde arrête les objets divers qui pourraient

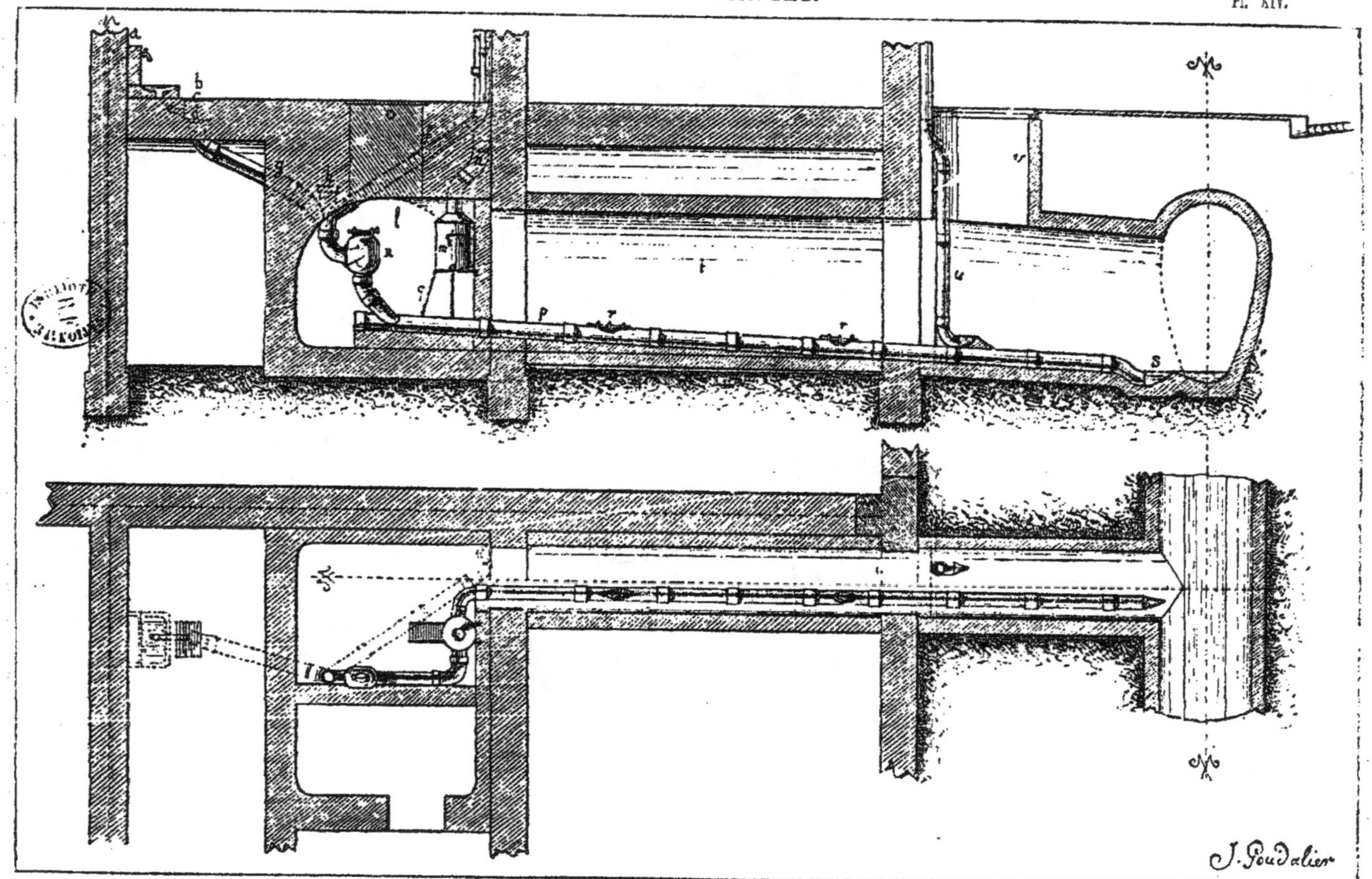

INSTALLATION COMPLÈTE.

causer des engorgements : celle-ci est composée de barreaux
en fer de 12 millimètres d'épaisseur sur 35 de largeur, scellés
de champ et espacés de 25 à 30 millimètres ; *e* petite canalisation amenant les eaux du robinet *a* entre les deux grilles *cd*;
f conduite des eaux pluviales et ménagères raccordées au
point *h* avec le tuyau *j* partant du regard *b*; *k* siphon unique ;
l ancienne fosse communiquant avec l'égout ; *m* tinette ; *n* tuyau
de chute ; *o* ancien trou d'extraction ; *p* conduite d'évacuation ;
q support-échelle de la tinette ; *rr* regards d'observation ménagés sur la conduite *p* ; *s* cuvette hydraulique ; *t* galerie con-

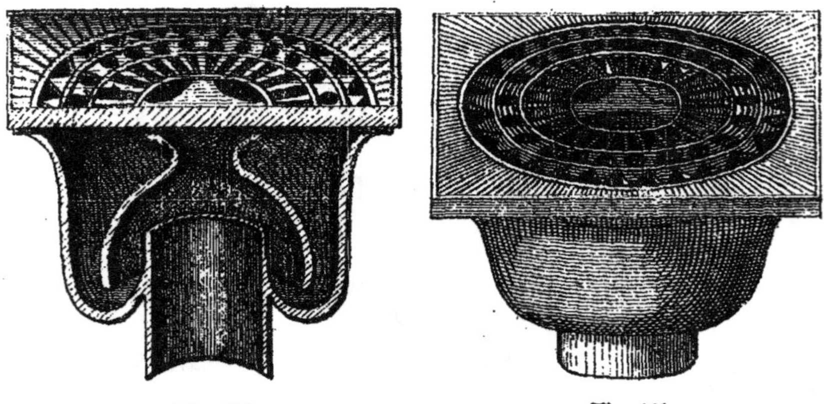

Fig. 160.   Fig. 161.

struite au travers des caves pour mettre l'ancienne cave en
communication avec l'égout ; *u* descente des eaux pluviales de
la façade ; *v* regard de service établi sur le branchement.

773. La cuvette sous les appareils est inutile dans les caveaux en communication avec l'égout. La grille de sûreté, demandée à l'aplomb du mur de face dans les conditions ordinaires, n'est plus exigible lorsque, comme ici, toute communication avec la propriété est supprimée. Le regard de service
v construit sur le branchement n'est pas constamment indispensable ; mais on doit toujours le conseiller quand les
regards de l'égout public sont trop éloignés de la propriété,
ou qu'il s'agit d'une galerie à faible pente, susceptible

de recevoir une grande quantité d'eau en peu de temps.

774. Les deux grilles dont nous venons de parler peuvent être avantageusement remplacées par la grille à siphon, système *Valdo*, dont les fig. 160 et 161 montrent la disposition extérieure et intérieure.

775. Quant aux siphons, ils sont de plusieurs sortes; un des plus employés est celui qu'indique la fig. 162 et duquel M. Guinier est l'inventeur.

On doit au même industriel un dégorgeoir, fig. 163, dont, à juste titre, l'administration fait grand cas.

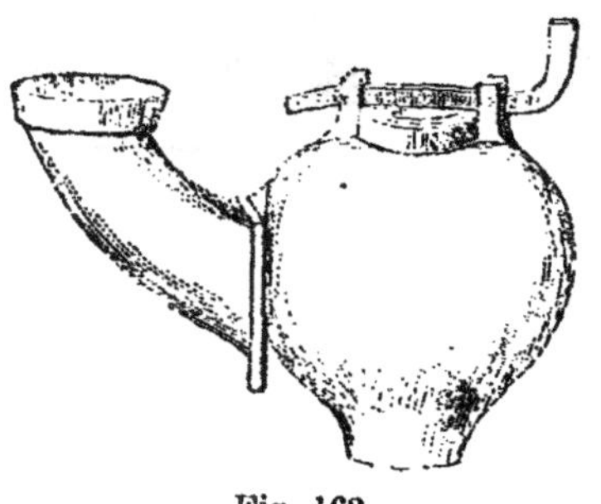

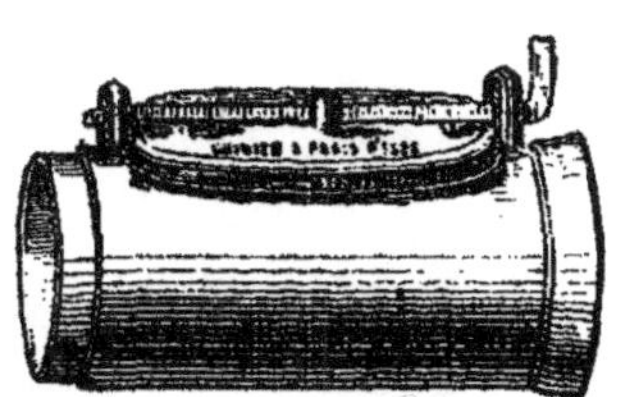

Fig. 162.　　　　Fig. 163.

776. Il est à remarquer que les siphons sont généralement d'un mauvais usage au rez-de-chaussée; ils gèlent facilement et, par leur disposition, permettent d'introduire des corps obstruants dans les conduites. On préfère un regard grillé au rez-de-chaussée, avec cuvette hydraulique dans le branchement, comme il est indiqué par les fig. 142 et 143.

777. Lorsque deux branchements pourvus de conduites destinées aux eaux vannes se croisent, il est nécessaire de faire un palier *a*, fig. 164 et 165, afin de préserver les conduites sans nuire à l'écoulement des eaux, et de faciliter la surveillance et l'enlèvement des tinettes.

Service par la rue.

778. Il est un autre moyen d'application récent pour assurer le service des appareils par la voie publique; ce

moyen consiste à ouvrir un regard sur le trottoir destiné à mettre les caves en communication avec l'extérieur. Quand il en est ainsi, il existe une porte dans le mur de face, au droit

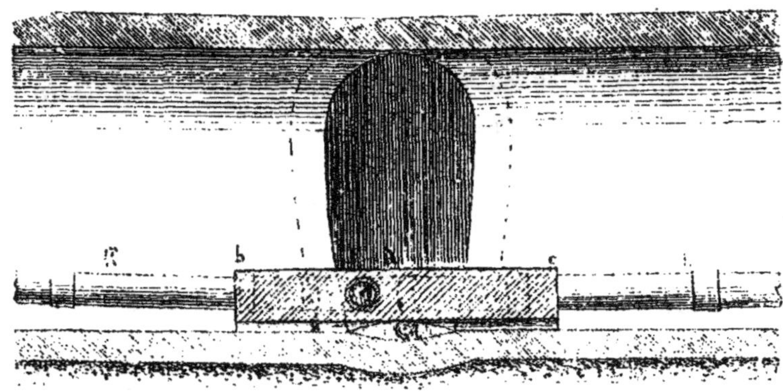

Fig. 164.

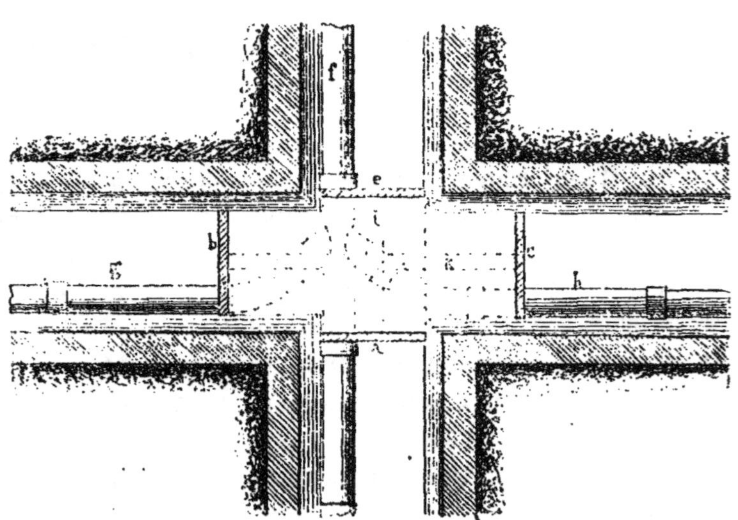

Fig. 165.

de ce regard; cette porte est fermée par une clef qui reste entre les mains du propriétaire. L'autorisation d'appliquer ce nouveau mode est ordinairement accordée quand la disposition des lieux ne s'y oppose pas.

§ 4. — Fosses ou récipients mobiles à diviseurs sur réservoirs.

779. Les appareils sur réservoirs sont ceux dont les liquides sont écoulés dans des réservoirs particuliers, afin d'être enlevés séparément, soit pour être projetés à l'égout, soit pour être transportés aux dépotoirs.

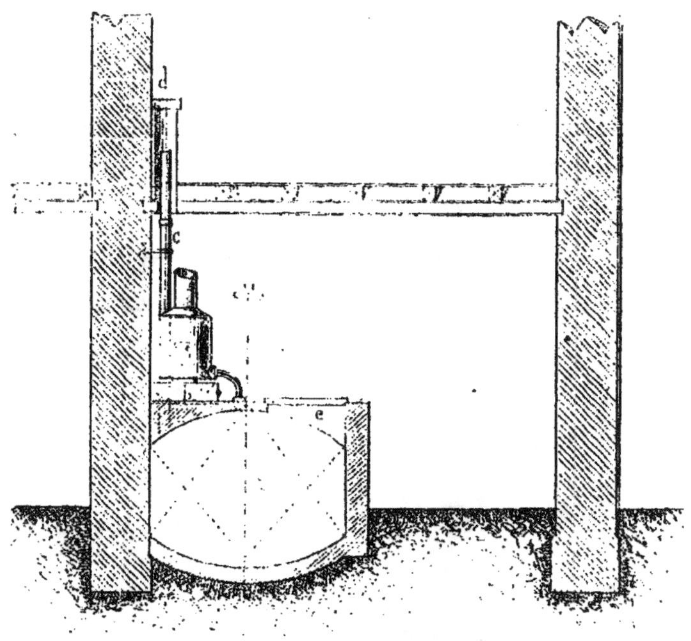

Fig. 166.

780. Les fig. 166 et 167 montrent un appareil dont le réservoir est établi sur le sol : *a* réservoir ; *b* dalle refouillée formant cuvette sous la tinette ; *c* ventilateur du réservoir ; *d* ventilateur du caveau ; *e* trou d'extraction ; *f* porte du caveau.

Le radier du réservoir doit être concave comme les fosses fixes ; les enduits en ciment sont obligatoires, et il est nécessaire que les angles soient arrondis ; mais on peut se dispenser de faire descendre les murs jusqu'au-dessus du niveau des maçonneries du radier.

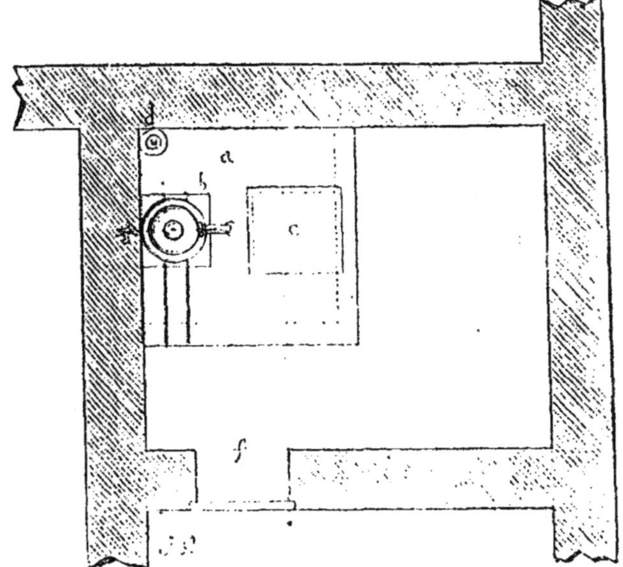

Fig. 167.

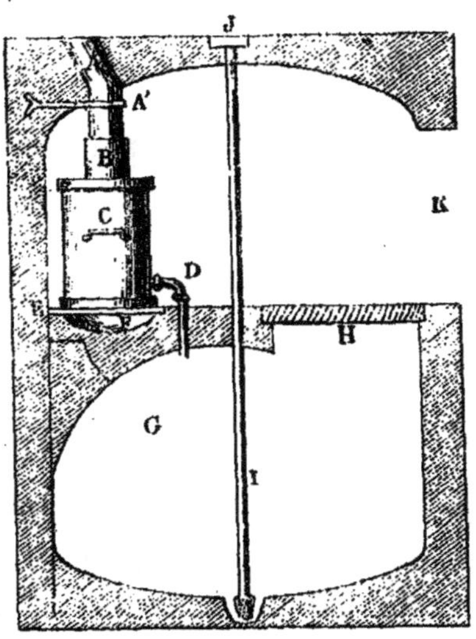

Fig. 168.

781. La fig. 168 représente un appareil placé sur un réservoir en double cave. En I, on voit un tuyau fixe à sa par-

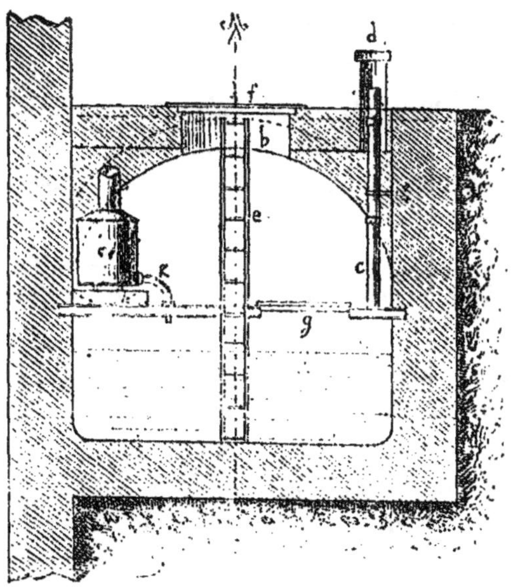

Fig. 169.

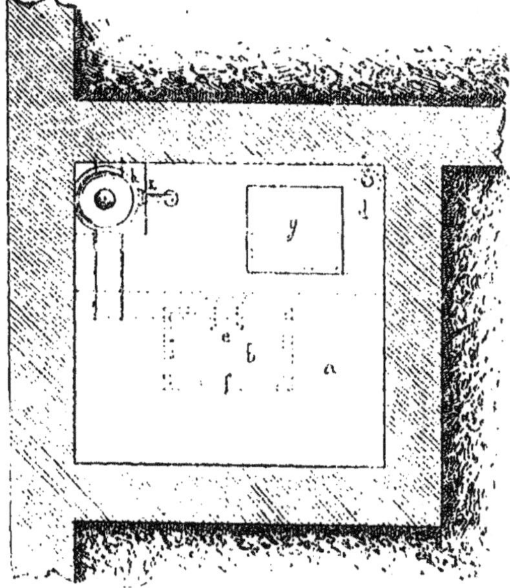

Fig. 170.

tie inférieure dans une rainure au fond du réservoir, et à sa partie supérieure dans une ouverture J où s'adapte la pompe qui doit aspirer les liquides et les diriger à l'égout ou dans des tinettes disposées à cet effet. Au bas du tuyau I est un pommeau percé à jour par lequel entrent les liquides.

Ce mode n'est pas sans inconvénient : la vase qui se forme au fond du réservoir bouche les trous et l'on est obligé d'interrompre l'opération.

782. Les fig. 169 et 170 représentent la coupe et le plan d'un récipient à réservoir *a* pris aux dépens d'une fosse d'aisances, avec service pour l'ancien trou d'extraction *b*; *c* est le ventilateur du réservoir; *d* l'ancien ventilateur de la fosse; *e* l'échelle de service; *f* la trappe en métal strié sur croisillon et à recouvrement; *g* le trou d'extraction au réservoir; *h* la dalle refouillée formant cuvette sous l'appareil filtrant; *k* la tubulure conduisant les liquides dans le réservoir.

783. Les réservoirs peuvent être employés avantageusement dans les propriétés bourgeoisement habitées et élevées sur des rues privées d'égout. Leur construction est peu coûteuse et leur vidange, qui est facile, s'opère, généralement sans ouvrir les récipients, au moyen d'un tube d'aspiration fixe se terminant par un raccord en cuivre et débouchant le plus souvent soit dans un soupirail, soit dans un petit regard ménagé au rez-de-chaussée.

784. La ventilation par les deux tuyaux *c d* produit un très-bon effet, mais il est important que le tuyau *c* soit parfaitement entré dans le tuyau *b* et qu'il y pénètre de 1 mètre au moins.

785. Les réservoirs se font en bois ou en métal, et en aussi grand nombre que le local peut en contenir. Il suffit qu'ils soient étanches.

786. Quand ils sont construits en maçonnerie, les murs et le massif s'établissent en béton de 35 centimètres d'épaisseur; l'emploi de la brique doit être prohibé, parce que la moindre imperfection dans le hourdis des joints peut donner passage aux liquides. On est autorisé à les couvrir d'un plancher hourdé en béton ou en briques; mais, dans le dernier cas, une chape en béton est nécessaire pour empêcher les émanations.

Écoulement des eaux par voie souterraine.

787. La fig. 171 montre l'installation complète des appareils destinés à l'écoulement des eaux, d'une gargouille placée à l'intérieur d'une propriété, à l'égout : *a* est la gargouille destinée à recevoir une grande quantité d'eau ; *b* le regard construit à l'extrémité de cette gargouille, formé par une plaque en métal *c* et pourvu d'une grille fixe *d* destinée à arrêter les grosses ordures ; en *e* on voit le tuyau conduisant

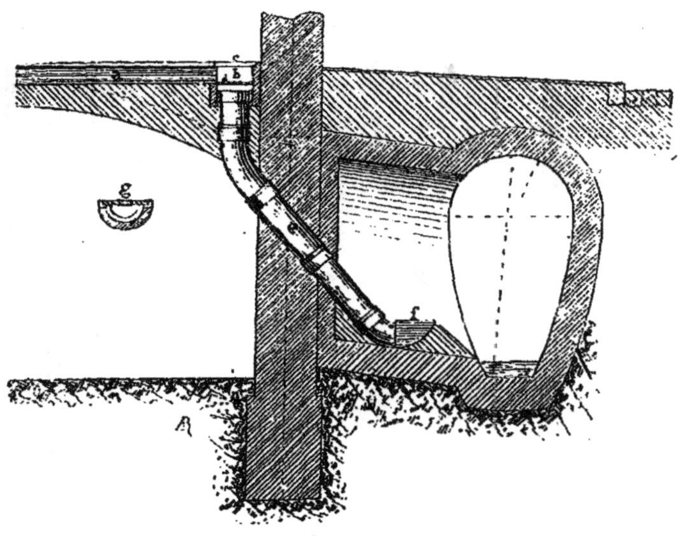

Fig. 171.

les eaux dans le branchement ; *f* est la cuvette siphoïde. La coupe de la gargouille *a* est représentée en *g*.

788. La fig. 172 indique les dispositions à prendre pour conduire les eaux d'un réservoir étanche dans un puisard à fond perdu, lorsque la disposition du sol ne permet pas l'écoulement des eaux sur la voie publique : *a* est le réservoir recevant les eaux qu'il s'agit d'éliminer ; *b* la grille fixe sur l'orifice du tuyau qui conduit les eaux dans le réservoir ; *c* le regard ; *d* le tuyau conduisant les eaux du réservoir dans le puisard *e*, destiné à absorber les eaux du réservoir et placé en en courbure de manière à former siphon, disposition qui a pour effet d'empêcher l'évaporation des mauvaises odeurs montant à la surface.

789. Les fig. 173 et 174 montrent en plan et en élévation la disposition pour les conduites ayant peu de pente et une grande longueur : *b* est le regard ménagé sur les conduites. Dans ces regards, les tuyaux *cc'* sont ordinairement remplacés par une gargouille *e*, comme le montre la coupe B, ajustée à la gauche de la fig. 174.

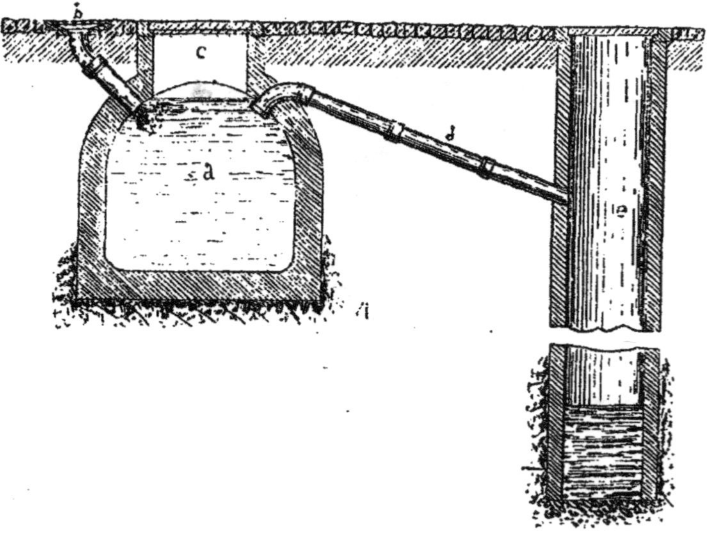

Fig. 172.

790. Les fig. 175 et 176 montrent un regard construit dans une grande cour et recevant, outre les eaux superficielles, le produit de quatre tuyaux de descente A B C D : *e* est la grille mobile ; *f* la grille fixe ; *g* le tuyau d'évacuation.

791. Lorsque l'on a une grande quantité d'eau à évacuer dans un puisard, on doit nécessairement adjoindre à ce puisard un puits d'absorption ; mais il est indispensable, pour obtenir un bon résultat, que le premier soit entièrement étanche et que les eaux s'en échappent par siphonnement, fig. 172. Par cette

disposition, on obtient que les matières lourdes restent au fond
du puisard et que les matières légères flottent à la surface de
l'eau, qui peut seule pénétrer dans le tuyau *b*.

792. Les regards, fig. 173 et 174, permettent de vérifier

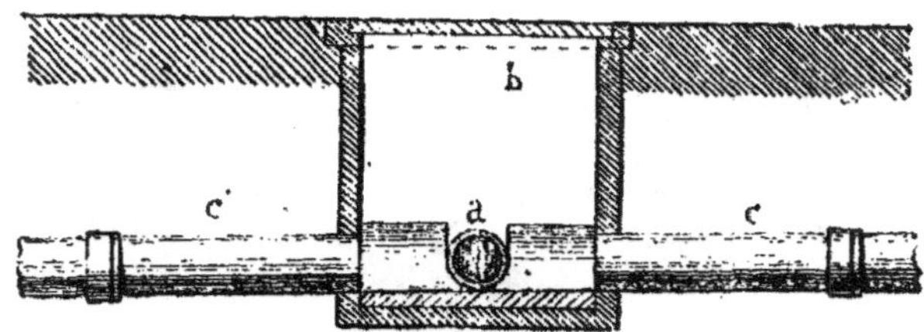

Fig. 173.

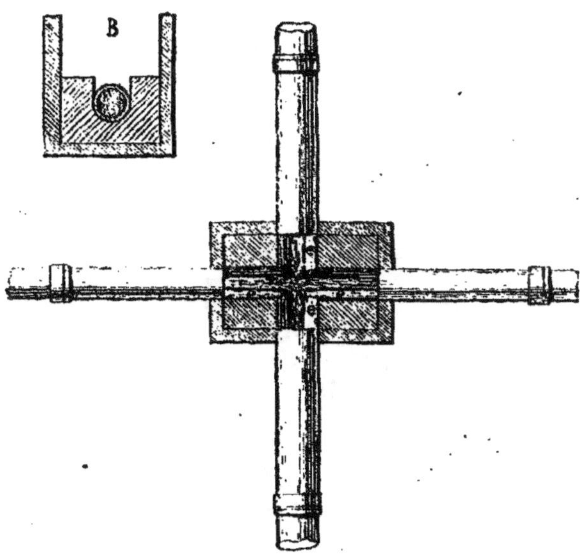

Fig. 174.

facilement une canalisation et de désobstruer au besoin les
tuyaux qui la composent.

793. Les regards, fig. 175 et 176, donnent le moyen de
diriger sur un même point, par voies souterraines, les eaux de
diverses provenances et de fermer tous les orifices par un seul
siphon établi dans le branchement, fig. 169 et 170.

§ 5. — Caveaux de fosses mobiles.

794. Les récipients mobiles destinés à recevoir et contenir les matières fermes et liquides sont placés dans des caveaux construits sur les quatre faces en briques meulières ou en moel-

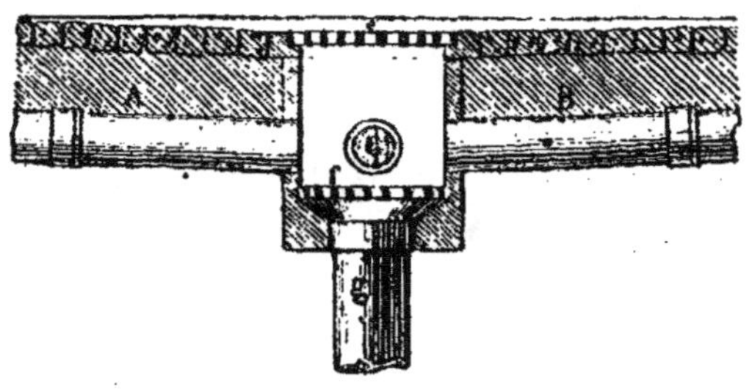

Fig. 175.

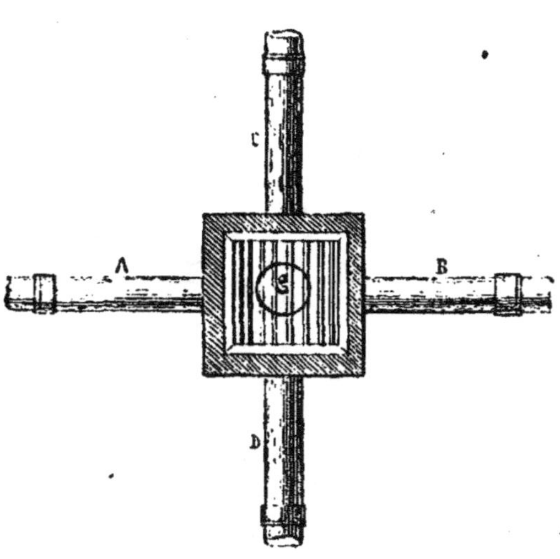

Fig. 176.

lons hourdés en mortier de chaux et sable. Le radier de ces caveaux doit être imperméable et disposé en forme de cuvette sous le récipient mobile.

En outre, le sol imperméable doit s'étendre à 1 mètre du

récipient. (Ordonnance de police du 5 juin 1834, art. 19, et ordonnance du 1er décembre 1853, art. 81.)

795. Les moindres dimensions que l'on puisse donner aux caveaux de fosses mobiles sont 1m.50 de long sur 80 centimètres de largeur.

Les fig. 177 et 178 représentent un de ces caveaux, meublé de son appareil mobile. Dans ce cas, il est nécessaire que le massif soit imperméable sur toute la superficie.

796. Aucune disposition relative à l'épaisseur du massif des caveaux de fosses mobiles n'est prise par les ordonnances de police. Il suffit que le sol soit imperméable. On peut obtenir ce résultat par l'emploi du béton ou de la meulière sur une

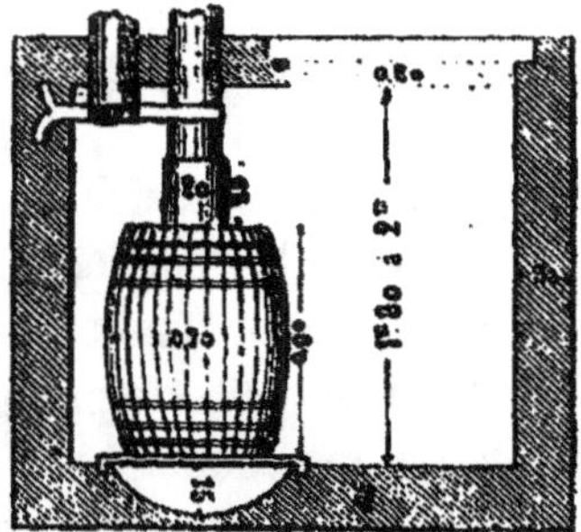

Fig. 177.

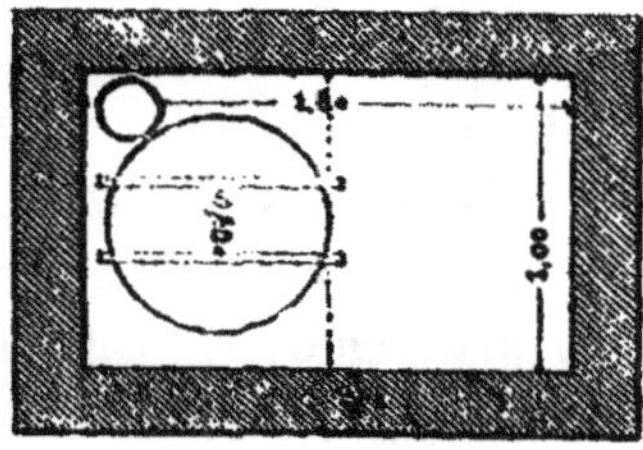

Fig. 178.

épaisseur de 25 centimètres, au lieu de 45 qui est exigée pour les fosses fixes.

797. Si le caveau a une grande superficie, le radier imperméable n'est point exigé en dehors des mesures ci-dessus indiquées ; mais il faut alors que le reste de la superficie où le radier n'existe pas soit élevé d'au moins 25 centimètres, et que le pas qui forme l'élévation du sol soit construit en matière imperméable et suffisamment protégé, afin que, si le récipient venait à déborder, les liquides ne pussent s'infiltrer dans les terres.

798. Un enduit en ciment est exigible dans toute la hauteur au-devant du récipient mobile et à 1 mètre au-dessus du sol sur les autres parois, mais le reste peut être simplement en-

duit ou jointoyé au mortier de chaux et sable ordinaire.

799. Les caveaux pourront être voûtés ou planchéiés, sans que la voûte ou le plancher soient assujettis à des conditions autres que celles qui sont d'usage. La hauteur indiquée est de 2 mètres, mais on peut sans inconvénient la tolérer à 1ᵐ.60.

800. Les trappes qui fermeront l'ouverture de ces caveaux seront construites solidement en bois ou en métal, et garnies d'un anneau de fer destiné à en faciliter la levée.

801. Elles devront être placées à l'extérieur du cabinet, car les urines tomberaient sur le sol du caveau, dont la propreté est une condition essentielle pour la salubrité.

802. Le caveau de fosse mobile doit être ventilé, mais il n'est pas nécessaire d'y établir un ventilateur spécial, comme aux fosses fixes. Un soupirail de bonne dimension peut suffire pour cet usage, si ce soupirail n'est pas trop près d'une croisée et d'une porte.

803. Sur la cuvette du massif doivent être scellées des barres de fer B, fig. précédente, destinées à soutenir le récipient C et à l'isoler du contact des matières qui pourraient tomber dans la cuvette A, par suite du trop-plein ou de fuite imprévue; matière qu'on enlève aussitôt au moyen d'une écope.

804. La chute qui est destinée à amener les matières dans la fosse doit toujours s'arrêter un peu au-dessus du récipient, de telle sorte qu'elle ne soit pas endommagée si l'on enlève la pièce qui est placée à sa partie inférieure. Lorsqu'on veut retirer le tonneau de dessous la chute, l'intervalle est comblé par un manchon de zinc, qui est remonté ou descendu, suivant qu'il est nécessaire.

805. On peut installer les fosses mobiles dans les caves, au rez-de-chaussée et même aux étages supérieurs des maisons, à la condition de toujours placer le récipient sur un sol rendu imperméable, et disposé en forme de cuvette avec barres de fer, pourvu encore que le réduit qui contient le récipient soit ventilé, ou ait une prise d'air sur l'extérieur, qu'il soit distinct des cabinets d'aisances et d'un accès facile pour l'enlèvement des tinettes.

806. Les caveaux d'appareils mobiles filtrant sur égout ou sur réservoir doivent être construits dans des conditions semblables ; mais, pour ces sortes de récipients, on tolère des dimensions plus petites que celles que nous avons indiquées pour les caveaux des fosses mobiles, devant recevoir et contenir à la fois les matières fermes et liquides.

807. Si l'accès de ces récipients est facile, on peut les placer dans des caveaux de 1 mètre sur toutes faces et de 1 mètre de hauteur seulement.

808. Les appareils filtrants pourraient donc, pour ainsi dire, être placés dans une armoire, si elle était suffisamment ventilée, et même dans l'épaisseur d'un mur.

§ 6. — Latrines.

809. Aucune latrine ne peut être établie sans avoir au moins 1^m.20 de longueur sur 0^m.80 de largeur et 2^m.60 de haut.

810. Elle doit communiquer avec l'air extérieur par une croisée ouvrante d'au moins 25 décimètres carrés. Ce jour peut être pris par un glacis, pourvu que l'inclinaison du glacis ne commence pas à plus de 0^m.25 au-dessus du siége, et que la distance entre le siége et le nu du mur à l'extérieur ne soit pas supérieure à 1^m.25 (1).

811. L'éclairage par le haut est admis au point de vue de la salubrité ; il ne doit être prohibé que quand il est contraire aux règles de la décence.

812. Aucune latrine ne peut être établie dans une cour couverte d'un vitrage, à moins que ladite cour ne présente une superficie de plus de 4 mètres et qu'elle ne soit munie d'une lanterne à jour.

813. Les latrines dans les cours au rez-de-chaussée pourront être dispensées du jour de 25 décimètres carrés, mais à la condition que la ventilation y sera établie au moyen de deux

(1) Dans les maisons distribuées en petits logements, l'espace que donne ce glacis derrière les latrines est quelquefois d'une grande utilité.

trous ayant chacun 1 décimètre carré et étant placés l'un au haut de la porte, l'autre à l'opposé, dans le mur, au ras du sol, ou l'un au bas de la porte et l'autre dans le plafond.

814. Les murs à l'intérieur devront toujours être revêtus d'un enduit lisse dans toute la hauteur.

Lorsque les latrines sont au grand air, comme sur les quais ou les places, de même que dans les cours et jardins, elles peuvent être construites à la turque, mais elles doivent toujours être munies d'un appareil hermétique.

815. Le sol doit être imperméable et dirigé en pente, de façon à conduire les eaux à la lunette par un canal débouchant au-dessous de la valve. L'imperméabilité du sol s'obtient soit au moyen d'un dallage en pierre jointoyée en ciment, soit par un massif en béton recouvert d'une chape en ciment, soit par le moyen d'un terrasson en asphalte, en plomb ou en zinc.

816. Dans tous les cas, le bas des murs doit être enduit en ciment, si ces murs sont en maçonnerie ordinaire, ou jointoyé en même matière, s'ils sont en pierre, sur une hauteur de $0^m.50$ au-dessus du sol, au moins.

817. Les latrines communes à tous les locataires du dernier étage d'une maison doivent aussi être munies d'appareils hermétiques, et peuvent également être disposées à la turque (1).

818. Mais c'est à tort que la commission des logements insalubres exige des latrines de cette espèce aux autres étages d'une maison, quand les latrines sont communes à plusieurs logements, car si les latrines à la turque ne présentent pas d'inconvénient dans une cour, au rez-de-chaussée et au dernier étage, il en est tout autrement pour les étages intermédiaires

---

(1) Comme on l'a vu précédemment, les appareils hermétiques pour siéges communs sont de plusieurs sortes : il y en a qui fonctionnent par le poids de la personne qui excrète ; d'autres, par le poids calculé d'une certaine quantité de matières, poids qui, dès qu'il est complet, abaisse la cuillère et précipite les matières dans la fosse.

Les appareils hermétiques de cette dernière espèce sont ceux dits Rogier-Mothes.

où le défaut de soins, souvent inévitable, en font pour tous les habitants un foyer d'infection par le séjour des matières fermes et l'aspersion des liquides urineux sur le sol dont, suivant les principes reconnus, on ne pourrait annuler l'odeur que par des injections d'eau trois cents fois plus considérables que le volume d'urines répandues.

Il est évident que la commission des logements insalubres n'obtient pas, par cette prescription, le résultat voulu, qui ne doit être que la salubrité.

La commission a les pouvoirs nécessaires pour exiger des latrines en bon état de propreté, et même prononcer la non-habitation si cette condition n'est pas remplie ; mais elle ne peut obliger un propriétaire à démolir des siéges d'appartement à appareils hermétiques établis dans des conditions de salubrité incontestables, pour y substituer un autre mode qu'elle juge plus convenable.

819. Aux étages d'une maison, les latrines doivent être munies de siéges avec cuvettes hermétiques en faïence, avec fermoir ou abattants en bois.

Ces siéges doivent être construits en chêne de $0^m.025$ d'épaisseur, et non en bois blanc, qui ne résisterait pas longtemps à l'humidité.

820. L'imperméabilité du sol des latrines d'appartement n'est point exigible ; il suffit qu'il soit carrelé ou parqueté en bon état. Toutefois, le carrelage est préférable à cause des eaux qui, malgré les plus grands soins, y sont toujours répandues et qui s'infiltrent dans les joints des lames du parquet, qu'elles pourrissent, et où elles laissent de mauvaises odeurs. Cependant le parquet est recevable, à la condition de le cirer et de l'entretenir dans un état de propreté irréprochable.

821. Indépendamment de l'ouverture ou fenêtre précédemment indiquée, il est indispensable qu'un courant d'air soit établi dans les latrines d'appartement, d'une manière quelconque.

822. Les cabinets d'aisances d'une maison peuvent être

tous situés au même étage, ou au rez-de-chaussée, ou même dans la cour, pourvu que l'accès en soit facile à toutes les heures du jour et de la nuit, et que chaque locataire en ait la clef.

823. L'administration ne serait pas même fondée à exiger une galerie couverte pour y conduire, suivant certaines prétentions purement arbitraires.

824. En effet, l'autorité municipale ne peut exiger que les conditions strictes de la salubrité ; elle ne saurait légalement déterminer les conditions d'agrément et de commodité des habitants.

825. Une latrine suffit pour neuf habitants, en moyenne : c'est pourquoi on se borne à exiger un cabinet d'aisances pour trois logements de chacun deux chambres et une cuisine.

826. Le bas des murs de latrines d'appartement doit être peint à l'huile jusqu'à la hauteur de 1 mètre ; le reste peut être badigeonné ou revêtu de papier de tenture.

827. Le branchement du tuyau de chute sur la lunette doit être en fonte et avoir au moins $0^m.20$ de diamètre. Le maximum de sa pente est fixé à 45 degrés.

828. Dans chaque latrine d'appartement, il doit y avoir un réservoir toujours alimenté d'eau, afin que la cuvette, par l'effet de la soupape, puisse être, au moment de l'excrétion, lavée et assainie.

829. Les latrines publiques des quais et des places, notamment aux Halles, sont à la turque et formées d'une dalle au ras du sol. Jusqu'ici, on n'a point songé à y mettre d'appareils hermétiques : il en résulte que ces latrines, principalement celles des quais, répandent une odeur infecte, même au loin, de sorte que l'administration, qui a pour mission de prescrire les règles de la salubrité sur les latrines particulières, ne les observe pas elle-même dans les établissements dont elle a la gérance. D'un autre côté, il nous parait peu admissible que ces lieux, souvent sombres, restent sans éclairage, surtout la nuit, lorsqu'ils ne sont pas fermés.

Il y aurait un moyen d'obvier à tous ces inconvénients en établissant dans ces locaux un bec de lumière disposé sur un tuyau d'évent, qui aurait à la fois pour effet d'éclairer les latrines, d'attirer les gaz et de les brûler. Ce mode, depuis longtemps préconisé, est en pleine application dans les latrines de la gare du chemin de fer du Nord et dans d'autres établissements.

On doit donc désirer, à cet égard, une réforme non-seulement nécessaire à Paris, mais dans les villes de province et à l'étranger.

830. En Europe, les latrines sont les parties les plus négligées de l'habitation. C'est en Orient qu'il faut se transporter pour avoir des modèles, sans doute peu en rapport avec nos mœurs, mais au moins dignes de remarque.

Il existe à Paris un de ces modèles, qu'il nous a été permis de visiter, à la condition de n'être point indiscret et de nous borner à la description suivante :

831. La pièce forme un carré parfait de 3 mètres de côté ; le pavage est en marbre rose ; les murs sont revêtus de faïences émaillées ; la voûte, supportée par pendentifs, est à nervures s'amortissant dans un motif, auquel pend une lampe de verre de couleur. Au milieu, contre le mur du fond, est un siége en marbre blanc ayant accoudoirs formés de chimères et un dossier sculpté à jour. Le siége ou tablette porte un orifice ovale garni d'une cuvette en faïence émaillée, avec appareil hermétique. De chaque côté est un guéridon, l'un contenant les serviettes propres, et l'autre celles qui ne le sont plus. Sur ces guéridons brûlent des parfums.

832. A l'opposite, contre l'autre paroi, est un bassin de siége ou vaste bidet en marbre, ayant robinet d'alimentation et robinet de décharge, pour se rafraîchir.

De chaque côté, deux machines ingénieuses formant injecteurs : l'un anal, l'autre vaginal.

En face, sous la fenêtre à vitraux de couleur, est une conque naturelle de grande dimension, dans laquelle coule continuellement un filet d'eau.

83). De l'autre côté est la table de toilette, couverte de citrons et d'ustensiles de toilette, d'eaux de senteur et de flacons sans étiquettes. On y remarque encore une boîte recouverte de velours et fermant à clef, dont nul profane ne connaît le contenu.

834. Sur la voûte sont peints des fleurs luxuriantes et des fruits en maturité, sans doute par allusion à la fertilité stercoraire.

835. Au-dessus du siége est un tube portant champignon à son extrémité destiné à donner, par une certaine pression, des douches d'eau froide et d'eau tiède parfumée : car, il faut le dire, la déesse n'officie dans son temple que nue.

836. Plusieurs écrivains se sont occupés de latrines. Beckmann, *Beitræge zur Gueschichte der Erfindunger*, donne quelques renseignements sur l'époque de l'introduction des latrines dans diverses villes de l'Europe. L'Encyclopédie allemande de J. Ersch et Gruber consacre onze colonnes à l'article *Abtrü* (latrines), rédigé par trois écrivains, sous trois points de vue différents ; la première partie surtout, celle qui traite de la construction des latrines sous le rapport architectonique, présente un coup d'œil curieux, hérissée qu'elle est de formules algébriques servant à démontrer les proportions convenables du siége, de la lunette, des tuyaux, etc.

837. La question des cabinets d'aisances est si importante pour la salubrité des habitations, qu'on ne saurait en faire une étude trop approfondie ; c'est pourquoi nous croyons devoir reproduire *in extenso* un rapport remarquable sur cet objet, rédigé en 1858, à la demande de M. le ministre de l'intérieur, par une commission présidée par M. Watteville et composée de MM. Fontanes, Grassi, Parchappe, Vée, Trébuchet, Domergue, Laval, Letellier-Delafosse, Darroux et Bayart :

838. La disposition de ces deux parties des latrines a une grande influence sur l'infection qu'elles occasionnent dans les habitations publiques et privées ; elles peuvent, en effet, donner de l'odeur par elles-mêmes et fournir ainsi leur contingent de méphitisme, ou bien ouvrir simplement un passage facile aux émanations de la fosse, qui se répandent alors dans l'habitation. On peut remédier au premier inconvénient par des soins de

propreté ; mais pour vaincre le second, il faut de toute nécessité avoir recours à la ventilation.

Entrons dans quelques détails pour bien faire comprendre toute notre pensée.

Si le sol du cabinet d'aisances n'a pas une inclinaison suffisante, n'est pas uni, et présente des cavités où puissent séjourner les liquides ; si le siége est mal construit et ne se prête pas à un nettoyage facile ; si la pièce n'a pas d'ouverture pour le renouvellement de l'air, les liquides urineux et les matières adhérentes à la cuvette peuvent se putréfier, donner de l'odeur qui sera tout à fait indépendante de l'état de la fosse, et prendra naissance dans le cabinet et ses annexes pour se propager au loin.

Actuellement, on cherche à remédier à cet inconvénient en donnant au sol une inclinaison suffisante du côté de la fosse, en la construisant en bitume ou en dalles jointes au ciment romain, de manière à procurer un écoulement facile aux liquides urineux tombés par accident ou eaux de lavage ; en plaçant dans le siége une cuvette en faïence enchâssée dans du bois dur, ou bien encore de la pierre ou de la fonte ; en pratiquant dans le cabinet une croisée ou un vasistas et une ouverture à la porte d'entrée ; enfin, en ayant recours à des lavages fréquents.

Ces moyens ont du bon, sans doute ; mais, selon nous, ils sont insuffisants. Pour arriver à un bon résultat, il faut être très-exigeant, et pour atteindre le but, il faut en quelque sorte chercher à le dépasser. Nous sommes disposés à adopter le principe paradoxal développé par l'un de nous dans une importante publication, que le cabinet d'aisances doit être le lieu le plus propre d'un établissement. L'exemple est contagieux : l'expérience démontre que la première souillure qui se produit dans un cabinet d'aisances en appelle forcément un grand nombre à sa suite, et les personnes disposées à être propres et soigneuses sont bientôt forcées, par l'état des choses, à changer leurs bonnes habitudes pour en prendre de mauvaises. Il faut, par quelques dispositions particulières, non-seulement empêcher les gens de mal faire, mais encore, par une propreté parfaite, chercher à inspirer cette qualité à ceux qui ne l'ont pas.

D'après cela, nous pensons qu'il faut proscrire d'une manière absolue les cabinets dits à la turque, parce que cette disposition implique forcément la malpropreté, et qu'elle constitue un écueil contre lequel viendraient échouer toutes tentatives d'amélioration.

Le siége sera de bois de chêne, avec un couvercle également en chêne, le tout bien poli et soigneusement ciré. Il faut, en le surmontant d'une niche ou d'un obstacle quelconque, empêcher les visiteurs de monter dessus et de prendre une position autre que celle indiquée par le nom même de cette partie des latrines.

La lunette sera garnie d'une cuvette à entonnoir de faïence ou de terre cuite vernie.

Le sol du cabinet sera couvert d'un plancher en chêne ciré ; les murs seront peints.

Il est très-difficile de maintenir la propreté dans des latrines ainsi construites, et cela à cause de la manière même dont l'homme satisfait à ses besoins les plus habituels. Il est très-difficile, en effet, d'uriner étant debout dans une cuvette placée assez bas, comme l'est celle d'un siége où l'on doit s'asseoir, et l'on doit cependant éviter toute souillure du siége. Pour résoudre cette difficulté, nous pensons qu'il convient de réserver, à côté du cabinet qui doit recevoir le siége, une petite pièce, avec cuvettes destinées à servir d'urinoirs et à verser les liquides des vases de nuit.

Le besoin d'épancher les liquides étant de beaucoup plus fréquent, il est clair que si une pièce spéciale lui est réservée, le cabinet au siége ne sera visité que plus rarement, et seulement par des personnes qui auront un autre besoin à satisfaire. Cette circonstance sera très-certainement favorable au maintien de la propreté.

Il est clair, d'ailleurs, que le cabinet aux urinoirs n'a pas besoin de tous les soins, de tout le confortable, si nous pouvons ainsi dire, que nous demandons pour le cabinet au siége. Ainsi, le sol pourra être simplement dallé ou bitumé. Un filet d'eau sera dirigé dans les cuvettes dont le conduit de descente portera les liquides au point de décharge de ceux qui viennent de l'appareil séparateur. Il serait irrationnel, en effet, de faire communiquer ce conduit avec celui qui vient du siége, et de mélanger ainsi les solides avec les liquides, pour les séparer plus tard.

Cette disposition, qui demande une pièce séparée de celle qui doit recevoir le siége, sera toujours applicable dans les établissements publics, parce que là la place ne manque jamais. Dans les maisons particulières, où la place est plus rare et où il serait souvent difficile d'avoir deux cabinets, on pourra se contenter de placer dans le cabinet au siége une cuvette spéciale, à hauteur convenable, pour recevoir directement les urines au moment de leur émission et les liquides des vases de nuit.

Dans les établissements réservés aux femmes, le siége étant le lieu naturel de l'émission des urines, les cuvettes placées dans le cabinet spécial serviront à recevoir les liquides des vases de nuit.

Nous devons enfin signaler ici, pour la proscrire d'une manière absolue, une disposition qui est cependant encore adoptée dans beaucoup d'établissements : nous voulons parler de siéges multiples ou, mieux, de trous à la turque séparés les uns des autres par une simple barre d'appui. Cette disposition est contraire à la décence, et blesse trop directement des sentiments qu'il faut chercher à maintenir et à développer.

Avec les mesures que nous venons d'indiquer, le maintien de la propreté absolue des cabinets d'aisances n'est plus qu'une affaire de surveillance et de discipline, et pourra être obtenue dans les divers établissements quand on le voudra sérieusement. Les résultats de ces mesures, adoptées dans le quartier d'aliénés de plusieurs hospices, viennent pleinement confirmer notre assertion.

Dans les maisons particulières où les latrines sont fréquentées par un grand nombre de locataires, où la surveillance est difficile, sinon impossible, le résultat se fera longtemps attendre sans doute ; mais ce sera beaucoup déjà que d'avoir introduit dans les hôpitaux et dans les hospices des modifications qui auront non-seulement pour résultat d'assainir les lieux d'aisances, mais encore de mettre sous les yeux de la population ouvrière qui fréquente ces établissements un exemple des résultats que procurent les habitudes de propreté.

Nous avons dit plus haut que l'infection des cabinets pouvait être due aux émanations de la fosse et des tuyaux de chute, c'est le cas le plus fréquent. Examinons la manière dont se produit cette infection, afin de découvrir les moyens de l'éviter.

Dans quels cas les émanations de la fosse peuvent-elles remonter dans le cabinet ? Une seule condition suffit pour cela. Il faut que la force élastique des gaz de la fosse et du conduit soit plus grande que celle de l'atmosphère du cabinet. Cela arrive toutes les fois que la tension du gaz de la fosse augmente, ou que celle du gaz du cabinet diminue.

Examinons ces deux cas : supposons l'atmosphère du cabinet en repos ; les matières contenues dans la fosse ou dans le tuyau de descente se décomposent et donnent des produits gazeux qui augmentent la tension de l'atmosphère intérieure. L'équilibre rompu tend à se rétablir, et les gaz remontent par le siége, d'une manière continue si l'ouverture est béante, d'une manière intermittente si cette ouverture est munie d'un opercule qui s'ouvre de temps à autre pour le passage des matières. Dans l'un et l'autre cas, l'infection se produit.

Supposons maintenant que la fenêtre ou le vasistas, ou bien enfin la porte du cabinet, s'ouvrent sur un mur exposé au midi, ou bien sur une cage d'escalier, comme cela arrive très-souvent dans les habitations. La couche d'air échauffée le long du mur exposé au midi, ou la colonne d'air montant par suite de l'appel naturel que produit presque toujours une cage d'escalier, en passant devant le vasistas ou devant la porte, produiront dans le cabinet une sorte d'appel, un vide relatif, une diminution de pression, en un mot, et si l'équilibre ne peut pas être rétabli par l'air entrant par une deuxième ouverture, il se rétablira aux dépens de l'air de la fosse et des tuyaux qui viendront infecter ce cabinet et la maison.

Le même effet se produit si la porte du cabinet ferme mal, et si elle communique à des pièces dans lesquelles les fenêtres sont exactement fermées et où les cheminées déterminent un tirage et un vide relatifs.

Telles sont les principales causes de l'infection que répandent les latrines. Pour remédier à cet inconvénient, il faut se placer dans des circonstances telles, que la force élastique de l'atmosphère du cabinet ne soit jamais inférieure à celle des gaz de la fosse. On peut arriver à ce résultat de plusieurs manières différentes : on peut, au moyen de deux ouvertures opposées, empêcher la pression de diminuer dans le cabinet sous l'influence des appels accidentels. Ce procédé est le plus simple ; mais il n'est pas le plus efficace, parce que la pression de l'air dans le cabinet, étant toujours égale alors à la pression extérieure, subit les mêmes variations et peut quelquefois devenir inférieure à celle des gaz de la fosse. On arrive plus sûrement au but en augmentant artificiellement la force élastique de l'atmosphère du cabinet ou en diminuant celle de la fosse.

Dans le pavillon n° 4 de l'hôpital Beaujon, et dans le bâtiment des hommes de l'hôpital Necker, on a établi un système de ventilation par injection.

Au moyen d'un ventilateur, on introduit de l'air neuf dans les salles, dont l'atmosphère acquiert ainsi un très-faible excès de pression sur l'atmosphère extérieure. Cet excès de pression suffit pour déterminer la sortie de l'air vicié. Les latrines placées à l'extrémité des salles participent à cette ventilation, et ont été complétement assainies par ce procédé très-simple.

Une ouverture est pratiquée au bas de la porte qui fait communiquer le cabinet avec la salle; c'est par elle qu'arrive l'air venant de la salle; au plafond du cabinet se trouve l'ouverture d'un tuyau qui monte jusqu'au toit, il est destiné à donner issue à l'air. Celui-ci, entrant par la partie inférieure de la porte, se dirige diagonalement vers l'ouverture de sortie en balayant l'atmosphère du cabinet. A Beaujon, un simple couvercle de bois est placé sur le siége. A Necker, le siége est libre. Cependant aucune odeur ne se manifeste, parce que, l'atmosphère du cabinet ayant toujours un très-léger excès de pression, les gaz de la fosse ne tardent pas à remonter.

A l'hôpital Necker, nous avons été témoins d'une expérience décisive: l'appareil de ventilation était arrêté et les latrines avaient une odeur infecte. Nous avons mis l'appareil en mouvement, et au bout d'une demi-heure, les croisées du cabinet étant fermées, l'odeur avait complétement disparu.

Ce procédé est très-bon, c'est le meilleur, à notre avis ; malheureusement il n'est pas applicable aux maisons particulières et ne peut être employé que dans les établissements où, une ventilation énergique étant nécessaire, on a recours à la ventilation mécanique par injection.

Mais s'il n'est pas toujours possible d'augmenter la force élastique de l'atmosphère du cabinet d'aisances, il est toujours possible de diminuer celles des gaz de la fosse et de produire un appel qui force l'air du cabinet à descendre par le siége. Pour atteindre ce but, deux moyens ont été proposés : dans l'un, on ventile les tuyaux de descente et la fosse elle-même ; dans l'autre, la ventilation agit seulement sur le siége et sur le conduit sans attirer le gaz de la fosse. Ce dernier moyen a paru préférable à beaucoup de personnes, d'abord parce que la ventilation, ne devant agir que sur une partie de l'appareil, peut s'obtenir plus facilement ; ensuite parce qu'il préserve les matières contenues dans la fosse du contact de l'air qui accélère la putréfaction des matières, qui se conservent au contraire plus facilement dans une atmosphère confinée.

Mais si l'on adopte l'usage des appareils séparateurs, ces considérations perdent une partie de leur valeur, parce que les matières solides seules n'ont pas une grande tendance à la putréfaction et n'ont réellement que très-peu d'odeur.

M. L. Duvoir est arrivé à un très-bon résultat en construisant les latrines placées dans les cellules des détenus au Palais-de-Justice. De la partie inférieure du siége part un tuyau de descente qui se rend dans une contre-cuvette qui reçoit les matières solides et liquides. Cette contre-cuvette se remplit en partie ; les liquides atteignent bientôt l'orifice inférieur ou tuyau de descente, et produisent une fermeture hydraulique contre ce tuyau et la fosse. Les gaz de la fosse ne peuvent pas alors remonter dans la cellule ; et pour assainir celle-ci d'une manière complète, M. Duvoir a branché sur le tuyau de descente, entre la cuvette et la contre-cuvette, un petit tuyau qui communique avec une cheminée d'appel. Les cellules sont ainsi parfaitement désinfectées. On arriverait au même résultat en remplaçant la contre-cuvette par un tuyau de descente recourbé en siphon. Le liquide rassemblé dans la courbure produirait également une fermeture hydraulique. Le système diviseur employé ici est le système Richer. Avec le secours de ce puissant appel, il donne de bons résultats.

A la prison Mazas, M. Granvelle a également assaini douze cents cellules en se servant du tuyau de descente des latrines comme conduit d'évacuation de l'air vicié.

Ce qui précède démontre, selon nous, qu'il est toujours possible d'obtenir une désinfection complète des cabinets d'aisances, en établissant un appel en contre-bas, c'est-à-dire un appel qui, au moyen d'un conduit partant de la partie supérieure de la fosse ou de la partie inférieure du tuyau de chute, force l'air du cabinet d'aisances à descendre par ce tuyau, pour remonter ensuite et se perdre dans l'atmosphère. Cette conclusion paraîtra peut-être forcée à certaines personnes, qui ne manqueront pas de faire remarquer i'état déplorable que présentent actuellement les latrines, malgré la présence d'un tuyau d'évent dont sont munies toutes les fosses, d'après les prescriptions de l'autorité. Nous reconnaissons sans peine que l'état actuel laisse beaucoup à désirer, mais nous pensons que cet état tient surtout à l'insuffisance de ce tuyau d'évent, résultant de sa mauvaise installation. En examinant la disposition et le trajet que l'on fait suivre à ce tuyau d'évent, si nous cherchons à pénétrer le but que l'on a voulu atteindre en le rendant obligatoire, nous n'en voyons qu'un seul, celui de donner issue aux gaz de la fosse quand la force élastique augmente, et à les détourner en partie de la route qu'ils prendraient naturellement et forcément s'ils n'avaient au-dessus d'eux que le tuyau de chute ouvert à la lunette du siége. A ce point de vue, le tuyau d'évent est chose rationnelle ; malheureusement, les cas dans lesquels il peut servir utilement sont rares en comparaison de ceux dans lesquels il produit un effet nuisible. En effet, la présence de ce tuyau est seule jugée nécessaire par l'autorité, tandis que sa construction et surtout son trajet sont abandonnés aux caprices du propriétaire et de l'architecte qui, pour éviter les frais, tout en se conformant aux réglements, *font monter ce tuyau le plus directement possible, ou dans le lieu qui leur paraît le plus commode, sans s'inquiéter le moins du monde si ce tuyau produira ou non un effet utile.* Il en résulte que ce tuyau, souvent enchâssé dans la maçonnerie, est un tube inerte, constituant, dans toute l'acception du mot, une simple route ouverte aux gaz qui peuvent le parcourir dans tous les sens.

Voici ce qui résulte de cet état de choses : lorsqu'un appel se produit sur le cabinet d'aisances, et nous avons vu que ce cas était fréquent, l'air de la fosse est d'abord attiré et remonte par le tuyau de chute et le siége. Cet effet s'arrêterait bientôt si la fosse était close ; mais il n'en est rien, puisque la fosse communique librement avec l'atmosphère par le tuyau d'évent. Alors, sous l'influence de l'appel qui se produit dans le cabinet, l'air extérieur descend par le tuyau d'évent, arrive au contact des matières et, suivant toujours l'impulsion que lui donne l'appel, il remonte par le tuyau de chute et le siége, après s'être saturé de miasmes par son passage dans la fosse. Cet effet se produit tant que dure l'appel du cabinet, et le tuyau d'évent, au lieu de produire un effet utile, ne sert qu'à produire un courant d'air infect qui se propage dans une direction opposée à celle qui devait emporter la mauvaise odeur.

De sorte qu'en réalité ce tuyau d'évent, tel qu'il est établi aujourd'hui, produit, dans quelques cas rares, un effet utile, presque insignifiant, tandis que dans le plus grand nombre des cas il ne sert qu'à engendrer et à entretenir l'infection des cabinets et de la maison entière.

Si ce tuyau devait rester en cet état, nous n'hésiterions pas à le proscrire d'une manière absolue ; mais si, au lieu d'abandonner l'installation de ce tuyau d'évent aux caprices de l'architecte, comme on le fait actuellement, on le soumet à des règles fixes, dictées par une saine expérience et une étude attentive des phénomènes, on pourra en tirer un bon parti, et transformer cette annexe des latrines, actuellement inutile ou nuisible, en un moyen très-puissant de désinfection. Il faut pour cela donner à ce conduit inerte une force qui lui manque, et de simple tuyau d'évent le transformer en conduit de ventilation.

Si l'on peut, en effet, par un moyen quelconque, élever sa température, l'air qu'il contient s'élèvera pour se perdre dans l'atmosphère, tandis que celui du cabinet attiré par cet appel descendra d'abord dans la fosse, pour s'échapper à son tour par le tube de ventilation, et l'assainissement du cabinet sera la conséquence de cette action.

Ce procédé de désinfection par appel est applicable partout dans les établissements publics et dans les maisons particulières. Rien n'est plus facile s'il s'agit d'une maison à bâtir. Il suffit, en effet, de construire la fosse au-dessous des cuisines du rez-de-chaussée, ou de la placer à l'aplomb de la principale souche des cheminées de la maison, et de faire communiquer le tuyau de descente avec un tuyau d'appel qui doit passer derrière la plaque de fonte formant le contre-cœur de la cheminée de la principale cuisine, et être placé, soit dans l'intérieur de la cheminée de cette cuisine, soit au centre de la plus grande souche de cheminée.

Ce tuyau d'appel, construit en poterie ou mieux en fonte, doit être établi de manière à s'élever jusqu'au haut de la souche des cheminées, qu'il doit même dépasser de 1 ou 2 mètres, afin que l'air infect qui le parcourt ne puisse en aucun cas redescendre dans les appartements en retombant dans les tuyaux de cheminée.

En construisant ainsi ce tuyau d'appel dans l'intérieur de la cheminée de la principale cuisine de la maison, et en le dévoyant ensuite pour l'entourer aux étages supérieurs de quelques autres tuyaux des principales cheminées, on trouve l'avantage d'y établir en tout temps, sans dépense et sans avoir à s'en occuper, un courant d'air ascensionnel suffisant.

Si dans la construction d'une maison on n'a pas songé à profiter de ce moyen, pour ainsi dire naturel, d'obtenir une ventilation sans frais ; s'il s'agit, par exemple, d'assainir les latrines d'une maison déjà construite et mal disposée sous ce rapport, il faut encore profiter de ce moyen en allant le chercher même fort loin. Darcet a pu profiter d'un moyen d'appel placé à plus de 100 mètres de distance et obtenir un bon résultat.

D'après ce qui vient d'être dit, on voit que l'ascension des gaz de la fosse est la cause la plus puissante et la plus commune de l'infection des habitations. Aussi a-t-on cherché de tout temps à l'éviter et a-t-on proposé pour cela une foule d'appareils dont le caractère commun réside dans la présence d'un obturateur placé à la partie inférieure de la cuvette. Plusieurs de ces appareils peuvent atteindre le but quand ils sont placés dans des lieux d'appartements habités par des personnes soigneuses et directement intéressées à leur fonctionnement régulier; mais il n'en est pas de même quand ils sont placés dans des lieux d'aisances fréquentés par un grand nombre d'individus. Leur mécanisme, souvent compliqué, se détériore rapidement. Aussi, dans ce genre d'invention surtout, ce qu'il y a de plus simple est ce qu'il y a de mieux. Voilà pourquoi nous pensons qu'on peut tirer un bon parti des tubes à siphon pour faire communiquer la cuvette avec le tuyau de descente.

Le mauvais état du tuyau de chute est souvent une cause d'infection. Il se fait quelquefois en poterie mal cuite, dont les joints ne sont pas ajustés exactement. Les plâtres qui les entourent s'imprègnent d'une humidité fétide qui s'étend aux murs d'adossement ; ceux-ci se dégradent, leur mortier, leur plâtre se décomposent, les bois de charpente ou de cloisons pourrissent.

Il faut remplacer ces tuyaux en poterie par des tuyaux en fonte, dont les joints sont bouchés avec du mastic. Ils doivent avoir un diamètre minimum de 20 centimètres. Pour plus de précaution, il faut entourer ce tuyau d'un coffre en plâtre libre dans toute la hauteur du bâtiment, ouvert en bas et au-dessus du toit seulement, de manière à laisser entre sa face interne et le tuyau une couche d'air dont le courant entraîne les exhalations.

Après avoir indiqué d'une manière générale les conditions que doivent présenter les diverses parties des latrines, voyons les modifications que la nature des divers établissements publics doit apporter soit aux latrines elles-mêmes, soit aux moyens de se débarrasser des déjections.

Dans une première classe d'établissements, nous placerons les colléges, les séminaires, les casernes, dont les habitants sont valides et libres.

Les hygiénistes qui se sont occupés de cette question, raisonnant d'après l'état actuel des latrines, conseillent de les placer le plus loin possible des habitations et dans des locaux isolés. Ce conseil est bon, sans doute, d'une manière générale, mais avec des latrines bien construites, la nécessité de leur éloignement n'est pas aussi urgente. Dans le jour, l'éloignement n'a pas d'inconvénients sérieux, mais il n'en est pas de même pendant la nuit. Ce n'est pas sans danger que l'on oblige des hommes ou des enfants en sueur et pressés par le besoin à traverser, la nuit, une cour ou de longs couloirs.

Il est vrai que le besoin de défécation, naturel pendant le jour, ne se présente que rarement la nuit et constitue un état anormal, nous dirons presque morbide ; mais il suffit que ce fait puisse se présenter pour qu'il faille en tenir compte.

Aussi devons-nous dire que nous ne pouvons pas approuver complétement les dispositions qui ont été prises, par exemple, dans la magnifique caserne que l'on construit actuellement au Château-d'Eau. Dans cet établissement, il n'y a de latrines qu'au rez-de-chaussée et les hommes habitant les chambres situées au troisième étage auront une bien grande distance à parcourir pour y arriver.

Au reste, les considérations qui précèdent ne sont pas assez impérieuses pour ne pas permettre une assez grande latitude dans le choix du lieu que doivent occuper les latrines.

Ce que nous venons de dire s'applique aux hospices en général, en faisant abstraction, bien entendu, de la partie de ces établissements occupée par les malades, de l'infirmerie proprement dite, qui se trouve dans les mêmes conditions que les salles d'hôpitaux dont nous allons bientôt nous occuper.

On pourrait croire au premier abord que l'assainissement des cabinets d'aisances dans les asiles d'aliénés présente des difficultés exceptionnelles en raison même de l'état de l'intelligence chez la plupart des habitants de ces établissements, et en fait il est rare de rencontrer, surtout en France, des asiles où les diverses méthodes auxquelles on a pu avoir recours jusque dans ces dernières années aient permis d'obtenir des résultats tant soit peu ..atisfaisants.

Les observations importantes de M. le docteur Parchappe, dont nous avons déjà eu l'occasion de parler, sont venues détruire cette opinion et démontrer que, dans les asiles d'aliénés où la surveillance et la discipline ont atteint le degré de perfection qu'on peut leur donner, il est non-seulement possible, mais encore plus facile que dans aucun établissement public d'obtenir des habitants la propreté la plus absolue. A propos de la fréquentation du cabinet d'aisances, l'aliéné, par cela même qu'il est privé de la raison, peut être soumis, en ce qui concerne la faute de malpropreté, à une répression que l'on ne saurait imposer aux habitants ordinaires des établissements publics. Ceux qui ont gouverné des aliénés savent que c'est surtout de cette classe d'hommes qu'il est possible d'obtenir l'obéissance passive.

Ces considérations nous engagent à demander pour les asiles d'aliénés l'installation des fosses et des cabinets dont nous avons indiqué plus haut la construction perfectionnée.

Ce que nous avons dit en commençant sur la nécessité d'éviter toutes les causes d'infection, et en particulier celle qui provient des latrines, nous dispense de revenir sur ce sujet. D'un autre côté, les considérations qui précèdent sur l'éloignement des latrines dans les établissements destinés aux individus valides s'appliquent surtout aux hôpitaux. Pour ces maisons, les lieux d'aisances devront donc présenter toutes les conditions de salubrité et être placés à proximité des salles. Ici, on peut, nuit et jour, disposer d'un fourneau allumé pour les besoins des malades et par conséquent d'un moyen puissant d'assainissement par la ventilation.

Il y a d'ailleurs des hôpitaux qui, sous ce rapport, sont placés dans des conditions très-favorables, par suite de l'installation de puissants appareils de ventilation que nous voudrions voir se généraliser.

Mais il faut reconnaître que, dans bien des circonstances, les plus simples notions d'hygiène ont été méconnues et que l'on trouve trop souvent dans un état déplorable des lieux d'aisances qu'il serait bien facile d'assainir.

Dans un grand établissement de ce genre que nous avons visité, nous avons rencontré, par exemple, des latrines dans un état d'infection permanent et dans un délabrement complet, tandis que l'on pourrait utiliser, presque sans dépense, pour leur assainissement, un fourneau d'office allumé nuit et jour et qui ne s'en trouve séparé que par la largeur du cabinet.

Les latrines devant être placées auprès des salles doivent être munies de doubles portes.

Pour les prisons cellulaires, les conditions sont toutes spéciales, puisque le détenu habite une cellule qui se trouve véritablement transformée en cabinet d'aisances.

Les conditions d'assainissement étaient, par conséquent, très-difficiles à réaliser. Nous avons été pleinement satisfaits des résultats obtenus à la prison Mazas et au Palais-de-Justice. Les moyens employés et que nous avons décrits nous paraissent devoir être adoptés avec la certitude du succès.

Nous devons terminer ce rapport par l'examen de la question spéciale qui a provoqué notre réunion, l'assainissement des latrines de l'Asile impérial de Vincennes. Actuellement les cabinets sont disposés à la turque et communiquent avec une fosse ordinaire qui reçoit et conserve les liquides et les solides. Ils répandent une odeur fort désagréable qui ne peut qu'augmenter avec les chaleurs actuelles.

Nous pensons que leur assainissement complet peut être obtenu en leur appliquant les modifications dont nous avons déjà parlé.

D'après notre manière de voir :

1° Les trous à la turque doivent être remplacés par des sièges en bois de chêne, munis de cuvettes en faïence, et sur lesquels il sera impossible de monter par suite de la présence d'un arc de fer dont ils seront surmontés. Le sol sera parqueté et ciré.

2° Chaque cabinet sera précédé d'une pièce munie de cuvettes spéciales destinées à recevoir les urines au moment de leur émission, les liquides des vases de nuit, et à les porter directement à l'égout.

Un robinet donnera un courant d'eau dans ces cuvettes ; le sol de cette pièce sera bitumé.

3° La porte d'entrée du cabinet présentera à sa partie inférieure une ouverture à claire-voie destinée à l'entrée de l'air, qui s'échappera par une ouverture placée diagonalement sur la partie opposée du cabinet.

4° Le tuyau de chute sera ventilé en le mettant en communication avec les appareils d'appel qui doivent être établis pour assurer l'assainissement des chambrées.

5° A la fosse actuelle on substituera l'appareil séparateur de M. Dugléré, ou tout autre analogue.

6° Les liquides urineux qui descendront des cuvettes spéciales ou qui viendront de l'appareil diviseur seront versés à l'égout qui longe chaque corps de bâtiment ; seulement, comme cet égout, dans certains points, reçoit très-peu d'eau, nous proposons, par surcroît de précaution, de recevoir les liquides dans un tube en poterie, de 10 centimètres de diamètre, placé dans l'égout et destiné à les porter au point de ce conduit souterrain où se déversent les eaux abondantes qui ont servi aux bains et à la buanderie.

§ 7. — Urinoirs.

839. La construction des urinoirs ordinaires est des plus simples : elle consiste dans la disposition de deux dalles de pierre ou d'ardoise placées verticalement sur le sol et appliquées contre le mur d'un bâtiment ; au-dessous est une cuillère ayant un trou, lequel est muni par le bas d'un tuyau destiné à conduire les urines au ruisseau ou à l'égout.

840. Quelquefois, pour la moins grande commodité de celui qui excrète, les urinoirs se composent d'une cuvette placée à hauteur d'homme et à l'angle de deux maisons. Les fig. 179, 180 et 181 montrent des spécimens de ces cuvettes, pris dans les albums de MM. Rogier-Mothes et Doulton. Ces sortes

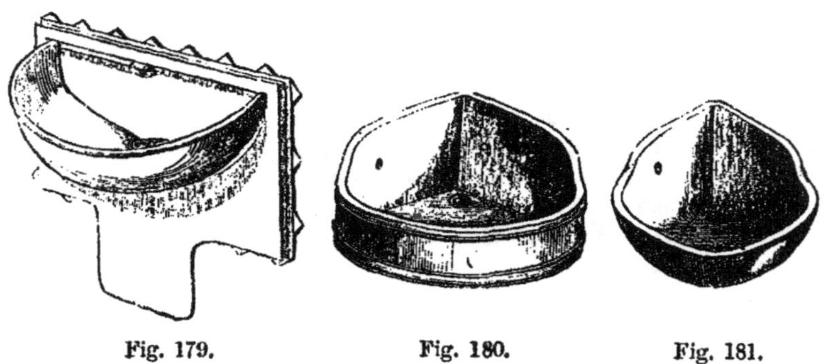

Fig. 179. Fig. 180. Fig. 181.

d'urinoirs, dont les formes sont variées, s'emploient dans les établissements publics, les cafés, les cours, etc.

841. Les fig. 182 et 183 représentent des modèles appliqués par M. Dumuis. L'un, fig. 183, se pose dans une niche angulaire ; l'autre, fig. 182, se place sur la face du mur.

842. L'urine fraîchement excrétée n'a que très-peu d'odeur, si le vase qui la reçoit est souvent vidé et suffisamment lavé ; mais s'il en est autrement, les émanations qui résultent de la putréfaction s'échappent et infectent les locaux, et même les appartements où l'urine est recueillie. C'est pour obvier à cet inconvénient que M. Rogier-Mothes a fait l'application aux

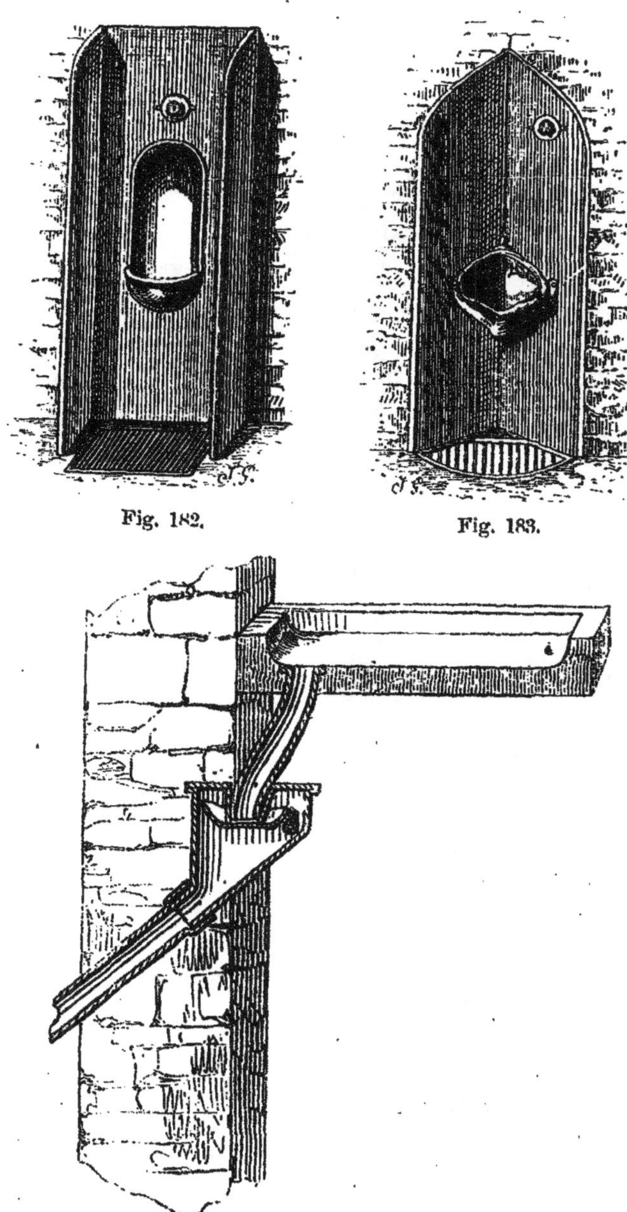

Fig. 182.   Fig. 183.

Fig. 184.

urinoirs de son obturateur, fig. 184, dont nous avons déjà
parlé; mais cet appareil ne nous semble pas avoir, dans ce

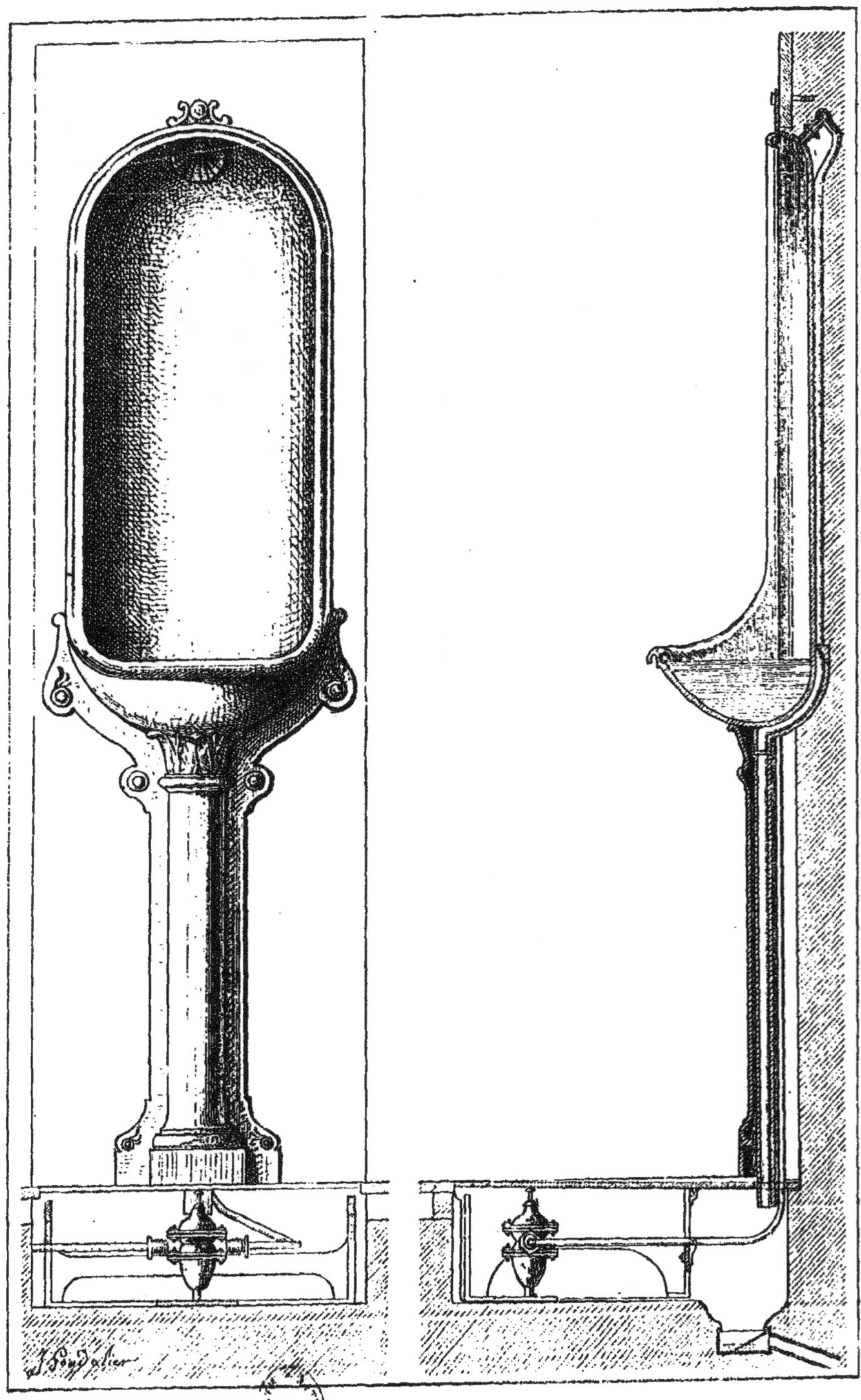

URINOIRS ANGLAIS.

cas, un résultat suffisant, parce qu'il ne fait qu'intercepter d'une manière intermittente le passage des mauvaises odeurs.

843. Le même industriel a proposé un autre mode d'urinoirs, fig. 185, avec un coffre scellé dans lequel on place un vase, qu'on retire dès qu'il est plein, mode qui présente quelques avantages pour la propreté, mais qui ne résout en aucune façon la question de salubrité.

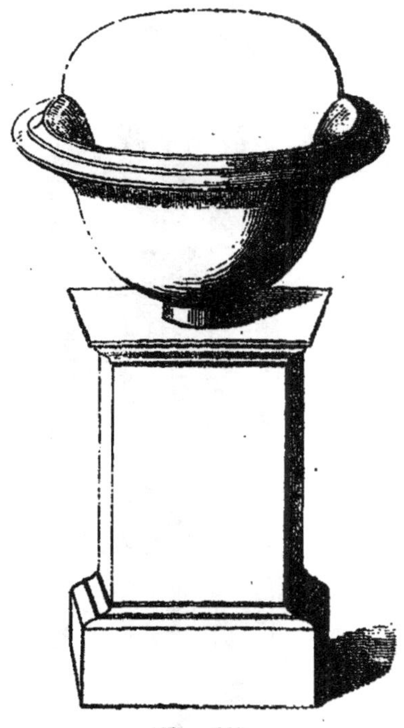

Fig. 185.

844. Les Anglais excellent particulièrement dans l'installation des urinoirs où l'eau, qui est leur agent principal pour tout ce qui concerne la salubrité, est employée en abondance. Ils ont imaginé un système automatique qui, par l'effet du poids du visiteur sur une grille de fond, fait jaillir l'eau qui nettoie la cuvette, à laquelle est adaptée un tuyau qui conduit les liquides à leur destination, qui ordinairement est l'égout.

845. Ce système a été imité à Paris, et on en voit l'applica-

tion dans quelques édifices publics où il est établi, comme l'indique la planche 15 ; dans ces urinoirs, qui sont entièrement en fonte, la cuvette est disposée de façon à garder l'eau jusqu'à ses rebords, et au-dessous du tuyau d'écoulement est une boîte à siphon interceptant toute communication entre le tuyau

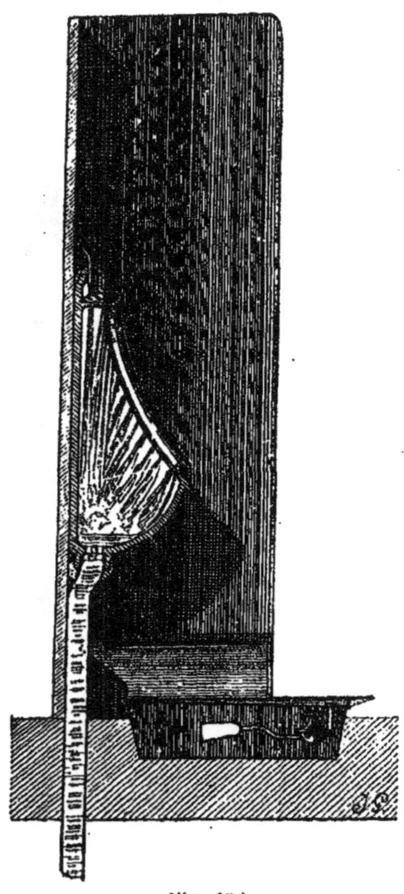

Fig. 186.

d'évacuation et l'appareil, qui ainsi est exempt de toute émanation; mais on ne doit pas perdre de vue que la fonte est sujette à l'oxydation et que son emploi ne convient point au contact des matières fécales, surtout à celui des urines, qui sont corrosives.

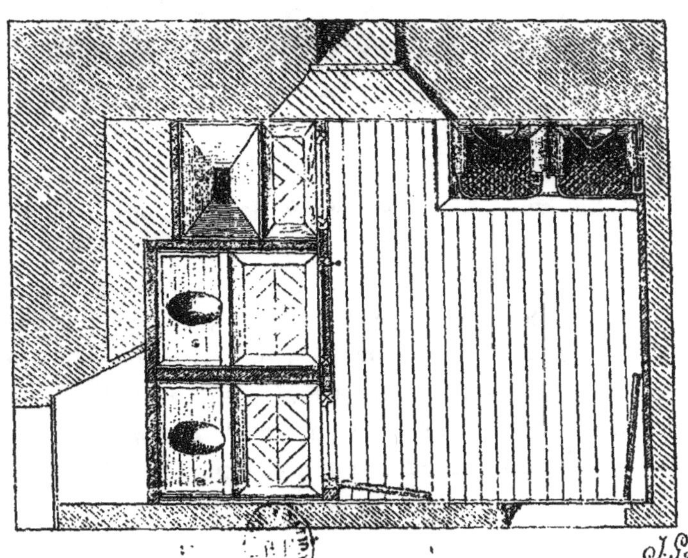

INSTALLATION GÉNÉRALE DE LATRINES ET D'URINOIRS

846. C'est suivant les principes préconisés par les Anglais que M. Dumuis a disposé les urinoirs de l'hôpital de Lariboisière, fig. 186 et 187. Chaque urinoir pour l'usage des hommes est formé d'un fond et de parois latérales en ardoise. Une cuvette de faïence de forme appropriée est fixée dans le fond, à la hauteur convenable; sur tout son pourtour se trouve une sorte de boudin creux dans lequel l'eau arrive, pour être projetée par

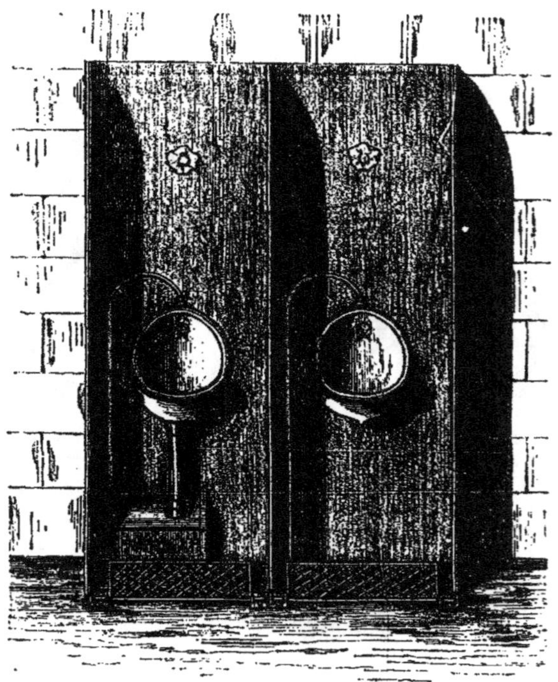

Fig. 187.

de petits orifices sur les parois de la cuvette, qui sont ainsi lavées.

847. La planche 16 représente l'ensemble de l'installation dans une pièce vaste où sont établis les siéges d'aisances.

848. Il est d'autres urinoirs qu'on trouve principalement sur les grands boulevards de Paris, les quais et les places publiques : nous voulons parler des *vespasiennes*, nom donné en mémoire de l'empereur qui créa jadis l'impôt sur les urines.

Ce sont des espèces d'édicules, kiosques élégants fermés ou non fermés. L'écoulement des urines qu'ils reçoivent est souterrain ; un filet d'eau les arrose d'une manière permanente.

Nous donnerons ici plusieurs modèles de ces urinoirs, que nous devons à la bienveillance de M. Alphand, directeur des travaux de Paris. Les dessins ont été établis sur les cotes re-

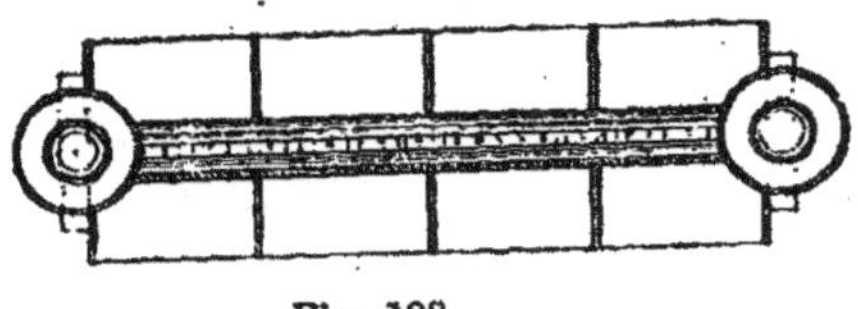

Fig. 188.

levées par l'administration pour son grand ouvrage : *Promenades et Plantations.*

849. La fig. 188 indique un ensemble d'urinoirs placés dans les massifs des Champs-Elysées. C'est le modèle qui, à part quelques modifications, notamment pour le mode d'éclairage, est généralement adopté dans les gares de chemins de fer et les grands établissements publics.

850. La fig. 189 offre un modèle d'urinoir tels qu'on en voit établis sur les quais et dans plusieurs autres endroits.

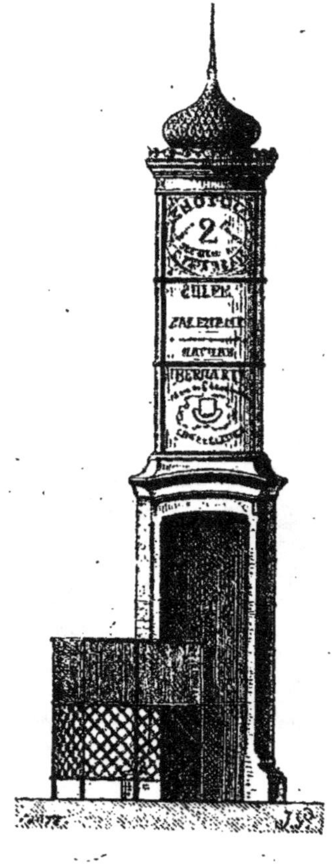

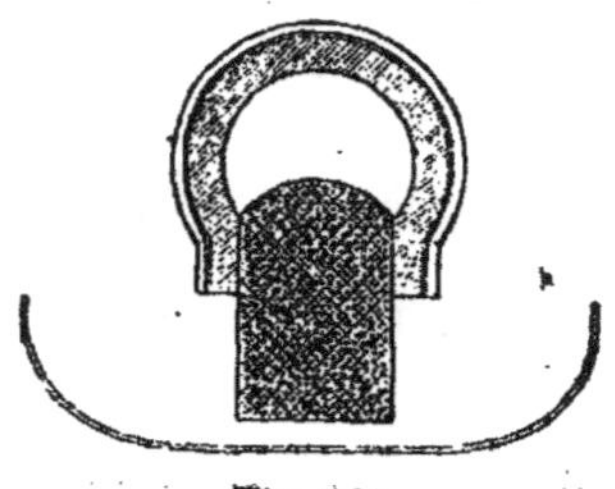

Fig. 189.

La partie inférieure est construite en maçonnerie et enduite de ciment à l'intérieur. La partie supérieure, close par un vitrage,

est munie d'un bec de gaz dont la lumière produit l'effet d'un
transparent qu'on loue pour la réclame.

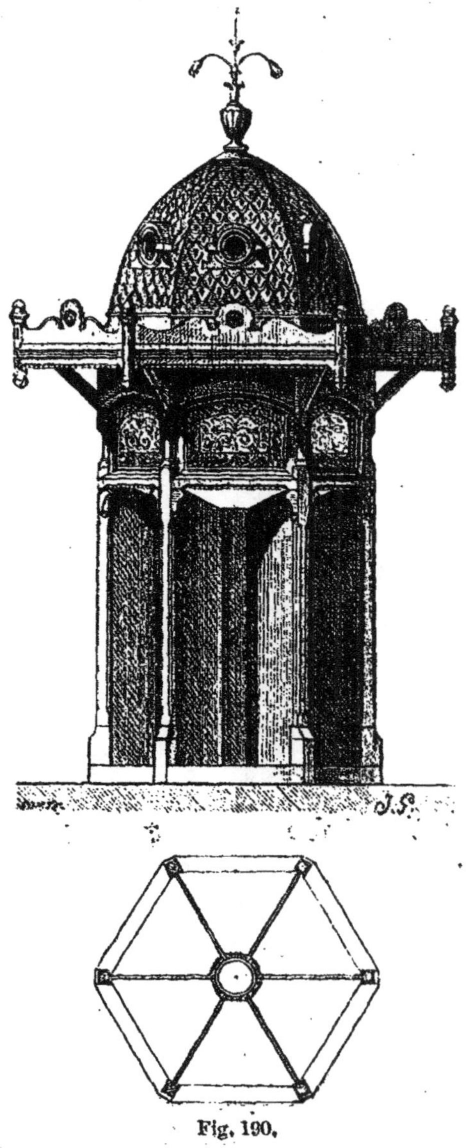

Fig. 190.

851. Sur la place du Palais-Royal, on voit des urinoirs d'un
autre genre, fig. 190, ayant la forme d'un hexagone et pré-

sentant six compartiments. Ces urinoirs conviennent surtout aux endroits où il y a une grande affluence de visiteurs. Tout autour est une clôture en fonte formant paravent.

Ces édicules, d'une forme gracieuse, ont l'inconvénient d'être assez coûteux. Ils sont construits en fonte et les cloisons séparatrices sont en grandes dalles d'ardoise.

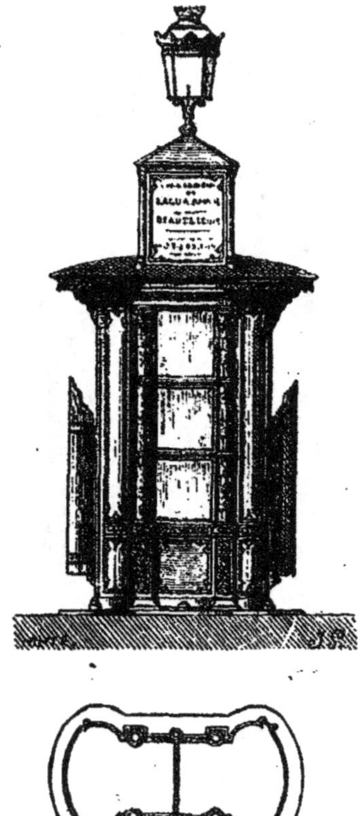

Fig. 191.

852. On a adopté dans ces derniers temps, sur plusieurs boulevards, un type particulier aussi en fonte, fig. 191, qui forme deux compartiments, clos par des portes fonctionnant au moyen de ressorts.

853. Au-dessus de la plaque intérieure du milieu est établi

un tuyau en plomb qui projette constamment une nappe d'eau sur les deux faces de cette plaque. Au-dessus est un bec de gaz qui éclaire le transparent placé sur la corniche de couronnement, indépendamment du réverbère existant au sommet, qui éclaire à l'extérieur.

854. Il est des urinoirs, fig. 192, plus employés en province qu'à Paris. Ils se composent d'une caisse en bois dans laquelle sont deux ouvertures, l'une en haut pour l'excrétion, l'autre en bas pour le passage d'une tinette; à l'intérieur est un terrasson B pour recevoir les urines, sur lequel on a ménagé

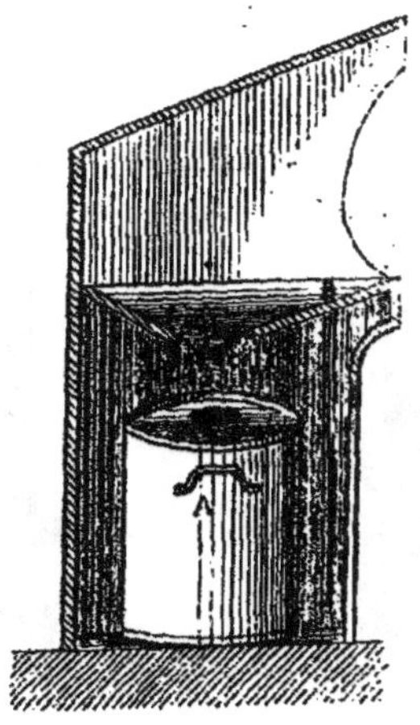

Fig. 192.

une certaine pente pour faciliter leur écoulement dans l'ouverture. Les urines sont recueillies dans une tinette A disposée à cet effet dans la partie inférieure de la caisse. On ne saurait trop recommander ce genre d'urinoirs, qui permet d'emmagasiner les urines et de les utiliser pour la fumure des terres.

855. Un arrêté du maire d'une ville qui prescrirait l'usage de ces urinoirs sur les places publiques en vue de la salubrité serait légal, et il y a lieu de s'étonner que l'autorité municipale n'ait pas déjà pris l'initiative à cet égard, surtout pour les jours de foire et de marché.

856. Un agriculteur intelligent, qui obtiendrait le privilége d'établir des urinoirs de cette sorte dans une ville où les marchés sont hebdomadaires, aurait la certitude de faire rapide une véritable fortune. (Voir *infra*, chap. V.)

857. M. Mosselmann a depuis longtemps proposé des tinettes-urinoirs portatives, fig. 193 et 194, qu'il remplissait de chaux éteinte et en poudre, en vue d'absorber et de solidifier les urines.

Cet ingénieux modèle se compose de la tinette proprement dite A, d'un chapeau B et d'un terrasson C destiné à recevoir

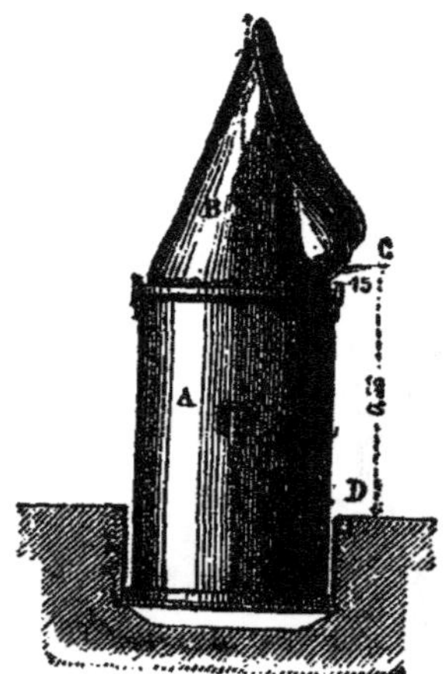

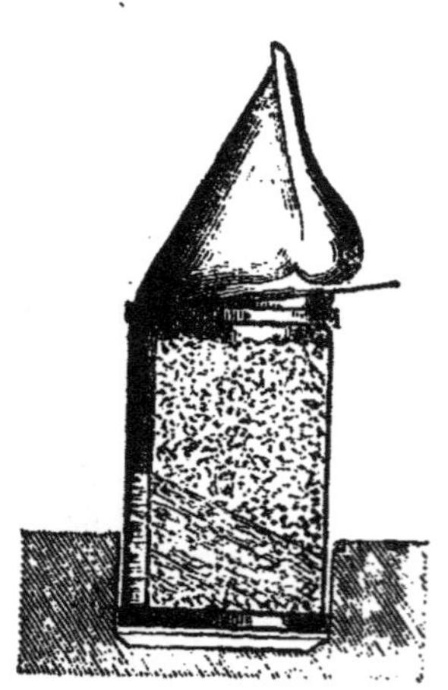

Fig. 193.   Fig. 194.

les urines qui tombent, par les trous dont il est percé, sur la chaux en poudre que contient la tinette A.

Par ce moyen, les urines sont désinfectées et relativement solidifiées. En cet état le transport en est facile, et quoiqu'elles perdent un peu de leur ammoniaque au contact de la chaux, elles forment encore un excellent engrais.

858. La fig. 195 donne un urinoir de l'invention de M. Rogier-Mothes ; il est formé d'une tinette plombée dont la partie supérieure est en entonnoir, une bonde fixée à une chaîne permet d'en faire la vidange.

21

Cet urinoir est rendu inodore au moyen d'une valve placée au bas de l'orifice de l'entonnoir.

859. Un autre genre d'urinoir, fig. 196, de l'invention de M. Thirion, est conçu en vue d'en obtenir la fermeture hermétique au moyen de joints hydrauliques. (Voir *supra*, n° 443.)

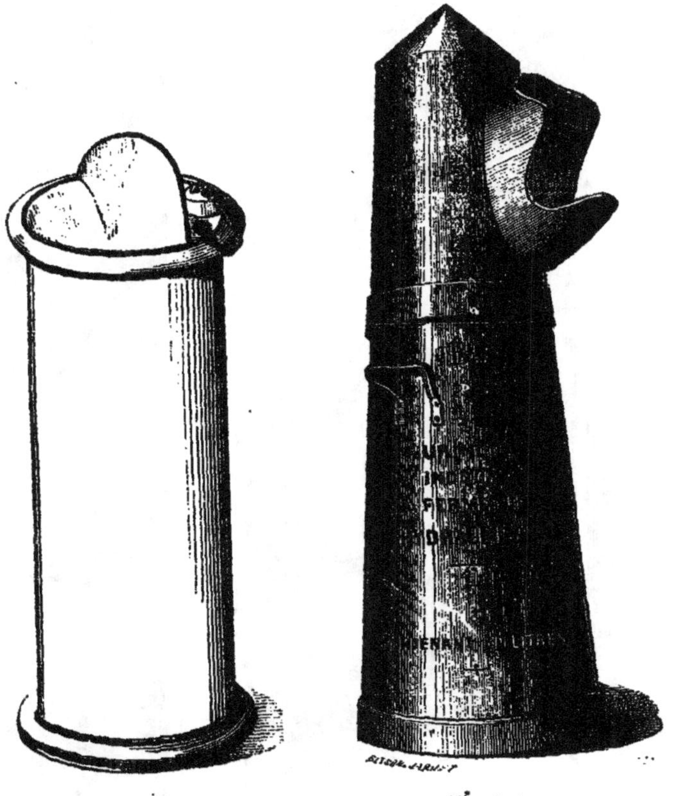

Fig. 195.   Fig. 196

Il se compose d'un récipient qui reçoit les liquides, sur lequel on rapporte une partie formant cuvette qu'on n'enlève qu'au moment de la vidange.

860. Dans les hôpitaux, les maisons de santé et même dans quelques maisons particulières du premier ordre, on emploie aujourd'hui assez souvent un appareil composé de plusieurs parties, et qu'on nomme *vidoir*.

861. La fig. 197 représente un de ces objets, inventé par M. Dumuis. Il est formé d'une grande cuvette formée de

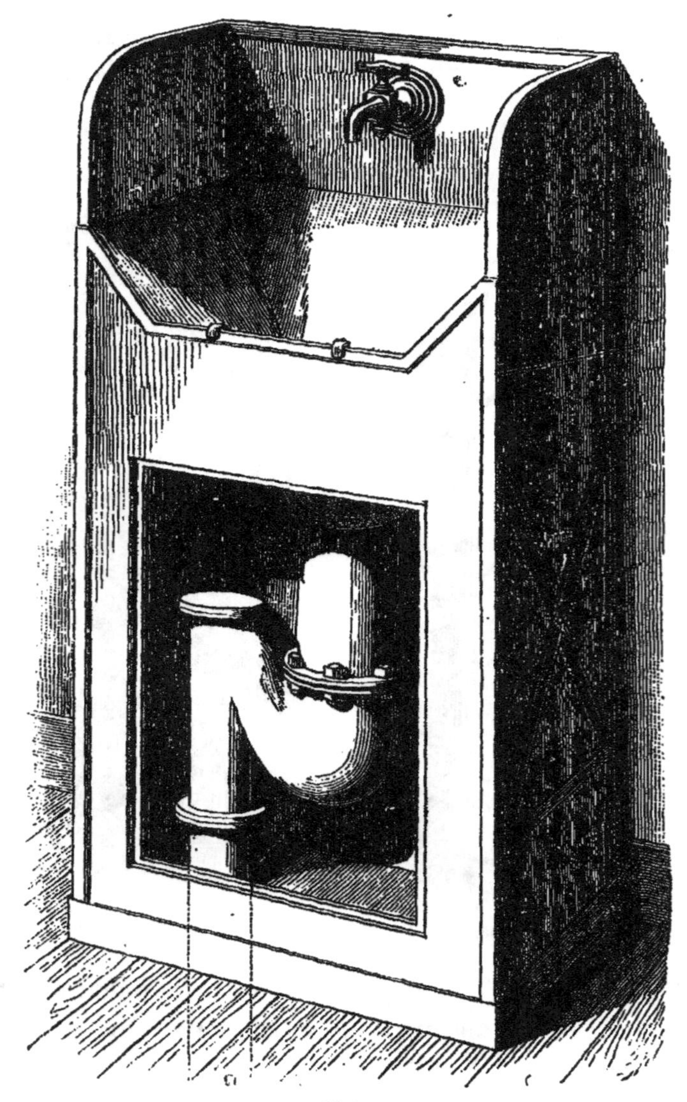

Fig. 197.

quatre plaques en faïence, scellées au ciment sur les parois d'une enveloppe en tôle, de façon à éviter toute infiltration qui pourrait se produire par les joints des panneaux de faïence.

Au bas de cette cuvette est un orifice carré, muni d'une grille, au-dessous de laquelle se trouve une valve qui s'ouvre automatiquement quand elle est chargée de liquide. Les matières versées dans le vidoir tombent d'abord dans cet appareil, et de là dans un siphon plein d'eau qui aboutit au tuyau de chute, et intercepte, comme dans les appareils du même constructeur, toute communication avec la fosse.

Un tampon placé sur le haut du tuyau de chute permet le nettoyage du siphon en cas d'engorgement; une porte pratiquée sur le devant du vidoir y donne accès.

Au-dessus de la cuvette est un robinet pour le lavage des vases, et une grille en fer galvanisé est placée au-dessus pour les faire égoutter.

§ 8. — **Métrage et évaluation.**

862. Il y a deux manières de métrer une fosse fixe :

La première consiste à cuber séparément chacune des parties de maçonnerie qui la composent, et à établir la superficie des ouvrages, qui se comptent au mètre carré, pour y appliquer les prix qui sont portés dans la série de la localité où la fosse est construite.

863. La seconde manière consiste à cuber la masse de l'ouvrage sur ses lignes extérieures, et à déduire le vide intérieur de la fosse ; le produit de la soustraction donne le cube des maçonneries composantes, qu'on détaille ensuite suivant leur nature et leur quantité, pour y appliquer les prix déterminés, comme il est dit.

864. Qu'on procède d'une manière ou d'une autre, le résultat sera le même si l'opération est exactement faite. Cependant, c'est la seconde méthode qui est aujourd'hui la plus usitée : aussi nous l'appliquerons ici, en prenant pour type une fosse dont les fig. 198 et 199 donnent le plan et la coupe, et en supposant que la construction est faite dans la ville de Paris.

865. Le cube général de l'ouvrage étant établi suivant les lignes extérieures de sa masse, on défalque le cube particulier formant le vide intérieur de la fosse, et la différence donne le volume des maçonneries. De ce dernier produit on déduit :

1° Le radier, qui est payé comme massif ;

2° Les murs, qui sont considérés comme maçonnerie en fondation ;

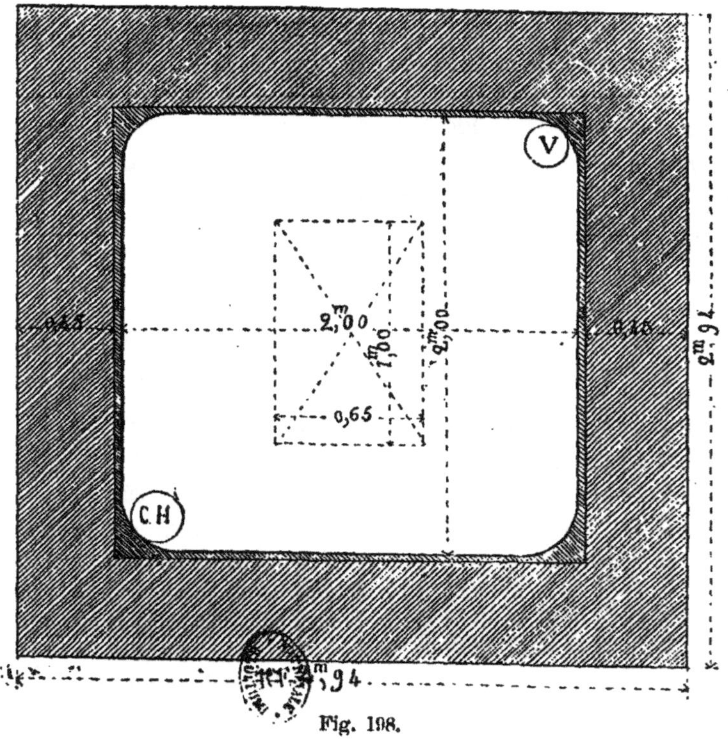

Fig. 198.

3° La voûte, qui comporte une nature particulière de maçonnerie ;

4° Le reste ou la différence représentera le cube du garnissage des reins de la voûte, qui est payé comme massif.

En outre, se comptent séparément :

1° Les cintres ;

2° Les enduits, qui se mesurent au mètre superficiel, avec

plus-value de garnissage pour l'arrondissement des angles, qui
se comptent au mètre linéaire, en prenant 0ᵐ.15 pour base
d'évaluation ;

3° Les châssis et tampon ;

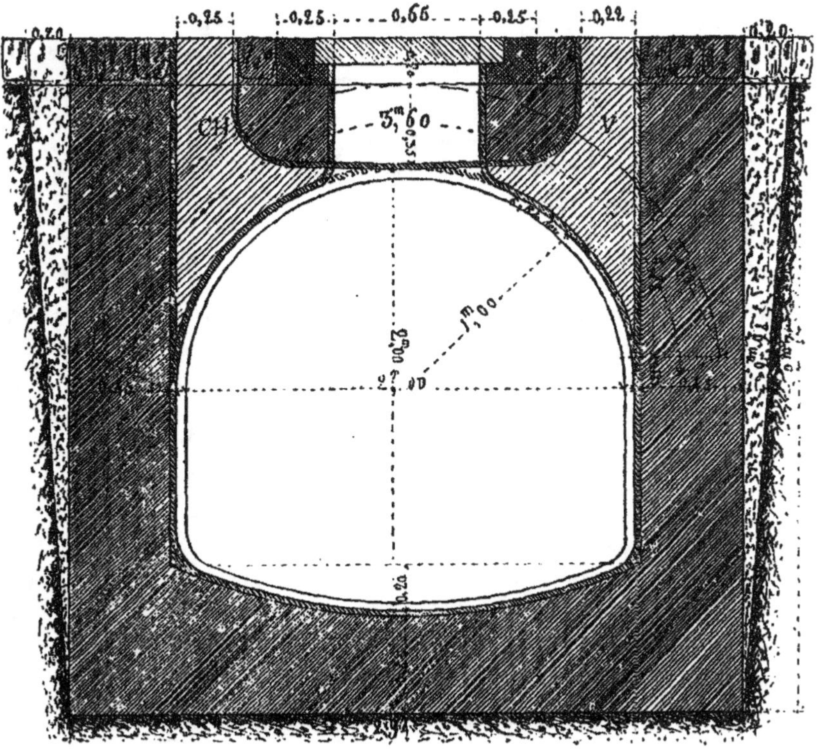

Fig. 199.

4° L'arase sous le châssis, si besoin est, pour le nivellement du sol.

Une fois que le cube ou la superficie des ouvrages est établi, on y applique les prix afférents à chacun d'eux et le produit de la mutiplication donne la valeur desdits ouvrages ;
ensuite on développe au mètre linéaire le garnissage des angles
qu'on calcule, comme il est dit, sur 0ᵐ.15 courant.

866. # MÉMOIRE

La fouille des terres avec jet sur berge, chargement et enlèvement aux décharges publiques :

A { 3.14 réduits, $\times$ 3.14 réduits, compris talus, produit... 9.86
sur 2.94 de hauteur.............. 28.988
à 4 fr. 88 c. le mètre cube (art. 33, 48, 81, série de la ville de
Paris 1873-1874), ci.............. .... | 141 fr 46

Plus-value d'un jet de banquette surface, accolade A
ci....................................... .. .. 9.86
sur 0.94 de hauteur, produit......... 9.268
à 0 fr. 32 c. le mètre cube (art. 49).... .... | 2 97

Remblai après construction avec reprise de terre et pilon-
nage :

4 fois 3.14 réduits, $\times$ 2.94 de hauteur......... 36.93
sur 0.10 réduits, produit... .... 3.693
à 0 fr. 29 c. le mètre cube (art. 73-72)..................... | 1 07

Construction de la fosse en meulière neuve, hourdée en
mortier de ciment romain du bassin de Paris :

2.94 $\times$ 2.94...... .... 8.64
sur 2.74 de hauteur, produit......... 23.674
A déduire le vide de la fosse 2.04 $\times$ 2.04. 4.16
sur 0.85 de hauteur........ 3.536
Surface d'un 1/2 cercle de 2.04 de diamètre. 1.63
sur 2.04.................... 3.325
Segment du radier 2.04 de corde $\times$ 0.17 de
flèche... 0.23
sur 2.04 .... 0.469
Trou d'extraction 1.04 $\times$ 0.69.......... 0.72
sur 0.39 réduits.............. 0.281
Ensemble................. 7.611
Reste..................... 16.063
Dont :
En massif 2.04 $\times$ 2.04.. .... 4.16
sur 0.45 réduits d'épaisseur... 1.872
à 27 fr. 65 c. le mètre cube (art. 905-915)........... | 51 76

Plus-value de construction circulaire sur le dernier rang de
meulière pour l'évidement en cuvette :

2.04 $\times$ 2.04................................ 2.04
sur 0.25 réduits..................... 1.040
à 1 fr. 25 le mètre cube (art. 1354) ... . | 1 30

A reporter.. .. .. | 198 56

$$Report.................... \qquad 198^{fr} 56$$

Les murs développés en 4 sens hors œuvre et dans œuvre :

2 fois 2.94....................... 5.88

2 fois 2.04....................... 4.08

Ensemble........... 9.96

$\times$ 2.74 hauteur........................... 27.29

sur 0.45 d'épaisseur.................. 12.281

Dont à déduire 2 parties engagées pour les buttées de la voûte :

2 triangles, ch. $\dfrac{0.35 \times 0.72 \text{ h}^r}{2}$ 0.25

2 triangles, ch. $\dfrac{0.35 \times 0.18 \text{ h}^r}{2}$ 0.06

2 segments, ch. 0.80 de corde $\times$ 0.05 de flèche......................... 0.05

Ensemble........... 0.36

sur 2.04................. 0.734

Reste........... 11.547

à 30 fr. 30 c. le mètre cube (art. 906-915)................. 349 87

La voûte :

3.60 développement $\times$ 2.04............ 7.34

Déduire extraction :

0.70 développement $\times$ 1.04............ 0 73

(sans déduction des pénétrations, comme il est dit ci-après).

Reste............... 6.61

sur 0.35................. 2.314

à 32 fr. 35 c. (art. 908-915)............... 74 86

Ensemble.......... 15.733

Le surplus en garnissage de reins....... 0.330

à 27 fr. 65 c. (art. 905-915).................. 9 12

Tranchée biaise pour sommier :

2 fois 2.04........................... 4.08

à 0 fr. 35 c. le mètre linéaire (art. 1590)................. 1 43

Le cintrage Berthemait (mesuré en plan hors œuvre des murs)

2.94 $\times$ 2.94.................... 8.64

à 1 fr. 60 c. le mètre superficiel (art. 747)................. 13 82

Les enduits en ciment romain du bassin de Paris :

Radier, pieds-droits et voûte, dévelop. 6.64$\times$2.00. 13.28

2 pignons :

Carrés, 2 fois 2.00 $\times$ 0.925, réduits hauteur..... 3.70

Surface de 2 1/2 cercles :

Chaque 2.00 de diamètre..................... 3.14

Ensemble.......... 20.12

$$A \; reporter.............. \qquad 647^{fr} 66$$

Report....		647ᶠʳ 66
Déduire :		
Extraction 0 66 développement, $\times$ 1 00.	0.66	
Chute et ventilateur :		
Chaque 1.30 développement, $\times$ 0 30. ...	0.78	
Ensemble............	1.44	
Reste...............		18.68
Jouées du trou d'extraction :		
2 fois 1.00........................	2.00	
2 fois 0.65...........................	1.30	
Ensemble...........	3.30	
sur 0.41 hauteur réduits......		1.35
Chute et ventilateur :		
4 fois 0.90 hauteur réduits $\times$ 0.40 réduits........		1.44
Traverses :		
2 fois 1.00 div. $\times$ 0.30........................		0.60
Bavettes :		
2 fois 1.45 hauteur $\times$ 0.30.....................		0.87
Les gorges rocaillées et renfermées :		
Pignons, 2 fois 6.64 div.................	13.28	
Radier, 2 fois 2.00.......................	4.00	
Chute à ventilateur { 4 fois 1.45	5.80	
{ 4 fois 1.00 div.....	4.00	
Extraction 4 fois 0.42 réduits...........	1.68	
Ensemble...........	28.76	
sur 0.15 courants....		4.31
Ensemble...........		27.25
à 3 fr. 15 c. le mètre superficiel (art. 811, 814)........... .		85 84

Châssis et tampon d'extraction en roche neuve de Châtillon avec taille des lits et joints, bordage et pose sur ciment romain.

Châssis :		
2 fois 1.10........................	2.20	
2 fois 1.15...........................	2.30	
Ensemble...........	4.50	
sur 0.25 sur 0.20.		0.225
Tampon 1.15 $\times$ 0.75 $\times$ 0.10..........		0.086
Ensemble......... ..		0.311
à 106 fr. 65 c. le mètre cube (art. 1063,1168).		33 17
Double bordage du chantier de l'entrepreneur, même cube........................		0.311
à 7 fr. 00 c. le mètre cube (art. 369)........		2 18

A reporter....... .....   768 85

Report...................		768fr 85

Taille des parements.
Châssis :

| Intérieur 3.30 div. × 0.20............. | 0.66 | |
| Dessus 4.30 × 0.25.................. | 1.08 | |

Piochement et taille aux 4 joints pour dégagement d'onglets, ch. 0.10............   0.40

8 coupes biaises des onglets, ch. 0.02....   0.16

Tampon :

Dessus 1.15 × 0.75..................   0.86

Épaisseur :

2 fois 1.15....................	2 30
4 fois 0.75....................	3.00
Ensemble....	5 30

sur 0.10....................   0 53

Feuillures au châssis et au tampon :

4 fois 1.15....	4.60
6 fois 0.65...................	3.90
Ensemble....	8.50

× 0.15.....   1 28

Refouillement et taille du trou de clef de 0.10 de profondeur...... ....   0.10

Refouillement du trou circulaire pour le passage de la tringle (dite flotteur)........   0.10

      Ensemble...........   4.41

à 1.125 compris recoupement des balèvres..   4.96

      Ensemble..........   5.72

à 6 fr. 00 c. le mètre superficiel (art. 1411).   34 32

Tringle (dite flotteur) en fer rond garnie de sa rondelle dans la partie supérieure, évaluée.   5 »

Calfeutrement des châssis et tampon en ciment romain. Ensemble 5.55 développés.

A 0 fr. 30 c. le mètre linéaire (art. 889)..   1 67

Sur le dessus de la fosse, la chappe en ciment romain du bassin de Paris, 0.03 d'épaisseur (lorsque la fosse se trouve placée dans une cour).

2 94 × 2.94..........................   8 64

Déduire châssis et tampon :

1.50 × 1.15...... ....   1 73

      Reste........ ......   6.91

à 1 fr. 75 c. le mètre superficiel (au 737)...   12 09

      TOTAL. :...........   821fr 93

Ainsi, la construction d'une fosse établie dans les dimensions réglementaires de 4 mètres cubes coûte 821 fr. 93.

867. Si, au lieu de mortier de ciment pur, les maçonneries de la fosse sont hourdées en mortier de chaux, sable et ciment, comme il est permis de le faire, on obtiendra une certaine économie.

868. Si on emploie le béton au lieu de la meulière, suivant la latitude accordée, illégalement il est vrai, par l'arrêté préfectoral du 1er août 1862, on pourra réaliser une économie sensible.

869. Enfin, dans tous les cas, il est d'usage que, pour les travaux neufs, les entrepreneurs fassent 10 pour 100 de rabais sur la série.

870. Dans la déduction du vide de la fosse, on ne comprend pas le passage de pénétration de la chute et de ventilation, par la raison que l'établissement de ces accessoires nécessite des pâtés en maçonnerie et une plus grande main-d'œuvre.

871. La pose des tuyaux en fonte engagés dans la maçonnerie ne se compte pas.

872. Le remblai compté pour 1 fr. 07 à la 7e ligne du mémoire est souvent, à juste titre, contesté, par la raison qu'il est largement compensé par l'enlèvement des terres, qui ne se fait pas complétement.

873. Comme nous venons de le dire, le hourdis du mur, du radier et de la voûte n'est point obligatoire au ciment ; on a la faculté de le faire au mortier de chaux sable et ciment, et même sans ciment, qui cependant est utile pour obtenir une prompte dessication.

874. La plus-value de circulaire pour l'établissement du fond en cuvette est aussi justement contestée, mais lorsqu'on la supprime, on doit compter le massif sans déduction pour le vide formé par ladite cuvette.

875. Le prix porté au mémoire pour les cintres est considéré comme s'appliquant à une fosse faite dans une construction neuve ; au cas où il s'agirait d'une autre fosse, elle compterait pour 20 mètres superficiels. (Art. 751 de la série.)

876. Les plus-values pour arrondir les arêtes sont contestables ; elles ne sont généralement pas accordées ; d'ailleurs, les arêtes sont rares dans une fosse.

877. Lorsque la pierre a été taillée sur le chantier où se fait la construction même, le double bardage n'est pas dû.

878. Si le sol était en roche au lieu de terre ordinaire, il y aurait lieu d'accorder une plus-value.

Il en serait de même si les travaux, par le fait de la nature du sol, nécessitaient des épuisements.

879. Mais il y aurait lieu à déduction si la terre, au lieu d'être transportée aux décharges publiques, était laissée sur le terrain.

CHAPITRE IV

OPÉRATION DE LA VIDANGE

§ 1er. — **Vidange au seau des fosses fixes.**

880. Dans les campagnes et les petites villes, où le service des vidanges n'est point organisé et où les hommes du métier font défaut, l'opération de la vidange demande la plus grande prudence, surtout pour les fosses à fond perdu, qui présentent ordinairement le plus de danger.

881. On commence par soulever la pierre d'extraction, soit avec une pince, soit avec une corde si la pierre porte anneau, en ayant soin de se tenir aussi éloigné que possible du trou d'extraction.

882. L'enlèvement de la pierre de fosse est toujours une opération dangereuse. L'évaporation des gaz méphitiques peut asphyxier ; et à l'approche d'une lumière, il se produit assez souvent une détonation déterminée par l'inflammation des gaz.

883. Au cas où une inflammation subite se déterminerait au moment de l'ouverture de la fosse, on devra se coucher à terre jusqu'à la fin de la combustion, qui n'est jamais que de quelques secondes. C'est le seul moyen d'échapper aux périls d'une explosion.

884. Le dégagement des gaz ne produit de dangers immédiats que pour les ouvriers ou ceux qui approchent de l'orifice de la fosse.

885. Si l'on suppose que la fosse puisse présenter des dangers, et même dans tous les cas, on devra jeter sur le trou d'extraction une botte de paille enflammée ou des copeaux allumés. C'est un moyen de préserver les vidangeurs.

Les dangers auxquels sont exposés les vidangeurs n'existent pas seulement au moment où l'on ouvre la fosse, ils peuvent se déterminer pendant toute la durée de l'opération.

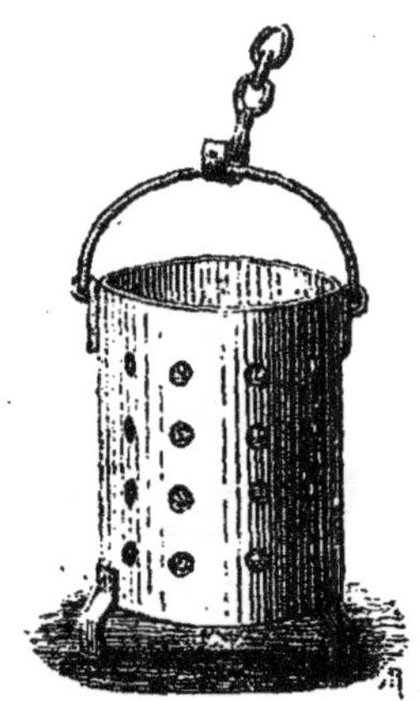

Fig. 200.

Le gaz acide carbonique, qui est extrêmement meurtrier, est d'autant plus perfide qu'il est plus lourd que l'air; ce gaz reste donc au fond de la fosse, et c'est en se baissant que les ouvriers en ressentent les atteintes.

886. Avant de descendre dans la fosse, on devra se munir en outre d'un fourneau de vidange, fig. 200, rempli de charbon bien allumé, et qu'on descendra dans la fosse lorsqu'elle ne sera pas trop pleine. Si le charbon s'éteint sous l'action des gaz, on le remonte, et après l'avoir rallumé, on le descend de nouveau jusqu'à ce qu'il s'y maintienne sans s'éteindre. Ce fourneau, quoiqu'il ne brûle ni l'azote, ni l'acide carbo-

nique, consume les autres gaz combustibles, et, en déterminant un appel plus ou moins énergique, purifie la fosse au
point qu'un homme puisse y descendre en toute sûreté. La
prudence exige qu'aucun ouvrier ne travaille dans une fosse
sans être muni d'un fourneau allumé.

887. Si les matières sont assez liquides pour être remuées,
on les agite dans tous les sens au moyen d'un rabot à long
manche, fig. 201, et l'on y déverse le désinfectant. Le
sulfate de fer ou couperose verte est celui qu'on emploie le
plus généralement, à cause de son bas prix et de sa propriété
de fixer les principes fertilisants. (Voir *infra*, chap. v.)

888. Quand les matières sont pâteuses et que les liquides
font défaut, même à la partie supérieure, on est alors réduit à

Fig. 201

projeter successivement la poudre désinfectante sur une couche
de matière d'une certaine épaisseur, qui est extraite aussitôt
après avoir été désinfectée. La même opération se fait alternativement pour les différentes autres couches.

889. Le moindre outillage nécessaire pour vidanger les
fosses consiste en seaux, tinettes, échelles, trémie, savetier et
rabot. Il faut, en outre, se munir de cordes et bridages pour
soutenir d'en haut l'ouvrier qui descend dans la fosse. Un ou
deux hommes doivent se tenir sur le bord de la fosse ayant en
main, attachées au bridage, des cordes pour retirer le vidangeur au moindre indice de danger.

Un habillement spécial et des bottes à hautes tiges sont
également indispensables.

890. Quand les matières sont liquides, on dispose une

tonne à peu de distance de la fosse, sur laquelle on place une trémie ou entonnoir, fig. 202, et, au moyen d'une hotte étanche, fig. 203, et d'un seau conique, fig. 204, on charge les matières dans la tonne.

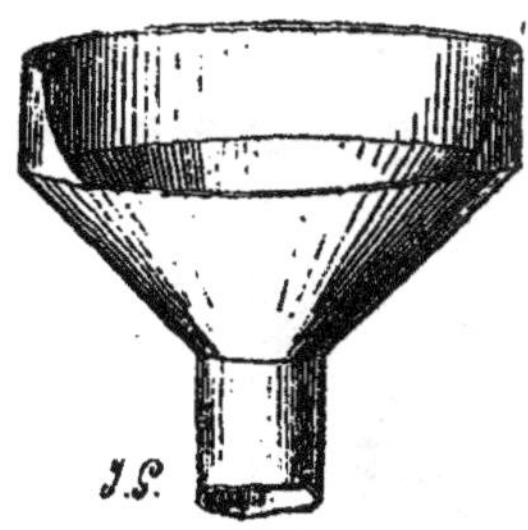

Fig. 202.

891. Le seau destiné à l'extraction des matières est des-cendu dans la fosse au moyen d'une corde appelée *chable*, et dès qu'il est rempli, on le remonte à la surface et on le trans-vase aussitôt dans une hotte placée sur un escabeau; un homme occupé uniquement de ce travail monte la hottée dans la trémie, et cela jusqu'à ce que la fosse soit complé-tement vide.

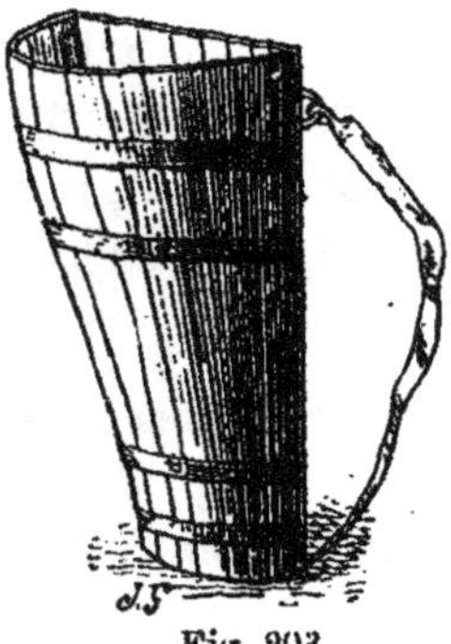

Fig. 203.   Fig. 204.

892. Quand les matières sont trop consistantes, leur extrac-tion est très-pénible et dangereuse pour la vue des ouvriers, qui sont souvent obligés de travailler à l'échelle au milieu des vapeurs ammoniacales.

Dans ce cas, les matières sont extraites au seau et versées

dans des tinettes au moyen du savetier, fig. 205, espèce de trémie en bois, laquelle est garnie d'un tablier de cuir pour préserver les tinettes des bavures résultant du transvasement.

894. Bien que des ouvriers expérimentés puissent exécuter ces vidanges difficiles avec célérité et propreté, quand ils ont à leur disposition un outillage convenable, il est à remarquer que ces travaux n'en sont pas moins très-pénibles et très-répugnants.

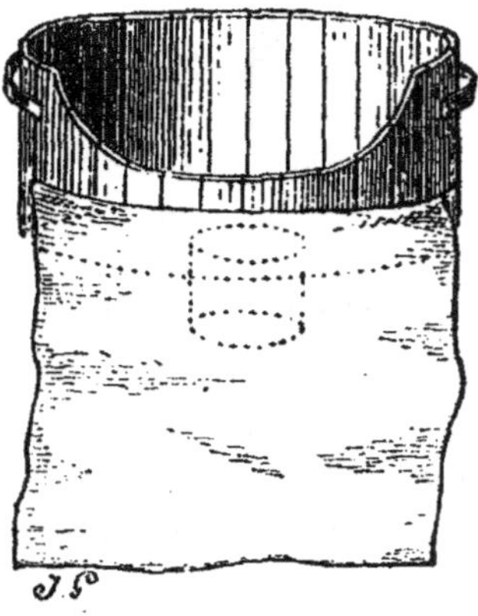

Fig. 205.

895. Dans les grandes villes, où la sollicitude de l'autorité municipale est plus efficace et où le service est organisé, la vidange des fosses se fait avec plus de célérité, avec moins de danger et d'une façon moins gênante pour les habitants (1).

§ 2. — Vidange à la pompe des fosses fixes.

896. Toutes les pompes sont bonnes pour la vidange des fosses ; cependant, si on devait pomper de forts bottelages et si la fosse était en contre-bas ou éloignée, la pompe devrait être solide et manœuvrée par des hommes vigoureux.

(1) Les meilleurs ouvrages à consulter pour l'opération de la vidange sont ceux de MM. Paulet et Touchet, intitulés : *l'Engrais humain* et *Guide pratique de la vidange agricole.*

La pompe à double effet dite *à soufflet*, fig. 206 (1), est celle dont on se sert le plus communément à Paris. Mise en mouvement par cinq hommes, elle débite environ 2 mètres cubes en huit minutes.

897. Les tuyaux adaptés à cette pompe ont environ 0ᵐ.08 de diamètre intérieur et sont soit en toile, soit en cuir ou en caoutchouc lorsqu'ils sont destinés à supporter une forte pression.

Les tuyaux aspirateurs plongent dans la fosse et sont munis à leur partie inférieure d'une lanterne ou *crépine :* c'est une

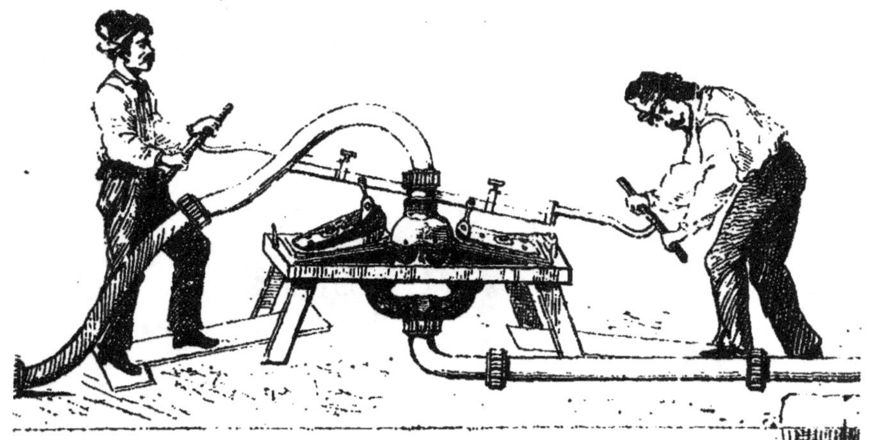

Fig. 206.

sorte de pomme d'arrosoir dont les parois sont percées de larges trous ; elle est destinée à empêcher l'élévation des matières solides et volumineuses, ainsi que celle des corps étrangers qui pourraient produire un engorgement.

898. Les tuyaux de refoulement ont pour objet d'amener au sommet d'une tonne les matières fécales qui ont été aspirées par la pompe. Ces conduits ont une longueur de 2 mètres environ et sont formés de fragments de tube en gutta-percha.

899. Lorsqu'il n'y a pas de règlements de l'autorité municipale dans les lieux où s'opère la vidange, les tonnes ordi-

____

(1) Système Simon-Mothe.

naires peuvent être utilisées pour cette opération en adaptant
à l'arrière une bonde de décharge, fig. 207. C'est une trappe
analogue à celle des tonneaux de fosses mobiles, garnie de
filasse et de suif, et entourée d'une sorte de disque évasé de
0^m.10 de saillie qui a pour objet d'éviter les éclaboussures.

900. Souvent, il arrive que la pompe n'aspire pas en totalité les matières solides ou fortes matières en décomposition
dans la fosse ; et, l'opération de la vidange terminée, il reste
toujours une certaine quantité de matières à extraire.

901. Dans ce cas, un ouvrier, muni de bottes à haute tige,
descend dans la fosse et y est maintenu par un bridage placé
au dehors ; des seaux sont introduits dans la fosse et remplis
au moyen du savetier, comme il est indiqué plus haut.

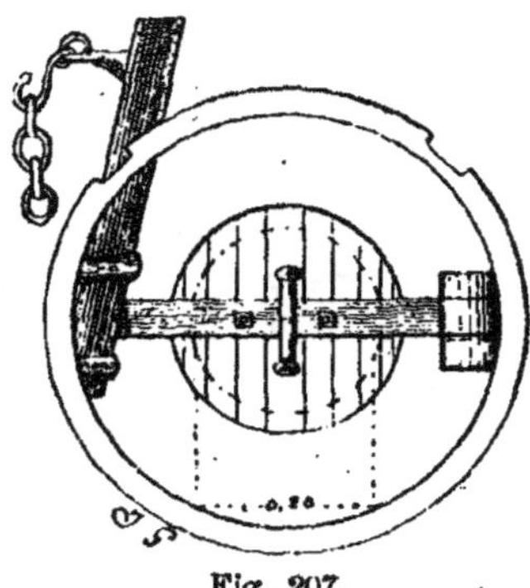

Fig. 207.

Les seaux sont déversés dans des tonneaux dits *hendrauliques* ou *hydrauliques*, construits dans les conditions indiquées
plus haut, cerclés de fer et pourvus d'une ouverture circulaire
fermée par une large bonde, qui est maintenue solidement par
un système en fer pour éviter les fuites.

§ 3. — **Vidange atmosphérique des fosses fixes.**

902. La vidange dite *atmosphérique* est des plus simples
dans l'exécution : elle consiste à mettre la fosse en communication avec un tuyau débouchant dans une tonne en fer où
l'on a fait le vide.

La pression atmosphérique s'exerce sur le liquide urineux, qui s'élève instantanément dans la tonne.

903. Ce système a pour avantage incontestable de ne donner aucune odeur et conséquemment de ne nécessiter, pendant l'opération, aucune désinfection ; mais il a des inconvénients.

904. D'abord, la pression atmosphérique agit fortement sur les matières, qui, par ce fait, sont projetées de tous côtés sur les parois de la fosse et les salissent de nombreuses éclaboussures.

905. Ensuite, les matières ne sont pas extraites d'une façon aussi complète que par la pompe ordinaire : avec celle-ci, les déjections sont obtenues en plus grande quantité quand elles ont été remuées par des ouvriers qui sont descendus dans la fosse, et que la partie liquide, au moyen du rabot, a été tout à fait mélangée à la partie solide.

906. Avec la pompe atmosphérique, les matières consistantes et pâteuses, séparées des liquides, sont aspirées plus difficilement et d'une façon moins complète, de sorte qu'on est obligé d'opérer, pour ainsi dire, une seconde vidange par les moyens élémentaires du seau et du savetier.

907. L'avantage que l'on a avec la pompe atmosphérique de ne respirer aucun gaz méphitique n'est donc pas suffisamment compensé.

908. Enfin, malgré toutes les améliorations qu'on a apportées à ce système, on n'a pas encore pu obtenir que la tonne se remplisse parfaitement, d'où il résulte un plus grand nombre d'opérations ; inconvénient qui ne pourrait cesser tout à fait qu'en augmentant considérablement la capacité de la tonne, ce qui est contraire aux ordonnances limitant la contenance à 2 mètres cubes environ, ordonnances dont les prescriptions, il est vrai, ne sont plus guère en vigueur.

909. Pour que le système atmosphérique eût des avantages sensibles sur les autres, il faudrait que la vidange n'eût lieu que par alléges successives, c'est-à-dire en laissant au fond de la fosse une couche de matière solide et pâteuse.

910. Pour cela, il serait nécessaire que la réglementation actuelle n'exigeât la vidange entière d'une fosse qu'une fois tous les cinq ans. Nous ne croyons pas qu'aujourd'hui il y ait d'inconvénient à adopter une pareille disposition à Paris, où toutes les fosses sont étanches et en bon état. Une fosse bien établie peut effectivement n'être vidée entièrement qu'une fois tous les cinq ans.

La fig. 208, empruntée au prospectus de la Compagnie barométrique, montre l'installation extérieure pour l'opération de la vidange atmosphérique.

Fig. 208.

Dans ces derniers temps, le système a été beaucoup amélioré. (Voir *supra*, n° 512 et suivants.)

§ 4. — **Vidange des fosses mobiles.**

911. La vidange des fosses mobiles est des plus faciles; elle consiste simplement dans l'enlèvement des tinettes. Avant de les retirer, il faut les fermer hermétiquement; la désinfection des matières peut s'effectuer en ce moment même ou au dépotoir.

912. Si la tinette est légère, l'enlèvement se fait aisément

au moyen d'un simple *chable*, fig. 209 ; si, au contraire, elle
est lourde et ne peut être mue qu'avec difficulté, on se servira
d'une chèvre et d'un palan, fig. 210.

913. L'opération de la vidange des appareils diviseurs est
aussi simple que celle des fosses mobiles. Après avoir hermétiquement fermé la tinette, on la lute en terre glaise, et l'on

Fig. 209.

bouche le tube du tuyau de l'appareil diviseur avec soin ;
ensuite la tinette est enlevée et chargée sur la voiture de transport.

§ 5. — Désinfectants.

914. La désinfection des matières fécales intéresse à la fois
la salubrité et l'agriculture. A ces deux points de vue, ce sujet demande donc une étude approfondie.

915. On distingue deux sortes de désinfectants :

1° Les désinfectants par absorption sont ceux qui attirent,

hument ou dessèchent les matières et les neutralisent ;

2° Les désinfectants par décomposition sont des sels métalliques ayant la propriété de détruire l'hydrogène sulfuré et de transformer les composés ammoniacaux volatils en sels ammoniacaux fixes, et partant inodores.

916. Les désinfectants par absorption sont : terre végé-

Fig. 210.

tale, terreau de jardin, argile humide ou desséchée, boues desséchées, poussière des rues, routes et chemins, marne, marne phosphatée, terre brûlée, tourbe à l'état naturel ou carbonisée, vase sèche, cendres végétales, cendres de houille, de charbon, cendres pyriteuses, falun, vieux cuir, paille de céréales, paille de colza, balle d'avoine, bousses de trèfle, poussière provenant des vannages, résidus de magasins à paille et à fourrage,

balayures, fourrages séchés, roseaux, mousses, varechs, goë-
mons, *grettes* de chanvre, feuilles de végétaux desséchées,
déjections et crottins desséchés, marc de raisin, de pommes ou
de poires, résidus de brasserie, de féculerie, de raffinerie, tan
et déchets de tannerie; poudre, débris et déchets de cornes,
rognures de peaux, bourre de poil, copeaux, sciures de bois,
déchets de cotons et filatures, plumes et déchets de plumes,
sésame blanc et noir, copra, palmiste, ricin, noix, coton,
poussière de blutoir à tourteaux; poussière dite de touraillon
ou germe d'orge des brasseries; son, noir animal, recoupettes,
graines avariées; goudron de gaz en tout état, poudre d'os,
chair et sang desséchés et désinfectés, cheveux, chiffons de
laine, guano du Pérou, guano Baker, cendres de savon
brûlées.

917. Les désinfectants par décomposition sont : sulfates
de cuivre, de fer (1), de zinc, de baryte, de plomb, de magnésie, d'ammoniaque, d'alumine ou d'alun, de potasse, de
soude; chlorures de magnésie, de manganèse, de sodium;
carbonate de plomb ou céruse; phosphates doubles de magnésie; acétate de plomb; nitrate de plomb; pyrolignite de
fer; acétate de protoxyde et de peroxyde de fer; acide phénique (2) ; acide nitrique, acide chlorhydrique, acides sulfurique
et phosphorique; huiles empyreumatiques et de pétrole; essence
d'huile de pétrole; silice, silicate de soude, nitrates, magnésie,
azotates de soude, de potasse, de magnésie, feldspath; sels
ammoniacaux; vinaigre; chlorure de chaux, chaux, phosphate
de chaux; sulfate de chaux cuit ou non cuit; plâtras de démo-

(1) Le sulfate de fer est employé depuis longtemps en Suisse; on l'ajoute
aux fumiers afin d'arrêter les déperditions ammoniacales.

M. Schatenmahn a proposé cette méthode en Alsace; il a recommandé
de saturer ainsi le carbonate d'ammoniaque produit par la fermentation des
urines. En 1843, le même chimiste a proposé encore de désinfecter les matières avec le fer, qui, en réagissant sur le sulfhydrate d'ammoniaque, fixe le
soufre à l'état de sulfure de fer.

(2) L'acide phénique est l'agent désinfectant le plus énergique qu'on ait
trouvé jusqu'à ce jour, mais il a pour inconvénient d'enlever aux matières
presque tous leurs principes fertilisants, et, par cette raison, il doit être absolument proscrit.

litions ; carbonate de soude, résidu de bleu de Prusse, savon, perchlorure de fer (1).

918. Les désinfectants par la décomposition sont beaucoup plus énergiques que les désinfectants par l'absorption, et ils demandent par conséquent à être employés en un volume infiniment plus petit. Ce sont ceux que l'on met en usage dans les grandes villes.

919. Il est aujourd'hui démontré que les sels métalliques fixent les substances ammoniacales et azotées, et que pour ce motif ce mode de désinfection est très-favorable à l'agriculture ; cependant, l'excès ne vaudrait rien ou du moins retarderait les effets désirés.

920. Les désinfectants prescrits à Paris par l'administration sont les sels métalliques.

921. A l'époque où les eaux vannes étaient jetées sur la voie publique, on avait proscrit les sels de fer par la seule raison que ces désinfectants noircissaient les matières. Aujourd'hui que les eaux vannes sont enlevées comme les déjections fermes, ou que, du moins, si elles sont jetées à l'égout, c'est après une sorte de filtration, les sels de fer sont permis comme les sels de zinc, et chacun est libre de choisir celui qui lui convient. Aussi ceux-là sont-ils préférés.

922. On désinfecte encore les matières avec avantage en employant à la fois les absorbants et les décomposants, c'est-à-dire en se servant des deux systèmes, ce qu'on fait à Paris, où il se fabrique une énorme quantité de poudre plus ou moins dosée de sulfates de sels métalliques de fer ou de zinc.

923. L'absorption et la décomposition ont encore l'avantage d'empêcher la putréfaction.

924. La désinfection par les absorbants consiste à mêler aux excrétions une quantité plus ou moins considérable d'absorbants.

---

(1) Le perchlorure de fer, préconisé en Belgique et en Angleterre par le D^r Kœne, fixe les principes fertilisants ; en Belgique, il coûte 5 fr. les 100 kil.

M. Kœne affirme que le perchlorure de fer sera vendu moins cher lorsque son procédé sera devenu une annexe de la fabrication du sulfate de soude.

925. Pour être satisfaisant, ce mélange demanderait à être opéré successivement et pour ainsi dire à mesure de l'émission. C'est pourquoi la désinfection par l'absorption est restée d'un emploi si difficile dans les grandes villes où les matières sont très-abondantes et agglomérées dans des réceptacles relativement exigus.

926. Le procédé le plus généralement employé dans les grands centres consiste à déposer au fond de la fosse une certaine quantité de désinfectants, à en jeter dans le tuyau de chute aussi souvent que possible, et à couvrir les déjections d'une nouvelle couche lorsque la fosse est pleine.

927. Souvent, on ouvre les fosses plusieurs fois pour y déposer la quantité voulue d'absorbants.

928. Ces moyens, très-défectueux, n'atteignent jamais le but qu'on se propose; la désinfection est incomplète.

Toutefois, lorsque l'opération a été convenablement faite, les matières fécales se transforment en une espèce de terreau brun et inodore qui peut être manipulé sans dégoût.

929. Si les absorbants ne sont employés dans les grandes villes qu'avec une extrême difficulté, ils peuvent être appliqués avec avantage dans les campagnes et les petites villes, où les maisons ne sont pas habitées par un grand nombre de personnes.

930. Partout où l'air et l'espace ne font pas défaut, comme dans les habitations rurales, les usines, les casernes, écoles de campagne, etc., on peut toujours employer avec succès les moyens très-simples qui sont en usage dans les départements du Midi : on étend dans le fond de la fosse de la terre, des débris de végétaux secs, tels que débris pailleux, feuilles, etc., sur une hauteur de 15 à 20 centimètres ; puis, quand cette première couche est imprégnée, on en ajoute une autre et ainsi de suite.

931. Les vidanges ainsi traitées dans les fosses sont à peu près inodores ; on en opère l'extraction et le transport sans odeur sensible, et ces vidanges forment un bon engrais dont pourtant quelques principes fertilisants se sont volatilisés. On remédie à cet inconvénient au moyen d'un mélange de sulfates.

932. La désinfection est aussi à peu près complète lorsque l'on tapisse le fond et les parois d'une fosse d'une forte épaisseur d'absorbants.

933. Le principe désinfectant du charbon animal est infiniment plus efficace que celui du charbon végétal.

934. En mélangeant de la terre argileuse avec une certaine quantité de matières, on obtient une poudre désinfectante très-énergique.

935. Une des difficultés qui se présentent pour l'emploi des absorbants, c'est la grande quantité nécessaire pour obtenir une désinfection complète.

Ainsi, la poudre de charbon, même celle provenant de tourbes, qui est cependant un désinfectant énergique, demande à être employée dans la proportion de 3 hectolitres par mètre cube de matières fortes.

Le mélange, qui doit toujours être bien intime, est encore une difficulté souvent insurmontable, pour l'emploi des absorbants, dans des fosses telles qu'on les fait aujourd'hui.

936. Les décomposants peuvent être utilisés en poudre pour une petite quantité de matières fécales ; mais quand il s'agit d'opérer sur des masses considérables, on s'en sert à l'état liquide. Ce résultat s'obtient en les faisant dissoudre dans l'eau et en ayant soin de concentrer le mélange, car c'est une condition essentielle de l'efficacité de la désinfection. On verse ensuite le désinfectant dans la fosse et, au moyen d'un rabot à long manche, on remue la masse dans tous les sens, de manière à opérer un mélange du tout et un brassage complet.

937. La désinfection n'est pas toujours possible. La trop grande étendue de la fosse, sa forme irrégulière, sa trop faible largeur, la position du trou d'extraction situé quelquefois dans un angle ou à l'extrémité de la fosse, la hauteur démesurée de sa cheminée, la quantité disproportionnée des solides relativement à celle des liquides, sont autant de causes qui rendent

difficile le brassage des matières et mettent obstacle à leur mélange avec le désinfectant, et celui-ci n'est complet qu'autant que l'amalgame a eu lieu.

938. D'un autre côté, il arrive souvent que les vidangeurs, par une économie coupable, n'emploient pas la quantité voulue de désinfectant.

739. L'autorité municipale, qui ordonne la désinfection des vidanges, doit donc veiller à ce que ses prescriptions soient ponctuellement exécutées.

940. La désinfection des fosses mobiles par les décomposants se fait de plusieurs manières :

Quand il s'agit des fosses à appareils diviseurs, qui par conséquent ne renferment que des matières fermes et sont ordinairement plus petites, il suffit d'étendre au fond une couche de désinfectant et une autre couche sur le contenu, le récipient étant plein.

941. Mais s'il s'agit de fosses mobiles sans diviseurs, où la présence des liquides développe la fermentation, et qui d'ailleurs sont généralement plus grandes, on doit procéder d'une manière analogue aux moyens employés pour la désinfection des fosses fixes, avec cette différence qu'on peut verser le désinfectant par le tuyau d'aspiration. Ce tuyau est habituellement en plomb, muni d'un raccord à vis destiné à recevoir le tuyau de la pompe au moment de la vidange.

942. Dans tous les cas, si le récipient est en métal, il faut éviter de se servir des désinfectants acidulés dont l'action est corrosive, car le récipient serait bientôt rongé.

943. Il arrive assez souvent qu'on ne désinfecte les fosses mobiles qu'au dépotoir : c'est une pratique condamnable, car quelques soins qu'on prenne, et quelque parfaits que soient les appareils, il est rare que les matières n'exhalent point une mauvaise odeur lors de la vidange.

944. Le trop-plein de la fosse est aussi un obstacle à la désinfection, par suite de la difficulté que l'on a de verser le réactif et d'opérer le brassage des matières.

945. C'est pour obvier à cet inconvénient que l'ordonnance

de police du 28 décembre 1850 a prescrit des indicateurs aux fosses fixes et mobiles.

Les indicateurs ou flotteurs sont des appareils qui servent à préciser le degré de plénitude de la fosse sans l'ouvrir. Il y en a de toutes espèces, mais jusqu'ici aucun n'a fonctionné d'une manière satisfaisante.

946. Vers 1852, on avait proposé un appareil composé d'un pot de grès dans lequel était fixé une tige de fer communi-

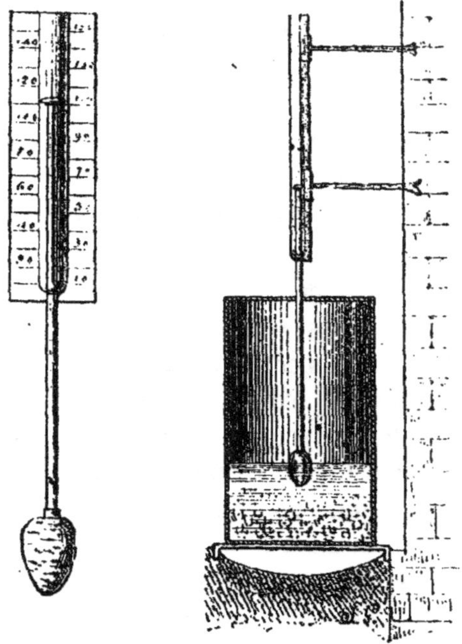

Fig. 211.

quant par son extrémité à une sorte de cadre gradué, fig. 211. C'est le flotteur Malizard. Le pot de grès, surnageant dans les eaux vannes, suivait leur niveau, et la tige marquait sur le cadre le degré de hauteur des eaux à mesure qu'elles montaient.

Comme il fallait que la tige fût établie perpendiculairement, quand la fosse n'était pas construite dans des conditions propres à cette disposition, il était nécessaire de faire des frais d'établissement considérables qui en rendaient l'application impossible, et, d'un autre côté, les vidanges cassaient souvent le pot de grès et démontaient l'appareil. On en vint à remplacer le pot de grès par un morceau de liége qui remplissait le même office, et à disposer l'extrémité supérieure de la tige de telle sorte qu'elle agitât un appareil à sonnerie avertissant que les eaux vannes avaient atteint le niveau voulu pour être vidangées.

L'appareil ne pouvant marcher longtemps, par suite des inconvénients signalés plus haut, on le simplifia en supprimant la sonnerie; mais on n'obtint pas un résultat beaucoup plus satisfaisant.

947. Néanmoins l'on se borne à placer, dans un trou percé dans la pierre de fosse, une tige d'une longueur calculée sur ·le niveau qui doit être celui du degré de plénitude de la fosse ; et, de temps en temps, on retire la tige qui, quand elle est mouillée, indique qu'il est temps ou non d'effectuer la vidange.

948. La désinfection lors de l'opération de la vidange est un progrès, mais ce n'est qu'un progrès relatif qui reste bien éloigné des conditions désirables en matière de salubrité.

949. Il est prouvé par l'expérience que, quand la fosse est pleine, les désinfectants agissent peu sur les eaux vannes et d'une manière imparfaite sur les fortes matières.

950. La désinfection ne sera satisfaisante que le jour où l'on parviendra à l'opérer au moment de l'émission stercorale, ou tout au moins par couches successives.

951. A défaut de mieux, on a conseillé de brancher un tuyau à la partie inférieure de la chute, et de conduire ce tuyau en un lieu accessible, comme dans l'escalier ou la cour.

Au bout de ce tuyau serait un récipient contenant les liquides désinfectants que l'on y verserait de temps à autre. On pourrait même adapter à ce récipient un compteur qui ainsi pourrait être l'objet d'observations faciles.

952. Pour désinfecter une fosse mobile ou tinette de 1 hec-

tolitre, il suffit de mettre au fond de la tinette 200 ou 300 grammes de sulfate de fer en poudre, et d'en ajouter encore autant quand elle est aux trois quarts pleine.

953. Pour désinfecter les cuvettes des cabinets d'aisances qui n'ont pas une aération convenable, on emploie ordinairement le sulfate de zinc en poudre, parce qu'il est le moins désagréable à la manipulation et ne tache pas comme le sulfate de fer.

954. Quoi qu'il en soit, il ne faut pas perdre de vue que les désinfectants employés à Paris, tels que les sulfates de fer et de zinc, bien que les plus efficaces et ayant la propriété de fixer les gaz utiles à l'agriculture, ne sont point exempts d'odeurs désagréables.

955. Les désinfectants par la combinaison des absorbants et décomposants sont, comme les désinfectants par absorption, assez difficiles à mettre en usage dans les grandes villes ; mais ils peuvent être employés avec avantage dans les campagnes et les petites villes, où les matières sont relativement peu abondantes.

956. On désinfecte les vidanges d'une manière économique et très-efficace en associant le charbon en poudre à la couperose verte ou sulfate de fer. 15 grammes de ce mélange unis à 5 décilitres d'eau désinfectent complétement et instantanément la matière fécale rendue par un individu en une journée.

957. Pour désinfecter une fosse établie dans des conditions ordinaires, il faut donc calculer selon les éléments qui précèdent.

958. Dans les exploitations peu considérables et où les matières fécales sont peu abondantes, on pourra se borner à employer du plâtre mélangé avec des substances végétales absorbantes. Lors de la vidange, on fera un mélange plus intime du tout et on le réunira en un tas ; lorsque la fermentation se produira, il sera temps de s'en servir pour la fumure des terres.

959. On devra toujours éviter de jeter dans les fosses des

herbes ou autres matières végétales vertes, parce que ces matières sont contraires à la décomposition et dénaturent ou gâtent l'engrais.

960. A Paris, les urinoirs en ardoise, en fonte émaillée ou autrement, placés sur la voie publique, sont désinfectés par le chlorure de chaux. Ce procédé est mauvais pour l'agriculture, parce qu'il facilite le dégagement de l'ammoniaque. Cependant, la chaux ne chasse ni les phosphates ni les sels alcalins, qui ont une grande valeur pour l'engrais.

961. La meilleure manière de désinfecter les urines, c'est de les traiter par les absorbants; on prévient ainsi le dégagement d'ammoniaque, au moins pour partie.

962. Après l'addition de la substance qu'on a choisie, on agite le tout avec un bâton; pour le plâtre seulement, on réitère plusieurs fois cette manœuvre, attendu qu'en raison de son peu de solubilité, il tend toujours à se déposer; mais en moins de vingt-quatre heures, il est totalement dissous et la désinfection est obtenue.

963. Il vaut mieux employer les sels que les acides, qui sont corrosifs et dangereux à manier. Le mélange des sulfates bruts de zinc et de magnésie est le plus riche; il offre, en outre, l'avantage de ne pas ronger les urinoirs publics, comme la couperose verte qu'on avait d'abord employée.

Ainsi traitées, les urines se conservent très-bien sans perte d'ammoniaque, et on peut les garder aussi longtemps que cela est nécessaire dans les réservoirs. Toutefois, à mesure qu'il en arrive de nouvelles, il est convenable d'ajouter une autre dose proportionnelle de la substance désinfectante et conservatrice.

964. Lorsque la question de transport vient faire obstacle à ce qu'on tire parti des grandes masses d'urine que peuvent fournir les ateliers, les prisons, les hôpitaux, les colléges, etc., il y a un moyen de les désinfecter et de les transformer en un engrais très-riche sous une forme qui en facilite le transport: c'est d'ajouter dans l'urine fraîche un lait de chaux, où il se forme un précipité; le dépôt, mis à égoutter et à dessécher,

est composé comme il suit, d'après MM. Moride et Bobierre :

Chaux.... .... 40.96
Magnésie. 1.32
Acide phosphorique 40.18
Matière organique. 17.54

———————
100.00

965. M. Boussingault a proposé, il y a quelques années, un autre moyen de recueillir à la fois les phosphates de l'urine et une grande partie de l'ammoniaque qui se développe pendant la putréfaction : c'est d'y verser une dissolution de chlorure de magnésie; en agitant, au bout de quatre ou cinq jours, l'urine devient laiteuse, et, à partir de ce moment, le dépôt de phosphate ammoniaco-magnésie augmente rapidement; il est terminé au bout d'un mois au plus.

On fait écouler la partie liquide et on recueille le dépôt, que l'on met sécher à l'air ou au soleil. Ce dépôt, qui s'élève à environ 7 pour 1000 du poids de l'urine ainsi traitée, est un des engrais les plus puissants pour les céréales et autres cultures, puisqu'il renferme les deux principes les plus utiles à la végétation, l'acide phosphorique et l'ammoniaque.

966. Ces procédés ne peuvent offrir d'utilité dans les établissements placés dans le voisinage d'exploitations agricoles, car il tombe sous le sens que, quand la difficulté de transport ne se présente pas, ce qu'il y a de mieux à faire, disposant d'une grande masse d'urine, c'est de l'employer directement, quitte à ajouter un peu de sels bruts de zinc et de magnésie pour s'opposer à la dispersion des vapeurs ammoniacales.

967. Quand on ne procède qu'au point de vue de la salubrité, sans se préoccuper de l'agriculture, on peut employer le chlorure de chaux : 15 grammes suffisent par mètre cube d'urine.

968. La désinfection de l'urine par la chaux caustique demande 43 kilogrammes par mètre cube de matières.

969. Deux parties de tourbe desséchée, une partie de plâtre

en poudre et une partie de matières fécales non séparées des urines désinfectent à peu près complétement, et composent un engrais très-énergique qui a l'avantage, sur les fumiers de ferme, d'agir immédiatement sur les plantes et de pouvoir être employé aussitôt après sa fabrication.

970. A dater du 1er avril 1874, les prix de la vidange, dans la ville de Paris, sont établis ainsi qu'il suit, pour les fosses fixes, en matières ordinaires :

Dans la 1re circonscription, comprenant les 1er, 2e, 3e, 4e, 9e, 10e, 11e, 18e, 19e et 20e arrondissements   4f 50 le mètre cube.

Dans la 2e circonscription, comprenant les 5e, 6e, 7e, 8e, 12e et 17e arrondissements.............. 5 00   —

Dans la 3e circonscription, comprenant les 13e, 14e, 15e et 16e arrondissements .... 5 50   —

971. Il peut être fait, dans certains cas, une réduction sur ce tarif, à raison de l'importance, la nature et la situation des travaux.

CHAPITRE V

APPLICATION DES VIDANGES
A L'AGRICULTURE

§ 1er. — **Principes; l'engrais humain; sa richesse;
son produit; déductions.**

972. Pour produire, le sol doit être composé d'argile (1),
de sable (2) et de calcaire (3), et ces trois substances doivent
s'équilibrer dans une certaine proportion.

Ainsi constituée, la terre nourrit la plante; mais la plante
épuise la terre.

973. Le sol épuisé deviendrait inerte; il lui faut à lui-même
une nourriture : son aliment réparateur est l'engrais.

974. Les plantes, les végétaux ne vivent pas seulement de la

____

(1) L'argile ou alumine est une terre pesante, grasse, compacte, tenace et
ductile lorsqu'elle est suffisamment humectée, durcissant à mesure qu'elle
sèche, sans que ses parties se séparent; prenant au feu une consistance
ferme qui lui fait perdre la faculté de se délayer dans l'eau. Sa propriété,
en agriculture, est de repousser ou de retenir la chaleur ou l'humidité.

(2) Le sable est une substance minérale pulvérulente qui, par son mélange avec l'argile, la désagrége et la rend perméable.

(3) Le calcaire est une substance contenant de la chaux, qui a perdu, par
l'action du feu, son eau de cristallisation et son acide carbonique. La chaux
est des plus utiles en agriculture : elle active les agents du sol et l assainit
en tant que sa proportion répond à l'équilibre voulu.

terre, ils se nourrissent aussi de quatre corps gazeux que renferme l'atmosphère.

Ces corps gazeux sont : l'oxygène, l'hydrogène, le carbone et l'azote.

975. Les plantes, les végétaux absorbent encore d'autre matières inorganiques ou minérales, qui sont : la potasse, la chaux, la magnésie, la silice (sable), l'alumine (argile), le chlore, l'acide sulfurique, l'oxyde de fer et l'acide phosphorique (1).

976. Le carbone n'agit utilement sur les plantes qu'à l'état d'acide carbonique (carbone et oxygène).

977. L'azote, qui à l'état libre est sans action sur la végétation, n'agit également qu'après s'être transformé en *ammoniaque* (2), puis en carbonate d'ammoniaque (3).

978. C'est donc l'azote transformé en ammoniaque qui renferme le plus d'éléments utiles à la végétation.

L'azote est, par conséquent, la base de l'engrais.

979. Les excréments solides de l'homme, à l'état frais, se décomposent ainsi qu'il suit (4) :

Pour 1,000 kilog.

Eau............................	733ᵏ »
Matières organiques...............	190 »
Potasse et soude..................	3 70
Chaux............................	1 50
Acide phosphorique...............	4 27
Azote............................	30 »
Autres substances et perte.........	37 44
	1,000ᵏ00

(1) L'acide phosphorique se trouve souvent combiné à l'état de phosphate de chaux.

(2) L'ammoniaque est un gaz caustique formé par l'azote et l'hydrogène.

(3) Gaz volatil produit par l'union de l'acide carbonique et de l'ammoniaque, ayant toutes les vertus de l'ammoniaque sans en avoir les défauts corrosifs.

(4) D'après Berzélius, Boussingault et Barral.

980. Les urines fraîches de l'homme donnent les résultats suivants (1) :

Pour 1,000 kilog.

Eau...................................	972^{k}46
Azote..............................	11 »
Phosphate de chaux................	5 50
Sels alcalins......................	11 4
	1,000^{k}00

981. Si l'on compare ces analyses avec celle du fumier de ferme, qui est considéré comme type des fumiers naturels, on trouve que celui-ci ne contient que 4 kilogrammes d'azote par 1000.

L'engrais humain est donc, de tous les engrais naturels de notre pays, le plus riche en azote et dès lors le plus énergique.

982. Il est si énergique qu'il brûle au lieu de féconder, quand on l'emploie en trop grande quantité et sans discernement. Il est assimilable à toutes les terres et presque à toutes les cultures.

983. Les opinions sont partagées (2) sur l'appréciation de la

(1) D'après Boussingault et J. Girardin.
(2) A cet égard, il existe une grande divergence entre les auteurs.
La production d'un individu serait annuellement :

En matières solides, à l'état humide :

D'après d'Alton..................	60^{k}225 gr.
— Valentin.	69 715
— Barral...............	51 830
— Fraas...............	54 750
— Paulet..............	45à73 kil.

En urines :

D'après Berzélius................	462^{k}820
— Lehmann..............	id.
— Simon................	id.
— Lecapu..............	id.
— Prout...............	379 600
— Haller..............	572 320
— Bostock.............	467 200
— Raver...............	458 805
— Becquerel...........	462 455
— Chambert............	402 595
— Girardin............	228 125
— Fraas...............	421 875

En matières solides et liquides réunies :

D'après Boussingault...........	273 kil.
— Lehardy de Beaulieu..	274
— Paulet...............	438
— Fraas................	483

On ne s'explique guère ces différences énormes dans les données des

quantité de matières qu'excrète un homme ; mais on peut admettre la moyenne suivante :

Matières solides, par jour, 0ᵏ 150 ; par an, 54ᵏ 750
Urines   —   1 175   —   428 875
                          ————   —————
                          1ᵏ 325   483ᵏ 625

C'est-à-dire un peu moins de 1 litre et demi par jour et près de 1 demi-mètre cube par an.

984. La production annuelle de l'homme étant en matières solides de 54 kil. 750, et en urines de 428 kil. 875, la valeur chimique de ces matières sera :

Pour les déjections solides (54 kil. 750) :

Matières organiques..... 0ᵏ 246 à 0ᶠ 02 le kil. 0ᶠ 18
Potasse................. » 184   1 32   » 24
Chaux................... »   72   » 2   » 1
Acide phosphorique...... » 202   » 45   » 90
Azote................... 1 640   2 15   3 53
                                                ————
                                                4ᶠ 86

Pour les urines (428 kil. 875) :

Phosphate de chaux..... 2ᵏ 95 à 0ᶠ 20 le kil. 0ᶠ 42
Sels alcalins.......... 4 207   1 32   5 55
Azote.................. 4 191   2 15   9 1
                                               ————
                                               14ᶠ 98

La valeur des excréments rendus par un homme, chaque année, est donc de.. 19ᶠ 84
Mais tenant compte de la différence d'âge, de sexe et de certaines circonstances, il peut y avoir lieu de déduire.......... 4 84
                                        Reste net...... 15ᶠ 00

985. Si l'on multiplie cette somme de 15 francs par le nombre 33 millions, qui représente celui de la population française, on aura un produit du 495 millions.

Les matières fécales de la population française ont donc une valeur de 495 millions.

986. Si, de cette somme, on déduit 95 millions pour les

auteurs. Heureusement, les lumières des savants ne sont pas indispensables pour les cas dont il s'agit. Tout individu possédant une balance et un vase d'une capacité connue peut faire l'expérience lui-même. Cette expérience prouvera que Fraas est celui qui a le plus approché de la vérité : c'est pourquoi nous avons pris ses tables pour base de nos calculs.

frais de transport, il restera 400 millions, qui représentent la valeur commerciale ou agricole.

987. La surface cultivée du territoire français est d'environ 35,974,448 hectares. Le fumier de ferme suffit à peine pour fumer dans des proportions convenables la superficie de 9,355,808 hectares; la différence est, par conséquent, de 26,616,640 hectares.

988. Dans l'état actuel, le fumier de ferme est donc insuffisant pour fumer même le quart du sol cultivé de la France.

989. On a recours, sans doute, aux engrais artificiels ou étrangers pour combler cet énorme déficit; mais ces engrais sont à fin d'exploitation, et d'ailleurs la somme employée à cet effet n'a pas dépassé le chiffre de 100 millions pendant ces dernières années. C'est quelques grains de sable jetés dans un gouffre immense !

990. Et le gouffre s'élargit chaque jour, car l'homme, dont les besoins augmentent, demande de plus en plus à la terre, qui s'épuise sans compensation.

Fatalement, mathématiquement, nous marchons donc vers la stérilité, vers la famine.

991. Cependant, on a sous la main un engrais énergique, propre à tous les sols. Cet engrais a une valeur agricole de 400 millions; il est dédaigné, enfoui, jetté dans le ravin, dans le ruisseau, ou on le gaspille quand, par exception, on en tente l'emploi.

La science, l'hygiène et l'expérience pratique protestent. L'incurie et la routine n'en vont pas moins leur train (1).

(1) « Il n'est pas douteux que les grands progrès de l'agriculture du nord de la France et que les magnifiques et productives cultures qui font l'orgueil de cette contrée ne soient dus à l'emploi de l'engrais humain. »

MALAGUTTI, *Chimie appliquée à l'agriculture.*

« Les déjections de l'homme sont un des agents les plus riches dont dispose le cultivateur. » DARCET.

« Les excréments humains, l'expérience agricole le confirme, sont au nombre des engrais les plus riches. » GASPARIN, *Cours d'agriculture.*

« On ne conçoit pas que l'exemple du bon effet de cet engrais n'ait pas en

§ 2. — Mode d'emploi.

992. Les excréments de l'homme sont employés à la fumure des terres à l'état pâteux ou liquide, ou encore lorsqu'ils sont desséchés.

993. Séparées des matières alvines, les urines sont susceptibles d'être traitées particulièrement et d'une autre façon que les matières solides.

994. *Matières pâteuses.* — Les matières fécales sont pâteuses quand, sans le secours de matières étrangères, elles ne sont pas devenues assez sèches pour être dures et pas assez molles pour être fluides.

995. Les excréments retirés des fosses non étanches sont toujours à l'état pâteux, puisque la plus grande partie des liquides qu'ils contenaient en est expulsée.

core déterminé l'emploi général, en agriculture, des matières fécales, qu'on laisse perdre sur presque tous les points de la France. »

PELOUZE et FREMY, *Chimie organique.*

« Nul engrais n'est plus approprié que l'urine à la fertilisation des prairies; c'est méconnaître les vues de la Providence que de la gaspiller comme nous le faisons. » MALAGUTTI, *Cours d'agriculture.*

« L'agriculture de rapine, c'est-à-dire celle qui ne rend pas à la terre ce qu'elle lui prend chaque jour, change des pays en déserts et les rend inhabitables.

« Il faut des années pour amener la décadence des nations jusqu'à une pauvreté et un dépeuplement stationnaire ; mais l'heure est marquée où, dans toutes les parties de l'Europe, les enfants expieront les péchés de leurs pères. Toutes les contrées de la terre où la main de l'homme n'a pas rendu aux champs les éléments nécessaires à la production des récoltes, après avoir eu la plus nombreuse population, sont arrivées à la stérilité et à la ruine. »

J. LIEBIG.

« La statistique a calculé que la France à elle seule fait tous les ans à l'Atlantique, par la bouche de ses rivières, un versement d'un demi-milliard. Notez ceci : avec les 500 millions, on payerait le quart des dépenses du budget.

« L'habileté de l'homme est telle, qu'il aime mieux se débarrasser de ces 500 millions dans le ruisseau. C'est la substance même du peuple qu'emportent ici goutte à goutte, là à flots, le misérable vomissement de nos égouts

996. De même qu'ils deviennent pâteux par l'expulsion des liquides, de même ils cessent de l'être par la dessiccation.

997. Les matières fécales à l'état pâteux ne s'emploient jamais isolément, on les mélange avec d'autres substances ; unies aux fumiers de ferme, aux terriers, aux boues, etc., elles prennent le nom de *composts*.

998. Jusqu'au moment de leur mélange avec les fumiers de ferme, terriers, boues, etc., les matières pâteuses doivent, autant que possible, être renfermées de manière à ne pas avoir de communication avec l'air extérieur, à moins qu'elles ne soient entourées de substances absorbantes retardant la formation de l'ammoniaque, qui est un des éléments principaux de fertilisation.

999. Le mélange ne doit donc s'opérer qu'au moment de la fumure, et il faut choisir pour cette opération un temps humide et pluvieux.

dans les fleuves et le gigantesque ramassement de nos fleuves dans l'Océan. Chaque hoquet de nos cloaques nous coûte 1000 fr. — A cela deux résultats : la terre appauvrie et l'eau empestée ; la faim sortant des sillons et la maladie sortant du fleuve. »   VICTOR HUGO.

« Pour couper le mal dans sa racine, il faudrait de toute nécessité qu'une nouvelle loi vînt défendre de jeter les immondices et les engrais humains dans les égouts. C'est là-dessus que nous prenons la liberté d'appeler l'attention du gouvernement ; il resterait à l'industrie privée à former des sociétés dans le but d'utiliser les suies, les cendres, les déchets de toutes sortes, les déjections humaines au profit de l'agriculture, de façon que le cultivateur français pût, à l'exemple de la Chine, ramener de la ville au champ auquel il les aurait enlevées, les substances nutritives dans les grains où la viande livrée au commerce. »   GUY CHARNACÉ, *la Presse*, 27 juillet 1865.

« Le département le mieux cultivé de la France, le département du Nord, nous donne idée de cette prospérité (de celle de la Chine). La terre y produit 450 pour 100 par hectare en culture, trois fois plus que la moyenne de la France entière. On y compte 213 habitants par kilomètre carré, et, si le reste de la France était ainsi cultivé, elle compterait 100 millions de Français au lieu de 32 millions.

« A quoi tient cette immense supériorité agricole, si ce n'est qu'indépendamment du fumier, de l'énorme quantité de bétail qu'elle nourrit, plus intelligente, plus avancée, la Flandre se distingue du reste de la France en ceci : qu'elle utilise complétement au profit de sa culture l'engrais humain. »   DUMAX, *Question des engrais.*

1000. Si le mélange était fait dans d'autres conditions, il en résulterait une fermentation qui aurait pour effet de chasser les gaz utiles et fécondants.

1001. Il est démontré aujourd'hui que la fermentation et la dessiccation ont pour effet d'appauvrir les fumiers, notamment l'engrais humain.

1002. Pour le cultivateur, c'est une question très-importante que celle de fixer les gaz utiles à la fabrication et à l'emploi des fumiers.

1003. Ce serait sortir du cadre que nous nous sommes tracé pour cet ouvrage que de nous étendre plus longuement sur ce point; nous nous bornerons à signaler une pratique générale essentiellement vicieuse : celle d'exposer les fumiers sur les terres avant de les étendre; car, une fois exposés, la fermentation s'y développe et favorise l'expulsion des gaz utiles à l'engrais. Le fumier doit être immédiatement étendu sur le sol par un temps humide; de cette manière, la terre absorbe l'ammoniaque et profite de ses principes fertilisants.

1004. Dans la formation des composts, la proportion d'un tiers pour les matières fécales ne doit jamais être dépassée; elle peut être restreinte jusqu'au dixième, suivant la nature des terres et les différentes espèces de culture.

1005. Les composts à base de matières fécales sont surtout appliqués avec succès aux céréales.

Pour les prairies naturelles et artificielles, et en général pour toutes les plantes fourragères, l'engrais liquide est préférable.

1006. Les matières fécales pâteuses mêlées aux substances absorbantes imbibées d'urine forment un excellent engrais, qu'on doit employer avant fermentation, et qui, mélangé aux fumiers de ferme dans la proportion d'un dixième de leur volume, donne les résultats les plus satisfaisants.

1007. Il est toujours facile de conserver les excréments à l'état pâteux, sans déperdition de gaz et sans émanation d'odeur, en les entourant de débris de paille et en les saupoudrant d'une petite quantité de sels métalliques. En cet état, ils restent pâteux et peuvent être placés dans un trou ou dans un vase plus profond que large.

1008. Les habitants de certaines contrées du Midi ont l'habitude d'étendre au fond des fosses d'aisances des herbes sèches et des débris de toutes sortes, en continuant ces appositions par couches successives à mesure que les fosses s'emplissent.

Cet engrais que l'on retire, autant qu'il est nécessaire, pour les besoins de l'exploitation, a l'inconvénient d'avoir perdu une partie de ses principes fertilisants, car les fosses n'étant pas imperméables, les matières à la surface sont exposées à l'air libre.

1009. Au centre de la France, dans un certain nombre d'exploitations agricoles, les cabinets d'aisances sont établis sur un tas de fumier ou *fourme*, et les matières se trouvent ainsi mêlées aux fumiers de ferme.

De cette façon, les excréments sont recueillis sans aucune perte ; mais si le fumier n'est pas enlevé souvent, à son contact les excréments entrent en fermentation et se détériorent.

1010. Le compost à base d'engrais humain s'emploie comme le fumier de ferme et aux mêmes époques.

1011. *Matières liquides*. — Les matières fécales sont dites liquides lorsqu'elles sont à l'état fluide.

Il y a deux sortes d'engrais humain liquide : l'un, composé des matières alvines, d'urines et eaux de lavage mélangées ; l'autre, formé par les urines prises isolément.

1012. Les excréments humains liquides purs, c'est-à-dire sans mélange d'eaux de lavage, forment, après un séjour prolongé dans la fosse, une substance de couleur verdâtre, d'une odeur caractéristique, bleuissant fortement le papier de tournesol.

Mélangés aux eaux de lavage, ils ont, au contraire, une couleur d'un jaune brun dont l'odeur est moins intense.

1013. La valeur agricole de l'engrais humain diminue en raison de la quantité d'eau contenue dans les matières.

1014. Pour déterminer la valeur de cet engrais et en

apprécier le poids, on se sert ordinairement du densimètre (1).

1015. La densité des matières liquides sans mélange d'eaux de lavage est de 1,030 à 1,040; celle des matières mélangées de 15 pour 100 d'eau varie de 1,000 à 1,015.

1016. Il n'y a pas longtemps, on n'accordait de valeur réelle dans la composition de l'engrais qu'au gaz azote. C'est une erreur de laquelle la science moderne a fait justice.

1017. Le gaz azote est certainement la base de l'engrais ; mais les phosphates et les sels alcalins ont aussi une grande valeur agricole, et ce fait est démontré par des expériences répétées.

1018. L'engrais liquide, comme l'engrais pâteux, se détériore par la fermentation lorsque les matières sont mises en contact avec l'air extérieur, à leur état naturel.

Fig. 212.

1019. Aussi, quand la distance à parcourir est grande et demande un certain temps, le transport des matières liquides doit se faire dans des récipients hermétiquement clos.

1020. Dans le Nord, on se sert pour ces transports de chars particuliers, fig. 212, nommés *beignots*, et qu'on charge d'un certain nombre de petits tonneaux d'une contenance de 200 litres chacun environ.

1021. Lorsque la vidange liquide ne pourra être employée immédiatement après le transport et qu'il n'y aura pas possi-

(1) Il n'y a pas longtemps encore, on procédait à l'aide de l'analyse chimique ou l'on dégustait les matières. Les courtiers d'engrais, dans le Nord, goûtent réellement la vidange.

Pour déterminer le poids des matières fécales, on se sert encore de l'aréomètre Beaumé.

bilité de la conserver dans des récipients hermétiquement clos, on devra la déposer dans une citerne dont on aura bouché les issues, après avoir couvert les matières de débris pailleux mêlés d'une petite quantité de sels métalliques ou de plâtre en poudre.

1022. En Chine, en Toscane, en Hollande, en Belgique et dans le nord de la France, où l'engrais humain est employé à l'état liquide, chaque cultivateur a dans sa propriété une ou plusieurs citernes étanches destinées à recevoir les vidanges qu'il va chercher à la ville dans la morte-saison.

Fig. 213.

1023. Ces sortes de fosses, fig. 213, dont la capacité est ordinairement de 200 à 300 mètres cubes, sont construites en briques à plat et les parois de revêtement couvertes d'une forte couche d'argile corroyée.

1024. Partant de ce principe faux, que la fermentation améliore l'engrais, on pensait qu'il était utile de n'employer les matières qu'après un séjour plus ou moins long dans les caves, où elles auraient été remuées de temps à autre avec un rabot et ventilées au moyen d'un trou percé dans la voûte et communiquant à l'extérieur.

L'expérimentation a fait bonne justice de cette pratique défectueuse.

1025. En Alsace, à Lyon et dans le Dauphiné, les cultivateurs ne font pas usage des citernes; ils vidangent les fosses de la ville quand ils ont besoin d'engrais et plus particulièrement au printemps et à l'automne.

Cette méthode est préférable, mais elle est souvent impraticable à cause de l'impossibilité où l'on est de faire la vidange et le transport des matières à époque fixe.

1026. Si les matières sont trop liquides, on y mêle des tourteaux de colza réduits en poudre ou autres substances

Fig. 214.

analogues qui, joints aux liquides, les épaississent et retardent l'effet trop rapide de cet engrais.

1027. Si, au contraire, les matières sont trop épaisses, on les délaye avec de l'eau et de l'urine de bestiaux.

1028. L'engrais humain liquide est appliqué sur les terres par arrosage.

Les arrosages se pratiquent par *aspersion* et par *épatelage*.

Arroser par aspersion, c'est répandre le liquide en forme de pluie; arroser par épatelage, c'est verser le liquide au pied de la plante dans un trou pratiqué à cet effet.

1029. L'outillage nécessaire pour ces sortes d'opérations varie suivant l'importance de l'exploitation et les ressources du cultivateur.

Des baquets, des seaux, des arrosoirs sont suffisants pour un maraîcher.

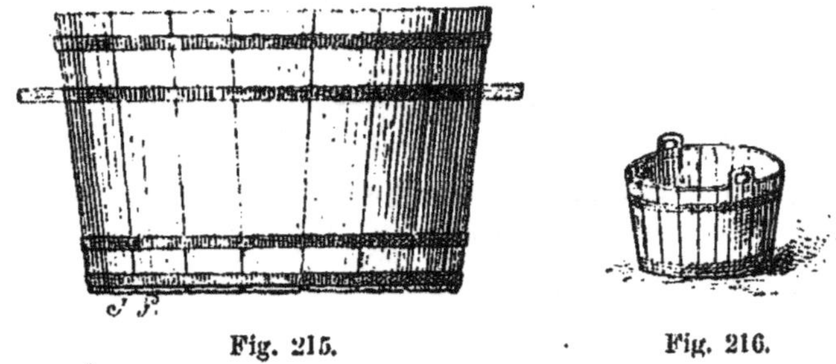

Fig. 215.

Fig. 216.

On peut se servir avantageusement d'un arrosoir portatif, fig. 214, qu'un homme place sur son dos au moyen de bre-

Fig. 217.

telles. Cet arrosoir, garni d'un long robinet ayant à son extrémité inférieure un champignon, permet de répandre le liquide en pluie sur la terre.

Il peut aussi être utilisé pour faire les arrosages par épate-lage : il suffit d'enlever le champignon placé à son extrémité.

1030. Des futailles et baquets deviennent nécessaires pour une petite exploitation. Les fig. 215 et 216 donnent des modèles de ce genre d'outillage.

1031. Dans ces mêmes exploitations, on se sert d'un *bac* ou *auge* de 0ᵐ.33 de profondeur, plus large à l'ouverture qu'au fond, fig. 217.

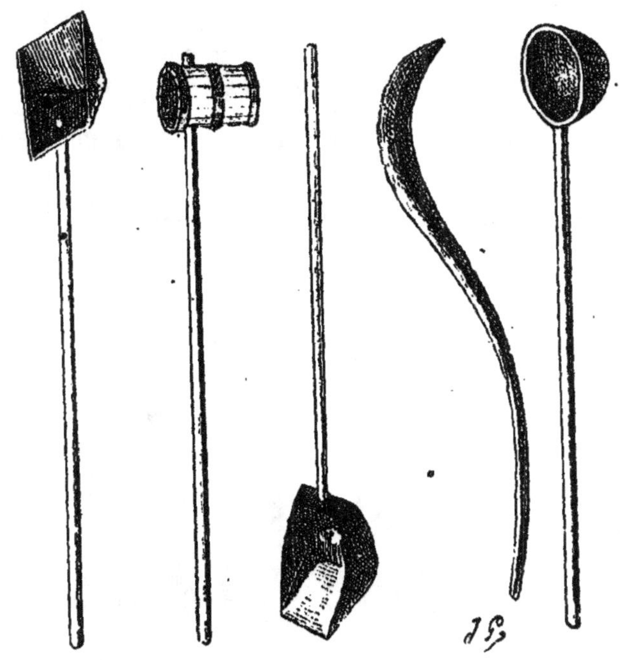

Fig. 218.

1032. L'écope est une grande perche de 3 mètres de lon-gueur au bout de laquelle est emmanchée une petite cuillère de bois en forme de godet. Avec cet instrument, un ouvrier peut facilement arroser un cercle de 6 ou 7 mètres de diamètre.

Il y a plusieurs sortes d'écopes : la fig. 218 indique les principales.

1033. Dans les exploitations secondaires et dans toutes celles où les terres à arroser ne seront pas accessibles aux voitures, on devra faire usage de la brouette allemande à bras, fig. 219.

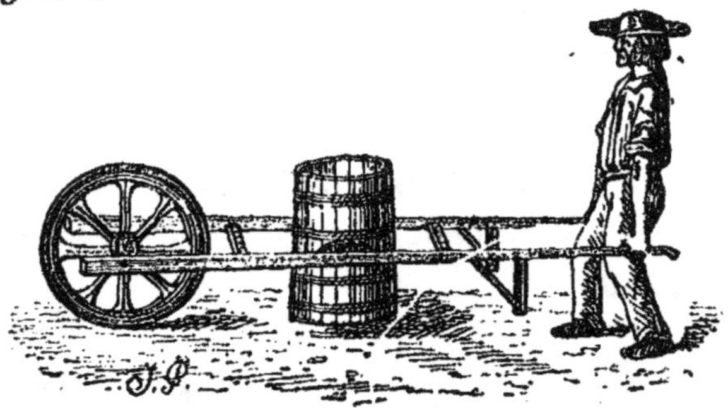

Fig. 219.

Cette brouette est munie d'un tonneau mobile qui a été rempli à la citerne et que l'on vide dans une ou plusieurs cuves placées au milieu des champs ; les matières fécales sont éten-

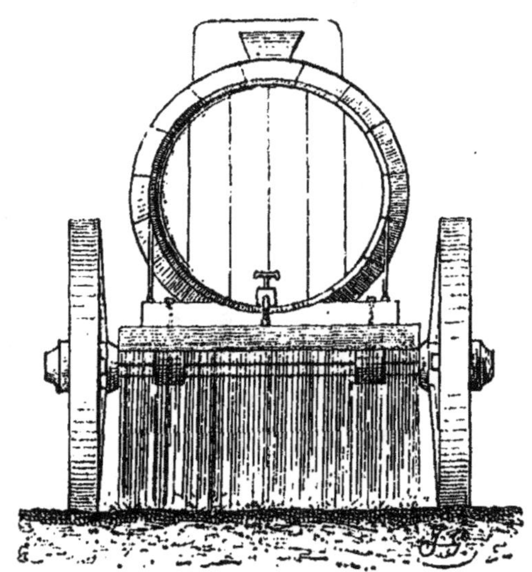

Fig. 220.

dues d'eau, et l'on puise dans ces cuves à l'aide de l'écope avec laquelle se pratique ensuite l'étendage.

1034. Quand les terres sont nues et accessibles aux voitures, on transporte les liquides sur les terres à fumer dans des tonneaux placés sur des chariots, semblables à ceux dont on se sert à Paris pour arroser les rues, fig. 220.

Derrière le tonneau est disposée une longue caisse en bois

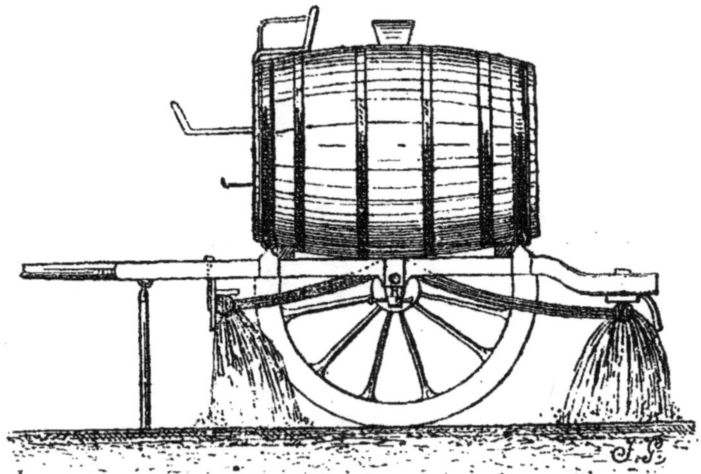

Fig. 221.

Fig. 222.

percée de trous, qui reçoit les liquides à l'aide d'un robinet à clef, et les répand en arrosage pendant que la voiture est en marche, fig. 221.

1035. D'autres fois, on adapte à la caisse un morceau de

planche fixé sur le jet du robinet, afin d'étendre et de disperser les liquides.

1036. On peut aussi appliquer à ces tonneaux un champignon qui produit un jet arrondi en forme de gerbe, fig. 222

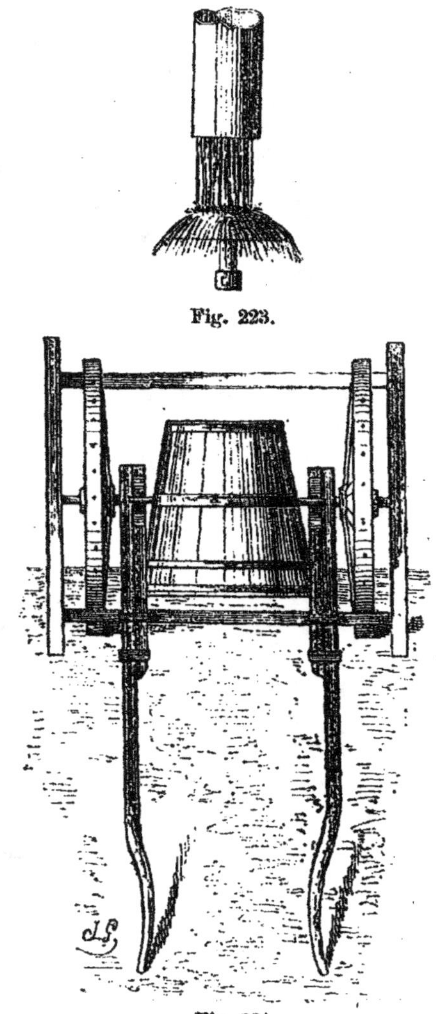

Fig. 223.

Fig. 224.

et 223. Souvent même on se sert, pour l'arrosage des terres, de la pompe à tuyaux et à lance.

1037. Dans certaines exploitations, on met en usage la brouette allemande attelée à un cheval, fig. 224. On y établit une tinette à bascule, afin d'opérer plus promptement le transvasement des liquides.

1038. Le chariot de Stratton et celui de Chandler, fig. 225 et 226, sont également usités.

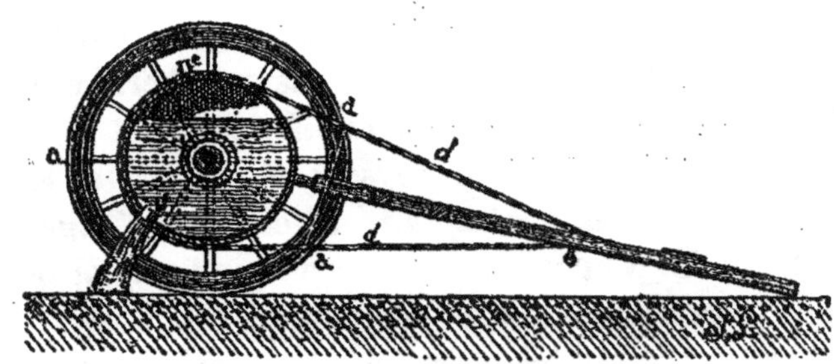

Fig. 225.

Ces chariots peuvent être accouplés l'un et l'autre à un semoir, de façon que la semence et l'engrais soient répandus en même temps sur la terre.

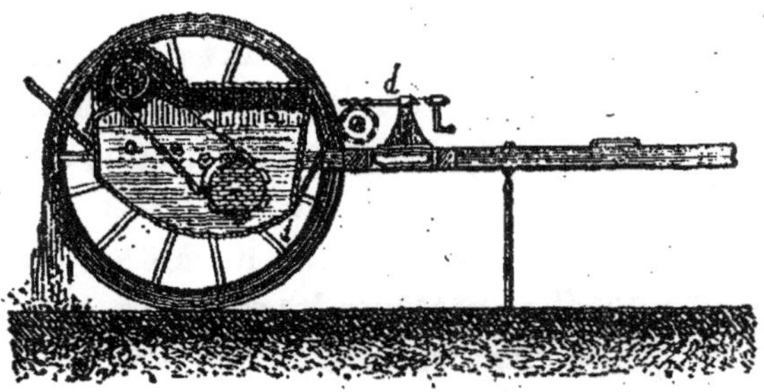

Fig. 226.

1039. Les arrosages par aspersion se font sur les céréales, les chanvres, les lins et les herbages.

1040. Les arrosages par épatelage conviennent surtout aux tabacs repiqués, aux colzas, betteraves fourragères, carottes, choux, pommes de terre, arbustes, etc.

1041. L'arrosage par un temps chaud ne peut faire que du mal aux terres, car une grande partie de la richesse ammonia-cale du liquide s'évapore à l'ardeur du soleil, et cela au détri-ment des plantes. Un temps humide et pluvieux est préférable.

1042. Les liquides urineux doivent être répandus uniformé-ment sur le sol, car, dans le cas contraire, on s'expose à brûler la semence par l'excès de fumure à tel endroit, et à ne pas la fumer convenablement à tel autre.

Il est donc nécessaire, lorsque cet engrais est employé sur la terre nue avant la semence, de passer la herse et le rouleau, de manière à rendre le sol bien uniforme.

1043. Lorsque les années sont pluvieuses et les terrains humides, il ne faut pas trop arroser les terres d'engrais liquide.

1044. La proportion nécessaire dans l'emploi de l'engrais humain varie aussi suivant la nature du sol.

Ainsi, dans les sols argileux où la terre est naturellement humide, l'emploi de l'engrais doit être modéré.

1045. Dans les terrains silicieux, calcaires et légers, la quantité de gadoue peut être beaucoup plus considérable.

1046. L'engrais humain à l'état liquide doit être étendu d'eau, ordinairement dans une proportion de six à huit fois son volume, lorsqu'il n'est composé que de matières solides et d'urines pures, c'est-à-dire sans eaux de lavage.

On diminue, au contraire, la proportion suivant que les eaux de lavage rentrent en plus ou moins grande quantité dans sa composition.

1047. L'épandage de l'engrais liquide sur les céréales doit, autant que possible, précéder les semailles.

On peut cependant le faire fructueusement l'hiver, sur la neige et au moment des gelées.

1048. Si, au contraire, l'arrosage a lieu après les semailles, on doit préalablement avoir soin de herser la terre pour recou-vrir les grains, car leur contact immédiat avec l'engrais pour-rait, dans beaucoup de cas, les saisir trop fortement.

1049. L'emploi des liquides doit surtout être très-modéré sur les céréales en pousse, car l'excès pourrait faire verser et âler le blé.

1050. Lorsque le blé est languissant, l'engrais liquide peut néanmoins être employé avec avantage, à la condition de n'en point faire abus.

1051. Sur le tabac en pousse, il fait très-mauvais effet : il en retarde la végétation.

Il est aussi très-sensible pour les betteraves à sucre, dont il sature les racines de sels nuisibles à la cristallisation du jus ; mais il produit le meilleur effet sur les betteraves fourragères.

1052. L'arrosage du colza à l'engrais liquide doit se faire de préférence après la plantation.

1053. Sur les prairies naturelles et artificielles, il peut être répandu à profusion, jusqu'à 500 hectolitres par hectare.

Les arrosages ont plus d'effet lorsqu'ils sont faits entre deux coupes. Sur les prairies naturelles, l'engrais liquide est répandu surtout en hiver et au printemps.

1054. Pour les pommes de terre, l'engrais humain s'emploie en seconde fumure dans la proportion de 150 à 160 hectolitres par hectare.

L'épandage doit se faire quelques jours avant la plantation ; la première fumure se fait avec du fumier de ferme.

1055. Pour le lin, on se sert de l'engrais humain de la même façon et dans la même proportion, avec cette différence que l'épandage doit se faire quinze jours ou un mois avant les semailles.

1056. Les navets, outre leur demi-fumure en fumier de ferme, sont arrosés dans la proportion de 300 ou 400 hectolitres par hectare, sauf le cas où ils succéderaient à un autre espèce de plantation qui aurait déjà reçu le même genre de fumure. Dans ce cas, il faudrait en réduire la proportion.

Il en est de même pour les choux-caulets, les œillettes et pour les semences analogues.

1057. On fume le tabac dans la proportion de 350 à 500 hectolitres d'engrais liquide, outre le fumier ordinaire, qui est quelquefois remplacé par des tourteaux. La fumure doit se faire moitié en hiver, moitié au printemps.

1058. La betterave fourragère se fume dans la proportion

de 500 à 600 hectolitres d'engrais liquide par hectare. La fumure se fait au piquet et au pied de la plante.

1059. La betterave destinée à la fabrication du sucre se fume dans des proportions bien moins considérables, et cette fumure ne peut être faite sans inconvénient qu'avant l'ensemencement, par arrosage, car l'engrais liquide a pour effet de porter dommage à la richesse saccharine de la betterave.

1060. En général, hors son application aux plantes légumières et potagères, l'engrais liquide ne doit être considéré que comme un complément de fumure ordinaire. L'abus de cet engrais finirait par être nuisible.

1061. Cependant, ce genre d'engrais ne communique ni mauvais goût, ni mauvaise odeur aux plantes.

Peu de personnes savent que sous le beau ciel de Nice, les vignes, les orangers, les violettes, etc., sont fumés avec les vidanges : ce qui n'empêche pas les raisins d'être excellents, les oranges d'être exquises, les violettes de Parme d'être parfumées.

1062. Ajoutons que les essences de Grasse, si recherchées pour la parfumerie, sont tirées de fleurs exclusivement cultivées et fumées avec les matières fécales.

1063. Il est vrai que ces vidanges liquides ont l'inconvénient de répandre une odeur infecte au moment de leur emploi ; mais cette odeur, qui n'est pas de longue durée, n'a aucun inconvénient pour la santé des habitants.

1064. D'après Kulhmann, dans le nord de la France, l'engrais est employé suivant une rotation triennale et dans les proportions suivantes :

1re année : En octobre ou novembre, on couvre la terre de fumier long ordinaire, enterré à la charrue ; on répand 60 mètres cubes d'engrais liquide par hectare, on laboure et on plante le colza.

2e année : Le colza récolté, on laboure ; 12 à 15 mètres cubes de vidanges sont répandus, et le blé est semé en automne.

3e année : Labours sur *éteules* de blé. Emploi de 12 mètres

cubes du même engrais. Avoine semée en automne. (Boussingault, *Economie rurale.*)

1065. *Matières desséchées.* — Les matières fécales sont
desséchées lorsque, privées de la plus grande partie des
eaux qu'elles contiennent, elles sont solidifiées ou réduites
en poussière.

1066. On appelle *poudrette*, la matière fécale réduite en
poudre.

On réduit les matières fécales en poudre en les privant de
la plus grande partie des liquides qu'elles contiennent, en les
faisant dessécher et en les manipulant de façon à les désa-
gréger.

1067. Lorsqu'on fabrique la poudrette en grand, cette fabrication s'opère de la manière suivante :

On établit trois bassins étagés sur un terrain incliné, et séparés de portes ou vannes, de telle sorte qu'ils puissent déverser leurs produits les uns dans les autres.

On verse la vidange dans le bassin supérieur, où elle entre
dans une violente fermentation, ce qui l'a fait nommer *mar-
mite d'enfer.* Dès que les matières solides sont déposées au
fond, on lève la vanne et on laisse couler les liquides tenus en
suspension dans le second bassin.

On procède de même pour les deux autres bassins. A la sortie du dernier, les eaux sont déversées dans un égout ou un
ruisseau, ou encore dans des puits absorbants.

Les bassins, étant ainsi vidés des eaux qu'ils contenaient, ne
renferment plus que les matières auxquelles on mêle du terreau, du tan, de la tourbe, de la terre sèche ou toute autre
matière absorbante. On les transporte sur une aire glaisée et
on les remue à la pelle ou à la herse, en vue de hâter la dessiccation, qui, malgré tout, ne s'opère que très-lentement.

Une fois réduite en poussière, cette substance est déposée
sous des hangars, où elle entre en fermentation. C'est dans cet
état qu'on la barille et qu'on la livre au commerce.

1068. La meilleure méthode pour fabriquer la poudrette consiste à en opérer le décantage à travers des fagots de bois sur

lesquels les matières fixes se déposent en incrustation. On bat
ces fagots lorsqu'ils sont encroûtés, afin d'en détacher l'engrais qui y est adhérent; on atténue ainsi la fermentation.

1069. La transformation des matières fécales en poudrette
a pour effet de réduire leur volume à une faible proportion :
60 mètres cubes de vidanges produisent à peine 1 mètre de
poudrette.

1070. En outre, à part l'incommodité résultant de la fabrication, les matières livrées à une violente fermentation perdent
leurs substances organiques, qui, converties en sels ammoniacaux, sont entraînées avec la vapeur d'eau.

1071. Enfin, cette opération a pour effet de proscrire et
d'éliminer les urines, qui représentent, à quantité égale, une
valeur infiniment supérieure à la matière alvine.

1072. A Paris, la poudrette pèse environ 660 grammes le
litre; elle contient 1.60 pour 100 d'azote, et il en faut 18 à
25 hectolitres pour fumer un hectare.

Composition de la poudrette, d'après Jacquemard :

Eau..	52.5
Sels ammoniacaux................................	3.9
Matières organiques azotées.....................	18.1
Matières minérales fixes.........................	25.5
1.88 pour 100 d'azote............................	100.0

D'après Soubeiran :

Eau..	28.00
Matières organiques..............................	29.00
Sels solubles alcalins............................	0.43
Carbonate de chaux..............................	3.87
Sulfate de chaux.................................	3.87
Phosphate ammoniaco-magnésien.................	6.55
Phosphate de chaux..............................	3.46
Matières terreuses...............................	24.82
1.78 pour 100 d'azote............................	100.00

1073. D'après ces données, il faudrait environ 6.000 kilogrammes pour fumer un hectare, tandis que la pratique n'en
admet que 1.750.

Cette différence entre le dosage des praticiens et celui indiqué par la science provient de ce que les savants basent uniquement leur estimation sur la quantité d'azote qui entre dans cet engrais.

1074. La poudrette pure est d'un gris sombre tacheté de blanc; celle qui est mélangée de matières inertes est, en général, de couleur bleu-ardoise. La première est faible et piquante au goût; l'autre est granuleuse et sans saveur.

1075. Il se fait un grand commerce de poudrette à Paris, à Rouen, à Marseille, à Bordeaux; la ville de Bordeaux en expédie aux colonies. La compagnie Richer livre à elle seule, tous les ans, 250.000 hectolitres de poudrette fabriquée à Bondy. Dans cette usine, il entre environ 1.200 mètres cubes de vidanges par jour.

1076. La poudrette est propre à la fumure de tous les sols, mais elle convient mieux aux terrains sablonneux qu'aux terrains argileux. Elle est favorable surtout aux céréales et à toutes les plantes analogues.

1077. La poudrette n'a d'effet sensible sur un terrain que pendant une année; elle se sème à la main ou au semoir mécanique en même temps que les graines.

1078. Pour la fumure des plantes à longues racines, il faut semer la poudrette avant le dernier labour et l'enterrer préalablement.

1079. Sur les prairies artificielles, la poudrette s'emploie en automne ou en mai, avant la nouvelle pousse.

En tous les cas, on doit choisir pour cette opération un temps humide et pluvieux.

1080. Elle est utilisée surtout à l'état de demi-fumure; il faut éviter de l'employer à haute dose sur les céréales, car il serait à craindre que cet engrais ne produisît la verse et ne fît grossir la paille aux dépens de la graine.

1081. Le *noir animalisé* est un mélange de matières fécales avec des terres ou vases carbonisées.

On boule ce mélange et on l'abandonne ainsi, sous des hangars, à la dessiccation.

Les mottes qui en résultent sont ensuite écrasées et mêlées derechef à des matières fécales pâteuses. On fait sécher le produit de cette nouvelle mixtion, on le pulvérise encore pour le passer au tamis avant de le livrer à l'agriculture.

1082. Le premier mélange s'opère par parties égales de terre carbonisée et de matières fécales, le second par une dernière partie de matières fécales contre une partie de poudre.

Dans les deux cas, la matière fécale doit être pâteuse et séparée des liquides, qui s'opposent considérablement à la désinfection et à la dessiccation.

1083. Le noir animalisé peut également être fabriqué dans la fosse même, en mêlant aux vidanges une quantité suffisante de terre calcinée. Par ce procédé, les vidanges sont converties en une espèce de terreau noir à peu près inodore.

Ce système, qui fut pratiqué de 1826 à 1836, est aujourd'hui presque complétement abandonné.

1084. Le noir animalisé a le désagrément d'augmenter le volume et le poids sans que cette augmentation corresponde à la valeur de l'engrais, puisque la poudre qui est mélangée aux matières fécales est à peu près inerte. C'est là un inconvénient qui en rend l'application difficile à Paris et dans les diférentes villes, mais il peut être employé avantageusement dans les campagnes, où le transport est peu coûteux relativement.

1085. Il est certain qu'une quantité donnée de noir animalisé a moins de valeur fertilisante qu'une quantité égale de poudrette.

1086. On emploie le noir animalisé dans la proportion de 15 hectolitres, soit 1.800 kilogrammes par hectare.

On le répand comme la poudrette, c'est-à-dire à la volée, en même temps que les grains, dans le sillon.

1087. L'action du noir animalisé sur le sol est plus lente que celle de l'engrais liquide et de la poudrette : ses effets se font sentir pendant deux ans. Ce genre d'engrais se vend surtout dans le midi de la France.

1088. *Taffo.* —- Le taffo est un mélange de terre argileuse naturelle avec la matière fécale ; on fait sécher ce mélange et on le livre ensuite à l'agriculture sous forme de briquettes.

1089. Ce qui rendra toujours ce mode d'engrais d'une application difficile dans notre pays, c'est le climat. En effet, sous notre ciel humide, la dessiccation est lente et souvent impossible, si nous n'avons à notre disposition des moyens de dessiccation artificiels, lesquels sont toujours très-coûteux.

1090. Le *taffo* est employé pour la fumure des terres : on réduit en poudre les briquettes qui le composent et on les sème à la main, comme la poudrette.

On se sert du taffo dans la même proportion que ce dernier produit.

1091. *Chaux animalisée.* — La chaux animalisée est composée de chaux préalablement éteinte avec de l'urine, et mêlée dans cet état aux matières fécales pâteuses.

La proportion du mélange est de trois quarts de matières solides et liquides et d'un quart de chaux grasse.

La chaux animalisée pèse 75 kilogrammes l'hectolitre.

1092. Elle présente l'aspect d'un gros sable de couleur jaunâtre, à granules de différentes grosseurs composées d'une coque de chaux et d'un noyau de matieres fécales ; elle perd son odeur à l'état sec et la reprend à l'état humide.

1093. Cet engrais est appliqué sur les terres aux mêmes époques que le fumier de ferme : à l'automne et au printemps.

Pour les vignes, il s'emploie de préférence à l'automne. Il se sème à la main, à la pelle ou au semoir mécanique.

Quand on le prend par un temps humide, il faut avoir soin de se ganter la main.

1094. La chaux animalisée doit être conservée à l'abri de la pluie jusqu'au moment où l'on en fait usage.

Cet engrais convient aux terres qui manquent de chaux, là où croît ordinairement la fougère. Dans les terres calcaires, il est plutôt nuisible qu'utile.

Il ne peut également être utilisé dans les terres récemment chaulées ou marnées, à moins que ces fumures n'aient été incomplètes.

1095. Sur les terres entièrement privées de chaux, la chaux animalisée peut être appliquée dans la proportion de 300 hectolitres par hectare.

Cette proportion doit diminuer suivant que la terre est plus ou moins calcaire, et cesser tout à fait lorsque la proportion voulue de l'argile, du sable et du calcaire est atteinte.

1096. Lorsque la chaux animalisée est employée pour fumer les arbres fruitiers, les vignes, etc., elle doit être mélangée avec de la terre et du terreau dans la proportion de 5 douzièmes de chaux pour 7 douzièmes de terre.

1097. Le mélange de la chaux aux matières fécales a pour effet de les priver d'une certaine partie des sels ammoniacaux qu'elles contiennent. La chaux animalisée est néanmoins un assez bon engrais pour certains sols.

Cependant, unie aux phosphates que contiennent les matières fécales, elle peut produire de très-bons effets sur les terres où la chaux manque.

1098. *Herbes marines animalisées.* — Pour obtenir cet engrais, on fait sécher au soleil des algues marines exposées sur une aire ; on ajoute 15 pour 100 de chaux en poudre, et la mixtion est produite à l'aide de râteaux.

On prend 100 kilogrammes de cette matière sèche mélangée ensuite à 500 kilogrammes d'excréments pâteux, et l'engrais ainsi composé est pressé et vendu sous forme de *tourteaux*.

1099. La présence de la chaux dans la composition de cet engrais chassant une certaine partie de l'ammoniaque et, comme on l'a vu, la chaux n'étant pas favorable à tous les sols, on y substitue quelquefois le plâtre, qui, mêlé aux herbes marines, en hâte la dessiccation.

1100. Ainsi que la chaux animalisée, cet engrais a l'inconvénient de nécessiter l'expulsion des urines, c'est-à-dire l'élément le plus riche en sels fécondants.

1101. *Engrais organique.* — L'engrais organique est un composé de matières fécales desséchées et de sels ammoniacaux : il est, par conséquent, très-riche en principes fertilisants.

La composition est de 4 kilog. 50 pour 100 d'azote et 3 kilog. 10 pour 100 d'acide phosphorique.

Les sels ammoniacaux sont extraits des eaux vannes et urines qu'on sépare des matières alvines pour faire la poudrette.

1102. Cet engrais s'emploie de la même manière que la poudrette.

Bien qu'excellent, il est peu apprécié par cette raison que, pour sa fabrication comme pour celle de la poudrette, il nécessite une dépense considérable de matières fécales pour ne produire qu'une faible quantité d'engrais.

1103. En mêlant aux matières fécales pâteuses une certaine quantité d'ordures ménagères, découpées, malaxées et pétries, on obtient un produit fécondant.

1104. On en fait des briquettes comprimées semblables aux *taffos* chinois. Cette invention appartient à la Société chaufournière de l'Ouest, et a figuré à l'exposition de 1867.

1105. Il est certain qu'on obtient ainsi des doses élevées d'azote, d'acide phosphorique et de sels alcalins.

Les débris de viande et de poissons sont ceux qui en fournissent le plus.

La fabrication de ce produit demande des procédés mécaniques et des frais qui en rendent l'emploi difficile, même à proximité des grandes villes; il a aussi l'inconvénient notable d'exiger l'expulsion des urines, que l'industrie traite, il est vrai, séparément.

§ 8. — **Traitement de la vigne par l'urine.**

1106. Dans un grand nombre de localités, en province, on a l'habitude de planter un ou deux ceps de vigne au pied d'un bâtiment ou encore non loin de l'habitation.

1107. Nous connaissons certaine auberge d'une de ces localités qui possède un pied de vigne ainsi planté et exposé à la vue de tout le monde. Il est à remarquer que cette vigne est le rendez-vous commun : c'est là que chacun vient uriner, sans autre idée que de soulager un pressant besoin de la nature ; cependant, ainsi arrosée, elle se distinguait facilement des autres vignes accolées aux habitations d'alentour : elle était florissante et pleine de vigueur, et l'on pouvait apprécier l'abondance et la saveur de son produit. La cause de ce phénomène passait inaperçue.

1108. Plus tard, en étudiant les auteurs anciens, notamment Pline et Columelle, nous fûmes frappé d'y trouver cette recommandation d'arroser fréquemment la vigne avec de l'urine. C'est alors que la vigne de l'auberge revint à notre esprit, et nous rappelant en effet qu'elle était chaque jour le réceptacle des déjections liquides, nous fûmes amené à penser qu'elle tirait de l'urine ses principes fécondants.

1109. Par suite, nous avisâmes deux pieds de vigne établis sur une même façade et éloignés d'environ 6 mètres ; nous résolûmes d'abandonner l'un à lui-même et d'arroser l'autre d'urine. Au mois de février, nous commençâmes nos arrosages, et, au bout de quelques mois seulement, l'effet du traitement se fit déjà sentir : la vigne ainsi arrosée était florissante, tandis que l'autre, sans dépérir, il est vrai, était encore à l'état stagnant. Au mois de septembre, époque de la maturité, notre vigne privilégiée avait pris une vigueur extraordinaire, elle produisait en abondance.

1110. L'année suivante, nous continuâmes la même opération : la vigne, ainsi traitée par l'urine, donna un résultat encore plus complet, tandis que l'autre était relativement en décrépitude.

Nous étions donc convaincu de ce fait, que l'urine appliquée par arrosages aux vignes produit les plus heureux effets. Cependant, il pouvait encore rester une place au doute, nous pensions que l'état du sujet pouvait être dû à une cause inaperçue ou à une circonstance exceptionnelle.

1111. C'est pourquoi nous résolûmes de mettre fin à ce traitement et de l'appliquer à l'autre pied de vigne, qui nous donna bientôt des résultats aussi satisfaisants que le premier. Au bout de deux ans, ce dernier, qui avait été fréquemment arrosé d'urine, dépérissait légèrement, sans perdre cependant toute sa vigueur; l'autre, au contraire, avait une vigueur telle, qu'il n'était plus reconnaissable.

Cette démonstration était donc irréfutable. Il restait bien prouvé que les arrosages urinaux appliqués aux pieds de vignes produisent le meilleur effet.

1112. Mais, si cette expérience avait réussi pour les vignes exposées à proximité des habitations, elle pouvait ne pas être efficace pour les vignes plantées en champ clos.

Nous fîmes la même opération en un champ clos de 10 mètres superficiels environ. Les arrosages furent commencés au mois de février et continués ainsi pendant toute l'année. Au mois de juin, après avoir examiné les vignes arrosées, nous nous aperçûmes que le résultat obtenu était presque insignifiant, et même nous crûmes remarquer que les pieds qui avaient été injectés présentaient une couche blanchâtre et de mauvais augure. Mais, en avril, il en fut tout autrement: les 10 mètres de vignes continuellement arrosées étaient dans l'état le plus prospère, tandis que les autres vignes en champ clos dépérissaient sensiblement. Au mois de septembre, la vigne arrosée d'urine produisit seule en abondance.

1113. Tels sont les résultats obtenus par les arrosages d'urine. Il est à remarquer aussi que la vigne qui a été ainsi traitée produit des fruits magnifiques : arrivé à maturité, le raisin se remplit de crevasses, il est doux et suave; les mouches et autres insectes, attirés par l'odeur, viennent s'y fixer à l'envi.

CHAPITRE VI

LÉGISLATION

§ 1er. — Lois générales.

1114. *Loi du 14 décembre 1789.*

Art. 49. — Les corps municipaux auront deux espèces de fonctions à remplir; les unes propres au pouvoir municipal, les autres propres à l'administration générale de l'Etat et délégués par eux aux municipalités.

Les fonctions propres au pouvoir municipal sont :

Art. 50. — De faire jouir les habitants des avantages d'une bonne police, notamment de la propreté, de la salubrité, de la sûreté, de la tranquillité dans les rues, lieux et édifices publics.

Art. 60. — Si un citoyen peut être personnellement lésé par quelque acte du corps municipal, il pourra exposer ses sujets de plainte au Directoire du département (le préfet), qui y fera droit sur l'avis de l'administration du district (le sous-préfet), qui sera chargé de vérifier les faits (1).

1115. *Loi des 16-24 août 1790.*

Titre II, Art. 3. — Les objets de police confiés à la vigilance et à l'autorité des corps municipaux sont : ..... 5° le

---

(1) A Paris, la réclamation doit être portée devant le ministre.

soin de prévenir par des précautions convenables, et celui de faire cesser, par la distribution de secours nécessaires, les accidents et fléaux calamiteux, tels que les incendies, les épizooties, en provoquant aussi, dans ces deux derniers cas, l'autorité des administrations du département et du district.

1116.   *Code civil.*

ART. 674. — Celui qui fait creuser une fosse d'aisances contre un mur mitoyen ou non est obligé de laisser la distance prescrite par les règlements et usages particuliers sur ces objets, ou à faire les ouvrages prescrits par les mêmes règlements et usages pour éviter de nuire au voisin.

ART. 1756. — Le curement des fosses d'aisances est à la charge du bailleur, s'il n'y a clause contraire.

1117.   *Code pénal.*

ART. 471, n° 6. — Seront punis d'une amende de 1 fr. à 5 fr. inclusivement, ceux qui auront jeté ou exposé au-devant leurs édifices, des choses de nature à nuire par leur chute ou par des exhalaisons insalubres.

ART. 471, section II, n° 8. — Seront punis d'une amende de 6 à 10 fr. ceux qui auront jeté des immondices contre les maisons, édifices ou clôtures d'autrui, dans les jardins et enclos, et ceux aussi qui auraient volontairement jeté des immondices sur quelqu'un.

ART. 471, n° 12. — Seront punis d'une amende de 1 à 5 fr. inclusivement ceux qui, imprudemment, auront jeté des immondices sur quelque personne.

1118. *Loi du 13 avril 1850, relative à l'assainissement des logements insalubres.*

L'Assemblée nationale adopte la loi dont la teneur suit :

ART. 1er. — Dans toute commune où le conseil municipal l'aura déclaré nécessaire par une délibération spéciale, il nommera une commission chargée de rechercher et indiquer les mesures indispensables d'assainissement des logements et dépendances insalubres mis en location ou occupés par d'autres que le propriétaire, l'usufruitier ou l'usager. Sont réputés insalubres les logements qui se trouvent dans des conditions de nature à porter atteinte à la vie ou à la santé de leurs habitants.

ART. 2. — La commission se composera de neuf membres au plus et de cinq au moins. En feront nécessairement partie un médecin et un architecte ou tout autre homme de l'art, ainsi qu'un membre du bureau de bienfaisance et du conseil des prud'hommes, si ces institutions existent dans la commune. La présidence appartient au maire ou à l'adjoint. Le médecin et l'architecte pourront être choisis hors de la commune. La commission se renouvelle tous les deux ans par tiers ; les membres sortant sont indéfiniment rééligibles. A Paris, la commission se compose de douze membres.

ART. 3. — La commission visitera les lieux signalés comme insalubres. Elle déterminera l'état d'insalubrité et indiquera les causes ainsi que les moyens d'y remédier. Elle désignera les logements qui ne seraient pas susceptibles d'assainissement.

ART. 4. — Les rapports de la commission seront déposés au secrétariat de la mairie, et les parties intéressées mises en demeure d'en prendre communication et de produire leurs observations dans le délai d'un mois.

ART. 5. — A l'expiration de ce délai, les rapports et observations seront soumis au conseil municipal qui déterminera : 1° les travaux d'assainissement et les lieux où ils devront être entièrement ou partiellement exécutés, ainsi que les délais de leur achèvement; 2° les habitations qui ne sont pas susceptibles d'assainissement.

ART. 6. — Un recours est ouvert aux intéressés contre ces décisions devant le conseil de préfecture, dans le délai d'un mois à dater de la notification de l'arrêté municipal. Ce recours sera suspensif.

ART. 7. — En vertu de la décision du conseil municipal ou

de celle du conseil de préfecture, en cas de recours, s'il a été reconnu que les causes d'insalubrité sont dépendantes du fait du propriétaire ou de l'usufruitier, l'autorité municipale lui enjoindra, par mesure d'ordre et de police, d'exécuter les travaux nécessaires.

Art. 8. — Les ouvertures pratiquées pour l'exécution des travaux d'assainissement seront exemptées, pendant trois ans, de la contribution des portes et fenêtres.

Art. 9. — En cas d'inexécution, dans les délais déterminés, des travaux jugés nécessaires, et si le logement continue d'être occupé par un tiers, le propriétaire ou l'usufruitier sera passible d'une amende de 16 à 100 francs. Si les travaux n'ont pas été exécutés dans l'année qui aura suivi la condamnation, et si le logement insalubre a continué d'être occupé par un tiers, le propriétaire ou l'usufruitier sera passible d'une amende égale à la valeur des travaux et pouvant être élevée au double.

Art. 10. — S'il est reconnu que le logement n'est pas susceptible d'assainissement, et que les causes d'insalubrité sont dépendantes de l'habitation elle-même, l'autorité municipale pourra, dans le délai qu'elle fixera, en interdire provisoirement la location à titre d'habitation. L'interdiction absolue ne pourra être prononcée que par le conseil de préfecture, et, dans ce cas, il y aura recours de sa décision devant le conseil d'Etat. Le propriétaire ou l'usufruitier qui aura contrevenu à l'interdiction prononcée sera condamné à une amende de 16 à 100 francs, et, en cas de récidive dans l'année, à une amende égale au double de la valeur locative du logement interdit.

Art. 11. — Lorsque, par suite de l'exécution de la présente loi, il y aura lieu à la résiliation des baux, cette résiliation n'emportera en faveur du locataire aucuns dommages-intérêts.

Art. 12. — L'article 463 du Code pénal sera applicable à toutes les contraventions ci-dessus indiquées.

Art. 13. — Lorsque l'insalubrité est le résultat de causes extérieures et permanentes, ou lorsque ces causes ne peuvent être détruites que par des travaux d'ensemble, la commune pourra acquérir, suivant les formes et après l'accomplissement des formalités prescrites par la loi du 3 mai 1841, la totalité des propriétés comprises dans le périmètre des travaux. Les portions de ces propriétés qui, après l'assainissement opéré, resteraient en dehors des alignements arrêtés pour les nouvelles constructions, pourront être revendues aux enchères publiques, sans que dans ce cas les anciens propriétaires ou leurs ayants droit puissent demander l'application des articles 60 et 61 de la loi du 3 mai 1841.

Art. 14. — Les amendes prononcées en vertu de la présente loi seront attribuées en entier au bureau ou établissement de bienfaisance de la localité où sont situées les habitations à raison desquelles ces amendes auront été encourues.

§ 2. — Règlements particuliers à la ville de Paris.

1119.   *Coutume de Paris* (1).

Art. 193. — Tous propriétaires de maisons en la ville et faubourgs de Paris sont tenus avoir latrines et privés suffisants en leurs maisons.

Art. 218. — Nul ne peut mettre vidange de fosse et privé dans la ville.

Art. 191. — Qui veut faire aisance de privés ou puits contre un mur mitoyen doit faire un contre-mur d'un pied d'épaisseur : où il y a de chaque côté, puits d'un côté et aisances de l'autre, il suffit qu'il y ait quatre pieds de maçonnerie d'épaisseur entre deux, comprenant les épaisseurs des murs d'une part et d'autre ; mais entre deux puits suffisent trois pieds pour le moins.

(1) La première coutume écrite de Paris date de 1510 ; elle fut réformée en 1580, et c'est cette dernière édition qui fait loi au cas où le code civil renvoie aux usages du pays.

La coutume était un usage, un droit que le peuple avait approuvé et introduit par un consentement tacite, et observé pendant un temps considérable en France. La coutume de Paris était applicable dans toute la prévôté et vicomté de Paris.

1120. *Arrêté du bureau central du canton de Paris, concernant les vuidangeurs, Du 1er thermidor an VII de la République française, une et indivisible.*

Le bureau central, informé des contraventions journalières des entrepreneurs de vuidange dans l'exercice de leur profession ;

Considérant que la multiplicité et le renouvellement de ces contraventions proviennent particulièrement de l'oubli des anciens règlements et ordonnances de police rendus en cette partie, et expressément maintenus par le décret du 11 septembre 1792 ;

Ouï le commissaire du Directoire exécutif, arrête ce qui suit :

Déclaration à faire au bureau central. — **Art. 1er.** — Tout citoyen qui aura entrepris ou voudra entreprendre la vuidange des fosses d'aisances ou le curage des puits et puisards, est tenu d'en faire sa déclaration au bureau central, dans les dix jours qui suivront l'affiche du présent.

Ustensiles nécessaires. — **Art. 2.** — Nul ne sera admis à entreprendre ou continuer la profession de vuidangeur, s'il ne justifie, indépendamment de sa patente, qu'il est pourvu des ustensiles et outils nécessaires à l'exercice de cette profession, et dont l'usage est prescrit par les anciens règlements de police, tels que tinettes, grandes voitures, maillets et seaux.

Liste des vuidangeurs affichée. — **Art. 3.** — La liste des noms et demeures des entrepreneurs qui auront satisfait à l'article 1er ci-dessus, sera imprimée et affichée chaque année, afin qu'ils soient connus du public. Eux seuls auront droit d'entreprendre la vuidange des fosses et le curage des puits et puisards.

Avis au commissaire de police, avant de commencer la vuidange d'une fosse. — **Art. 4.** — Lesdits entrepreneurs sont tenus, vingt-quatre heures avant de commencer la vuidange d'une fosse ou le curage d'un puits ou puisard, d'en prévenir le commissaire de police de la division dans laquelle le travail devra avoir lieu, à peine de l'amende de 50 francs prononcée par le règlement du 5 août 1786, (*v. st.*) art. 7. Le commissaire de police prendra note des noms et domicile de l'entrepreneur. Tout citoyen au compte duquel se fera ladite vuidange ou curage, en préviendra également le commissaire de police de la division de son domicile, et indiquera l'entrepreneur chargé du travail.

Ouverture des fosses. — ART. 5. — Aucune fosse ne pourra être ouverte qu'en présence de l'entrepreneur ou de son préposé. Lorsqu'on n'aura pu parvenir à découvrir la clef de la voûte, on ne pourra crever ladite voûte que sur l'avis d'un architecte expert, et en présence du commissaire de police.

Descente des ouvriers dans la fosse. — ART. 6. — Pour préserver les ouvriers de tous accidens dans les fosses, ils ne pourront y descendre sans être attachés avec des sangles autour du corps, auquel sera adaptée une corde qui sera à la disposition des ouvriers extérieurs. Il sera même établi sur le bord de la fosse une sonnette, pour que le signal d'alarme soit plus prompt et plus sensible.

Composition des ateliers. — ART. 7. — Chaque atelier ne pourra être composé de moins de quatre ouvriers, afin que les secours puissent être plus prompts.

Responsabilité dès entrepreneurs. — ART. 8. — Chaque entrepreneur est personnellement responsable de l'exécution des dispositions des articles précédens ; faute d'y avoir satisfait, il sera rayé de la liste des entrepreneurs de vuidange.

Procédés à employer. — ART. 9. — Il est expressément défendu aux entrepreneurs de faire usage, pour l'extraction et le transport des matières des fosses, puits et puisards, d'aucun autre procédé que celui des tinettes semblables à celles dont la compagnie du ventilateur faisait usage, à peine de l'amende de 500 francs prononcée par l'ordonnance de police du 18 octobre 1771 (*v. st.*), art. 6. Ils se serviront aussi, autant qu'il leur sera possible, des pompes anti-méphitiques pour l'extraction des matières liquides, communément appelés *vannes*.

Scellement et lavage des tinettes. — ART. 10. — Les matières seront versées au bord de la fosse dans les tinettes, lesquelles seront recouvertes et scellées hermétiquement avec du plâtre ; la surface en sera soigneusement lavée aussitôt et à mesure que chacune sera emplie. Il en sera de même pour les résidus des puits et puisards ; le tout à peine de prison contre les ouvriers qui auront négligé de sceller et laver les tinettes conformément au règlement du 5 août 1786 (*v. st.*) art. 9

ART. 11. — S'il se trouve des fosses au bord desquelles on ne puisse introduire les tinettes, la vuidange pourra s'en faire avec des hottes qui seront de suite vuidées dans les tinettes le plus près possible du travail.

Heures du travail. — ART. 12. — Le travail de l'extraction des matières ne pourra commencer en tout temps qu'à dix heures du soir, ni se prolonger au-delà de six heures du matin en été, et sept heures en hiver, à peine de l'amende de 50 francs prononcée par le règlement du 5 août 1786 (*v. st.*), art. 11.

Ossemens trouvés dans une fosse. — ART. 13. — Dans le cas où il se trouverait dans une fosse, un puits ou puisard, soit un cadavre, soit quelques parties du corps humain, soit différens effets, les ouvriers vuidangeurs ou tous autres qui les auront trouvés et les auront retirés, en feront de suite leur déclaration au juge de paix ou au commissaire de police le plus voisin, qui en dressera procès-verbal.

Il leur sera payé par le bureau central à titre de récompense, et sur le certificat du juge de paix ou du commissaire de police, savoir : douze francs pour un cadavre ; six francs pour une partie de corps humain ; et pour tout autre objet, telle somme qu'il appartiendra, suivant la nature ou la valeur dudit objet. Faute par lesdits ouvriers vuidangeurs de faire la déclaration ci-dessus prescrite, il leur sera retenu sur leur salaire la même somme qu'il leur a été accordée, et dans les proportions ci-dessus.

Effets tombés dans une fosse. — ART. 14. — Toutes les fois que, lors de la vuidange d'une fosse ou du curage d'un puits ou puisard, il aura été fait la déclaration d'effets qui y seraient tombés, l'entrepreneur surveillera lui-même le travail et les ouvriers pour la restitution de l'effet qui aura été trouvé.

Toute infidélité, en pareil cas, sera punie suivant la rigueur des lois.

Placement des tinettes. — Art. 15. — Chaque atelier ne pourra être approvisionné de tinettes que dans la soirée qui précédera la nuit du travail.

Elles ne pourront, dans aucun cas, séjourner pleines ou vuides sur la voie publique, à moins qu'il ne soit constaté que le local où se fera le travail ne peut les contenir, auquel cas elles seront rangées près de l'atelier, de manière à ne point gêner la voie publique, et elles seront chargées dans les voitures, de suite et au fur à mesure de leur emplissage, le tout à peine de l'amende de 50 francs, prononcée par le règlement du 5 août 1786 (*v. st.*), art. 11.

Lanterne indicative de l'atelier. — Art. 16. — Les entrepreneurs sont tenus de faire poser une lanterne allumée à la porte des maisons où se fera la vuidange d'une fosse, puits ou puisard, et d'y placer au moins une et au plus deux tinettes pour servir d'indication.

Entretien des tinettes. — Art. 17. — Les tinettes seront entretenues de manière à ce que les matières ne puissent s'écouler pendant le transport. Elles seront exactement garnies de leurs anses pour en faciliter le chargement et le déchargement. Le tout à peine de 10 francs d'amende pour chaque tinette défectueuse, conformément au règlement du 5 août 1876 (*v. st.*), art. 9.

Transport des matières à la voirie. — Art. 18. — Les matières provenant des fosses, puits et puisards, seront transportées à la voierie de Montfaucon au fur et à mesure qu'il aura été rempli un nombre de tinettes suffisant pour compléter une voiture, à peine de l'amende de 50 francs prononcée par l'article 11 du règlement cité en l'article précédent. Il est expressément défendu de les laisser couler, ni faire jeter ou déposer dans les égouts ou dans la rivière, ou dans aucun autre endroit, à peine de 50 francs d'amende, conformément à l'article 19 dudit règlement. Lesdites matières ne pourront être déchargées dans l'un des bassins de la voierie que lorsque l'autre sera rempli. Aussitôt que les tinettes seront débardées, elles seront lavées avec soin, afin d'éviter toute odeur pendant le retour, soit à l'atelier, soit au lieu de leur dépôt, sous les peines portées en l'article 10 ci-dessus, à l'effet de quoi les voitures destinées au transport des tinettes devront être fournies de deux seaux.

Lavage des ateliers. — **Art. 19.** — Il est ordonné aux entrepreneurs de faire laver à grande eau les cours et autres emplacemens des maisons où ils auront fait une vuidange ou curage, ainsi que le terrain qu'ils auront occupé dans la rue ; ils fourniront, à cet effet, à chaque atelier, un seau propre qui ne servira qu'à cet usage, ainsi qu'une grosse éponge ; le tout à peine de l'amende de 300 francs prononcée par l'ordonnance de police du 18 octobre 1771 (*v. st.*), article 5.

Charrettes de transport. — **Art. 20.** — Chaque voiture destinée au transport des tinettes sera garnie de trois traverses par devant et autant par derrière, pour prévenir la chute des tinettes, à peine, contre l'entrepreneur, de 50 francs d'amende, conformément au règlement du 5 août 1786 (*v. st.*), art. 10.

Le charretier sera tenu de se pourvoir d'un maillet pour fermer les tinettes qui pourraient se desceller pendant le transport, à peine de prison, conformément au susdit règlement article 10.

Nom de l'entrepreneur sur la charrette. — **Art. 21.** — Chaque entrepreneur est tenu de faire inscrire d'une manière visible son nom et sa demeure sur la traverse du devant de chacune de ses voitures, à peine de l'amende de 25 francs prononcée par la loi du 3 nivôse an VI.

Certificat du propriétaire de la maison. — Art. 22. — Lorsqu'une vuidange sera finie, l'entrepreneur devra prendre un certificat du propriétaire ou du principal locataire de la maison où la vuidage aura été fait, pour justifier que le travail a été bien fait, et qu'il ne s'y est rien passé contre le bon ordre. Ce certificat sera visé par le commissaire de police de l'arrondissement, qui le transmettra de suite au bureau central. En cas de refus dudit certificat, les préposés aux vuidanges prendront connaissance des motifs du refus, et en rendront compte au bureau central.

Conduite à tenir par les ouvriers et charretiers. — ART. 23. — Il est expressément défendu aux ouvriers vuidangeurs et charretiers : 1° d'entrer chez les habitants de la maison où ils travaillent, et de celles voisines, pour y demander de l'argent, de l'eau-de-vie, de la chandelle, et tous autres objets ; 2° de salir avec de la matière les portes, murs ou escaliers ; 3° de puiser de l'eau dans aucun puits avec des seaux, éponges ou autres objets servant à la vuidange ; 4° d'interrompre la vuidange d'une fosse, puits ou puisard, le tout à peine d'une retenue sur leur salaire, par forme d'amende, laquelle retenue ne pourra être moindre du prix d'une journée, et sera déduite à l'entrepreneur sur le prix de la vuidange.

ART. 24. — Il leur est expressément défendu : 1° de laisser couler dans les ruisseaux aucunes eaux provenant des fosses, puits ou puisards ; 2° de s'arrêter en chemin à la porte d'aucun cabaret ou marchand d'eau-de-vie ; 3° de décharger leurs tinettes au-delà des barrières, et d'en venir charger d'autres dans la ville pour achever leur travail dans la journée ; 4° de faire passer leurs charrettes sur aucun boulevard intérieur ; 5° de se détourner du chemin de la voirie pour quelque cause que ce soit ; le tout à peine d'être poursuivis et punis conformément aux articles 605, 606 et 607 de la loit du 3 brumaire an IV, concernant les délits et les peines.

Bassins de la voirie. — ART. 25. — Il est également défendu aux ouvriers vuidangeurs ou charretiers, ainsi qu'aux gardiens de la voirie et à tous autres, de jeter aucune paille ou fumier dans les bassins de la voirie, attendu les engorgements qui en résulteraient et qui arrêteraient l'écoulement des eaux ; les contrevenans encourront la peine de prison prononcée par l'ordonnance de police du 18 octobre 1771 (*v. st.*), art. 13.

Défense d'insulter, etc. — ART. 26. — Il leur est fait très-expresses défenses d'insulter, injurier ni maltraiter, de quel-

que manière et sous quelque prétexte que ce soit, les préposés
à la surveillance des vuidanges, ni aucune autre personne,
sous les peines de police simple ou correctionnelle, suivant
l'exigence des cas.

Responsabilité des entrepreneurs. — Art. 27. — Les entrepreneurs sont personnellement responsables des faits de
leurs préposés, ouvriers ou charretiers.

Dépôt des voitures et tinettes. — Art. 28. — Il est expressément défendu à tous entrepreneurs de vuidange et curage,
d'établir le dépôt de leurs tinettes et voitures dans l'intérieur
de Paris. Ils placeront ces dépôts à la proximité de la voirie
de Montfaucon, aux endroits à ce destinés ; le tout à peine
d'être rayés de la liste des entrepreneurs, avec défense de continuer l'exercice de leur profession, jusqu'à ce qu'ils aient
satisfait aux dispositions du présent article, et sans préjudice
des autres mesures de police qui pourront être prises contre
eux par voie administrative.

*Heures auxquelles les voitures devront entrer dans Paris et
en sortir.* — Art. 29. — Il est expressément défendu aux
charretiers d'introduire dans Paris, avant neuf heures du soir
en toute saison, leurs voitures chargées de tinettes, il leur est
enjoint de les enlever aussitôt que la vuidange sera achevée,
ou à mesure qu'il en aura été empli un nombre suffisant pour
la charge d'une voiture. Ils devront être sortis de Paris à six
heures du matin en été, et à sept heures en hiver. Les contrevenants encourront la peine de prison prononcée par l'ordonnance de police du 18 octobre 1771 (*v. st.*), art. 10.

Délai pour la vuidange, du moment où elle sera demandée.
Art. 30. — Tout entrepreneur est tenu de faire travailler,
sans discontinuation, à la vuidange de chaque fosse d'aisance
et au curage de chaque puits ou puisard, dans la décade du
jour où il aura été requis, et même dans les vingt-quatre
heures, pour les fosses puits et puisards exigeant célérité. Il
donnera un reçu de ladite réquisition, si mieux n'aiment, les
requérans, le faire sommer par huissier à leurs frais.

Cas d'interruption de la vuidange. — Art. 31. — Dans le

cas où un vuidangeur suspendrait la vuidange commencée d'une fosse, d'un puits ou d'un puisard, les propriétaires ou principaux locataires qui l'auraient mis en œuvre, sont autorisés à le faire constater de suite par le commissaire de police le plus voisin, et à requérir un autre vuidangeur pour achever le travail, sans pouvoir être contraints de payer aucun salaire au vuidangeur qui aura commencé et interrompu la vuidange ou le curage.

Cas où une fosse pourra être seulement allégée.—ART. 32. — Néanmoins, si pendant l'été, un entrepreneur est requis pour la vuidange d'une fosse méphitique ou d'une grande fosse, telle que celle des hospices, casernes et autres établissemens publics ou particuliers, il ne sera tenu que d'alléger ladite fosse, s'il en est besoin, pour la vuidange définitive en être faite au commencement de l'hiver suivant.

Contestations. — ART. 33. — En cas de contestations au sujet des fosses dont la vuidange serait requise pour être faite dans les vingt-quatre heures, ou relativement aux fosses prétendues méphitiques, et dont l'entrepreneur requis voudrait retarder la vuidange, il en sera fait rapport par les inspecteurs en cette partie, pour, s'il y a lieu, la visite de la fosse être faite par un architecte expert et des officiers de santé ou autres gens de l'art, s'il est besoin, nommés par le bureau central, et être ensuite ordonné ce qu'il appartiendra.

Obligation de faire vuider les fosses. — ART. 34. — Les propriétaires ou principaux locataires des maisons où les fosses d'aisances puits ou puisards seront dans un état de replétion ou d'engorgement qui pourrait altérer la salubrité de l'air, sont tenus de faire procéder, sans délai, à leur vuidange ou curage; faute de quoi, il sera dressé procès-verbal de l'état desdites fosses, puits ou puisards, pour la vuidange en être ordonnée et effectuée aux frais desdits propriétaires ou principaux locataires, et le salaire des vuidangeurs être, à la requête de ces ouvriers, prélevé sur les loyers qui pourraient être dus.

On ne pourra s'opposer à l'emploi des procédés ordonnés. — ART. 35. —Lesdits propriétaires ou principaux locataires ne pourront s'opposer ni empêcher l'emploi des moyens prescrits par le présent arrêté, pour la vuidange des fosses ou le curage des puits ou puisards, à peine de l'amende de 100 francs prononcée par le règlement du 5 août 1786 (*v. st.*) art. 2.

Feuille de fosses à vuider. — Art. 36. — Afin que le service de vuidanges puisse être surveillé avec exactitude, chaque entrepreneur de vuidange est tenu de remettre le matin, avant midi, au bureau central du canton de Paris, une feuille signée de lui, contenant les fosses qu'il fera vuider dans la nuit du lendemain. Il désignera, dans cette feuille, les fosses qui seront dans le cas d'être vuidées à la hotte. Il en sera de même pour le curage des puits et puisards. Le tout sous les peines portées en l'art. 4 ci-dessus.

Visite chez les entrepreneurs. — Art. 37. — Il sera fait au moins deux fois par an, des visites chez les entrepreneurs de vuidange, à l'effet de constater l'état des ustensiles nécessaires à l'exercice de leur profession.

Art. 38. — Le présent arrêté sera imprimé et affiché, et envoyé aux autorités civiles et militaires, pour en maintenir les dispositions, chacune en ce qui la concerne.

Les administrateurs : L. Milly, Champein, Letellier.
Le commissaire du Directoire exécutif : N. E. Lemaire.
Pour extrait conforme, *le secrétaire en chef :* Meunier.

L'administration centrale du département de la Seine, lecture faite de l'arrêté du bureau central, dont la teneur est ci-dessus, ouï le commissaire du Directoire exécutif,

Approuve dans tout leur contenu les dispositions dudit arrêté. En département, à Paris, ce 2 vendémiaire an VIII de la République française, une et indivisible.

Signé : Lecouteulx, Sauzay, Guinebaud,
Sabatier, *administrateurs.*
Réal, *commissaire du Directoire exécutif.*
Pour extrait conforme : Houdeyer, *secrétaire en chef.*
Pour copie conforme : *les Administrateurs du bureau central :*
L. Milly, Champein, Letellier.
Le secrétaire en chef : Meunier.

1121. Arrêté du 12 messidor an VIII, qui charge le préfet de police, à Paris, de procurer la liberté du passage et la sûreté de la voie publique, comme aussi de faire enlever les boues ou autres matières malsaines.

1122. *Arrêté du 12 messidor an VIII (1er juillet 1800), réglant les attributions du préfet de police à Paris.*

Les consuls de la République, sur le rapport du ministre de la police, le conseil d'Etat entendu, arrêtent :

. . . .

Art. 23. — Il assurera la salubrité de la ville en prenant les mesures pour prévenir et arrêter les épidémies, les épizooties, les maladies contagieuses; et faisant observer les règlements de police sur les inhumations, en faisant enfouir les cadavres d'animaux morts, surveiller les fosses vétérinaires, la construction, entretien et vidange des fosses d'aisances.

1123. Arrêté du 3 brumaire an IX (25 octobre), arrêté du 1er consul qui étend les pouvoirs du préfet de police sur tout le département de la Seine et sur les communes de Saint-Cloud, Meudon et Sèvres.

1124. *Ordonnance de police du 13 nivôse an XI (3 janvier 1803), concernant les vidangeurs.*

Le préfet de police, vu l'art. 29, titre 1 de la loi du 22 juillet 1791, qui maintient les règlements de police sur la salubrité, ensemble l'art. 23 de l'arrêté des consuls du 12 messidor an VIII, ordonne ce qui suit :

Art. 1er. — Nul ne peut être entrepreneur de vidanges sans une permission du préfet de police.

Art. 2. — Les vidangeurs, pour obtenir cette permission, devront justifier qu'ils sont pourvus en nombre suffisant de voitures, tinettes, seaux et autres ustensiles nécessaires.

Art. 3. — Les ouvriers vidangeurs sont tenus de se faire enregistrer à la préfecture de police; il leur sera délivré un

certificat de leur enregistrement, qu'ils représenteront aux
entrepreneurs en entrant à leur service.

Art. 4. — Les voitures seront garnies de traverses assez
solides, de manière que les tinettes ne puissent tomber, le tout
à peine de 50 francs d'amende (1). (Art. 10 du règlement
du 5 août 1786).

Art. 5. — Les tinettes seront tenues en bon état, à peine
de 10 francs d'amende pour chaque tinette trouvée défectueuse (2). (Art. 9 du règlement du 5 août 1786).

Art. 6. — Les voitures, tinettes et autres ustensiles ne
pourront être déposés qu'aux environs de la voirie de Montfaucon et dans les autres endroits qui seront désignés, au besoin,
par le préfet de police.

Art. 7. — Les tinettes seront rangées sur les ateliers de
manière que la voie publique n'en soit point embarrassée, à
peine de 300 francs d'amende (art. 8 de l'ordonnance de police
du 18 octobre 1771). Il sera néanmoins, dans tous les cas,
laissé une ou deux tinettes, avec une lanterne allumée, à la
porte de la maison où se fera la vidange.

Art. 8. — Il est défendu aux vidangeurs de puiser de l'eau
avec les seaux ou éponges des fosses; en conséquence, il sera
porté dans chaque atelier un seau qui ne servira qu'à cet
usage, le tout à peine de 10 francs d'amende (3). (Art. 15
du règlement du 5 août 1786).

Art. 9. — Chaque entrepreneur sera tenu de donner à la
préfecture de police, tous les jours, avant midi, une note des
vidanges qu'il devra faire la nuit suivante, à peine de 50 francs
d'amende (4). (Art. 7 du règlement du 5 août 1786).

Art. 10. — Aucune fosse ne sera ouverte les samedis et
veilles de fêtes, qu'autant que la vidange pourra en être achevée dans la même nuit, à peine de 200 francs d'amende.
(Art. 13 du règlement du 5 août 1786).

Art. 11. — Les voitures de vidanges chargées ou non
chargées ne pourront circuler dans Paris qu'à compter de dix

(1-4) Sanctions pénales abrogées.

heures du soir, pendant les six premiers mois de l'année, et depuis onze heures du soir pendant les six autres mois. Le travail des vidangeurs ne pourra commencer qu'une heure après.

ART. 12. — L'entrepreneur ou l'un de ses ouvriers sera présent à l'ouverture de la fosse. Lorsqu'il n'aura pu en trouver la clef, il n'en fera crever la voûte qu'en présence d'un commissaire de police assisté d'un homme de l'art.

ART. 13. — Les ouvriers ne pourront être moins de quatre à chaque atelier. Ceux qui descendront dans les fosses seront attachés avec des sangles et une corde que tiendront les ouvriers placés à l'extérieur.

ART. 14. — Les matières seront mises dans des tinettes bien hermétiquement fermées, à peine de 500 francs d'amende. (Art. 6 du règlement du 18 octobre 1771).

ART. 15. — Il est défendu aux vidangeurs de répandre ces matières sur la voie publique et de les jeter soit dans les égouts, soit dans la rivière, à peine de 500 francs d'amende. (Art. 12 du règlement du 5 août 1786.

ART. 16. — Il est enjoint aux vidangeurs de conduire directement leurs voitures à la voirie de Montfaucon ; ils suivront les rues aboutissant à la barrière du Combat. Il leur est défendu de jeter aucune paille ou fumier dans les bassins de la voirie.

ART. 17. — Les vidangeurs devront terminer leur travail à sept heures du matin pendant les six premiers mois de l'année, et à cinq heures du matin pendant les six autres mois. Les voitures de vidanges ne pourront circuler plus d'une heure après.

ART. 18. — Les vidangeurs, après leur travail, sont tenus de laver les emplacements qu'ils auront occupés, à peine de 300 francs d'amende. (Art. 5 de l'ordonnance du 18 octobre 1771.

ART. 19. — Les entrepreneurs feront nettoyer, à la voirie, les tinettes, aussitôt qu'elles auront été vidées, à peine de 10 francs d'amende par chaque tinette non lavée. (Art. 9 du règlement du 5 août 1786).

Art. 20. — Si un entrepreneur, sous un prétexte quelconque, prétendait ne pouvoir faire ou continuer la vidange d'une fosse d'aisances, il sera tenu d'en faire de suite la déclaration chez un commissaire de police, qui la transmettra au préfet de police.

Art. 21. — Les vidangeurs qui trouveront dans les fosses soit des objets qui pourraient indiquer un délit, soit des effets quelconques, en feront dans le jour leur déclaration chez un commissaire de police, à peine de 300 francs d'amende. (Art. 3 de l'ordonnance de police de 1770). Il leur sera donné, s'il y a lieu, une récompense.

Art. 22. — Il est défendu aux ouvriers, sous aucun prétexte, de demander de l'argent, de l'eau-de-vie, ni aucune autre chose.

Art. 23. — L'entrepreneur demandera au propriétaire ou principal locataire un certificat que le travail a été bien fait et qu'il ne s'y est rien passé contre le bon ordre, il en justifiera au préfet de police.

Art. 24. — Il sera pris envers les contrevenants aux dispositions ci-dessus telles mesures qu'il appartiendra.

Art. 25. — La présente ordonnance sera imprimée, publiée et affichée. Les commissaires de police, les officiers de paix, l'inspecteur général de la salubrité, et tous les autres préposés de la préfecture de police sont chargés, chacun en ce qui le concerne, de tenir la main à son exécution. Le général de division commandant d'armes de la place de Paris est requis de leur faire prêter main-forte au besoin.

1125. *Ordonnance de police du 24 août 1808,*
concernant les vidangeurs.

Nous, préfet de police,... considérant que les accidents auxquels donnent lieu la vidange, la démolition ou la réparation des fosses d'aisances résultent souvent de la négligence qu'apportent les entrepreneurs et ouvriers dans l'emploi des précautions propres à empêcher ces accidents; vu les rapports des commissaires de police et de l'inspecteur général de la salubrité ; vu l'avis du conseil de salubrité ; vu aussi l'article 23 de l'arrêté du gouvernement du 12 messidor an VIII, ordonnons ce qui suit :

Première partie : Ordre de service des vidanges. — ART. 1er. — Nul ne peut être entrepreneur de vidanges sans une permission du préfet de police.

ART. 2. — Dans la huitaine de la publication de la présente ordonnance, les entrepreneurs de vidanges actuellement pourvus de permissions en feront le dépôt à la préfecture de police, pour être renouvelées.

ART. 3. — Les permissions ne seront renouvelées ou accordées qu'en justifiant par les entrepreneurs qu'ils sont pourvus de voitures, chevaux, tinettes, seaux, bridages et autres ustensiles nécessaires au service des vidanges.

ART. 4. — Chaque entrepreneur devra, en outre, être muni de l'appareil de ventilation appelé fourneau de Dalesme.

ART. 5. — Les voitures de vidanges, chargées ou non chargées, ne pourront circuler dans la ville de Paris, savoir : A compter du 1er octobre jusqu'au 1er avril, avant dix heures du soir ni après huit heures du matin ; et à compter du 1er avril jusqu'au 1er octobre, avant onze heures du soir et après six heures du matin.

ART. 6. — Le travail des ateliers, depuis le 1er octobre jusqu'au 1er avril, commencera à dix heures du soir et finira à sept heures du matin. Et depuis le 1er avril jusqu'au 1er octobre, il commencera à onze heures du soir et finira à cinq heures du matin.

ART. 7. — Il sera placé une lanterne allumée à la porte de chaque maison où sera établi un atelier de vidanges.

ART. 8. — Il ne pourra être employé à chaque atelier moins de quatre ouvriers et un chef.

ART. 9. — Le travail de chaque fosse sera fait et continué à jours consécutifs et aux heures désignées par l'art. 6. Il ne pourra être interrompu que dans le cas prévu par l'art. 40 ci-après.

Art. 10. — Les matières extraites des fosses ne pourront être transportées que dans des tinettes hermétiquement fermées.

Art. 11. — Les voitures de transport seront garnies de tra-verses assez solides pour empêcher la chute des tinettes. Les noms et demeure de l'entrepreneur seront inscrits en gros ca-ractères sur la traverse du devant.

Art. 12. — Les entrepreneurs ne pourront conduire et vider les tinettes ailleurs qu'à la voirie du Montfaucon.

Art. 13. — Il est défendu aux vidangeurs de laisser des matières entre les acculoirs et les bords ou parapets des bassins de la voirie.

Art. 14. — Les entrepreneurs feront laver à la voirie les tinettes aussitôt après qu'elles auront été vidées.

Art. 15. — Hors le temps du service, les voitures et tinettes ne pourront être déposées ailleurs que dans les environs de la voirie et dans les endroits qui, au besoin, seront indiqués.

Art. 16. — Pendant le temps du service, elles seront ran-gées au-devant des ateliers de vidanges, de manière que la voie publique n'en soit point embarrassée.

Art. 17. — Après le travail de chaque jour avant de quitter l'atelier, les vidangeurs seront tenus de laver les emplacements qu'ils auront occupés.

Art. 18. — Il leur est défendu de puiser de l'eau avec les seaux destinés aux vidanges.

Art. 19. — Les ouvriers vidangeurs sont tenus de se faire inscrire à la Préfecture de police.

Art. 20. — Aucun entrepreneur ne pourra employer d'ou-vriers vidangeurs, s'ils ne lui représentent le certificat de leur enregistrement.

Art. 21. — Il est défendu aux ouvriers vidangeurs de se présenter en état d'ivresse aux ateliers.

Art. 22. — Les ouvriers vidangeurs qui trouveront dans les fosses, soit des objets qui pourraient indiquer un délit, soit des effets quelconques, en feront dans le jour la déclaration chez un commissaire de police. Il leur sera accordé, s'il y a lieu, une récompense.

Art. 23. — Il est défendu aux ouvriers vidangeurs de demander aux propriétaires ou locataires des maisons où ils seront occupés, de l'argent, de l'eau-de-vie, ni aucune autre chose à titre de gratification.

Deuxième partie : Dispositions de sûreté. — Art. 24. — Aucune fosse d'aisances ne pourra être ouverte que par un entrepreneur de vidanges, quels que soient les causes et motifs de l'ouverture.

Art. 25. — Lorsque l'ouverture d'une fosse aura un motif autre que celui de sa vidange, l'entrepreneur en donnera avis, dans le jour à la préfecture de police.

Art. 26. — Tout entrepreneur chargé de la vidange d'une fosse sera tenu de faire, à la préfecture de police, la déclaration du jour de l'ouverture de la fosse.

Art. 27. — L'entrepreneur ou l'un de ses chefs d'ateliers sera présent à l'ouverture de la fosse.

Art. 28. — Lorsqu'il n'aura pu en trouver la clef, il ne pourra en faire rompre la voûte qu'en vertu d'une permission du préfet de police.

Art. 29. — La vidange d'une fosse ne pourra être commencée que douze heures au moins après son ouverture.

Art. 30. — Pendant ces douze heures, l'entrepreneur s'assurera, autant que possible, de l'état de la fosse et des tuyaux dont elle est pourvue.

Art. 31. — Les propriétaires et locataires sont tenus de donner à l'entrepreneur toutes les facilités pour le dégorgement des tuyaux et l'introduction de l'air dans la fosse pendant sa vidange. En cas de refus de leur part, il en fera sa déclaration à la préfecture de police.

Art. 32. — Il est défendu aux entrepreneurs de faire descendre des ouvriers dans une fosse dont les tuyaux ne seraient pas complétement dégorgés.

Art. 33. — L'entrepreneur, outre les seaux destinés au lavage, est tenu de fournir à chaque atelier, pour l'extraction des matières, au moins quatre seaux munis de leurs cordes et crochets.

Art. 34. — Les seaux seront passés dans des crochets fermés à ressort.

Art. 35. — Il est expressément défendu aux ouvriers de retirer, avant la fin de la vidange, les seaux qui seraient tombés dans les fosses.

Art. 36. — L'entrepreneur fournira chaque atelier d'au moins deux bridages.

Art. 37. — Il est défendu aux ouvriers de travailler à l'extraction des matières, même des eaux vannes, et de descendre dans les fosses, pour quelque cause que ce soit, sans être ceints du bridage.

Art. 38. — La corde du bridage sera tenue par un ouvrier placé à l'extérieur de la fosse. Il est défendu à tout ouvrier de se refuser à ce service.

Art. 39. — Les entrepreneurs sont responsables des suites de toutes contraventions aux sept articles précédents.

Art. 40. — Lorsque, dans leur travail, des ouvriers auront été frappés du plomb, le chef d'atelier suspendra la vidange de la fosse.

Art. 41. — L'entrepreneur sera tenu de faire, dans le jour, à la préfecture de police sa déclaration de suspension de travail, et des causes qui l'auront déterminée.

Art. 42. — Il ne pourra reprendre le travail qu'avec les précautions et mesures qui lui seront indiquées selon les circonstances.

Art. 43. — Aucune fosse ne pourra être allégée sans une autorisation du préfet de police.

Art. 44. — Il est défendu aux entrepreneurs de laisser des matières au fond des fosses, et de les masquer de quelque manière que ce soit.

Art. 45. — Tout entrepreneur ou maçon chargé de la réparation d'une fosse sera tenu d'en faire la déclaration à la préfecture de police.

Art. 46. — Il est défendu aux entrepreneurs ou maçons de faire ou faire faire par leurs ouvriers l'extraction des eaux vannes et matières qui se trouveraient dans les fosses. Elle ne pourra être faite que par un entrepreneur de vidanges.

Art. 47. — Tout maçon chargé de la réparation d'une fosse sera tenu, tant que durera l'extraction des pierres des parties à réparer, d'avoir à l'extérieur de la fosse autant d'ouvriers qu'il en emploiera dans l'intérieur.

Art. 48. — Chaque ouvrier travaillant à l'extraction des pierres d'une fosse à réparer sera ceint d'un bridage, dont l'attache sera tenue par un ouvrier placé à l'extérieur.

Art. 49. — Les entrepreneurs et maçons sont responsables des effets des contraventions aux trois articles précédents.

Art. 50. — Si des ouvriers maçons sont frappés du plomb pendant la démolition ou réparation d'une fosse, elle sera suspendue, et déclaration en sera faite, dans le jour, à la préfecture de police.

Art. 51. — La démolition ou réparation ne pourra être reprise qu'avec les précautions et mesures qui seront indiquées à l'entrepreneur.

Art. 52. — Tout propriétaire qui voudra combler ou déblayer une fosse d'aisances sera tenu d'en faire la déclaration à la préfecture de police.

Art. 53. — Toute fosse, avant d'être comblée, sera vidée et curée à fond.

Art. 54. — Aucune fosse, précédemment comblée, ne pourra être déblayée que par un entrepreneur de vidanges.

Art. 55. — L'entrepreneur apportera à cette opération les mêmes précautions qu'à la vidange.

Art. 56. — Les contraventions seront constatées par des procès-verbaux qui seront adressés au préfet de police.

Art. 57. — Il sera pris contre les contrevenants telles mesures de police administrative qu'il appartiendra, sans préjudice des poursuites à exercer contre eux devant les tribunaux.

Art. 58. — La présente ordonnance sera publiée et affichée. Les commissaires de police, l'inspecteur général du troisième arrondissement de l'empire, les officiers de paix, l'inspecteur général de la salubrité et les autres préposés de la préfecture de police seront chargés de tenir la main à son exécution.

1126. *Décret du 10 mars 1809, contenant règlement pour la construction des fosses d'aisances à Paris* (1).

Napoléon..., sur le rapport de notre ministre de l'intérieur; vu l'arrêté du gouvernement, du 12 messidor an **VIII**, article 23, paragraphe 3 ; notre conseil d'État entendu, nous avons décrété et décrétons ce qui suit :

Art. 1er. — Dans toutes les constructions de maisons neuves qui auront lieu à l'avenir dans notre bonne ville de Paris, il ne pourra être pratiqué ni construit de fosses d'aisances dans d'anciens puits ou puisards sans refaire les constructions suivant le mode prescrit par le présent règlement.

Art. 2. — Les fosses d'aisances ne seront placées, autant que faire se pourra, que sous le sol des caves ayant communication avec l'air extérieur.

Art. 3. — Aucune fosse d'aisances ne sera pratiquée sous le sol des seconds berceaux de caves, si ces berceaux n'ont une communication immédiate avec l'air extérieur.

Art. 4. — Les caves sous lesquelles seront construites les fosses d'aisances devront être assez spacieuses, lorsque l'étendue du terrain le permettra, pour contenir quatre travailleurs et leurs ustensiles.

Art. 5. — Lorsqu'il sera pratiqué des fosses sous le sol des premiers berceaux de caves, elles ne pourront être construites que dans un massif de glaise corroyée.

Art. 6. — Il est défendu d'établir des compartiments ou divisions dans les fosses.

Art. 7. — Le fond des fosses d'aisances sera fait en forme de cuvette concave, avec des arrondissements pour effacer les angles du tour avec le fond.

Art. 8. — Toutes les fosses d'aisances à angles rentrants, carrées ou barlongues, auront tous leurs angles effacés par des arrondissements de 18 à 20 centimètres de rayon.

---

(1) Le décret du 10 mars 1809 est le premier acte législatif qui détermina un mode de construction pour les fosses.

ART. 9. — Le fond des fosses sera établi en pavé ordinaire sur forme de chaux et ciment. Il est défendu d'y employer de la brique.

ART. 10. — Les parements des fosses seront construits en moellons piqués ou pierre de taille, liés à chaux et ciment. Il est défendu d'y employer le plâtre.

ART. 11.—La hauteur des fosses, quelle que soit leur capacité, ne pourra être moindre de deux mètres sous voûte.

ART. 12.— Les fosses seront fermées par une voûte à plein cintre.

ART. 13. — L'ouverture d'extraction des matières sera placée au milieu de la voûte, autant que les localités le permettront.

ART. 14. — Cette ouverture ne pourra avoir moins d'un mètre de longueur sur soixante-cinq centimètres en largeur.

ART. 15. — Il sera en outre placé à la voûte, du côté opposé à la chute, un tampon mobile, dont le diamètre ne pourra être moindre de cinquante centimètres.

ART. 16.— Le tuyau de chute sera placé dans une direction verticale ; son diamètre intérieur ne pourra être moindre de trente centimètres.

ART. 17.— Il sera en outre établi, parallèlement au tuyau de chute, un tuyau d'évent, lequel sera conduit jusqu'à la hauteur des souches de cheminées, si elles sont plus élevées.

ART. 18. — L'orifice intérieur des tuyaux de chute et d'évent ne pourra être descendu au-dessous des points les plus élevés de l'intrados de la voûte.

ART. 19. — Dans toutes les constructions actuellement existantes, toutes les fois qu'il y aura lieu à reconstruire les murs auxquels sont adossés les tuyaux de chute, le propriétaire sera tenu de faire établir le tuyau d'évent prescrit par l'article 17 ci-dessus. Toutes les dispositions ci-dessus sont applicables aux constructions de maisons nouvelles, et ne pourront être appliquées dans les maisons existantes qu'aux fosses qui auront besoin de reconstruction, ou aux parties seulement qui seront réparées.

Art. 20. — Toutes les fois cependant qu'il sera fait des réparations à une fosse d'aisances, le propriétaire sera tenu de faire établir à la voûte le tampon prescrit par l'art. 15.

Art. 21. — Les fosses actuellement pratiquées dans les puits ou puisards, celles à compartiments ou étranglements, celles dont la vidange ne peut avoir lieu que par des tuyaux, ne pourront être réparées, elles seront vidées, supprimées et remblayées lorsqu'elles seront hors de service.

Art. 22. — Il en sera de même des fosses pratiquées sous le sol des seconds berceaux de caves, lorsqu'elles n'auront aucune communication immédiate avec l'air extérieur.

Art. 23. — Les propriétaires des maisons dont les fosses seront supprimées en vertu des deux articles précédents seront tenus d'en faire construire de nouvelles, conformément aux dispositions prescrites par les articles précédents.

Art. 24. — En cas de contravention au présent règlement et de procès-verbaux dressés en conséquence, ou en cas d'opposition de la part des propriétaires aux mesures prescrites par l'administration, il sera procédé, conformément aux formes prescrites, devant les tribunaux de police ou le tribunal civil, selon la nature de l'affaire.

1127. Ordonnance de police du 5 avril 1809, concernant les fosses d'aisances.

Nous, préfet de police, vu le décret impérial du 10 mars 1809, contenant règlement pour la construction de fosses d'aisances dans la ville de Paris ; vu l'article 23, § 3 de l'arrêté du gouvernement du 12 messidor an VIII, qui charge le préfet de police de surveiller la construction, l'entretien et la vidange des fosses d'aisances, ordonnons ce qui suit :

Art. 1er. — Le décret impérial du 10 mars 1809, contenant règlement pour la construction de fosses d'aisances dans la ville de Paris, et le § 3 de l'art. 23 de l'arrêté du gouvernement du 12 messidor an VIII, seront imprimés, publiés et affichés avec la présente ordonnance.

Art. 2. — Les propriétaires qui feront construire ou réparer des fosses d'aisances seront tenus d'en faire la déclaration à la préfecture de police. Les entrepreneurs ou maçons chargés de la construction ou réparation des fosses d'aisances en feront également la déclaration.

Art. 3. — Il ne pourra être fait usage d'une fosse d'aisances nouvellement construite ou réparée qu'après la visite de l'architecte commissaire de la petite voirie qui délivrera son certificat que les dispositions prescrites par le décret du 10 mars 1809 ont été exécutées. Un double de ce certificat restera déposé au secrétariat général.

Art. 4. L'ordonnance du 24 août 1808, concernant les vidangeurs, continuera de recevoir son exécution.

1128. *Ordonnance royale du* 24 *septembre* 1819 *qui détermine le mode de construction des fosses d'aisances dans la ville de Paris* (1).

Louis, etc., etc., sur le rapport de notre ministre de l'intérieur, avons ordonné et ordonnons ce qui suit :

Section première : Des constructions neuves. — Art. 1er. — A l'avenir, dans aucun des bâtiments publics ou particuliers de notre bonne ville de Paris et de leurs dépendances, on ne pourra employer pour fosses d'aisances des puits, puisards, égouts, aqueducs ou carrières abandonnées sans y faire les constructions prescrites par le présent règlement.

Art. 2. — Lorsque les fosses seront placées sous le sol des caves, ces caves devront avoir une communication immédiate avec l'air extérieur.

Art. 3. — Les caves sous lesquelles seront construites les fosses d'aisances devront être assez spacieuses pour contenir quatre travailleurs et leurs ustensiles, et avoir au moins deux mètres de hauteur sous voûte.

____

(1) A part ce qui concerne le mode de construction, l'ordonnance de 1819 reproduit presque textuellement le décret de 1809.

Art. 4. — Les murs, la voûte et le fond des fosses seront entièrement construits en pierres meulières maçonnées avec du mortier de chaux maigre et de sable de rivière bien lavé. Les parois des fosses seront enduites de pareil mortier, lissé à à la truelle. On ne pourra donner moins de 30 à 35 centimètres d'épaisseur aux voûtes, et moins de 45 ou 50 centimètres aux massifs et aux murs.

Art. 5. — Il est défendu d'établir des compartiments ou divisions dans les fosses, d'y construire des piliers et d'y faire des chaînes ou des arcs en pierres apparentes.

Art. 6. — Le fond des fosses d'aisances sera fait en forme de cuvette concave. Tous les angles intérieurs seront effacés par des arrondissements de 25 centimètres de rayon.

Art. 7. — Autant que les localités le permettront, les fosses d'aisances seront construites sur un plan circulaire, elliptique ou rectangulaire. On ne permettra point la construction de fosses à angle rentrant, hors le seul cas où la surface de la fosse serait au moins de 4 mètres carrés de chaque côté de l'angle ; et alors il serait pratiqué, de l'un et de l'autre côté, une ouverture d'extraction.

Art. 8. — Les fosses, quelle que soit leur capacité, ne pourront avoir moins de 2 mètres de hauteur sous clef.

Art. 9. — Les fosses seront couvertes par une voûte en plein cintre, ou qui n'en différera que d'un tiers de rayon.

Art. 10. — L'ouverture d'extraction des matières sera placée au milieu de la voûte, autant que les localités le permettront.

La cheminée de cette ouverture ne devra point excéder 1^m.05 de hauteur, à moins que les localités n'exigent impérieusement une plus grande hauteur.

Art. 11. — L'ouverture d'extraction, correspondant à une cheminée de 1^m.50 au plus de hauteur, ne pourra avoir moins de 1 mètre en longueur sur 65 centimètres de largeur.

Lorsque cette ouverture correspondra à une cheminée excédant 1^m.50 de hauteur, les dimensions ci-dessus spécifiées seront augmentées de manière que l'une de ces dimensions soit égale aux deux tiers de la hauteur de la cheminée.

Art. 12. — Il sera placé en outre, à la voûte, dans la partie la plus éloignée du tuyau de chute et de l'ouverture d'extraction, si elle n'est pas dans le milieu, un tampon mobile dont le diamètre ne pourra être moindre de 50 centimètres. Ce tampon sera en pierre, encastré dans un châssis en pierre, et garni dans son milieu d'un anneau en fer.

Art. 13. — Néanmoins, ce tampon ne sera pas exigible pour les fosses dont la vidange se fera au niveau du rez-de-chaussée et qui auront, sur ce même sol, des cabinets d'aisances avec trémie ou siége sans bonde, et pour celles qui auront une superficie moindre de six mètres dans le fond, et dont l'ouverture d'extraction sera dans le milieu.

Art. 14. — Le tuyau de chute sera toujours dans le milieu. Son diamètre intérieur ne pourra avoir moins de 25 centimètres, s'il est en terre cuite, et de 20 centimètres, s'il est en fonte.

Art. 15. — Il sera établi, parallèlement au tuyau de chute, un conduit d'évent, lequel sera conduit jusqu'à la hauteur des souches des cheminées de la maison, ou de celles des maisons contiguës, si elles sont plus élevées. Le diamètre de ce tuyau d'évent sera de 25 centimètres au moins (1); s'il passe cette dimension, il dispensera du tampon mobile.

Art. 16. — L'orifice intérieur des tuyaux de chute et d'évent ne pourra être descendu au-dessous des points les plus élevés de l'intrados de la voûte.

Section deuxième : Des reconstructions des fosses d'aisances dans les maisons existantes. — Art. 17. — Les fosses actuellement pratiquées dans des puits, puisards, égouts anciens, aqueducs ou carrières abandonnées, seront comblées et reconstruites à la première vidange.

Art. 18. — Les fosses situées sous le sol des caves, qui n'auraient point communication immédiate avec l'air extérieur, seront comblées à la première vidange, si l'on ne veut pas établir cette communication.

---

(1) Le décret de 1809 prescrivait un diamètre de 0m.30.

Art. 19. — Les fosses actuellement existantes dont l'ouverture d'extraction, dans les deux cas déterminés par l'art. 11, n'aurait pas et ne pourrait avoir les dimensions prescrites par le même-article, celles dont la vidange ne peut avoir lieu que par des soupiraux ou des tuyaux, seront comblées à la première vidange.

Art. 20. — Les fosses à compartiments ou étranglements seront comblées ou reconstruites à la première vidange, si l'on ne peut pas faire disparaître ces étranglements ou compartiments, et qu'ils soient reconnus dangereux.

Art. 21. — Toutes les fosses des maisons existantes, qui seront reconstruites, le seront suivant le mode prescrit par la Ire section du présent règlement. Néanmoins, le tuyau d'évent ne pourra être exigé que s'il y a lieu à reconstruire un des murs en élévation au-dessus de ceux de la fosse, ou si ce tuyau ne peut se placer intérieurement ou extérieurement, sans altérer la décoration des maisons.

Section troisième : Des réparations des fosses d'aisances.
— Art. 22. — Dans toutes les fosses existantes, et lors de la première vidange, l'ouverture d'extraction sera agrandie, si elle n'a pas les dimensions prescrites par l'art. 11 de la présente ordonnance.

Art. 23. — Dans toutes les fosses dont la voûte aura besoin de réparations, il sera établi un tampon mobile, à moins qu'elles ne se trouvent dans les cas d'exception prévus par l'art. 13.

Art. 24. — Les piliers isolés établis dans les fosses seront supprimés à la première vidange, ou l'intervalle entre les piliers et les murs sera rempli en maçonnerie, toutes les fois que le passage entre les piliers et les murs aura moins de 70 centimètres de largeur.

Art. 25. — Les étranglements existant dans les fosses, et qui ne laisseraient pas un passage de 70 centimètres de largeur, seront élargis à la première vidange, autant qu'il sera possible.

Art. 26. — Lorsque le tuyau de chute ne communiquera avec la fosse que par un couloir ayant moins de 1 mètre de largeur, le fond de ce couloir sera établi en glacis, jusqu'au fond de la fosse, sous une inclinaison de 45 degrés au moins.

Art. 27. — Toute fosse qui laisserait filtrer ses eaux par les murs ou par le fond sera réparée.

Art. 28. — Les réparations consistant à faire des rejointoiements, à élargir l'ouverture d'extraction, placer un tampon mobile, rétablir des tuyaux de chute ou d'évent, reprendre la voûte et les murs, boucher ou élargir des étranglements, réparer le fond des fosses, supprimer des piliers, pourront être faites suivant les procédés employés à la construction première de la fosse.

Art. 29. — Les réparations consistant dans la reconstruction entière d'un mur de la voûte ou du massif du fond des fosses d'aisances ne pourront être faites que suivant le mode indiqué ci-dessus pour les constructions neuves.

Art. 30. — Les propriétaires des maisons dont les fosses seront supprimées en vertu de la présente ordonnance, seront tenus d'en faire construire de nouvelles, conformément aux dispositions prescrites par les articles de la 1re section.

Art. 31. — Ne seront pas astreints aux constructions ci-dessus déterminées les propriétaires qui, en supprimant leurs anciennes fosses, y substitueront les appareils connus sous le nom de fosses mobiles inodores, ou tous autres appareils que l'administration publique aurait reconnus par suite pouvoir être employés concurremment avec ceux-ci.

Art. 32. — En cas de contravention aux dispositions de la présente ordonnance, ou d'opposition de la part des propriétaires aux mesures prescrites par l'administration, il sera procédé, dans les formes voulues, devant le tribunal de police ou le tribunal civil, suivant la nature de l'affaire.

Art. 33. — Le décret du 10 mars 1809 concernant les fosses d'aisances de Paris est et demeure annulé (1).

---

(1) Cette ordonnance n'est plus en rapport avec les moyens de construction dont on dispose ni avec les systèmes de vidanges adoptés.

1129. *Ordonnance de police du 23 octobre 1819, concernant les fosses d'aisances.*

Nous, préfet de police, vu : 1° l'ordonnance du roi du 24 septembre 1819, contenant règlement pour la construction, reconstruction et réparation des fosses d'aisances dans la ville de Paris; 2° l'ordonnance de police du 24 août 1808, concernant les vidangeurs; 3° la loi des 16-24 août 1790, titre XI, art. 3, § 5 ; 4° l'article 23, § 5, de l'arrêté du gouvernement du 12 messidor an VIII (1er juillet 1800), ordonnons ce qui suit :

ART. 1er.— L'ordonnance du 24 septembre 1819, contenant règlement pour les construction, reconstruction et réparation des fosses d'aisances dans la ville de Paris, sera imprimée et affichée.

ART. 2. — Aucune fosse ne pourra être reconstruite, réparée ou supprimée, sans déclaration préalable à la préfecture de police. Cette déclaration sera faite par le propriétaire ou par l'entrepreneur qu'il aura chargé de l'exécution des ouvrages. Dans le cas de construction ou de reconstruction, la déclaration devra être accompagnée du plan de la fosse à construire, ou reconstruire, et de celui de l'étage supérieur.

ART. 3. — La même déclaration sera faite, soit par les propriétaires qui feront établir, dans leurs maisons, les appareils connus sous le nom de fosses mobiles inodores et tous autres appareils que l'administration approuverait par la suite, soit par les entrepreneurs de ces établissements.

ART. 4. — Seront tenus à la même déclaration, les propriétaires qui voudront combler les fosses d'aisances ou les convertir en caves, ou les entrepreneurs chargés des travaux relatifs à ces comblements et suppressions.

ART. 5. — Il est défendu, même après la déclaration faite à la préfecture de police, de commencer les travaux relatifs aux fosses d'aisances où à l'établissement d'appareils quelconques, sans avoir obtenu l'autorisation nécessaire à cet effet.

Art. 6. — Il est défendu aux propriétaires ou entrepreneurs d'extraire ou faire extraire par leurs ouvriers ou tous autres, les eaux vannes et matières qui se trouveraient dans les fosses. Cette extraction ne pourra être faite que par un entrepreneur de vidanges.

Art. 7. — Il leur est également défendu de faire couler dans la rue les eaux claires et sans odeur qui reviendraient dans la fosse après la vidange, à moins d'y être spécialement autorisés.

Art. 8. — Tout propriétaire faisant procéder à la réparation ou à la démolition d'une fosse, ou tout entrepreneur chargé des mêmes travaux, sera tenu, tant que dureront la démolition et l'extraction des pierres, d'avoir à l'extérieur de la fosse autant d'ouvriers qu'il en emploiera dans l'intérieur.

Art. 9. — Chaque ouvrier travaillant à la démolition ou à l'extraction des pierres, sera ceint d'un bridage dont l'attache sera tenue par un ouvrier placé à l'extérieur.

Art. 10. — Les propriétaires et entrepreneurs sont, aux termes des lois, responsables des effets des contraventions aux quatre articles précédents.

Art. 11. — Toute fosse, avant d'être comblée, sera vidée et curée à fond.

Art. 12. — Toute fosse destinée à être convertie en cave sera curée avec soin, les joints en seront grattés à vif et les parties en mauvais état réparées, en se conformant aux dispositions prescrites par les articles 6, 7, 8 et 9.

Art. 13. — Si un ouvrier est frappé d'asphyxie en travaillant dans une fosse, les travaux seront suspendus à l'instant, et déclaration en sera faite dans le jour à la préfecture de police. Les travaux ne pourront être repris qu'avec les précautions et mesures indiquées par l'autorité.

Art. 14. — Tous matériaux provenant de la démolition des fosses d'aisances seront immédiatement enlevés.

Art. 15. — Il ne pourra être fait usage d'une fosse d'aisance nouvellement construite ou réparée qu'après la visite de l'architecte commissaire de la petite voirie, qui délivrera son certificat constatant que les dispositions prescrites par l'autorité ont été exécutées. Toutefois, lorsqu'il y aura lieu à revêtir tout ou partie de la fosse de l'enduit prescrit par le 2ᵉ § de l'article 4 de l'ordonnance royale du 24 septembre 1819, il devra être fait, par le même architecte, une visite préalable pour constater l'état des murs.

ART. 16. — Tout propriétaire qui aura supprimé une ou plusieurs fosses d'aisances, pour établir des appareils quelconques en tenant lieu, et qui par la suite renoncerait à l'usage desdits appareils, sera tenu de rendre à leur première destination les fosses supprimées, ou d'en faire construire de nouvelles, en se conformant aux dispositions de l'ordonnance du roi du 24 septembre 1819 et de la présente ordonnance.

1130. *Ordonnance de police du 4 juin 1831, concernant les vidangeurs.*

Nous, préfet de police, considérant qu'il résulte des rapports et procès-verbaux qui nous ont été adressés, que, d'une part, les entrepreneurs et ouvriers qui se livrent à la vidange des fosses d'aisances n'apportent pas dans l'exécution de ce service toutes les précautions qu'il exige, et que, de l'autre, les matières provenant de la vidange, au lieu d'être transportées directement à la voirie, ainsi qu'il est enjoint par les règlements, sont fréquemment et à dessein versées sur la voie publique ; considérant qu'il est urgent de remédier à un état de choses qui compromet la salubrité ; vu : 1° l'ordonnance de police concernant les maîtres vidangeurs du 18 octobre 1771 ; 2° la loi des 16-24 août 1790, titre VI, art. 3, §§ 1ᵉʳ. 5 ; 3° l'art. 471 du Code pénal ; 4° l'ordonnance de police concernant les vidangeurs, du 24 août 1808 ; — En vertu de l'arrêté du gouvernement du 12 messidor an VIII (1ᵉʳ juillet 1800), ordonnons ce qui suit :

Première partie : Ordre du service des vidanges. — ART 1ᵉʳ. — Aucun entrepreneur de vidanges ne pourra exercer cette profession sans être pourvu d'une permission du préfet de police. Cette permission sera délivrée à quiconque justifiera : 1° qu'il a les voitures, chevaux, tinettes, tonneaux, seaux, bridages et ustensiles nécessaires au service des vidanges ; 2° qu'il est muni de l'appareil de ventilation appelé fourneau Dalesme.

ART. 2. — Les voitures de vidanges, chargées ou non chargées, ne pourront circuler dans Paris, savoir : à compter du 1er octobre jusqu'au 31 mars, avant dix heures du soir, ni après huit heures du matin ; et à compter du 1er avril jusqu'au 30 septembre avant onze heures du soir et après six heures du matin. Elles seront munies, sur le devant, d'une lanterne allumée, portant en gros caractère, et en forme de transparent, le numéro qui sera assigné, par l'inspecteur de la salubrité, à chaque voiture de vidanges.

ART. 3. — Le travail des ateliers, depuis le 1er octobre jusqu'au 31 mars, commencera à dix heures du soir, et finira à sept heures du matin ; et depuis le 1er avril jusqu'au 30 septembre, il commencera à onze heures du soir et finira à cinq heures du matin. Néanmoins, pour les fosses à vider dans les quartiers des halles, le travail des ateliers pourra commencer avant les heures fixées par le présent article, en obtenant à cet effet une autorisation spéciale, qui déterminera l'heure à laquelle le travail pourra être entrepris. Quant aux appareils de fosses mobiles, légalement autorisés, ils pourront être enlevés et transportés à la voirie pendant le jour. Toutes autres exceptions antérieurement accordées sont formellement révoquées.

ART. 4. — Il sera placé une lanterne allumée à la porte de chaque maison où sera établi un atelier de vidangeurs.

ART. 5. — Il ne pourra être employé à chaque atelier moins de quatre ouvriers, dont un chef.

ART. 6. — Le travail de chaque fosse sera fait et continué à jours consécutifs, aux heures désignées par l'article 3. Il ne pourra être interrompu que dans le cas prévu par l'art. 42.

ART. 7. — Les tinettes ou tonneaux du nouveau modèle, qui auront reçu les matières extraites des fosses, seront hermétiquement fermés.

Les tonneaux devront, comme les tinettes, être placés debout dans les voitures de transport, de manière que la bonde se trouve toujours dans la partie supérieure.

ART. 8. — Les voitures de transport seront disposées à fond plat, et garnies de traverses assez solides pour empêcher la chute des tonneaux ou tinettes. Les nom et demeure de l'entrepreneur seront inscrits en gros caractères sur la traverse de devant. L'inscription sera renouvelée aussi souvent qu'il sera nécessaire.

ART. 9. — Les entrepreneurs faisant usage de grosses tonnes seront tenus d'en fermer les bondes de déchargement au moyen d'une bande de fer transversale, fixée à demeure au tonneau par l'une de ses extrémités, et fermée à l'autre avec un cadenas fourni par l'administration.

ART. 10. — L'entrée dans Paris sera interdite aux grosses tonnes dont les bondes de déchargement ne seront point fermées de la manière prescrite en l'article précédent. Il en sera de même pour les voitures chargées de tonneaux du nouveau modèle, qui ne seront pas disposées ainsi qu'il est ordonné en l'article 8.

ART. 11. — Défenses sont faites aux entrepreneurs d'avoir dans Paris de grosses tonnes dont les bondes de déchargement ne seraient pas fermées à cadenas. Des visites journalières seront faites par les agents et préposés de la préfecture de police, à l'effet de surveiller la stricte exécution de cette mesure.

ART. 12. — Les grosses tonnes trouvées dans Paris en contravention à l'article précédent, seront, après avoir été déchargées à la voirie, si elles sont pleines, conduites à la fourrière établie rue du Faubourg-Saint-Martin, hôtel du Chaudron, n° 239, pour y rester jusqu'à ce qu'elles soient pourvues de cadenas.

ART. 13. — Les entrepreneurs faisant usage de grosses tonnes les conduiront à la voirie de Montfaucon, pour y être vidées. Un préposé de l'administration sera chargé d'ouvrir les cadenas et de les refermer après le déchargement. Les entrepreneurs faisant usage de tinettes continueront à les conduire et vider à la même voirie, jusqu'à ce qu'il leur soit enjoint, ainsi qu'il est déjà prescrit pour les tonneaux de nouveau modèle, de les conduire au port d'embarquement de La Villette, pour y être transportées à la voirie de Bondy.

Art. 14. — Le versement des matières sur la voie publique, en quelque quantité que ce puisse être, soit volontairement, soit par suite de l'état de dégradation des tonnes, tonneaux ou tinettes, constituera personnellement les entrepreneurs en état de contravention aux dispositions de l'article précédent. Dans ce cas, l'entrepreneur fera procéder immédiatement à l'enlèvement des matières répandues sur le sol de la voie publique ; à son défaut, il y sera pourvu sans délai, administrativement et à ses frais.

Art. 15. — Il est défendu à tout conducteur de voitures de vidanges de s'écarter, sans nécessité reconnue, de la ligne qui, du lieu de départ, conduit directement à la voirie de Montfaucon ou au port d'embarquement de La Villette.

Art. 16. — Il est défendu aux vidangeurs de laisser des matières entre les aculoirs et les bords ou parapets des bassins de la voirie.

Art. 17. — Hors le temps du service, les grosses tonnes, voitures, tinettes et tonneaux ne pourront être déposés ailleurs que dans les environs de la voirie de Montfaucon, au port d'embarquement de La Villette, et dans les endroits qui, au besoin, seront indiqués.

Art. 18. — Pendant le temps du service, les voitures, tonneaux ou tinettes seront rangés et disposés au-devant des maisons où se font les vidanges, de manière à nuire le moins possible à la liberté de la circulation.

Art. 19. — Après le travail de chaque nuit, et avant de quitter l'atelier, les vidangeurs seront tenus de laver les emplacements qu'ils auront occupés.

Art. 20. — Il leur est défendu de puiser de l'eau avec les seaux destinés aux vidanges.

Art. 21. — Il sera fait, au moins deux fois par an, des

visites chez les entrepreneurs de vidanges, à l'effet de constater
l'état des ustensiles nécessaires à l'exercice de leur profession.
Dans les cas où les ustensiles seront reconnus impropres au
service, les entrepreneurs auxquels ils appartiennent pourront
être privés de leur permission, jusqu'à ce qu'ils les aient re-
nouvelés ou réparés.

ART. 22. — Il est défendu aux ouvriers vidangeurs de se
présenter aux ateliers en état d'ivresse.

ART. 23. — Les ouvriers vidangeurs qui trouveront dans les
fosses des objets qui pourraient indiquer un délit ou des effets
quelconques en feront, dans le jour, la déclaration chez le
commissaire de police.

Deuxième partie : Dispositions de sûreté. — ART. 24. —
Aucune fosse d'aisances ne pourra être ouverte que par un
entrepreneur de vidanges, quels que soient les causes et motifs
de l'ouverture.

ART. 25. — Lorsque l'ouverture d'une fosse aura un motif
autre que celui de sa vidange, l'entrepreneur en donnera avis,
dans le jour, à la préfecture de police.

ART. 26. — Tout entrepreneur chargé de la vidange d'une
fosse sera tenu de faire, au bureau du directeur de la salubrité,
la déclaration du jour de l'ouverture de la fosse.

ART. 27. — L'entrepreneur ou l'un de ses chefs d'atelier
sera présent à l'ouverture de la fosse.

ART. 28. — Lorsqu'il n'aura pu en trouver la clef, il ne
pourra en faire rompre la voûte qu'en vertu d'une permission
du préfet de police.

ART. 29. — La vidange d'une fosse ne pourra être commencée que douze heures au moins après son ouverture.

ART. 30. — Pendant ces douze heures, l'entrepreneur s'assurera, autant que possible, de l'état de la fosse et des tuyaux.

ART. 31. — Les propriétaires et locataires seront tenus de
donner toutes facilités à l'entrepreneur pour le dégorgement
des tuyaux et l'introduction de l'air dans la fosse pendant la
vidange. En cas de refus de leur part, il en fera sa déclaration
à la préfecture de police.

Art. 32. — Il est défendu aux entrepreneurs de faire descendre des ouvriers dans une fosse dont les tuyaux ne seraient pas complétement dégorgés.

Art. 32. — L'entrepreneur, outre les seaux destinés au lavage, est tenu de fournir à chaque atelier, pour l'extraction des matières, au moins quatre seaux munis de cordes et crochets.

Art. 34. — Les seaux seront passés dans des crochets fermés à ressort.

Art. 35. — Il est expressément défendu aux ouvriers de retirer, avant la fin de la vidange, les seaux qui seraient tombés dans les fosses.

Art. 36. — L'entrepreneur fournira chaque atelier d'au moins deux bridages et d'un flacon de chlorure de chaux, dont il sera fait usage pour prévenir les dangers d'asphyxie.

Art. 37. — Il est défendu aux ouvriers de travailler à l'extraction des matières, même des eaux vannes, et de descendre dans les fosses, pour quelque cause que ce soit, sans être ceints d'un bridage.

Art. 38. — La corde du bridage sera tenue par un ouvrier placé à l'extérieur de la fosse. Il est défendu à tout ouvrier de se refuser à ce service.

Art. 39. — Les entrepreneurs sont responsables des suites de toutes contraventions aux sept articles précédents.

Art. 40. Lorsque, dans leur travail, des ouvriers auront été frappés du plomb, le chef d'atelier suspendra la vidange de la fosse.

Art. 41. L'entrepreneur sera tenu de faire, dans le jour, à la préfecture de police, sa déclaration de suspension de travail et des causes qui l'auront déterminée.

Art. 42. Il ne pourra reprendre le travail qu'avec les précautions et mesures qui lui seront indiquées, selon les circonstances.

Art. 43. — Aucune fosse ne pourra être allégée sans une autorisation du préfet de police.

Art. 44. — Il est défendu aux entrepreneurs de laisser des

matières au fond des fosses, et de les masquer de quelque manière que ce soit.

Art. 45. — Aucune fosse précédemment comblée ne pourra être déblayée que par un entrepreneur de vidanges.

Art. 46. — L'entrepreneur apportera à cette opération les mêmes précautions qu'à la vidange.

Troisième partie : Dispositions transitoires. — Art. 47. — Dans la huitaine de la publication de la présente ordonnance, les entrepreneurs de vidanges actuellement pourvus de permissions en feront le dépôt à la préfecture de police, pour être renouvelées.

Art. 48. — Un délai de quinze jours est accordé aux entrepreneurs pour l'exécution des changements nécessités par l'art. 8, à celles de leurs voitures qui servent actuellement au transport des tonneaux du nouveau modèle. A l'expiration de ce terme, aucune voiture de cette espèce ne pourra circuler sans avoir été disposée de manière à transporter les tonneaux debout.

Art. 49. — A compter du jour de la publication de la présente ordonnance, il est défendu aux entrepreneurs de vidanges de faire confectionner de grosses tonnes, même pour remplacer celles qui, dès à présent ou par la suite, seront reconnues impropres au service. Ceux qui en feront usage devront, dans les trois jours qui suivront cette publication, remettre au bureau du directeur de la salubrité une déclaration signée d'eux, contenant le nombre des grosses tonnes qu'ils ont en ce moment. Ce directeur fera vérifier immédiatement l'exactitude de ces déclarations et l'état dans lequel se trouvent les grosses tonnes. Le service des grosses tonnes sera entièrement interdit à l'époque de la suppression de la voirie de Montfaucon.

Dispositions générales. — Art. 50. — L'entrée et la sortie des voitures de vidanges ne pourront avoir lieu que par la barrière du Combat, à l'exception des voitures chargées de tonneaux du nouveau modèle et d'appareils de fosses mobiles qui pourront passer par la barrière de Pantin.

1131.   *Ordonnance de police du 5 juin 1834.*

Nous, préfet de police,

Considérant que les entrepreneurs qui se livrent soit à la vidange des fosses d'aisances, soit à l'exploitation et au transport des appareils connus sous le nom de fosses mobiles, n'apportent pas dans l'exécution de ces services toutes les précautions nécessaires ; que des propriétaires font opérer clandestinement des vidanges de fosses par des personnes étrangères à ce genre d'industrie, ou qui n'ont pas les moyens d'exploitation suffisants ; qu'il en résulte des accidents ; que des fosses présentant des dangers ou des inconvénients graves sont soustraites à l'examen de l'autorité, et que les matières provenant de ces opérations clandestines, au lieu d'être transportées directement à la voirie, ainsi qu'il est enjoint par les règlements de police, servent à former des dépôts sur divers points et quelquefois même sont versées sur la voie publique ; considérant qu'il est urgent de remédier à cet état de choses qui compromet la salubrité ; Vu : 1° l'ordonnance de police concernant les maîtres vidangeurs, du 18 octobre 1771 ; 2° la loi des 16 et 24 août 1790, titre XI, art. 3, §§ 1 et 5 ; 3° l'art. 471 du Code pénal ; 4° les ordonnances de police concernant les vidangeurs, des 24 août 1808 et 4 juin 1831 ; 5° l'ordonnance du roi du 24 septembre 1819, qui détermine le mode de construction des fosses d'aisances dans la ville de Paris, ensemble l'ordonnance de police du 23 octobre suivant ; en vertu de l'arrêté du gouvernement du 12 messidor an VIII (1er juillet 1800), ordonnons ce qui suit :

ART. 1er. — Il est enjoint à tous propriétaires de maisons de faire procéder sans retard à la vidange des fosses d'aisances lorsqu'elles seront pleines.

ART. 2. — Nul ne pourra exercer la profession d'entrepreneur de vidanges dans Paris sans être pourvu d'une permission du préfet de police. Cette permission ne sera délivrée qu'après qu'il aura été justifié par le demandeur : 1° qu'il a les voitures, chevaux, tinettes, tonneaux, seaux et autres ustensiles nécessaires au service des vidanges ; 2° qu'il est muni des appareils de désinfection qui auront été adoptés par l'administration ; et 3° qu'il a pour déposer ses voitures, appareils et ustensiles pendant le temps où ils ne sont point employés aux opérations de la vidange, un emplacement convenable situé dans une localité où l'administration aura reconnu que ce dépôt peut avoir lieu sans inconvénient.

ART. 3. — La vidange des fosses d'aisances ne pourra avoir lieu que pendant la nuit. Les voitures employées à ce service, chargées ou non chargées, ne peuvent circuler dans Paris, savoir : à compter du 1er octobre jusqu'au 31 mars, avant dix heures du soir, ni après huit heures du matin ; et à compter du 1er avril jusqu'au 30 septembre, avant onze heures du soir, ni après six heures du matin. L'extraction des matières ne pourra commencer avant l'arrivée des voitures.

ART. 4. — Les voitures employées au transport des matières fécales devront être munies sur le devant d'une lanterne allumée pendant la nuit et porter devant et derrière un numéro d'ordre qui sera assigné à chacune d'elles par le directeur de la salubrité ; ce numéro, peint en jaune sur un fond noir, aura au moins 27 centimètres de hauteur sur 4 centimètres de largeur. Ces voitures porteront, en outre, une plaque indiquant le nom et la demeure du propriétaire.

ART. 5. — Les entrepreneurs faisant usage de tonnes seront tenus d'en fermer les bondes de déchargement au moyen d'une bande de fer transversale fixée à demeure à la tonne par l'une de ses extrémités et fermée à l'autre par un cadenas fourni par l'administration. Les écrous et rondelles soutenant la ferrure seront rivés à l'intérieur des tonnes. L'entonnoir de charge sera fermé de manière à prévenir toute éclaboussure. L'entrée dans Paris sera interdite aux tonnes dont les bondes de déchargement ne seront point fermées de la manière prescrite par le présent article. Les cadenas apposés aux tonnes ne pourront être ouverts et refermés qu'à la voirie et que par l'employé de l'administration préposé à cet effet.

ART. 6. — Il sera placé une lanterne allumée en saillie sur

la voie publique à la porte de la maison où devra s'opérer une vidange, et ce préalablement à tout travail et à tout dépôt d'apppareils sur la voie publique.

ART. 7. — On ne pourra ouvrir aucune fosse d'aisances sans prendre les précautions nécessaires pour prévenir les accidents qui pourraient résulter du dégagement ou de l'inflammation des gaz qui y seraient renfermés. Lorsque l'ouverture aura un motif autre que celui de la vidange, l'entrepreneur en donnera avis dans le jour à la préfecture de police.

ART. 8. — La vidange d'une fosse d'aisances ne pourra avoir lieu sans que, préalablement, il en ait été fait par écrit une déclaration au bureau du directeur de la salubrité, la veille ou le jour même de la vidange, avant midi. Cette déclaration énoncera le nom de la rue et le numéro de la maison, les nom et demeure du propriétaire et de l'entrepreneur de vidanges, enfin le nombre des fosses à vider dans la même maison.

ART. 9. — Lorsque l'entrepreneur n'aura pu trouver l'ouverture de la fosse, il ne pourra en faire rompre la voûte qu'en vertu d'une permission du préfet de police. L'ouverture pratiquée devra avoir les dimensions prescrites par l'art. 11 de l'ordonnance du roi du 24 septembre 1819.

ART. 10. — Les propriétaires et locataires ne devront pas s'opposer au dégorgement des tuyaux. En cas de refus de leur part, la déclaration en sera faite par l'entrepreneur à la préfecture de police.

ART. 11. — L'entrepreneur fournira chaque atelier d'au moins deux bridages et d'un flacon de chlorure de chaux concentrée duquel il sera fait usage au besoin pour prévenir les dangers d'asphyxie.

ART. 12. — Il ne pourra être employé à chaque atelier moins de quatre ouvriers dont un chef.

ART. 13. — Il est défendu aux ouvriers de se présenter dans les ateliers en état d'ivresse. Il leur est également défendu de travailler à l'extraction des matières, même des eaux vannes, et de descendre dans les fosses, pour quelque cause que ce soit, sans être ceints d'un bridage. La corde de bridage sera tenue par un ouvrier placé à l'extérieur de la fosse. Nul ouvrier ne pourra se refuser à ce service. Il est défendu aux entrepreneurs et chefs d'atelier de conserver sur leurs travaux des ouvriers qui seraient en contravention aux dispositions ci-dessus.

ART. 14. — Pendant le temps du service, les vaisseaux, appareils et voitures seront placés dans l'intérieur des maisons toutes les fois qu'il y aura un emplacement suffisant pour les recevoir. Dans le cas contraire, ils seront rangés au-devant des maisons où se feront les vidanges, de manière à nuire le moins possible à la liberté de la circulation.

ART. 15. — Lors de la vidange des fosses, les matières en provenant seront immédiatement déposées dans les récipients qui doivent servir à les transporter aux voiries. Ces vaisseaux seront, en conséquence, remplis auprès de l'ouverture des fosses, fermés, lattés et nettoyés ensuite avec soin à l'extérieur avant d'être portés aux voitures ; toutefois, les eaux vannes pourront être extraites au moyen d'une pompe.

ART. 16. — Après le travail de chaque nuit et avant de quitter l'atelier, les vidangeurs seront tenus de laver et de nettoyer les emplacements qu'ils auront occupés. Il leur est défendu de puiser de l'eau avec les seaux employés aux vidanges.

ART. 17. — Le travail de vidange de chaque fosse sera continué à nuits consécutives. Lorsque les ouvriers auront été frappés de plomb (asphyxiés), le chef d'atelier suspendra la vidange, et l'entrepreneur sera tenu de faire dans le jour, à la préfecture de police, la déclaration de suspension de travail. Il ne pourra reprendre le travail qu'avec les précautions et les mesures qui lui seront indiquées selon les circonstances.

ART. 18. — Aucune fosse ne pourra être allégée sans une autorisation du préfet de police. Il est défendu aux entrepreneurs de laisser des matières au fond des fosses et de les masquer de quelque manière que ce soit.

ART. 19. — Les fosses doivent être entièrement vidées, balayées et nettoyées. Les ouvriers vidangeurs qui trouveront dans les fosses des objets quelconques, et notamment des objets pouvant indiquer ou faire supposer quelque crime ou délit, en donneront avis à l'inspecteur de ronde, lors de son passage, et en feront dans le jour les déclarations chez un commissaire de police.

Art. 20. — Il est défendu de laisser dans les maisons, au delà des heures fixées par le travail, des vaisseaux ou appareils quelconques servant à la vidange des fosses d'aisances. Ceux contenant des matières qui seraient trouvées au delà des dites heures, seront, aux frais de l'entrepreneur, immédiatement enlevées d'office et transportées à la voirie.

Art. 21. — Néanmoins, toutes les fois que, dans l'impossibilité momentanée de se servir d'une fosse d'aisances, il sera reconnu nécessaire de placer dans la maison des tinettes ou tonneaux, le dépôt provisoire de ces vaisseaux sera, sur la demande écrite du propriétaire ou principal locataire, accordé à l'entrepreneur par le directeur de la salubrité. Ces appareils devront être enlevés aussitôt qu'ils seront pleins ou que la cause qui aura nécessité leur placement aura cessé.

Art. 22. — Hors le temps du service, les tonnes, voitures, tinettes et tonneaux ne pourront être déposés ailleurs que dans des emplacements agréés à cet effet par l'administration.

Art. 23. — Le repérage d'une fosse sera déclaré de la même manière que sa vidange. Il sera effectué d'après le même mode et en observant les mêmes mesures de précautions.

Art. 24. — Les eaux qui reviendraient dans toute fosse vidée ou en cours de réparation, devront être enlevées comme les matières de vidanges. Toutefois, lorsque la nature de ces eaux le permettra, et en vertu de notre autorisation spéciale, elles pourront être versées au ruisseau de la rue pendant la nuit.

Art. 25. — Aucune fosse ne pourra être fermée après la vidange qu'en vertu d'une autorisation écrite qui sera délivrée, selon les cas et après les visites ou réparations nécessaires, par le directeur de la salubrité ou par l'architecte commissaire voyer (plus tard l'inspecteur divisionnaire des fosses ou ses préposés). Le propriétaire devra avoir sur place, jusqu'à ce qu'il ait reçu l'autorisation de fermer la fosse, une échelle de longueur convenable pour en faciliter la visite.

Art. 26. — Dans le cas où la fosse aurait été fermée en contravention à l'article précédent, le propriétaire sera tenu de la faire rouvrir et laisser ouverte aux jour et heure indiqués par la sommation qui lui sera adressée à cet effet, pour que la visite puisse en être faite par qui de droit.

Art. 27. — Aucune fosse précédemment comblée ne pourra être déblayée qu'en prenant pour cette opération les mêmes précautions que pour la vidange.

Art. 28. — Il ne pourra être établi dans Paris, en remplacement des fosses d'aisances en maçonnerie, ou pour en tenir lieu, que des appareils approuvés par l'autorité compétente.

Art. 29. — Aucun appareil de fosse mobile ne pourra être placé dans toute fosse supprimée dans laquelle il reviendrait des eaux quelconques.

Art. 30. — Nul ne pourra exercer la profession d'entrepreneur de fosses mobiles dans Paris sans être pourvu d'une permission du préfet de police. Cette permission ne sera délivrée qu'après qu'il aura été justifié par le demandeur : 1° qu'il a les voitures, chevaux et appareils nécessaires au service des fosses mobiles; 2° qu'il a pour déposer ses voitures et appareils, lorsqu'ils ne sont pas de service, un emplacement convenable agréé à cet effet par l'administration.

Art. 31. — Le transport des appareils de fosses mobiles ne pourra avoir lieu dans Paris, savoir : à compter du 1er octobre jusqu'au 31 mars, avant sept heures du matin ni après quatre heures de relevée, et à compter du 1er avril jusqu'au 30 septembre, avant cinq heures du matin ni après une heure de relevée.

Art. 32. — Aucun appareil de fosses mobiles ne pourra être placé dans Paris sans déclaration préalable à la préfecture de police par le propriétaire ou par l'entrepreneur. Il sera joint à cette déclaration un plan de la localité où l'appareil devra être déposé et l'indication des moyens de ventilation.

Art. 33. — Les appareils devront être établis sur un sol rendu imperméable jusqu'à un mètre au moins au pourtour des appareils, autant que les localités le permettront, et disposé en forme de cuvette.

Art. 34. — Tout appareil plein devra être enlevé et remplacé avant que les matières ne débordent. Tout enlèvement d'appareil devra être précédé d'une déclaration qui sera faite la veille à la direction de la salubrité.

Art. 35. — Les appareils à enlever seront fermés sur place, lattés et nettoyés ensuite avec soin avant d'être portés aux voitures.

Art. 36. — Il est défendu de laisser dans les maisons d'autres appareils de fosses mobiles que ceux qui y sont de service. Les appareils remplis de matières, remplacés et laissés dans les maisons, seront, aux frais de l'entrepreneur, immédiatement enlevés d'office et transportés à la voirie. Il en sera de même de tout appareil en service dont les matières déborderont.

Art. 37. — Il est expressément défendu de faire écouler les matières contenues dans des appareils à l'aide de cannelles ou de toute autre manière.

Art. 38. — Les entrepreneurs de fosses mobiles seront tenus de remettre une fois par an ou plus souvent, si l'administration le juge nécessaire, au directeur de la salubrité, l'état des appareils qu'ils desservent *intra muros*.

Dispositions transitoires. — **Art. 39.** — Dans le délai de six mois, tout entrepreneur de vidanges et de fosses mobiles actuellement établi devra présenter et faire agréer par l'administration un emplacement convenable pour faire déposer les voitures, appareils et ustensiles hors le temps du service, conformément aux dispositions prescrites par l'art. 22.

Dispositions générales. — **Art. 40.** — A Paris, l'entrée et la sortie des voitures servant au transport des matières fécales ne pourront avoir lieu, savoir : pour les tonnes et les voitures chargées de tinettes, que par la barrière du Combat, et pour les voitures chargées de tonneaux 0^m.10 cubes ou d'appareils

de fosses mobiles, que par la barrière de Pantin. Tout stationnement intermédiaire de ces voitures et appareils du lieu
de chargement à la voirie est expressément interdit.

Art. 41. — Les voitures de transport de vidanges devront
être construites avec solidité, entretenues en bon état et chargées de manière que les vaisseaux reposent toujours sur la
partie opposée à leur ouverture.

Art. 42. — Les vaisseaux ou appareils contenant des matières seront conduits directement aux voies désignées par
l'autorité ; ils devront être constamment entretenus en bon
état, de telle sorte que rien ne puisse s'en échapper ou se ré-
pande.

Art. 43. — En cas de versement de matières sur la voie
publique, l'entrepreneur fera procéder immédiatement à leur
enlèvement et au lavage du sol. Faute par lui de se conformer
aux dispositions du présent article, il y sera pourvu d'office et
à ses frais.

Art. 44. — Il sera procédé au moins deux fois par an à la
visite du matériel employé par les entrepreneurs au service des
vidanges et des fosses mobiles, à l'effet de constater le bon
état de ce matériel. Dans le cas où il résulterait de ces visites
qu'un entrepreneur a cessé de satisfaire aux conditions imposées aux articles 2 et 30, sa permission lui sera retirée.

Art. 45. — Les contraventions seront constatées par des
rapports ou procès-verbaux qui seront adressés au préfet de
police.

Art. 46. — Il sera pris au sujet des contraventions telles
mesures de police administrative qu'il appartiendra, sans préjudice des poursuites à exercer devant les tribunaux.

Art. 47. — La présente ordonnance sera imprimée et affichée ; elle sera en outre notifiée à chaque entrepreneur de
fosses mobiles actuellement établi. Le chef de police municipale, le commissaire de police, les officiers de paix, le directeur de la salubrité, l'architecte commissaire de la petite
voirie et les préposés de la préfecture de police en surveilleront et assureront l'exécution, chacun en ce qui les concerne.

Elle sera adressée : 1° à M. le colonel de la garde municipale de Paris pour le mettre à même de concourir à son exécution ; 2° à M. le directeur de l'octroi et des droits d'entrée de Paris, avec invitation de charger les préposés et les employés sous ses ordres, notamment aux barrières de Pantin et du Combat, de concourir à l'exécution des dispositions prescrites par les art. 3, 4, 5 et 40 ; 3° à M. le sous-préfet de l'arrondissement de Saint-Denis et à MM. les maires des communes de Belleville et de La Villette, pour concourir également à son exécution, chacun en ce qui le concerne.

1132. *Arrêté de police du 6 juin 1834, relatif aux voitures de vidanges.*

Nous, préfet de police, considérant que les voitures de vidanges chargées de tonnes ou vaisseaux quelconques excédant ensemble la capacité de deux mètres cubes, écrasent le pavé, causent la rupture des conduites d'eaux, dégradent et enfoncent les voûtes d'égout ; qu'elles ne peuvent être introduites dans les maisons où se font les vidanges ; que leur stationnement sur la voie publique, pendant toute la durée de ces opérations, présente des inconvénients pour la circulation et pour la salubrité ; que les secousses occasionnées par le passage de ces voitures ébranlent les maisons riveraines des rues et peuvent déterminer l'éboulement des bâtiments ou des parties de bâtiment en mauvais état ; enfin que la difficulté de diriger et d'arrêter à volonté ces masses énormes conduites avec rapidité donne lieu à des bris de devantures de boutiques, à des dégradations de trottoirs et à des accidents de nature à compromettre la sûreté des passants ; vu, 1° la loi des 16-24 août 1790, titre XI, art. 3 ; 2° la loi des 19 et 22 juillet 1791, titre Ier, art. 46 ; 3° l'art. 471 du Code pénal ; 4° l'ordonnance de police concernant la vidange des fosses d'aisances, du 5 de ce mois ; en vertu de l'arrêté du gouvernement du 12 messidor an VIII (1er juillet 1800) ; arrêtons ce qui suit :

Art. 1er. — A partir du 1er avril 1835, l'entrée et la circulation seront interdites à toutes les voitures de vidanges chargées de tonnes, tonneaux, tinettes ou vaisseaux quelconques, qui excéderaient ensemble la capacité de deux mètres cubes.

Art. 2. — Les contraventions seront constatées par des rapports ou procès-verbaux qui seront adressés au préfet de police.

Art. 3. — Il sera pris au sujet des contraventions telles mesures de police administrative qu'il appartiendra, sans préjudice des poursuites à exercer devant les tribunaux.

Art. 4. — Le présent arrêté sera imprimé et affiché. Il sera, en outre, notifié à chaque entrepreneur de vidanges.

1133. *Ordonnance de police du 1er avril 1842, concernant les urinoirs.*

Titre IV : Urinoirs publics. — Art. 18. — Dans les voies publiques où des urinoirs sont établis, il est interdit d'uriner ailleurs que dans ces urinoirs. Les personnes qui auront été autorisées à établir des urinoirs sur la voie publique devront les entretenir en bon état, et en faire opérer le nettoiement et le lavage assez fréquemment pour qu'ils soient constamment propres et qu'il ne s'en exhale aucune mauvaise odeur. En cas d'inexécution, il sera pourvu d'office aux frais des contrevenants, à la réparation, au nettoiement et au lavage de ces urinoirs.

1134. *Ordonnance du 23 septembre 1843, qui autorise le sieur Huguin à exploiter son système de fosses d'aisances et de vidange dans Paris.*

Nous, conseiller d'Etat, préfet de police, vu : 1° notre arrêté du 17 juin 1840, qui autorise la dame Huguin à employer dans Paris, à titre de tolérance et comme essai, de nouveaux appareils de fosses mobiles de l'invention du sieur *Dalmont;* 2° notre arrêté du 17 février dernier, qui autorise également, comme essai et à titre de tolérance, le sieur Huguin, demeurant à Paris, boulevard Saint-Martin, nº 14, à enlever, au moyen de la pompe, et à transporter, dans des appareils appelés *voitures-réservoirs*, aux lieux à ce destinés, les eaux vannes des appareils de fosses d'aisances par lui placés dans les maisons de Paris; 3º diverses demandes à nous adressées par ledit sieur Huguin et tendant à obtenir l'autorisation d'exploiter, dans la ville de Paris, son système de fosses d'aisances et de vidange avec les modifications qui y ont été apportées jusqu'à ce jour; 4º l'art. 31 de l'ordonnance royale du 24 septembre 1819, relative au mode de construction des fosses d'aisances dans Paris, et qui dispense des constructions déterminées aux articles précédents les propriétaires qui voudront employer les appareils connus sous le nom de *fosses mobiles inodores*, ou tous autres appareils que l'administration publique aurait reconnus, par la suite, pouvoir être employés concurremment avec ceux-ci ; 5º l'ordonnance de police du 23 octobre 1819, rendue pour l'exécution de l'ordonnance royale précitée ; 6º le rapport de la commission nommée par nous pour étudier le système de fosses d'aisances et de vidange du sieur Huguin, ensemble l'avis du conseil de salubrité du 4 août dernier, et les deux plans figuratifs de ce système produits par le sieur Huguin, et annexés audit rapport avec deux notes explicatives; 7º la décision du ministre de l'agriculture et du commerce, en date du 21 de ce mois, portant que, conformément à notre proposition, l'autorisation demandée par le sieur Huguin peut lui être accordée sous diverses conditions et restrictions; 8º le procès-verbal de recensement du matériel du sieur Huguin, dressé par le directeur de la salubrité, le 30 août dernier, ensemble l'avis de ce chef de service sur les conditions à imposer audit entrepreneur; 9º l'ordonnance de police du 5 juin 1834, concernant la vidange des fosses d'aisances et le service des fosses mobiles dans Paris ; 10º et l'arrêté de police du 6 du même mois, relatif aux voitures de vidange ; en vertu de la loi des 16-24 août 1790 et des arrêtés du gouvernement du 12 messidor an VIII et 3 brumaire an IX (1ᵉʳ juillet et 25 octobre 1800); ordonnons ce qui suit:

§ 1er. — *Fosses d'aisances.* — Art. 1er. — Le sieur Huguin est autorisé à exploiter, dans la ville de Paris, son système de fosses d'aisances, tout à la fois mobiles et fixes, lequel consiste en un récipient de fer galvanisé, dit appareil diviseur, et en un réservoir en bois de chêne garni de plomb à l'intérieur ou en maçonnerie, destiné à recevoir les liquides provenant de l'appareil diviseur, ainsi qu'il est figuré au plan n° 2, annexé à la présente ordonnance et indiqué en la note explicative qui s'y réfère.

Art. 2. — Les récipients dits appareils diviseurs ne devront pas être d'une capacité de plus de 70 litres. Les réservoirs en bois ou en maçonnerie devront contenir au moins 2.000 litres de matières liquides. Ces récipients et réservoirs seront établis et disposés de la manière indiquée au plan et dans la note n° 2 mentionnés en l'article qui précède.

Art. 3. — Aucun appareil ou réservoir ne pourra être établi sans une permission spéciale émanée de nous. Cette permission sera délivrée, s'il y a lieu, sur la demande soit du propriétaire, soit de l'entrepreneur.

Art. 4. — Toute demande de permission sera accompagnée d'un plan de la localité où l'appareil ou réservoir devra être établi.

Art. 5. — Aucun appareil ni réservoir ne pourra être établi dans les fosses supprimées où des eaux reviendraient.

Art. 6. — Les appareils et réservoirs seront constamment entretenus en bon état et ne devront jamais laisser filtrer les matières. Ils seront enlevés ou vidés avant que les matières débordent.

Art. 7. — Dans le cas où le sieur Huguin voudrait faire écouler les eaux vannes provenant de ses appareils dans d'anciennes fosses en maçonnerie reconnues en bon état, il devrait se pourvoir auprès de nous d'une autorisation spéciale, laquelle déterminera les conditions imposées audit entrepreneur.

Art. 8. — Il lui est interdit d'employer, pour tenir lieu des réservoirs désignés en l'article 1er, des appareils en fer de la forme et de la capacité de ses appareils diviseurs, ni aucun autre récipient quelconque. Toutefois, il pourra être autorisé à n'établir, pour le service de certaines localités, qu'un seul appareil qui, dans ce cas, recevrait et conserverait les matières liquides et solides.

ART. 9. — Le sol, sous les appareils diviseurs ou autres, e au pourtour des réservoirs, lorsqu'ils ne seront pas établis dans d'anciennes fosses, sera rendu imperméable et disposé de façon qu'en cas de déversement les matières se réunissent sur un même point d'où elles puissent être enlevées facilement.

ART. 10. — Il sera pourvu sans retard, par l'entrepreneur, à l'enlèvement des matières qui se trouveraient sur le sol du local où sont placés les appareils ou réservoirs, par suite de déversement, filtrations ou de toute autre cause.

ART. 11. — Il est défendu au sieur Huguin de laisser dans les maisons des appareils qui n'y seraient pas en service. Les appareils contenant des matières laissées dans les maisons après leur remplacement, seront, aux frais de l'entrepreneur, immédiatement enlevés d'office et transportés à la voirie. Il en sera de même de tout appareil en service dont les matières déborderont.

ART. 12. — Il est expressément interdit au sieur Huguin de faire écouler des matières provenant de ses appareils, soit sur la voie publique, soit sur aucun point des localités où lesdits appareils se trouvent placés, soit partout ailleurs que dans les voiries où ils doivent être transportés.

ART. 13. — Les caveaux où seront établis des appareils et réservoirs devront être constamment pourvus d'une échelle solide pour en faciliter la visite par les préposés de notre administration. Les fermetures dont pourront être garnies les portes ou trappes de ces caveaux seront les mêmes que celles que l'entrepreneur emploiera pour les couvercles des réservoirs en bois ou en maçonnerie, qu'il doit tenir constamment fermés. Le sieur Huguin remettra au directeur de la Salubrité des clefs de ces fermetures en nombre suffisant pour répondre aux besoins du service.

§ 2. — *Vidange.* — ART. 14. — Le sieur Huguin est

également autorisé à procéder à l'enlèvement des appareils et
à la vidange des réservoirs qu'il établira dans Paris, en vertu
des autorisations spéciales qui pourront lui être délivrées conformément aux dispositions de l'art. 3 ci-dessus. Pour ces en-
lèvements et vidanges, il ne pourra employer que des voitures
et appareils conformes aux voitures et appareils figurés et décrits aux plan et note n° 1, qui sont annexés à la présente
ordonnance. Cette autorisation n'est d'ailleurs accordée que
sous les conditions et restrictions ci-après indiquées.

Art. 15. — Lorsque les maisons où seront établis les appareils et réservoirs à enlever ou vider, seront pourvues de
cours où il aura été reconnu que les voitures du sieur Huguin
peuvent entrer, cet entrepreneur ne pourra, pendant l'opération de l'enlèvement ou de la vidange, laisser stationner aucune de ses voitures sur la voie publique. Les vidanges et en-
lèvements d'appareils à opérer dans ces maisons pourront
avoir lieu, savoir : du 1er octobre au 31 mars, depuis sept
heures du matin jusqu'à quatre heures de relevée ; et du
1er avril au 30 septembre, depuis cinq heures du matin jusqu'à six heures de relevée.

Art. 16. — L'enlèvement des appareils et la vidange des
réservoirs, dans les maisons où les voitures de l'entreprise ne
pourront entrer, ne pourront avoir lieu, en aucune saison,
avant le jour ni après neuf heures du matin. Dans ce cas, les
voitures seront rangées au devant de la maison où se fera l'enlèvement ou la vidange, de manière à nuire le moins possible
à la liberté de la circulation. Les conducteurs de ces voitures
se tiendront constamment à portée de leurs chevaux pour les
surveiller.

Art. 17. — Tout enlèvement d'appareil et toute vidange
de réservoirs devront être précédés d'une déclaration qui sera
faite, la veille, avant quatre heures du soir, à la direction de
la salubrité.

Art. 18. — Les voitures servant au transport des appareils
et les voitures-réservoirs seront construites avec solidité et
entretenues en bon état de propreté.

Art. 19. — Les voitures-réservoirs ne pourront porter aucun tube de nature à former siphon. Leur ouverture supérieure, dite trou d'homme, sera, ainsi que l'ouverture de décharge, fermée au moyen d'un cadenas fourni par l'administration. L'entrée dans Paris sera interdite aux voitures-réservoirs dont l'ouverture supérieure et l'ouverture de décharge ne seront point formées de la manière prescrite par le présent article. Les cadenas apposés auxdites voitures ne pourront être ouverts et refermés qu'à la voirie et que par l'employé de l'administration préposé à cet effet. Les frais que pourront occasionner la confection et la réparation desdits cadenas seront supportés par l'entrepreneur, qui en fera le remboursement à l'administration.

Art. 20. — Les appareils mobiles, avant leur enlèvement, seront désinfectés ainsi que les matières à leur surface, de façon à prévenir toute exhalaison incommode pendant le transport. Ces appareils seront placés sur les voitures de manière à ce qu'ils reposent toujours sur la partie opposée à leur ouverture.

Art. 21. — Les liquides contenus dans les réservoirs seront, avant leur transvasement à la pompe dans les voitures-réservoirs, désinfectés par les chlorures ou par tout autre agent qui serait reconnu avoir autant d'efficacité, de telle sorte qu'aucune émanation infecte ne soit à craindre pendant l'opération du transvasement.

Art. 22. — L'enlèvement des appareils mobiles et la vidange des réservoirs ne pourront avoir lieu, dans le périmètre des Halles, tel qu'il sera indiqué à l'entrepreneur par le directeur de la salubrité, savoir : du 1er octobre au 31 mars, avant huit heures du soir ni après minuit ; et du 1er avril au 30 septembre, avant neuf heures du soir ni après minuit. La déclaration prescrite par l'art. 17 aura lieu dans le cas prévu par le présent article, au plus tard, le jour de l'opération avant midi.

Art. 23. — Les réservoirs devront être entièrement vidés et nettoyés, à moins d'une dispense spéciale.

Art. 24. — Les voitures servant au transport des appareils mobiles et les voitures-réservoirs entreront dans Paris et en sortiront, savoir : les premières, par la barrière de Pantin, et les autres par la barrière du Combat. Elles ne pourront entrer qu'une demi-heure avant le moment fixé pour le commencement du travail. Elles devront sortir, au plus tard, une demi-heure après l'heure fixée pour la cessation du travail. Tout stationnement intermédiaire de ces voitures entre le lieu de chargement et la voirie est expressément interdit.

ART. 25. — Les appareils et voitures-réservoirs contenant des matières seront conduits directement aux voiries par nous désignées.

ART. 26. — Le sieur Huguin est autorisé à remiser son matériel rue de Meaux, n° 20, à Belleville. Il lui est interdit de remiser ledit matériel dans aucun autre endroit sans une permission spéciale émanée de notre préfecture.

ART. 27. — Chacune des voitures de l'entreprise portera, sur le devant et sur le derrière, un numéro d'ordre qui sera indiqué par le directeur de la salubrité, et aura $0^m.25$ de hauteur sur $0^m.04$ de largeur. Elle portera, en outre, en caractères très-apparents, les nom et demeure de l'entrepreneur.

ART. 28. — Toute voiture circulant après la chute du jour, dans le cas prévu par l'art. 22, devra être munie de deux lanternes allumées.

ART. 29. — L'autorisation de procéder à la vidange des réservoirs pendant le temps déterminé par les articles précédents, n'est accordée que provisoirement et à titre d'essai.

ART. 30. — Le sieur Huguin fournira au directeur de la salubrité, deux fois par an, aux mois de janvier et juillet, un état indicatif des appareils et réservoirs en service dans Paris, et il sera tenu de se pourvoir du matériel qui sera jugé nécessaire pour opérer convenablement l'enlèvement et la vidange desdits appareils et réservoirs.

ART. 31. — Le sieur Huguin devra faire connaître aux propriétaires, par ses avis, factures et contrats, les conditions d'ordre et de salubrité publique qui lui sont imposées par l'administration.

ART. 32. — Toutes les fois que les propriétaires ou locataires renonceront, par un motif quelconque, à l'emploi des appareils et réservoirs par lui établis, le sieur Huguin sera tenu d'en faire immédiatement la déclaration à la préfecture de police.

ART. 33. — Il sera tenu, en outre, de se conformer à toutes les autres mesures d'ordre, de sûreté et de salubrité publiques, que l'administration jugerait convenable de lui prescrire par la suite.

ART. 34. — En cas d'inexécution des conditions imposées au sieur Huguin par la présente ordonnance, l'autorisation qu'elle contient pourra être révoquée, sans préjudice des poursuites auxquelles les contraventions pourront donner lieu devant les tribunaux.

ART. 35. — La présente ordonnance sera notifiée au sieur Huguin par le commissaire de police du quartier de la Porte Saint-Martin, qui dressera de cette notification un procès-verbal, qu'il nous fera parvenir sans délai. A cet effet, il lui en sera adressé une expédition. Il en sera également adressé une expédition : 1° au directeur de la salubrité et aux commissaires de police des communes de La Villette et de Belleville, qui sont spécialement chargés d'en assurer l'exécution; 2° à M. le directeur de l'octroi de Paris, qui est invité à charger les préposés et les employés sous ses ordres, notamment aux barrières de Pantin et du Combat, de concourir à l'exécution des dispositions prescrites par les art. 15, 18, 19, 20, 22, 24, 27 et 28; 3° et au commissaire de police remplissant les fonctions du ministère public près le tribunal de simple police.

1135. *Ordonnance de police du 1er octobre 1844, concernant les urinoirs.*

Semblable à l'ordonnance du 1er avril 1843, et portant que dans les voies publiques où des urinoirs sont établis, il est interdit d'uriner ailleurs que dans ces urinoirs.

1136. *Ordonnance de police du* 26 *janvier* 1846, *autorisant le sieur Domange et compagnie à exploiter dans Paris un nouveau système de vidange dit atmosphérique.*

Nous, préfet de police, vu ; 1° diverses pétitions à nous adressées par les sieurs Domange et compagnie, entrepreneurs de fosses mobiles, ayant leur domicile social boulevard Saint-Martin, n° 14, à l'effet d'obtenir l'autorisation d'exploiter, dans Paris, un nouveau système de vidange, dit atmosphérique ; 2° le plan figuratif de ce système produit par le sieur Domange et annexé à la présente ordonnance ; 3° l'avis de la commission chargée d'examiner le système dont il s'agit, ledit avis en date du 5 septembre 1845 ; 4° les rapports du directeur de la sulubrité en date des 12 octobre, 22 novembre et 29 décembre derniers et du 13 de ce mois, touchant le même système de vidange ; 5° l'ordonnance de police du 5 juin 1834, concernant la vidange des fosses d'aisances et l'arrêté du 6 du même mois, relatif aux voitures de vidange ; en vertu de la loi des 16-24 août 1790 et des arrêtés du gouvernement des 12 messidor an VIII et 3 brumaire an IX (1er et 25 octobre 1800), ordonnons ce qui suit :

Art. 1er.— Les sieurs Domange et compagnie sont autorisés à exploiter, dans Paris, le système de vidange, dit atmosphérique, tel qu'il est décrit au plan ci-dessus visé, et à remiser le matériel de ce système à la Petite-Villette, rue de Meaux, n° 18.

Art. 2. — Conformément aux dispositions de l'arrêté de police du 6 juin 1834, les tonnes employées pour la vidange atmosphérique ne pourront avoir une capacité de plus de deux mètres cubes.

Art. 3. — Sont applicables au système de vidange dit atmosphérique toutes dispositions de l'ordonnance du 5 juin 1834 que peut comporter ce système, et notamment : 1° l'article 3 qui règle les heures pendant lesquelles les voitures employées au service de la vidange des fosses d'aisances peuvent circuler dans Paris ; 2° l'art. 4, en ce qui concerne l'éclairage et le numérotage des tonnes, et la plaque dont doivent être pourvues les voitures sur lesquelles elles sont montées ; 3° et l'art. 40 qui désigne les barrières de Paris par lesquelles peuvent entrer et sortir les voitures servant au transport des matières de vidange.

ART. 4. — La fermeture de la bonde de charge et de décharge, figurée au plan susvisé, sera assujettie par un cadenas fourni par l'administration aux frais de l'entreprise. Ce cadenas ne devra être ouvert qu'au moment du déchargement par le chef d'atelier, qui aura soin de le refermer après l'emplissage, avant le départ de la tonne, et il ne pourra être ouvert qu'à la voirie, par le préposé de l'administration qui le refermera après le déchargement.

ART. 5. — Les sieurs Domange et compagnie ne pourront employer que des chefs d'atelier agréés par nous.

ART. 6. — Tout chef d'atelier qui cessera d'être agréé par nous devra être congédié par les entrepreneurs.

ART. 7. — Les entrepreneurs seront tenus de se conformer à toutes les mesures que l'administration jugerait convenable de prescrire, par la suite, dans l'intérêt de la sûreté et de la salubrité publiques.

1137. Ordonnance de police du 5 novembre 1846, relative aux urinoirs, identique à celles du 1er avril 1843 et du 1er octobre 1844.

1138. *Ordonnance du 24 mai 1849, concernant la suppression de la voirie de Montfaucon et le service des vidanges.*

Nous, préfet de police, vu : 1° l'ordonnance de notre prédécesseur, en date du 16 octobre 1848, prescrivant des modifications au service des vidanges, à l'occasion de la prochaine mise en activité du dépotoir que la ville de Paris a fait établir à La Villette, dans le but de supprimer la voirie de Montfaucon ; 2° nos décisions des 21 février et 18 avril derniers, relatives au mode d'enlèvement des matières pâteuses provenant des fosses d'aisance ; 3° la lettre en date du 10 courant, par laquelle M. le préfet de la Seine demande que tout versement de matières de vidanges à la voirie de Montfaucon soit interdit d'une manière positive, le service du dépotoir qui a fonctionné sans interruption depuis le 1er mars se trouvant désormais assuré ; 4° l'ordonnance de police du 18 octobre 1771, concernant les maîtres vidangeurs ; 5° l'ordonnance de police du 5 juin 1834, concernant la vidange des fosses d'aisances et le service des fosses mobiles ; 6° l'arrêté du 6 du même mois, relatif aux voitures de vidange ; 7° les ordonnances des 23 septembre 1843 et 26 janvier 1846, qui autorisent l'exploitation du système de vidange Huguin et du système de vidange dit atmosphérique ; considérant qu'il convient d'arrêter d'une manière définitive les diverses dispositions qui font l'objet de l'ordonnance et des deux décisions ci-dessus visées, et de les publier avec les modifications reconnues nécessaires ; en vertu de la loi des 16-24 août 1790 et des arrêtés du gouvernement des 12 messidor an VIII et 3 brumaire an IX (1er juillet et 16 octobre 1800) ; ordonnons ce qui suit :

Art. 1er. — Tout versement de matières de vidange à la voirie de Montfaucon est formellement interdit. Les matières de vidange ne pourront être transportées qu'au dépotoir ou au port d'embarquement établis à La Villette.

Art. 2. — Les matières liquides extraites des fosses d'aisances, par aspiration ou au moyen de la pompe, seront seules introduites dans les grosses tonnes.

Art. 3. — Les bondes de décharge des tonnes ou vaisseaux analogues en bois ou en fer employés par les entrepreneurs de vidanges, doivent être conformes au modèle déposé au dépotoir.

Art. 4. — A l'avenir, il ne sera admis aucune nouvelle tonne dont la bonde de décharge aurait plus de dix centimètres de diamètre.

Art. 5. — Les tonnes contenant les matières enlevées par aspiration ou à la pompe seront conduites au dépotoir.

Art. 6. — Les matières pâteuses et les corps étrangers

qui n'auront pas été extraits par aspiration ou au moyen de la pompe seront renfermés dans des récipients analogues à ceux des fosses mobiles.

La capacité de ces récipients ne pourra excéder cent litres. L'administration se réserve toutefois d'autoriser, sous les conditions qu'elle jugera convenables et sur la demande qui lui en serait faite, l'emploi de récipients d'une plus grande capacité.

Les récipients seront revêtus d'une estampile portant un numéro d'ordre et les lettres initiales du nom de l'entrepreneur.

Art. 7. — Conformément aux dispositions de l'ordonnance de police du 5 juin 1834, les récipients affectés à l'enlèvement des matières pâteuses seront remplis auprès de l'ouverture des fosses; ils y seront fermés, lutés et nettoyés avec soin à l'extérieur avant d'être portés aux voitures.

Art. 8. — Ces récipients seront transportés au port d'embarquement de La Villette, où les entrepreneurs les reprendront le lendemain du jour de leur dépôt.

Art. 9. — Les voitures employées au transport des récipients désignés aux trois articles précédents ne pourront circuler dans Paris qu'aux heures fixées par l'art. 3 de l'ordonnance précitée du 5 juin 1834.

Art. 10. — Les contraventions aux dispositions qui précèdent seront constatées par des procès-verbaux ou rapports, et poursuivies conformément aux lois et règlements, sans préjudice des mesures administratives qui pourront être prises contre les auteurs de ces contraventions, dans l'intérêt de la sûreté publique et de la salubrité.

Art. 11. — Les dispositions de l'ordonnance de police susvisée du 5 juin 1834 qui ne sont pas contraires à la présente ordonnance continueront de recevoir leur exécution.

Art. 12. — La présente ordonnance sera imprimée et affichée. Elle sera, en outre, notifiée à chaque entrepreneur de vidange.

Le chef de la police municipale, les commissaires de police de Paris, les commissaires de police des communes de Belle-

ville et de La Villette, les officiers de paix, le directeur de la
salubrité et les préposés de la préfecture en surveilleront et
assureront l'exécution, chacun en ce qui le concerne.

1139. *Arrêté préfectoral du 17 décembre 1849 concernant le
transport des eaux insalubres de fabriques à la voirie de
Bondy.*

Nous, représentant du peuple, préfet,

Vu les lettres de M. le préfet de police, en date des 10 mai
1849 et 8 décembre courant, sur les eaux insalubres provenant des fabriques, qui étaient précédemment portées à la voirie de Montfaucon ; vu les rapports des ingénieurs du service
municipal, présentés par l'ingénieur en chef directeur, le
28 juin dernier, sur les inconvénients du déversement de ces
matières du dépotoir des vidanges de Paris ; considérant que
la voirie de Montfaucon est supprimée ; que celle de Bondy a
été établie pour la remplacer, et qu'en attendant la création,
s'il y a lieu, de moyens spéciaux d'écoulement des eaux insalubres des fabriques, il convient d'envoyer ces liquides à la
voirie de Bondy aux frais de ceux qui les produisent ; arrêtons:

ART. 1ᵉʳ. — Les eaux insalubres des fabriques pourront
être provisoirement reçues au port d'embarquement des vidanges de Paris, à la Petite-Villette, pour être envoyées, aux
frais des producteurs, à la voirie de Bondy, soit par les bateaux, soit par la conduite du dépotoir, suivant l'appréciation
des ingénieurs.

ART. 2. — Les frais de ce transport seront remboursés à la
ville de Paris par les industriels qui conduiront les eaux de
cette nature auxdits établissements, à raison de 1 franc par
mètre cube. A cet effet, chaque apport, pour être reçu, devra
être constaté par un bulletin délivré par le chef de la fabrique,
remis au contrôleur des voiries et vérifié par lui.

ART. 3. — L'ingénieur en chef du service municipal est
chargé de l'exécution du présent arrêté, dont ampliation lui
sera adressée.

1140. *Ordonnance du 28 décembre 1850 concernant
la désinfection des matières.*

Nous, préfet de police,

Vu : 1° l'ordonnance de police du 12 décembre 1849, concernant la désinfection des matières contenues dans les fosses d'aisances de la ville de Paris ; 2° la loi des 16-24 aout 1790 et les arrêtés du gouvernement du 12 messidor an VIII et 3 brumaire an IX ; 3° les rapports du conseil de salubrité; considérant que, par suite d'expériences, déjà anciennes et suffisamment répétées, il est reconnu qu'on peut désinfecter rapidement et économiquement les matières contenues dans les fosses d'aisances ; qu'en outre, les expériences récentes ont démontré que cette désinfection peut être assez complète pour que les matières liquides extraites des fosses soient écoulées sur la voie publique et dans les égouts, sans aucun inconvénient ; vu la délibération de la commission municipale de Paris, en date du 20 décembre 1850, approuvée par M. le ministre de l'intérieur; ordonnons ce qui suit :

Art. 1er. — Il est expressément défendu de procéder à l'extraction et au transport des matières contenues dans les fosses d'aisances fixes ou mobiles avant d'en avoir opéré la désinfection.

Art. 2. — Aussitôt après la promulgation de la présente ordonnance, tout entrepreneur de vidange devra nous faire connaître son procédé de désinfection et ne l'employer qu'après que ce procédé aura été approuvé par nous, sur l'avis du conseil de salubrité.

Art. 3. — A partir du 1er janvier prochain, les matières liquides désinfectées pourront être, lors du curage des fosses, écoulées sur la voie publique.

Art. 4. — Tout entrepreneur de vidange qui voudra user de cette faculté devra, préalablement, nous en faire la déclaration, en prenant l'engagement de payer à la ville 1 fr. 25 par mètre cube de matières solides ou liquides extraites des fosses ;

il devra se soumettre en outre à toutes les conditions qui lui seront imposées pour l'opération dont il s'agit.

Art. 5. — Les entrepreneurs de vidange pourront transporter les matières solides dans des locaux autorisés, où elles seront de nouveau désinfectées, s'il est nécessaire, de manière que la désinfection soit permanente, à défaut de quoi les matières seront enlevées et portées à Bondy, à la diligence de l'autorité, aux frais du contrevenant.

Art. 6. — Les liquides ne seront point écoulés sur la voie publique et les matières solides dont les entrepreneurs de vidange ne voudront pas disposer, ainsi qu'il est dit en l'article précédent, continueront à être transportées au dépotoir ou au port d'embarquement de la Villette, jusqu'à ce qu'il en soit autrement ordonné, et sauf d'ailleurs les exceptions que nous jugerions convenable d'autoriser, dans l'intérêt de l'agriculture et de l'industrie.

Art. 7. — A l'avenir, les appareils de fosses mobiles devront être disposés de telle sorte que la séparation des matières solides et liquides s'opère dans un appareil; il devra, en outre, être adapté aux fosses fixes ou mobiles un indicateur qui fasse connaître le degré de plénitude de la fosse.

Art. 8. — Les ordonnances et arrêtés des 5 et 6 juin 1834, 23 septembre 1843, 26 janvier 1846, 24 mai et 12 décembre 1849, continueront à recevoir leur exécution en tout ce qui n'est pas contraire aux dispositions qui précèdent.

Art. 9. — Les contraventions à la présente ordonnance seront constatées par des procès-verbaux ou rapports, conformément aux lois et règlements, sans préjudice des mesures administratives qui pourront être prises contre les contrevenants, notamment le retrait temporaire ou définitif de leur autorisation.

Art. 10. — La présente ordonnance sera imprimée et affichée ; elle sera, en outre, notifiée à chaque entrepreneur de la vidange. Le chef de la police municipale, les commissaires de police de Paris, l'inspecteur général de la salubrité et les officiers de paix en surveilleront et assureront l'exécution, chacun en ce qui le concerne.

1141. *Ordonnance de police du 23 février 1850, concernant les urinoirs.*

Nous, préfet de police, considérant que les urines répandues contre les monuments publics et les propriétés particulières, et notamment contre les devantures de boutiques et sur les trottoirs, donnent lieu à des plaintes fréquentes et fondées ; considérant que l'administration municipale a fait établir un grand nombre d'urinoirs qui sont principalement répartis dans les quartiers du centre et de grande circulation, sur les quais, sur les boulevards et aux abords de divers monuments ; considérant enfin qu'il est du devoir de l'administration de prescrire toutes les mesures nécessaires à l'assainissement et à la propreté de la ville, et que les habitants, pour arriver à ce résultat d'intérêt général, doivent faire le sacrifice de mauvaises habitudes qu'ils ont pu contracter ; vu les art. 23 et 24 de l'arrêté du 12 messidor an VIII ; ordonnons ce qui suit :

ART. 1ᵉʳ. — Sur les voies publiques où des urinoirs sont établis, on ne pourra uriner ailleurs que dans ces urinoirs. Quant aux voies publiques où il n'existera pas d'urinoirs, il est interdit d'uriner sur les trottoirs, contre les monuments publics, contre les devantures de boutiques et contre les portes des habitations.

ART. 2. — Les commissaires de police, le chef de la police municipale, les officiers de paix et tous autres agents de l'autorité, sont chargés de veiller à la stricte exécution de la présente ordonnance.

1142. *Ordonnance du 23 octobre 1850, concernant les fosses d'aisances.*

Nous, préfet de police, considérant que l'ordonnance de police du 23 octobre 1819, relative à la surveillance des fosses d'aisances dans Paris, prescrit diverses formalités dont l'accomplissement nuit à la célérité désirable dans un service de cette nature, et qu'il y a lieu de la modifier en ce point ; considérant qu'à cette occasion, il convient d'ajouter à l'ordonnance précitée quelques dispositions dont l'expérience a fait sentir la nécessité ; vu l'ordonnance de police du 5 juin 1834, concernant la vidange des fosses d'aisances et le service des fosses mobiles dans Paris; en vertu de la loi des 16 et 24 août 1790 et de l'arrêté du gouvernement du 12 messidor an VIII (1ᵉʳ juillet 1800); ordonnons ce qui suit :

ART. 1ᵉʳ. — Aucune fosse d'aisances ne pourra être construite, reconstruite ou réparée, sans déclaration préalable à la préfecture de police. Cette déclaration sera faite par le propriétaire ou par l'entrepreneur qu'il aura chargé de l'exécution des ouvrages. Dans le cas de construction ou de reconstruction, la déclaration devra être accompagnée du plan de la fosse à construire ou à reconstruire, et de celui de l'étage supérieur.

ART. 2. — Seront dispensées de la formalité de la déclaration les reconstructions et réparations que prescriront les architectes de notre administration, lors de la visite des fosses à la suite de la vidange.

ART. 3. — L'établissement des appareils de fosses mobiles reste soumis aux formalités et conditions énoncées aux art. 28, 29 et suivants de l'ordonnance susvisée du 5 juin 1834.

ART. 4. — Il est défendu de combler des fosses d'aisances ou de les convertir en caves, sans en avoir préalablement obtenu la permission du préfet de police.

ART. 5. — Il est interdit aux propriétaires ou aux entrepreneurs d'extraire ou faire extraire par leurs ouvriers ou tous autres, les eaux vannes et matières qui se trouveraient dans les fosses. Cette extraction ne pourra être faite que par les entrepreneurs de vidange.

ART. 6. — Il leur est également interdit de faire couler dans la rue les eaux claires et sans odeur qui reviendraient dans les fosses après la vidange, à moins d'y être spécialement autorisés.

ART. 7. — Tout propriétaire faisant procéder à la réparation ou à la démolition d'une fosse, ou tout entrepreneur chargé des mêmes travaux, sera tenu, tant que dureront la démolition et l'extraction des pierres, d'avoir à l'extérieur de la fosse autant d'ouvriers qu'il en emploiera dans l'intérieur.

ART. 8. — Chaque ouvrier travaillant à la démolition ou à l'extraction des pierres sera ceint d'un bridage dont l'attache sera tenue par un ouvrier placé à l'extérieur.

ART. 9. — Les propriétaires et entrepreneurs sont, aux termes des lois, responsables des effets de contraventions aux quatre articles précédents.

ART. 10. — Toute fosse, avant d'être comblée, sera vidée et curée à fond.

ART. 11. — Toute fosse destinée à être convertie en cave sera curée avec soin, les joints en seront grattés à vif et les parties en mauvais état réparées, conformément aux dispositions prescrites par les art. 5, 6, 7 et 8.

ART. 12. — Si un ouvrier est frappé d'asphyxie en travaillant dans une fosse, les travaux seront suspendus à l'instant, et déclaration en sera faite, dans le jour, à la préfecture de police. Les travaux ne pourront être repris qu'avec les précautions et les mesures indiquées par l'autorité.

ART. 13. — Tous matériaux provenant de la démolition de fosses d'aisances seront immédiatement enlevés.

ART. 14. — Les fosses neuves, reconstruites ou réparées ne pourront être mises en service et fermées qu'après qu'un architecte de la préfecture de police en aura fait la réception et aura délivré un permis de fermer.

ART. 15. — Pour l'exécution des dispositions de l'article précédent, il devra être donné avis à la préfecture de police de l'achèvement des travaux, savoir : pour les fosses neuves, par une déclaration écrite déposée au bureau de la petite voirie, et pour les fosses reconstruites ou réparées d'après les indications des architectes de l'administration, par la remise au même bureau du bulletin laissé par l'architecte qui a prescrit les travaux.

ART. 16. — Tout propriétaire qui aura supprimé une ou plusieurs fosses d'aisances pour établir des appareils quelconques en tenant lieu, et qui, par suite, renoncerait à l'usage desdits appareils, sera tenu de rendre à leur première destination les fosses d'aisances supprimées ou d'en faire construire de nouvelles.

Art. 17. — Il est enjoint à tous propriétaires, locataires et concierges de faciliter aux préposés de notre administration toutes visites ayant pour but de s'assurer de l'état des fosses et de leurs dépendances.

Art. 18. — L'ordonnance précitée du 23 octobre 1819 est rapportée.

1143. *Le décret du* 10 *mars* 1852 porte que l'art. 5 de l'ordonnance de 1819, qui défend d'établir des compartiments ou des divisions dans les fosses, d'y construire des piliers et d'y faire des chaînes ou arcs en maçonnerie apparentes, n'est pas applicable aux séparations que le préfet de police peut prescrire de faire dans ces fosses, en vue de la salubrité.

1144. *Décret du* 26 *mars* 1852, *relatif aux rues de Paris.*

Art. 1er. — Les rues de Paris continueront d'être soumises au régime de la grande voirie.

Art. 3. — A l'avenir, l'étude de tout plan d'alignement de rue devra nécessairement comprendre le nivellement ; celui-ci sera soumis à toutes les formalités qui régissent l'alignement. Tout constructeur de maisons, avant de se mettre à l'œuvre, devra demander l'alignement et le nivellement de la voie publique au-devant de son terrain, et s'y conformer.

Art. 4. — Il devra pareillement adresser à l'administration un plan et des coupes cotés des constructions qu'il projette et se soumettre aux prescriptions qui lui seront faites dans l'intérêt de la sûreté publique et de la salubrité. Vingt jours après le dépôt de ces plans et coupes au secrétariat de la préfecture de la Seine, le constructeur pourra commencer ses travaux d'après son plan, s'il ne lui a été notifié aucune injonction.

Art. 6. — Toute construction nouvelle dans une rue

pourvue d'égout devra être disposée de manière à y conduire les eaux pluviales et ménagères. La même disposition sera prise pour toute maison ancienne, en cas de grosses réparations, et, en tout cas, avant dix ans.

Art. 9. — Les dispositions du présent décret pourront être appliquées à toutes les villes qui en feront la demande, par des décrets spéciaux rendus dans la forme des règlements d'administration publique.

1145. *Ordonnance de police du 7 juillet 1852 qui fixe de nouvelles limites de temps pour la vidange des fosses d'aisances et règle la circulation des voitures servant au transport des matières.*

Nous, préfet de police, vu l'ordonnance de police du 12 décembre 1849, concernant la désinfection des matières contenues dans les fosses d'aisances de la ville de Paris, et notamment l'article 4 de cette ordonnance, seul qui soit encore en vigueur ; considérant que la latitude accordée par cet article, tant pour le travail de la vidange que pour la circulation des voitures servant au transport des matières et des voitures d'équipe, excite des plaintes fondées, et qu'il y a, dès lors, lieu de modifier les dispositions dudit article ; en vertu de la loi des 16-24 août 1790 et de l'arrêté du gouvernement du 12 messidor an VIII (1er juillet 1800), ordonnons ce qui suit :

ART. 1er. — A partir du 13 courant, les voitures employées au service du transport des matières extraites des fosses d'aisances, après désinfection, qu'elles soient chargées ou non, ne pourront circuler dans Paris, savoir : à compter du 1er octobre jusqu'au 31 mars, avant dix heures du soir ni après huit heures du matin. Et, à compter du 1er avril jusqu'au 30 septembre, avant onze heures du soir ni après six heures du matin. L'extraction des matières ne pourra commencer avant l'arrivée des voitures. Le travail de la vidange devra cesser, du 1er octobre au 31 mars, à sept heures et demie du matin, et, du 1ᵉʳ avril au 30 septembre, à cinq heures et demie du matin. Les voitures d'équipe pourront circuler dans Paris deux heures plus tôt et deux heures plus tard que les voitures affectées au transport des matières de vidange. Les ustensiles servant au transport de la vidange ne pourront être transportés que dans des voitures qui devront être fermées.

ART. 2. — L'ordonnance de police sus-visée, en date du 12 décembre 1849, est rapportée.

ART. 3 — Les contraventions à la présente ordonnance seront constatées, etc.

1146. *Ordonnance de police du 23 novembre 1852, concernant la salubrité des habitations.*

ART. 4. — Les cabinets d'aisances seront disposés et ventilés de manière à ne pas donner d'odeur. Le sol devra être imperméable et tenu dans un état constant de propreté. Les tuyaux de chute seront maintenus en bon état et ne devront donner lieu à aucune fuite.

ART. 5. — Il est défendu de jeter ou de déposer dans les cours, allées et passages, aucune matière pouvant entretenir l'humidité ou donner de mauvais odeurs. Partout où les fumiers ne pourront être conservés dans des trous couverts où sur des points ou ils ne compromettraient point la salubrité, l'enlèvement en sera opéré, chaque jour, avec les précautions prescrites par les règlements. Le sol des écuries devra être rendu imperméable dans la partie qui reçoit les urines ; les écuries devront être tenues avec la plus grande propreté, les ruisseaux destinés à l'écoulement des urines seront lavés plusieurs fois par jour.

1147. *Ordonnance de police du 1ᵉʳ septembre 1853, concernant les urinoirs.*

ART. 18. — Dans les voies publiques où les urinoirs sont établis, il est interdit d'uriner ailleurs que dans ces urinoirs. Quant aux voies publiques où il n'existera pas d'urinoirs, il est interdit d'uriner sur les trottoirs, contre les monuments publics et contre les devantures de boutiques. (Ordonnance du 23 février 1850.) Les personnes qui auront été autorisées à établir des urinoirs sur la voie publique, devront les entretenir en bon état, en faire opérer le nettoiement et le lavage assez fréquemment pour qu'ils soient constamment propres et qu'il ne s'en exhale aucune mauvaise odeur. En cas d'inexécution, il sera pourvu d'office, et aux frais des contrevenants, à la réparation, au nettoiement et au lavage des urinoirs.

1148. *Instruction du conseil d'hygiène publique contenant les moyens d'assurer la salubrité des habitations, du 11 novembre 1853.*

Moyens d'assurer la salubrité des logements. — Les cabinets particuliers d'aisances doivent être parfaitement ventilés, et, autant que possible, à fermeture au moyen de soupapes hydrauliques.

Moyens d'assurer la salubrité des maisons : Cabinets d'aisances communs. — Il n'est guère de cause plus grave d'insalubrité ; un seul cabinet d'aisances mal ventilé, ou tenu malproprement, suffit pour infecter une maison tout entière. On évite, autant que possible, cet inconvénient, en pratiquant à l'un des murs du cabinet une fenêtre suffisamment large pour opérer une ventilation et pour éclairer, en tenant, en outre, les dalles et le siége, dans un état constant de propreté à l'aide de lavages fréquents. On doit renouveler souvent aussi le lavage du sol et celui des murs, qui doivent être peints à l'huile et au blanc de zinc ; chacun de ces cabinets doit être clos au moyen d'une porte ; enfin il faut, autant que possible, éviter les angles dans la construction desdits cabinets.

Une des pratiques les plus fâcheuses dans les usages domestiques, et contre laquelle on ne saurait trop s'élever, c'est celle de déverser les urines dans les plombs d'écoulement des eaux ménagères.

1149. *Ordonnance de police du 1ᵉʳ décembre 1853, concernant les fosses et la vidange dans la banlieue de Paris.*

Nous, préfet de police, en vertu des arrêtés du gouvernement du 12 messidor an VIII et 3 brumaire an IX (1ᵉʳ juillet et 25 octobre 1800), ordonnons ce qui suit :

Titre premier : Dispositions générales. — Arт. 1ᵉʳ. — Dans les communes rurales du ressort de la préfecture de police, toute maison habitée devra être pourvue de privés en nombre suffisant. Ces privés seront desservis, sauf les exceptions prévues ci-après, soit par des fosses en maçonnerie, construites dans les conditions indiquées au titre II de la présente ordonnance, soit par des appareils de fosses mobiles inodores, ou tous autres appareils que le préfet de police aurait reconnu pouvoir être employés concurremment avec ceux-ci.

Titre II : De la construction des fosses d'aisances. — *Section première : Des constructions neuves* — Arт. 2. — Dans aucun des bâtiments publics ou particuliers des communes rurales du ressort de la préfecture de police, on ne pourra employer pour fosses d'aisances des puits, puisards, égouts, aqueducs ou carrières abandonnées sans y faire les constructions prescrites par le présent règlement.

Arт. 3. — Lorsque les fosses seront placées sous le sol des caves, ces caves devront avoir une communication immédiate avec l'air extérieur.

Arт. 4. — Les caves et autres locaux où se trouveront les ouvertures d'extraction des fosses devront être assez spacieux pour contenir quatre travailleurs et leurs ustensiles, et avoir au moins 2 mètres de hauteur.

Arт. 5. — Les murs, la voûte et le fond des fosses seront entièrement construits en pierres meulières, maçonnées avec du mortier de chaux maigre et de sable de rivière bien lavé. Les parois des fosses seront enduites de pareil mortier lissé à la truelle. On ne pourra donner moins de 30 à 35 centimètres d'épaisseur aux voûtes, et moins de 45 à 50 centimètres aux massifs et aux murs.

Art. 6. — Il est défendu d'établir des compartiments ou divisions dans les fosses, d'y construire des piliers et d'y faire des chaînes ou des arcs en pierres apparentes. Cette défense n'est pas applicable aux séparations qui pourraient être autorisées dans l'intérêt de la salubrité.

Art. 7. — Le fond des fosses d'aisances sera fait en forme de cuvette concave. Tous les angles intérieurs seront effacés par des arrondissements de 25 centimètres de rayon.

Art. 8. — Autant que les localités le permettront, les fosses d'aisances seront construites sur un plan circulaire, elliptique ou rectangulaire. Est interdite toute construction de fosses à angles rentrants, hors le seul cas où la surface de la fosse serait au moins de 4 mètres carrés de chaque côté de l'angle, et alors il serait pratiqué de l'un et de l'autre une ouverture d'extraction.

Art. 9. — Les fosses, quelle que soit leur capacité, ne pourront avoir moins de 2 mètres de hauteur sous clef.

Art. 10. — Les fosses seront couvertes par une voûte en plein cintre, ou qui n'en différera que d'un tiers de rayon.

Art. 11. — L'ouverture d'extraction des matières sera placée au milieu de la voûte, autant que les localités le permettront. La cheminée de cette ouverture ne devra point excéder 1 mètre 50 centimètres de hauteur, à moins que les localités n'exigent impérieusement une plus grande hauteur.

Art. 12. — L'ouverture d'extraction correspondant à une cheminée de 1 mètre 50 centimètres au plus de hauteur ne pourra avoir moins de 1 mètre de longueur sur 65 centimètres de largeur. Lorsque cette ouverture correspondra à une cheminée excédant 1 mètre 50 centimètres de hauteur, les dimensions ci-dessus spéciées seront augmentées de manière que l'une de ces dimensions soit égale aux deux tiers de la hauteur de la cheminée.

Art. 13. — Il sera placé en outre à la voûte, dans la partie la plus éloignée du tuyau de chute et de l'ouverture d'extraction, si elle n'est pas dans le milieu, un tampon mobile, dont le diamètre ne pourra être de moins de 50 centimètres. Ce tampon sera en pierre, encastré dans un châssis en pierre, et garni dans son milieu d'un anneau en fer.

Art. 14. — Néanmoins, ce tampon ne sera pas exigible pour les fosses dont la vidange se fera au niveau du rez-de-chaussée, et qui auront sur ce même sol des cabinets d'aisances avec trémie ou siége sans bonde, ni pour celles qui auront une superficie moindre de 6 mètres dans le fond, et dont l'ouverture d'extraction sera dans le milieu.

Art. 15. — Le tuyau de chute sera toujours vertical. Son diamètre intérieur ne pourra avoir moins de 25 centimètres s'il est en terre cuite, et de 20 centimètres s'il est en fonte.

Art. 16. — Il sera établi, parallèlement au tuyau de chute, un tuyau d'évent, lequel sera conduit jusqu'à la hauteur des souches de cheminées de la maison ou de celles des maisons contiguës, si elles sont plus élevées. Le diamètre de ce tuyau d'évent sera de 25 centimètres au moins; s'il excède cette dimension, elle dispensera du tampon mobile.

Art. 17. — L'orifice intérieur des tuyaux de chute et d'évent ne pourra être descendu au-dessous des points les plus élevés de l'intrados de la voûte.

Section deuxième : Des constructions des fosses d'aisances dans les maisons existantes. — Art. 18. — Les fosses actuellement pratiquées dans les puits, puisards, égouts anciens, aqueducs ou carrières abandonnées seront comblées ou reconstruites à la première vidange.

Art. 19. — Les fosses situées sous le sol des caves qui n'auraient point de communication immédiate avec l'air extérieur seront comblées à la première vidange, si l'on ne peut pas établir cette communication.

Art. 20. — Seront également comblées à la première vidange les fosses actuellement existantes dont l'ouverture d'extraction, dans les deux cas déterminés par l'art. 12, n'aurait pas et ne pourrait avoir les dimensions prescrites par le même article ; il en sera de même pour celles dont la vidange ne peut s'opérer que par des soupiraux ou des tuyaux.

Art. 21. — Les fosses à compartiments ou étranglements

seront comblées ou reconstruites à la première vidange, si ces compartiments ou étranglements sont reconnus dangereux.

Art. 22. — Toutes les fosses des maisons existantes seront, en cas de reconstruction, établies suivant le mode prescrit par la première section du présent titre. Néanmoins, le tuyau d'évent ne pourra être exigé que s'il est nécessaire de reconstruire un des murs en élévation au-dessus de ceux de la fosse, ou si ce tuyau peut se placer, soit intérieurement, soit extérieurement, sans altérer la décoration des maisons.

Section troisième : Des réparations des fosses d'aisances. — Art. 23. — L'ouverture d'extraction de toutes les fosses existantes sera agrandie, lors de la première vidange, si elle n'a pas les dimensions prescrites par l'art. 12 de la présente ordonnance.

Art. 24. — Dans toutes les fosses dont la voûte aura besoin de réparations, il sera établi un tampon mobile, à moins qu'elles ne se trouvent dans le cas d'exception prévu par l'art. 14.

Art. 25. — Les piliers isolés, établis dans les fosses, seront supprimés à la première vidange, ou l'intervalle entre les piliers et les murs sera rempli en maçonnerie toutes les fois que cet intervalle aura moins de 70 centimètres de largeur.

Art. 26. — Lorsque le tuyau de chute ne communiquera avec la fosse que par un couloir ayant moins de 1 mètre de largeur, le fond de ce couloir sera établi en glacis jusqu'au fond de la fosse, sous une inclinaison de 45 degrés au moins.

Art. 27. — Toute fosse qui laisserait filtrer ses eaux par le mur ou le fond sera réparée.

Art. 28. — Les réparations consistant à faire des rejointoiements, à élargir l'ouverture d'extraction, placer un tampon mobile, rétablir les tuyaux de chute ou d'évent, reprendre la voûte et les murs, boucher ou élargir les étranglements, réparer le fond des fosses, supprimer les piliers, pourront être faites suivant les procédés employés à la construction première de la fosse.

Art. 29. — Les réparations consistant dans la reconstruction entière d'un mur, de la voûte ou du massif du fond des fosses d'aisances, ne pourront être faites que suivant le mode indiqué ci-dessus pour les constructions neuves. Il en sera de même pour l'enduit général, s'il y a lieu d'en revêtir les fosses.

Art. 30. — Les propriétaires des maisons dont les fosses seront supprimées en vertu de la présente ordonnance seront tenus, s'il n'en existe pas d'autres qui offrent des privés suffisants, de les faire remplacer par des fosses construites conformément aux prescriptions de la section première du présent titre, ou par des fosses mobiles inodores, ou tous autres appareils remplissant les conditions énoncées en l'art. 1er.

Titre III. — Formalités à remplir pour les constructions, réparations ou suppressions de fosses d'aisances. — Art. 31. — Aucune fosse d'aisances ne pourra être construite, reconstruite ou réparée, sans déclaration préalable au maire de la commune. Cette déclaration sera faite par le propriétaire ou par l'entrepreneur qu'il aura chargé de l'exécution des travaux. Dans les cas de construction ou de reconstruction, la déclaration devra être accompagnée du plan de la fosse à construire ou à reconstruire, et de celui de l'étage supérieur.

Art. 32. — Il est défendu de combler des fosses d'aisances ou de les convertir en caves, sans en avoir préalablement obtenu la permission du maire.

Art. 33. — Il est interdit aux propriétaires ou entrepreneurs d'extraire ou de faire extraire par leurs ouvriers ou tous autres les eaux vannes et les matières qui se trouveraient dans les fosses. Cette extraction ne pourra être faite que par un entrepreneur de vidange régulièrement autorisé.

Art. 34. — Il est également interdit de faire couler dans la rue les eaux claires et sans odeur qui reviendraient dans les fosses après la vidange, à moins d'y être spécialement autorisé par le maire.

Art. 35. — Tout propriétaire faisant procéder à la réparation ou à la démolition d'une fosse, ou tout entrepreneur chargé des mêmes travaux sera tenu, tant que dureront la démolition et l'extraction des pierres, d'avoir à l'extérieur de la fosse autant d'ouvriers qu'il en emploiera dans l'intérieur.

ART. 36. — Chaque ouvrier travaillant à la démolition ou à l'extraction des pierres sera ceint d'un bridage dont l'attache sera tenue par un ouvrier placé à l'extérieur.

ART. 37. — Les propriétaires et entrepreneurs sont, aux termes des lois, responsables des suites des contraventions aux quatre articles précédents.

ART. 38. — Les fosses qui cesseront d'être en service pour un motif quelconque devront être vidées.

ART. 39. — Toute fosse, avant d'être comblée, sera vidée et curée à fond.

ART. 40. — Les fosses d'aisances des maisons qui doivent être démolies seront vidées avant que les travaux de démolition soient entrepris.

ART. 41. — Toute fosse destinée à être convertie en cave sera curée avec soin, les joints en seront grattés à vif, et les parties en mauvais état réparées, conformément aux dispositions prescrites au titre II de la présente ordonnance.

ART. 42. — Si un ouvrier est frappé d'asphyxie en travaillant dans une fosse, les travaux seront suspendus à l'instant, et déclaration en sera faite dans le jour à la mairie. Les travaux ne pourront être repris qu'avec les précautions et les mesures indiquées par l'autorité.

ART. 43. — Tous matériaux provenant de la démolition des fosses d'aisances seront immédiatement enlevés.

ART. 44. — Les fosses neuves, reconstruites ou réparées, ne pourront être mises en service et fermées qu'après qu'un agent délégué par la mairie en aura fait la réception et aura délivré un permis de fermer.

ART. 45. — Pour l'exécution de l'article précédent, il devra être donné avis à la mairie de l'achèvement des travaux.

ART. 46. — Tout propriétaire qui aura supprimé une ou plusieurs fosses d'aisances pour établir des appareils quelconques en tenant lieu, et qui, par la suite, renoncerait à l'usage des appareils, sera tenu de rendre à leur première destination les fosses d'aisances supprimées ou d'en construire de nouvelles.

Art. 47. — Il est enjoint à tous propriétaires, locataires et concierges, de faciliter aux préposés de l'autorité municipale toutes les visites ayant pour but de s'assurer de l'état des fosses d'aisances et de leurs dépendances.

Titre IV : De la vidange des fosses d'aisances et du service des fosses mobiles. — Section première : De la vidange des fosses d'aisances. — Art. 48. — Il est enjoint à tous propriétaires de maisons de faire procéder sans retard à la vidange des fosses d'aisances lorsqu'elles seront pleines. Aucune vidange ne pourra être faite que par un entrepreneur dûment autorisé.

Art. 49. — Nul ne pourra exercer la profession d'entrepreneur de vidanges dans une des communes rurales du ressort de la préfecture de police, sans être pourvu d'une permission du maire de cette commune. Cette permission ne sera délivrée qu'après qu'il aura été justifié par le demandeur : 1° qu'il possède les voitures, chevaux, tinettes, tonneaux, seaux et autres ustensiles nécessaires au service des vidanges ; 2° qu'il est muni des appareils de désinfection dont l'administration aura prescrit l'emploi ; 3° et qu'il a, pour déposer ses voitures, appareils et ustensiles pendant le temps où ils ne sont point employés aux opérations de la vidange, un emplacement convenable, situé dans une localité où l'administration aura reconnu que ce dépôt peut avoir lieu sans inconvénient.

Art. 50. — La vidange ne pourra avoir lieu que pendant la nuit. Les voitures employées à ce service, chargées ou non chargées, ne pourront circuler dans l'intérieur des communes que pendant le temps qui aura été déterminé par les maires de ces communes. Toutefois, l'extraction des matières ne pourra commencer, du 1er octobre au 31 mars, avant neuf heures du soir, et du 1er avril au 30 septembre, avant dix heures du soir, ni se prolonger, du 1er octobre au 31 mars, au-delà de huit heures du matin, et du 1er avril au 30 septembre, au-delà de sept heures du matin.

Art. 51. — Toute voiture employée au transport des matières fécales portera devant et derrière un numéro d'ordre, et sera munie sur le devant d'une lanterne qui devra être allumée pendant la nuit, et porter, sur le verre le plus apparent, le numéro d'ordre de la voiture. Chaque voiture portera en outre une plaque indiquant le nom et la demeure du propriétaire. Les maires assigneront à chaque entrepreneur de vidanges la série des numéros d'ordre affectés à ses voitures, et détermineront les dimensions que devront avoir les numéros, tant sur les voitures que sur les lanternes.

Art. 52. — Les entrepreneurs faisant usage de tonnes seront tenus d'en fermer les bondes de déchargement au moyen d'une bande de fer transversale fixée à demeure à la tonne par l'une de ses extrémités, et fermée à l'autre par un cadenas. Les écrous et rondelles soutenant la ferrure seront rivés à l'intérieur des tonnes. L'entonnoir de décharge sera fermé de manière à prévenir toute éclaboussure. Il est interdit d'employer au service de la vidange et de faire circuler des tonnes dont les bondes de déchargement ne seraient point fermées de la manière prescrite par le présent article. Les cadenas apposés aux tonnes ne pourront être ouverts et refermés qu'à la voirie, par la personne préposée à cet effet. En conséquence, il est interdit aux entrepreneurs de confier la clef desdits cadenas à aucune autre personne.

Art. 53. — Il sera placé une lanterne allumée en saillie sur la voie publique, à la porte de la maison où devra s'opérer une vidange, et ce, préalablement à tout travail et à tout dépôt d'appareil sur la voie publique.

Art. 54. — On ne pourra ouvrir aucune fosse d'aisances sans prendre les précautions nécessaires pour prévenir les accidents qui pourraient résulter du dégagement ou de l'inflammation des gaz qui y seraient renfermés. Lorsque l'ouverture sera nécessitée par un motif autre que celui de la vidange, l'entrepreneur en donnera avis dans le jour à la mairie.

Art. 55. — La vidange d'une fosse d'aisances ne pourra avoir lieu sans que, préalablement, il en ait été fait, par écrit, une déclaration à la mairie, la veille où le jour même de la vidange, avant midi. Cette déclaration énoncera le nom de la rue et le numéro de la maison, les noms et demeures du propriétaire et de l'entrepreneur de vidange, enfin le nombre des fosses à vider dans la même maison.

Art. 56. — Lorsque l'entrepreneur n'aura pas pu trouver l'ouverture de la fosse, il ne pourra en faire rompre la voûte qu'en vertu d'une permission du maire. L'ouverture pratiquée devra avoir les dimensions prescrites par l'art. 12 de la présente ordonnance.

Art. 57. — Les propriétaires et locataires ne devront pas s'opposer au dégorgement des tuyaux. En cas de refus de leur part, la déclaration en sera faite par l'entrepreneur à la mairie.

Art. 58. — L'entrepreneur fournira chaque atelier d'au moins deux bridages et d'un flacon de chlorure de chaux concentrée dont il sera fait usage au besoin, pour prévenir les dangers d'asphyxie.

Art. 59. — Il ne pourra être employé à chaque atelier moins de quatre ouvriers dont un chef.

Art. 60. — Il est défendu aux ouvriers de se présenter sur les ateliers en état d'ivresse. Il leur est également défendu de travailler à l'extraction des matières, même des eaux vannes, et de descendre dans les fosses, pour quelque cause que ce soit, sans être ceints d'un bridage. La corde du bridage sera tenue par un ouvrier placé à l'extérieur. Nul ouvrier ne pourra se refuser à ce service. Il est défendu aux entrepreneurs et chefs d'atelier de conserver sur leurs travaux des ouvriers qui seraient en contravention aux dispositions ci-dessus.

Art. 61. — Pendant le temps du service, les vaisseaux, appareils et voitures doivent être placés dans l'intérieur des maisons toutes les fois qu'il y aura un emplacement suffisant pour les recevoir. Dans le cas contraire, ils seront rangés et disposés au-devant des maisons où se feront les vidanges, de manière à nuire le moins possible à la liberté de la circulation.

Art. 62. — Les matières provenant de la vidange des

fosses seront immédiatement déposées dans des récipients qui doivent servir à les transporter aux voiries. Ces vaisseaux seront, en conséquence, remplis auprès de l'ouverture des fosses, fermés, lutés et nettoyés ensuite avec soin à l'extérieur avant d'être portés aux voitures ; toutefois, les eaux vannes seront extraites au moyen d'une pompe. Il est expressément interdit de faire couler les eaux vannes où de jeter des matières solides sur la voie publique ou dans les égouts.

Art. 63. — Après le travail de chaque nuit, et avant de quitter l'atelier, les vidangeurs seront tenus de laver et nettoyer les emplacements qu'ils auront occupés. Il leur est défendu de puiser de l'eau avec les seaux employés aux vidanges.

Art. 64. — Le travail de la vidange de chaque fosse sera continué à nuits consécutives, en sorte que la vidange, interrompue à la fin de la nuit, devra être reprise au commencement de la nuit suivante. Lorsque les ouvriers auront été frappés du plomb (asphyxiés), le chef d'atelier suspendra la vidange, et l'entrepreneur sera tenu de faire, dans le jour, à la mairie, sa déclaration de suspension de travail. Il ne pourra reprendre le travail qu'avec les précautions et mesures qui lui seront indiquées selon les circonstances.

Art. 65. — Aucune fosse ne pourra être allégée sans une autorisation du maire. Il est défendu aux entrepreneurs de laisser des matières au fond des fosses et de les masquer de quelque manière que ce soit.

Art. 66. — Les fosses devront être entièrement vidées, balayées et nettoyées. Les ouvriers vidangeurs qui trouveront dans les fosses des effets quelconques, et notamment des objets pouvant indiquer ou faire supposer quelque crime ou délit, en feront la déclaration, dans le jour, soit au maire, soit au commissaire de police.

Art. 67.—Il est défendu de laisser dans les maisons, au delà des heures fixées pour le travail, des vaisseaux ou appareils quelconques servant à la vidange des fosses d'aisances. Les vaisseaux ou appareils contenant des matières, qui y seraient trouvées au delà desdites heures, seront, aux frais de l'entrepreneur, immédiatement enlevés d'office et transportés à la voirie.

ART. 68. — Néanmoins toutes les fois que, dans l'impossibilité momentanée de se servir d'une fosse d'aisances, il sera reconnu nécessaire de placer dans la maison des tinettes ou tonneaux, le dépôt provisoire de ces vaisseaux pourra, sur la demande écrite du propriétaire ou du principal locataire, être autorisé par le maire ou le commissaire de police. Ces appareils devront être enlevés aussitôt qu'ils seront pleins ou que la cause qui aura nécessité leur placement aura cessé.

ART. 69. — Hors le temps du service, les tonnes, voitures, tinettes et tonneaux ne pourront être déposés ailleurs que dans des emplacements agréés à cet effet par le maire.

ART. 70. — Le repérage d'une fosse devra être déclaré de la même manière que sa vidange. Il sera effectué d'après le même mode et en observant les mêmes mesures de précaution.

ART. 71. — Les eaux qui reviendraient dans toute fosse vidée et en cours de réparation devront être enlevées comme les matières de vidanges. Toutefois, lorsque la nature de ces eaux le permettra, et en vertu d'une autorisation spéciale du maire ou du commissaire de police, elles pourront être versées au ruisseau de la rue pendant la nuit.

ART. 72. — Aucune fosse ne pourra être refermée après la vidange qu'en vertu d'une autorisation écrite qni sera délivrée par le maire ou la personne qu'il aura déléguée à cet effet. Le propriétaire devra avoir sur place, jusqu'à ce qu'il ait reçu l'autorisation de fermer la fosse, une échelle convenable pour en faciliter la visite.

ART. 73. — Dans le cas où la fosse aurait été fermée en contravention à l'article précédent, le propriétaire sera tenu de la faire rouvrir et laisser ouverte aux jour et heure indiqués par la sommation qui lui sera adressée à cet effet, pour que la visite en puisse être faite par qui de droit.

ART. 74. — Aucune fosse précédemment comblée ne pourra être déblayée qu'en prenant, pour cette opération, les mêmes précautions que pour la vidange.

Section deuxième : Service des fosses mobiles. — ART. 75.—
Il ne pourra être établi, dans les communes rurales du ressort
de la préfecture de police, en remplacement des fosses en maçonnerie ou pour en tenir lieu, que des appareils approuvés
par le préfet de police.

ART. 76. — Aucun appareil de fosse mobile ne pourra être
placé dans toute fosse supprimée dans laquelle il reviendrait
des eaux quelconques.

ART. 77. — Nul ne pourra exercer la profession d'entrepreneur de fosses mobiles dans une commune sans être pourvu
d'une permission du maire de cette commune. Cette permission ne sera délivrée qu'après qu'il aura été justifié par le
demandeur : 1° qu'il a les voitures, chevaux et appareils nécessaires au service des fosses mobiles ; 2° qu'il a, pour déposer les voitures et appareils, lorsqu'ils ne sont point en service,
un emplacement convenable, agréé à cet effet par le maire.

ART. 78. — Il est expressément défendu à toute personne
non pourvue d'une permission d'entrepreneur de fosses mobiles de poser ou faire poser des appareils, même autorisés, dans
une maison quelconque, et de s'immiscer en quoi que ce soit
dans le service des fosses mobiles.

ART. 79. — Le transport des appareils des fosses mobiles
ne pourra avoir lieu que pendant les heures de la journée qui
auront été fixées par le maire de la commune.

ART. 80. — Aucun appareil ne pourra être placé sans une
déclaration préalable à la mairie par le propriétaire ou par
l'entrepreneur. Toute suppression d'appareil doit être déclarée
à la mairie.

ART. 81. — Les appareils devront être établis sur un sol
rendu imperméable jusqu'à un mètre au moins au pourtour
des appareils, autant que les localités le permettront, et disposés en forme de cuvette. Les caveaux où se trouvent les appareils devront être constamment pourvus d'une échelle qui per-
mette d'y descendre avec facilité et sans danger. Les trappes
qui fermeront l'ouverture de ces caveaux seront construites
solidement et garnies d'un anneau en fer destiné à en faciliter

la levée. Il sera pris les dispositions nécessaires pour que les eaux pluviales et ménagères ne puissent pénétrer dans les caveaux.

Art. 82. — Tout appareil plein devra être enlevé et remplacé avant que les matières débordent. Tout enlèvement d'appareil devra être précédé d'une déclaration qui sera faite la veille à la mairie.

Art. 83. — Les appareils seront fermés sur place, lutés et nettoyés ensuite avec soin avant d'être portés aux voitures.

Art. 84. — Il est défendu de laisser dans les maisons d'autres appareils de fosses mobiles que ceux qui sont de service. Les appareils remplis de matières, remplacés et laissés dans les maisons, seront, aux frais de l'entrepreneur, immédiatement enlevés d'office et transportés à la voirie. Il en sera de même de tout appareil en service dont les matières débordent.

Art. 85. — Il est expressément défendu de faire écouler les matières contenues dans les appareils à l'aide de canelles ou de toute autre manière.

Titre V : Dispositions communes aux entrepreneurs de vidanges et aux entrepreneurs de fosses mobiles. — Art. 86. — Les voitures servant au transport des matières fécales ne pourront passer que par les rues qui auront été désignées dans la déclaration de vidange. Si le maire a fixé un itinéraire, elles devront le suivre. Tout stationnement intermédiaire de ces voitures, du lieu du chargement à la voirie, est expressément interdit.

Art. 87. — Les voitures de transport de vidanges devront être construites avec solidité, entretenues en bon état et chargées de manière que les vaisseaux reposent toujours sur la partie opposée à leur ouverture.

Art. 88. — Les vaisseaux ou appareils contenant des matières seront conduits directement aux voitures indiquées dans les déclarations de vidange; ils seront constamment entretenus en bon état, de telle sorte que rien ne puisse s'en échapper ou se répandre.

Art. 89. — En cas de versement de matières sur la voie

publique, l'entrepreneur fera procéder immédiatement à leur
enlèvement et au lavage du sol. Faute par lui de se conformer
aux dispositions du présent article, il y sera pourvu d'office et
à ses frais.

ART. 90. — Dans le cas où un entrepreneur cesserait de
satisfaire aux conditions imposées par les art. 50 et 78, sa
permission lui sera retirée.

*Titre VI : Désignation des communes auxquelles la présente
ordonnance est applicable, et dispositions diverses.* — ART. 91.
— Toutes les dispositions de la présente ordonnance seront
applicables aux communes limitrophes de Paris et aux communes de Sceaux, Saint-Denis, Boulogne, Saint-Cloud, Sèvres
et Meudon seulement.

Les maires de ces communes détermineront par des arrêtés
le délai après lequel elle devra recevoir son exécution. Ce délai
ne pourra excéder une année.

ART. 92. — Quant aux communes non désignées à l'article
précédent, elles ne seront soumises qu'aux prescriptions du
§ 1er de l'art. 1er, aux termes desquels toute maison habitée
doit être pourvue de privés en nombre suffisant. Ces prescriptions seront obligatoires dans lesdites communes à partir
du 1er juillet 1854. Les maires pourront, par des arrêtés qui
seront soumis à notre approbation, rendre toutes les autres
dispositions de l'ordonnance applicables à tout ou partie de
leurs communes respectives, lorsqu'ils le jugeront à propos.
Jusque-là, les privés prescrits par le premier paragraphe du
présent article pourront être desservis par des fosses d'aisances établies d'après l'usage du lieu ou dans des conditions
déterminées par l'autorité municipale.

ART. 93. — Les contraventions seront constatées par des
procès-verbaux ou rapports qui seront déférés aux tribunaux
compétents, sans préjudice des mesures administratives qui
pourront être prises suivant les circonstances.

ART. 94.—La présente ordonnance sera imprimée et affichée
dans toutes les communes rurales du ressort de la préfecture
de police. Les maires de ces communes, ainsi que les commis-

saires de police, architectes-voyers, les gardes champêtres et la gendarmerie en surveilleront et en assureront l'exécution, chacun en ce qui les concerne.

1150. *Ordonnance du 29 novembre 1854, concernant la désinfection des matières contenues dans les fosses d'aisances et l'écoulement des eaux vannes aux égouts.*

Nous, préfet de police, vu : 1° les ordonnances de police des 12 décembre 1849 et 8 novembre 1851, concernant la désinfection des matières contenues dans les fosses d'aisances de la ville de Paris; 2° le décret du 10 mars 1852 ; 3° la loi des 16-24 août 1790 et les arrêtés du gouvernement des 12 messidor an VIII et 3 brumaire an IX ; 4° les rapports du conseil d'hygiène publique et de salubrité du département de la Seine, et notamment ceux du 19 mai 1854 ; considérant que, par suite d'expériences déjà anciennes et suffisamment répétées, il est reconnu qu'on peut désinfecter rapidement et économiquement les matières contenues dans les fosses d'aisances; qu'en outre, il est aujourd'hui démontré que cette désinfection peut être assez complète pour que les matières liquides, extraites des fosses, soient écoulées dans les égouts sans aucun inconvénient; que la division des matières dans les fosses fixes ou mobiles est peu coûteuse à établir, qu'elle est tout entière dans l'intérêt du propriétaire, et qu'elle permet d'obtenir une désinfection plus prompte et plus complète ; considérant enfin qu'il importe d'encourager les systèmes qui tendent, d'une part, à prévenir toutes causes d'insalubrité sur la voie publique, et, d'autre part, à faire disparaître les inconvénients que présente la vidange des fosses; qu'à ces différents points de vue l'écoulement direct et souterrain des eaux vannes dans les égouts complétera les améliorations apportées déjà dans cette partie du service; vu la délibération de la commission municipale de Paris, en date du 20 décembre 1850, approuvée par M. le ministre de l'intérieur, ordonnons ce qui suit :

Art. 1er. — Il est expressément défendu de procéder à l'extraction et au transport des matières contenues dans les fosses d'aisances, avant que la désinfection en ait été complétement opérée. Il devra être procédé à cette désinfection, autant que possible, dans la nuit qui précédera l'extraction des matières, et toujours dans les limites de temps fixées par les règlements pour la vidange des fosses, sauf les exceptions que nous jugerons convenables d'autoriser.

Art. 2. — Tout entrepreneur de vidange devra nous faire connaître son procédé de désinfection, et ne pourra l'employer qu'après que ce procédé aura été approuvé par nous, sur l'avis du conseil de salubrité.

Art. 3. — Les matières liquides désinfectées provenant des fosses à proximité des égouts, ne pourront être écoulées dans ces égouts, lors de la vidange, qu'au moyen d'une conduite souterraine préalablement autorisée par M. le préfet de la Seine. L'administration déterminera les conditions dans lesquelles cette conduite devra être établie pour prévenir tout écoulement qui ne serait point autorisé par la préfecture de police. Ces dispositions seront obligatoires après la première vidange qui suivra la publication de la présente ordonnance. Partout où il serait impossible d'établir une conduite souterraine, les matières liquides désinfectées pourront être écoulées au moyen d'un tuyau aboutissant à la bouche de l'égout le plus voisin. Si l'éloignement de l'égout, ou toute autre circonstance ne permet pas ce mode d'écoulement, les liquides seront transportés au dépotoir. Les liquides des fosses pourront encore, *à mesure de la production*, être écoulés directement et d'une manière permanente dans les égouts, au moyen d'une conduite souterraine, à la charge par les propriétaires de se pourvoir des autorisations nécessaires et de se conformer à toutes les conditions qui seront prescrites pour que ce mode d'écoulement n'ait aucun inconvénient, soit pour la salubrité, soit pour le service des égouts.

Art. 4. — Tout entrepreneur qui voudra faire écouler les liquides dans les égouts devra préalablement nous en faire la déclaration, en prenant l'engagement de payer à la ville, conformément à la délibération ci-dessus visée, un franc vingt-cinq centimes par mètre cube de matières solides ou liquides, extraites des fosses; il devra se soumettre, en outre, à toutes les conditions qui lui seront imposées pour l'opération dont il s'agit.

Art. 5. — Les entrepreneurs qui feront écouler les liquides dans les égouts pourront transporter les matières solides dans des locaux autorisés, où elles seront de nouveau désinfectées, s'il est nécessaire, de manière que la désinfection soit permanente, à défaut de quoi les matières seront enlevées et portées à Bondy, à la diligence de l'autorité et aux frais du contrevenant.

Art. 6. — Quand les liquides ne seront point écoulés dans les égouts, ils devront, ainsi que les matières solides extraites de la même fosse, être transportés au dépotoir ou au port d'embarquement de La Villette, jusqu'à ce qu'il en soit autrement ordonné, et sauf d'ailleurs les exceptions que nous jugerions convenable d'autoriser, dans l'intérêt de l'agriculture ou de l'industrie.

Art. 7. — Les fosses mobiles continueront à être disposées de telle sorte que la séparation des matières solides et liquides s'opère dans ces fosses, ainsi qu'il a été prescrit par l'ordonnance précitée du 8 novembre 1851.

Les fosses en maçonnerie devront également, lors de la première vidange, recevoir les dispositions ou appareils nécessaires, pour y assurer la séparation prescrite pour les fosses mobiles.

Ces mêmes dispositions devront être immédiatement observées lors de la construction des fosses neuves.

Art. 8. — Il est expressément interdit d'attendre que la fosse soit pleine pour en opérer la vidange; on devra toujours laisser au moins le vide nécessaire pour l'introduction et le brassage des matières désinfectantes.

L'ouverture d'extraction de toute fosse, après la vidange, devra, jusqu'à fermeture définitive, être tenue couverte de manière à prévenir les accidents, et ce par les soins du propriétaire.

ART. 9. — Les ordonnances et arrêtés des 5 et 6 juin 1834, 23 septembre 1843, 26 janvier 1846, 24 mai et 12 décembre 1849, continueront de recevoir leur exécution en tout ce qui n'est pas contraire aux dispositions qui précèdent.

ART. 10. — L'ordonnance de police du 8 novembre 1851 est rapportée.

ART. 11. — Les contraventions à la présente ordonnance seront constatées par des procès-verbaux ou rapports, conformément aux lois et règlements, sans préjudice des mesures administratives qui pourront être prises contre les contrevenants, notamment le retrait temporaire ou définitif de l'autorisation des entrepreneurs.

ART. 12. — La présente ordonnance sera publiée et notifiée aux entrepreneurs de vidange. Le chef de la police municipale, les commissaires de police de Paris, l'inspecteur général de la salubrité et les officiers de paix en surveilleront et assureront l'exécution, chacun en ce qui le concerne.

1151. *Ordonnance de police du 5 avril 1855, qui autorise l'emploi dans la ville de Paris de nouveaux appareils à filtre, inventés par le sieur Guinier, pour opérer la séparation des matières solides et liquides, soit avant ou après leur chute dans les fosses d'aisances fixes ou mobiles.*

Vu la pétition par laquelle le sieur Guinier, demeurant à Paris, rue de Grenelle-Saint-Honoré, 25, soumet à notre approbation des appareils à double filtre, construits d'après divers systèmes de son invention et destinés à opérer la séparation des matières solides et liquides, soit avant, soit après leur chute dans les fosses d'aisances en maçonnerie ou dans les récipients de fosses mobiles;

Ensemble les plans et les notices descriptives qui accompagnent cette pétition et qui resteront ci annexés à l'ordonnance qui suit; — Arrêtons:

Art. 1er. — Les appareils à double filtre établis d'après les divers systèmes décrits par le sieur Guinier dans ses demandes, notices et plans susvisés, pourront être employés dans Paris pour opérer la séparation des matières solides et liquides avant ou après leur chute dans les fosses d'aisances en maçonnerie ou dans les appareils des fosses mobiles.

Art. 2. — 1° Les fosses en maçonnerie dans lesquelles les appareils séparateurs du sieur Guinier auront été placés, ne pourront être mises en services, soit après leur construction, soit après leur vidange, qu'en vertu d'un permis qui sera délivré selon les cas ; 2° les rapports de l'inspecteur général de la salubrité, et de l'architecte commissaire de la petite voirie, en date des 13 février dernier et 26 mars courant, au sujet des appareils dudit sieur Guinier ; 3° l'ordonnance royale du 24 septembre 1819, qui fixe le mode de construction des fosses d'aisances dans Paris, et le décret du 10 mars 1852 qui modifie l'art. 5 de cette ordonnance ; 4° l'ordonnance de police du 5 juin 1834 concernant la vidange des fosses d'aisances et de service des fosses mobiles ; 5° l'art. 7 de l'ordonnance de police du 29 novembre dernier, qui prescrit la séparation des matières solides et liquides dans les fosses fixes et mobiles en vertu de la loi des 16-24 août 1790, et de l'arrêté du gouvernement du 12 messidor an VIII, par l'architecte commissaire de la petite voirie ou par l'inspecteur général de la salubrité.

Art. 3. — Les appareils des fosses mobiles, construits d'après le système du sieur Guinier, ne pourront être mis en service que par les entrepreneurs de fosses mobiles permissionnés, qui demeureront responsables vis-à-vis de notre administration de toutes les contraventions qui pourraient être commises dans le service de ces appareils.

Art. 4. — Les appareils qui seront adaptés aux tuyaux de chute, pour opérer la séparation des matières avant leur introduction dans les fosses, devront être desservis par des entrepreneurs de vidanges ou de fosses mobiles.

Art. 5. — Le sieur Guinier ou ses ayants-cause devront se conformer aux dispositions des règlements concernant les fosses fixes ou mobiles, qui peuvent s'appliquer auxdits systèmes. Ils seront tenus en outre d'apporter à leurs appareils toutes les modifications que l'administration jugerait convenables.

ART. 6. — L'autorisation résultant de l'art. 1er pourra être révoquée en tout ou en partie dans le cas où les appareils précités présenteraient des inconvénients que l'administration ne peut prévoir en ce moment.

ART. 7. — La présente ordonnance sera notifiée au sieur Guinier par l'inspecteur général de la salubrité. Il en sera adressé une expédition à ce chef de service et à l'architecte commissaire de la petite voirie, qui demeurent chargés de leur exécution.

1152. *Ordonnance de police du 16 mars 1857, concernant les salles de spectacle.*

ART. 5. — Des urinoirs devront être établis aux abords des salles de spectacle, en conformité à l'arrêté de police du 7 mars 1839 (1).

1153.   *Décret du 23 août 1858.*

Vu l'ordonnance royale du 24 septembre 1819; vu le décret du 10 mars 1852 ; arrêtons ce qui suit :

ART. 1er. — L'art. 5 de l'ordonnance royale du 24 septembre 1819, qui défend d'établir des compartiments ou des divisions dans les fosses, d'y construire des piliers et d'y faire des chaînes ou des arcs en pierres apparentes, n'est pas applicable aux séparations que notre préfet de police peut prescrire de faire dans ces fosses, dans l'intérêt de la salubrité.

ART. 2. — Le décret susvisé du 10 mars 1852 est rapporté.

(1) L'exécution de cette ordonnance est trop négligée. Il serait même à désirer qu'on imposât aux constructeurs de théâtres l'obligation d'établir des latrines et des urinoirs dans le corps de l'édifice, pour l'usage du public.

1154. *Décret des 10-24 octobre 1859 relatif aux attributions du préfet de la Seine et du préfet de police* (1).

Napoléon, etc., notre conseil d'Etat entendu, avons décrété :

ART. 1er. A l'avenir, les attributions du préfet de la Seine comprendront, en outre de celles qui lui sont dès à présent conférées par les lois et règlements, et sous les réserves exprimées par les articles 2, 3, 4 ci-après : 1° la petite voirie telle

---

(1) La loi du 28 pluviôse an VIII porte, art. 16, que : à Paris, dans chacun des arrondissement municipaux, un maire et deux adjoints seront chargés de la partie administrative et des fonctions relatives à l'état civil. Un préfet de police sera chargé *de ce qui concerne la police* et aura sous ses ordres des commissaires distribués dans les douze municipalités.

Ce *qui concerne la police municipale* était déjà déterminé par la loi des 16-24 août 1790, tit. II, art. 3 et 4.

L'arrêté du 12 messidor an VIII, qui énumère les diverses attributions du préfet de police n'est, *en ce qui touche la police municipale,* que le développement des règles générales posées par la loi des 16-24 août 1790.

La loi des 19-22 juillet 1791, tit. V, art. 46, donne aux fonctionnaires chargés de la police municipale le pouvoir de faire des règlements sur les objets confiés à leur vigilance. C'est dans cette loi que le préfet de police puise, comme tous les autres magistrats municipaux, le pouvoir de faire des ordonnances de police. Les art. 10 et 11 de la loi du 18 juillet 1838 confirment ces dispositions.

Les ordonnances de police ont pour sanction les peines de simple police, aux termes de l'art. 471, n° 15, Code pénal.

L'arrêté du 22 brumaire, an IX, étend à tout le département de la Seine et aux communes de Sèvres, Saint-Cloud et Meudon du département de Seine-et-Oise, quelques-unes des dispositions de l'arrêté du 12 messidor an VIII.

Une nouvelle extension, mais pour le département de la Seine seulement, est faite par la loi du 10 juin 1853.

Il peut être aussi utile de consulter la loi du 8 juillet 1852, qui concède le bois de Boulogne à la ville de Paris.

Les attributions des fonctionnaires municipaux dans la commune de Lyon sont fixées par les décrets des 24 mars et 17 juin 1852 ; le premier de ces décrets a toute l'autorité de la loi, qu'il emprunte à la période dans laquelle il a été rendu.

Enfin, l'art. 50 de la loi du 5 mai 1855 confie en partie les pouvoirs du préfet de police aux préfets des départements dans les communes chefs-lieux de département, dont la population excède 40,000 âmes.

qu'elle est définie par l'article 21 de l'arrêté du 12 messidor an VIII; 2° l'éclairage, le balayage, l'arrosage de la voie publique, l'enlèvement des boues, neiges et glaces; 3° le curage des égouts et les fosses d'aisances; 4° les permissions pour établissements sur la rivière, les canaux et les ports; 5° les traités et les tarifs concernant les voitures publiques et la concession des lieux de stationnement de ces voitures et de celles qui servent à l'approvisionnement des halles et marchés; 6° les tarifs, l'assiette et la perception des droits municipaux de toute sorte dans les halles et marchés; 7° la boulangerie et ses approvisionnements; 8° l'entretien des édifices communaux de toute nature; 9° les baux, marchés et adjudications relatifs aux services administratifs de la ville de Paris. Toutefois, lorsque ces baux intéresseront la circulation, l'entretien, l'éclairage de la voie publique et la salubrité, ils devront, avant d'être présentés au conseil municipal, être soumis à l'appréciation du préfet de police, et, en cas de dissentiment, transmis avec ses observations au ministre de l'intérieur, qui prononcera. Les marchés et adjudications relatifs aux services spéciaux de la préfecture de police continueront à être passés par le préfet de police.

Art. 2. Le préfet de police exercera, à l'égard des matières énumérées en l'article précédent, le droit qui lui est conféré par l'article 34 de l'arrêté de messidor an VIII. Si les indications et réquisitions du préfet de police ne sont pas suivies d'effet, il pourra en référer au ministre compétent. Dans les mêmes cas, si le préfet de police fait opposition à l'exécution de travaux pouvant gêner la circulation, ils ne pourront être commencés ou continués qu'en vertu de l'autorisation du ministre compétent.

Art. 3. Le préfet de la Seine ne pourra proposer au conseil municipal la concession d'aucun emplacement d'échoppe ou d'étalage fixe ou mobile, ni d'aucun lieu de stationnement de voitures sur la voie publique, et il ne pourra délivrer d'autorisation concernant les établissements sur la rivière, les canaux et leurs dépendances, qu'après avoir pris l'avis du préfet de police. En cas d'opposition de ce magistrat, il ne sera passé outre qu'en vertu d'une décision du ministre compétent.

1155. *Arrêté du 1ᵉʳ août 1862 relatif à l'emploi du béton et des ciments dans la construction des fosses d'aisances* (1).

Le sénateur, préfet de la Seine, grand-croix de l'ordre impérial de la Légion d'honneur, vu : 1° l'ordonnance royale du 24 septembre 1819, réglant la construction des fosses d'aisances dans Paris, et portant, art. 4 : « Les murs, la voûte et le fond des fosses seront entièrement construits en pierres meulières maçonnées avec du mortier de chaux maigre et du sable de rivière bien lavé. Les parois des fosses seront enduites de pareil mortier lissé à la truelle ; » 2° les ordonnances de police des 23 octobre 1819 et 23 octobre 1850 ; 3° les rapports de l'ingénieur en chef chargé du service des eaux et des égouts, en date des 14 août 1860 et 14 octobre 1861 ; 4° les conclusions de l'inspecteur général directeur des travaux publics, en date du 24 février dernier ; vu la loi des 16-24 août 1790 et celle des 19-22 juillet 1791 ; vu le décret du 10 octobre 1859, art. 1ᵉʳ-3° ; arrête :

ART. 1ᵉʳ. A l'avenir les bétons de ciment romain, de Vassy ou de Portland, et le béton Coignet, seront admis dans la construction des fosses d'aisances conjointement avec la maçonnerie en meulières hourdées en mortier à chaux hydraulique. Les fosses ainsi construites resteront soumises à la réception préalable par les agents de l'administration, en exécution des ordonnances de police susvisées.

ART. 2. M. l'inspecteur général des ponts et chaussées, directeur du service municipal, est chargé d'assurer l'exécution du présent arrêté, qui sera inséré au *Recueil des actes administratifs de la préfecture.*

(1) L'arrêté préfectoral du 1ᵉʳ août 1862, autorisant l'emploi du béton dans la construction des fosses d'aisances, est illégal par la raison qu'il n'appartient au préfet de la Seine de modifier les dispositions du chef de l'Etat.

1156. *Note du 20 octobre 1863, émanant du directeur du service municipal des travaux publics, à M. l'ingénieur en chef des eaux et égouts.*

Dans son rapport du 22 juillet dernier, M. l'ingénieur en chef des eaux a émis l'avis qu'il y avait lieu d'accueillir la demande faite par M. Gibiat, directeur de la compagnie de vidange dite hydrobarométrique, de mettre en circulation un nouveau modèle de tonnes d'une contenance supérieure à celle fixée par l'arrêté de police du 6 juin 1834. M. le sénateur préfet a sanctionné cette proposition par décision en date du 10 octobre courant, sous certaines réserves et en la généralisant toutefois. Ainsi cette décision porte qu'à titre d'expérience et sans abroger explicitement l'arrêté de police de 1834, la compagnie dite hydrobarométrique et toutes autres entreprises de vidange qui en feraient la demande à l'avenir, seront autorisées par tolérance révocable au gré de l'administration, à mettre en service des tonnes de la contenance de trois mètres cubes, à la condition que ces tonnes seront en fer et montées sur quatre roues, que les voitures seront assez basses pour entrer dans les passages de portes cochères, qu'elles seront supendues de façon à rouler avec le moins de bruit possible, et enfin qu'elles auront, ainsi que les attelages, les dimensions assez restreintes pour tourner sur la voie publique.

1157. *Arrêté du 14 juin 1864 prescrivant la désinfection préventive des tonneaux de fosses mobiles.*

Le sénateur, préfet de la Seine, grand-croix de l'ordre impérial de la Légion d'honneur, vu : 1° le rapport de l'ingénieur en chef des eaux et des égouts, relatif à l'emploi du sulfate de fer pour la désinfection préventive des appareils de fosses mobiles ; 2° les propositions du directeur du service municipal des travaux publics ; 3° la loi des 16-24 août 1790 ; 4° les ordonnances de police des 23 octobre 1850 et 29 novembre 1854 ; 5° le décret du 10 octobre 1859 ; arrête :

ART. 1er.— A l'avenir, les entrepreneurs de vidanges seront

tenus d'opérer la désinfection des tonneaux de fosses mobiles avant de les mettre en service. Ils emploieront à cet effet le sulfate de fer ordinaire en cristaux, dans la proportion de 5 kilogrammes par mètre cube de capacité du récipient à désinfecter.

ART. 2. — Cette opération sera faite soit au dépotoir de La Villette, soit à la voirie de Bondy, après le dépotage et le lavage des appareils, et avant leur sortie, sous la surveillance des agents de la ville. Les tonnes et leur contenu seront en outre contrôlés par les agents des vidanges, au moment de l'installation des appareils dans les maisons.

ART. 3. — Les contraventions aux prescriptions qui précèdent seront constatées par rapports ou procès-verbaux et poursuivies par les voies de droit.

ART. 4. — Le présent arrêté sera exécutoire quinze jours après la notification aux entrepreneurs intéressés.

ART. 5. — Le directeur du service municipal des travaux publics est chargé d'assurer l'exécution du présent arrêté.

1158. *Note du directeur de la voirie, du 22 juin 1861.*

Le directeur de la voirie rappelle à **MM.** les commissaires-voyers d'arrondissement que l'examen critique des plans de fosses et cabinets d'aisances appartient *exclusivement à leur service*, non-seulement pour toutes les constructions neuves, mais encore pour les constructions existantes à l'égard desquelles des demandes de permission de voirie leur sont soumises; et qu'à **MM.** les commissaires-voyers-adjoints attachés au *service spécial des fosses*, incombe le devoir de surveiller l'exécution de ces plans, de prescrire telles rectifications de détail qu'ils reconnaîtraient *nécessaires* avant d'autoriser *la fermeture des fosses;* et qu'enfin ce service spécial est chargé de l'instruction de toute demande ayant uniquement pour objet des projets de construction, reconstruction ou modification de fosse dans les bâtiments existants.

MM. les commissaires-voyers doivent donc porter leur attention d'une manière toute particulière sur la forme, la disposition et les dimensions des fosses et cabinets d'aisances à construire, des pierres et cheminées d'extraction, des tampons et des tuyaux d'évent.

Ils devront également, dans le cas où il s'agirait d'une fosse en cave, examiner la forme, la disposition et les dimensions de la cave où doit être placé le châssis d'extraction, ainsi que les moyens d'accès et d'aération de cette cave.

MM. les commissaires-voyers d'arrondissement sont invités à prendre note qu'il a été décidé que toutes les fois que la cheminée d'extraction donnant accès à une fosse ne serait pas pratiquée immédiatement au-dessus de cette fosse, le couloir destiné à mettre la cheminée en communication avec la fosse aurait une dimension d'au moins 1^m.60 de largeur sur 1 mètre, et que la pierre d'extraction serait posée en long dans le sens de la génératrice rectiligne de la voûte.

MM. les commissaires-voyers d'arrondissement doivent apporter d'autant plus de soin dans l'examen des projets de fosses, en ce qui touche les constructions neuves, que leur avis sert de point de départ à la mission confiée au service spécial, et qu'il importe, dès lors, que les deux services qui concourent au même but marchent d'accord et maintiennent, avec une égale fermeté, l'application de toutes les prescriptions réglementaires. MM. les commissaires-voyers d'arrondissement demeurent toujours chargés de la surveillance des travaux, au double point de vue de la solidité et de la salubrité.

Il est recommandé à MM. les commissaires-voyers et à leurs adjoints de signaler au bureau toute infraction aux règlements des fosses, qui pourrait être reconnue par eux, soit qu'il s'agisse de construction neuve qui serait établie contrairement aux règles de l'art, soit qu'il s'agisse de travaux de reconstruction ou de réparation exécutés sans permission préalable.

Pour faciliter le service d'ordre du bureau qui, chaque jour, communique aux agents des fosses les dossiers de permissions délivrées concernant l'établissement de fosses, MM. les commissaires-voyers d'arrondissement devront mettre une mention spéciale sur la première page de leurs rapports.

1159. *Arrêté réglementaire du 2 juillet* **1867,** *pour l'écoulement des eaux vannes dans les égouts publics, par voie directe.*

Le sénateur préfet de la Seine, grand-croix de l'ordre impérial de la Légion d'honneur, vu : 1° la loi des 16-24 août 1790 ; 2° les décrets des 26 mars 1852 et 10 octobre 1859 ; 3° les ordonnances de police des 5 juin 1834, 23 octobre 1850, 1er septembre 1853 et 29 novembre 1854 ; 4° l'arrêté préfectoral du 9 février 1867 ; 5° la délibération de la commission municipale en date du 20 décembre 1850, qui fixe la rétribution à payer à la ville pour écoulement dans les égouts de liquides provenant de fosses d'aisances ; 6° la délibération du conseil municipal du 21 novembre 1862 ; ensemble l'arrêté préfectoral du 2 décembre suivant, approbatif de cette délibération ; 7° le rapport du directeur des eaux et des égouts ; arrête :

ART. 1er. — Les propriétaires de maisons en bordure sur la voie publique pourront faire écouler les eaux vannes de leurs fosses d'aisances dans les égouts de la ville, d'une manière directe.

Abonnement. — A cet effet, ils souscriront des abonnements qui, s'il y a lieu, seront approuvés par arrêtés préfectoraux, sur l'avis de l'ingénieur en chef des eaux et des égouts.

Ces abonnements seront annuels et révocables à la volonté de l'administration. Ils partiront des 1er janvier et 1er juillet de chaque année.

Renonciation. — Le propriétaire pourra y renoncer en prévenant le préfet de la Seine six mois à l'avance. Quelle que soit la date de l'avertissement, le prix de l'abonnement sera exigible jusqu'à son expiration.

Conditions d'abonnement. — ART. 2. — Les conditions à remplir pour l'abonnement sont les suivantes :

Concession d'eau. — 1° La propriété sera desservie par les eaux de la ville ;

Branchement d'égout. — 2° Elle sera pourvue d'un branchement d'égout particulier. Ce branchement pourra être prolongé jusqu'au caveau renfermant les appareils de vidange pour servir, si on le juge à propos, à l'enlèvement souterrain de ces appareils. Dans ce cas, le branchement sera fermé à l'aplomb du mur de face au moyen d'une grille verticale à deux clefs dissemblables, dont une, établie sur le modèle arrêté par l'administration, sera remise au service des égouts, l'autre demeurant aux mains du propriétaire. Cette grille ne sera pas exigible dans le cas où le caveau et le branchement seront sans communication avec l'intérieur de la propriété.

Appareils diviseurs. — 3° Les eaux vannes devront être séparées des solides au moyen d'appareils diviseurs d'un modèle accepté par l'administration. Les entrepreneurs chargés de la fourniture et de l'entretien de ces appareils seront exclusivement choisis parmi les entrepreneurs de vidanges en exercice à Paris (1).

Caveau. — Les appareils diviseurs seront établis dans un caveau convenablement ventilé, et dont le sol aura été rendu imperméable et disposé en forme de cuvette.

Chutes. — Chaque chute de cabinet d'aisances sera pourvue d'un appareil diviseur mobile. *Les chutes avec leurs branchements ne pourront être placées sous un angle supérieur à 45 degrés.*

Eaux vannes. — 4° Les eaux vannes s'écouleront à part dans l'égout par une conduite en fonte ou en grès vernissé, établie suivant les instructions de l'ingénieur.

Eaux pluviales, ménagères, industrielles et de concession.— 5° Les eaux pluviales, ménagères, industrielles et celles provenant de la concession desservant la propriété, seront dirigées dans la conduite de manière à se mélanger aux eaux vannes avant qu'elles n'atteignent l'égout public. En aucun cas, les eaux de ces diverses provenances ne pourront être directement envoyées dans les appareils filtrants.

Fosses réformées. — 6° Les fosses fixes rendues inutiles par

(1) Hors ce qui concerne l'appareil diviseur et les travaux sur la voie publique, le propriétaire est libre de choisir ses entrepreneurs.

suite de l'installation des appareils diviseurs seront comblées ou converties en caves.

Police des travaux. — Art. 3. — Les dispositions qui précèdent et toutes celles que l'administration jugerait utile de prescrire seront exécutées aux frais, risques et périls du propriétaire, d'après les instructions des agents du service des eaux et des égouts, et sans qu'il puisse être mis empêchement au contrôle de ces agents, sous quelque prétexte que ce soit.

Aucun appareil de vidange nouveau ne sera mis en service qu'après avoir été reconnu par l'inspecteur de l'assainissement ou son délégué, qui en autorisera l'usage.

Interruption d'écoulement. — Art. 4. — Les abonnés n'auront droit à aucune indemnité pour cause d'interruption momentanée d'écoulement d'eaux vannes à l'égout, par suite de travaux exécutés par la ville de Paris, lorsque l'interruption ne se prolongera pas au delà d'un mois. Après ce terme, la réduction de la redevance fixée par l'article ci-après sera proportionnelle à la durée de l'interruption.

Responsabilité. — Art. 5. — Les abonnés seront exclusivement responsables envers les tiers de tous les dommages auxquels pourraient donner lieu, soit les appareils de vidange, soit l'écoulement des liquides en provenant.

Tarif. — Art. 6. — Le propriétaire, ou en son nom l'entrepreneur chargé de la fourniture et de l'enlèvement des appareils filtrants, acquittera à la caisse municipale une redevance annuelle de *trente francs* par tuyau de chute.

Payement. — Art. 7. — Le montant de la somme à payer sera fixé chaque semestre, après constatation contradictoire du nombre des orifices existants, par l'inspecteur de l'assainissement ou son délégué, en présence du propriétaire ou de son représentant, et sera reconnu par ceux-ci sur un état que l'ingénieur en chef des eaux et des égouts transmettra à la préfecture de la Seine pour être rendu exécutoire.

Le prix de l'abonnement sera versé en deux termes égaux (1ᵉʳ janvier et 1ᵉʳ juillet), et d'avance.

Résiliation. — A défaut de payement à l'une des deux

échéances, l'écoulement sera suspendu et l'abonnement pourra être résilié.

Contraventions.— ART. 8. — Les contraventions aux dispositions du présent arrêté seront constatées par procès-verbaux ou rapports et poursuivies par les voies de droit, sans préjudice des mesures administratives auxquelles ces contraventions pourraient donner lieu.

1160. *Arrêté préfectoral du 22 août 1867, déterminant les portes de sortie vers les voiries particulières.*

Le sénateur, préfet du département de la Seine, grand-croix de l'ordre impérial de la Légion d'honneur; vu l'arrêté du 9 février 1867, en vertu duquel les entrepreneurs de vidanges peuvent transporter dans leurs voiries particulières le produit de leur exploitation *intra muros;* vu le rapport par lequel le directeur des eaux et des égouts propose de déterminer les portes de l'enceinte par lesquelles pourront passer les voitures faisant le service des voiries particulières; vu l'avis du directeur de l'octroi; vu la lettre de M. le préfet de police, en date du 1ᵉʳ août présent mois; vu la loi des 16-24 août 1790; vu les ordonnances de police des 5 juin 1834, 23 octobre 1850, 7 juillet 1852 et 29 novembre 1854; vu l'arrêté du 22 août présent mois, sur la circulation des voitures de vidanges; vu le décret du 10 octobre 1859; arrête :

ART. 1ᵉʳ. — Les voitures et équipages de toute sorte, les tonnes, tinettes et tonneaux pleins ou vides, des entrepreneurs de vidanges autorisés à transporter tous les produits de leur exploitation dans leurs voiries particulières *extra muros*, ne pourront passer que par les portes de l'enceinte de Paris ci-après désignées, savoir :

Portes de Bercy, Charenton, Bagnolet, Romainville, Pantin, Aubervilliers, Saint-Denis, Saint-Ouen, Ternes, Point-du-Jour, Versailles, Châtillon, Choisy et la Gare.

Le passage par toute autre porte est absolument interdit.

ART. 2. — Ces transports sont d'ailleurs soumis à toutes les prescriptions imposées pour la circulation des voitures de vidanges, par les ordonnances de police susvisées et par l'arrêté spécial en date du 22 août présent mois.

Art. 3. — Les entrepreneurs devront en outre faire revêtir leurs voitures et équipages, à titre de signe distinctif, d'une peinture de couleur jaune orange du type fixé par l'ingénieur en chef des eaux et des égouts. La circulation de toute voiture autrement peinte est interdite.

Art. 4. Ampliation du présent arrêté sera transmise à M. le préfet de police, au directeur de l'octroi et au directeur des eaux et des égouts, spécialement chargé d'en assurer l'exécution et de le faire notifier aux entrepreneurs intéressés.

1161. *Arrêté préfectoral du 22 août 1867, réglementant les heures du travail et la circulation des voitures de vidange.*

Le sénateur, préfet du département de la Seine, grand-croix de l'ordre impérial de la Légion d'honneur, vu la proposition du directeur du service des eaux et des égouts ; vu la loi des 16-24 août 1790, les ordonnances de police des 5 juin 1834, 23 octobre 1850, 7 juillet 1852 et 29 novembre 1854 ; vu l'arrêté du 9 février 1867 ; vu la lettre de M. le préfet de police, en date du 1er août 1867 ; arrête :

Art. 1er. — A l'avenir, la vidange des fosses fixes devra se faire, savoir :

Pendant l'hiver, c'est-à-dire du 1er octobre au 31 mars, entre 11 heures du soir et 7 heures 30 minutes du matin ;

Pendant l'été, c'est-à-dire du 1er avril au 30 septembre, entre 11 heures du soir et 6 heures 30 minutes du matin.

Art. 2. — Dans le périmètre des Halles centrales, lequel est limité par les rues du Louvre, Saint-Honoré, de Grenelle, Coquillère, du Jour, Montmartre, de Rambuteau, le boulevard de Sébastopol, les quais de la Mégisserie et de l'École, toutes ces voies inclusivement, la vidange devra se faire, en hiver et en été, de 9 heures du soir à 3 heures du matin. Aux abords des théâtres, dans un rayon de 100 mètres, l'opération de la vidange ne sera commencée qu'après minuit 30 minutes.

Art. 3. — Les voitures d'équipe pourront être amenées devant les maisons où la vidange doit avoir lieu, une heure avant les heures fixées ci-dessus; les agrès pourront être préparés et mis en place, mais aucune manipulation des matières ne pourra être commencée avant lesdites heures.

Art. 4. — Les voitures employées au transport des matières provenant des fosses fixes ne pourront, chargées ou non chargées, circuler dans Paris, savoir : pendant l'hiver, avant 10 heures du soir, ni après 8 heures du matin ; pendant l'été, avant 10 heures du soir, ni après 9 heures du matin. Les voitures d'équipe seront admises à circuler une heure plus tôt et une heure plus tard.

Art. 5. — Les voitures transportant des tonneaux de fosses mobiles, tinettes filtrantes, etc., pleines ou vides, pourront circuler en toute saison de 7 heures du matin à 6 heures du soir.

Art. 6. — L'enlèvement à domicile des tonneaux de fosses mobiles et des tinettes filtrantes aura lieu en toute saison de 7 heures du matin à 5 heures du soir.

Art. 7. — Les conducteurs de voitures devront suivre les itinéraires qui leur seront indiqués par les agents du service des eaux et des égouts attachés au service de la vidange, qui s'entendront préalablement avec ceux de la préfecture de police. Il leur est absolument interdit de traverser la place du Carrousel.

Art. 8. — Les voitures de vidange seront attelées de chevaux ayant une force suffisante pour circuler sur tous les points de Paris et dans l'intérieur du dépotoir. Tout stationnement de ces voitures, soit dans les rues, soit dans l'impasse et la cour du dépotoir, est rigoureusement interdit.

Art. 9. — Le dépotoir de La Villette est ouvert, pour le service des fosses fixes : pendant l'hiver, de 10 heures 10 minutes du soir à 9 heures 10 minutes du matin ; pendant l'été, de 10 heures 10 minutes du soir à 8 heures 10 minutes du matin ; et pour le service des fosses mobiles et tinettes filtrantes :

pendant l'hiver, de 8 heures du matin à 6 heures 10 minutes du soir ; pendant l'été, de 7 heures 30 minutes du matin à 6 heures 10 minutes du soir.

ART. 10. — Les tonnes et les voitures qui se présenteraient au dépotoir en dehors de ces heures seront reçues en dépôt pour être vidées au commencement du service suivant, moyennant le payement d'un droit de magasinage fixé à 20 francs pour les grosses tonnes et les voitures chargées des tonneaux de fosses mobiles, et à 10 francs pour les voitures chargées de tinettes. Ce droit sera perçu, sans préjudice des amendes qui pourront être prononcées en raison de la circulation tardive des voitures dans les rues de Paris.

ART. 11. — Les contraventions au présent arrêté seront constatées par procès-verbaux ou rapports qui nous seront adressés pour être transmis aux tribunaux compétents.

ART. 12. — Le directeur des eaux et des égouts est chargé de l'exécution du présent arrêté, qui sera notifié par lui aux entrepreneurs de vidange régulièrement autorisés. Pareille ampliation sera transmise à M. le préfet de police, à M. le directeur de l'octroi et à M. le commissaire de police faisant fonctions du ministère public près le tribunal de police municipale.

1162. *Arrêté préfectoral du 29 mai 1868, portant réduction du tarif de navigation pour diverses matières sur le canal Saint-Martin.*

Le sénateur, préfet du département de la Seine, grand-croix de l'ordre impérial de la Légion d'honneur, vu le tarif en vigueur des droits de navigation, de stationnement, de garage et de touage des bateaux, sur le canal Saint-Martin ; vu la délibération du conseil municipal de Paris, en date du 24 avril 1868, portant qu'il y a lieu d'abaisser de 5 centimes à 3 centimes, par tonne et par écluse, les droits de navigation du canal Saint-Martin, pour les bateaux de terres, immondices, produits de balayage et eaux vannes exclusivement, venant, soit du bassin de La Villette, soit de l'intérieur même du canal et franchissant au moins deux écluses ; vu l'arrêté préfectoral, en date du 11 mai 1868, approbatif de ladite délibération ; arrête :

ART. 1er. — Les droits de navigation du canal Saint-Martin sont réduits de 5 centimes à 3 centimes, par tonne et par écluse, pour les bateaux de terres, immondices, produits de balayage et eaux vannes exclusivement, venant, soit du bassin de La Villette, soit de l'intérieur même du canal, et franchissant au moins deux écluses.

ART. 2. Le présent arrêté recevra son exécution à partir du 1er juin 1868.

ART. 3. Ampliation du présent arrêté sera adressée : 1° au directeur des eaux et des égouts, chargé d'en assurer l'exécution ; 2° au directeur des affaires municipales (1re section, 3e bureau); 3° au chef de la 1re section du secrétariat général (2e bureau).

1163. *Ordonnance du 27 décembre 1872 relatant les dispositions de l'ordonnance du 20 novembre 1848 sur la salubrité des habitations.*

ART. 4. — Les cabinets d'aisances seront disposés et ventilés de manière à ne pas donner d'odeur. Le sol devra être imperméable et tenu dans un état constant de propreté. Les tuyaux de chute seront maintenus en bon état et ne devront donner lieu à aucune fuite.

ART. 5. — Il est défendu de jeter ou de déposer dans les cours, allées et passages, aucune matière pouvant entretenir l'humidité ou donner de mauvaises odeurs. Partout où les fumiers ne pourront être conservés dans des trous couverts ou sur des points où ils ne compromettraient pas la salubrité, l'enlèvement en sera opéré chaque jour avec les précautions prescrites par les règlements. Le sol des écuries devra être rendu imperméable dans la partie qui reçoit les urines ; les écuries devront être tenues avec la plus grande propreté ; les ruisseaux destinés à l'écoulement des urines seront lavés plusieurs fois par jour.

Art. 7. — Les ordonnances de police des 23 octobre 1819, 5 juin 1834, 12 décembre 1849, 8 novembre 1851, 3 décembre 1829, 27 mai 1845, 27 février 1838, 20 juillet 1838, 31 mai 1842, 5 novembre 1846 et 1ᵉʳ septembre 1853, concernant les fosses d'aisances, les animaux élevés dans les habitations, les vacheries, les puits et puisards, l'éclairage par le gaz dans l'intérieur des habitations, le balayage et la propreté de la voie publique, et tous autres règlements intéressant la salubrité, continueront de recevoir leur exécution dans celles de leurs dispositions qui ne sont pas contraires à la présente ordonnance.

Art. 8. — L'ordonnance de police précitée du 20 novembre 1848 est rapportée.

1164. *Libellé des autorisations accordées pour la vidange des fosses par l'enlèvement direct et permanent des eaux vannes à l'égout.*

Le sénateur préfet de police du département de la Seine, vu : 1° la demande présentée par M.   à l'effet d'être autorisé à établir dans sa propriété, sise   des appareils diviseurs avec écoulement des liquides dans l'égout public ; ensemble les plans joints à ladite demande ; 2° l'avis émis sur cette demande par l'ingénieur en chef du service des eaux et des égouts; 3° la loi des 16-24 août 1790; 4° le décret du 26 mars 1852 ; 5° le décret du 10 octobre 1859 ; 6° l'ordonnance de police du 5 juin 1834 ; 7° l'ordonnance de police du 29 novembre 1854 ; 8° la délibération de la commission municipale, en date du 20 décembre 1850, qui fixe la rétribution à payer à la ville pour écoulement dans les égouts publics de liquides provenant de fosses d'aisances ; 9° la délibération du conseil municipal du 24 novembre 1862 ; ensemble l'arrêté préfectoral du 2 décembre suivant, approbatif de cette délibération. Arrête :

Art. 1ᵉʳ. — M.   est autorisé à établir dans sa propriété, sise   des appareils diviseurs des matières de vidanges, et à écouler les eaux vannes dans l'égout public d'une manière directe et permanente.

Art. 2. — Cette autorisation est accordée aux conditions ci-après, savoir : 1° avoir une concession des eaux de la ville ; 2° construire au droit de la maison un branchement d'égout particulier, qui pourra, si le propriétaire le juge à propos, être prolongé jusqu'au caveau réservé aux appareils diviseurs, pour servir au transport desdits appareils entre ce caveau et l'égout public ; et, dans ce cas, placer à l'entrée dudit branchement une grille verticale et mobile fermant au moyen d'une serrure à deux clefs dissemblables, dont une sera remise au service des égouts et l'autre demeurera aux mains du propriétaire ; 3° intaller des appareils diviseurs dans un caveau convenablement ventilé, d'un accès facile, et dont le sol aura été rendu imperméable et disposé en forme de cuvette ; 4° pourvoir chaque chute d'un appareil diviseur mobile approuvé par l'administration ; 5° n'écouler dans l'égout public que des liquides complétement dégagés de toute matière solide ; 6° établir pour cet écoulement une conduite en fonte prenant naissance dans la propriété en un point qui sera fixé de concert entre le propriétaire et l'ingénieur en chef des eaux et des égouts, et se prolongeant, sans solution de continuité, jusqu'au point du branchement qui sera désigné par l'ingénieur en chef.

Art. 3. — L'exécution des dispositions ci-dessus, et de toutes autres que l'administration jugerait utile de prescrire, sera surveillée par les agents du service de la vidange, sans qu'il puisse être mis empêchement à leur inspection.

Art. 4. — L'entrepreneur de vidange chargé de la fourniture et de l'enlèvement des appareils, ou à son défaut le propriétaire de l'immeuble, acquittera à la caisse municipale chaque année et d'avance en deux termes (janvier et juillet) une redevance calculée à raison de *trente francs* par tuyau de chute.

Le montant de la somme à payer sera fixé chaque semestre, après constatation contradictoire du nombre des orifices existants, par l'inspecteur des vidanges, en présence du propriétaire ou

de son représentant, et sera reconnu par ceux-ci sur un état
que l'ingénieur en chef des eaux transmettra à l'Hotel-de-Ville,
pour être rendu exécutoire.

Art. 5. — La présente autorisation est consentie à titre provisoire, essentiellement révocable au gré de l'administration,
qui réserve tous ses droits.

Art. 6. — Les contraventions aux dispositions qui précèdent
seront constatées par procès-verbaux ou rapports, et poursuivies par les voies de droit, sans préjudice des mesures administratives auxquelles ces contraventions pourraient donner
lieu.

Art. 7. Le directeur du service municipal des travaux publics est chargé de faire notifier le présent arrêté au propriétaire et d'en assurer l'exécution.

§ 3. — **Coutumes locales** (1).

1165.   *Coustumes de Berry.*

Art. 11. — Aucun ne peut faire en mur mitoyen latrines ou
esgouts de cuisine qui puissent endomager le mur moitoyen,
ne porter préiudice au voisin qui y a part et portion, soit
de puantise par edifice desdites latrines ou esgouts, ou deterio-
ration du dit mur : ce qui a lieu aussi, en celuy qui veut faire
latrines et esgouts en son propre heritage pres et ioignant le
mur d'autruy.

1166.   *Coustumes de Bloys.*

Art. 235. — Si aucun veut faire retraits et chambres aisées
au long du mur comun et moitoyen, il sera tenu faire un autre
mur au long dudit mur, qui aura un pied et demy par bas
d'espesseur, admortissant d'un pied iusques à la couronne de
de la voute desdits retraits.

---

(1) Nous avons cru devoir conserver les textes qui suivent sans rien
changer à la langue ni à l'orthographe du temps.

1167. *Coustumes de Bourbonnois.*

Art. 509. — On ne peut auoir esgouts et ozmes, au moyen desquels les eauës et immundicitez, puissent cheoir ou prendre conduict au puits ou caue de son voisin auparauant edifiez ; sinon qu'il ait tiltre exprès au contraire.

1168. *Coustumes de Bourbonnois.*

Art. 515. — Tous manans et habitants, ou ayant maisons, en villes closes, sont tenus d'y faire construire et entretenir latrines et chambres aysées ; et à ce sont contraints par prinse et exploitation de leurs biens meubles et immeubles, arrests de louages desdittes maisons, et autres manières deuës et raisonnables. Et si aucun est trouué portant, iettant, ou ayant porté immundicitez ou ordures deuavt la maison d'autruy, places, ou ruës vuydes, il est pour la première fois condemné en l'amende de sept sols tour. pour la deux-ième fois en amede de xiiij. sols tour. et pour la trois-ieme fois en amede de xxi sols tour. Et le semblable est obserué, contre ceux qui iettent immudicitez contre les portes desdites villes.

1169. *Coutumes d'Estampes.*

Art. 86. — Tous manans et habitans ayans et tenans maisons en la ville d'Estampes, sont tenus y faire, construire, et entretenir latrines et chambres aisées ; et sont à ce faire contraignables, par prinse et exploictation de leurs biens, meubles et immeubles, arret de louage des dites maisons et autres voyes et manieres deuës et raisonnables, sur peine de vingt liures parisis d'amende ; et si aucun est trouué portant, iettant, ou ayant porté, ou ictté immondices ou ordures, deuant la maison d'autruy, places ou rues vuides, est, pour la première fois, condamnable en six sols parisis ; et pour la seconde en douze sols parisis, et pour la troisième en vingt-cinq sols parisis ; et est le semblable obserué, contre ceux qui iettent immondices près les portes de la ville, eglises et autres lieux publiqs.

Art. 87. — Vn voisin ne peut faire aucun puys, retraits fosses de cuisine ou esseuouers, pour retenir eaues de maison, four, ne forge, près vn mur mitoyen et commun, qui ne laisse ledit mur franc, et vn contremur de l'expesseur d'vn pied ; et doit être fait aux depens particuliers de celuy qui s'en voudra ayder, et en son danger ; et s'il y a puyz à l'vn ou l'autre des deux voisins, les retraits, latrines et esseuouer, seront faits à dix pieds loin dudit puyz, faisant entre deux vn contremur de chaux et sable, aussi bas que les fondemens desdits puyz, latrines, retraits, et esseuouers.

1170.   *Coustumes de Lodunois.*

Art. 1er. — Veuës et agouts de maisons, par quelque temps qu'ilz ayent esté maintenuz, ne portent point de saisine, sino que par pactio faicte entre les parties, l'vne soit tenue porter l'agout ou veuë de l'autre ; ou qu'en partage et diuisions faicts d'aucune choses communes, dont l'une chose sert à l'autre, y a aucunes veuës ou agouts esdictes choses partagées ; audit cas, lesdictes veuës et agouts demeuret en l'estat qu'elles estaient au temps desditz partages ; sinon qu'expressément soit dict le contraire en faisant lesditz partage et diuisions.

Aucun ne peut faire ou construire latrines, troux, ou chambres aysées, en son heritage pres l'heritage de son voisin, sinon qu'il y ayt entre lesdictes latrines et lesditz heritages du voisin, vn mur de deux piedz et demy d'espez, et que ledit mur soit à chaux et à sable.

1171.   *Coutumes de Mante et Meullant.*

Art. 97. — Quiconque a le sol, appellé l'estage du rez de chaussée d'aucun heritage, il peut et doit auoir le dessus et dessous de son sol, et y peut edifier par dessus et par dessous, et y faire puys, aysances et autres choses licites, s'il n'y a tiltre au contraire ; pourueu que la causse de l'aysemet soit distante de dix pieds du puys du voisin, et y faisant à ses despens bon et suffisant contremur de chaux et sable de sous en comble, d'vn pied d'espesseur pour le moins.

1172. *Coustumes de Meaux.*

ART. 74. — On ne peut faire puys, priuees, ou four, contre quelque mur, i'entes moytoyen, entre deux voisins, que celui qui fait le dit four, puys, ou priuees, ne soit tenu faire vn contremur, entre lesdits puys, four, ou priuees, et le mur moytoyen.

1173. *Coustumes de Meleun.*

ART. 207. — Vn voisin ne peut faire aucuns puits, retraitz à perdre eauë, pres le mur moitoyen, s'il n'a fait contremur, de l'espesseur d'vn pied et demy, de pierre, chaux et sable, depuis les fondemens iusques à reez de chaussee.

ART. 208. — Si l'vn des voisins a en son heritage un puits, et l'autre voisin veut faire au sien latrines, ou chambre aisee, sera tenu faire entre le dit puits et latrines vn contremur, de l'espesseur de trois pieds, de semblable matiere comme dessus; sinon qu'il y eust distance de dix pieds d'espesseur, entre lesdits puits et latrines.

ART. 209. — Tous manans et habitans, ayans et tenans maisons en ville de Meleun, sont tenus y faire construire et entretenir, latrines et chambres aisees, par prinse et exploictation de leurs biens, et arrests des louages des dites maisons; sur peine de vingt liures parisis d'amende, pouruceu que lesdites latrines se puissent faire, sans incommoder lesdites maisons.

ART. 342. — Si aucun est trouué portant, iettant, ou auoir porté ou ictté, immundices ou ordures deuant la maison d'autruy, places ou raës vuides, ou pres des portes de la dite ville, ou dedas les fossez d'icelle, et aussi pres les églises, et autres lieux publiques, doit être, pour la premiere fois, condamné en dix sols parisis d'amende; pour la seconde, en vingt sols pa-

risis, et pour la tierce, en soixante sols parisis ; et s'il est cous-
tumier de ce faire, sera puny corporellement.

1174.   *Usances de Nantes.*

ART. 23. — Aucun ne peut faire latrines, puys ou fosse de
cuisine, auprès de mur mutuel et commun, qu'on ne laisse
franc ledit mur. Et outre qu'on ne face muraille d'vn pied et
demy d'espaisseur, de chaux et ciment, au danger et despens de celuy qui fait ledit puys, latrines ou autre receptacle :
s'il n'y a paction au contraire.

ART. 24. — On ne peut faire ne tenir puys, retraicts, latrines,
ni esgouts près du puys à eau de son voisin, sino qu'il y ait
entre-deux neuf pieds d'espace et distance, pourueu que le
puys soit premier edifié.

ART. 25. — Quand il y a puys, retraicts, latrines ou esgouts
communs entre deux parties, les vuidanges et curages se
doiuent faire au despens des parties qui y ont droict : et si la
vuidange est faite par l'heritage d'vne desdites parties, de là
en-auant les autres parties seront tenuës consecutiuement en-
durer la vuidange par leur heritage, l'vne après l'autre : tou-
fois celuy qui endure et a la vuidange de son costé, ne doit
payer que le tiers des fraiz et l'autre partie du costé de laquelle ne serait pas faite la dite vuidage, doit payer les deux
autres tierces parties, et ainsi consecutiuement.

ART. 26. — Chacun peut addresser le cours de son touc,
encore qu'il soit nouuellement fait, aux autres prochains et
anciens toucs, en contribuant à l'entretenement et nettoye-
ment desdits anciens toucs.

1175.   *Coutumes de Nivernais.*

ART. 15. — Tous manans et habitans ayans maisons en
ville, sont tenus d'y faire construire et entretenir latrines si
commodement faire se peut. Et à ce seront contraints par la
justice du lieu, par prinse, vente et exploictation de leurs

biens, meubles ou immeubles, arrests de rentes, deuoirs et louages, et pensions desdites maisons et appartenances et autres manières deuës et raisonnables.

ART. 16. — Si aucun fait ou iette immundices ou ordures deuant la maison d'autruy, portes des villes, places, rues ou lieux vuydes de ladite ville. Pour la première fois il est amendable de trois sols tournois. Pour la seconde et autrefois *arbitrio iudicis...*

ART. 19. — En grandes rues de ladite cité de Neuers et autres villes dudit pays, l'on ne peut tenir fumiers n'ordure plus haut d'vn iour sur peine d'amende.

ART. 21. — Aussi ès petites rues et estroittes, chacun peut tenir son fumier par l'espace de huit jours, et ledit temps passé, s'il est sommé et après refusant ou delayant comme dessus, il est amendable d'amende arbitraire. Et quant aux autres ordures aucun ne les peut laisser mettre ou laisser en rue, que ce soit esdites cité et villes, sur peine d'amende arbitraire.

ART. 22. — Désormais l'on ne pourra faire avances de batiments sur les rues desdites cité et villes, n'esuiers, tuyaux de cuisine respondants sur les rues par le haut, sinon par le bas. Mais sera tenu vn chacun receuoir ses eauës et immundices chez luy, ou les faires porter hors et en lieu non nuysible, le tout sus peine de l'amende, comme dit est.

ART. 24. — Et quant aux auancements de batiments, esuiers et tuyaux de cuisine, entrees de caues, ou degrez aboutissant sur les rues desdites villes faits par cy deuant et d'ancienneté, ils ne pourront être refaits ne reparez. Et quand ils cherront du tout, ils seront mis en l'estat dessus declaré.

1176.   *Coutumes de Rheims.*

ART. 367. — Quiconque a le dit sol, il peut et doit auoir le dessus et le dessous, et faire caues, puis, aisances, ordes, fosses, soulcis, et autres choses licites; pourueu que lesdites aisances, ordes, fosses et soulcis, et chausses d'iceux, soyent distantes de dix pieds du puis de son voisin, ou y faisant à ses despens bon et suffisant contremur de chaux et sable, de fond en comble, de deux pieds d'épaisseur pour le moins (1).

(1) Les coutumes étaient rédigées par l'autorité du roi et du consentement des trois États des provinces ; elles étaient donc par le fait de droit écrit, ayant force de loi dans la province pour laquelle elles étaient faites.

Chez les Romains, la coutume n'était pas écrite : « Elle imite la loi, l'interprète et quelquefois même la corrige, » portent les Institutes. (§ 9, *Institut. De jure gent. et civil.*, liv. I, *quæ sit lon. consuet.*)

CHAPITRE VII

JURISPRUDENCE

—

§ 1er. — **Droit administratif.**

1177. L'autorité municipale est fondée à prendre des arrêtés relativement à l'établissement des fosses d'aisances, latrines et urinoirs, de même que pour l'enlèvement des vidanges. (Loi des 14-16 août 1790. — Arrêt de la cour de cassation du 18 août 1861.)

1178. Les pouvoirs de l'autorité municipale sont les mêmes en Algérie. (Cassation, 8 février 1856.)

1179. Dans les villes dont la population excède 40,000 âmes, le préfet du département est autorisé à réglementer ces matières, à défaut d'arrêté municipal. (Loi du 5 mai 1850, art. 50. — Arrêté des conseils du 12 messidor an VIII.)

1180. A Paris le mode d'exécution des fosses d'aisances est déterminé par l'ordonnance royale du 24 décembre 1819.

1181. L'application de ladite ordonnance et la réglementation de la vidange étaient dans les attributions du préfet de police. (Arrêté des consuls du 12 messidor an VIII.)

1182. Le décret du 10 octobre 1859 a transmis ces attributions au préfet de la Seine, qui demeure également chargé de tout ce qui concerne les latrines et urinoirs.

1183. A Paris où la réglementation de la construction des fosses n'est pas faite par l'autorité municipale, le préfet de la Seine n'est point autorisé à prescrire des mesures contraires aux règlements émanant du chef de l'Etat. (Cassation, 31 janvier 1857.)

1184. L'ordonnance de 1819 ni aucun règlement légal ne fixant à Paris la profondeur à laquelle doivent être construites les fosses d'aisances, il en résulte qu'un arrêté prescrivant de les construire à une hauteur déterminée en contre-bas du trottoir ne serait pas obligatoire. (Tribunal correctionnel de Paris, 29 janvier 1862) (1).

1185. Le décret du 10 mars 1852, prescrivant des compartiments en maçonnerie dans les fosses pour la division des matières, contrairement à l'ordonnance du 24 décembre 1819, n'ayant été ni promulgué, ni même publié dans la forme usitée, a été considéré comme entaché d'irrégularité et dès lors non exécutoire (2) ; il est d'ailleurs abrogé.

1186. Hors Paris, l'autorité municipale a le droit d'imposer un mode spécial de construction des fosses et d'établissement des lieux d'aisances. (Cassation, 15 mars 1861.)

1187. La contravention à un arrêté de police, prescrivant l'établissement de fosses d'aisances d'un système déterminé, ne peut être excusée sur le motif que l'exécution de cet arrêté présenterait des difficultés dans la maison du prévenu ; ces difficultés ne sauraient être assimilées à un cas de force majeure, et leur appréciation rentre dans les attributions exclusives de l'autorité administrative, qui seule peut modifier son arrêté ou prendre les mesures nécessaires pour en faciliter l'application. (Cassation, 10 juillet 1868.)

1188. Est légal et obligatoire, comme pris dans l'intérêt de

---

(1) Le préfet de la Seine avait, par un arrêté particulier, prescrit de construire la fosse à 3m.60 en contre-bas du trottoir.

(2) Cette solution résulte de plusieurs arrêts de la cour de cassation, rendus par suite des instances introduites par les particuliers contre le préfet de police, qui avait alors le service des fosses d'aisances dans ses attributions.

la salubrité publique, le règlement municipal qui prescrit que des fosses d'aisances seront établies dans les maisons où il n'en existe pas et dans celles qui seront construites à l'avenir. (Cassation, 15 juillet 1864.)

1189. En matières de fosses d'aisances et de tous leurs accessoires, les usages d'une localité ne peuvent autoriser une dérogation à la loi générale ni à un règlement légal s'appliquant à la localité. (Cassation, 30 mars 1861.)

1190. Lorsque l'arrêté municipal laisse un doute dans sa rédaction, le doute doit être interprété dans le sens le plus favorable à la salubrité. (Cassation, 29 mars 1856.)

1191. Ce principe est contraire à l'esprit des lois en général ; son adoption, malgré l'intérêt majeur auquel il s'attache, nous paraît contestable, à moins de circonstances exceptionnelles.

1192. Dans les villes l'établissement de fosses d'aisances dans chaque maison est obligatoire, quand bien même aucun règlement local n'en prescrirait la construction. (Cassation, 18 avril 1860.)

Cette disposition nous paraît excessive et l'autorité municipale agira prudemment en ne poursuivant que sur un arrêté qu'elle doit toujours prendre et publier dans les formes légales.

1193. Il a été jugé qu'un maire pouvait exiger que la construction d'une fosse d'aisances et de latrines ne joignît pas immédiatement la voie publique. (Cassation, 1er mars 1851.)

Si cet arrêt n'était rendu sur une espèce particulière, il ne serait pas à l'abri de la critique, car une fosse d'aisances et des latrines peuvent être construites contre la voie publique dans des conditions de solidité et d'imperméabilité aussi complètes qu'à l'intérieur d'une propriété. Il nous paraît donc qu'un arrêté prescrivant une disposition de cette nature serait susceptible d'être annulé devant le ministre.

Au reste, il ne faut pas perdre de vue que la cour de cassation ne juge que sur le point de légalité et non sur la valeur des prescriptions que renferme l'arrêté. Le particulier avait donc fait fausse route dans la procédure. C'était au préfet qu'il fallait adresser d'abord requête.

1194. Dans les théâtres, marchés, bals, et dans tous les établissements où il y a rassemblement d'hommes temporaire ou permanent, il est du devoir de l'autorité municipale d'exiger l'établissement de fosses et lieux d'aisances publics.

1195. Le fermier des lieux d'aisances établis par la commune est passible de la patente. (Conseil d'État, 6 mars 1861.)

1196. La défense d'avoir, à l'intérieur des propriétés, des dépôts de fumiers et immondices doit être appliquée à toute espèce de fumiers, et non pas seulement aux fumiers corrompus. (Cassation, 24 juillet 1854.)

1197. Les maires ne doivent pas souffrir que les fosses d'aisances s'étendent sous le sol des rues et places. (Cassation, 1er mars 1851.)

1198. Pour l'assainissement d'un cours d'eau traversant la ville et servant de lavoir aux habitants riverains, l'autorité municipale est dans la limite de son droit en prescrivant la suppression des conduits de latrines établis sur ce cours d'eau. (Cassation, 28 février 1861.)

1199. Les arrêtés municipaux édictant des mesures dont l'objet est d'assurer la salubrité des cours d'eau ne peuvent être attaqués que devant le ministre; un recours pour ce cas devant le conseil d'État statuant au contentieux ne serait pas recevable. (Conf. conseil d'État, 8 avril 1858.)

1200. Un arrêté municipal ordonnant que, dans un délai déterminé, toutes les maisons de la ville devront être pourvues de fosses d'aisances, ne s'applique pas seulement aux maisons à édifier, mais aussi aux maisons existantes. (Cassation, 13 février 1857.)

1201. Les propriétaires des maisons existantes ne seraient pas fondés à opposer que la mesure prescrite par l'arrêté municipal constitue une atteinte à leur droit de propriété, qu'elle ne saurait, en vertu du principe de non-réactivité des lois, leur être applicable. (Tribunal de Béziers, 24 novembre 1860.)

1202. Dans les bourgs et villages l'autorité municipale

peut, par arrêté, ordonner l'établissement d'une fosses d'aisances dans chacune des maisons de la commune ; elle serait même fondée à prescrire le système suivant lequel ces fosses devraient être établies. (Loi 16-24 août 1790, titre II, art. 3; cassation, 20 avril 1843, 29 mars 1856, 13 février 1857, 18 août 1860, 28 février 1861.

1203. Toutefois, un tel arrêté ne s'applique pas aux maisons situées dans les dépendances rurales de la commune, et par exemple aux maisons composant un hameau séparé d'un faubourg de la ville par une certaine distance sans continuité d'habitation. (Cassation, 7 juillet 1854.)

1204. L'autorité municipale ne sortirait pas néanmoins de la légalité en édictant une réglementation à l'égard de toute espèce de bâtiments, sans en excepter les manufactures insalubres, ces établissements restant, comme les habitations, soumis à toutes les prescriptions générales des règlements de police de la localité, surtout lorsque ces prescriptions sont étrangères à l'industrie qui y est exercée. (Cassation, 15 mars 1861.)

Mais un pareil arrêté, quoique légal en principe, serait dans un grand nombre de cas susceptible d'être rapporté par le ministre de l'intérieur, comme étant abusif en fait, surtout quand il s'agit de constructions en pleine compagne.

L'autorité municipale devra donc au moins se montrer circonspecte en cette occurrence.

1205. Partout il y a des usages ou règlements, dans les petites communes, l'on est dans l'habitude de suivre ce qui se pratique au chef-lieu, ce qui revient à un règlement ou au moins à un usage.

1206. La jurisprudence de la cour de cassation condamne toute interprétation des règlements municipaux sur l'établissement des lieux d'aisances, qui favorise la continuation des abus pour la suppression desquels ils ont été pris.

1207. Dans tous les cas il est interdit à l'autorité municipale de prendre un arrêté qui, au lieu d'avoir le caractère de précautions prises en vue de la sûreté et de la salubrité publiques, n'aurait pour effet que d'assurer des commodités particulières ou un agrément pour les habitants.

Ainsi l'arrêté, soit du préfet de la Seine à Paris, soit du maire d'une ville où le décret du 26 mars 1852 est applicable, qui prescrirait une galerie couverte ou fermée pour communiquer aux latrines, ne serait pas légal.

1208. Mais si l'autorité municipale ordonnait l'éclairage des latrines dans un établissement fréquenté par le public, comme un café, un bal, une fabrique, etc., elle serait fondée.

1209. La cour de cassation a jugé que l'arrêté du tribunal de police de Marseille portant que les tinettes faisaient office de fosses mobiles, doit être considéré comme ayant voulu manifestement réformer les abus qui résultent de l'emploi de tels récipients, insuffisants pour le service des habitants d'une maison, surtout si l'on tient compte d'une disposition accessoire du même arrêté, qui, pour assurer la prompte exécution des mesures prescrites, promet aux propriétaires qui justifieraient de l'insuffisance de leurs ressources, le concours de l'administration municipale, afin de faire face aux dépenses que la construction des fosses mobiles pourrait occasionner. (Cassation, 29 mars 1856.)

1210. Toutefois, en ce qui concerne l'exécution d'un arrêté prescrivant la construction de fosses d'aisances, l'expression *construction*, à défaut de spécifications suffisantes, n'implique pas l'idée de maçonnerie; par suite, des fosses d'aisances établies dans une maison au moyen de tonneaux superposés peuvent être considérées comme satisfaisant aux injonctions qu'il renferme. (Crim., rej., 20 avril 1843.)

1211. Il ne peut être admis que les usages d'une localité puissent permettre une dérogation à une loi générale. L'art. 471 du Code pénal doit donc recevoir son exécution sans aucune restriction; l'allégation du retard apporté dans le nettoyage d'un cloaque n'a pas le caractère d'un cas de force majeure, et, d'ailleurs, ne ferait pas disparaître la contravention résultant de l'existence même d'un cloaque sur la voie publique. (Cassation, 30 mars 1861. Aff. Guérin) (1).

1212. Lorsqu'un règlement a prescrit, pour l'assainissement d'un cours d'eau traversant la ville, de supprimer les conduits de latrines établis sur ce cours d'eau, la disposition qui ordonne de remplacer dans un délai déterminé le système de l'écoulement extérieur par des fosses mortes, doit être réputée impérative et non pas seulement démonstrative, en sorte qu'il y a lieu de déclarer en contravention le propriétaire qui s'est borné à supprimer les conduits qu'il avait sur ce cours d'eau, sans construire des fosses mortes en remplacement. (Cassation, 28 février 1861.)

1213. La prohibition faite par l'autorité municipale d'élever à proximité des habitations dans les cours et jardins des constructions en bois, est applicable spécialement à un cabinet d'aisances en planche établi dans un jardin, sans que le propriétaire puisse objecter que, à raison de sa mobilité, ce cabinet, établi en forme de guérite, ne saurait être considéré comme une construction. (Cassation, 30 novembre 1861.)

Cette décision est rationnelle en principe, puisque la cour de cassation juge sur le point de la légalité; mais, si la question eût été portée préalablement devant le préfet du département et ensuite devant le ministre, dans les formes voulues par l'article 60 de la loi du 14 décembre 1789, l'arrêté eût certainement été annulé. Le particulier a donc fait fausse route.

1214. Le juge de police ne peut refuser de tenir pour établis les faits relatés dans des procès-verbaux qu'autant que leur autorité a été détruite par la preuve contraire résultant d'une enquête ou d'une descente de lieux régulièrement effectuée. Et même, dans ce cas, pour justifier l'acquittement, il ne suffit pas au juge de déclarer que le prévenu possède dans sa

---

(1) Arrêt Guérin. Des poursuites ayant été exercées contre le sus-nommé habitant de la Ciotat, pour le fait de n'avoir pas nettoyé à temps le cloaque lui tenant lieu de fosse d'aisances et établi sur la voie publique, le juge de police prononça l'acquittement, alléguant que l'usage établi à la Ciotat ne permettait pas de faire l'application de l'art. 471. Mais le ministère public a cassé ce jugement et fait la déclaration ci-dessus.

maison des fosses remplissant parfaitement l'objet pour lequel elles sont établies; il faut encore qu'il constate que ces fosses, par le mode de leur établissement, satisfont aux prescriptions du règlement local. (Cassation, 8 février 1859.)

Dans ce cas, comme dans le précédent, le particulier doit donc préalablement porter sa requête devant le préfet du département, dans les formes prescrites par la loi du 14 décembre 1789.

1215. La contravention à un arrêté qui interdit d'avoir des lieux d'aisances sur une rivière traversant la commune, résulte, non pas exclusivement de l'établissement des constructions prohibées, mais aussi et surtout de l'usage insalubre dont l'arrêté a eu en vue d'empêcher l'inconvénient; que, par suite, la continuité de l'usage après une première condamnation peut donner lieu à une nouvelle poursuite, sans que le contrevenant soit fondé à opposer l'exception de chose jugée, cette poursuite ayant ici pour objet, non pas le même fait, mais un fait nouveau, quoique identique avec celui qui a été réprimé. (Cassation, 13 mars 1861.)

1216. Lorsque les travaux légalement ordonnés par un arrêté municipal n'ont pas été confectionnés, le juge de police doit, indépendamment de la condamnation à l'amende, ordonner l'exécution de ces travaux par le prévenu, ou, à défaut, par l'administration aux frais du prévenu. (Cassation, 12 mars 1853.)

Dans le cas indiqué au numéro précédent, le juge de police ne pourrait se borner à prononcer l'amende encourue. (Cassation, 12 mars 1853.)

1217. Lorsqu'un règlement prescrit aux propriétaires de maisons non pourvues de fosses d'aisances d'en faire construire dans un délai déterminé, le ministère public est fondé à demander, en sus de l'application de l'amende, que l'administration soit autorisée à faire faire, à leurs frais, les constructions prescrites; c'est là une demande de réparations civiles sur laquelle le juge ne peut s'abstenir de prononcer. (Cassation, 18 août 1860.)

1218. Les latrines et les urinoirs pouvant créer des causes d'insalubrité, leur établissement est subordonné aux prescriptions de l'autorité municipale : c'est la loi. Toutefois la même autorité ne peut procéder à la réglementation de ces objets qu'en prescrivant les conditions strictement nécessaires au point de vue de la salubrité, et sans que l'arrêté administratif soit motivé par des conditions de confortable ou d'embellissement.

1219. Faire des ordures sur la voie publique, le long d'un mur, c'est contrevenir aux règlements qui défendent de déposer dans les rues des immondices autres que ceux qui proviennent du balayage. (Cassation, 8 septembre 1837.)

1220. Bien que le fait d'uriner sur la voie publique se produise surtout dans le voisinage des établissements publics tels que cabarets et débits de boissons, cette circonstance ne saurait justifier l'injonction faite par un arrêté, aux débitants de boissons, de construire, à proximité de leurs établissements, des urinoirs publics, la construction de ces urinoirs étant une charge communale qui ne saurait peser sur une seule classe de citoyens. (Cassation, 12 octobre 1850.)

1221. Le fait de laisser écouler les urines sur la voie publique, et même de les transporter directement au ruisseau, ne fût-ce que d'y verser le contenu d'un vase de nuit, peut-être assimilé au fait de déverser des eaux et de jeter des ordures sur la voie publique. (Cassation, 25 février 1863.)

1222. Toutefois ce fait de laisser écouler les urines sur la voie publique peut-être excusé en cas de force majeure bien caractérisée. (Cassation, 7 décembre 1855.)

1223. Les urinoirs placés par les soins de l'autorité municipale contre des murs joignant la voie publique, sont des objets servant à l'utilité publique dans le sens de l'art. 257, C. pén. (1), et, par suite, le fait de les supprimer sans autorisa-

(1) Code pénal, art. 257. — Quiconque aura détruit, abattu, mutilé ou dégradé des monuments, statues et autres objets destinés à l'utilité ou à la décoration publique, et élevés par l'autorité publique ou avec son autorisation, sera puni d'un emprisonnement d'un mois à deux ans, et d'une amende de cent à cinq cents francs.

tion constitue un délit dont la répression excède la compétence du tribunal de police. (Cassation, 5 août 1858.)

1224. L'autorité municipale est fondée à réglementer l'enlèvement et le transport des vidanges, qui sont de nature à produire un tapage nocturne, à faire naître des craintes d'accidents, à salir la voie publique, et qui peuvent aussi faire disparaître les preuves matérielles de crimes commis.

Le dépôt des vidanges intéressant également la salubrité, le maire pourra édicter une réglementation sur cet objet.

1225. Dans les villes où les habitations sont pourvues de de fosses d'aisances, l'autorité municipale, lorsqu'elle est appelée à prendre des mesures relativement à la vidange des fosses, doit toujours distinguer les mesures qui concernent l'opération de la vidange de celles qui ont trait à la profession des vidangeurs.

1226. Les maires peuvent réglementer la forme des tonnes, vases et récipients destinés à la réception des vidanges, et celle des voitures employées pour le transport. (Cassation, 30 avril 1852.)

L'arrêté municipal qui prescrit l'emploi des pompes aspirantes et foulantes est légal et obligatoire, et la contravention à cet arrêté ne peut disparaître sous prétexte que des pompes, quoique non aspirantes et foulantes, remplissent les conditions de propreté, de salubrité et de célérité demandées ; en conséquence, le juge de police ne peut surseoir à statuer jusqu'à ce que des experts aient vérifié l'existence des conditions alléguées. (Cassation, 30 avril 1852.)

Cet arrêt nous paraît avoir été rendu contre le principe de la distinction des compétences. Le juge de police n'a point effectivement qualité pour apprécier la valeur de l'arrêté ; il ne peut statuer que sur sa légalité.

1227. L'autorité municipale peut bien, quand l'exercice de certaines professions (telle une entreprise de vidanges) touche à la salubrité publique et à la sécurité du passage dans les rues, soumettre cet exercice aux conditions qu'elle juge nécessaires ; mais il faut toutefois que ces conditions soient fixes, précises et indiquent réellement toutes les mesures à prendre. Est donc illégal et sans force obligatoire, comme portant atteinte à la liberté de l'industrie, l'arrêté municipal qui se renferme, à ce sujet, dans des exigences vagues et indéterminées. (Cassation, 23 juillet 1869.)

1228. Dans les villes où les matières fécales sont recueillies dans des récipients et versées chaque matin dans un tombereau ; l'autorité locale a mission de fixer l'heure du passage du tombereau et désigner le lieu de dépôt.

Dans les communes où ce sont les habitants eux-mêmes qui font le transport des vidanges, le maire doit empêcher que le déversement ait lieu sur la voie publique ou dans le cours d'eau qui traverse la localité.

1229. L'obligation d'imposer aux habitants d'aller verser les matières fécales dans un cours d'eau au-dessous de la commune, subsiste après la réunion de cette commune à une ville voisine tant que l'arrêté n'a pas été rapporté. (Cassation 16 avril 1858. Aff. Lousteau.)

1230. La vidange des fosses d'aisances ne doit être effectuée que pendant la nuit. (Cassation, 23 avril 1841.)

Toutefois, lorsqu'il ne s'agit que de l'enlèvement des tinettes mobiles, l'opération peut se faire le jour, à la condition que les dites tinettes seront hermétiquement closes.

1231. L'injonction de faire sortir de la ville, à l'ouverture des portes, les tonneaux fermés dans laquelle la vidange doit être transvasée, est légale et obligatoire, et le tribunal de police ne peut refuser d'appliquer aux contrevenants l'art. 471, n° 15 Cod. pen. à moins qu'il n'y ait cas de force majeure. (Cassation 23 avril 1841.)

1232. La contravention à l'arrêté municipal qui prescrit aux entrepreneurs de vidange de fosses d'aisances de faire préalablement, au bureau central de police, la déclaration du moment de la vidange, ne peut être excusée sous prétexte que cette déclaration aurait eu lieu le jour même de la vidange, et seulement quelques heures après le commencement de l'opération. (Cassation, 28 juin 1849).

1233. Est légal et obligatoire, tant qu'il n'a pas été réformé par l'autorité administrative supérieure, l'arrêté du préfet de la Seine qui refuse à un industriel l'autorisation d'exercer à Paris la profession d'entrepreneur de vidange. (Ordonnance de police, 5 juin 1834, art. 2. — Cassation, 12 mai 1865.)

1234. Contrairement aux pratiques de l'ancien droit, les maires ne sont point autorisés à établir des monopoles pour les vidanges des fosses d'aisances. (Circulaire du ministre de l'intérieur, 13 mars 1839. Cassation.)

1235. L'autorité municipale, qui ne peut concéder valablement un monopole à une entreprise de vidange, ne saurait être fondée à imposer aux propriétaires une taxe, si nécessaire qu'elle fût, pour les vidanges qu'ils font enlever de leurs fosses.

1236. Le contraire a cependant été jugé par la cour de cassation (arrêt du 22 août 1834, dans l'espèce qui suit :

Le maire de la Croix-Rousse, pour échapper au reproche d'avoir établi un monopole, prit un arrêté enjoignant aux habitants de payer un droit de 0 fr. 30 par hectolitres de matières enlevées. Un habitant de la commune, ayant fait vider sa fosse sans acquitter la perception, fut poursuivi devant le tribunal de police pour contravention à l'arrêté; le tribunal s'est déclaré incompétent. Sur le pourvoi du ministère public, la cour de cassation a jugé qu'il appartenait au tribunal de police de statuer définitivement sur l'infraction commise à un tel règlement. (Cassation, 22 août 1834.)

Nous croyons que les principes fondamentaux du droit administratif sont contraires à cette solution; car aucune loi ne donne à l'autorité administrative le droit de créer ni taxe ni imposition, le corps municipal seul a qualité pour le faire dans les formes voulues; et l'autorité municipale n'est pas le corps municipal.

1237. Les vidangeurs sont tenus de se conformer aux dispositions générales de police qui régissent l'éclairage des voitures et l'éclairage des dépôts faits pendant la nuit sur la voie publique, et ils sont tenus d'observer celles qui prohibent les tapages nocturnes. (Dalloz, *Vidanges*, n° 73.)

1238. Est légal l'arrêté de l'autorité municipale qui impose aux entrepreneurs de vidanges l'obligation d'avoir des bureaux pour recevoir les déclarations des entrepreneurs qui voudraient, par leurs soins, faire vider les fosses d'aisances de leurs maisons. (Cassation, 4 février 1858.)

1239. Lorsque le règlement prescrit une déclaration vingt-quatre heures à l'avance, le défaut de déclaration ne peut être excusé en considération de ce que le dépôt de la vidange aurait été effectué dans l'enclos même du lieu de leur extraction, et de ce que, par suite, il n'y aurait pas eu d'enlèvement. (Cassation, 13 octobre 1849.)

1240. Il a été jugé que l'infraction à l'une des dispositions du règlement concernant l'enlèvement et l'extraction des vidanges, ne pourrait être excusée par le motif que ladite disposition se trouverait omise dans la copie que l'autorité locale a fait remettre à l'entrepreneur poursuivi. (Cassation, 5 novembre 1842.)

Mais la question est controversée ; un autre arrêt de la cour de cassation du 4 avril 1862 dans un cas analogue statue en sens opposé.

1241. Pour toutes infractions de leurs employés aux règlements concernant la vidange des fosses, les entrepreneurs sont directement responsables. (Cassation, 4 juin 1842.)

1242. Ils sont même responsables de ce que le transport des vidanges aurait été effectué par leur charretier, suivant un itinéraire autre que celui qu'aurait indiqué l'arrêté. (Même arrêt.)

1243. *A fortiori*, lorsque les prescriptions du règlement ne s'adressent qu'aux entrepreneurs et non à leurs ouvriers, ceux-là seuls sont déclarés en contravention et doivent être condamnés à l'amende. (Ordonnance de police du 5 juin 1834.)

1244. Il y a lieu à autant d'amendes que de contraventions, même au cas où ces contraventions auraient été commises dans la même opération de vidange. (Cassation, chambres réunies, 7 juin 1842.)

1245. L'inexécution des règlements concernant les fosses d'aisances, l'opération de la vidange, le transport, le dépôt, tombe sous l'application de l'art. 471 n° 14 du Code pénal. (Cassation, 4 juin 1842.)

1246. L'inventeur d'un procédé de désinfection des vidanges avant leur extraction, en tout état de chose, doit se conformer, à Paris, aux dispositions prescrivant les déclarations relatives à la vidange, à la fermeture de la fosse et au transport des matières. (Cassation, 4 février 1841.)

1247. Les maires peuvent défendre l'enfouissement des matières fécales à l'intérieur d'une propriété ; mais ce droit ne peut s'exercer que dans les localités où il existe une agglomération, et non pour les habitations isolées dans les campagnes.

1248. Le fait d'avoir transporté sur un terrain en culture des vidanges que le règlement prescrivait de porter au dépotoir, ne peut-être excusé, ni à raison de la désinfection préalable de ces vidanges, ni sous prétexte que l'autorité municipale, avertie d'avance, ne se serait pas opposée à l'enlèvement. (Cassation, 31 décembre 1846.)

1249. L'autorité municipale est donc fondée à défendre l'emploi des matières fécales sur les terres et les jardins situés dans l'enceinte ou à proximité des murs des villes, mais elle ne saurait user de cette faculté dans les campagnes où l'engrais humain, malgré sa mauvaise odeur pendant son étendage, est si essentiellement utile pour l'agriculture, sans qu'il présente de danger pour la santé, dans les grands espaces.

1250. Comme pour tous les engrais, les transports de gadoues pour l'amendement des terres sont, comme transports agricoles, affranchis de toute subvention spéciale pour dégradations aux chemins vicinaux de la commune traversée. (Conseil d'État, 6 août 1861.)

1251. Pour les marchés relatifs à la vidange des fosses communales, les entrepreneurs de vidanges n'ont à payer comme droit d'enregistrement qu'un droit de bail et non une taxe de vente de meubles. (Cassation, 28 novembre 1860.)

1252. Les dépôts de matières provenant de la vidange des latrines ou des animaux et destinées à servir d'engrais sont classés comme établissements insalubres de première classe. (Ordonnance, 9 février 1825).

Les dépôts de guano sont classés dans la même catégorie. (Cassation, 4 février 1858).

1253. L'obligation, pour le fermier sortant, de laisser à son successeur les fumiers de l'année, s'applique même aux fumiers provenant des vidanges. (Interprétation de l'art. 1778, Code civil.)

1254. L'arrêté municipal pris dans l'intérêt des finances et dans le but d'assurer la perception d'un droit commun sur les vidanges des latrines d'un camp, n'a pas le caractère de règlement de police, et par suite, n'a pas pour sanction l'art. 471, n° 15, C. pén. (Crim. rej., 7 mars 1857.)

1255. Le conseil de préfecture est incompétent pour statuer sur la demande en indemnité formée par un propriétaire contre le préfet de la Seine à raison de ce que le fonctionnaire aurait, sans motif légitime, refusé au demandeur l'autorisation de faire refermer une fosse d'aisance dont la vidange venait d'être opérée. (Cons. d'État, 6 mars 1869.)

§ 2. — **Droit civil.**

1256. « Les latrines ou fosses d'aisances doivent être de grandeur proportionnée à la grandeur des maisons et à la quantité des personnes qui les habitent, pour n'être pas vuidées si souvent, afin de ne pas incommoder le voisinage. » (Desgodets sur l'art. 193, de la Coutume de Paris, p. 148.)

Goupi ajoute : « Si un particulier avait dans sa maison une fosse si petite qu'il fût obligé de la faire vuider tous les six mois ou tous les ans, ou par quelques autres raisons, comme quand il arrive qu'une fosse est un peu plus enfoncée que les caves du voisin, et que les matières de cette fosse, lorsqu'elles sont parvenues à la hauteur du rez-de-chaussée des caves de ce voisin, s'épanchent dans ces caves, ce qui oblige ce particulier de faire vuider cette fosse, pour faire cesser les plaintes de ce voisin ; et ce qu'il est obligé de faire toutes les fois que cela arrive, afin d'éviter de faire les réparations nécessaires, pour que cette fosse puisse contenir ses matières, et ne point s'écouler chez le voisin ; dans ce cas, les voisins en faisant plainte, la police obligerait, dans le premier cas, de faire une fosse de plus grande étendue, et dans le second, forcerait ce particulier de faire les réparations nécessaires pour empêcher cette fréquente vuidange. »

Les observations de Desgodets ont conservé leur valeur, celles de Goupi, au contraire, ont perdu une partie de leur force par suite des réglementations existantes et du mode de vidange qui est aujourd'hui adopté.

1257. La capacité minimum d'une fosse d'aisances doit être établie en prenant pour base la quantité de matière excrétée par chaque individu, qui est d'un demi-mètre cube environ par année.

1258. « Les entrepreneurs doivent être garants de la pénétration des urines et des matières fécales au travers des murs, contre-murs, et du fond des fosses d'aisances qu'ils construisent, pendant les dix premières années. » Desgodets, art. 193, p. 149.)

Goupi ajoute : « Les entrepreneurs sont garants des fosses qu'ils construisent, pourvu qu'elles soient entièrement reconstruites à neuf ; car si on en avait conservé quelques parties, il n'en serait point responsables, à moins que les matières ne s'écoulassent visiblement par les parties neuves, du rétablissement desquelles l'entrepreneur serait seulement tenu. »

1259. La prescription de dix ans s'applique-t-elle au fait d'avoir transgressé la loi ou les règlements existants, en ce qui concerne la construction des fosses ? Nous ne le pensons pas, toutefois il doit y avoir sur ce chef une large part à l'appréciation.

1260. « Si un entrepreneur avait fait un marché en bloc de rendre une maison faite et parfaite dans la ville et fauxbourgs de Paris, il doit y faire des privés et latrines suffisantes, quoiqu'il n'en soit fait mention dans son marché ; car il doit savoir à quoi la loi oblige le propriétaire par cet art. 193 de la Coutume de Paris. Semblablement, si un propriétaire avait loué une maison dans laquelle il n'y eût point de privés, le locataire peut demander la résolution de son bail, ou contraindre le propriétaire d'y faire faire un privé ; le tout en cas qu'il n'y eût pas quelque privé qui fût commun, ou autre destiné pour l'usage de cette maison, et duquel l'entrepreneur ou le locataire eussent eu connaissance avant leur exécution. » (Desgodets, art. 193, de la Coutume de Paris, p. 148.)

1261. L'appréciation de Desgodets est recevable non-seulement à Paris, mais dans toutes les villes de province, et même dans les bourgs et villages s'il existe un arrêté municipal prescrivant la construction des fosses.

1262. Si aucun arrêté n'avait été pris par l'autorité munipale du lieu ni par le préfet, le locataire perdrait ses droits. (Fournel, Traité du voisinage, p. 412.)

Mais si, dans ce dernier cas, il n'y avait dans la propriété aucun lieu pour recevoir les ordures, le locataire pourrait actionner le propriétaire, car il est défendu de jeter des ordures et immondices sur la voie publique.

1263. Quelques précautions que l'on puisse prendre pour la construction des fosses d'aisances, si elles gâtent les puits ou les caves des maisons voisines, ceux à qui appartiennent les fosses d'aisances en sont toujours garants, et ils les doivent refaire jusqu'à ce que les matières et les urines y soient toujours retenues. (Desgodets, art. 193, de la Coutume de Paris, p. 149.)

1264. C'est là un principe du droit fondamental auquel on ne peut porter atteinte. Ainsi, alors même qu'une fosse aurait été faite dans les règles voulues, tant au point de vue administratif qu'au point de vue du voisinage, si elle fuyait ou portait un dommage matériel quelconque, celui à qui elle appartient devra réparer le dommage. (C. civ., art. 1382, Toullier, tom. III, n° 333.

1265. L'État, aussi bien que les particuliers, est responsable vis-à-vis d'un voisin des inconvénients provenant de l'établissement des fosses d'aisances construites sur sa propriété, et les dommages causés donnent droit, en matière d'exécution des travaux publics, à une action en réparation ou en indemnité. (Dalloz, vidanges, n° 15.)

1266. « Lorsqu'il y a plusieurs fosses d'aisances aux environs d'un puits qui se trouve gâté, si la fosse de la maison où est ce puits est de ce nombre, celui à qui appartient le puits doit premièrement faire vuider la fosse, pour la faire visiter en présence de ses voisins, et y faire tout ce qui est nécessaire pour empêcher qu'elle ne communique à son puits, avant que de pouvoir demander à ses voisins de faire vuider et visiter leurs fosses. » (Desgodets, art. 193, p. 149.)

Goupi ajoute : « Lorsqu'un puits se trouve gâté et qu'il y a plusieurs fosses qui l'environnent, du nombre desquelles est la fosse du propriétaire du puits, on commence par faire une tranchée, lorsque cela est possible, entre la fosse et le puits de la même maison; et si on ne s'aperçoit d'aucun écoulement, on en fait autant chez les voisins; et il est rare que par ces opérations on ne découvre point d'où vient l'écoulement; en suivant ce que dit M. Desgodets, on risquerait à faire une réparation inutile, à moins que cette fosse ne fût en tel état qu'il fût nécessaire de la reconstruire à neuf; car pour lors on ne courrait aucun risque. »

1267. Les observations de Desgodets et de Goupi ne sont plus applicables dans l'état de notre législation. Dans les cas proposés, le propriétaire qui se croit lésé n'a d'autre moyen que d'introduire une instance à fin d'expertise judiciaire, à moins que le voisin ne consente aux expériences nécessaires et à faire cesser les fuites s'il y a lieu.

1268. « Celui dont la fosse d'aisances n'est pas de construction suffisante pour retenir les urines et matières fécales, et par ce défaut incommode les caves ou les puits de ses voisins, et qui, pour se dispenser d'y faire les travaux nécessaires pour y remédier, la veut abandonner, doit en faire vuider toutes les matières fécales et les eaux puantes, faire fouiller et enlever les terres et sables qui en sont pénétrés et infectés dans le fond, avant que de la faire combler et d'en changer l'usage. » (Desgodets, art. 193, p. 150.)

Goupi ajoute : « Cette précaution est très-bonne : il est nécessaire de la prendre, parce qu'il pourrait arriver, dans le temps des grosses eaux, que si ces terres, en restant infectées, venaient à être lavées et détrempées par les eaux, elles pourraient continuer d'infecter les puits qui auraient causé l'abandonnement de la fosse. »

1269. La prescription des commentateurs, confirmée par Fournel, est aujourd'hui administrative et consacrée à Paris par l'ordonnance de 1819. Au lieu de poursuivre son voisin pour l'exécution de ces dispositions, le propriétaire intéressé fera mieux de s'adresser à l'administration.

Toutefois, la question reste exclusivement civile dans les localités où il n'y a pas de règlements spéciaux.

1270. La construction des fosses d'aisances doit être calculée de façon à ne causer aucun préjudice à la propriété voisine et à ne pas endommager le mur mitoyen ; par conséquent, tout propriétaire qui établit une fosse d'aisances sur sa propriété doit laisser la distance prescrite par les règlements et usages et doit éviter d'être nuisible au voisin. A Paris, c'est l'ordonnance de 1819 qui fait loi.

1271. « Qui veut faire aisance de privés ou puits contre un mur mitoyen, doit faire un contre-mur d'un pied d'épaisseur, où il y a de chacun côté, puits d'un côté et aisance de l'autre, il suffit qu'il y ait quatre pieds de maçonnerie d'épaisseur entre deux, comprenant les épaisseurs des murs d'une part et d'autre ; mais, entre deux puits, suffisent trois pieds pour le moins. » (Cout. de Paris, art. 191, p. 115.)

1272. La prescription de la Coutume de Paris est en fait abrogée par l'ordonnance de 1819, qui porte que la moindre épaisseur qu'on puisse donner aux murs d'une fosse est $0^m,45$; car on ne pourrait obtenir le minimum de $0^m.33$ qu'en faisant entrer le mur de la fosse dans l'épaisseur du mur mitoyen, comme l'indique la fig. 227, ce qui est inadmissible, car le

mur mitoyen est indivis, et aucun des voisins ne peut en disposer sans le consentement de l'autre.

Au reste, les dispositions de la Coutume de Paris étaient
explicables à l'époque où elles furent rédigées : aucune ordonnance ne prescrivait les fosses étanches, et les matières liquides
fuyaient souvent dans les terres.

1273. Quelques-uns, il est vrai, ont prétendu qu'on doit
induire des termes de la Coutume de Paris que le contre-mur
qu'elle indique doit régner en sus de l'épaisseur du mur de la
fosse, fig. 228, ce qui obligerait à faire une maçonnerie pleine

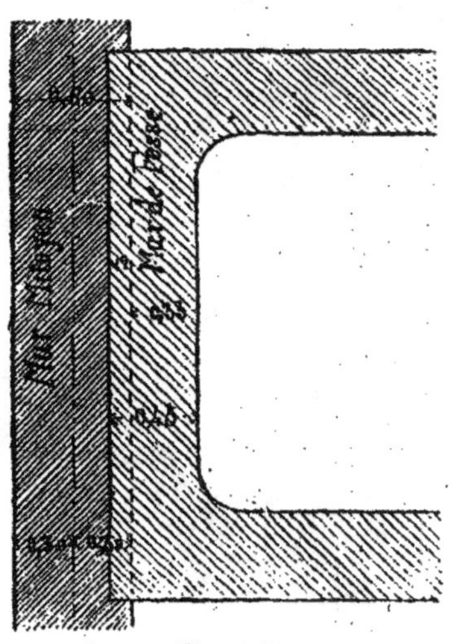

Fig. 227.

de 2^m.10 d'épaisseur, au cas où deux fosses régneraient vis-à-
vis l'une de l'autre à côté d'un mur mitoyen. Cette opinion
est inadmissible.

1274. Or, quand on voudra construire une fosse contre un
mur mitoyen, on pourra bloquer le mur de la fosse contre
ledit mur mitoyen, mais on ne pourra, même en construction
neuve, y faire entrer le mur de la fosse pour quelque épaisseur que ce soit.

1275. Ainsi, toutes les fosses qui, depuis 1819, ont été
construites de telle façon que leurs murs entrent pour une

épaisseur quelconque dans le mur mitoyen, peuvent être l'objet d'une action de la part du voisin.

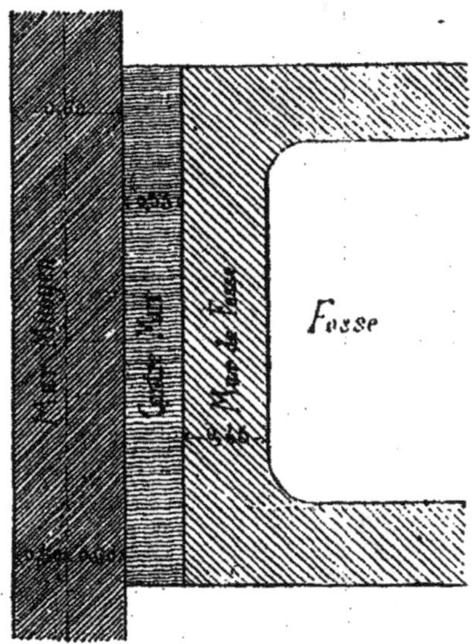

Fig. 228.

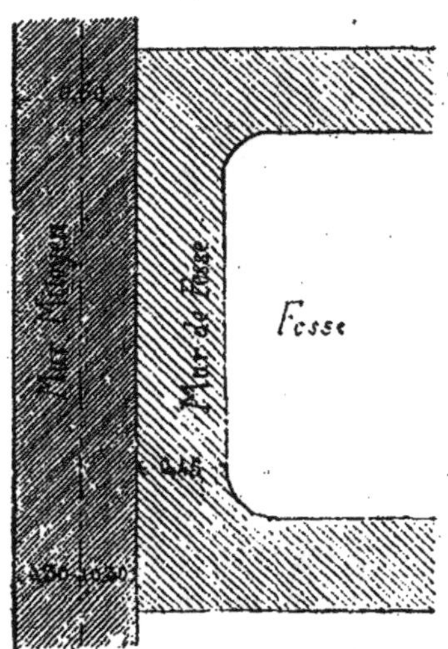

Fig. 229.

1276. Est donc inadmissible cette pratique généralement adoptée et qui consiste à établir un contre-mur de 0^m.35 quand la fosse est adossée à un mur mitoyen.

1277. Il en est autrement dans l'intérieur des bâtiments ou le mur de refend peut servir de mur de fosse, à condition de le construire suivant l'épaisseur prescrite par l'ordonnance de 1819 et dans les conditions voulues.

1278. Le mur d'une fosse adossé à un mur mitoyen doit donc toujours, à moins de consentement du voisin, avoir une épaisseur d'au moins 0^m.45, indépendamment de l'épaisseur dudit mur mitoyen, comme l'indique la fig. 229.

1279. Pour les voûtes qui n'ont que 2 mètres de corde, fig. 230, il suffira d'établir le mur de la fosse sur 0^m.45 ou 0^m.50 d'épaisseur et de faire la voûte de 0^m.35 seulement, en prenant pour l'épaisseur du mur de la fosse la plus forte

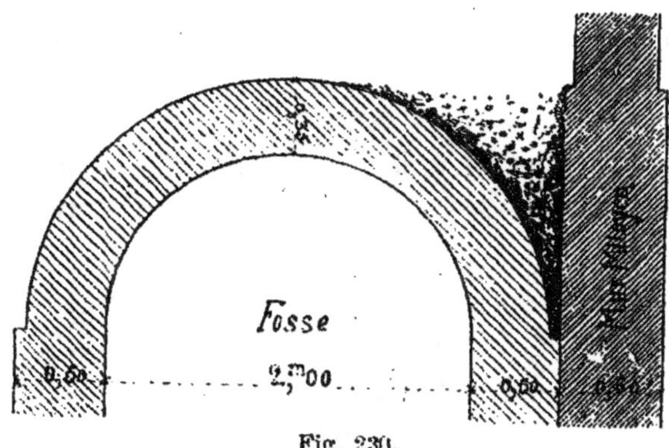

Fig. 230.

mesure prescrite par l'ordonnance et pour l'épaisseur de la voûte la plus faible, afin que le voisin ne puisse objecter que ladite voûte pousse sur le mur mitoyen.

Toutefois, si la voûte était chargée d'une façon quelconque, soit de terres, soit de constructions, le mur de la fosse qui la reçoit devrait être renforcé.

1280. Mais si la corde de la voûte avait plus de 2^m.00, il serait nécessaire d'augmenter l'épaisseur du mur de fosse qui joint le mur mitoyen ; car une voûte ayant plus de 2^m.00 de corde est susceptible d'une poussée appréciable dont le voisin n'est point tenu de supporter les conséquences. Dans ce cas, l'épaisseur du mur de fosse doit être calculée à raison de 0^m.10

par mètre, fig. 231. Ainsi, le mur de fosse devrait avoir 0^m.60 d'épaisseur pour une voûte de 3^m.00 de corde, 0^m.70 pour une voûte de 4^m.00 de corde et 0^m.80 pour celle de 5^m.00.

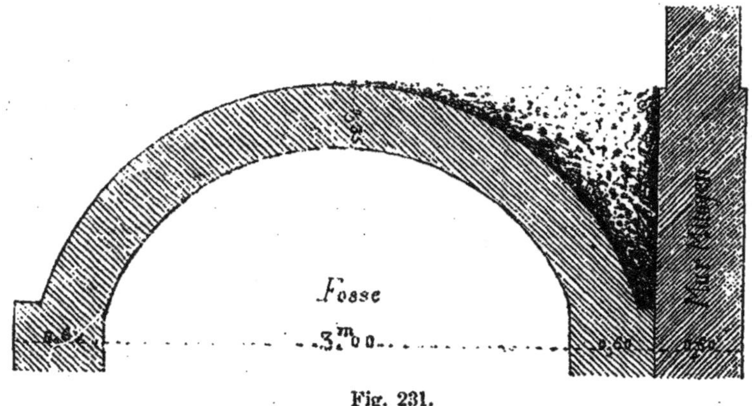

Fig. 231.

1281. « Lorsque l'on veut faire une fosse d'aisances ou un puits contre un mur mitoyen, fig. 232, il faut un contre-mur d'un

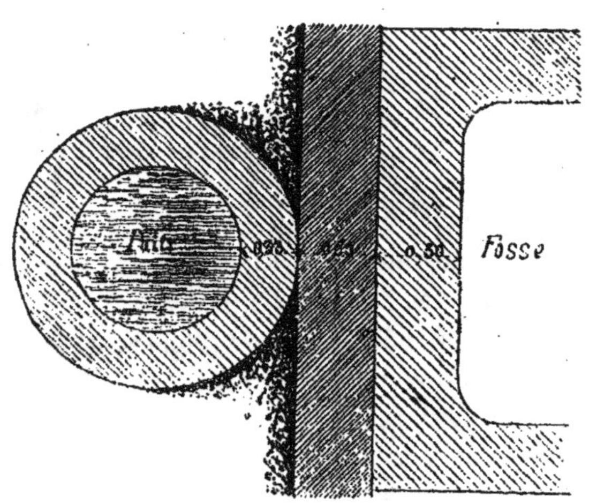

Fig. 232.

pied d'épaisseur au moins au devant du mur mitoyen ; et cette épaisseur d'un pied, à l'égard du puits, peut se compter du nu du mur mitoyen au rez-de-chaussée au-dessus de l'empatement de la fondation, et être fondé sur le fonds solide, un peu plus bas que le dessous du pavé de la fosse. Ce contre-mur ne doit point être incorporé avec le mur mitoyen, pour ne le point dégrader et endommager, lorsqu'on est obligé de le refaire quand il se corrompt et détruit par la pénétration des matières fécales et urines. » (Desgodets, Cout., p. 117 et 116.)

Dans la figure ci-dessus, on a admis le cas assez rare où la fosse est construite au rez-de-chaussée ; au cas où elle serait dans les caves, il faudrait ajouter l'épaisseur de l'empatement du côté de la fosse.

Goupi ajoute : « L'on était ci-devant dans l'usage de détacher les contre-murs du corps des murs mitoyens et de les construire séparément ; aujourd'hui cela ne se pratique plus dans les fosses ; l'on a reconnu que ces contre-murs, par le peu d'épaisseur, n'étant pas assez solides pour soutenir le poids des voûtes qu'on appuyait dessus, en s'affaissant, se détachaient des murs mitoyens, et par leurs bouclements, formaient un vide entre eux et ces murs ; que ce vide était aussitôt rempli des matières de la fosse, les contre-murs étant aisés à pénétrer à cause de leur peu d'épaisseur, ce qui endommageait les murs mitoyens presque autant que s'il n'y avait pas de contre-murs : l'on a trouvé qu'il était plus utile de joindre l'épaisseur du contre-mur à l'épaisseur du mur mitoyen, et de ne construire qu'un même mur ; que cela était beaucoup plus solide, et que le mur en était mieux conservé ; qu'il fallait pour lors que l'épaisseur du contre-mur fût entièrement détruite par l'âcreté des matières de la fosse, avant que le corps du mur mitoyen fût attaqué ; en sorte que l'on ne construit plus les contre-murs d'autre manière ; mais il faut avoir soin que le milieu du mur ne soit point rempli de pierrailles et garnis, il faut que ce soit tous les moellons sur leurs lits, bien liaisonnés et joints les uns avec les autres. »

1282. Les observations que nous avons faites aux articles précédents trouvent ici une nouvelle application. On voit que Goupi entendait bien que le contre-mur était le mur de la fosse même et non une construction intermédiaire entre le mur de la fosse et le mur mitoyen, contrairement à l'opinion erronée de quelques commentateurs.

1283. Reste à savoir si l'épaisseur du mur de la fosse sera prise au nu du mur mitoyen, au rez-de-chaussée, ou au nu dudit mur de fondation. Desgodets paraît admettre que, pour l'établissement des puits, on peut prendre la mesure sur le nu du mur au rez-de-chaussée, mais que pour les fosses d'aisances il en doit être autrement, et il confirme cette dernière appréciation, p. 122. Voir *infrà*, n° 1290.

L'opinion de Desgodets à cet égard est encore la plus admissible, car nous avons déjà expliqué qu'on ne peut pas faire entrer le mur de la fosse dans le mur mitoyen sans violer les droits du voisin; or, l'empatement du mur fait partie du mur mitoyen.

1284. En ce qui concerne la question de savoir si on doit lier la maçonnerie du mur mitoyen et du mur de fosse et construire ces murs à côté l'un de l'autre, il est certain qu'au point de vue de la construction, le premier système serait préférable, mais il peut présenter des inconvénients au sujet du voisinage et donner lieu à des dépenses considérables, en cas de difficulté dans la suite. Comme la question de solidité est à peu près hors de cause, et qu'il ne s'agit effectivement que de prévenir les cas d'infiltration, il sera toujours sage de ne point confondre les deux murs en les construisant côte à côte.

1285. Lorsqu'une fosse d'aisances a été établie antérieurement à la séparation de deux propriétés, ou encore lorsqu'elle a été construite par destination du père de famille pour l'usage commun de deux propriétés, elle peut être conservée, et, dans ce cas, il est nécessairement fait exception à l'application des dispositions sur les distances.

Un propriétaire peut même se faire maintenir en jouissance de fosses d'aisances établies sous la maison du voisin au moyen d'anciens tuyaux traversant cette propriété. (Dalloz, *Vidanges*, n° 16.)

1286. Sous le Code civil, il a été jugé que celui qui, pendant 30 ans, a usé de fosses d'aisances établies sous la maison du voisin, et ce, au moyen de tuyaux édifiés dans la maison voisine, a acquis par prescription le droit de continuer d'en jouir. C'est là un droit de propriété prescriptible et non un droit de servitude imprescriptible. (Cassation, 22 octobre 1811. Chenal contre Bosquillon.)

1287. « Lorsque l'art. 191 de la Coutume prescrit un pied d'épaisseur de contre-mur pour une fosse d'aisance, l'on suppose que la qualité des matériaux et la construction des contre-murs soit telle que cette épaisseur suffise pour retenir les matières fécales et les urines, et empêcher qu'elles ne pénètrent jusqu'au mur mitoyen, parce que celui à qui la fosse d'aisances appartient est tenu de garantir que le mur mitoyen n'en sera pas dégradé ni pénétré en aucune manière ; et il doit si bien contenir les matières fécales, les urines et les eaux infectées dans la fosse, que les caves et les puits des maisons voisines n'en sentent aucune incommodité et n'en soient point gâtés ; c'est pourquoi le contre-mur doit être d'une épaisseur et d'une construction suffisante pour contenir ce qui est dans la fosse d'aisances. » (Desgodets, art. 191 de la Coutume, p. 118.)

Goupi ajoute : « Il est d'usage, et tous les jugements ont décidé que le propriétaire d'une fosse, quoiqu'il ait satisfait à la Coutume en faisant un contre-mur de l'épaisseur d'un pied contre le mur mitoyen, n'est point pour cela déchargé du tort que les matières de la fosse feraient au mur mitoyen ; il est toujours tenu du dommage ; en sorte que si un mur mitoyen venait à périr par la pénétration des matières de cette fosse, le propriétaire de cette fosse serait obligé de refaire le mur mitoyen à ses dépens seul et les autres dégradations que cette partie du mur auraient occasionnées.

« De même, lorsque les matières d'une fosse s'épanchent dans les caves d'une maison voisine, le propriétaire de la fosse est obligé de faire cesser cet écoulement et de faire faire les ouvrages nécessaires pour contenir ces matières. »

1288. Nous répéterons que la leçon des commentateurs repose sur un principe fondamental de droit consacré d'ailleurs par la législation et la jurisprudence.

1289. Le moellon de pierres de meulières maçonné à bain de mortier de chaux et de ciment est la méilleure construction que l'on puisse faire pour les murs, contre-murs et massifs de fosses d'aisances.

1290. « Lorsqu'il y a des fosses d'aisances des deux côtés d'un mur mitoyen, l'on doit faire à chacune de ces fosses un contre-mur au moins d'un pied d'épaisseur, non compris les retraites des empatements de la fondation du mur mitoyen, et l'épaisseur desdits contre-murs et murs ensemble entre les deux fosses ne peut pas être moins de trois pieds ; mais il y aura plus d'épaisseur de maçonnerie entre les deux fosses si le mur mitoyen avec les empatements a plus d'un pied d'épaisseur. » (Desgodets, p. 122.)

Goupi ajoute : « Il n'arrive jamais que la fondation d'un mur mitoyen n'ait qu'un pied d'épaisseur avec ses empatements ; il faudrait que ce fût un mur en fondation sous un pan de bois mitoyen. Les moindres épaisseurs des murs mitoyens sont de 11 à 12 pouces d'empatement de chaque côté ; cela ferait 17 à 18 pouces d'épaisseur. Il ne s'en construit aucun aujourd'hui de ces épaisseurs ; on a remédié à cet abus ; les moindres épaisseurs des murs mitoyens qui se construisent, sont de 14 ou 15 pouces, et on ne devrait pas leur donner une moindre épaisseur que 16 pouces ; la ruine des édifices étant presque toujours causée par celle des murs mitoyens qui n'ont pas assez d'épaisseur. Il en résulterait encore un autre avantage : dans le cas d'incendie, ces murs mitoyens résisteraient au feu et préserveraient les maisons voisines, en empêchant la communication du feu qui ne manque pas de s'insinuer dans les portées des bois posés sur les murs mitoyens, lorsque leur recouvrement n'est pas assez épais pour empêcher l'action du feu ; et il est constant que lorsqu'un mur mitoyen a peu d'épaisseur, les portées des bois le traversent presque entièrement, quoiqu'il soit défendu par la Coutume de faire porter ces bois au-delà de la moitié de l'épaisseur du mur mitoyen, ce qu'il n'est presque pas possible d'observer lorsqu'un mur mitoyen n'a que 11 à 12 pouces d'épaisseur. »

1291. Il est admis aujourd'hui, et c'est l'usage, que les murs en élévation aient une épaisseur de 0^m.50, les enduits compris ; les empatements dans la hauteur des caves ont 0^m.05, mais le plus ordinairement 0.075 de chaque côté.

1292. « S'il y a des fosses d'aisances des deux côtés d'un mur mitoyen, avec leurs contre-murs, comme il est dit ci-dessus, les contre-murs de chacune doivent être faits en sorte que les matières et urines ne pénètrent point d'une fosse à l'autre ; premièrement, parce que cela corrompt le mur mitoyen ; et en second lieu l'une des fosses pourrait aider à emplir l'autre. Lorsque le cas est réciproque, c'est-à-dire quand les deux fosses sont à même hauteur vis-à-vis l'une de l'autre, et que les deux contre-murs sont également pénétrés, le mur mitoyen doit être refait à frais communs, et chacun doit faire le contre-mur de son côté ; mais quand l'une des fosses est enfoncée plus bas que l'autre et que c'est les matières et urines de celle qui est la moins profonde qui coulent dans l'autre, c'est à celui à qui appartient la plus haute des fosses à rétablir le mur mitoyen à ses dépens seuls, depuis le bas de la fosse jusqu'à la hauteur où les urines et matières ont pénétré, et chacun doit refaire le contre-mur de son côté à ses dépens. » (Desgodets, p. 123.)

Ce principe est consacré par la jurisprudence.

1293. « Lorsque les chausses d'aisances sont faites avec des tuyaux de plomb ou des boisseaux de terre cuite contre un mur mitoyen, lesdits tuyaux de plomb ou boisseaux de terre cuite doivent être entourés et recouverts d'une cheminée de plâtre pur par dehors, au moins d'un pouce et demi d'épaisseur dans toute leur hauteur ; et il doit y avoir un espace de 3 pouces de vuide entre le dehors de la chemise de la chausse et le mur mitoyen aussi dans toute la hauteur et largeur, ce que l'on nomme isolement ; le mur mitoyen doit être bien enduit vis-à-vis la chausse, et l'isolement doit être tout ouvert et apparent par le devant et non formé d'une languette, afin que l'on puisse s'apercevoir s'il arrivait des suintes à la chausse par le côté de l'isolement. Ainsi jugé à la seconde chambre des enquêtes le 27 avril 1648. » (Desgodets, p. 124.)

Les prescriptions de Desgodets sont très-sages et subsistent encore aujourd'hui. Cependant, si entre le tuyau de descente ou chausse d'aisances et le mur mitoyen, il y avait un garnissage en maçonnerie hourdé de ciment de 0^m.16 d'épaisseur, l'isolement pourrait être supprimé.

1294. Toutefois, cette manière de faire ne peut être admissible dans la partie basse, parce qu'il peut arriver que, la fosse n'étant pas vidée à temps, les matières refluent dans le tuyau de descente et endommagent le mur mitoyen. Toute chausse d'aisances établie près d'un mur mitoyen doit être placée sur un contre-mur d'au moins 0^m.33, jusqu'à 1^m.50 au-dessus de l'extra-dos de la voûte.

1295. « Par cet article 191, il est dit que, où il y a d'un chacun côté, puits d'un côté et aisance de l'autre, il suffit qu'il y ait 4 pieds de maçonnerie d'épaisseur entre deux, comprenant l'épaisseur des murs d'une part et d'autre pour former cette épaisseur de 4 pieds. Il suffit que le contre-mur du puits soit d'un pied d'épaisseur, à compter du nu du mur mitoyen, et l'épaisseur du mur mitoyen et le contre-mur de la fosse d'aisances doivent avoir le restant de l'épaisseur de 4 pieds ; mais si le mur mitoyen avait plus de 2 pieds d'épaisseur, le contre-mur de la fosse ne pourrait pas avoir moins d'un pied d'épaisseur au delà de l'empatement de la fondation du mur mitoyen. » (Desgodets, p. 125.)

1296. Nous l'avons déjà dit, les dispositions de la Coutume de Paris ne peuvent plus avoir d'effet depuis que l'épaisseur des murs de la fosse est fixé au minimum, à 0^m.43 et 0^m.50.

En aucun cas, à moins de consentement du voisin, l'épaisseur réglementaire de la fosse ne doit être prise dans l'épaisseur du mur mitoyen. Il importe d'insister sur cette règle qui résulte de la loi même, et dont l'inobservation expose gravement l'intérêt du propriétaire et la responsabilité du constructeur.

1297. « Si une fosse d'aisance avait été construite la première, avec un pied d'épaisseur de contre-mur, contre un mur
qui aurait moins de 2 pieds d'épaisseur, et qu'ensuite on
construisît un puits de l'autre côté dudit mur mitoyen, celui
qui ferait construire le puits ne serait tenu de faire un contre-
mur que d'un pied d'épaisseur, et le propriétaire de la fosse
d'aisances serait obligé d'en fortifier le contre-mur pour achever le reste des 4 pieds d'épaisseur de maçonnerie entre la
fosse et le puits ; l'usage étant que celui à qui appartient la
fosse d'aisances doit faire tout ce qu'il convient pour empêcher
que ce qu'elle contient ne gâte le puits. » (Desgodets, Coutume
de Paris, art. 191, p. 126.)

1298. Sauf ce qui concerne l'épaisseur du mur et du contre-mur qui est changée par l'ordonnance de 1819, l'observation du commentateur reste uste. En effet, le constructeur n'a
dû établir la fosse qu'en calculant d'avance l'épaisseur que
doit avoir le mur mitoyen, et non celle qu'il avait.

1299. « Il faut aussi observer, sur ce qui est prescrit par
cet art. 191 de la Coutume, qu'entre deux puits suffisent
3 pieds d'épaisseur pour le moins ; que si le mur mitoyen n'a-
vait qu'un pied d'épaisseur et les deux contre-murs chacun un
pied, ils feraient ensemble les 3 pieds d'épaisseur de maçonnerie entre deux, ce qui suffirait ; et qu'au cas que le mur
mitoyen eût moins d'un pied d'épaisseur, les deux contre-
murs devraient être plus épais à proportion de ce qui s'en
manquerait pour faire les 3 pieds d'épaisseur en tout ; mais si
le mur mitoyen avait plus d'un pied d'épaisseur, les contre-
murs des puits seraient toujours d'un pied d'épaisseur chacun ;
ce qui ferait ensemble plus de 3 pieds. » (Desgodets, p. 127.)

1300. Nous avons déjà dit qu'il est aujourd'hui admis par
l'usage qu'un mur mitoyen doit avoir 0^m.50 d'épaisseur en
élévation et 0^m.65 dans la hauteur des caves ; dès lors, les
mesures prescrites par la Coutume de Paris ne sont plus applicables.

La cote de 1^m.00 doit être portée au minimun, à 1^m.35.

1301. Il est loisible à un voisin de contraindre ou faire contraindre par justice son autre voisin, à faire ou faire refaire le mur et édifice commun, corrompu entre lui et son dit voisin, et d'en payer sa part et portion que lesdites parties ont et peuvent avoir audit mur et édifice mitoyen. » (Desgodets art. 205, p. 290.)

L'article 205 de la Coutume de Paris a été consacré par le Code civil.

1302. « L'art. 205 de la Coutume entend par les termes de mur et édifice commun, non-seulement les murs mitoyens et les édifices, mais aussi les cloisons, le pavé du passage et des cours, les puits, les couvertures et combles, les privés et fosses d'aisances, les escaliers, fossés, et généralement toutes choses communes entre voisins; lesquelles choses venant à se dégrader ou corrompre et être en danger de ruine, l'un des voisins qui y a intérêt peut contraindre, par justice, les autres voisins qui y ont droit à contribuer pour la part et portion dont ils seront tenus à la réfection, réparation et entretien desdites choses communes; celui qui n'est propriétaire que de l'étage du rez de chaussée ne doit point contribuer au plancher au-dessus de cet étage; de même, celui qui ne serait propriétaire que du premier étage contribuerait pour le tout au plancher sur lequel il marche au-dessus du rez de chaussée, et il ne contribuerait point au plancher qui est au-dessus de lui; celui qui serait propriétaire du second étage, ainsi des autres. » (Desgodets, p. 302 et 303.)

1303. « La même proportion de contribution se doit observer aux chausses d'aisances et tuyaux communs à plusieurs, dans une partie de leur hauteur. » (Desgodets, p. 307 et 308.)

Goupi ajoute : « Les chausses d'aisances se doivent refaire entièrement, ou en partie, aux frais communs et par égales portions entre tous les propriétaires qui ont la jouissance de ladite chausse d'aisance, si le cabinet d'aisance est commun au haut dudit tuyau d'aisance; il en est de même du tuyau de ventouse, du siége du cabinet d'aisance et de la couverture; il en est encore de même de la reconstruction totale de la fosse d'aisances commune, et de la vuidange. »

« Mais s'il y avait des cabinets d'aisances à tous les étages et que ces différents étages appartinssent à différents propriétaires, il faudrait en revenir à la disposition des coutumes citées ci-devant, que chacun desdits propriétaires entretînt son siége et la chausse en la hauteur de son étage, c'est-à-dire depuis son siége jusqu'au siége de l'étage au-dessous, et le tuyau de ventouse aux dépens du propriétaire du dernier étage, étant, pour ainsi dire, pour la seule commodité. »

1304. « Lorsque celui à qui appartient le haut de l'édifice a un tuyau de chausse d'aisances qui passe dans les étages au-dessous, qui appartient à un autre, il ne le peut changer de place, et il le doit faire construire et entretenir à ses dépens seul, en sorte que les logements de l'autre n'en soient pas incommodés ; et il doit contribuer pour moitié au mur mitoyen contre lequel le tuyau est adossé dans la largeur dudit tuyau, et y observer les contre-murs et isolemens, suivant la coutume, à ses dépens seul. » (Desgodets, p. 309.)

Goupi ajoute : « Le propriétaire de l'héritage du haut de l'édifice qui a une chausse d'aisances qui passe dans des étages inférieurs qui ne lui appartiennent point, ne doit point contribuer au mur mitoyen en la partie contre laquelle cette chausse d'aisances est adossée, en observant un isolement. Cette chausse ne fait aucun tort au mur mitoyen ; c'est une charge ou servitude que les propriétaires des étages inférieurs doivent supporter, à laquelle ils sont asservis par leur partage. C'est à cette condition qu'elle leur a été donnée. Il n'en serait pas de même si le propriétaire de la chausse eût endommagé le mur mitoyen, ou que, malgré l'isolement, il eût négligé d'entretenir sa chausse, de manière qu'elle eût détérioré le mur mitoyen ; dans ce cas le propriétaire de la chausse serait tenu du dommage. »

1305. « Il n'y a pas les mêmes distinctions à faire à l'égard des autres choses communes que l'un des propriétaires veut abandonner, et il est loisible à celui qui a droit à un puits, un cloaque, un privé et fosse d'aisance, et autres choses semblables communes et mitoyennes, d'y renoncer et abandonner le droit qu'il y a, soit que la chose soit située dans les villes ou fauxbourgs, ou à la campagne ; mais il faut au préalable faire curer et ôter les infections de la chose que l'on abandonne, à frais communs entre les co-propriétaires, dont celui qui fait l'abandon en doit payer sa cote-part et donner à l'autre un acte en bonne forme de son abandonnement, pour lui servir de titre, moyennant quoi il n'est plus tenu des réparations qu'il y aurait à faire. » (Desgodets, p. 415.)

Goupi ajoute : « Il est libre à un propriétaire d'abandonner une chose qui produirait quelque incommodité à son voisin, mais je ne pense pas qu'il soit libre à ce propriétaire de faire un abandon qui serait préjudiciable à son voisin ; il faut son consentement, suivant mon avis. S'il était libre d'abandonner un puits, cette cession serait nuisible à un voisin ; un puits mitoyen sert autant qu'un puits appartenant à un seul ; on tire autant d'eau de l'un que de l'autre, et les charges sont bien différentes : il est bien différent d'entretenir un puits seul ou en commun, les frais doublent. On doit regarder un puits mitoyen comme une servitude contractée entre deux propriétaires, pour leur utilité réciproque ; par conséquent, cet abandon ne doit point être libre. »

« A l'égard d'une fosse mitoyenne ou d'un cloaque commun, l'espèce est différente ; une fosse ou un cloaque qui sert à deux propriétaires sont bien plus tôt remplis que quand ils appartiennent à un seul, l'avantage qui en revient à l'un, rend libre la cession de l'autre, la vuidange préalablement faite provenant du fait des deux propriétaires. »

1306. « Lorsque les puits, cloaques, fosses d'aisances, et autres choses semblables que l'un des voisins a abandonnés à l'autre, sont en partie sur le fond de son héritage ; en abandonnant la chose, il n'abandonne que ce qui est au-dessous de son sol ou rez-de-chaussée : par exemple, si c'est un puits, il lui est loisible d'en faire supprimer ce qui avance de la mardelle par son côté, jusqu'au rez-de-chaussée de son héritage, pourvu toutefois que son autre voisin en puisse avoir l'usage par son côté. Il en est de même des fosses d'aisances, cloaques

et autres, et il peut faire tout ce qui lui convient au-dessus
de son sol au rez-de-chaussée ; mais il ne peut rien faire au-
dessous de son sol qui puisse endommager la chose abandonnée. » (Desgodets, p. 416.)

Goupi ajoute : « Celui qui abandonne un puits avec le consentement de son voisin, peut en supprimer ce qui ne cause
aucun préjudice à la chose abandonnée, c'est-à-dire à l'usage
qu'on en doit faire : par exemple, si un puits était mitoyen et
que la mardelle fût commune, c'est-à-dire qu'il n'y eût qu'une
poulie dans le milieu servant aux deux propriétaires, et par conséquent sans séparation dans le milieu, on ne pourrait rien
changer à la mardelle de ce puits, ni à la hauteur nécessaire
au-dessus du puits pour attacher la poulie et pour pouvoir
tirer de l'eau commodément ; il ne pourrait que faire murer
ce puits de son côté au-dessus de la mardelle, pour se clore. »

1307. Mais lorsqu'un voisin a abandonné son droit de
communauté à une fosse, il ne peut rentrer dans son ancien
droit autrement que de gré à gré. (Dalloz, *Vidanges*, n° 17.)

1308. « Si l'un des voisins aux villes et faubourgs d'icelles,
ou aux champs, a abandonné à l'autre le droit qu'il avait en un
puits, cloaque ou une fosse d'aisances, puisard ou autres choses semblables qui étaient mitoyennes entre eux, en partie construite sur l'héritage de celui qui a fait l'abandon, tant que la
chose abandonnée reste en même état et au même usage, il
ne peut rien faire qui y puisse causer du dommage ; mais si
par la suite du temps, l'autre voisin veut changer d'usage lesdites choses qui lui ont été abandonnées, alors celui qui les
avait abandonnées a droit de reprendre la portion du terrain
qu'elles occupaient sur et du côté de son héritage, sans être
sujet à aucun dédommagement, en cas qu'il n'y eût pas de
prescription depuis le changement d'usage de la chose abandonnée. » (Desgodets, p. 419.)

Cette solution est au moins douteuse pour le cas d'abandon
d'une fosse d'aisances.

1309. L'action en démolition de travaux rendant les fosses
d'aisances impropres à leur destination, action fondée soit sur

ce que ces fosses se trouvent établies dans un terrain appartenant exclusivement au demandeur, soit sur ce que ce dernier aurait acquis par prescription le droit de les conserver, est de la compétence des tribunaux civils, et non de la compétence du juge de paix, encore bien que le défenseur ait formé réconventionnellement une demande en suppression des fosses d'aisances, comme n'étant pas construites dans les conditions prescrites par l'art. 674. (C. civ., Cassation, 13 novembre 1860, *Labarrière.*)

1310. « Aux chausses et tuyaux d'aisances qui sont faits de murs de maçonnerie et adossés contre un mur mitoyen, il doit y avoir un contre-mur d'au moins un pied d'épaisseur et des matériaux suffisants pour empêcher les matières et urines de pénétrer jusqu'au mur mitoyen, et ce contre-mur doit être de toute la largeur et hauteur desdits tuyaux et chausses de maçonnerie. » (Desgodets. p. 124.)

1311. Par suite des dispositions de l'ordonnance de 1819, les tuyaux de descente étant aujourd'hui presque tous en fonte, le contre-mur cesse d'être nécessaire entre le tuyau de chute et le mur mitoyen ; mais il est obligatoire de laisser un espace libre entre ce tuyau et le mur, à moins qu'on ne préfère remplir l'espace par une maçonnerie en briques ou en moellons, hourdée en ciment de $0^m.16$ d'épaisseur.

Il est pourtant à remarquer que les termes de l'ordonnance de 1664 se bornaient à demander une chape en plâtre qui n'était pas suffisante, il est vrai, par la raison qu'à cette époque les tuyaux ou chausses d'aisances en poterie étaient seuls en usage.

Dans les localités où les tuyaux en poterie sont encore employés, il est nécessaire de faire un contre-mur ; mais on peut le réduire, croyons-nous, à $0^m.22$ à moins d'usage contraire.

Aucun contre-mur ni garnissage n'est nécessaire entre le mur mitoyen et les tuyaux d'évent qui peuvent être adossés directement contre ce mur.

1312. Lorsque des latrines d'un usage commun ont été déplacées, les voisins ayant droit à cet usage peuvent disposer des latrines nouvellement établies, et le propriétaire sur l'immeuble duquel ces latrines sont situées ne peut les diviser en deux cabinets et se réserver la jouissance de l'un à lui exclusivement, sans léser les droits des propriétaires voisins. (Cour de Caen, 13 avril 1837. — *Soulâtre* contre *Hamon* (1).

(1)   *Arrêt Soulâtre.*

Jumiau était propriétaire de trois maisons. En l'an III ses représentants la partagent en deux lots. Il fut accordé au propriétaire du premier lot, composé d'une maison, le droit d'aller aux latrines situées sur le second lot, composé de deux autres maisons. Après le partage, ces latrines furent détruites ; il en fut rétabli dans un autre endroit de nouvelles, sur lesquelles le propriétaire du premier lot continua d'exercer son droit. En l'an XIII, et sur les poursuites du propriétaire du premier lot, une des maisons composant le second lot, et sur laquelle existaient les latrines, fut expropriée et par suite adjugée à Laîné, à charge par l'acquéreur de souffrir toutes servitudes, si aucunes étaient dues, sans qu'il fût autrement parlé de la servitude des latrines. En 1811 cette maison fut rétrocédée aux mêmes conditions au sieur Soulâtre. Celui-ci, en 1816, déplaça de nouveau les latrines et les divisa en deux cabinets. Hamon, devenu à cette époque acquéreur de la maison composant le premier lot, continua de jouir de l'un de ces cabinets, concurremment avec Huard, propriétaire de la troisième maison. Des contestations s'étant élevées entre eux sur le mode de jouissance des latrines, Soulâtre fut mis en cause le 21 mars 1832. Hamon prétendit qu'il avait droit d'aller aux deux cabinets ; que Soulâtre n'avait pu diviser les latrines et se réserver la jouissance exclusive de l'un des cabinets, Soulâtre soutint que Hamon n'avait pas droit à la servitude qu'il réclamait ; qu'il n'avait joui de ces latrines qu'à titre de pure tolérance ; que si cette servitude était réellement due, Hamon, représentant ceux qui avaient poursuivi l'expropriation de l'an XIII, devait, comme vendeur, le garantir de cette servitude, comme n'ayant pas été déclarée lors de la vente.

Le 28 décembre 1833, jugement du tribunal d'Avranches qui accorde à Hamon sa demande :

« Attendu que si Hamon a cessé de jouir des latrines telles qu'elles existaient sur le second lot, à l'époque des lots de l'an III, il est constant au procès qu'il a continué d'user des nouvelles latrines substituées aux anciennes ; que Soulâtre ne peut puiser dans un fait qui est personnel un moyen de prescription que repousse d'une manière invincible l'usage constant que Hamon a fait des latrines en litige ; que si les auteurs de Soulâtre ou Soulâtre lui-même ont jugé convenable de changer l'emplacement des latrines et même la forme, les époux Hamon ont tacitement approuvé ces changements, et n'avaient pas intérêt à s'en plaindre ; que Soulâtre pouvait même opérer le changement d'emplacement, sans l'agrément des

1313. Un propriétaire qui est tenu servilement de recevoir les eaux des gouttières établies sur sa propriété, n'est pas obligé cependant de recevoir les eaux ménagères et urineuses qui en proviennent. (Dalloz, *Vidanges*, n° 11.)

Tout propriétaire doit établir ses toits de manière que les eaux pluviales s'écoulent sur son terrain ou sur la voie publique ; il ne peut les faire verser sur le fonds de son voisin.

Le fonds assujetti par servitude à recevoir les eaux des gouttières et celles qui viendraient d'une cour voisine n'est cependant pas tenu de recevoir les eaux ménagères et urineuses provenant de cette cour. (Cour de Paris, 14 mars 1836 (1).

époux Hamon, pourvu que l'exercice de la servitude ne fût pas devenu plus incommode ;

« Quant à la demande en garantie du sieur Soulâtre, le jugement la rejette, en se fondant sur ce que, si Soulâtre ou ses auteurs sont devenus propriétaires du lot qui devait supporter la servitude des latrines, en vertu d'un acte d'adjudication sur expropriation forcée, poursuivie à la requête des époux Hamon ou de leurs auteurs, ceux qui ont dirigé les poursuites ne peuvent être considérés comme les véritables vendeurs de l'objet ; que les époux Hamon n'avaient qu'un faible droit dans la créance qui a servi de base aux poursuites ;

« Enfin, que les poursuivants, en cette qualité, ne pouvaient être astreints à énoncer dans le cahier des charges les différents droits dont les objets expropriés peuvent être grevés ; que l'émission de l'un de ces droits ne pouvait être considéré de leur part comme une faute lourde, ou comme l'effet du dol ; qu'enfin ils ont pu se borner, comme ils l'ont fait, à insérer dans le cahier des charges que l'adjudicataire souffrirait toutes les servitudes, si aucunes étaient dues, clause suffisante pour indiquer la servitude des latrines, dont la forme et les ouvertures indiquaient suffisamment la communauté entre des maisons ayant fait partie d'une seule cohérie. »

Appel par Soulâtre, et le 13 avril 1837, arrêt de la Cour de Caen, qui, adoptant les motifs des premiers juges, confirme.

(1) *Espèce.* — (Gobinat C. veuve Cartret). Il paraît que trois maisons sises à Arcis-sur-Aube, et qui n'en formaient autrefois qu'une, avaient à cette ancienne époque, un seul cabinet d'aisances. Après la division il fallut trois cabinets de ce genre. La maison qu'occupe la veuve Cartret, reçut dans une petite cour, un emplacement où les consommateurs se rendaient après boire, et, à côté de cet emplacement, un trou percé dans le mur laissait passer les urines sur une ruelle appartenant au sieur Gobinat.

Ce dernier qui, par un titre de 1740, était tenu de recevoir les eaux des gouttières et celles qui viendraient par la petite cour de la maison Cartret,

1314. Le voisin peut se rendre, même pendant la nuit, aux latrines communes existant dans la maison d'un propriétaire. Ce droit ne peut lui être contesté; et le propriétaire, s'il entend tenir la porte fermée pendant la nuit, doit fournir à cet effet audit voisin une clef de la porte séparant les deux héritages. (Arrêt de la Chambre des Enquêtes, 1er juillet 1758.)

1315. Les lieux d'aisances mis à l'usage d'un locataire doivent être exempts de danger. Le propriétaire est responsable, au point de vue pénal, des dangers que peut présenter le système de construction des latrines; par suite, le même propriétaire peut être poursuivi pour homicide par imprudence, en cas où le défaut de construction de ces latrines amènerait un accident suivi de décès; le juge pourrait toutefois modérer la peine s'il y avait imprudence des locataires, de la victime ou des personnes chargées de veiller sur elle. (Cour de Colmar, aff. *Klipffel*, 9 février 1859. D. P. 60. 2. 47.)

Dans l'espèce, les latrines avaient un siége à couvercle mobile, s'ouvrant à charnière, qu'on pouvait lever pour la facilité

prétendit qu'il ne pouvait être tenu de cette aggravation de servitude, d'autant que sa maison prenait des jours sur la ruelle, et qu'il s'en trouvait, de plus, fort incommodé.

Après enquête, le tribunal, « Considérant que, par les mots *eaux de gouttières*, on ne peut entendre que les eaux pluviales, et non les eaux ménagères et encore moins les urines; que, pour qu'il y eût droit de passage pour les eaux ménagères ou urinaires, il faudrait que le titre l'exprimât formellement, puisqu'il s'agirait alors d'une servitude discontinue; que ces mots: *avec celles qui viendraient par une petite cour*, doivent s'expliquer par les autres expressions de l'acte, surtout par les expressions qui précèdent, c'est-à-dire par celles-ci: *eaux de gouttières*; que, par son jugement interlocutoire du 27 novembre, le tribunal a décidé que, malgré la généralité du mot *eaux*, il ne pouvait s'entendre des urines; Considérant cependant que la veuve Cartret a été admise à prouver le passage des eaux ménagères et des urines; que les preuves se font non-seulement par témoins, mais encore par titres, et qu'une preuve testimoniale ne peut établir une servitude du genre de celle dont il s'agit; — Dit que la veuve Cartret n'a, conformément à son titre, que le droit de faire passer, sur le terrain de Gobinat, ses eaux pluviales, et non ses eaux ménagères et urinaires par le trou tel qu'il existe avec la grille.

du nettoiement; une jeune fille n'ayant pas aperçu, un soir qu'elle se rendait sans lumière à ces latrines, que le dessus du siége était resté levé, tomba dans la fosse et y trouva malheureusement la mort.

1316. Le propriétaire de latrines insuffisamment aérées, dans le cas d'une explosion déterminée par le jet d'un papier enflammé dans ces latrines, est passible des dommages causés et de leur réparation. (Cour de Paris, 4° Chap., 8 mars 1862. Aff. *Ginoux, Moniteur des Tribunaux*, 1862, p. 389.)

1317. Un propriétaire ne peut transmettre altérées, à d'autres propriétaires de fonds inférieurs, les eaux courantes et potables qui traversent son fonds. (Dalloz, *Servitude*, n° 80, 120, 234 et suiv.)

1318. Le propriétaire supérieur ne saurait faire de ces eaux un usage insalubre, les employer, par exemple, à ces classes d'établissements qui doivent être autorisés par l'administration.

1319. « L'article 218 de la Coutume de Paris défend de mettre les vidanges de fosse et privé dans la ville; en sorte que s'il y avait une grande place et jardin à l'endroit ou serait la fosse, il n'est pas permis de faire un grand trou dans cette place pour y mettre les matières fécales que l'on vuiderait de la fosse, et la recouvrir de terre par le dessus; et celui qui le ferait, soit le propriétaire ou le vidangeur, serait trangresseur de l'ordonnance de la Coutume. » (Desgodets, art. 218 de la Coutume, p. 452.)

Goupi ajoute : « S'il arrivait cependant que celui à qui appartiendrait la fosse eût un grand emplacement de jardin ou autre, et qu'il fût facile à ce propriétaire de faire creuser un trou de grande profondeur, quel inconvénient en résulterait-il pour les voisins? Aucun : l'épaisseur des terres au-dessus de ces matières en arrêterait certainement les exhalaisons; mais ce cas particulier ne détruit pas la sagesse de la disposition de cet article. »

1320. L'observation de Goupi est juste, mais elle ne pourrait être prise en considération que dans les localités où il n'existerait pas de règlement défendant les dépôts d'immondices dans les propriétés particulières.

1321. Chacun des propriétaires d'une fosse commune entre deux maisons peut contraindre son voisin de contribuer à la vidange, à l'entretien et même à la réfection de ladite fosse. (*Dict. de jurisp. et de pratique*, 1764.)

1322. « Les vidanges et curages des fosses d'aisances se doivent faire aux dépens des parties y ayant droit; et si plusieurs maisons et héritages appartenant à différents propriétaires ont droit de se servir de la même fosse d'aisances, et que la vidange s'en puisse faire également par chacun desdits héritages, chacune desdites parties y ayant droit doit alternativement, l'une après l'autre, souffrir la vidange être faite par chez eux. » (Desgodets, Cout. de Paris, art. 218, p. 454.

Goupi ajoute : « C'est-à-dire que si l'un a souffert une vidange, ce sera à un autre à souffrir la prochaine, et ainsi des autres; car il n'est pas nécessaire qu'elle se fasse en même temps par chez tous les propriétaires, à moins que cette fosse ne fût si grande qu'elle ne pût être vidée qu'en plusieurs nuits, auquel cas les propriétaires en supporteraient une chacun. »

1323. « Si une fosse commune se vide par un lieu commun à tous les propriétaires des différents héritages qui y ont droit, ils en doivent payer la dépense de la vidange, chacun également entre eux, en recevant chacun une égale incommodité. Ainsi jugé par arrêt du 21 mai 1640. » (Desgodets, Cout. de Paris, art. 218, p. 454.)

Goupi ajoute : « C'est-à-dire que si ce lieu commun à tous les propriétaires, par lequel on vide la fosse, a une issue commune à tous les propriétaires, ils doivent payer tous également; mais si ce lieu commun est entouré des caves des propriétaires de la fosse, ils doivent donner passage aux vidangeurs par leurs caves alternativement : l'un donne passage pour une vidange, et lorsqu'il est besoin de revider cette fosse, l'autre doit donner passage à son tour par ses caves, et ainsi de suite, autant qu'il se trouve de différents propriétaires, et ils doivent payer également. »

1324. « Quand une fosse d'aisances appartient et est à l'usage d'une seule maison, le propriétaire de cette maison la doit faire vider par chez soi et à ses dépens seul, quand même ladite fosse d'aisances serait par servitude sous l'héritage de son voisin, à moins qu'il ne fût autrement stipulé par le titre de servitude. » (Desgodets, Cout. de Paris, art. 218, p. 454.)

1325. Le curage d'une fosse d'aisances servant à plusieurs maisons doit se faire alternativement par chacune d'elles, afin que les propriétaires de la fosse commune supportent tour à tour l'incommodité. (Fournel. *Traité du voisinage.*)

1326. « Lorsqu'une fosse d'aisances sert à plusieurs maisons et que la vidange se fait par l'une des maisons, celui qui souffre la vidange par chez soi ne doit contribuer à la vidange des matières fécales que pour la moitié de la dépense de ce qu'il en coûte à chacun des autres, c'est-à-dire que si la fosse d'aisances sert à deux maisons, celui qui souffre la vidange de son côté n'y doit contribuer que pour un tiers des frais, et l'autre y contribuera pour les deux tiers des frais. Si la fosse d'aisances servait à trois maisons, celui qui souffrirait la vidange de son côté ne contribuerait que pour un cinquième des frais, et chacun des deux autres pour deux cinquièmes.

« De même, si la fosse servait à quatre maisons, celui par le côté duquel la vidange se ferait n'y contribuerait que pour un septième, et chacun des trois autres pour deux septièmes. » (Desgodets. Cout. de Paris, art. 218. p. 455.)

1327. « Si par un titre de servitude, l'un des copropriétaires d'une fosse d'aisances commune était obligé de souffrir la vidange de son côté, il ne devra toujours contribuer que pour la moitié de ce que chacun des autres copropriétaires payerait pour la dépense de la vidange, quand même il serait dit par le titre qu'elle sera vidée à frais communs, quoique celui qui souffre la vidange de son côté n'en paye pas tant que les autres. » (Desgodets, Cout. de Paris, art. 218, p. 455.)

Goupi ajoute : « Lorsqu'il est dit que la vidange sera faite à frais communs, sans aucune explication, on doit entendre par parties égales. C'est ce qui fait que les experts, dans leurs rapports, lorsqu'il s'agit de contributions entre propriétaires, comme s'il s'agit de contribuer à la construction d'un mur mitoyen, ne manquent jamais de dire : lequel mur sera reconstruit aux frais communs des parties ; savoir, les deux tiers par un tel, et l'autre tiers par tel ; car s'il était seulement dit : aux frais communs des parties, on ne pourrait l'entendre autrement que chacun par moitié. Il est bien vrai que l'usage est constant sur la contribution des vidanges des fosses, et qu'il varie envers la reconstruction des murs mitoyens dépendant des circonstances ; mais je pense que ce serait agir contre ce titre de payer la vidange de cette fosse, suivant l'usage ordinaire. Il est toujours plus sûr, lorsqu'on veut établir de ces sortes de servitudes, de limiter les portions que chacun doit payer de ces vidanges. »

1328. La vidange d'une fosse doit s'effectuer par l'intérieur de la maison à laquelle elle appartient, lorsque, suivant un droit de servitude, cette fosse est pratiquée sous un bâtiment voisin, et n'est pas pour cela commune avec celui-ci.

Le propriétaire voisin peut être tenu de fournir un passage s'il y a impossibilité absolue de procéder au curage de la fosse par une autre voie ; mais il est bien entendu que ledit propriétaire est en droit de réclamer une indemnité pour le passage qu'il est obligé de fournir, mais n'est pas tenu de participer en quoi que ce soit aux frais de curage. (Code civil, art. 682 et 685.)

1329 « Si une fosse commune sert à une grande et à une petite maison, il sera loisible à celui qui a la petite maison de la rehausser, et d'y faire plus de demeures, selon l'arrêt du 21 mai 1640.

« Il pourra aussi y augmenter le nombre des siéges, parce que ce n'est pas le nombre des siéges qui augmente le remplissage de la fosse, mais le nombre des personnes qui habitent la maison. » (Desgodets, Coutume de Paris, art. 218, p. 456.)

1330. « On ne considère pas s'il y a plus de siéges d'un côté que de l'autre, ni s'il y a plus de demeures, quoiqu'une maison soit beaucoup plus grande que l'autre ; si la fosse d'aisances est commune, le propriétaire de la maison, du côté que la fosse sera vuidée, ne contribuera que de moitié de ce que paierait chacun des propriétaires des autres maisons pour les frais de vuidange de la fosse commune, quoique la maison qui souffre la vuidange de son côté soit plus petite ou plus grande que les autres. » (Desgodets, Coutume de Paris, art. 218, p. 457.)

1331. Les frais du curage des fosses d'aisances doivent être répartis chaque fois entre tous les propriétaires. La Coutume d'Orléans veut que celui par la maison duquel le curage s'est effectué ne supporte que le tiers des frais. Dans d'autres localités, la réduction accordée à celui par l'héritage duquel les vidanges sont extraites est de la moitié et non du tiers.

Lorsque le curage se fait par un héritage en vertu d'une servitude, Pothier, contrairement à l'avis de Desgodets, estime que le propriétaire de cet héritage n'a droit à aucune réduction.

1332. « Si l'un des co-propriétaires d'une fosse commune avait dans l'enclos de sa maison, qui a droit à la fosse commune, une place, cour où jardin, où il fit édifier une autre maison, cette nouvelle maison n'aurait pas de droit à la fosse commune, et il doit y avoir une fosse particulière pour l'usage de la nouvelle maison ; mais la vuidange de cette fosse particulière se pourrait faire par le passage ordinaire de la place, cour ou jardin où la nouvelle maison serait bâtie, si ce passage était commun avec les autres maisons voisines, sans devoir pour ce aucun dédommagement, supposé que cette nouvelle maison n'eût point d'autre passage, et qu'il n'y eût point de titre au contraire. » (Desgodets, Coutumes de Paris, art. 218, p. 457.)

1333. « Aux fosses d'aisances communes à plusieurs maisons, la construction, l'entretien et les réparations de ces fosses se doivent faire à frais communs également par les propriétaires de chacune des maisons qui y ont droit, quand même la fosse d'aisances serait plus d'un côté que de l'autre d'une des maisons. » (Desgodets, Coutumes de Paris, art. 218, p. 457.)

1334. Lorsque le titre porte que la vidange d'une fosse sera faite à frais communs, cette clause assujettit chacune des parties à une contribution égale.

1335. « Le propriétaire qui abandonne la communauté d'une fosse pour s'affranchir des charges relatives à l'entretien de ladite fosse, n'est pas dispensé, au moment de l'abandon, des frais de la vidange qui est à faire. » (Pothier.)

1336. « Quand on abandonne une fosse d'aisances pour quelque raison que ce soit, il en faut vuider les matières fécales, urines et eaux puantes, de crainte que les héritages, puits et maisons voisines n'en soient incommodés dans la suite des temps, principalement si la crue des grandes eaux entre dans la fosse, parce que les eaux, en se retirant, pourraient transpirer au travers des terres dans les puits et caves des héritages voisins, dont le propriétaire de la fosse abandonnée serait garant des événements causés par les matières fécales, urines et eaux puantes restées en cette fosse. » (Desgodets, Coutumes de Paris, art. 218, p. 458.)

1337. La vidange des fosses d'aisances est à la charge du propriétaire, s'il n'y a clause contraire. (Art. 1756 du Code civil.) — Le locataire qui a pris à sa charge la vidange des fosses ou puisards n'est pas tenu pour cela d'y faire des réparations, mais il doit supporter les conséquences de la vidange.

1338. Les cuvettes de siéges d'aisances et appareils étant d'un usage quotidien, leur entretien est entièrement locatif. Dès lors le preneur est tenu de toutes les dégradations qui pourraient y être faites par maladresse ou par violence.

Les réparations provenant de l'usure que produisent la rouille ou les oxydes et de tous les défauts de fabrication incombent au propriétaire.

NOTE A

Ayant à cœur de ne rien négliger pour donner les moyens de résoudre les graves questions de salubrité, en ce qui concerne les latrines et les fosses d'aisances, nous croyons devoir reproduire ici un passage sur ces objets, tiré du livre de M. le général Morin et intitulé : *Manuel pratique du chauffage et de la ventilation.*

Lieux d'aisances. — Les dispositions à prendre pour éviter l'infection que produisent souvent ces dépendances des habitations varient avec le mode de construction adopté et de la destination des bâtiments.

Les règlements de voirie imposent pour la construction des fosses les règles suivantes (1) :

Les tuyaux de descente doivent être immergés par leur partie inférieure, soit dans les matières de la fosse, soit mieux dans une cuvette en cuivre mobile ou fixe, dans laquelle il est utile, quand on le peut, de faire arriver, de temps à autre, de l'eau pour la laver. Il résulte de ces dispositions que les seuls gaz qui puissent remonter par ces tuyaux proviennent de leur surface ou de leur base immergée et ne sont pas très-abondants.

Pour éviter que ces gaz ne se répandent à l'intérieur des cabinets, l'on emploie généralement aujourd'hui dans les maisons d'habitation des siéges à cuvettes hydrauliques mobiles dits à l'anglaise. Dans les habitations moins soignées et dans les établissements publics, on se contente de placer sous l'orifice une cuvette, dite appareil Rogier-Mothes, qui bascule et se vide par le seul poids des matières, et qui revient ensuite fermer à peu près cet orifice.

Ces moyens convenables ne sont pas toujours suffisants pour empêcher l'introduction des mauvaises odeurs, par suite de légères fissures que présente le montage des appareils.

Dans tous les cas, il est plus sûr d'isoler le siége à 0^m.02 ou 0^m.03 du bord supérieur de la cuvette, en laissant monter les faces de devant et des côtés jusqu'au-dessus du toit.

Si ce conduit peut être placé près d'un foyer de chaleur régulier, tel qu'un tuyau de fumée de cuisine, ou si l'on peut y faire passer des tuyaux de circulation d'eau comme dans les grands édifices chauffés par ce procédé, il sera facile d'obtenir dans ce tuyau un appel suffisant.

(1) Le général Morin est dans l'erreur; les règlements de voirie prescrivent tout le contraire. (Voir l'ordonnance de 1819, n° 18.)

Mais si l'on n'a pas cette ressource, ainsi que cela arrive dans les habitations privées, on y obviera en établissant dans le conduit un petit bec de gaz, brûlant au plus 30 à 40 litres à l'heure et qui, à l'aide d'un vasistas vitré, éclairera le cabinet, en même temps qu'il l'assainira. On pourrait même se servir d'une lampe ordinaire brûlant 15 à 20 grammes d'huile par heure. Le conduit d'évacuation devra avoir environ 0^{mq}.03 à 0^{mq}.04 de section et le petit bec brûlant 30 litres par heure produira généralement l'évacuation de 30 mètres carrés d'air par heure, ce qui suffira non-seulement pour expulser tous les gaz provenant du siége et de son tuyau de descente, mais même pour renouveler plusieurs fois par heure l'air du cabinet, en y faisant affluer celui des corridors voisins et en prévenant ainsi l'infection intérieure.

L'on pourrait évidemment continuer l'été à obtenir la ventilation à l'aide de la circulation de l'eau chaude, au moyen d'un petit foyer auxiliaire, spécialement destiné à ce seul service, ce qui serait plus économique que l'emploi du gaz.

D'après des résultats d'expériences exécutées en février 1863, le volume d'air moyen évacué par siége, sous l'action de l'appel produit par un excès de 4 à 7° seulement de la température de la cheminée sur celle de l'air extérieur, a été de plus de 63 mètres carrés par heure.

Quoique très-supérieur à ce qui est ordinairement nécessaire, ce volume ne paraît pas surabondant pour des cas analogues, où les siéges sont accompagnés d'urinoirs souvent mal lavés.

Exemple : Bâtiment d'administration du chemin de fer du Nord. — Si au lieu de siéges à l'anglaise l'on n'a que des siéges ouverts ou même des lieux dits à la turque, un dispositif analogue produira les même résultats.

Dans l'installation adoptée avec succès au bâtiment d'administration du chemin de fer du Nord, il y a, pour les cinq étages, 27 cabinets d'aisances, y compris ceux du rez-de-chaussée.

Les tuyaux de descente servent à tous les couples de siéges de chaque étage, et ne sont qu'au nombre de trois. Ils ont 0^m.22 de diamètre et débouchent dans des cuvettes hydrauliques mobiles en cuivre, qui forment siphon et s'opposent à l'ascension des gaz de la fosse.

Tous les conduits d'évacuation d'air des siéges ont 0^m.10 sur 0^m.40 à l'intérieur. Ils débouchent dans un grand conduit collecteur vertical d'environ 0^{mq}.95 de section servant de cheminée d'appel et dans lequel sont disposés des tuyaux verticaux de circulation d'eau chaude qui, pendant l'hiver, déterminent un appel général.

Dans la saison d'été, où le chauffage est interrompu, l'appel est produit par des becs de gaz allumés dans chacun des cabinets.

Lieux d'aisances de la gare du Nord à Paris. — Une disposition analogue a été adoptée avec succès pour les lieux d'aisances de la salle des pas perdus au départ, qui comprennent deux locaux distincts pour les hommes et pour les femmes.

Le local des hommes a six cabinets et dix stalles d'urinoirs. Celui des femmes a six cabinets.

Tous les parois sont en planches de marbre du Boulonnais à surfaces lisses. Les cuvettes sont en fonte émaillée, les tuyaux de descente en fonte, et leurs extrémités plongent dans un bassin en cuivre qui forme siphon et s'oppose à l'ascension du gaz de la fosse.

Chaque dessous de siége est isolé de $0^m.02$ à $0^m.03$ de la cuvette et correspond à un tuyau de ventilation qui aspire les gaz et les odeurs du tuyau de chute, ainsi que l'air vicié du cabinet.

Chaque groupe de deux urinoirs a également un tuyau de ventilation évasé à sa partie inférieure.

Ces tuyaux ont une section de $0^m.19$ sur $0^m.16$. En hiver, quand le calorifère à eau chaude de la gare fonctionne, l'appel est produit par le conduit d'eau au vase d'expansion qui parcourt une cheminée à laquelle aboutissent tous les tuyaux de ventilation. La répartition de l'effet de cet appel entre les différents tuyaux doit être régularisée à l'aide de registres. Si par suite du grand nombre de conduits l'appel n'était pas suffisant, on lui donnerait l'énergie nécessaire en disposant dans chacun d'eux un petit bec de gaz placé derrière une vitre afin d'éclairer et de ventiler tout à la fois, ainsi qu'on l'a fait à la gare du Nord (1).

Chacun de ces becs constamment ouverts consomme 50 litres de gaz à l'heure ; mais on peut presque toujours réduire cette consommation à peu près à moitié.

Disposition adoptée à l'hôpital Lariboisière. — Dans cet établissement, les cabinets situés à chaque étage contiennent trois siéges à cuvette, en fonte émaillée, qui débouchent dans une autre cuvette, formant le sommet d'un tuyau de descente particulier pour chaque siége, mais qui, par une disposition convenable, auraient pu être plus économiquement rendus communs aux trois étages. Ces tuyaux de descente conduisent les matières dans un grand bassin hémisphérique, en fonte, toujours rempli d'eau, dans lequel plonge leur extrémité, ce qui empêche les gaz de la fosse située au-dessous de remonter par les tuyaux de descente.

Les matières se déversent du bassin dans la fosse qui est hermétiquement fermée, et qui doit être, d'après les règlements, pourvue d'un tuyau d'échappement des gaz, vers le haut de l'édifice.

Il résulte de cette disposition que les seuls gaz qui pourraient déboucher par le sommet des tuyaux de descente dans les cabinets, seraient ceux qu se développeraient dans ces tuyaux. Pour les empêcher de pénétrer dans les cabinets et en même temps pour renouveler l'air dans ceux-ci, M. Duvoir a mis chacune des contre-cuvettes en communication avec un tuyau, qui débouche dans un conduit d'appel commun pour tous les siéges.

L'appel exercé dans ce tuyau, à l'aide de tuyaux de circulation d'eau chaude et qui pourrait l'être par d'autres moyens, détermine non-seulement l'évacuation des gaz développés dans les tuyaux de descente, mais il pro-duit, en outre, dans les cabinets, et par l'ouverture du siége, l'appel d'un

(1) En parlant des latrines de la gare du Nord, page 300, la transposition typographique d'un mot nous a fait exprimer à tort qu'on y brûlait les gaz : on les attire seulement ; effectivement, tous les gaz ne sont pas inflammables.

volume d'air qui s'élève à 35 mètres cubes et plus, par heure et par siége.

Des dispositions conformes aux indications précédentes ont été appliquées avec succès aux lieux d'aisances avec siéges à la turque établis au bâtiment de l'hôpital de Vincennes.

NOTE *B*

L'on a établi dans quelques maisons de Paris un ventilateur mécanique, mû par un contre poids, qui doit être remonté chaque jour environ deux fois. Un appareil de ce genre a donné les résultats suivants :

Le contre-poids pesait 267 kilogrammes, et de 12 heures 30 minutes à 7 heures 9 minutes du soir, ou en 399 minutes, il est descendu de $2^m.08$; ce qui correspond à une vitesse de $0^m.304$ par heure. Le travail moteur par seconde était donc de

$$\frac{267^{kil} \times 0^m.304}{3600} = 0^{km}.022529.$$

Dans une expérience faite le 17 novembre 1865, le volume d'air dont le ventilateur a déterminé l'extraction a été trouvé de $32^{mc}.869$ par heure à la température de 14°, et il sortait avec la vitesse de $0^m.808$ en 1″.

L'effet utile était donc

$$\frac{1}{2} \frac{32^{mc}.869}{3600} \times \frac{1.234}{9.81} \times 0^m.808 = 0,000375.$$

Le rendement de l'appareil est ainsi égal à

$$\frac{0.000375}{0.022529} = 0.0166.$$

du travail moteur.

Une autre expérience du 18 novembre 1865 a donné, pour le rendement, 0.0157 du travail moteur.

On fera remarquer que cet appareil, qui n'évacue que 32^{mc} à 34^{mc} d'air par heure, ne suffit que pour un seul siége. Or, un bec de gaz brûlant $0^{mc}.100$ d'air à l'heure, évacuerait 100^{mc} d'air et coûterait 0.30 pour 10 heures et suffirait pour trois siéges, dont chacun ne coûterait ainsi que 0^f10 pour 10 heures.

Pages.

Paris. — Typ. de Rouge, Dunon et Fresné, rue du Four-St-Germ., 43.